W. Bäumlein

Untersuchungen über griechische Partikel

W. Bäumlein

Untersuchungen über griechische Partikel

ISBN/EAN: 9783743331877

Hergestellt in Europa, USA, Kanada, Australien, Japan

Cover: Foto ©Andreas Hilbeck / pixelio.de

Manufactured and distributed by brebook publishing software (www.brebook.com)

W. Bäumlein

Untersuchungen über griechische Partikel

Untersuchungen

über

griechische Partikeln

von

W. Bäumlein.

Stuttgart.
Verlag der J. B. Metzler'schen Buchhandlung.
1861.

Vorwort.

Man wird es, wie ich hoffe, nicht als etwas Ueberflüssiges betrachten, wenn über die griechischen Partikeln neue Untersuchungen veröffentlicht werden. Wer diesem Gebiete der griechischen Sprache seine Aufmerksamkeit zugewendet hat, dem kann es nicht entgangen sein, wie hier verhältnissmässig noch wenige sichere Resultate gewonnen sind, wie sich bald die Ansichten verschiedener Sprachforscher schroff und unvermittelt gegenüber stehen, bald in den Aufstellungen desselben Forschers Vermittlungen gesucht werden, bei denen jede präcise Vorstellung unmöglich wird.

So wenig ich den Glauben hege, dass die vorliegenden Untersuchungen in allen Punkten Zustimmung finden werden, so dürften sie doch manches ausser Zweifel setzen, andres der sicheren Erfassung näher bringen. — Es war meine Aufgabe, in besonnener Methode den Gebrauch der einzelnen Partikeln, und aus dem Gebrauch ihre Grundbedeutung festzustellen. Auf die Etymologie glaubte ich mich nur da einlassen zu sollen, wo sie klar vorlag und durch den Gebrauch entschieden bestätigt ward. Alles Phantasiren über Ursprünge, die von dem Gebrauch durch eine weite Kluft getrennt sind, schien mir nutzlos.

Ich habe in diese Untersuchungen nicht alle Partikeln aufgenommen, die in ähnlichen Werken behandelt worden sind. Theils wollte ich nicht wiederholen, was ich über die Partikeln ἄν und κέν in meinen Untersuchungen über die griechischen Modi * ausführlich gesagt habe, denn meine Ansichten sind hierüber unverändert geblieben, theils mochte ich mich nicht eingehend mit denjenigen Partikeln beschäftigen, bei welchen ich, ohne eigene Ergebnisse, nur, wenn auch mit eigenem Material, bekannten Resultaten mich anschliessen musste.

Was die Citate betrifft, so bemerke ich, dass ich dabei folgende Ausgaben benützt habe: für Hesiod die von Göttling, für Pindar die von Dissen (und zwar die ältere Verszählung), für Solon, Theognis den Delectus von Schneidewin, für Aeschylus die Stereotypausgabe von W. Dindorf, für Euripides die Ausgabe Kirchhoffs, für Herodot die bei Didot erschienene Ausgabe W. Dindorfs, für Thukydides die von Krüger, für die attischen Redner die oratores attici von Im. Bekker. Im Uebrigen ist keine Differenz vorhanden.

---

* Untersuchungen über die griechischen Modi und die Partikeln κέν und ἄν von Wilhelm Bäumlein. gr. 8. Heilbronn bei Landherr. 1846.

Ἀλλά.

Es kann keinem Zweifel unterliegen, dass die Partikel ἀλλά, ἀλλ' aus ἄλλα, ja ἀλλ' auch aus ἄλλο (vgl. τοῦτ' aus τοῦτο) abgeschwächt ist. Eine Reihe von Erscheinungen zeigt uns, dass die Abschwächung der Bedeutung auch eine Abschwächung des Tons, d. i. das Hinausrücken des Accents auf die letzte Sylbe zur Folge hatte. So ἐστί, τινός, ἀτά, παρά, ἀπό u. a. im Verhältniss zu ἔστι, τίνος, ἄτα, πάρα, ἄπο.

Dass aber auch noch im lebendigen Gebrauch der Sprache bei ἀλλά, ἀλλ' die Verwandtschaft mit ἄλλα oder ἄλλο, überhaupt der Grundbegriff anders gefühlt ward, ist aus der Verbindung ἀλλ' ἤ ersichtlich, von welcher wir vor Allem handeln wollen.

1. Ἀλλ' ἤ kommt, in der Bedeutung ausser, überhaupt nach verneinenden Sätzen vor, mag die Negation durch ein negatives Wort oder durch eine Frage mit negativem Sinn ausgedrückt sein. — Man hat in dieser Partikelverbindung, die, weil sie eine enge und feste geworden ist, nie den Hiatus ἀλλὰ ἤ duldet, ἀλλ' entweder durchaus als Partikel ἀλλά betrachtet, oder man hat ἀλλ' ἤ theilweise aus ἄλλο, theilweise aus ἀλλά erklärt, oder man hat endlich den Ursprung aus ἄλλο oder irgend einer Form von ἄλλος angenommen, aber zugegeben, dass die Formel mit Zurücktretung des ursprünglichen Gebrauchs zum Adverb geworden sei.

Der ersten Ansicht, die ἀλλ' ἤ durchaus aus ἀλλὰ ἤ erklärte, huldigten *G. Hermann* (Vigeri l. de idiot. ed. 4ᵗᵉ p. 810 f.) und *Stallbaum* (zu Plato's Phädon p. 81 B.). Ihre Auffassung ist indessen verschieden. *Hermann* nimmt ἤ für das erste Glied einer Disjunction = entweder, an die Stelle des zweiten trete eine Aposiopese „quia quid dicas, nescire te sentis." *Stallbaum* erklärt die Formel aus einer σύγχυσις zweier Constructionen, mit ἀλλά oder mit ἤ. „Orta est haec locutio ex conjunctione duarum loquendi formarum, quarum altera oppositionem, altera comparationem indicat. — Itaque quum recte dici posset ὥστε μηδὲν ἄλλο δοκεῖν εἶναι ἀληθές, ἀλλὰ τὸ σωματοειδές, et quum recte etiam diceretur, ὥστε μ. ἄ. δ. εἶναι ἀληθὲς ἢ τὸ σωματοειδές, utraque loquendi forma in unum conjuncta dici solitum, ὥστε μηδὲν ἄλλο δοκεῖν εἶναι ἀληθές, ἀλλ' ἢ τὸ σωματοειδές. Aehnlich spricht sich *G. T. Krüger* in der eben so gründlich eingehenden, wie scharfsinnigen Abhandlung de formula ἀλλ' ἤ et affinium particularum natura et usu Brunsvigiae 1834. in Betreff derjenigen Fälle aus, die er aus ἀλλά ἤ entstanden betrachtet. „Eadem hujus formulae ratio est, quae multarum in Graeca lingua constructionum, in quibus duas loquendi formas in unum conflatas esse videmus. Quum enim similiter diceretur οὐδὲν ἄλλο (vel οὐδέν)... ἀλλά et οὐδὲν ἄλλο (et οὐδέν)... ἤ, quorum in posteriore ad ἄλλο potius quam ad οὐδέν, in priore aut ad solum οὐδέν aut ad universam formulam οὐδὲν ἄλλο (non ad solum pronomen) particulae relatio pertineat, mirum videri nequit, quod loquendi usus etiam ad ἀλλ' ἤ, idque non solum post οὐδὲν ἄλλο, sed etiam post simplicem negationem vel interrogationem negativam deflexit." Den Unterschied von Stallbaums Erklärung gibt *Krüger* so an: „Quum ex Stallbaumii explicatione duae constructiones significatione diversae in unum conflatae esse statuantur, nos contra duas constructiones significatione admodum affines hic coaluisse contendimus."

Krüger nimmt jedoch p. 41 f. §. 29 an, dass, da nach den voll geschriebenen Formeln οὐδὲν ἄλλο u. dgl. nirgends ἀλλ' ἤ stehe, sondern nur ἤ, das apostrophirte ἀλλ' nach οὐδέν etc. nicht aus ἀλλά, sondern aus ἄλλο zu erklären und ἀλλ' zu schreiben sei.

Aehnlich unterscheidet *K. W. Krüger* (Griech. Sprachlehre §. 69. 4. A. 6 S. 310) ἀλλ' ἤ = ἄλλο ἤ, wodurch blos eine Ausnahme angeführt werde, von ἀλλ' ἤ, ausser, als, in welchem ἤ wohl pleonastisch stehe.

Hartung (Partikeln der griech. Sprache II. S. 44) und *R. Klotz* (Devarii l. de graecae linguae particulis Vol. II sect. 1. p. 32 sqq.) tragen kein Bedenken, ἀλλά aus ἄλλος zu erklären; nur erinnern beide mit Recht, dass ἀλλ' nicht schlechthin als Casus von ἄλλος genommen werden dürfe, sondern zum Adverb geworden sei. Für Klotz erklärt sich auch *Rost* in dem Vollständigen Wörterbuch der classischen Gräcität, unter ἀλλά S. 186 b.

Die Uebersicht der Stellen wird den Beweis liefern, einerseits, dass dem Sinne nach ἀλλ' ἤ häufig ohne allen merklichen Unterschied von ἄλλο (oder irgend welcher Modification dieses Begriffs) ἤ gebraucht wird, andrerseits, dass die grammatische Construction von ἀλλ' ἤ jenen Ursprung vielfach verwischt und die Partikeln als wesentlich zusammengehörig wie eine Einheit behandelt hat. Beides begreift sich als natürlich. Nichts ausser ist dem Begriff nach gleich mit nichts Anderes als, und wenn wir zugeben, dass zuweilen ein kleiner Unterschied stattfindet zwischen οὐδὲν ἄλλο ἤ und οὐδὲν ἀλλ' ἤ, indem hier das Nichts zunächst schlechthin ausgesprochen, dann erst nachträglich beschränkt wird, dort mit nichts Anderes die Ausnahme vorangekündigt wird, so ist doch der mehr rhetorische als logische Unterschied zwischen dem ausdrücklich gesetzten und dem in Gedanken zu ergänzenden anders in der Art ein verschwindender, dass öfter geradehin das eine für das andre stehen kann.

Nachdem nun die Partikel ἤ den Begriff anders in der Form eines Adverbs (eben so wie μᾶλλον in der Bedeutung vielmehr) zu sich gezogen hatte, und beide Partikeln in enger Verknüpfung gleich einer einzigen Partikel in der Bedeutung (nicht) ausser gebraucht wurden, konnte der Ursprung des ἀλλ' ἤ allmählig verdunkelt und theils der Begriff anders noch besonders vorangeschickt werden, theils Gebrauchsweisen entstehen, die sich auf keine Form von ἄλλος mehr zurückführen lassen.

Wir stellen nun vorerst jene Beispiele zusammen, wo ἀλλ' ἤ und ἄλλο ἤ gleichbedeutend erscheinen. Dies ist besonders der Fall bei den parallel laufenden Formeln οὐδὲν (μηδὲν) ἄλλο ἤ und οὐδὲν (μηδὲν) ἀλλ' ἤ, welche z. B. da gebraucht werden, wo ein allgemeiner Begriff thun oder ein entsprechendes Verbum aus dem Zusammenhang zu ergänzen ist.

Οὐδὲν ἄλλο oder τί ἄλλο (scil. ποιῶν, ποιοῦντες) ἤ haben wir: Aesch. Pers. 209: ὁ δ' οὐδὲν ἄλλο γ' ἤ πτήξας δέμας παρεῖχε. Thuc. III, 58, 4: ὑμεῖς δὲ εἰ κτενεῖτε ἡμᾶς καὶ χώραν τὴν Πλαταιΐδα Θηβαΐδα ποιήσετε, τί ἄλλο ἤ ἐν πολεμίᾳ — πατέρας τοὺς ὑμετέρους — καταλείψετε; IV, 14, 3: οἱ Λακεδαιμόνιοι — ἄλλο οὐδὲν ἤ ἐκ γῆς ἐναυμάχουν. V, 98: τί ἄλλο ἤ — μεγαλύνετε; Plato de rep. IV, p. 419 E — 420: ἀλλ' ἀτεχνῶς — ὥσπερ ἐπίκουροι μισθωτοὶ ἐν τῇ πόλει φαίνονται καθῆσθαι οὐδὲν ἄλλο ἤ φρουροῦντες. Euthyd. p. 277 E: οὐδὲν ἄλλο ἤ χορεύετον περὶ σέ. Meno. p. 80 A: σὺ οὐδὲν ἄλλο ἤ αὐτός τε ἀπορεῖς etc. Phaedo p. 63 D: τί ἄλλο γε ἤ πάλαι μοι λέγει. Xen. Cyr. I, 4, 24: Καὶ γὰρ τότε ἀπιόντων οἴκαδε μόνος τῶν ἄλλων ἐκεῖνος οὐδὲν ἄλλο ἤ τοὺς πεπτωκότας περιελαύνων ἐθεᾶτο. I, 6, 39: Εἰ δὲ σύ γε — μηδὲν ἄλλο ἤ μετενέγκοις ἐπ' ἀνθρώπους τὰς μηχανάς. VI, 1, 47: Τί ἂν οὖν ἐγὼ ποιῶν, ὦ Πάνθεια, χάριν Κύρῳ ὑπέρ τε σοῦ καὶ ἐμαυτοῦ ἀποδοίην; Τί δὲ ἄλλο, ἔφη ἡ Πάνθεια, ἤ πειρώμενος ὅμοιος εἶναι. VIII, 3, 46. ausserdem: τί ἄλλο ἤ Xen. Cyr. I, 4, 13. Mem. II, 3, 17. oder ἄλλο τι ἤ Pl. Euthyphro p. 15 C. Xen. Cyr. III, 2, 17.

Damit vergleiche man nun Stellen mit οὐδὲν ἀλλ' ἤ: *
Plato Phaedo p. 76 A: ὥστε — δυοῖν θάτερον, ἤ τοι ἐπιστάμενοί γε αὐτὰ γεγόναμεν καὶ ἐπιστάμεθα διὰ βίου πάντες, ἤ ὕστερον, οὓς φαμὲν μανθάνειν, οὐδὲν ἀλλ' ἤ ἀναμιμνήσκονται οὗτοι. Meno p. 76 B: οὐδὲν ἀλλ' ἤ ἐπιτάττεις ἐν τοῖς λόγοις. p. 84 C: Σκέψαι δὴ ἐκ ταύτης τῆς ἀπορίας, ὅ τι καὶ ἀνευρήσει ζητῶν μετ' ἐμοῦ, οὐδὲν ἀλλ' ἤ ἐρωτῶντος ἐμοῦ καὶ οὐ διδάσκοντος. Isocr. de pace §. 36: διεφθάρ-

---

* *G. T. Krüger* schreibt (p. 41 seiner Abhandlung) in den Fällen, die dem οὐδὲν ἄλλο ἤ correspondiren, nicht ἀλλ' ἤ, sondern ἀλλ' ἤ.

μεθα γὰρ πολὺν ἤδη χρόνον ὑπ' ἀνθρώπων οὐδὲν ἀλλ' ἢ ᾁενακίζειν δυναμένων. §. 37: οὐδὲν ἀλλ' ἢ συμβουλεύουσιν ἡμῖν πάλιν περὶ ἀνδραποδισμοῦ κινδυνεύειν. *Dem*. de symm. §. 13: οὐδὲν οὖν ἀλλ' ἢ ῥαψῳδήσουσιν οἱ πρέσβεις περιιόντες. Aehnlich erklärt sich *Arist.* Pax 475 f.:

οὐδ' οἵδε γ' εἷλκον οὐδὲν Ἀργεῖοι πάλαι,
ἀλλ' ἢ κατεγέλων τῶν ταλαιπωρουμένων

aus einer constructio praegnans: οὐδ' ἄλλο ἐποίουν οὐδὲν ἢ κατεγέλων (*Krüger* p. 43). *Plato* de rep. X. p. 601 A: Οὕτω δὴ — καὶ τὸν ποιητικὸν φήσομεν χρώματ' ἄττα ἑκάστων τῶν τεχνῶν τοῖς ὀνόμασι καὶ ῥήμασιν ἐπιχρωματίζειν αὐτὸν οὐκ ἐπαΐοντα, ἀλλ' ἢ μιμεῖσθαι. In ἐπιχρωματίζειν οὐκ ἐπαΐοντα liegt οὐδὲν ἄλλο ποιοῦντα. — Man vergleiche ferner *Plato* Phaedr. p. 231 B: ὥστε περιῃρημένων τοσούτων κακῶν οὐδὲν ὑπολείπεται ἀλλ' ἢ ποιεῖν προθύμως, ὅ τι ἂν αὐτοῖς οἴωνται πράξαντες χαριεῖσθαι mit *Xen*. Cyr. II, 1, 21: οὐδὲν αὐτοῖς ἄλλο ἐλελοίπει ἢ ἀσκεῖν τὰ ἀμφὶ τὸν πόλεμον. Zwischen es bleibt nichts übrig als und es bleibt nichts Anderes übrig als ist kein weiterer Unterschied, als dass dort in Gedanken ergänzt werden muss, was hier ausdrücklich beigefügt ist.

Ein ähnliches Verhältniss ist mit den Stellen, in welchen das Verbum substantivum entweder steht oder ausgelassen gedacht werden kann. *Xen*. Anab. III, 2, 18: ἐνθυμήθητε, ὅτι οἱ μύριοι ἱππεῖς οὐδὲν ἄλλο ἢ μύριοί εἰσιν ἄνθρωποι. *Thuc*. VII, 75, 4: οὐδὲν γὰρ ἄλλο ἢ πόλει ἐκπεπολιορκημένῃ ἐῴκεσαν ὑποφευγούσῃ. Ebenso οὐδὲν ἀλλ' ἤ. *Arist*. Ran. 226 f.:

ἀλλ' ἐξόλοισθ' αὐτῷ κόαξ·
οὐδὲν γάρ ἐστ' ἀλλ' ἢ κόαξ.

Es kann hier οὐδέν nicht für sich genommen werden = man hört nichts, sondern in Verbindung mit ἄλλο: man hört nichts Anderes als. *Thuc*. IV, 4, 10: οὐδ' ὁτιοῦν κακὸν ἔσται ὑμῖν ἀλλ' ἢ οὐχ ὁ αὐτὸς ἄρξει ὑμῶν, ὅσπερ καὶ πρότερον. *Plato* Soph. p. 226 A: Οὐδὲν ἀλλ' ἢ τὸ χρηματιστικὸν γένος ὁ σοφιστής. Phaedo p. 91 D: ἆρα ἄλλ' ἢ ταῦτ' ἔστιν — ἃ δεῖ ἡμᾶς ἐπισκοπεῖσθαι;

Noch in manchen andern Fällen finden wir οὐδὲν ἀλλ' ἤ so gebraucht, dass ἀλλ' im Sinne von ἄλλο steht. *Plato* Crat. p. 394 C: καὶ ἄλλα πολλά ἐστιν, ἃ οὐδὲν ἀλλ' ἢ βασιλέα σημαίνει. Es ist klar, dass οὐδέν nicht für sich genommen werden soll, da der Sinn nicht sein kann: was nichts bedeutet. Apol. p. 20 D: Ἐγὼ — δι' οὐδὲν ἀλλ' ἢ διὰ σοφίαν τινὰ τοῦτο τὸ ὄνομα ἔσχηκα nicht: ich habe den Namen aus gar keinem Grund erhalten, sondern: δι' οὐδὲν ἄλλο aus keinem andern Grunde. De rep. I. 330 C: χαλεποὶ οὖν ξυγγενέσθαι εἰσίν, οὐδὲν ἐθέλοντες ἐπαινεῖν ἀλλ' ἢ τὸν πλοῦτον.

Haben wir bisher in ἀλλ' ἤ den Begriff ἄλλο wieder erkennen müssen, ohne dass es darum rathsam scheint, diese Fälle durch die Accentuirung ἄλλ' von den damit zusammengehörigen zu unterscheiden, so fehlt es auch nicht an Beispielen, wo der Begriff anders mehr oder weniger zurücktritt und die beiden, ursprünglich verschiedenen Sätzen angehörigen Wörter wie eine einzige Partikel erscheinen. Zunächst sind Fälle mit οὐκ — ἀλλ' ἤ anzuführen, in welchen leicht ἄλλο oder irgend welche Form von ἄλλος ergänzt werden kann. *Arist.* Ran. 1072 f.:

— — — καίτοι τότε γ' ἡνίκ' ἐγὼ 'ζων,
οὐκ ἠπίσταντ' ἀλλ' ἢ μᾶζαν καλέσαι καὶ ῥυππαπαῖ εἰπεῖν.

Thuc. VIII, 28, 2: οὐ προσδεχομένων ἀλλ' ἢ Ἀττικὰς τὰς ναῦς εἶναι. *Xen.* Anab. VII, 7, 53: ἀργύριον μὲν οὐκ ἔχω ἀλλ' ἢ μικρόν τι. *Xen.* hist. gr. I, 7, 16: οὗτος δ' οὐκ ἔφη ἀλλ' ἢ κατὰ νόμον πάντα ποιήσειν. Durch πάντα, das *L. Dindorf* (in der Oxforder Ausgabe vom Jahr 1853) nach guten Autoritäten aufgenommen hat, wird ἄλλο ausgeschlossen. Wie hier, so geht vielmals die Negation mit folgendem ἀλλ' ἤ (nicht, ausser) einfach in die Bedeutung nur über. *Isocr.* ad Nic. §. 32: τὴν δ' οὐχ οἷόν τε ἀλλ' ἢ τοὺς διενεγκόντας κτήσασθαι. *Isaeus* de Arist. hered. §. 12: κατὰ τὸν νόμον, ὃς οὐκ ἐᾷ τῶν τῆς ἐπικλήρου κύριον εἶναι, ἀλλ' ἢ τοὺς παῖδας ἐπὶ δίετες ἡβήσαντας κρατεῖν τῶν χρημάτων. *Pl.* Lach. p. 187 D: Ὦ Λυσίμαχε, δοκεῖς μοι ὡς ἀληθῶς Σωκράτη πατρόθεν γιγνώσκειν μόνον, αὐτῷ δ' οὐ συγγεγονέναι, ἀλλ' ἢ παιδὶ ὄντι. Protag. p. 329 d: Πότερον — ὥσπερ προσώπου τὰ μόρια μόριά ἐστι, στόμα τε καὶ ῥὶς καὶ ὀφθαλμοὶ καὶ ὦτα, ἢ ὥσπερ τὰ τοῦ χρυσοῦ μόρια οὐδὲν διαφέρει τὰ ἕτερα τῶν ἑτέρων ἀλλήλων καὶ τοῦ ὅλου, ἀλλ' ἢ μεγέθει καὶ σμικρότητι unterscheiden sich die Theile in nichts von einander, ausser durch Grösse und Kleinheit? Ebd. p. 334 C: οἱ ἰατροὶ πάντες ἀπαγορεύουσι τοῖς ἀσθενοῦσι μὴ χρῆσθαι ἐλαίῳ ἀλλ' ἢ ὅτι σμικροτάτῳ ἐν τούτοις οἷς μέλλει ἔδεσθαι.

Verdunkelt ist der Ursprung des ἀλλ' ἤ auch in den Fällen, wo der Begriff anders nur überhaupt vorschwebt, d. i. in irgend einer andern Form als ἄλλο dem ἀλλ' zu Grunde läge, ferner, wo dem ἀλλ' ἤ der Begriff anders in irgend einem Casus von ἄλλος oder in adverbialer Form vorangeht. *Xen.* Oec. II, 13: οὔτε αὐτὸς ὄργανα χρήματα ἐκέκτημην, ὥστε μανθάνειν, οὔτε ἄλλος πώποτέ μοι παρέσχε τὰ ἑαυτοῦ διοικεῖν, ἀλλ' ἢ σὺ νυνὶ ἐθέλεις παρέχειν, noch hat ein andrer je mir sein Eigenthum zur Verwaltung übergeben, ausser dass du es jetzt thun willst. In ἀλλ' wiederholt sich der Begriff von ἄλλος. *Plato* Prot. p. 356 A: τίς ἄλλη ἀταξία (Schleiermacher, Bekker, ἀξία Stallbaum) ἡδονῇ πρὸς λύπην ἐστὶν ἀλλ' ἢ ὑπερβολὴ ἀλλήλων καὶ ἔλλειψις; Phaedr. p. 258 D: Τίνος μὲν οὖν ἕνεκα κἂν τις ὡς εἰπεῖν ζῴη, ἀλλ' ἢ τῶν τοιούτων ἡδονῶν ἕνεκα; *Dem.* adv. Phorm. §. 7: δέον δ' αὐτὸν κατηγορᾶσαι φορτία Ἀθήνηθεν νεῶν ἑκατὸν δεκαπέντε εἰ ἔμελλε τοῖς δυνασταῖς πᾶσι ποιήσειν τὰ ἐν ταῖς συγγραφαῖς γεγραμμένα, οὐ κατηγόρασεν ἀλλ' ἤ (= ἄλλον ἤ) πεντακισχιλίων καὶ πεντακοσίων δραχμῶν. *Arist.* Vesp p. 983:

ἐγὼ γὰρ ἀπεδάκρυσα νῦν γνώμην ἐμὴν
οὐδέν ποτ' ἀλλ' ἢ τῆς φακῆς ἐμπλήμενος.
Pl. Euthyd. p. 304 D: τοῖς μαθηταῖς συμβουλεύσετε μηδέποτε μηδενὶ
ἀνθρώπων διαλέγεσθαι ἀλλ' ἢ ὑμῖν τε καὶ αὑτοῖς De rep. IV, p. 427
B—C: τὰ γὰρ δὴ τοιαῦτα οὔτ' ἐπιστάμεθα ἡμεῖς, οἰκίζοντές τε πόλιν
οὐδενὶ ἄλλῳ πεισόμεθα, ἐὰν νοῦν ἔχωμεν, οὐδὲ χρησόμεθα ἐξηγητῇ
ἀλλ' ἢ (= ἄλλῳ ἢ) τῷ πατρῴῳ. Vgl. auch oben Protag. p. 334 C,
Apol. p. 34 B: οἱ δὲ ἀδιάφθαρτοι, πρεσβύτεροι ἤδη ἄνδρες, οἱ τούτων
προςήκοντες, τίνα ἄλλον ἔχουσι λόγον βοηθοῦντες ἐμοὶ ἀλλ' ἢ τὸν ὀρ-
θόν τε καὶ δίκαιον; Phaedo p. 81 B: Ἐὰν δέ γε μεμιασμένη καὶ ἀκά-
θαρτος τοῦ σώματος ἀπαλλάττηται, ἅτε τῷ σώματι ἀεὶ ξυνοῦσα καὶ
τοῦτο θεραπεύουσα — ὥστε μηδὲν ἄλλο δοκεῖν εἶναι ἀληθὲς ἀλλ' ἢ τὸ
σωματοειδές — οὕτω δὴ ἔχουσαν οἴει ψυχὴν αὐτὴν καθ' αὑτὴν εἰλικρινῆ
ἀπαλλάξεσθαι; Phaedo p. 97 D: ἐκ — τοῦ λόγου τούτου οὐδὲν ἄλλο
σκοπεῖν προςήκειν ἀνθρώπῳ καὶ περὶ αὑτοῦ καὶ περὶ τῶν ἄλλων, ἀλλ'
ἢ τὸ ἄριστον καὶ τὸ βέλτιστον etc. Phaedo p. 101 C: οὐκ ἔχεις ἄλλην
τινὰ αἰτίαν τοῦ δύο γενέσθαι, ἀλλ' ἢ τὴν τῆς δυάδος μετάσχεσιν. De
rep. IV, p. 429 B: Τίς ἂν εἰς ἄλλο τι ἀποβλέψας ἢ δειλὴν ἢ ἀνδρείαν
πόλιν εἴποι ἀλλ' ἢ εἰς τοῦτο τὸ μέρος, ὃ προπολεμεῖ τε καὶ στρατεύεται
ὑπὲρ αὐτῆς; *Thuc.* III, 71: εἶπον — μηδετέρους δέχεσθαι ἀλλ' ἢ (=
ἄλλους ἢ) μιᾷ νηῒ ἡσυχάζοντας, τὸ δὲ πλέον πολέμιον ἡγεῖσθαι. Auf
adverbiale Formen bezieht sich ἀλλ' ἢ *Pl.* Phaedo p. 68 B: σφόδρα
γὰρ αὐτῷ ταῦτα δόξει μηδαμοῦ ἄλλοθι καθαρῶς ἐντεύξεσθαι φρονήσει
ἀλλ' ἢ ἐκεῖ. *Xen.* Anab. IV, 6, 11: ἄνδρες δ' οὐδαμοῦ φυλάττοντες
ἡμᾶς φανεροί εἰσιν, ἀλλ' ἢ κατ' αὐτὴν τὴν ὁδόν. *Isocr.* Paneg. §. 7:
Εἰ μὲν μηδαμῶς ἄλλως οἷόν τ' ἦν δηλοῦν τὰς αὐτὰς πράξεις, ἀλλ' ἢ
διὰ μιᾶς ἰδέας.

Unter die Beispiele, in welchen die ursprüngliche Bedeutung
anders als am meisten zurückgetreten ist, gehört *Thuc.* V, 60, 1:
καὶ ὁ Ἆγις δεξάμενος τοὺς λόγους αὐτὸς καὶ οὐ μετὰ [τῶν?] πλειόνων
οὐδὲ αὐτὸς βουλευσάμενος ἀλλ' ἢ ἑνὶ ἀνδρὶ κοινώσας τῶν ἐν τέλει ξυ-
στρατευομένων σπένδεται τέσσαρας μῆνας ἐν οἷς ἔδει ἐπιτελέσαι αὐτοὺς
τὰ ῥηθέντα. Hier bildet ἀλλ' ἢ den Gegensatz zu beiden Gliedern,
und kann keine Ausnahme bezeichnen. Der Sinn ist: Er berieth
sich nicht mit mehreren, auch nicht mit sich allein, sondern u. s. w.
VII, 50, 3: ὡς αὐτοῖς οὐδὲ ὁ Νικίας ἔτι ὁμοίως ἠναντιοῦτο, ἀλλ' ἢ μὴ
φανερῶς γε ἀξιῶν ψηφίζεσθαι, wie auch Nikias nicht mehr den gleichen Widerstand leistete, sondern nur nicht offen für den Abzug
sich erklären mochte. Zunächst führt ἀλλ' ἢ den einfachen Gegensatz zu der vorhergehenden Behauptung ein. Indessen kann man
es erklären durch οὐκ ἄλλως ἠναντιοῦτο, ἀλλ' ἢ ἀξιῶν μὴ φανερῶς
ψηφίζεσθαι.

Dürfen wir es nun als erwiesen betrachten, dass in der Formel
ἀλλ' ἢ der Begriff anders wohl in den meisten Fällen noch nahe
liegt und mehr oder minder deutlich dem Sprechenden vorschwebte,

so ist auch durch den Sprachgebrauch bestätigt, worauf die Etymologie führt, dass ἀλλά ein aus ἄλλα abgeschwächtes Adverbium sei mit dem Grundbegriffe anders. Ἀλλά ist ursprüngliches Adverb. Diess erhellt aus seiner Stellung in der Verbindung ἀλλ' ἤ. Da ἤ dem entgegengestellten Begriff oder Satz immer vorantreten, also an der Spitze des Satzes stehen muss, so kann ἀλλά, wenn es dennoch vor ἤ steht, nur dem vor ἤ vorangehenden Satz angehören, d. i. die Function eines Adverbs haben. Wäre ἀλλά in jener Formel und ursprünglich Conjunction, so müsste man für ἀλλ' ἤ eine Erklärung versuchen, wie G. *Hermann* und *Stallbaum* sie versucht haben. Der conjunctionale Gebrauch kann aber nur durch Vermittlung des adverbialen von ἄλλος abgeleitet werden, und überhaupt ist bei den Partikeln, welche einerseits als Adverbien, andrerseits als Präpositionen oder Conjunctionen gebraucht werden, der parataktische, adverbiale Gebrauch als der frühere zu betrachten. Zwar vermögen wir die Bedeutung anders in andern Beispielen ausser ἀλλ' ἤ nicht nachzuweisen, doch lassen sich die einzelnen Gebrauchsweisen von ἀλλά grösstentheils ohne Schwierigkeit aus jenem Begriff erklären und ableiten.

2. Ausgedehnt ist zunächst der Gebrauch von ἀλλά, um den Gegensatz zwischen einer Position und einer Negation zu bezeichnen, häufig namentlich, um einer vorausgehenden Negation oder der von dem Sprechenden verworfenen Ansicht die Position, die Ansicht des Sprechenden entgegenzustellen.

Es können theils einzelne Begriffe, theils ganze Sätze einander entgegengestellt werden, und in letzterem Fall kann das gegenseitige Verhältniss zwischen dem negativen und dem positiven Satz ein engeres oder ein loseres sein. Ein engeres Verhältniss wird zuweilen, jedoch nicht immer, durch μέν in dem vorangehenden Satze angezeigt. Indem nämlich diese Partikel den betreffenden Satz als erstes Glied bezeichnet, bereitet sie ein folgendes adversatives Glied vor.

a. Einzelne Begriffe sind sich gegenübergestellt: *Soph.* Phil. 436: — — πόλεμος οὐδέν' ἄνδρ' ἑκὼν
αἱρεῖ πονηρὸν ἀλλὰ τοὺς χρηστοὺς ἀεί.
Phil. 553. *Pl.* Euthyphro p. 2 A: Οὔτοι δὴ Ἀθηναῖοί γε, ὦ Εὐθύφρον, δίκην αὐτὴν καλοῦσιν, ἀλλὰ γραφήν. *Isocr.* Paneg. §. 10. 12. 80: θεραπεύοντες ἀλλ' οὐχ ὑβρίζοντες τοὺς Ἕλληνας καὶ στρατηγεῖν οἰόμενοι δεῖν, ἀλλὰ μὴ τυραννεῖν αὐτῶν καὶ μᾶλλον ἐπιθυμοῦντες ἡγεμόνες ἢ δεσπόται προσαγορεύεσθαι καὶ σωτῆρας ἀλλὰ μὴ λυμεῶνες ἀποκαλεῖσθαι. 91.

b. Bei der Gegenüberstellung von Sätzen (im Deutschen: sondern, vielmehr) lässt sich zwar nicht durchaus zwischen der

engeren und der loseren Verknüpfung unterscheiden, wofern die Gliederung nicht entweder grammatisch durch μὲν — ἀλλά, oder durch den Gedanken selbst nothwendig angedeutet ist; doch können für die doppelte Gliederung, also die engere Beziehung der Sätze auf einander etwa folgende Beispiele angeführt werden:
Il. I, 24 f.: ἀλλ' οὐκ Ἀτρείδῃ Ἀγαμέμνονι ἥνδανε θυμῷ,
ἀλλὰ κακῶς ἀφίει — 320. 335.
Od. I, 189 f.: — — τὸν οὐκέτι φασὶ πόλινδε
ἔρχεσθ', ἀλλ' ἀπάνευθεν ἐπ' ἀγροῦ πήματα πάσχειν.
196 f.
Soph. Ph. 410 f.: ἀλλ' οὔ τι τοῦτο θαῦμ' ἔμοιγ', ἀλλ' εἰ παρὼν
Αἴας ὁ μείζων ταῦθ' ὁρῶν ἠνείχετο.
El. 21 f.: — — — ὡς ἐνταῦθ' ἐμέν,
ἵν' οὐκ ἔτ' ὀκνεῖν καιρός, ἀλλ' ἔργων ἀκμή.
277. 308.
467: δράσω; τὸ γὰρ δίκαιον οὐκ ἔχει λόγον
δυοῖν ἐρίζειν, ἀλλ' ἐπισπεύδειν τὸ πῦρ.
561. 650. 781. *Arist.* Ach. 304. *Herod.* I, 5, 2. 1, 6, 3. *Thuc.* I, 2, 1: φαίνεται γὰρ ἡ νῦν Ἑλλὰς καλουμένη οὐ πάλαι βεβαίως οἰκουμένη, ἀλλὰ μεταναστάσεις τε οὖσαι τὰ πρότερα. *Pl.* Euthyphro p. 6 C—D. *Xen.* Mem. I, 1, 9: τοὺς δὲ μηδὲν τῶν τοιούτων οἰομένους εἶναι δαιμόνιον, ἀλλὰ πάντα τῆς ἀνθρωπίνης γνώμης, δαιμονᾶν ἔφη. Ebd. §. 18, I, 2, 48: οἳ ἐκείνῳ συνῆσαν, οὐχ ἵνα δημηγορικοὶ ἢ δικανικοὶ γένοιντο, ἀλλ' ἵνα — καὶ οἴκῳ καὶ οἰκέταις καὶ οἰκείοις καὶ φίλοις καὶ πόλει καὶ πολίταις δύναιντο καλῶς χρῆσθαι. *Isocr.* Paneg. §. 8, 11: ὥσπερ ὁμοίως δέον ἀμφοτέρους ἔχειν, ἀλλ' οὐ τοὺς μὲν ἀσφαλῶς τοὺς δ' ἐπιδεικτικῶς wie wenn sich beide Redegattungen gleich verhalten müssten, und nicht vielmehr etc. Das erste Glied ist dem Sinn nach negirt, das zweite, formell negative, enthält die Behauptung des Redners. Ebd. §. 27. 29. 79 u. a. *Pl.* Euthyphro p. 6 D.

Das erste Glied kann als ein concessives durch μέν bezeichnet oder durch einen Vordersatz vertreten sein. Μέν findet sich: *Od.* I, 262 ff.: ἀλλ' ὁ μὲν οὔ οἱ δῶκεν, — ἀλλὰ πατήρ οἱ δῶκεν ἐμός. *Pl.* Ap. p. 22 D: τούτου μὲν οὐκ ἐψεύσθην, ἀλλ' ἠπίστιπτο, ἃ ἐγὼ οὐκ ἠπιστάμην. *Isocr.* Pgr. §. 22: τοῦτο δ' εἴ τινες ταύτην μὲν μὴ νομίζουσι δικαίαν εἶναι τὴν κρίσιν, ἀλλὰ πολλὰς τὰς μεταβολὰς γίγνεσθαι.

Zuweilen geht ein der Form nach untergeordneter Satz voraus, so dass ἀλλά im Nachsatz steht. Namentlich ist diess der Fall, wenn eine Concession durch einen Bedingungssatz ausgedrückt wird: *Plato* Prot. p. 353 A: εἰ μὴ ἔστι τοῦτο τὸ πάθημα ἡδονῆς ἡττᾶσθαι, ἀλλὰ τί ποτ' ἔστι — εἴπατον ἡμῖν. Meno p. 84 A: εἰ μὴ βούλει ἀριθμεῖν, ἀλλὰ δεῖξον etc. Ausserdem nach ἐπειδή *Od.* XIV, 149—151: ὦ φίλ', ἐπειδὴ πάμπαν ἀναίνεαι — ἀλλ' ἐγὼ οὐκ αὔτως μυθήσομαι, ἀλλὰ σὺν ὅρκῳ.

Immer bezeichnet ἀλλά einen stärkeren Gegensatz als δέ. — Häufig findet sich οὐ μόνον ἀλλὰ καί. Soph. Phil. 555: κοὐ μόνον βουλεύματα, ἀλλ' ἔργα δρώμεν'. Pl. Euthyphro p. 3 D. Isocr. Pgr. 26. 29: οὕτως ἡ πόλις ἡμῶν οὐ μόνον θεοφιλῶς, ἀλλὰ καὶ φιλανθρώπως ἔσχεν. Dem. Ol. II, 13, 31. — Μὴ μόνον ἀλλὰ καί Isocr. Pgr. §. 14. 17. 45. Dem. Ol. II, 2, 12. μὴ μόνε γε — ἀλλά Pl. Euthyphro p. 6 C. — μὴ ὅπως ἀλλ' οὐδέ Xen. Cyr. I, 3, 10.

Zuweilen scheint ἀλλά nach negativen Sätzen, wenn denselben ἄλλος oder ἕτερος beigegeben oder in Gedanken zu suppliren ist, gleich ἀλλ' ἤ oder εἰ μή in der Bedeutung von ausser, als, oder wenn dem negativen Satz ein Comparativ beigegeben ist, in dem Sinn von ἤ als zu stehen. Wir werden uns indessen hüten müssen, geradehin dem ἀλλά die Bedeutung von ausser, als beizulegen. Vielmehr enthält ἀλλά, wie sehr immer ἄλλος und ἕτερος nach einer Negation den Begriff ausser, als und der Comparativ nach einer Negation die vergleichende Partikel als erwarten lässt, doch nicht weiter, als den einfachen Gegensatz gegen das Vorhergehende. Die vergleichende Beziehung, welche durch ἄλλος oder den Comparativ vorbereitet war, ist mit dem einfachen Gegensatz vertauscht worden. Man vgl.:

Od. XII, 403 f.: ἀλλ' ὅτε δὴ τὴν νῆσον ἐλείπομεν, οὐδέ τις ἄλλη φαίνετο γαιάων, ἀλλ' οὐρανὸς ἠδὲ θάλασσα.

Obwohl es scheinen mag, als sei mit ἄλλη eine folgende Ausnahme vorbereitet, so ist der Sinn doch nur: als (ausser der Insel) kein Land weiter erschien, sondern etc.

Il. XXI, 275 f.: ἄλλος δ' οὔ τίς μοι τόσον αἴτιος Οὐρανιώνων
ἀλλὰ φίλη μήτηρ = Niemand sonst, sondern nur
die Mutter.

Od. VIII, 311 f.: — — — ἀτὰρ οὔ τί μοι αἴτιος ἄλλος,
ἀλλὰ τοκῆε δύω.

XXI, 70 ff.: — — — — οὐδέ τιν' ἄλλην
μῦθον ποιήσασθαι ἐπισχεσίην ἐδύνασθε,
ἀλλ' ἐμὲ ἱέμενοι γῆμαι, θέσθαι τε γυναῖκα.

Xen. Anab. VI, 4, 2: ἐν δὲ τῷ μέσῳ ἄλλη μὲν πόλις οὐδεμία οὔτε φιλία οὔτε Ἑλληνίς, ἀλλὰ Θρᾷκες Βιθυνοί (nach mehreren Hdschr.: ἀλλ' ἤ, s. L. Dindorf's Anmerkung). In der Stelle Pl. Symp. p. 192 E: ταῦτα ἀκούσας ἴσμεν ὅτι οὐδ' ἂν εἷς ἐξαρνηθείη οὐδ' ἄλλο τι φανείη βουλόμενος, ἀλλ' ἀτεχνῶς οἴοιτ' ἂν ἀκηκοέναι bezieht sich ἄλλο τι nicht auf eine folgende Ausnahme, sondern auf das vorher Angegebene: nichts Anderes (als das Genannte). Dem. c. Mid. §. 121: οἴδαμεν Μειδίαν — λέγοντα μηδένα ἕτερον εἶναι τὸν Νικομήδου φονέα, ἀλλ' Ἀρίσταρχον.

An diese Stellen schliessen sich andre an, in welchen, wenn auch nicht dem Ausdruck, doch dem Gedanken nach eine Beschränkung und Ausnahme vorbereitet scheint. Soph. Oed. R. 1332:

ἔπαισε δ' αὐτόχειρ τιν οὔ τις, ἀλλ' ἐγὼ τλάμων: getroffen hat ihn eigenhändig niemand (ausser mir). sondern ich. *Xen.* de vect. III, 6: Εἰς μὲν οὖν τὰς τοιαύτας αὐξήσεις τῶν προςόδων οὐδὲ προσδαπανῆσαι δεῖ οὐδέν, ἀλλὰ ψηφίσματά τε φιλάνθρωπα καὶ ἐπιμελείας. Behauptet wird: man brauche nichts Weiteres aufzuwenden; wenn dann hinzugefügt wird: sondern nur Beschlüsse, so ist allerdings ψηφίσματα grammatisch von προσδαπανῆσαι abhängig; in der That ist der Gedanke: man braucht nur Beschlüsse zu fassen.

Eine ähnliche Bewandtniss hat es mit den Stellen, wo sich nach einer Negation mit Comparativ ἀλλά findet. *Thuc.* I, 83, 1: ἔστιν ὁ πόλεμος οὐχ ὅπλων τὸ πλέον ἀλλὰ δαπάνης: beim Kriege kommt es nicht so sehr auf die Waffen, (als) sondern auf das Geld an. II, 43, 2: κοινῇ γὰρ τὰ σώματα διδόντες ἰδίᾳ τὸν ἀγήρων ἔπαινον ἐλάμβανον καὶ τὸν τάφον ἐπισημότατον, οὐκ ἐν ᾧ κεῖται μᾶλλον, ἀλλ' ἐν ᾧ ἡ δόξα αὐτῶν παρὰ τῷ ἐντυχόντι ἀεὶ καὶ λόγου καὶ ἔργου καιρῷ ἀείμνηστος καταλείπεται: nicht sowohl das, in welchem sie liegen, (als) sondern das, in welchem ihr Ruhm unvergesslich aufbewahrt wird. II, 44, 3: οὐκ ἐν τῷ ἀχρείῳ τῆς ἡλικίας τὸ κερδαίνειν μᾶλλον τέρπει, ἀλλὰ τὸ τιμᾶσθαι. *Krüger* erinnert in seiner Abhandlung über ἀλλ' ἤ p. 28: „Nihil obstat comparativus, quo minus *ἀλλά* vere adversativam significationem habere statuamus. Spectat nimirum comparatio ad posterius membrum, sed non ita, ut per hanc comparationem alterum alteri aequiparetur, sed ut **posterius priori praeferatur** — „ut non lucrum magis juvare dicatur (quam honor), sed honor (magis quam lucrum)". *Thuc.* V, 99: Οὐ γὰρ νομίζομεν ἡμῖν τούτους δεινοτέρους, ὅσοι ἠπειρῶταί που ὄντες τῷ ἐλευθέρῳ πολλὴν τὴν διαμέλλησιν τῆς πρὸς ἡμᾶς φυλακῆς ποιήσονται, ἀλλὰ τοὺς νησιώτας τέ που ἀνάρκτους. Wir halten nicht sowohl die Bewohner des Festlandes für furchtbar, sondern die unabhängigen Inselbewohner. In der Gegenüberstellung des wahren Verhältnisses wird das im vorhergehenden Satz enthaltene comparative Element nicht weiter beachtet.

Wir gehen zu den Stellen über, in welchen der negative Satz als für sich genügend, und der Satz mit *ἀλλά* als nachträgliche Erweiterung des Gedankens betrachtet werden kann. Im Deutschen entsprechen: sondern, vielmehr, bei schärferer Scheidung: nein. *Il.* I, 94. 125. 127. 158.

163 ff.: οὐ μὲν σοί ποτε ἶσον ἔχω γέρας, ὁππότ' Ἀχαιοὶ
Τρώων ἐκπέρσωσ' εὐναιόμενον πτολίεθρον.
ἀλλὰ τὸ μὲν πλεῖον πολυάϊκος πολέμοιο
χεῖρες ἐμαὶ διέπουσ'.

Od. I, 65 ff.: πῶς ἂν ἔπειτ' Ὀδυσσῆος ἐγὼ θείοιο λαθοίμην,
— ἀλλὰ Ποσειδάων — Κύκλωπος κεχόλωται.

Auf die negirende Frage folgt hier ein neuer, selbständiger Satz *Soph.* El. 189. 643.

804 ff.· ἀρ' ὑμῖν ὡς ἀλγοῦσα κὠδυνωμένη
δεινῶς δακρῦσαι κἀπιωκῦσαι δοκεῖ
τὸν υἱὸν ἡ δύστηνος ὧδ' ὀλωλότα;
ἀλλ' ἐγγελῶσα φροῦδος. Der negativen Frage tritt ganz selbständig der neue Satz entgegen: nein, unter Lachen hat sie sich entfernt.
Phil. 419: Οὐ δῆτ'· ἐπίστω τοῦτό γ'· ἀλλὰ καὶ μέγα
θάλλοντές εἰσι. 447. 459. 473. 488. *Eur.* El. 528: ἀλλ' ἀμήχανον nein, unmöglich ists. 544: ἀλλά = nein oder vielmehr. 577: ἀλλ' οὐκέτ' nein, nicht länger. *Thuc.* I, 10, 7. *Pl.* Euthyphro p. 3 C. E. Prot. p. 311 A: μήπω — ἐκεῖσε ἴωμεν, πρῲ γάρ ἐστιν, ἀλλὰ δεῦρο ἐξαναστῶμεν εἰς τὴν αὐτήν. *Xen.* Cyr. V, 5, 13. Mem. I, 2, 2. 3. *Isocr.* Pgr. §. 92. — Hieher gehören auch die Beispiele von ἀλλά nach Sätzen, in welchen eine Nichtwirklichkeit angedeutet ist: *Il.* I, 375. III, 176, namentlich nach καί τν κε. *Od.* IX, 79 f.:
καί τυ κεν ἀσκηθὴς ἱκόμην ἐς πατρίδα γαῖαν·
ἀλλά με κῦμα ῥόος τε περιγνάμπτοντα Μαλειαν
καὶ Βορέης ἀπέωσε. XXI, 128 f.

3. *Ἀλλά* wird ferner einem affirmativen Satz, einem Zugeständniss entgegengestellt, um das Vorhergehende zu beschränken, dasjenige anzuführen, was trotz des Zugeständnisses ist oder geschieht. Im Deutschen steht: aber, allein, dagegen, hingegen. Häufig geht das concessive μέν voraus.
Il. I, 22 ff. (376 ff.): Ἔνθ' ἄλλοι μὲν πάντες ἐπευφήμησαν Ἀχαιοί —
ἀλλ' οὐκ Ἀτρείδῃ Ἀγαμέμνονι ἥνδανε θυμῷ.
III, 214 f. 430 ff.
Od. II, 106 f.: ὡς τρίετες μὲν ἔληθε δόλῳ καὶ ἔπειθεν Ἀχαιούς,
ἀλλ' ὅτε τέτρατον ἦλθεν ἔτος etc.
148 ff. IX, 224—228. XXI, 232—234.
Aesch. Pers. 176—179: πολλοῖς μὲν ἀεὶ νυκτέροις ὀνείρασι
ξύνειμ'   —   —   —
ἀλλ' οὔ τι πω τοιόνδ' ἐναργὲς εἰδόμην.
525 f. *Soph.* El. 254—256. 431—435. 450. 552—554. *Eur.* El. 751: ἤκουσα κἀγώ, τηλόθεν μέν, ἀλλ' ὅμως. Or. 158.

Die Einräumung kann auch durch einen Bedingungssatz ausgedrückt sein, so dass ἀλλά im Nachsatz steht.
Il. I, 280 f.: εἰ δὲ σὺ καρτερός ἐσσι, θεὰ δὲ σὲ γείνατο μήτηρ,
ἀλλ' ὅδε φέρτερός ἐστιν, ἐπεὶ πλεόνεσσιν ἀνάσσει.
VIII, 153: εἴπερ γάρ σ' Ἕκτωρ γε κακὸν καὶ ἀναλκίδα φήσει,
ἀλλ' οὐ πείσονται Τρῶες.
XXIV, 768--771: ἀλλ' εἴ τίς με καὶ ἄλλος ἐνὶ μεγάροισιν ἐνίπτοι,
ἀλλὰ σὺ τόν γ' ἐπέεσσι παραιφάμενος κατέρυκες·

Der vorangehende concessive Satz bleibt auch ohne besondere Charakterisirung durch μέν oder εἰ.

Il. I, 286 f.: ναὶ δὴ ταῦτά γε πάντα, γέρον, κατὰ μοῖραν ἔειπες
ἀλλ᾿ ὅδ᾿ ἀνὴρ ἐθέλει περὶ πάντων ἔμμεναι ἄλλων.
III, 150.
Od. I, 42: ὡς ἔφαθ᾽ Ἑρμείας, ἀλλ᾽ οὐ φρένας Αἰγίσθοιο
πεῖθ᾽ ἀγαθὰ φρονέων.
Soph. Phil. 431: σοφὸς παλαιστὴς κεῖνος· ἀλλὰ καὶ σοφαὶ γνῶμαι
— ἐμποδίζονται θαμά. Pl. Euthyphro p. 3 A: Βουλοίμην ἄν, ὦ Σώκρατες, ἀλλ᾽ ὀρρωδῶ, μὴ τοὐναντίον γένηται.

4. An den bisher erwähnten Gebrauch von ἀλλά im Nachsatz von concessiven Vordersätzen schliessen sich diejenigen Fälle an, wo ἀλλά = ἀλλ᾽ οὖν — γε, oder ἀλλὰ — γε steht. Ἀλλά wird hier öfter elliptisch gebraucht für (wenn es nicht anders ist oder sein kann): doch wenigstens, und fügt sich dann, seine Stellung am Anfange des Satzes aufgebend, wie ein Adverb in den Satz ein.

Soph. Phil. 1041: — τίσασθ᾽ ἀλλὰ τῷ χρόνῳ ποτὲ
ξύμπαντας αὐτούς.
El. 414 f.: Χρ. ἀλλ᾽ οὐ κάτοιδα πλὴν ἐπὶ σμικρὸν φράσαι.
Ἠλ. Λέγ᾽ ἀλλὰ τοῦτο = ἀλλ᾽ οὖν τοῦτό γε λέγε.
1013: αὐτὴ δὲ νοῦν σχὲς ἀλλὰ τῷ χρόνῳ ποτέ.
Oed. Col. 241.
Eur. Or. 1572 ff.: — — — προσπόλοις λέγω
ὠθεῖν πύλας τάσδ᾽, ὡς ἂν ἀλλὰ παῖδ᾽ ἐμὴν
ῥυσώμεθ᾽ ἀνδρῶν ἐκ χερῶν μιαιφόνων.
Phoen. 619: μῆτερ, ἀλλά μοι σὺ χαῖρε, so will ich dir wenigstens Lebewohl sagen.
Ebd. 1669 ff.: σὺ δ᾽ ἀλλὰ τεκρῷ λουτρὰ περιβαλεῖν μ᾽ ἔα.
1671.
Med. 929 f.: Σὺ δ᾽ ἀλλὰ σὴν κέλευσον αἰτεῖσθαι πατρὸς
γυναῖκα παῖδας τήνδε μὴ φεύγειν χθόνα.
Iph. A. 1240 ff.: βλέψον πρὸς ἡμᾶς, ὄμμα δὸς φίλημά τε,
ἵν᾽ ἀλλὰ τοῦτο κατθανοῦσ᾽ ἔχω σέθεν
μνημεῖον.
Arist. Ach. 1033: σὺ δ᾽ ἀλλά μοι σταλαγμὸν εἰρήνης ἕνα
εἰς τὸν καλαμίσκον ἐνστάλαξον τουτονί.
Xen. Anab. VII, 1, 31.

5. Ausser den bisher angeführten besondern Gattungen des Gebrauchs von ἀλλά in Gegensätzen ist aber dieser Gebrauch überhaupt ein sehr ausgedehnter. In neu anhebenden Sätzen deutet ἀλλά in irgend einer Weise, stärker oder schwächer, einen Gegensatz an (= aber, doch, indessen, nein): Il. I, 135. 233. 281. III, 433. Od. I, 6. 16. 22. 48.

Od. I, 194: δὴ γάρ μιν ἔφαντ' ἐπιδήμιον εἶναι
σὸν πατέρ' ἀλλά νυ τόν γε θεοὶ βλάπτουσι κελεύθου.
76. 169. *Soph.* Phil. 407 ff.:
ἔξοιδα γάρ νιν παντὸς ἂν λόγου κακοῦ
γλώσσῃ θιγόντα καὶ πανουργίας —
ἀλλ' οὔ τι τοῦτο θαῦμ' ἔμοιγ'. — 416. 497. El. 137.
185. 298. 394. 396. *Arist.* Ach. 169. 175. *Thuc.* I, 11, 3. *Pl.*
Euthyphro p. 12 E—13 A: καὶ καλῶς γέ μοι, ὦ Εὐθύφρον, φαίνει λέγειν· ἀλλὰ σμικροῦ τινος ἔτι ἐνδεής εἰμι. Ap. 41 C. Prot. 338 C:
ἀλλ' (doch, vielmehr) οὑτωσί πως ποιήσω. *Xen.* Mem. I, 1, 4. I, 2,
5. 9. 29. Cyr. I, 3, 11. I, 5, 13.

Ja bei *Xenophon* finden wir ἀλλά selbst ganz am Anfang längerer, wie kürzerer Reden. Immerhin aber knüpft ἀλλά an etwas Vorhergehendes an, worauf nun eine Erwiderung folgt, die sich in stärkeren oder leichteren Gegensatz zu dem Vorangegangenen stellt. Anab. VII, 6, 9 fängt ein Arkadier seine Anklage Xenophons mit den Worten an: ἀλλ' ἡμεῖς μέν, ὦ Λακεδαιμόνιοι, καὶ πάλαι ἂν ἦμεν παρ' ὑμῖν, offenbar mit Rücksicht auf den Vorschlag der Lakedämonier §. 7. Xenophon beginnt §. 11 seine ›Rechtfertigung mit ἀλλά. In der griechischen Geschichte sehen wir an der Spitze der Vertheidigungsrede des Theramenes II, 3, 35: ἀλλὰ πρῶτον μὲν μνησθήσομαι. Als die Athener (VI, 3, 1) eine Gesandtschaft nach Sparta wegen des Friedens abgeordnet hatten, spricht als der dritte Redner Kallistratos. Seine Rede beginnt mit den Worten: *Ἀλλ'* ὅπως μέν, ὦ ἄνδρες Λακεδαιμόνιοι, οὐκ ἐγγεγένηται ἁμαρτήματα καὶ ἀφ' ἡμῶν καὶ ἀφ' ὑμῶν und scheint mit ἀλλά etc. Bezug zu nehmen auf die von Autokles den Lakedämoniern gemachten Vorwürfe. — Von den kleineren Schriften Xenophons beginnen das Symposion und der spartanische Staat mit ἀλλά, wie andre mit δέ, und geben sich damit das Ansehen von abgerissenen Theilen eines grösseren Ganzen.

Wie ἀλλά zuweilen verneinend steht, mit μά Δία (*Xen.* Cyr. II, 2, 19. Mem. III, 6, 5. 6.), so kann es hinwiederum durch Aufhebung des Vorigen eine Steigerung einführen und mit ja übersetzt werden. *Xen.* Mem. I, 2, 27: τίς δὲ πατήρ, ἐὰν ὁ παῖς αὐτοῦ συνδιατρίβων τῷ σώφρων ᾖ, ὕστερον δὲ ἄλλῳ τῳ συγγενόμενος πονηρὸς γένηται, τὸν πρόσθεν αἰτιᾶται; ἀλλ' οὐχ ὅσῳ ἂν παρὰ τῷ ὑστέρῳ χείρων φαίνηται, τοσούτῳ μᾶλλον ἐπαινεῖ τὸν πρότερον; ἀλλ' οἵ γε πατέρες αὐτοὶ ξυνόντες τοῖς υἱέσι, τῶν παίδων πλημμελούντων, οὐκ αἰτίαν ἔχουσιν, ἐὰν αὐτοὶ σωφρονῶσιν.

6. Noch besonders verdient hervorgehoben zu werden, dass ἀλλά die Einwendung einleitet, die der Sprechende entweder in eigenem Namen oder im Namen des Gegners macht. Im ersten Fall entsprechen im Deutschen je nach der grösseren oder geringeren

Schärfe des Gegensatzes: nein, doch, allein, indessen, aber. Man vergleiche das Gespräch zwischen Dikäopolis, Kephisophon und Euripides. *Arist.* Ach. 402—408:
A. Ἐκκάλεσον αὐτόν. *Κ.* Ἀλλ' ἀδύνατον. *Α.* Ἀλλ' ὅμως,
οὐ γὰρ ἂν ἀπέλθοιμ', ἀλλὰ κόψω τὴν θύραν.
Εὐριπίδη, Εὐριπίδιον,
ὑπάκουσον, εἴπερ πώποτ' ἀνθρώπων τινί·
Δικαιόπολις καλεῖ σε Χολλίδης, ἐγώ.
Εὐρ. Ἀλλ' οὐ σχολή.
Δ. Ἀλλ' ἐκκυκλύθητ'. *Εὐρ.* Ἀλλ' ἀδύνατον. *Δ.* Ἀλλ' ὅμως.
Pl. Euthyphro p. 9 B: κἂν μοι ἱκανῶς ἐνδείξῃ, ἐγκωμιάζων σε ἐπὶ σοφίᾳ οὐδέποτε παύσομαι. *Εὐθ.* Ἀλλ' ἴσως οὐκ ὀλίγον ἔργον ἐστίν, indessen, das ist wohl nicht so leicht. Apol. p. 24 E, 37 B—C: ἀντὶ τούτου δὴ ἕλωμαι ὧν εὖ οἶδ' ὅτι κακῶν ὄντων τούτου τιμησάμενος; πότερον δεσμοῦ; καὶ τί με δεῖ ζῆν ἐν δεσμωτηρίῳ, δουλεύοντα τῇ ἀεὶ καθισταμένῃ ἀρχῇ; ἀλλὰ (im Namen des Gegners, und statt ἢ) χρημάτων, καὶ δεδέσθαι, ἕως ἂν ἐκτίσω; ἀλλὰ (indessen) ταὐτόν μοί ἐστιν, ὅπερ νῦν δὴ ἔλεγον· οὐ γὰρ ἔστι μοι χρήματα ὁπόθεν ἐκτίσω. ἀλλὰ δῆ φυγῆς τιμήσομαι; — *Pl.* Prot. p. 336 B: ἀλλ' ὁρᾷς, aber du siehst ja. p. 310 D. *Xen.* Mem. II, 1, 12. Cyr. I, 3, 5. 18. V, 5, 10. *Dem.* Ol. I, 26: τίς αὐτὸν ἔτι κωλύσει δεῦρο βαδίζειν; Θηβαῖοι; μὴ λίαν πικρὸν εἰπεῖν ᾖ· καὶ συνεισβαλοῦσιν ἑτοίμως. ἀλλὰ (Einwendung im Namen des Gegners) Φωκεῖς; οἱ τὴν οἰκείαν οὐχ οἷοί τε ὄντες φυλάττειν, ἐὰν μὴ βοηθήσηθ' ὑμεῖς. ἢ ἄλλος τις; ἀλλ', ὦ τᾶν, οὐχὶ βουλήσεται.

Belege, dass ἀλλά auch den als möglich gedachten Einwurf des Gegners anführt, sind schon in dem Voranstehenden *Pl.* Ap. 37 B—C und *Dem.* Ol. I, 26 gegeben, welche Stellen zugleich zeigten, dass ἀλλά auch steht, wo ἤ (in der Gegenfrage) erwartet werden könnte. Doch hat erstere Partikel mehr die Bedeutung: aber vielleicht? Aehnlich folgt ἀλλά als Einwurf des Gegners gedacht nach πότερον statt ἤ. *Xen.* Anab. V, 8, 4: πότερον ᾔτουν τί σε καὶ ἐπεί μοι οὐκ ἐδίδους, ἔπαιον; ἀλλ' ἀπῄτουν, ἀλλὰ περὶ παιδικῶν μαχόμενος, ἀλλὰ μεθύων ἐπαρῴνησα; *Pl.* Prot. p. 338 C: ἀλλὰ δὴ βελτίονα ἡμῶν αἱρήσεσθε; ein Einwurf, den Sokrates sich im Namen der Gegner macht. Crito p. 54 A: Ἀλλὰ δὴ τῶν παίδων ἕνεκα βούλει ζῆν; von den Gesetzen als Einwendung des Sokrates gedacht. *Xen.* Mem. I, 2, 9. 12. 49 und 51: Ἀλλὰ Σωκράτης γ' ἔφη ὁ κατήγορος.

7. Weiter ist hervorzuheben, dass ἀλλά steht, um eine Verwunderung über die Rede eines Andern auszudrücken, die man unbegreiflich findet, die man nicht ohne Weiteres glauben kann oder glauben will. *Soph.* El. erwidert, nachdem Chrysothemis mitgetheilt: πάρεστ' Ὀρέστης ἡμῖν Elektra 879 ἀλλ' ἦ μέμηνας; nein (aber)

— bist du von Sinnen? Phil. 414:
πῶς εἶπας; ἀλλ' ἢ χοῦτος οἴχεται θανών;
wie sagst du? nein — (sage mir) ist er wirklich denn gestorben?
Pl. Prot. p. 309 C: Ἀλλ' ἢ σοφῷ τινι — ἐντυχὼν πάρει; nein (sage mir) bist du wirklich mit einem Weisen zusammengetroffen? Etwas schwächer *Pl.* Gorg. zu Anfang: Πολέμου καὶ μάχης φασὶ χρῆναι, ὦ Σώκρατες, οὕτω μεταλαγχάνειν. Σ. Ἀλλ' ἢ τὸ λεγόμενον κατόπιν ἑορτῆς ἥκομεν καὶ ὑστεροῦμεν;

8. Ganz im Einklang mit der vorausgesetzten Grundbedeutung und den seither angeführten Arten des Gebrauchs und zwar anschliessend an 6) steht ἀλλά sehr häufig, um das Vorhergehende abzubrechen und zu beseitigen. Namentlich gehören hieher einige Beispiele von ἀλλ' ἤ. *Aesch.* Ag. 276:

Ἀλλ' ἦ σ' ἐπίανέν τις ἄπτερος φάτις;
oder hat dich etwa erfreut? *Arist.* Ach. 423—426.
Εὐρ. Ποίας ποθ' ἀνὴρ λακίδας αἰτεῖται πέπλων;
ἀλλ' ἢ Φιλοκτήτου τὰ τοῦ πτωχοῦ λέγεις;
Δ. Οὔκ, ἀλλὰ τούτου πολὺ πολὺ πτωχιστέρου.
Ε. Ἀλλ' ἦ τὰ δυσπινῆ θέλεις πεπλώματα,
ἃ Βελλεροφόντης εἶχ' ὁ χωλὸς οὑτοσί;

Andere Beispiele dieses Gebrauchs sind schon in den bisher angeführten Stellen mitenthalten gewesen, theils mögen noch folgende Belege angeführt werden:

Od. I, 169: ἀλλ' ἄγε μοι τόδε εἰπέ das Bisherige (mit aber, doch) abbrechend und auf ein Anderes übergehend.

267: ἀλλ' ἤτοι μὲν ταῦτα θεῶν ἐν γούνασι κεῖται, abbrechend und den Uebergang zu 269 σὲ δὲ φράζεσθαι ἄνωγα vorbereitend. 307—309: dem ἤτοι μὲν correspondirt als stärkerer Gegensatz (statt δέ) 309: ἀλλ' ἄγε νῦν ἐπίμεινον.

Eur. Or. 1082: ἀλλ', ὦ ποθεινὸν ὄνομ' ὁμιλίας ἐμῆς, χαῖρ' abbrechend: nun, lebe wohl! Iph. T. 1460.

Ar. Ach. 129: ἀλλ' Ἀμφίθεός μοι ποῦ 'στιν;
186: οἱ δ' οὖν βοώντων· ἀλλὰ τὰς σπονδὰς φέρεις;
Pl. Euthyphro p. 2 B: Οὐκ ἐννοῶ, ὦ Σώκρατες, ἀλλὰ δὴ τίνα γραφήν σε γέγραπται; Ap. p. 20 C: Ὑπολάβοι οὖν ἄν τις ὑμῶν ἴσως· ἀλλ' ὦ Σώκρατες, τὸ σὸν τί ἐστι πρᾶγμα; die Rede des Sokrates wird, als über ungehörige Dinge sich verbreitend, abgebrochen und auf dasjenige, um das es sich handle, verwiesen. Ap. p. 27 C: ἀλλὰ τὸ ἐπὶ τούτῳ γε ἀπόκριναι. Prot. 311 A: Ἀλλὰ τί οὐ βαδίζομεν παρ' αὐτόν; doch, warum gehen wir nicht zu ihm? *Xen.* Mem. III, 6, 6. Cyr. V, 5, 20: Ἀλλ' εἰ πρὸς τοῦτο σιωπᾶν ἥδιόν σοι, ἢ ἀποκρίνασθαι, τόδε γε, ἔφη, εἰπέ, εἴ τι ἀδικεῖσθαι ἐνόμισας. 21.

9. So steht ἀλλά namentlich, um etwas zu beseitigen, von dem nicht weiter die Rede sein, das nicht weiter in Betracht kom-

men kann oder soll, um eine Aeusserung, Einwendung u. dgl. als unbedeutend und von keinem Belang zu bezeichnen. *Pl.* Prot. p. 333 C: *Ἀλλ' οὐδέν μοι διαφέρει.* Nun (darüber bedarf es keiner weiteren Worte) das ist mir gleich. Dasselbe ebd. p. 358 E. *Xen.* Mem. I, 2, 42: *Ἀλλ' οὐδέν τι χαλεπὸν ἔργον ἐπιθυμεῖς.* — Zuweilen, wo man auf eine Ansicht und Aeusserung des Andern, um sie zu beseitigen und zu widerlegen, eingeht, lässt sich *ἀλλά* vollständiger auffassen, wie: nun, was das betrifft, so etc. *Soph.* El. 387:

- *ἀλλ' ἐξίκοιτο τοῦδέ γ' οὕνεκ' ἐν τάχει,*

nun, was das (die Absicht, lebend mich einzumauern) betrifft, so mag Aegisth kommen, sobald er will. *Eur.* El. 549: *ἀλλ' εὐγενεῖς μέν,* nun, was das betrifft, von edler Abkunft sind sie. *Xen.* Cyr. V, 5, 25: *Ἀλλ' ὦ Κῦρε, ὡς μὲν ταῦτα, ἃ οὐ πεποίηκας, κακά ἐστιν, οὐκ οἶδα ὅπως χρὴ λέγειν.*

Es sind jedoch von diesem Gebrauch des *ἀλλά*, etwas zu beseitigen, das nicht weiter in Betracht kommen soll, noch unter 10. und 11. einige besondere Arten herauszuheben.

10. Es dient nämlich *ἀλλά* insbesondre, um eine Besorgniss zu beseitigen, zu beruhigen oder begütigen. *Soph.* Phil. 557: *Ἀλλ' ἡ χάρις μὲν — προσφιλὴς μενεῖ:* Nun, sorge nicht, der Dank ist dir sicher.

El. 1203 f.: *Ὀρ. Ἐγὼ φράσαιμ' ἄν, εἰ τὸ τῶνδ' εὔνουν πάρα.*
Η. Ἀλλ' ἐστὶν εὔνουν, ὥστε πρὸς πιστὰς ἐρεῖς.
1301 f.: *Ἀλλ' ὦ κασίγνηθ', ὧδ' ὅπως καὶ σοὶ φίλον καὶ τοὐμὸν ἔσται τῇδε.*

Eur. Or. 782 ff.:

Ὀρ. Κεῖνό μοι μόνον πρόσαντες. Π. Τί τόδε καινὸν αὖ λέγεις;
Ὀρ. Μὴ θεαί μ' οἴστρῳ κατάσχωσ'. Π. Ἀλλὰ κηδεύσω σ' ἐγώ.

So auch *Eur.* Phoen. 274: *Ἀλλ' ἐγγὺς ἀλκή* doch Hülfe ist nahe. *Arist.* Eq. 225: *ἀλλ' εἰσὶν ἱππῆς. Pl.* Euthyphro p. 3 C: *εἰ δὲ σπουδάσονται, τοῦτ' ἤδη ὅπη ἀποβήσεται ἄδηλον πλὴν ὑμῖν τοῖς μάντεσιν. Εὐθ. Ἀλλ' ἴσως οὐδὲν ἔσται, ὦ Σώκρατες, πρᾶγμα, ἀλλὰ σύ τε κατὰ νοῦν ἀγωνιεῖ τὴν δίκην, οἶμαι δὲ καὶ ἐμὲ τὴν ἐμήν. Xen.* Cyr. II, 2, 4: *Ἀλλὰ μὴ φρόντιζε.*

11. Damit hängt zusammen, wenn *ἀλλά*, beruhigend und begütigend, gebraucht wird, um anzudeuten, dass man etwas nicht weiter verfolgen, bestreiten oder verweigern wolle, dass man zustimme oder nachgebe und zu Willen sein wolle; im Deutschen: nun wohl, nun gut, nun meinethalb u. dgl.

Aesch. Ag. 944: *Ἀλλ' εἰ δοκεῖ σοι τοῦθ', ὑπαί τις ἀρβύλας λύοι.*
Soph. El. 376—378: *Ἠλ. Φέρ' εἰπὲ δὴ τὸ δεινόν. εἰ γὰρ τῶνδέ μοι μεῖζόν τι λέξεις, οὐκ ἂν ἀντείποιμ' ἔτι.*
Χρ. Ἀλλ' ἐξερῶ σοι πᾶν, ὅσον κάτοιδ' ἐγώ.

Nun gut, ich will dir alles sagen. Ebd. 1052: *Ἀλλ' εἴσιθ'*. Nun wohl (ich habe nichts dagegen), gehe hinein. Phil. 48: *Ἀλλ' ἔρχεται*. Nun gut, er geht. Ebd. 524. 526.
Eur. El. 1132: ἀλλ' εἶμι παιδὸς ἀριθμὸν ὡς τελεσφόρον
θύσω θεοῖσι. Der Aufforderung entsprechend:
Nun gut, ich gehe.
Iph. A. 1145: *Ἀλλ' ὦ τέκνον, σοὶ πείσομαι, λέγεις γὰρ εὖ*.
Ebd. 715: *Ἀλλ' εὐτυχοίτην*, nun, (sich beruhigend und zustimmend) mögen sie glücklich sein!
Arist. Ach. 409. den Bitten nachgebend: ἀλλ' ἐκκυκλήσομαι. Nun gut (nun ja), ich will mich herausrollen lassen. *Pl.* Euthyphro p. 6 E: *Ἀλλ' εἰ οὕτω βούλει, ὦ Σώκρατες, καὶ οὕτω σοι φράσω*. Nun wohl, wenn du es so haben willst etc. Σ. *Ἀλλὰ μὴν οὕτω βούλομαι*. p. 7 D: *Ἀλλ' ἔστιν αὕτη ἡ διαφορά*, zustimmend: nun ja, diese Dinge betrifft die Meinungsverschiedenheit. Prot. p. 320 C: *Ἀλλ' ὦ Σώκρατες, ἔφη, οὐ φθονήσω*. Nun (das kann ich wohl thun), ich werde es euch nicht missgönnen. p. 330 B: *Ἀλλ' οὕτως, ἔφη, ἔχει, ὦ Σώκρατες*. Nun ja, so ist es. p. 353 B: *Ἀλλ', ἔφη, ὀρθῶς λέγεις, καὶ πέραινε, ὥσπερ ἤρξω*. 361—362: νῦν δ' ὥρα ἤδη καὶ ἐπ' ἄλλο τι τρέπεσθαι. *Ἀλλ', ἦν δ' ἐγώ, οὕτω χρὴ ποιεῖν, εἴ σοι δοκεῖ. καὶ γὰρ ἐμοὶ οἷπερ ἔφην ἰέναι πάλαι ὥρα* sich fügend und zustimmend. De rep. V, 477 C: *εἰ ἄρα μανθάνεις. — Ἀλλὰ μανθάνω, ἔφη*. *Xen.* Cyr. V, 5, 36: *Ἀλλ' ἴσως μέντοι, ἔφη ὁ Κυαξάρης, καλῶς λέγεις· κἀγὼ οὕτω ποιήσω*.

Es sind in dem Voranstehenden mehrere Arten des Gebrauchs von *ἀλλά* unterschieden und besonders behandelt worden, nicht als würden sie in der That wie besondere und unterschiedene betrachtet, vielmehr nur um die reiche und vielseitige Anwendung dieser Partikel zu deutlicherem Bewusstsein zu bringen. In Wahrheit wird, wer sich diesen mannigfaltigen Gebrauch lebendig vergegenwärtigt, die gemeinsame Grundbedeutung nicht verkennen. Wenn jedoch diese Grundbedeutung in manchen der zuletzt angeführten Fälle minder deutlich hervortritt, so haben wir zum Schluss noch einen Gebrauch anzuführen, da die Bedeutung des Gegensatzes merklicher sich geltend macht.

12. Es ist der Gebrauch von *ἀλλά* beim Imperativ, oder dem Conjunctiv des Verbots, nicht selten auch bei dem Conjunctiv der Aufforderung. — Die Forderung erscheint bald in stärkerem, bald in schwächerem Gegensatz zu dem Vorhergehenden; sie soll eine wirklich ausgesprochene oder nur gedachte Ungeneigtheit, ein Widerstreben, eine Unentschlossenheit des Andern überwinden und beseitigen. So wird denn *ἀλλά* mit dem Imperativ überhaupt Form der eindringlichsten, inständigsten Forderung. — Doch kann *ἀλλά* beim Imperativ oder Conjunctiv auch stehen, wo man dem Andern etwas gestattet, ihm nachgibt.

Il. I, 32: ἀλλ' ἴθι, μή μ' ἐρέθιζε streng: nein, gehe, reize mich nicht. 259. 264: ἀλλὰ πίθεσθ' eindringlich: nein, folgt mir. 393: ἀλλὰ σύ, εἰ δύνασαί γε, περίσχεο παιδὸς ἐῆος inständige Bitte. Dagegen 421 gestattend: ἀλλὰ σὺ μὲν — μήτι'. Od. IX, 269: ἀλλ' αἰδεῖο, φέριστε, θεούς· ἱκέται δέ τοί εἰμεν. eindringlich: nein, scheue die Götter. X, 69: ἀλλ' ἀκέσασθε φίλοι.
    Oft findet sich bei Homer ἀλλ' ἄγε, ἀλλ' ἄγετε mit Imperativ. Il. I. 210: ἀλλ' ἄγε, λῆγ' ἔριδος. 337: ἀλλ' ἄγε — ἔξαγε κούρην. Od. I, 169: ἀλλ' ἄγε μοι τόδε εἰπέ. So auch ἀλλ' εἷα Eur. Or. 1060. Aesch. Pers. 619. 628. Soph. El. 67 betet Orestes mit Inbrunst:-
    ἀλλ' ὦ πατρῴα γῆ θεοί τ' ἐγχώριοι
    δέξασθέ μ' εὐτυχοῦντα.
134 f.: ἀλλ' ἐᾶτε. 916: ἀλλ', ὦ φίλη, θάρσυνε: nein, sei gutes Muthes. 986: ἀλλ', ὦ φίλη, πείσθητι. 1399. Phil. 230. Da Neoptolemos auf die Anrede des Philoktet zu antworten zögert, fährt dieser nach einer Pause ungeduldig und eindringlich fort: ἀλλ' ἀνταμείψασθ', nun, so gebt doch Antwort.
    485 ff.: πείσθητι, προςπιτνῶ σε γόνασι, καίπερ ὢν
    ἀκράτωρ ὁ τλήμων, χωλός· ἀλλὰ μή μ' ἀφῇς
    ἔρημον οὕτω χωρὶς ἀνθρώπων στίβον.
    ἀλλ' ἢ πρὸς οἶκον τὸν σὸν ἐκσωσόν μ' ἄγων κ. τ. λ.
Eur. El. 332: ἀλλ', ὦ ξέν', ἱκετεύω σ', ἀπάγγειλον τάδε.
    348: ἀλλ', ὦ ξένοι, ξύγγνωτε τοῖς εἰρημένοις.
    848: ἀλλὰ μή με κτείρετε. 1316: ἀλλ' ἀνέχου.
    Or. 1329: ἀλλ' ἐλθὲ καὶ μετάσχες ἱκεσίας φίλοις.
    1332: ἀλλ' — οἴκτειρον. Iph. A. 902. 972.
    1248: ἀλλ' αἴδεσαί με καὶ κατοίκτειρον βίον.

Durch einen begründenden, obwohl nicht mit γάρ bezeichneten Satz erscheint ἀλλά vom Imperativ getrennt. Eur. Phoen. 99:
    Ἀλλ', οὔτις ἀστῶν τοῖσδε χρίμπτεται δόμοις,
    κέδρου παλαιὰν κλίμακ' ἐκπέρα ποδί.
Arist. Ach. 110: ἀλλ' ἄπιθ'. 206. 294. Equitt. 244—246. 251. Pl. Euthyphro p. 6 B: ἀλλά μοι εἰπὲ πρὸς Φιλίου, σὺ ὡς ἀληθῶς ἡγεῖ ταῦτα οὕτω γεγονέναι; p. 15 D: ἀλλὰ μή μ' ἀτιμάσῃς, ἀλλὰ παντὶ τρόπῳ προσέχων τὸν νοῦν ὅ τι μάλιστα νῦν εἰπὲ τὴν ἀλήθειαν. Ap. p. 24 B. Da Meletos fortwährend schweigt, dringt Sokrates in ihn: ἀλλ' εἰπέ, ὦ 'γαθέ, τίς αὐτοὺς ἀμείνους ποιεῖ; p. 39 E. Xen. Cyr. I, 5, 14. V, 5, 24: Ἀλλὰ λέγε, ὅ τι γιγνώσκεις περὶ αὐτῶν.
    Mit dem Conj. adhortativus steht ἀλλά:
    Od. I, 76: ἀλλ' ἄγεθ' ἡμεῖς οἵδε περιφραζώμεθα πάντες
    νόστον, ὅπως ἔλθῃσι.
    II, 404: ἀλλ' ἴομεν, μὴ δηθὰ διατρίβωμεν ὁδοῖο·
Beide Male dient ἀλλά, die Aufforderung zu beleben. Plato Prot. p. 311 A: ἀλλ' ἴωμεν.

Ein Beispiel des concessiven Optativs bei ἀλλά haben wir unter 9. *Soph.* El. 387 gehabt.

Ueber ἀλλά — γάρ wird bei γάρ, über ἀλλά — γέ bei γέ, über ἀλλ' οὖν — γε bei οὖν gehandelt werden. Die übrigen Partikelverbindungen mit ἀλλά bedürfen einer besonderen Erörterung nicht.

Ἄρα. Ἄρα.

Nachdem man lange Zeit sich dabei beruhigt hatte, ἄρα mit einseitiger Beachtung des gewöhnlichsten attischen und späteren Gebrauchs als Partikel der Folge, des Anschlusses zu betrachten, und sich zu Bestätigung dieser Ansicht auf die verwandte Bedeutung von ἀραρίσκω zu berufen, ist seit *Hartungs* Partikellehre die scheinbar abgeschlossene Untersuchung erst recht aufgenommen und in verschiedenem Sinn geführt worden. *Hartung*, die Sache umkehrend und auf die Spitze stellend, erklärte Partikellehre I. S. 422: „ἄρα bezeichnet, um es kurz zu sagen, das gerade Gegentheil von dem, was man ihm bisher allgemein zugetraut hat, nämlich nicht das Natürliche und Erwartete, sondern das Unerwartete und Befremdende, was man nicht bedacht, nicht gewusst hatte u. s. w., kurz die Ueberraschung. Das nächstfolgende Werk über die griechischen Partikeln von *R. Klotz* (Devarii liber de graecae linguae particulis. Ed. R. Klotz. Vol. II. R. Klotz adnotatt. cont. Lips. 1840) geht sect. I p. 160 ff. auf die frühere Ansicht zurück, die mit den Worten charakterisirt wird: „quom et veteres grammatici Graeci et recentiores omnes in eo consensissent, ut per particulam ἄρα aliquid ita ad aliud, quod aut revera positum esset, ut ipsa sententia poneretur, extrinsecus adsumendum esset, adnecti dicerent, ut posterius hoc ex illo priore quasi aliquid cohaerens et consequens evenire videretur, sive ea vis sola ratiocinatione sive interrogatione aut acclamatione proderetur — nuper exstitit Hartungius etc."

Einen vermittelnden Standpunkt nahm *Nägelsbach* ein, der in dem dritten Excurs zu der ersten Ausgabe seiner Anmerkungen über die Ilias (Nürnberg 1834) einerseits (S. 191) Hartung beistimmte, dass ἄρα nicht überhaupt das blosse Zusammenfügen, sondern das Enganpassen (Hartung S. 419), das Angemessen- und Passendsein (Nägelsbach S. 191) bezeichne, die Folgerung Hartungs, dass, wenn ἄρω als Stammwort betrachtet würde, die Partikel keine andre Bedeutung, als die des lateinischen commodum oder des deutschen just führen könnte (Hartung S. 420, Nägelsbach S. 192) vollkommen annimmt und festhält, und von diesen Grundlagen aus den homerischen Gebrauch der Partikel entwickelt. „Das Angepasste ist ein Neues und Weiteres, das aber mit einem Ersten (Vorhandenen) ohne weiters oder unmittelbar verbunden ist, das mit demselben unmittelbar zusammentrifft" (N. S. 191. 192). „Ist dieses Weitere von der Art, dass es sich ohne weiteres mit dem Vorhergehenden in Bezug setzt, dass z. B. der Einwand, der Grund mit dem Anspruch auftritt, ohne weitere Vermittlung und Begründung unmittelbar, so wie er ausgesagt wird, zu gelten, so — steht ἄρα" (im Deutschen: eben, und das mundartliche: halt). Der Ansicht Hartungs nähert sich die fünfte von *Rost* und *Palm* bearbeitete Auflage des Passow'schen Wörterbuchs. Die Partikel diene „mehr zu Bezeichnung einer gemüthlichen Stimmung, als zum Ausdruck eines deutlich aufgefassten Begriffs", „wo der Inhalt der Rede als etwas bezeichnet werden soll, das eine Spannung erregt, einen lebendigen Eindruck auf das Gemüth des Sprechenden macht, oder auf das Gemüth des Hörenden machen soll" (vgl. Hartung S. 430). Indem eine Verwandtschaft von ἄρα mit αἴρω (heben) als wahrscheinlich betrachtet wird, ist demungeachtet das mundartliche halt als entsprechendster deutscher Ausdruck angenommen. — Erwähnung verdient noch, dass *K. W. Krüger* in seiner griechischen Sprachlehre der Partikel „den Begriff des aus einer vorliegenden Thatsache Ersichtlichen" beilegt und dieselbe mit sichtlich, scilicet, also, demnach übersetzt.

Während diese Ansichten merklich genug auseinandergehen, zieht es, so viel man sieht, die Mehrzahl der griechischen Philologen vor, die alte Ansicht festzuhalten. So z. B. *Konstantin Matthiä* (Beitrag zur Lehre von den griech. Partikeln 1845) u. a. Um nur aus der neuesten Literatur Belege anzuführen, so sagt *Döderlein* Homerisches Glossar II, S. 86. Nro. 545: „ἄρα ist eine consecutive Partikel, bezeichnet eine Anreihung, einen Fortgang, entweder der reflectirenden oder der erzählenden Darstellung; demnach ist ihr Sinn entweder conclusiv: was daraus folgt" oder continuativ: was darauf folgt." — Aehnlich *Classen* in den Beobachtungen über den homerischen Sprachgebrauch Frkf. a. M. 1854. S. 21: „ἄρα (ἄρ' oder ῥά) recht eigentlich die epische Partikel, die den nach natürlichem Zusammenhang zu erwartenden Fortschritt ausdrückt."

Es kann hier nicht meine Aufgabe sein, in eine Kritik dieser verschiedenen Ansichten einzugehen, wohl aber den keineswegs schwierigen Versuch zu machen, auf thetischem Wege, durch klare Deduction der wahren Bedeutung einerseits das Richtige in den sonstigen Auffassungen anzuerkennen und zu combiniren, andrerseits das Einseitige und Unrichtige indirect zu widerlegen.

Als die ursprünglichste Bedeutung wird sich aber diejenige darstellen, aus welcher sich, während sie schon dem ältesten Gebrauch angehört, die übrigen Arten des Gebrauchs ungezwungen ergeben.

Lassen wir die Etymologie, da sie keineswegs so klar ist, wie die von ἀλλά, vorerst bei Seite und gehen von den sicheren Beobachtungen des Sprachgebrauchs aus, so müssen wir

1. an die Spitze diejenige Bedeutung stellen, auf welche meines Wissens zuerst *Nägelsbach* S. 196 hingewiesen hat, wenn er dieselbe auch nicht zum Ausgangspunkt seiner auf die gewöhnliche Etymologie basirten Untersuchung machte. — Es dient nämlich ἄρα, um etwas ohne weiteren Beweis und eines solchen nicht bedürftig als unmittelbar gewiss, unbestritten und ausgemacht hinzustellen, auszudrücken, dass etwas nun einmal, nun eben (halt) so ist, und keinem Zweifel unterliegt.

Unter den Stellen, die als Belege für diese Bedeutung dienen, führe ich ohne Unterschied auch diejenigen an, in welchen ἄρα, besonders in Verbindung mit einem historischen Tempus angeben soll, dass die in einem Satze ausgesprochene Behauptung als Folge einer eben erlangten Einsicht, im Gegensatz gegen frühere, irrige Meinung aufzufassen sei (vgl. *Rost* gr. Gr. 6. Aufl. S. 740; *Krüger* gr. Gr. §. 53. 2. A. 6; *Heindorf* und *Stallbaum* zu Plato Phaedo p. 68 B.). Während letztere Auffassung von der Annahme ausgeht, dass der Grundbegriff unsrer Partikel der des Anschliessens, der Folge und Folgerung sei, liegt vielmehr in diesen Fällen der von mir aufgestellte Grundbegriff unmittelbar vor.

Zunächst seien aus Homer diejenigen Stellen an einander gereiht, welche etwas als unabänderliches Verhängniss der Götter bezeichnen und hiebei die Partikel ἄρα gebrauchen. *Od.* IV, 104—108:

τῶν πάντων οὐ τόσσον ὀδύρομαι ἀχνύμενός περ,
ὡς ἑνός, ὅστε μοι ὕπνον ἀπεχθαίρει καὶ ἐδωδὴν
μνωομένῳ, ἐπεὶ οὔ τις Ἀχαιῶν τόσσ' ἐμόγησεν
ὅσσ' Ὀδυσεὺς ἐμόγησε καὶ ἤρατο. τῷ δ' ἄρ' ἔμελλεν
αὐτῷ κήδε' ἔσεσθαι, ἐμοὶ δ' ἄχος αἰὲν ἄλαστον
κείνου, ὅπως δὴ δηρὸν ἀποίχεται.

Fühlbar liegt in τῷ δ' ἄρ' ἔμελλεν κήδε' ἔσεσθαι die Resignation in das Unabänderliche: ihm waren nun einmal Leiden bestimmt. Das Verhältniss des Gedankens zu dem Vorhergehenden ist nicht das der Folge, des sich anschliessenden Fortschritts; noch weniger das einer Folgerung (= daraus sieht man, dass ihm Leiden zu Theil werden sollten). Hinwiederum ist auch von Ueberraschung, von Aufregung und Spannung keine Spur. Eine ähnliche Reflexion macht Odysseus in Bezug auf seine Neugierde, den Polyphem kennen zu lernen, *Od.* IX, 230: οὐδ' ἄρ' ἔμελλ' ἑτάροισι φανεὶς ἐρατεινὸς ἔσεσθαι seine Erscheinung sollte eben für die Gefährten keine wünschenswerthe sein. X, 26: οὐδ' ἄρ' ἔμελλεν ἐκτελέειν es war ihm nun aber nicht beschieden, diess zum Ziel zu führen. *Il.* X, 336:

— — — — οὐδ' ἄρ' ἔμελλεν
ἐλθὼν ἐκ νηῶν ἂψ Ἕκτορι μῦθον ἀποίσειν.
doch war es ihm eben nicht bestimmt, dem Hektor eine Nachricht heimzubringen. XII, 3: οὐδ' ἄρ' ἔμελλεν τάφρος ἔτι σχήσειν.
XVII, 495—498: — — — μάλα δέ σφισιν ἔλπετο θυμὸς
αὐτώ τε κτενέειν ἐλάαν τ' ἐριαύχενας ἵππους·
νήπιοι, οὐδ' ἄρ' ἔμελλον ἀναιμωτί γε νέεσθαι
αὖτις ἀπ' Αὐτομέδοντος.
V, 205: τὰ δέ μ' οὐκ ἄρ' ἔμελλεν ὀνήσειν.

Mit noch bestimmteren Worten ist in folgenden Stellen etwas als Rathschluss des Zeus und der Götter und als unvermeidliches Verhängniss bezeichnet:

Il. II, 419: οὐδ' ἄρα πώ οἱ ἐπεκραίαινε Κρονίων.
V, 674 f.: οὐδ' ἄρ' Ὀδυσσῆϊ μεγαλήτορι μόρσιμον ἦεν,
Ἰφθιμον Διὸς υἱὸν ἀποκτάμεν ὀξέϊ χαλκῷ.
XIV, 464: — — τῷ γάρ ῥα θεοὶ βούλευσαν ὄλεθρον.
XVIII, 74 f.: — — — τὰ μὲν δή τοι τετέλεσται
ἐκ Διός, ὡς ἄρα δὴ πρίν γ' εὔχεο χεῖρας ἀνασχών.
dann 79 mit Bezug hierauf:
μῆτερ ἐμή, τὸ μὲν ἄρ μοι Ὀλύμπιος ἐξετέλεσσεν.
Od. XI. 139: Τειρεσίη, τὰ μὲν ἄρ που ἐπέκλωσαν θεοὶ αὐτοί.

Fassen wir diese Stellen, die eine Erinnerung an die unabänderlichen Fügungen des Geschicks und der Götter enthalten, genauer ins Auge, so ist es klar, dass jene Erinnerung dem Vorhergehenden gewöhnlich entgegengestellt wird, mithin nicht als Folge oder Folgerung oder Fortschritt aus dem Vorhergehenden gefasst werden kann. Eben so wenig sind aber diese Stellen der Hartung-schen Ansicht günstig, denn weit entfernt, eine Spannung oder Ueberraschung anzudeuten, liegt ihnen vielmehr die Resignation in ein unbedingt über den Menschen waltendes Verhängniss zu Grunde und die Ueberzeugung, wie diesem gegenüber das Thun der Menschen ein vergebliches und eitles ist.

Auch in den folgenden Stellen lässt sich leicht erkennen, dass ἄρα als Ausdruck des unabänderlich Gegebenen, Zweifellosen dient.

Il. XXIII, 670: — — — — οὐδ' ἄρα πως ἦν
ἐν πάντεσσ' ἔργοισι δαήμονα φῶτα γενέσθαι.
Od. IX, 553 f.: ὁ δ' οὐκ ἐμπάζετο ἱρῶν, ἀλλ' ἄρα μερμήριζεν doch Zeus achtete der Opfer nicht, sondern er sann eben darauf. Od. IV, 605: ἐν δ' Ἰθάκῃ οὔτ' ἄρ δρόμοι εὐρέες, οὔτε τι λειμών, in Ithaka gibts eben weder Rennbahnen, noch Wiesen. Der Satz mit ἄρα enthält eben so wenig die Folge des Vorhergehenden, als etwas Ueberraschendes, das Gemüth Aufregendes und Spannendes.
Od. VIII, 72 ff.: αὐτὰρ ἐπεὶ πόσιος καὶ ἐδητύος ἐξ ἔρον ἕντο,
Μοῦσ' ἄρ' ἀοιδὸν ἀνῆκεν ἀειδέμεναι κλέα ἀνδρῶν
οἴμης, τῆς τότ' ἄρα κλέος οὐρανὸν εὐρὺν ἵκανεν.

So wenig bei dem einen als bei dem anderen ἄρα kann an eine Folge und Folgerung, oder an ein überraschendes Eintreten der Handlung gedacht werden.

Od. XVI, 418: Ἀντίνο' ὕβριν ἔχων, κακομήχανε, καὶ δὲ σέ φασιν
ἐν δήμῳ Ἰθάκης μεθ' ὁμήλικας ἔμμεν ἄριστον,
βουλῇ καὶ μύθοισι· σὺ δ' οὐκ ἄρα τοῖος ἔησθα.

Du warst eben kein solcher, man hat sich, wie unzweifelhaft ist, in dir getäuscht.

Od. XVII, 454: ὦ πόποι, οὐκ ἄρα σοί γ' ἐπὶ εἴδεϊ καὶ φρένες ἦσαν,

du hattest eben neben der Schönheit nicht auch Verstand (wie man meinte).

Il. V, 531 f.: αἰδομένων δ' ἀνδρῶν πλέονες σόοι ἠὲ πέφανται,
φευγόντων δ' οὔτ' ἂρ κλέος ὄρνυται, οὔτε τις ἀλκή.

VI, 352: τούτῳ δ' οὔτ' ἂρ νῦν φρένες ἔμπεδοι, οὔτ' ἂρ' ὀπίσσω
ἔσσονται.

Od. IX, 64: οὐδ' ἄρα μοι προτέρω νῆες κίον ἀμφιέλισσαι,

sie wollten eben nicht vorwärts gehen. — Die Bedeutung, welche sich in den bisher angeführten Stellen als die natürlichste und nothwendige darbot, wird auch in den nachgenannten sich bestätigen.

Il. I, 330. VI, 139. VI, 417 f. XI, 604. XXIV, 697. Od. II, 36. 296. 397. X, 214 f. XIX, 282 ff. XX. 56. XXIII, 271.

Gegen die Auffassung der Partikel als Bezeichnung des aus dem Vorangegangenen sich Ergebenden oder des Folgenden spricht namentlich die Verbindung mit γάρ, wo diesem causale Bedeutung zukommt.

Il. I, 112 ff.: — — — — ἐπεὶ πολὺ βούλομαι αὐτὴν
οἴκοι ἔχειν· καὶ γάρ ῥα Κλυταιμνήστρης προβέβουλα
κουριδίης ἀλόχου· ἐπεὶ οὔ ἕθεν ἐστὶ χερείων
οὐ δέμας, οὔτε φυήν, οὔτ' ἂρ φρένας, οὔτε τι ἔργα.

Da der Satz καὶ γάρ ῥα προβέβουλα den Grund für βούλομαι οἴκοι ἔχειν enthält, so kann er nicht ausdrücken, was darauf, oder daraus folgt. Gleiches gilt von

I, 236 f.: οὐδ' ἀναθηλήσει (σκῆπτρον), περὶ γάρ ῥά ἑ χαλκὸς ἔλεψεν
φύλλα τε καὶ φλοιόν. — Man vergleiche noch Il. II, 342. XIII, 352. XIV, 30. XX, 77. XXI, 299. 468. XXII, 301. Od. III, 143. V, 321. VI, 329. VIII, 44. 81. XV, 16.

Auch nach ἐπεί (nachdem und weil) und οὕνεκα findet sich ἄρα. Il. VI, 426. Od. I, 21. u. XV, 390:
ξεῖν' ἐπεὶ ἂρ δὴ ταῦτά μ' ἀνείρεαι,

Od. I, 262: — — — — ἀλλ' ὁ μὲν οὔ οἱ
δῶκεν, ἐπεί ῥα θεοὺς νεμεσίζετο αἰὲν ἐόντας.

XVII, 185. XX, 86. XXIII, 258.

Il. VII, 138 ff.: — — — — τὸν ἐπίκλησιν κορυνήτην
ἄνδρες κίκλησκον καλλίζωνοί τε γυναῖκες,
οὕνεκ' ἄρ' οὐ τόξοισι μαχέσκετο δουρί τε μακρῷ.

Wenn ich nun zunächst auf den Sprachgebrauch der attischen Dichter und Prosaiker übergehe, so wird sich doch Gelegenheit geben, nicht nur bei einzelnen Formeln auf den epischen Gebrauch zurückzukommen, sondern auch noch weitere Gebrauchsweisen aus Homer anzuführen, die sich nur aus dem vorangestellten Grundbegriff schicklich erklären lassen.

Aesch. Pers. 568 ff.: τοὶ δ' ἄρα πρωτόμοροι δή, φεῦ, λειφθέντες πρὸς ἀνάγκαν, ἐή, ἀκτὰς ἀμφὶ Κεγχρείας. Obwohl die Hartung'sche Auffassung hier nicht unanwendbar ist, so liegt es doch am nächsten, in ἄρα den Ausdruck des Feststehenden und Unabänderlichen zu erkennen. Pers. 931: Ὅσ' ἐγώ, οἷοῖ, αἴακτὸς μέλεος γέννᾳ, γᾷ τε πατρῴᾳ κακὸν ἄρ' ἐγενόμαν. Ausdruck des Unabänderlichen. Ag. 761 f.: οἴκων δ' ἄρ' εὐθυδίκων καλλίπαις πότμος ἀεί. Wie Frevel sich fortpflanzt (759 f.), eben so entschieden ist, dass in Geschlechtern, die gerades Recht üben, ein glückliches Loos auf die Kinder forterbt. VII c. Th. 491 f.:

ὁ σηματουργὸς δ' οὔ τις εὐτελὴς ἄρ' ἦν,
ὅστις τόδ' ἔργον ὤπασεν πρὸς ἀσπίδι.

646: Δίκη δ' ἄρ' εἶναί φησιν. Sie nennt sich eben die Gerechtigkeit.

Soph. Trach. 1170: ἔφασκε μόχθων τῶν ἐφεστώτων ἐμοὶ
λύσιν τελεῖσθαι· κᾀδόκουν πράξειν καλῶς.
τὸ δ' ἦν ἄρ' οὐδὲν ἄλλο πλὴν θανεῖν ἐμέ.

Das war eben nichts Anderes (es hatte keinen andern Sinn), als dass ich sterben werde.

Soph. El. 934 ff.: — — — ἐγὼ δὲ σὺν χαρᾷ λόγους
τοιούσδ' ἔχουσ' ἔσπευδον, οὐκ εἰδυῖ' ἄρα,
ἵν' ἦμεν ἄτης — ich wusste eben nicht.

1185: ὡς οὐκ ἄρ' ἤδη τῶν ἐμῶν οὐδὲν κακῶν ich kannte eben (das ist ausser Zweifel) die ganze Grösse meines Unglücks nicht. Oed. Col. 1697: πόθος καὶ κακῶν ἄρ' ἦν τις. *Eur.* Or. 159 ff.: ἄδικος ἄδικα τότ' ἄρ' ἔλακεν, ἔλακεν ἀπόφωνον ὅτ' ἐπὶ τρίποδι Θέμιδος ἄρ' ἐδίκασε φόνον ὁ Λοξίας ἐμᾶς ματέρος. Mag man auch das erste ἄρα als consecutive Partikel, als Bezeichnung der jetzt aus den Umständen erlangten Einsicht auffassen können, so ist doch das zweite nur als Ausdruck der entschiedenen, feststehenden Thatsache zu nehmen; und auch das erste ἄρα kann eben so natürlich in der Grundbedeutung genommen werden: das ist nun einmal entschieden. So haben wir es

Or. 1676 f.: Ὦ Λοξία μαντεῖε, σῶν θεσπισμάτων
οὐ ψευδόμαντις ἦσθ' ἄρ', ἀλλ' ἐτήτυμος.

Du warst eben (das steht nun fest) kein falscher Prophet.
Or. 713: ἄφιλος ἦσθ' ἄρ', ὦ πάτερ, πράσσων κακῶς.

1268: ἀπωλόμεσθ' ἄρ' ὦ φίλαι. In allen diesen Stellen ist ἄρα Ausdruck der zweifellosen Gewissheit, dass nun einmal etwas so ist, wie es ist.

Iph. A. 1101: μνήμης δ' ἄρ' εἶχον πλησίον βεβηκότος
 Ἀγαμέμνονος.
El. 374 f.: πῶς οὖν τις αὐτὰ διαλαβὼν ὀρθῶς κρινεῖ;
 πλούτῳ; πονηρῷ γ' ἄρα χρήσεται κριτῇ.
Zweifellos und entschieden: da wird er eben einen schlechten Massstab anwenden. Diese Stelle, wie mehrere unten anzuführende, mag zugleich als Beleg dienen, dass ἄρα mit langer vorletzter Sylbe nicht blos, wie *G. Hermann* einst meinte (Vorrede zu Soph. Oed. Col.), in der Frage gebraucht wird.
Eur. Iph. T. 343: καὶ τοῦτ' ἄρ' ἦν ἀληθές, ᾐσθόμην, φίλαι·
Das war eben — wie ich es erfuhr — wahr.
361: Ἅιδης Ἀχιλλεὺς ἦν ἄρ', οὐχ ὁ Πηλέως.
(Der vorgeschützte) Achill war eben nicht des Peleus Sohn, vielmehr der Hades. 557: ψευδεῖς ὄνειροι, χαίρετ'· οὐδὲν ἦτ' ἄρα.
1277: ψευδῶς ἄρ' αἶδε θεᾶς μ' ἀπήλαυνον δόμων
 ὡς ἐκτὸς εἴης· σὺ δὲ κατ' οἶκον ἦσθ' ἄρα.
Das erste ἄρα bleibt, als auf Conjectur (von Kirchhoff) beruhend, ausser Betracht; das zweite dagegen ist ein deutlicher Beleg der aufgestellten Grundbedeutung: du warst eben zu Hause. In keinem Fall kann ἄρα hier als Partikel der Folge genommen werden.
Iph. A. 1330: Ἡ πολύμοχθον ἄρ' ἦν γένος, ἡ πολύμοχθον ἀμερίων·
wahrlich mühselig eben ist das Geschlecht der Tagsgeschöpfe (der Ausspruch, dass das Menschengeschlecht ein mühseliges sei, war wahr). Phoen. 1498: ὦ Πολύνεικες, ἔφυς ἄρ' ἐπώνυμος du verdienst eben deinen Namen.
Arist. Ach. 90: ταῦτ' ἄρ' ἐφενάκιζες σύ das hast du eben gelogen. Hier so wenig wie 347: ἐμέλλετ' ἄρ' ἅπαντες ἀνασείειν βοήν kann ἄρα eine Folge nach oder aus dem Vorhergehenden bezeichnen. Eben so wenig 556: τοῖς ἄρ' ὑμῖν οὐκ ἔνι ihr habt eben keinen Verstand. Auch 393: ὥρα 'στὶν ἄρα μοι καρτερὰν ψυχὴν λαβεῖν liegt es am nächsten, ἄρα als Bezeichnung des unmittelbar Gewissen, Unabänderlichen zu nehmen: es bleibt mir eben nichts Andres übrig.
990: ὡς καλὸν ἔχουσα τὸ πρόσωπον ἄρ' ἐλάνθανες
wir wussten eben nicht, wie schön, o Friede, dein Antlitz sei. Ebenso Eq. 384 f.:
 ἦν ἄρα πυρός γ' ἕτερα θερμότερα, καὶ λόγων ἐν πόλει
 τῶν ἀναιδῶν ἀναιδέστεροι· καὶ τὸ πρᾶγμ' ἦν ἄρ' οὐ
 φαῦλον οὐδ'.
Pax 674 ff.: Ἑρμ.   Ποῖός τις οὖν εἶναι δοκεῖ τὰ πολεμικὰ
   ὁ Κλεώνυμος;
 Τρ.   Ψυχὴν ἄριστος, πλήν γ' ὅτι
   οὐκ ἦν ἄρ' οὕπερ φησὶν εἶναι τοῦ πατρός.
Herod. VI, 62, 1: Τὸν δὲ Ἀρίστωνα ἔκνιζε ἄρα τῆς γυναικὸς ταύτης ὁ ἔρως.

Thuc. I, 69, 4: καίτοι ἐλέγεσθε ἀσφαλεῖς εἶναι, ὧν ἄρα ὁ λόγος τοῦ ἔργου ἐκράτει aber bei euch übertrifft eben der Ruf die Wirklichkeit. — Schlagende Belege für die dem ἄρα vindicirte Bedeutung des unmittelbar Gegebenen und Feststehenden finden sich auch in den *Platonischen* Dialogen. Phaedo p. 68 B: Οὔκουν ἱκανόν σοι τεκμήριον, ἔφη, τοῦτο ἀνδρός, ὃν ἂν ἴδῃς ἀγανακτοῦντα μέλλοντα ἀποθανεῖσθαι, ὅτι οὐκ ἄρ' ἦν φιλόσοφος, ἀλλά τις φιλοσώματος: dass er eben kein Philosoph war. Die consecutive Bedeutung ist durch die ganze Form der Rede ausgeschlossen. Die Folgerung aus dem Vorhergehenden tritt, wie sichs gebührt, mit οὔκουν an die Spitze; nachher ist sie überflüssig. Eben so klar liegt jene Bedeutung vor: Phaedo p. 70 C: Σκεψώμεθα — εἴτε ἄρα ἐν Ἅιδου εἰσὶν αἱ ψυχαὶ τελευτησάντων τῶν ἀνθρώπων, εἴτε καὶ οὔ und Phaedo p. 97 B—C: Ἀλλ' ἀκούσας μέν ποτε ἐκ βιβλίου τινός, ὡς ἔφη Ἀναξαγόρου, ἀναγιγνώσκοντος καὶ λέγοντος, ὡς ἄρα νοῦς ἐστιν ὁ διακοσμῶν τε καὶ πάντων αἴτιος dass es eben (worüber es keiner Frage weiter bedürfe) die Vernunft sei, die alles ordne. Unmöglich kann der Satz ὡς νοῦς ἐστιν ὁ διακοσμῶν als Folgerung oder Fortschritt etc. aus einem Früheren, sondern er soll nur als ausgemachte, über jeden Zweifel erhobene Wahrheit bezeichnet werden. Phaedo p. 107 D: λέγεται δὲ οὕτως, ὡς ἄρα τελευτήσαντα ἕκαστον ὁ ἑκάστου δαίμων, ὅσπερ ζῶντα εἰλήχει, οὗτος ἄγειν ἐπιχειρεῖ εἰς δή τινα τόπον. p. 107 E: ἔστι δὲ ἄρα ἡ πορεία οὐχ ὡς ὁ Αἰσχύλου Τήλεφος λέγει· ἐκεῖνος μὲν γὰρ ἁπλῆν οἰμόν φησιν εἰς Ἅιδου φέρειν, ἡ δὲ οὔτε ἁπλῆ οὔτε μία φαίνεται μοι εἶναι. Symp. 192 E: ἀλλ' ἀτεχνῶς οἴοιτ' ἂν ἀκηκοέναι τοῦτο, ὃ πάλαι ἄρα ἐπεθύμει jetzt sieht er das erfüllt, was er eben längst gewünscht hatte. Apol. p. 40 E: εἰ δ' αὖ — ἀληθῆ ἐστι τὰ λεγόμενα, ὡς ἄρα ἐκεῖ εἰσιν ἅπαντες τεθνεῶτες alle Todten seien eben dort (d. i. darüber brauche man gar nicht weiter zu fragen). Prot. p. 315 C: ἐπιδημεῖ γὰρ ἄρα Πρόδικος ὁ Κεῖος. p. 343 D—F. *Aesch.* adv. Ctes. §. 137: τολμᾷ λέγειν εἰς τὰ πρόσωπα τὰ ὑμέτερα, ὡς ἄρα Θηβαῖοι τὴν συμμαχίαν ἐποιήσαντο — διὰ τὰς Δημοσθένους δημηγορίας.

Ἄρα erscheint ferner bei der Gliederung einer Periode in μέν und δέ, wo diese in ein widersprechendes Verhältniss treten, so dass aus dem einen Glied auf das Gegentheil des andern geschlossen werden sollte. Es drückt aber auch hier die unbezweifelte Gewissheit aus. *Pl.* Ap. p. 34 B—C: Τάχα δ' ἄν τις ὑμῶν ἀγανακτήσειεν ἀναμνησθεὶς ἑαυτοῦ, εἰ ὁ μὲν καὶ ἐλάττω τουτουὶ τοῦ ἀγῶνος ἀγῶνα ἀγωνιζόμενος ἐδεήθη τε καὶ ἱκέτευσε τοὺς δικαστὰς — ἐγὼ δὲ οὐδὲν ἄρα τούτων ποιήσω (wie es augenscheinlich vorliegt). p. 37 C—D: πολλὴ μέντ' ἄν με φιλοψυχία ἔχοι, ὦ ἄνδρες Ἀθηναῖοι, εἰ οὕτως ἀλόγιστός εἰμι, ὥστε μὴ δύνασθαι λογίζεσθαι, ὅτι ὑμεῖς μὲν ὄντες πολῖταί μου οὐχ οἷοί τε ἐγένεσθε ἐνεγκεῖν τὰς ἐμὰς διατριβὰς καὶ τοὺς λόγους, ἀλλ' ὑμῖν βαρύτεραι γεγόνασιν — ἄλλοι δὲ ἄρα αὐτὰς οἴσουσι ὁμοίως mit Ironie als entschiedene Sache ausgesprochen. Crito p. 46 D: ἢ (oder ob) πρὶν μὲν ἐμὲ δεῖν ἀποθνήσκειν καλῶς ἐλέγετο, νῦν δὲ κατάδηλος ἄρα ἐγένετο, ὅτι ἄλλως ἕνεκα λόγου ἐλέγετο. p. 50 E bis 51 A: ἢ πρὸς μὲν ἄρα σοι τὸν πατέρα οὐκ ἐξ ἴσου ἦν τὸ δίκαιον — πρὸς δὲ τὴν πατρίδα ἄρα καὶ τοὺς νόμους ἐξέσται σοι κ. τ. λ. De rep. X, p. 600 C: ἀλλ᾽ οἶει, ὦ Γλαύκων, εἰ τῷ ὄντι οἷόν τ᾽ ἦν παιδεύειν ἀνθρώπους καὶ βελτίους ἀπεργάζεσθαι Ὅμηρος — οὐκ ἄρ᾽ ἂν πολλοὺς ἑταίρους ἐποιήσατο — ἀλλὰ Πρωταγόρας μὲν ἄρα — καὶ Πρόδικος — δύνανται τοῖς ἐφ᾽ ἑαυτῶν παριστάναι, — ὡς οὔτε οἰκίαν οὔτε πόλιν τὴν αὐτῶν διοικεῖν οἷοί τ᾽ ἔσονται, ἐὰν μὴ σφεῖς αὐτῶν ἐπιστατήσωσι τῆς παιδείας — Ὅμηρον δ᾽ ἄρα οἱ ἐπ᾽ ἐκείνου, εἴπερ οἷός τ᾽ ἦν πρὸς ἀρετὴν ὀνῆσαι ἀνθρώπους, ἢ Ἡσίοδον ῥαψῳδεῖν ἂν περιιόντας εἴων —; Phaedo p. 97 A: θαυμάζω γάρ, εἰ, ὅτε μὲν ἑκάτερον αὐτῶν χωρὶς ἀλλήλων ἦν, ἓν ἄρ᾽ ἑκάτερον ἦν καὶ οὐκ ἤστην τότε δύο, ἐπεὶ δ᾽ ἐπλησίασαν ἀλλήλοις, αὕτη ἄρα αὐτοῖς αἰτία ἐγένετο δυοῖν γενέσθαι, ἡ ξύνοδος τοῦ πλησίον ἀλλήλων τεθῆναι.

Den Platonischen Stellen mögen sich einige aus Xenophon anreihen. Xen. Cyr. I, 3, 8: ὁ δὲ Σάκας ἄρα καλός τε ὢν ἐτύγχανε. §. 9. 10: τότε γὰρ δὴ ἔγωγε καὶ πρῶτον κατέμαθον, ὅτι τοῦτ᾽ ἄρ᾽ ἦν ἡ ἰσηγορία, ὃ ὑμεῖς τότ᾽ ἐποιεῖτε. I. 6, 31: ὃς ἐδίδασκεν ἄρα τοὺς παῖδας τὴν δικαιοσύνην. VII, 3, 6. VIII, 4, 7. Hiero 1, 13: εἴποις οὖν ἂν ἴσως σύ· ἀλλ᾽ ἄρα ἔρχεται αὐτοῖς τὰ τοιαῦτα καὶ οἴκοι μένουσι. Apol. §. 28. Ages. VII, 5.

Hieran seien einige weitere Beispiele von εἰ ἄρα, ἦν ἄρα, εἰ μὴ ἄρα angereiht, wo ἄρα eigentlich einer zu Grunde liegenden Behauptung angehört, aus welcher der Bedingungssatz hervorgegangen ist. Die Partikel ist auch hier Ausdruck des Gegebenen, unmittelbar Gewissen, Zweifellosen.

Pl. I, 65: εἴτ᾽ ἄρ᾽ ὅ γ᾽ εὐχωλῆς ἐπιμέμφεται, εἴθ᾽ ἑκατόμβης man denkt sich als Antwort: εὐχωλῆς ἄρα ἐπιμέμφεται.

Soph. Phil. 345: λέγοντες, εἴτ᾽ ἀληθές, εἴτ᾽ ἄρ᾽ οὖν μάτην.

Thuc. I, 136, 3: καὶ ἐλθόντος οὐ πολὺ ὕστερον τοῦ Ἀδμήτου δηλοῖ τε ὅς ἐστι καὶ οὐκ ἀξιοῖ, εἴ τι ἄρα αὐτὸς ἀντεῖπεν αὐτῷ Ἀθηναίων δεομένῳ, φεύγοντα τιμωρεῖσθαι. Pl. de rep. V, p. 477 C: εἰ ἄρα μανθάνεις, ὃ βούλομαι λέγειν τὸ εἶδος. — Zur ganzen Periode gehört die Partikel: Pl. Euthyphro p. 5 B: Ναὶ μὰ Δί᾽, ὦ Σώκρατες, εἰ ἄρα ἐπιχειρήσειε γράφεσθαι, εὕροιμ᾽ ἄν, ὡς οἶμαι, ὅπῃ σαθρός ἐστι. Er sollte es nur versuchen, mich anzuklagen, ich würde dann eben finden, wo bei ihm der faule Fleck ist. Thuc. I, 140, 2: τοὺς ἀναπειθομένους ὑμῶν δικαιῶ τοῖς κοινῇ δόξασιν, ἢν ἄρα τι καὶ σφαλλώμεθα, βοηθεῖν. Es liegt der Gedanke zu Grunde, wie es eben auch, ohne Zweifel, geschehen kann, dass Athen Niederlagen erleidet. Xen. hist. gr. VI, 3, 6: εἰ δὲ ἄρα ἐκ θεῶν πεπρωμένον ἐστὶ πολέμους ἐν ἀνθρώποις γίγνεσθαι wenn es nun aber einmal von den Göttern verhängt ist.

Leicht erkennbar ist jene Bedeutung auch in den Formeln εἰ μὴ ἄρα, ἢν μὴ ἄρα. Wir müssen aber hier einen doppelten Gebrauch unterscheiden. Bei Homer findet sich die Formel nach Voraussetzung eines nicht wirklichen Falles um anzugeben, was diesen verhinderte: wenn nicht eben etc. (= ἀλλ' ἄρα).
Il. VI, 73 ff.: ἔνθα κεν αὖτε Τρῶες ἀρηϊφίλων ὑπ' Ἀχαιῶν
Ἴλιον εἰσανέβησαν, ἀναλκείῃσι δαμέντες,
εἰ μὴ ἄρ' Αἰνείᾳ τε καὶ Ἕκτορι εἶπε παραστὰς
Πριαμίδης Ἕλενος.
Od. XXIII, 241 f.: καί νύ κ' ὀδυρομένοισι φάνη ῥοδοδάκτυλος Ἠώς,
εἰ μὴ ἄρ' ἄλλ' ἐνόησε θεὰ γλαυκῶπις Ἀθήνη.

Bei den Attikern wird εἰ μὴ ἄρα, ἢν μὴ ἄρα == nisi forte gebraucht, um den ganz unwahrscheinlichen Fall zu bezeichnen, bei dessen Voraussetzung allein eine vorhergehende Behauptung ungiltig sein würde. *Pl.* Apol. p. 17 B: τὸ γὰρ μὴ αἰσχυνθῆναι, ὅτι αὐτίκα ὑπ' ἐμοῦ ἐξελεγχθήσονται ἔργῳ — τοῦτό μοι ἔδοξεν αὐτῶν ἀναισχυντότατον εἶναι, εἰ μὴ ἄρα δεινὸν καλοῦσιν οὗτοι λέγειν τὸν τἀληθῆ λέγοντα: sie müssten denn eben denjenigen einen guten Redner nennen, der die Wahrheit sagt. Dem Bedingungssatz liegt die Behauptung zu Grunde: ὁ τἀληθῆ λέγων οὗτος ἄρα δεινὸς λέγειν. p. 38 B: νῦν δέ — οὐ γὰρ ἔστιν, εἰ μὴ ἄρα ὅσον ἂν ἐγὼ δυναίμην ἐκτῖσαι, τοσοῦτον βούλεσθέ μοι τιμῆσαι. Phaedo p. 76 C. Prot. pag. 355 B. *Xen.* Mem. I, 2, 8: Πῶς ἂν οὖν ὁ τοιοῦτος ἀνὴρ διαφθείροι τοὺς νέους; εἰ μὴ ἄρα ἡ τῆς ἀρετῆς ἐπιμέλεια διαφθορά ἐστιν.

Εἰ ἄρα findet sich auch in indirekten Fragen. *Pl.* Prot. p. 343 C: Ἐπισκεψώμεθα δὴ αὐτὸ τοῦτο κοινῇ ἅπαντες, εἰ ἄρα ἐγὼ ἀληθῆ λέγω ob ich eben in Wirklichkeit die Wahrheit sage. Phaedo p. 95 B: πειρώμεθα, εἰ ἄρα τι λέγεις. *Xen.* Mem. II, 2, 2: Ἤδη δέ ποτ' ἐσκέψω, εἰ ἄρα, ὥσπερ τὸ ἀνδραποδίζεσθαι τοὺς μὲν φίλους ἀδίκους εἶναι δοκεῖ, τοὺς δὲ πολεμίους δίκαιον, καὶ τὸ ἀχαριστεῖν πρὸς μὲν τοὺς φίλους ἄδικόν ἐστι, πρὸς δὲ τοὺς πολεμίους δίκαιον; *Xen.* hist. gr. II, 4, 40: σκέψασθε, εἰ ἄρα ἐπ' ἀνδρείᾳ ὑμῖν μέγα φρονητέον die gedachte und vorausgesetzte Behauptung: ἐπ' ἀνδρείᾳ ἄρα μέγα ἡμῖν φρονητέον ist in eine Frage aufgenommen.

Aehnlich ist der Gebrauch von ἄρα in der direkten Frage. *Aesch.* Pers. 144: πῶς ἄρα πράσσει Ξέρξης βασιλεύς; An die Stelle eines bestimmten Adverbs εὖ oder κακῶς ἄρα πράσσει ist die Frage getreten. *Eur.* Or. 1266: τίς ὅδ' ἄρ' ἀμφὶ μέλαθρον πολεῖ σὸν ἀγρότας ἀνήρ; Phoen. 1295: πότερος ἄρα πότερον αἱμάξει —; 1301: πότερον ἄρα τέκνον ὀλόμενον ἰαχήσω; Iph. T. 480: πότερος ἄρ' ὑμῶν ἐνθάδ' ὠνομασμένος Πυλάδης κέκληται; 460: τίς ἄρα μήτηρ ἡ τεκοῦσ' ἡμᾶς ποτε; 389. Iph. A. 789 u. 1036: τίς ἄρα. 1230: τί δ' ἄρ' ἐγὼ σέ; *Pl.* Ap. p. 25 A: ἀλλ' ἄρα, ὦ Μέλητε, μὴ οἱ ἐν τῇ ἐκκλησίᾳ, οἱ ἐκκλησιασταί, διαφθείρουσι τοὺς νεωτέρους;

Dass in dem der Frage beigegebenen ἄρα, wenn es auch gewöhnlich in abgeschwächter Bedeutung nur steht, um die Frage zu beleben, dennoch auf die Grundbedeutung der unmittelbaren Gewissheit zurückgegangen werden muss, erhellt aus der Vergleichung mit γάρ und δή, welche bekanntlich mit gleicher Wirkung in der Frage gebraucht werden, und denen, wie später gezeigt werden soll, eine ähnliche Grundbedeutung zukommt.

Ein schlagender Beweis für die bisher erörterte Bedeutung des unmittelbar als gewiss Gegebenen bietet endlich die Partikel γάρ. So wenig es zweifelhaft sein kann, dass dieselbe aus γέ und ἄρα verschmolzen ist, so wenig kann es bestritten werden, dass in dieser Composition ἄρα nicht Partikel der Folge, der Folgerung, des Fortschritts sein kann. Obwohl sich uns die Bedeutung dieser Partikel erst nach Erörterung der Partikel γέ mit Sicherheit ergeben kann, so lässt sich doch, mag man nun, wie noch immer viele thun, γάρ überall als causale Partikel oder mit dem Verfasser der vorliegenden Untersuchungen als Bezeichnung dessen, was jedenfalls unmittelbar gewiss und als wahr gegeben ist, betrachten, soviel mit Entschiedenheit behaupten, dass γάρ in allen Arten seines Gebrauchs der Herleitung von einer Partikel der Folge schlechthin widerstrebt.

2. Verfolgen wir die Entwicklung unsrer Partikel weiter, so schliesst sich an die bisher dargelegte Bedeutung zunächst diejenige an, wonach ἄρα im Epos dem recapitulirenden demonstrativen (auch relativen) Worte beigegeben wird, um einen vorher genannten Begriff, nachdem er durch eingeschaltete nähere Bestimmungen erweitert worden ist, wieder aufzunehmen. Auch auf diesen Gebrauch hatte *Nägelsbach* (Anmerkungen zur Ilias S. 193) aufmerksam gemacht. Il. II, 482 wird die Person Agamemnons 477 mit der 478 bis 481 gegebenen Charakteristik in den Worten zusammengefasst: τοῖον ἄρ' Ἀτρείδην θῆκε Ζεὺς ἤματι κείνῳ. · III, 153 wird, nachdem 146—152 Priamos und die um ihn versammelten Geronten genannt und geschildert wurden, fortgefahren: τοῖοι ἄρα Τρώων ἡγήτορες ἧντ' ἐπὶ πύργῳ: so eben waren die Obersten des Volkes, die auf der Mauer sassen. — Obwohl ἄρα eigentlich nicht die Identität bezeichnet, sondern nur eine Gewissheit, in Betreff deren jede weitere Frage überflüssig ist, so nimmt es doch, indem es dem demonstrativen Wort sich anschliesst, und die bestätigende Kraft, die ihm inwohnt, speciell auf letzteres bezieht, leicht diese Bedeutung an (wie im Deutschen eben, z. B. der hat es eben gethan = der eben hat es gethan).

Il. VII, 65: τοῖσι ἄρα στίχες εἴατ' Ἀχαιῶν τε Τρώων τε
ἐν πεδίῳ.

211: τοῖος ἄρ' Αἴας ὧρτο.

VI, 7—9: ἄνδρα βαλών, ὃς ἄριστος ἐνὶ Θρῄκεσσι τέτυκτο,
υἱὸν Ἐυσσώρου, Ἀκάμαντ' ἠΰν τε μέγαν τε,
τόν ῥ' ἔβαλε πρῶτος κόρυθος φάλον ἱπποδασείης.
Il. I, 405. nach Nennung und Schilderung des Briareos wird alles zusammenfassend fortgefahren: ὅς ῥα παρὰ Κρονίωνι καθέζετο er eben (dieser selbe) setzte sich neben Kronion. — Im zehnten Gesang fährt der Dichter, nachdem er Dolon geschildert hat, V. 318 fort:
ὅς ῥα τότε Τρωσίν τε καὶ Ἕκτορι μῦθον ἔειπεν.
Od. IV, 8: τὴν ἄρ' ὅ γ' ἔνθ' ἵπποισι καὶ ἅρμασι πέμπε νέεσθαι
Μυρμιδόνων προτὶ ἄστυ περίκλυτον mit Bezug auf 5—7: eben diese, von Troja dem Sohn Achills Verlobte. *Od.* XV, 256. XX, 111. 291.

Sehr häufig ist bei Homer ὣς ἄρα so eben, namentlich in den Formeln: ὣς ἄρα φωνήσας (φωνήσασα). *Il.* I, 428. II, 35. 84. VI, 116. VII, 103. 303 u. a. m. — ὣς ἄρ' ἔφη *Il.* I, 584. II, 265. ὣς ἄρ' ἔφαν III, 161. 324. VII, 181. 206 u. a.
Auch in andrer Verbindung *Il.* III, 13. VII, 7. *Od.* XVI, 219. XX, 16. XXIII, 239.

In ähnlicher Weise findet sich ἄρα auch nach andern demonstrativen Partikeln.

τοὔνεκα:
Il. I, 93 ff.: οὔτ' ἄρ' ὅ γ' εὐχωλῆς ἐπιμέμφεται, οὐδ' ἑκατόμβης,
ἀλλ' ἕνεκ' ἀρητῆρος, ὃν ἠτίμησ' Ἀγαμέμνων,
οὐδ' ἀπέλυσε θύγατρα, καὶ οὐκ ἀπεδέξατ' ἄποινα,
τοὔνεκ' ἄρ' ἄλγε' ἔδωκεν ἑκηβόλος, ἠδ' ἔτι δώσει.

ἔνθεν:
Il. VII, 465: τῆος δ' ἐκ Λήμνοιο παρέστασαν οἶνον ἄγουσαι,
dann 472: ἔνθεν ἄρ' οἰνίζοντο καρηκομόωντες Ἀχαιοί.

τότε:
Il. VII, 405: καὶ τότ' ἄρ' Ἰδαῖον προσέφη κρείων Ἀγαμέμνων. *Od.* XXIII, 247.

τῆμος:
Il. VII, 433: Ἦμος δ' οὔτ' ἄρ πω ἠώς, ἔτι δ' ἀμφιλύκη νύξ,
τῆμος ἄρ' ἀμφὶ πυρὴν κριτὸς ἔγρετο λαὸς Ἀχαιῶν.

Auch an Relative schliesst sich ἄρα so an, dass seine Grundbedeutung: nun aber, nun einmal auf dieselben Einfluss übt und sie besonders näher bestimmt.

Il. VII, 182: ἐκ δ' ἔθορε κλῆρος κυνέης, ὃν ἄρ' ἤθελον αὐτοί·
eben (gerade) das, das sie selbst gewünscht hatten.
Od. XX, 106: πλησίον, ἔνθ' ἄρα οἱ μύλαι εἴατο ποιμένι λαῶν.
da, wo eben die Mühlen sich befanden.
Il. VI, 130: οὐδὲ γὰρ οὐδὲ Δρύαντος υἱός, κρατερὸς Λυκόοργος,
δὴν ἦν, ὅς ῥα θεοῖσιν ἐπουρανίοισιν ἔριζεν.

ὅς, durch ῥα in ähnlicher Weise verstärkt, wie sonst durch γέ, geht in causale Bedeutung über: da er mit den Göttern stritt. — *Hesiod.* theog. 58: ἀλλ' ὅτε δή ῥ' ἐνιαυτὸς ἔην. 144: οὕνεκ' ἄρα. 268 u. 365: αἵ ῥ. 282: ὅτ' ἄρ. 328: τόν ῥ'.

Indem sich die vollere Form der Partikel zu ἄρ abschwächte und in ῥα, ῥ' sich verflüchtigte, war es natürlich, dass zugleich auch die Bedeutung sich schwächte und verflüchtigte, oder vielmehr aus der Schwächung der Bedeutung ergab sich die Verflüchtigung der Form. Es lassen sich nun verschiedene Stufen der Bedeutung unterscheiden, wenn es auch in dem einzelnen Fall oft schwierig ist, zu entscheiden, welcher Stufe die Partikel angehört.

Wir begegnen a) einer grossen Anzahl von Stellen, in welchen die unter 1. nachgewiesene Bedeutung, dass etwas unmittelbar gegeben und gewiss, nun einmal so ist, minder betont, leichter angedeutet zu sein scheint; wir begegnen auch b) vielen Stellen, in welchen ἄρα ausdrückt oder ausdrücken kann, dass etwas natürlich und nach dem Vorhergehenden zu erwarten ist. — Wie sich nämlich aus dem parataktischen Satzverhältniss das hypotaktische herausbildete, konnten Partikeln, die zunächst jenem Verhältniss angehört hatten, und ohne Beziehung auf einen anderen Satz gebraucht worden waren, in ein Verhältniss, eine Beziehung zu andern Sätzen eingehen, Partikeln, die ursprünglich das unmittelbar und beziehungslos Gewisse bezeichnet hatten, konnten für die vermittelte Gewissheit, die sich aus Prämissen ergab, gebraucht werden. Demgemäss steht endlich c) ἄρα für die eigentliche Folgerung und im förmlichen Schluss. Dieser Gebrauch kann schon für Homer zugegeben werden, obwohl in den betreffenden Stellen ἄρα auch als Ausdruck des unmittelbar Gewissen betrachtet werden kann. Klar ausgebildet liegt aber der Gebrauch bei den Attikern, besonders in philosophischen Schriften vor.

Wir fassen nun die Fälle a) und b) zusammen, da sich zwischen beiden Gebieten schwer trennen lässt, und behandeln nur den letzten Fall besonders.

3. Es bezeichnet also ἄρα bald überhaupt mit minderer Betonung das Gegebene, was eben nun so und nicht anders ist, bald dasjenige, das nach dem Vorangegangenen zu erwarten und natürlich ist. Beispiele dieses Gebrauchs sind bei weitem die häufigsten in den homerischen Gedichten, und es fallen unter dieselben namentlich diejenigen, welche gewöhnlich für die Bedeutung der unmittelbaren Anreihung und des Fortschritts angeführt werden.

Gehen wir nun die erste Rhapsodie der Ilias durch, um im Einzelnen die Kategorieen des Gebrauchs zu beurtheilen.

Il. I, 8: Τίς τ' ἄρ σφωε θεῶν ἔριδι ξυνέηκε μάχεσθαι;

Klotz de gr. l. particulis II. sect. 1. p. 160 bemerkt: „revocat auditorem ad id, quod ante traditum est, Agamemnonem et Achillem inter se rixatos esse, caussam reddit, quam ob rem hanc potuerit interrogationem interponere poëta, ut commode reddi possit: Quis igitur deorum commisit etc."
Nägelsbach Anmerkungen 2. Aufl. erklärt: „Mittelst τέ wird einfach fortgefahren, mittelst ἄρα die Frage unmittelbar an ihre Veranlassung geknüpft: 'und wer war nun also derjenige Gott, der etc.?'" Dass ich in τέ nach τίς keine Verknüpfung anerkennen kann, soll bei Erörterung dieser Partikel begründet werden. Die Auffassung des ἄρα aber im Sinne von igitur, nun also, scheint mir hier so wenig wahrscheinlich, als Π. II, 760 ff. Nachdem in letzterer Stelle mit Οὗτοι ἄρ' ἡγεμόνες Δαναῶν καὶ κοίρανοι ἦσαν die Liste der griechischen Heerführer geschlossen ist, erscheint eine aus dem Vorhergehenden abgeleitete und gefolgerte Frage: quis igitur, wer nun also etc. minder passend. Sowohl I, 8 wie II, 761 hebt nach vorangegangenem Abschluss die Rede von Neuem an. In beiden Stellen nehme ich ἄρα wie sonst γάρ in der Frage, d. i. ursprünglich gleich einem Ausdruck der unmittelbaren Gewissheit, dann aber (gleich γάρ, δή und dem deutschen denn) als Mittel, der Frage grössere Entschiedenheit und Lebhaftigkeit zu geben.

46: ἔκλαγξαν δ' ἄρ' ὀϊστοὶ ἐπ' ὤμων χωομένοιο αὐτοῦ κινηθέντος, da erklangen denn (nun eben, natürlich) die Pfeile. Nach *Klotz* „revocatur mens audientis ad id, quod ante declaratum erat, unde hoc, quod jam narratur, consecutum sit. Nam jam antea dictus erat Apollo iratus ab Olympo profectus esse, humeris tela gerens." *Nägelsbach:* „So oft er sich bewegte, rasselten sofort (ἄρα) auch die Pfeile."

56: κήδετο γὰρ Δαναῶν, ὅτι ῥα θνήσκοντας ὁρᾶτο. Here kümmerte sich um die Danaer (natürlich) weil sie sie eben fallen sah. *Klotz:* „per particulam ῥά ad illud, quod explicatum jam erat (51) revocamur." *Nägelsbach:* „weil ja, wie Od. α 263 und Il. η 140." Letzteres gewiss mit richtigem Gefühl des Sinnes.

63: εἴτ' ἄρ' ὅ γ' εὐχωλῆς ἐπιμέμφεται, εἴθ' ἑκατόμβης. - *Klotz* bezieht ἄρα auf 64 ἐχώσατο. Schade nur, dass dazu 93 nicht passen will, wo sich denn K. genöthigt sieht, ἄρ' anders zu motiviren. *Nägelsbach* nimmt es als erklärend (nach Exc. III, 16).

68: ἤτοι ὅ γ' ὣς εἰπὼν κατ' ἄρ' ἕζετο: er setzte sich eben (wie es natürlich war). So wird diese Formel überall aufzufassen sein, wie auch *Klotz* sie nimmt: „ut significet hoc ita fieri rerum statu jam consentaneum fuisse." Dasselbe gilt von 360 und 500: καί ῥα πάροιθ' αὐτοῖο καθέζετο, so wie von 569: καί ῥ' ἀκέουσα καθῆστο.

93: οὔτ' ἄρ' ὅ γ' εὐχωλῆς ἐπιμέμφεται, οὔθ' ἑκατόμβης.
„Calchas ponit quasi summam (das Resultat) vaticinii sui — Fingitur

igitur aut indicatur potius ista particula aliquid praecessisse, ex quo hoc quasi deducatur (= also)." Auf solche Weise lässt sich freilich alles erklären. Auch Nägelsbach nimmt hier ἄρα etwas anders, als 65, und geht auf den Begriff des Unmittelbaren, was sich ohne Weiteres ergibt, zurück. Mir scheint es ausser Zweifel, dass ἄρα in beiden Stellen gleich aufgefasst werden muss, da ja Kalchas die 65. gesprochenen Worte wiederholt. Beide Male ist der Ausdruck des unmittelbar, sicher Gegebenen: ob er eben um das Gelübde zürnt etc., weder um das Gelübde eben zürnt er u. s. f.
Die Verse 96. 113. 115. 236. 405 sind unter 1. behandelt worden.

148: Τὸν δ' ἄρ' ὑπόδρα ἰδὼν προσέφη πόδας ὠκὺς Ἀχιλλεύς·
Klotz: „hoc modo obloqui Achillem rebus ita comparatis consentaneum est." Das so häufig I, 292. 308. 501. 529. 599 sich findende δ' ἄρα führt ein Weiteres, Neues (δέ) als natürlich, sich von selbst verstehend ein. Diess gilt auch von

330: οὐδ' ἄρα τώ γε ἰδὼν γήθησεν Ἀχιλλεύς Achill freute sich eben (natürlich) nicht.

430: τήν ῥα βίῃ ἀέκοντος ἀπηύρων: die sie eben mit Gewalt raubten.

465: μίστυλλόν τ' ἄρα τἆλλα und 471: νώμησαν δ' ἄρα πᾶσιν wird die Handlung als eine natürliche, unter den gegebenen Umständen sich von selbst verstehende bezeichnet.

Sehr verflüchtigt ist die Bedeutung 493:
ἀλλ' ὅτε δή ῥ' ἐκ τοῖο δυωδεκάτη γένετ' ἠώς,
Aus *Hesiod* vergleiche man theog. 167: Ὣς φάτο· τοὺς δ' ἄρα πάντας ἕλεν δέος. 177: καί ῥ' ἐτανύσθη πάντῃ. 289. 326.

Noch liesse sich eine grosse Zahl von Stellen anführen, in welchen die Handlung durch ein volleres ἄρα und ἄρ oder durch ein verflüchtigtes ῥα und ῥ' mehr oder weniger als natürliche, nach dem Vorausgehenden zu erwartende bezeichnet erscheinen kann. Jedenfalls dürfen wir es aber aussprechen, dass, wie sich aus dem vorangestellten Grundbegriff des unmittelbar Gewissen, über das jede weitere Frage, jeder Zweifel kurzhin abgeschnitten ist, auch der Schein einer aus dem Vorangegangenen resultirenden Gewissheit entstehen kann, so die Beispiele von ἄρα vielmehr den Begriff des nach den Umständen Natürlichen und sich Ergebenden darbieten, als den von Hartung aufgestellten Begriff der Ueberraschung.

4. Wir kommen zu derjenigen Bedeutung, welche in scharfer Bestimmtheit erst bei den Attikern (weiterhin noch schärfer selbst durch die Stellung der Partikel an die Spitze des Satzes) hervortritt, obwohl sie schon bei Homer in manchen Stellen angenommen werden kann: der Bedeutung der Folge und Folgerung. Wenn

aber der Partikel die Bedeutung der Folge beigelegt wird, soll dies nicht missverstanden werden. Ἄρα kann nie die äussere Folge und Anreihung bezeichnen; dafür hat die griechische Sprache εἶτα, ἔπειτα oder (mit leichter Andeutung des Gegensatzes, des Neuen) δέ. Wo ἄρα als Partikel der Folge erscheint, bezeichnet sie ein inneres, natürliches Verhältniss, das sich Ergebende. — In diese Klasse können aus Homer gerechnet werden:

Il. VII, 359 f.: εἰ δ' ἐτεὸν δὴ τοῦτο ἀπὸ σπουδῆς ἀγορεύεις,
ἐξ ἄρα δή τοι ἔπειτα θεοὶ φρένας ὤλεσαν αὐτοί.

Dass die Götter den Verstand geraubt haben, erscheint als zweifellose Thatsache, wofern die Worte ernstlich gemeint seien. So ergibt sich für ἄρα der Schein einer Folgerung.

II, 432 f.: αὐτὰρ ἐπεὶ πόσιος καὶ ἐδητύος ἐξ ἔρον ἔντο,
τοῖς ἄρα μύθων ἦρχε Γερήνιος ἱππότα Νέστωρ.

Der Satz mag, sofern er Nachsatz von ἐπεί ist, am natürlichsten als Folge aufgefasst werden. Indessen ist eben so wenig unpassend: da hub eben (denn) Nestor also an. Gleiches gilt von:

Od. IX, 475: Κύκλωψ, οὐκ ἄρ' ἔμελλες ἀνάλκιδος ἀνδρὸς ἑταίρους
ἔδμεναι = es war also (aber auch: eben) kein Feigling.

XI, 553 ff.: Αἴαν, παῖ Τελαμῶνος ἀμύμονος, οὐκ ἄρ' ἔμελλες
οὐδὲ θανὼν λήσεσθαι ἐμοὶ χόλου εἵνεκα τευχέων
οὐλομένων;

so solltest du denn (also, — wie ich aus deinem Benehmen ersehe) selbst im Tode nicht den Groll vergessen?

XIII, 209: οὐκ ἄρα πάντα νοήμονες οὐδὲ δίκαιοι
ἦσαν Φαιήκων ἡγήτορες.

so waren denn also (wie ich nun ersehe) die Obersten der Phäaken nicht durchaus gerecht.

XIII, 293: — — — — — οὐκ ἄρ' ἔμελλες,
οὐδ' ἐν σῇ περ ἐὼν γαίῃ, λήξειν ἀπατάων.

du solltest also (wie ich sehe) nicht einmal in deinem Vaterland vergessen zu täuschen.

Auch in späteren Schriftstellern kann es oft zweifelhaft sein, ob ἄρα eine Folgerung aus dem Vorhergehenden bedeutet, oder ohne Beziehung auf einen andern Satz das Feststehende, Gewisse ausdrückt:

Aesch. Pers. 472 sagt Atossa, nachdem sie die Unglücksbotschaft von der Niederlage der Perser vernommen:

ὦ στυγνὲ δαῖμον, ὡς ἄρ' ἔψευσας φρενῶν
Πέρσας — wie hast du eben (also) die Perser getäuscht!

Entschiedener *Soph.* Phil. 978, nachdem sich Odysseus zu erkennen gegeben: οἴμοι· πέπραμαι κἀπόλωλ'· ὅδ' ἦν ἄρα
ὁ ξυλλαβών τε κἀπονοσφίσας ὅπλων.

der also war's u. s. w.

Phil. 995: ἡμᾶς μὲν ὡς δούλους σαφῶς πατὴρ
ἄρ' ἐξέφυσεν οὐδ' ἐλευθέρους. Ferner:
El. 772: μάτην ἄρ', ὡς ἔοικεν, ἥκομεν wir sind also, wie aus deinen Worten erhellt, vergeblich gekommen.
1177: Ὀρ. Ἦ σὸν τὸ κλεινὸν εἶδος Ἠλέκτρας τόδε;
Ἠλ. Τόδ' ἔστ' ἐκεῖνο, καὶ μάλ' ἀθλίως ἔχον.
Ὀρ. Οἴμοι ταλαίνης ἄρα τῆσδε συμφορᾶς. — 1454.
Eur. Or. 183: πρόδηλος ἄρ' ὁ πότμος.
713: ἄφιλος ἦσθ' ἄρ', ὦ πάτερ, πράσσων κακῶς.
kann auch zu 1. gezogen werden. Aehnlich 747: ἐν κακοῖς ἄρ' εἰ μεγίστοις. 786: οὐκ ἄρ' ὀκνήσεις; du wirst also nicht zaudern?
1208 f.: τοιαύτης ἄρ' ἁμαρτήσῃ τάλας γυναικός. 1533: οὐκ ἄρα κτενεῖς με;
Iph. A. 305: σκήπτρῳ τάχ' ἄρα σὸν καθαιμάξω κάρα.
400: αἱ αἱ, φίλους ἄρ' οὐχὶ κεκτήμην τάλας.
406: οὐκ ἄρα δοκεῖ σοὶ τάδε ποιεῖν σὺν Ἑλλάδι;
674: στήσομεν ἄρ' ἀμφὶ βωμόν, ὦ πάτερ, χορούς;
875. 881. Bei 943:
ἐγὼ κάκιστος ἦν ἄρ' Ἀργείων ἀνὴρ
kann man zweifelhaft sein, ob ἄρα zu 1. oder zu 4. gehört; ebenso
1353: δι' ἄρ' ὀλώλαμεν. Dagegen 1360: παῖς ἄρ' οὐκέτι σφαγήσεται
bezeichnet ἄρα die Folgerung.
1660: σαυτὴν ἄρ' ἐγγὺς τῷδε συνθάψεις νεκρῷ. 1677.
Med. 78. 1016: ἄλλως ἄρ' ὑμᾶς, ὦ τέκν', ἐξεθρεψάμην.
Aehnlich *Arist.* Ach. 114:
ἄλλως ἄρ' ἐξαπατώμεσθ' ὑπὸ τῶν πρεσβέων;
323: Χορ. οὐκ ἀκουσόμεσθα δῆτα. Δ. δεινὰ τἄρα πείσομαι.
326. 336: ἀπολεῖς ῥα; du willst also zu Grunde richten?
Pax 832 f.: οὐκ ἦν ἄρ' οὐδ' ἃ λέγουσι κατὰ τὸν ἀέρα,
ὡς ἀστέρες γιγνοίμεθ', ὅταν τις ἀποθάνῃ;
Eq. 125: ταῦτ' ἄρ' ἐφυλάττου πάλαι —; das also (oder auch das eben).
1097: οὐκ ἦν ἄρ' οὐδεὶς τοῦ Γλάνιδος σοφώτερος so war denn (Ergebniss aus dem Vorangegangenen) niemand weiser.

Nicht zu verkennen ist die strenge Bedeutung der Folgerung in den philosophischen Erörterungen, wo die Präcision der Beweisführung eben den präcisen Ausdruck der Folgerung nothwendig macht. *Plato* Euthyphro p. 7 E: Καὶ τῶν θεῶν ἄρα — ἄλλοι ἄλλα δίκαια ἡγοῦνται κατὰ τὸν σὸν λόγον —; p. 8 A: Σ. Ταὐτὰ ἄρα, ὡς ἔοικε, μισεῖταί τε ὑπὸ τῶν θεῶν καὶ φιλεῖται, καὶ θεομισῆ τε καὶ θεοφιλῆ ταῦτ' ἂν εἴη. Ε. Ἔοικεν. Σ. Καὶ ὅσια ἄρα καὶ ἀνόσια τὰ αὐτὰ ἂν εἴη, ὦ Εὐθύφρον, τούτῳ τῷ λόγῳ. Ε. Κινδυνεύει. Σ. Οὐκ ἄρα ὃ ἠρόμην, ἀπεκρίνω, ὦ θαυμάσιε. Alles genaue Folgerungen. Ebenso p. 10 B. C. D. p. 12 C. 14 D. E. 15 A: Σ. Ἀλλὰ τί δήποτ' ἂν εἴη ταῦτα, ὦ Εὐθύφρον, τὰ παρ' ἡμῶν δῶρα τοῖς θεοῖς; Ε. Τί δ' οἴει ἄλλο ἢ τιμή τε καὶ γέρα καὶ ὅπερ ἐγὼ ἄρτι ἔλεγον, χάρις; Σ. Κεχαρισμένον ἄρα (folglich) ἐστίν, ᾧ Εὐθύφρον, τὸ ὅσιον, ἀλλ' οὐχὶ ὠφέλιμον οὐδὲ φίλον τοῖς θεοῖς; Ε. Οἶμαι ἔγωγε πάντων γε μάλιστα φίλον. Σ. Τοῦτο ἄρ' (folglich) ἐστὶν αὖ, ὡς ἔοικε, τὸ ὅσιον, τὸ τοῖς θεοῖς φίλον. Ε. Μάλιστά γε. D. — Apol. p. 25 A: Πάντες ἄρα, ὡς ἔοικεν, Ἀθηναῖοι καλοὺς κἀγαθοὺς ποιοῦσι πλὴν ἐμοῦ. Präcise Folgerung aus dem Vorhergehenden. p. 26 C. — Phaedo p. 71 D—E: Ἐξ οὖν τοῦ ζῶντος τί τὸ γιγνόμενον; Τὸ τεθνηκός, ἔφη. Τί δαί, ἢ δ' ὅς, ἐκ τοῦ τεθνεῶτος; Ἀναγκαῖον, ἔφη, ὁμολογεῖν, ὅτι τὸ ζῶν. Ἐκ τῶν τεθνεώτων ἄρα, ὦ Κέβης, τὰ ζῶντά τε καὶ οἱ ζῶντες γίγνονται; Φαίνεται, ἔφη. Εἰσὶν ἄρα, ἔφη, αἱ ψυχαὶ ἡμῶν ἐν Ἅιδου. Ἔοικεν. So zieht auch p. 72 A: Ὁμολογεῖται ἄρα ἡμῖν καὶ ταύτῃ τοὺς ζῶντας ἐκ τῶν τεθνεώτων γεγονέναι den Schluss aus dem unmittelbar Vorangegangenen. Ferner 75 A. 76 C: Οὐκ ἄρα δοκοῦσί σοι ἐπίστασθαί γε, ἔφη, ὦ Σιμμία, πάντες αὐτά; Οὐδαμῶς. Ἀναμιμνήσκονται ἄρα ἅ ποτε ἔμαθον; Ἀνάγκη. Πότε λαβοῦσαι αἱ ψυχαὶ ἡμῶν τὴν ἐπιστήμην αὐτῶν; οὐ γὰρ δὴ ἀφ' οὗ γε ἄνθρωποι γεγόναμεν. Οὐ δῆτα. Πρότερον ἄρα. Ναί. Ἦσαν ἄρα, ὦ Σιμμία, αἱ ψυχαὶ καὶ πρότερον, πρὶν εἶναι ἐν ἀνθρώπου εἴδει χωρὶς σωμάτων, καὶ φρόνησιν εἶχον. Prot. p. 309 D. in der Conversation: Καὶ ἄρτι ἄρα (also) ἐκείνῳ συγγεγονὼς ἥκεις. p. 311 E: Σοφιστὴν δή τοι ὀνομάζουσί γε, ὦ Σώκρατες, τὸν ἄνδρα εἶναι, ἔφη. Ὡς σοφιστῇ ἄρα ἐρχόμεθα τελοῦντες τὰ χρήματα. p. 330 C. 331 A: Οὐκ ἄρα ἐστὶν ὁσιότης οἷον δίκαιον εἶναι πρᾶγμα, οὐδὲ δικαιοσύνη οἷον ὅσιον, ἀλλ' οἷον μὴ ὅσιον· ἡ δὲ ὁσιότης οἷον μὴ δίκαιον, ἀλλ' ἄδικον ἄρα. p. 340 D. 341 C. 354 C. 355 E.

5. Ehe wir zu dem frägenden ἄρα übergehen, möge noch eine Bemerkung folgen über das Verhältniss, in welchem die mehreren Bedeutungen, die wir in ἄρα erkannten, zu einander stehen, und dann die oben verschobene Erörterung über die Etymologie der Partikel nachgetragen werden.

Wir können uns leicht überzeugen, dass die unter 1—4 gesonderten Bedeutungen so nahe unter sich verwandt sind, dass in nicht wenigen Fällen schwer zu entscheiden ist, welche am ersten angenommen werden soll. Es ist diess natürlich. Wenn für unsre Auffassung die Bedeutungen auseinandergehen, in der lebenden griechischen Sprache hatten sie ihre lebendige Einheit. Es war Ein Grundbegriff, der von verschiedenen Seiten sich darstellte, der nach und nach die ihm inhärirenden Momente entwickelte, und bald voller und betonter, bald tonloser und flüchtiger in Anwendung kam. Erkennen wir aber innerhalb des Grundbegriffs eine Bewegung an, durch welche sich die ihm inhärirenden Momente nach und nach herausstellen, fragen wir dann, welches unter diesen Momenten am meisten den Charakter der Ursprünglichkeit an sich trage, so kann es sich, da 2. und 3. unmittelbar an 1. sich anschliessen, jenes als eine unbedeutende Modification von 1., 3. als Abschwächung und Verflüchtigung desselben, doch nur um die Priorität von 1. oder 4. handeln. Ich denke, so wie einmal die unter 1. aufgestellte Bedeutung anerkannt werden muss, wie sie in Obigem nachgewiesen worden ist, kann auch über die Priorität dieses Momentes kein Zweifel sein. Vor Allem entspricht dieses Verhältniss zwischen 1. und 4. der Entwicklung der paratakischen Construction zur hypotaktischen. So wie die Sätze ursprünglich zu denken sind als selbständig und unverbunden neben einander gestellt, oder als äusserlich verknüpft und coordinirt, wie die innere logische Verknüpfung als zweite Stufe der Sprachentwicklung nachfolgt, so ist es der Natur gemäss, dass diejenige Bedeutung von ἄρα, welche dem Satze an und für sich angehört, die Bedeutung der unmittelbaren, keinen Zweifel zulassenden Gewissheit (nun aber, nun einmal, halt) die früheste ist, und dass aus ihr sich diejenige entwickelt, welche den nachfolgenden Satz als Ergebniss oder Folgerung mit dem Vorhergehenden in innere und logische Verknüpfung bringt, welche die Gewissheit als eine aus dem Vorhergehenden resultirende darstellt. So leicht und naturgemäss diese Entwicklung ist, so schwierig oder unmöglich wäre der umgekehrte Weg, aus dem letzten Moment das erste zu erklären.

Gehört ἄρα nach der ersten Bedeutung der Gattung der Adverbien an, so geht es in der vierten (also, demnach, folglich) allmählig in die Gattung der Conjunctionen, der Sätze verknüpfenden Partikeln über. Schon in der Stellung drückt sich diess aus. So lange es noch als Adverb im Gebrauch ist, d. i. in der ganzen Zeit der guten Gräcität, ist seine Stellung überhaupt eine freie, und namentlich die Dichter machen je nach dem Bedürfniss von dieser Freiheit Gebrauch. Es ist aber dabei nicht zu verkennen, dass, während die Stellung eine mehr beliebige sein kann, so oft die Partikel nur überhaupt dem ganzen Satz, nicht speciell einem einzelnen Worte vorzugsweise angehört, es dagegen gewöhnlich demjenigen Worte nachgestellt wird, dessen unmittelbare oder gefolgerte Gewissheit hervorgehoben werden soll. — Nachdem aber seine adverbiale Bedeutung völlig erloschen ist und ἄρα vorzugsweise dazu dient, einen Satz als Folgerung aus dem Vorhergehenden hinzustellen, sehen wir die Partikel an den Anfang des Satzes treten. Also die Bewegung innerhalb des Begriffs der Partikel geht von der Bedeutung des unmittelbar Gewissen, Gegebenen, Zweifellosen aus, und schreitet immer entschiedener in der Richtung zur vermittelten Gewissheit, dem als gewiss sich Ergebenden fort.

Noch ist Eines nicht zu übersehen. Während die Partikel in der früheren Zeit durch verschiedene Grade des tonvolleren und flüchtigeren Gebrauchs hindurchgeht und sich zuweilen bis zu einem Minimum der Bedeutung verflüchtigt, entsprechend den verschiedenen Formen: ἄρα, ἄρ, ῥα und ῥ', erscheint sie in der attischen Prosa (bei Aristophanes finden wir eben so wohl das verkürzte ῥα und ῥ') und späterhin nur mit vollem Ton: ἄρα und ἄρ', und demgemäss auch überall mit vollerer Bedeutung.

6. Gehen wir endlich auf die Frage über die Etymologie der Partikel ein, so kann es sich nicht darum handeln, ἄρα von einem Verbalstamm ’ΑΡΩ oder irgend einem andern bestimmten Verbum oder Nomen abzuleiten; denn weder in der Natur des Adverbs noch in seiner Form liegt irgend ein Merkmal der Derivation; sondern nur das kann die Aufgabe sein, die stammverwandten Wörter, Verba, Nomina, Adverbia aufzusuchen, zu prüfen, ob wir unter lautlich verwandten Wörtern solche finden, die auch begrifflich mit ihm verwandt sind. Es scheint mir nun, dass die Wurzel ’ΑΡ*, von welcher ἄρα unmittelbar abstammt, sich weiter zu einer Reihe von Wörtern: ’ΑΡΩ, an welches dann ἀρτάω, ἀρτέω, ἀρτύω, ἄρτι, ἄρτιος, ἁρμόζω sich anschliessen, zu dem untrennbaren Präfixum ἀρι, zu welchem ἀρείων und ἄριστος gehören, ferner zu ἀρετή, ἄρχω, ἀρκέω, κάρτα, καρτερός entwickelt hat, denen der Begriff des Festen, Tüchtigen gemeinsam ist. Selbst die Formen, die man gewöhnlich zu der Wurzel ’ΑΡ zieht, haben diesen Begriff. Unbezweifelt war diess auch seither bei folgenden Stellen:

Aesch. Prom. 60: ἄραρεν· ἥδε γ' ὠλένη δυσεκλύτως ist fest geschlossen. Suppl. 945: ὡς μένειν ἀραρότως dass es fest bleibt.

Eur. Hipp. 1088: Ἄραρεν, ὡς ἔοικεν. Es steht unabänderlich fest, wie ich sehe, gleichsam δράσει ἄρα. Med. 324: ὡς ταῦτ' ἄραρε denn das steht fest. Ebenso Androm. 255: ὡς τοῦτ' ἄραρε. Or. 1322. Heracl. 398: τἀμὰ μὲν δὴ πάντ' ἄραρ' ἤδη καλῶς fest, tüchtig geordnet. Es gehört aber hieher auch *Odyss*. X, 553: οὔτε φρεσὶν ᾗσιν ἀρηρώς, nicht festen, besonnenen Sinnes. *Theocr*. XXV, 112 f.: θυμὸν ἀρηρότα festen Sinn. — Auch sonst wird man in den Formen von ἀρ diese Bedeutung des Festen, Tüchtigen anerkennen müssen. *Il*. XII, 55: (τάφρος) ὕπερθεν δὲ σκολόπεσσιν ὀξέσιν ἤρηρει er starrte von spitzigen Pfählen (war damit befestigt). *Od*. VII, 45: τείχεα σκολόπεσσιν ἀρηρότα.

Il. XIII, 800: Τρῶες ἀρηρότες die Troer schliessen fest an einander.

Il. XV, 617: ἀλλ' οὐδ' ὥς δύνατο ῥῆξαι, μάλα περ μενεαίνων,
 ἴσχον γὰρ πυργηδὸν ἀρηρότες, ἠΰτε πέτρη.
Aehnlich *Il*. XII, 105.

Il. XVI, 212 ff.: ὡς δ' ὅτε τοῖχον ἀνὴρ ἀράρῃ πυκινοῖσι λίθοισιν
 δώματος ὑψηλοῖο, βίας ἀνέμων ἀλεείνων,
 ὣς ἄραρον κόρυθές τε καὶ ἀσπίδες ὀμφαλόεσσαι.

---

* Ich finde keinen Grund, den primitiven Charakter der Wurzel ’ΑΡ zu läugnen und mit *Döderlein* homer. Glossar 524. ἀραρεῖν auf εἴρειν, zusammenfügen, zurückzuführen.

Beide Male hat *ἄραρον* (intransitiv oder transitiv), wie die folgenden Verse bestätigen, die Bedeutung: fest schliessen. *Od.* II, 344. XXII, 128. XXIII, 42: *σανίδες πυκινῶς (εὖ) ἀραρυῖαι*, oder *Od.* XXII, 155. 258. 275. XXIII, 194: *θύρη πυκινῶς ἀραρυῖα*. *Od.* V, 361: *ὄφρ' ἂν μέν κεν δούρατ' ἐν ἁρμονίῃσιν ἀρήρῃ*, so lange die Balken fest zusammenhalten. — So werden wir *Od.* IV, 776 f.: — — — — — — *τελέωμεν μῦθον, ὃ δὴ καὶ πᾶσιν ἐνὶ φρεσὶν ἤραρεν ἡμῖν*. nicht auffassen dürfen: den Plan, der uns allen gefällt, sondern: der uns allen feststeht. *Il.* IV, 134. 213: *ζωστὴρ ἀρηρώς* der fest anschliessende Gurt. *Od.* XVIII, 378: *κυνέη κροτάφοις ἀραρυῖα*. *Il.* XV, 529 f.: *θώρηξ γυάλοισιν ἀρηρώς* festverbunden, festgeschlossen. III, 330: *κνημῖδας — ἐπισφυρίοις ἀραρυίας*. Desgl. XI, 18. XVI, 131 u. a. *Od.* V, 252: *ἴκρια δὲ στήσας, ἀραρὼν θαμέσι σταμίνεσσιν*, transitiv auch *Od.* V, 95 u. XIV, 111: *ἤραρε θυμὸν ἐδωδῇ* er stärkte sich mit Speise.

Wenn ich nun auch zugebe, dass in mehreren Stellen der Begriff abgeschwächt ist, z. B. transitiv und activ *Il.* IV, 110. XXIII, 712: *ἤραρε τέκτων* er passte zusammen, fertigte; *Od.* XVI, 169: *θάνατον ἀραρόντε* Tod bereitend; intransitiv = passen in den Formeln: *ἔγχος (δοῦρε) παλάμηφιν ἀρήρει Il.* III, 338. *Od.* XVII, 4. *Il.* XVI, 139. und passiv: versehen sein *Il.* XI, 30 f.: *κουλεὸν — ἀορτήρεσσιν ἀρηρός*, XIII, 407. *Od.* VI, 267, so ist eben so leicht zu begreifen, wie ein so häufig gebrauchter Begriff sich abschwächen, wie die concretere Bedeutung sich verallgemeinern konnte, als es mit der gewöhnlichen Entwicklung der Sprache im Widerspruch stünde, wenn aus dem schwächeren und allgemeineren Begriff der inhaltsvollere, bestimmtere hervorgehen sollte.

So wird denn auch von Seiten der Etymologie die Annahme unterstützt werden, dass die Partikel *ἄρα*, aus der Wurzel *ΆΡ*, dem Ausdruck für das Feste, Tüchtige, hervorgegangen, das Feststehende, unmittelbar Gewisse bezeichnete. Dasselbe wird sich uns aus einer Erörterung über *ἆρα* ergeben.

Ἆ ρ α.

Das fragende *ἆρα* ist nur durch den volleren und gedehnten Ton von *ἄρα* unterschieden, das ja, wie die oben angeführten Stellen gezeigt haben, von den attischen Dramatikern auch mit langer penultima gebraucht wird, ohne dass dieses *ἆρα* überall auf eine Frage zurückzuführen wäre. Der vollere Ton und die Stellung am Anfang des Satzes, die zwar bei Dichtern nicht gerade nothwendig ist, aber in Prosa höchst selten vernachlässigt wird, stehen im Einklang mit dem Begriff und der Function, die dasselbe übernimmt.

Es steht aber ἆρα in directer und einfacher Frage (nicht in der disjunctiven oder Doppelfrage) und bezeichnet wie ἦ die eigentliche, weder eine Bejahung noch eine Verneinung andeutende Frage. In einzelnen Fällen jedoch kann es in negativem Sinn zu stehen scheinen. Gewöhnlich steht in negativem Sinn ἆρα μή; in affirmativem ἆρ' οὐ; da eine zweigliedrige Frage nicht nothwendig von Anfang als eine Doppelfrage bezeichnet werden muss, sondern auch der einfachen Frage nachträglich eine Gegenfrage beigegeben werden kann, so steht nicht gar selten: ἆρα — ἦ; statt πότερον — ἦ,

Dem fragenden ἆρα überall eine aus dem Vorhergehenden folgernde Kraft beizulegen, ist, wie wir aus den einzelnen Stellen uns überzeugen werden, schlechthin unmöglich. Dagegen liegt es ganz nahe, als Grundbedeutung die des unmittelbar Gewissen, was nun einmal so ist, wie es ist, vorauszusetzen. Dann ist die Entwicklung des in Behauptungen stehenden ἄρα oder ἆρα zu dem ἆρα in der Frage völlig analog der Verwendung des versichernden ἦ ebenfalls zur eigentlichen Frage. Die Verwendung der Partikel der subjectiven Gewissheit ἦ hat zunächst den Sinn: Gewiss ist es so? die Partikel der objectiven Gewissheit ἆρα ergibt zunächst den Sinn: Es verhält sich eben (ohne Zweifel, geschwächt in: etwa wohl) so?.— Eine solche Frage ist in Wahrheit unentschieden; sie legt dem Antwortenden weder ein Ja noch ein Nein in den Mund.

Dem alten Epos ist das fragende ἆρα fremd; es kennt für die eigentliche einfache und directe Frage nur ἦ (ἦ ῥα, ἦ γάρ, ἦ δή s. bei ἦ). Aus attischen Schriftstellern vergleiche man:

Aesch. Prom. 735: — — — — ἆρ' ὑμῖν δοκεῖ
ὁ τῶν θεῶν τύραννος ἐς τὰ πάνθ' ὁμῶς
βίαιος εἶναι;

dünkt er euch in allen Stücken gewaltsam zu verfahren?

Eum. 190: ἆρ' ἀκούετε; hört ihr wohl? 745: ἆρ' ὁρᾷς τάδε; 988: Ἆρα φρονοῦσα γλώσσης ἀγαθῆς ὁδὸν εὑρίσκεις; Pers. 638: νέρθεν ἆρα κλύει μου; hört er mich wohl aus der Unterwelt? (vorher: ἦ ῥ' ἀΐει μου μακαρίτας ἰσοδαίμων βασιλεύς).

Soph. El. 80: Ἆρ' ἐστὶν ἡ δύστηνος Ἠλέκτρα;
1098: Ἆρ', ὦ γυναῖκες, ὀρθά τ' εἰσηκούσαμεν,
ὀρθῶς δ' ὁδοιπορούμεν, ἔνθα χρῄζομεν;

Eur. El. 226: Ορ. Ἥκω φέρων σοι σοῦ κασιγνήτου λόγους.

Ἠλ. Ὦ φίλτατ', ἆρα ζῶντος, ἢ τεθνηκότος; die Frage ist zunächst einfach; erst nachträglich wird die Gegenfrage hinzugefügt. Ebd. 286. 978. 1058. Or. 1282. Iph. T. 501: Ἆρ' ἄν τι μοι φράσειας ὧν ἐγὼ θέλω; 565: ἆρ' εἰσίν, ἆρ' οὐκ εἰσί; 995. 1287.

Arist. Ach. 76: ἆρ' αἰσθάνει τὸν κατάγελων τῶν πρέσβεων;
238: Σῖγα πᾶς. ἠκούσατ', ἄνδρες, ἆρα τῆς εὐφημίας;

Ἆρα. Ἄτε.

481. 589. *Thuc.* I, 75, 1. *Plato* Euthyphro p. 7 B: ἆρ' ἂν εἰ διαφεροίμεθα ἐγώ τε καὶ σὺ περὶ ἀριθμοῦ, ὁπότερα πλείω, ἢ περὶ τούτων διαφορὰ ἐχθροὺς ἂν ἡμᾶς ποιοῖ καὶ ὀργίζεσθαι ἀλλήλοις, ἢ ἐπὶ λογισμὸν ἐλθόντες περί γε τῶν τοιούτων ταχὺ ἂν ἀπαλλαγεῖμεν; Die Frage ist zuerst eine einfache; nachträglich folgt eine Gegenfrage. p. 9 D. E. ·p. 10 B. D. 12 C: Τὸ τοιοῦτον τοίνυν καὶ ἐκεῖ λέγων ἠρώτων, ἆρα ἵνα δίκαιον, ἔνθα καὶ ὅσιον, ἢ ἵνα μὲν ὅσιον, ἔνθα καὶ δίκαιον —; die Frage ist nur scheinbar indirect. Protag. p. 319 A. 333 B. 356 D. E. 357 A. 358 D: Τί οὖν ἔφην ἐγώ, καλεῖτέ τι δέος καὶ φόβον; καὶ ἆρα ὅπερ ἐγώ κ. τ. λ. p. 358 E. *Xen.* Mem. I, 1, 15. III, 6. 4. Hiero I, 1.

Hervorgehoben wird das fragende ἆρα durch Anhängung von γέ. *Pl.* Euthyphro p. 6 A: Ἆρά γε — τοῦτ' ἐστίν, οὗ ἕνεκα τὴν γραφὴν φεύγω; *Dem*, Ol. I, §. 12.

Soll die Frage eine Folgerung aus dem Vorhergehenden enthalten, so steht: ἆρ' οὖν.

Eur. Phoen. 425: Ἆρ' εὐτυχεῖς οὖν τοῖς γάμοις, ἢ δυστυχεῖς;

Pl. Euthyphro p. 5 A: Ἆρ' οὖν μοι, ὦ θαυμάσιε Εὐθύφρον, κράτιστόν ἐστι μαθητῇ σῷ γενέσθαι; 11 E. 14 D. Prot. 313 C. 330 A. 333 D. 351 B. 352 A. C. 360 A. fortleitend.

Zur Verneinung scheint die Frage mit ἆρα geneigt in folgenden Stellen:

Soph. El. 790: ἆρ' ἔχει καλῶς; und 816: ἆρά μοι καλῶς ἔχει; 804 ff.: Ἠλ. Ἆρ' ὑμῖν ὡς ἀλγοῦσα κᾠδυνωμένη
δεινῶς δακρῦσαι κἀπικωκῦσαι δοκεῖ
τὸν υἱὸν ἡ δύστηνος ὧδ' ὀλωλότα;.

Eur. El. 330: ποῦ παῖς Ὀρέστης; ἀρά σοι τύμβῳ καλῶς
παρὼν ἀμύνει;

Ueber die affirmative Frage ἆρ' οὐ und die negative ἆρα μή s. unter den Negationen.

Als indirecte Frage scheint ἆρα vorzukommen *Pl.* Phaedo p. 70 E: τοῦτο οὖν σκεψώμεθα, ἆρα ἀναγκαῖον κ. τ. λ. 96 B: σκοπῶν πρῶτον τὰ τοιάδε, ἆρ' ἐπειδὰν τὸ θερμὸν καὶ τὸ ψυχρὸν σηπεδόνα τινὰ λάβῃ — τότε δὴ τὰ ζῶα ξυντρέφεται;

Ἄτε.

Der conjunctionale Gebrauch von ἄτε (dem Acc. neutr. pl. von ὅστε), der uns hier allein beschäftigt, ist dem alten Epos fremd und findet sich erst seit *Pindar*. Indem das Neutrum des Adjectivs im Accusativ adverbial gebraucht ward, war es natürlich, dass Relativa, durch ihre Natur zur Satzverbindung bestimmt, in solchem Fall zu Conjunctionen wurden. Entschieden verknüpfende und relative Kraft hatte aber das an sich unbestimmte Pronomen ὅς durch die Anhängung von τί (s. dieses) erhalten. An und für sich steht demnach ἅτε dem ὅτε, ὅ, ὅτι am nächsten und kann mit diesen als ein ursprünglicher Accusativ der Beziehung: in welcher Hinsicht, betrachtet werden. Aber der Gebrauch unterschied. Während die zuletzt genannten Relativa als temporale und causale Conjunctionen gebraucht wurden (beides stund den Griechen in engem Zusammenhang), gieng ἅτε vielmehr den Relativen οἷον, οἷα, ὥστε, ὡς parallel.

So findet es sich gleich diesen

1) in der Bedeutung wie, und zwar ohne Unterschied von ὡς und dem älteren Gebrauch von ὥστε, sowohl blos bei Nomina *Pindar*. Ol. XII, 20: ἐνδομάχας ἅτ᾽ ἀλέκτωρ. Herod. I, 123, 4: δίκτυα δοὺς ἅτε θηρευτῇ τῶν οἰκετέων τῷ πιστοτάτῳ wie einem Jäger, wie wenn er ein Jäger wäre; *Herod*. I, 200: ἅτε (wie) μᾶζαν μαξάμενος; als zu einem Satz gehörig *Pind*. Ol. I, 3. Pyth. IV, 53: ξείνοις ἅτ᾽ ἐλθόντεσσιν εὐεργέται δεῖπν᾽ ἐπαγγέλλοντι πρῶτον.

2) Häufiger wurde der Gebrauch von ἅτε in Participialconstructionen, im Allgemeinen, um den objectiven, thatsächlichen Grund anzugeben. Auch ὥστε (vgl. diesen Gebrauch unter *Τέ*) kann zwar in älterer und dichterischer Sprache von dem objectiven Grund gebraucht werden, aber der Sprachgebrauch hat zwischen beiden ursprünglich gleichbedeutenden Partikeln allmählig eine immer deutlichere Gränzlinie gezogen. Ἅτε blieb der objectiven Begründung der Aussage vorbehalten, während ὡς den subjectiven und angeblichen Grund, die Voraussetzung, den Gedanken, die Absicht bei einer Rede oder Handlung einführt. — Um aber zu begreifen, wie es in der Natur von ἅτε liegt, den objectiven, thatsächlichen Grund zu bezeichnen, muss man erwägen, dass die Partikel eigentlich als Accusativ der Beziehung im Sinne von κατὰ ταῦτα, καθ᾽ ἅ = in der Hinsicht, in welcher, in Gemässheit von, demgemäss dass, in wie fern steht, und dass im Griechischen die Ausdrücke der Gemässheit, des Entsprechens angewendet wurden, um ein causales Verhältniss zu bezeichnen. So ὡς ἔοικε eigentlich: wie es gleicht, entsprechend ist, daher: wie es sich ergibt, und die Partikeln ὡς und ὥστε sofern und da, oder als Ausdruck der Folge: so dass; οἷον, οἷα = insofern als, da. Also durch ἅτε mit Particip wird zunächst ein entsprechendes Verhältniss zwischen dem Neben- und dem Hauptgedanken ausgedrückt, demgemäss die Hauptaussage durch die Nebenbestimmung begründet. — Schliesst sich nun das Particip bei ἅτε an das Subject an, so wird damit angegeben, nach welcher Hinsicht, nach welcher Seite und Eigenschaft des Subjects die Aussage stattfindet und Giltigkeit hat. *Herod*. V, 83: ἅτε δὲ ἐόντες διάφοροι ἐδηλέοντο αὐτοὺς (in Hinsicht darauf dass etc.) inwiefern sie Feinde waren. *Herod*. I, 154: Ὡς δὲ ἀπήλασε ὁ Κῦρος ἐκ τῶν Σαρδίων, τοὺς Λυδοὺς ἀπέστησε

ὁ Πακτύης ἀπό τε Ταβάλον καὶ Κύρον, καταβὰς δὲ ἐπὶ θάλασσαν, ἅτε τὸν χρυσὸν ἔχων πάντα τὸν ἐκ Σαρδίων, ἐπικούρους τε ἐμισθοῦτο καὶ τοὺς ἐπιθαλασσίους ἀνθρώπους ἔπειθε σὺν ἑαυτῷ στρατεύεσθαι, in Gemässheit dessen, dass (sofern) er das Gold besass, hatte er auch die Mittel, Hülfsvölker zu miethen. *Herod.* I, 102, 2, auf einen Genetiv bezogen: τότε δὲ ἔσαν μεμονωμένοι μὲν συμμάχων, ἅτε ἀπεστεώτων sofern sie abgefallen waren. Auf einen Accusativ: *Thuc.* IV, 130, 4: ἐσπεσόντες ἐς τὴν Μένδην πόλιν, ἅτε οὐκ ἀπὸ ξυμβάσεως ἀνοιχθεῖσαν. V, 72, 1. *Plato* Ap. p. 23 E: ἅτε οὖν, οἶμαι, φιλότιμοι ὄντες καὶ σφοδροὶ καὶ πολλοὶ καὶ ξυντεταγμένως καὶ πιθανῶς λέγοντες περὶ ἐμοῦ ἐμπεπλήκασιν ὑμῶν τὰ ὦτα καὶ πάλαι καὶ σφοδρῶς διαβάλλοντες eigentlich: in der Hinsicht dass, oder inwiefern sie ehrgeizig und heftig waren. Das Prädicat hat also seinen (objectiven) Grund in einer bestimmten Eigenschaft des Subjects. p. 39 B: ἐγὼ μὲν ἅτε βραδὺς ὢν καὶ πρεσβύτης ὑπὸ τοῦ βραδυτέρου ἑάλων, οἱ δ' ἐμοὶ κατήγοροι ἅτε δεινοὶ καὶ ὀξεῖς ὄντες ὑπὸ τοῦ θάττονος, τῆς κακίας. Phaedo p. 85 B: ἀλλ' ἅτε, οἶμαι, τοῦ Ἀπόλλωνος ὄντες μαντικοί εἰσι. *Xen.* Cyr. I, 3, 3: Ὁ δὲ Κῦρος, ἅτε παῖς ὢν καὶ φιλόκαλος καὶ φιλότιμος, ἥδετο τῇ στολῇ. II, 2, 3. IV, 2, 11: Οἱ δὲ ἄλλοι πάντες φαιδρῶς καὶ προθύμως ἐξωρμῶντο, ἅτε οὐκ ἀνάγκῃ ἀλλ' ἐθελούσιοι καὶ χάριτος ἕνεκα ἐξιόντες. VII, 1, 34.

Das verbum substantivum, wenn es als relatives Particip mit ἅτε verbunden sein sollte, kann auch fehlen. *Aesch.* VII c. Th. 140: καὶ Κύπρις ἅτε γένους προμάτωρ (οὖσα) sofern du bist. *Herod.* V, 66: τοῦτον δὲ (τὸν Αἴαντα) ἅτε ἀστυγείτονα καὶ σύμμαχον (ἐόντα) ξεῖνον ἐόντα προσέθιτο. *Pl.* de rep. VIII, p. 551 E. VIII, 568 B: Τοιγάρτοι, ἔφην, ἅτε σοφοὶ ὄντες οἱ τῆς τραγῳδίας ποιηταὶ καὶ ξυγγιγνώσκουσιν ἡμῖν τε καὶ ἐκείνοις, ὅσοι ἡμῶν ἐγγὺς πολιτεύονται, ὅτι αὐτοὺς εἰς τὴν πολιτείαν οὐ παραδεξόμεθα ἅτε τυραννίδος ὑμνητάς.

Ἅτε kommt ferner in Verbindung mit dem Participium absolutum vor. *Herod.* I, 123, 3: Κατεργασμένου δὲ οἱ τούτου καὶ ἐόντος ἑτοίμου, οὕτω δὴ τῷ Κύρῳ διαιτωμένῳ ἐν Πέρσῃσι βουλόμενος ὁ Ἅρπαγος δηλῶσαι τὴν ἑαυτοῦ γνώμην, ἄλλως μὲν οὐδαμῶς εἶχε ἅτε τῶν ὁδῶν φυλασσομένων, ὁ δὲ ἐπιτεχνᾶται τοιόνδε. I, 171, 3: Ἅτε δὲ δὴ Μίνω κατεστραμμένου γῆν πολλὴν καὶ εὐτυχέοντος τῷ πολέμῳ, τὸ Καρικὸν ἦν ἔθνος λογιμώτατον τῶν ἐθνέων ἁπάντων das Ansehen des Karischen Volksstammes entsprach dem Kriegsglück des Minos; in letzterem lag der Grund zum Ersten. I, 190, 3. VII, 138, 3. VII, 188, 1. VIII, 86, 1. *Thuc.* VII, 24, 1. *Plato* Symp. p. 223 B—C. *Xen.* Cyr. IV, 5, 8. VI, 4, 4.

Αὖ, αὖτε; αὖθις (αὖτις), ἐξαῦθις, εἰσαῦθις.

1. Dass die ursprüngliche Bedeutung dieses Adverbs **zurück** ist, erhellt nicht nur aus dem Verbum ἀνερύειν,* das in der Bedeutung zurückziehen *Il.* I, 459. II, 422. VIII, 325. XII, 261 und *Pind.* Ol. XIII, 114 vorkommt, sondern auch aus einigen Beispielen des allein gebrauchten αὖ und αὖθις. Zwar findet sich bei *Homer* kein Beispiel, dass das einfache αὖ in diesem Sinn gebraucht wird, wohl aber kommt bei *Euripides* αὖ in dieser Bedeutung vor El. 589: σὲ θεὸς αὖ θεὸς ἀμετέραν τις ἄγει νίκαν: dich führt eine Gottheit zu unsrem Sieg zurück, und bei *Homer* αὖτις. Man vergleiche

Il. VI, 390: —   —   — ὁ δ' ἀπέσσυτο δώματος Ἕκτωρ
                τὴν αὐτὴν ὁδὸν αὖτις ἐϋκτιμένας κατ' ἀγυιάς.

denselben Weg zurück. IV, 19: αὖτις δ' Ἀργείην Ἑλένην Μενέλαος ἄγοιτο. V, 257: πάλιν αὖτις wieder zurück. VIII, 271: αὖτις ἰών zurückgehend, und X, 468: αὖτις ἰόντε.

XI, 446: Ἡ καὶ ὁ μὲν φύγαδ' αὖτις ὑποστρέψας ἐβεβήκει.

XII, 369: αἶψα δ' ἐλεύσομαι αὖτις.

Indessen ist diese Bedeutung vergleichungsweise selten nachweisbar. Aus ihr aber scheint sich der Begriff der Herstellung eines vorigen Zustandes (eines Zurückgehens auf denselben), der Wiederholung einer vorigen Handlung und Sache entwickelt zu haben, wie man denn in manchen Stellen zweifelhaft sein kann, ob mehr der Begriff des Zurückgehens oder der Wiederholung anwendbar ist. So wie aber das deutsche wider, wieder, seit ältester Zeit (widar, widir) die Bedeutungen des Zurückgehens, der Wiederholung, des Gegensatzes hat, so kommt den griechischen Partikeln αὖ, αὖτε, αὖθις bald die Bedeutung: **wieder, abermals, aufs Neue** zu, bald die Bedeutung **hinwiederum, dagegen, andrerseits**, endlich auch die Bedeutung: **ferner, ein andres Mal, künftig einmal**.

2. Am häufigsten erscheint αὖ in der Bedeutung: **hinwiederum, dagegen, andrerseits**, zum Theil in der epischen Sprache so abgeschwächt, dass es nur wie δέ ein Weiteres, Neues einführt = **ferner**.

Il. II, 493: ἀρχοὺς αὖ νηῶν ἐρέω νῆάς τε προπάσας. Die Führer dagegen will ich nennen (stärkerer Gegensatz). Schwächer 671: Νιρεὺς αὖ Σύμηθεν ἄγε τρεῖς νῆας ἐΐσας Nireus hinwiederum (ferner) führte aus Syma drei Schiffe. Ebenso 676. 681. III, 200: οὗτος δ'

---

* Es wird richtiger ἀνερύειν (ungetrennt) geschrieben, weil nur in dieser Zusammensetzung αὖ bei Homer die Bedeutung **zurück** hat.

αὖ Λαερτιάδης der hinwiederum (dagegen, ferner) ist des Laertes Sohn.
320 ff.: Ζεῦ πάτερ, Ἴδηθεν μεδέων, κύδιστε, μέγιστε,
ὁππότερος τάδε ἔργα μετ' ἀμφοτέροισιν ἔθηκεν,
τὸν δὸς ἀποφθίμενον δῦναι δόμον Ἄϊδος εἴσω,
ἡμῖν δ' αὖ φιλότητα καὶ ὅρκια πιστὰ γενέσθαι.
und dass wir dagegen (andrerseits) Freundschaft schliessen. IV,
240: οὔστινας αὖ μεθιέντας ἴδοι wen er dagegen lässig sah. V, 471.
Besonders häufig ist die Verbindung δ' αὖ, δ' αὖτε aber hinwiederum,
aber dagegen.
Il. IV, 17: εἰ δ' αὖ πως τόδε πᾶσι φίλον καὶ ἡδὺ γένοιτο.
IV, 270. V, 477. ἡμεῖς δ' αὖ μαχόμεσθ' VI, 229 andrerseits.
VIII, 324. Häufig in der Formel: τὸν δ' αὖ (τὴν δ' αὖ) ἀντίον ηὔδα.
Od. I, 213. 230. 306. 345. 388. 412. II, 129. 208. 242. 309.
371 u. a.
Od. II, 205 f.: — ἡμεῖς δ' αὖ ποτιδέγμενοι ἤματα πάντα
εἴνεκα τῆς ἀρετῆς ἐριδαίνομεν.
δεύτερον αὖ *Il.* III, 332. τὸ δεύτερον αὖ, τὸ τρίτον αὖ *Il.* VI, 184.
186.
Auch bei attischen Dichtern und Prosaikern findet sich αὖ in
dieser Bedeutung sehr häufig. *Aesch.* Pers. 905: νῦν δ' οὐκ ἀμφιλόγως
θεότρεπτα τάδ' αὖ φέρομεν jetzt (hinwiederum) dagegen dulden
wir diese göttliche Schickung.
Soph. El. 910 f.: κἀγὼ μὲν οὐκ ἔδρασα, τοῦτ' ἐπίσταμαι,
οὐδ' αὖ σύ. — 1034.
Phil. 421 f.: τί;δ' αὖ παλαιὸς κἀγαθὸς φίλος τ' ἐμός,
Νέστωρ ὁ Πύλιος, ἔστιν; was macht ferner Nestor?
429. *Eur.* Or. 271: αὖθις αὖ.
501 ff.: εἰ τόνδ' ἀποκτείνειεν ὁμόλεκτρος γυνὴ
χὠ τοῦδε παῖς αὖ (hinwiederum) μητέρ' ἀνταποκτενεῖ —
πέρας δὴ ποῖ κακῶν προβήσεται;
680: hinwiederum, dagegen. 1063 und 1653: dagegen. — *Thuc.* I,
6, 3. I, 10, 4. 7. I, 15, 3. I, 76, 2. II, 89, 8. V, 43, 1: Κατὰ
τοιαύτην δὴ διαφορὰν ὄντων τῶν Λακεδαιμονίων πρὸς τοὺς Ἀθηναίους
οἱ ἐν ταῖς Ἀθήναις αὖ βουλόμενοι λῦσαι τὰς σπονδὰς εὐθὺς ἐνέκειντο.
Pl. Euthyphro p. 4 E: ὅπως μὴ αὖ (hinwiederum, andrerseits) σὺ
ἀνόσιον πρᾶγμα τυγχάνῃς πράττων. Desgl. 5 D. 6 A. 9 E. 14 C. D.
Apol. p. 27 D: Οὐκοῦν εἴπερ δαίμονας ἡγοῦμαι, ὡς σὺ φῄς, εἰ μὲν
θεοί τινές εἰσιν οἱ δαίμονες, τοῦτ' ἂν εἴη ὃ ἐγώ φημί σε αἰνίττεσθαι καὶ
χαριεντίζεσθαι, θεοὺς οὐχ ἡγούμενον φάναι ἐμὲ θεοὺς αὖ ἡγεῖσθαι πάλιν,
ἐπειδήπερ γε δαίμονας ἡγοῦμαι. εἰ δ' αὖ οἱ δαίμονες θεῶν παῖδές
εἰσι κ. τ. λ. Beide Male = hinwiederum, auf der andern Seite. 32
D: οἱ τριάκοντα αὖ μεταπεμψάμενοί με — προσέταξαν hinwiederum,
dagegen. 41 A: ἦ αὖ Ὀρφεῖ ξυγγενέσθαι oder hinwiederum (andrerseits) in der Gesellschaft des Orpheus zu sein. Protag. p. 325 E:

ἐπειδὰν αὖ γράμματα μάθωσι wann sie (hinwiederum) ferner die Buchstaben gelernt haben. Ebenso in den folgenden Stellen: Prot. p. 326 A: οἵ τ' αὖ κιθαρισταί — σωφροσύνης τε ἐπιμελοῦνται die Citherspieler ferner etc. ἐπειδὰν κιθαρίζειν μάθωσιν, ἄλλων αὖ ποιητῶν ἀγαθῶν ποιήματα διδάσκουσι. C: Ἐπειδὰν δὲ ἐκ διδασκάλων ἀπαλλαγῶσιν, ἡ πόλις αὖ τούς τε νόμους ἀναγκάζει μανθάνειν. E: τοῦτο αὖ μάθε. In der Bedeutung: hinwiederum, dagegen finden wir αὖ *Pl.* Protag. p. 333 B. 350 C. — οὐδὲ αὖ auch nicht dagegen, eben so wenig Protag. p. 332 A. *Xen.* Mem. I, 2, 11: οὐδὲ εἰς τὴν δουλείαν αὖ με τάττω. In dem Sinne von andrerseits, dagegen finden wir αὖ *Pl.* Protag. 334 E: καὶ αὖ βραχέα οὕτως. 351 C. und 355 B: αὖθις αὖ. *Xen.* Cyr. I, 1, 1: ὅσαι τ' αὖ μοναρχίαι — ἀνῄρηνται ἤδη ὑπὸ τῶν δήμων = hinwiederum, andrerseits, ferner. I, 3, 17: Ἐν τούτῳ αὖ με ἔπαισεν ὁ διδάσκαλος da schlug mich dagegen der Lehrer. I, 5, 5. I, 6, 20: καὶ ἐκεῖνοι αὖ ταὐτὸ τοῦτο ἔπραττον jene hinwiederum thaten das Gleiche. *Xen.* Mem. I, 2, 12: Κριτίας μὲν γὰρ τῶν ἐν τῇ ὀλιγαρχίᾳ πάντων πλεονεκτίστατός τε καὶ βιαιότατος ἐγένετο, Ἀλκιβιάδης δὲ αὖ τῶν ἐν τῇ δημοκρατίᾳ πάντων ἀκρατέστατός τε καὶ ὑβριστότατος. Aehnlich §. 24: Κριτίας μὲν — Ἀλκιβιάδης δ' αὖ. II, 1, 13. II, 2, 14: τοὺς δὲ ἀνθρώπους αὖ φυλάξῃ du wirst dich (hinwiederum, andrerseits) auch vor den Menschen hüten. *Dem.* Ol. II, 14: Ὅλως μὲν γὰρ ἡ Μακεδονικὴ δύναμις καὶ ἀρχὴ ἐν μὲν προσθήκης μέρει ἐστί τις οὐ σμικρά, οἷον ὑπῆρξέ ποθ' ὑμῖν ἐπὶ Τιμόθεον πρὸς Ὀλυνθίους· πάλιν αὖ (abermals, hinwiederum, andrerseits) πρὸς Ποτίδαιαν Ὀλυνθίοις ἐφάνη τι τοῦτο συναμφότερον, wiederholter und zugleich entgegengesetzter Fall.

3. Für die Bedeutung: wieder, abermals, von Neuem, auch finden sich verhältnissmässig wenigere Beispiele.

Il. I, 540: τίς δ' αὖ τοι, δολομῆτα, θεῶν συμφράσσατο βουλάς; wer von den Göttern hat nun wieder mit dir Rath gepflogen?
Od. XX, 88: τῇδε γὰρ αὖ μοι νυκτὶ παρέδραθεν εἴκελος αὐτῷ, in dieser Nacht schlief er abermals neben mir.
Aesch. Pers. 439 f.: λέξον τίν' αὖ φῂς τῇδε συμφορὰν στρατῷ
ἐλθεῖν κακῶν ῥέπουσαν ἐς τὰ μέσσοτα;
sage, welches Unglück abermals, aufs Neue betroffen hat.
Soph. Phil. 783: στάζει γὰρ αὖ (abermals) μοι φοίνιον τόδ' ἐκ βυθοῦ
κηκῖον αἷμα.
Ph. 815: τί παραφρονεῖς αὖ; 1007: οἷ' αὖ μ' ὑπῆλθες.
El. 358 f.: Τίν' αὖ σὺ τήνδε πρὸς θυρῶνος ἐξόδοις
ἐλθοῦσα φωνεῖς, ὦ κασιγνήτη, φάτιν;
516: Ἀνειμένη μέν, ὡς ἔοικας, αὖ στρέφει.
Eur. Or. 1545: Ἰώ, ἰώ, τύχα, ἕτερον εἰς ἀγῶν' ἕτερον αὖ δόμος φοβερὸν ἀμφὶ τοὺς Ἀτρείδας πίτνει. Iph. T. 77. El. 782: τί τόδε καινὸν αὖ λέγεις; Thuc. VII, 79, 3. *Pl.* Euthyphro p. 3 — 4: Εὐθ.

Διώκω. Σ. Τίνα; Ε. Ὁν διώκων αὖ δοκῶ μαίνεσθαι. p. 15 B: Τοῦτο ἄρ᾽ ἐστὶν αὖ, ὡς ἔοικε, τὸ ὅσιον, τὸ τοῖς θεοῖς φίλον. Ap. p. 27 E. 32 C: τότε μέντοι ἐγὼ οὐ λόγῳ, ἀλλ᾽ ἔργῳ αὖ ἐπεδειξάμην. Prot. p. 318 E: τὰς γὰρ τέχνας αὐτοὺς πεφευγότας ἄκοντας πάλιν αὖ ἄγοντες ἐμβάλλουσιν εἰς τέχνας. Der Begriff wieder, abermals ist durch doppelten Ausdruck verstärkt, wie in αὖθις αὖ. Ap. 24 B: αὖθις γὰρ δή, ὥσπερ ἑτέρων τούτων ὄντων κατηγόρων, λάβωμεν αὖ τὴν τούτων ἀντωμοσίαν. Sympos. p. 192 E: ὥστε — ἐκεῖ αὖ ἐν Ἅιδου ἀντὶ δυεῖν ἕνα εἶναι, so dass ihr auch dort Eins seid. — Xen. Cyr. I, 5, 1: ἐν τούτοις αὖ ἐδόκει κρατιστεύειν abermals, ebenfalls, auch.

Αὖτε

findet sich, ein Neues einführend, ebenfalls am häufigsten

2. in der Bedeutung hinwiederum, dagegen, andrerseits, aber, ferner.

So in der häufigen Formel τὸν δ᾽ (τὴν δ᾽) αὖτε προσέειπε Il. I, 206. III, 58. VI, 332. VII, 33. Od. I, 178. 221. XV, 430. 434. XX, 44. 134. oder τὸν δ᾽ (τὴν δ᾽) αὖτε — ἀντίον ηὔδα Il. III, 203. Od. I, 39. II, 177. oder προσηύδα Il. VI, 144. τὸν δ᾽ αὖτε — προσέφη Od. I, 383. — Ausserdem νῦν αὖτε Il. I, 237. III, 67. V, 279. Od. IX, 452. Andere Beispiele sind Il. I, 370. II, 105: hinwiederum, ferner; II, 221: τότ᾽ αὖτ᾽ hingegen; II, 407: ferner; V, 855: δεύτερος αὖθ᾽ ὡρμᾶτο.

VII, 268: δεύτερος αὖτ᾽ Αἴας πολὺ μείζονα λᾶαν ἀείρας
ἧκ᾽ ἐπιδινήσας.

VI, 234: ἔνθ᾽ αὖτε da hingegen, aber. III, 76: Ἕκτωρ δ᾽ αὖτ᾽ ἐχάρη Hektor aber freute sich. 121: δ᾽ αὖθ᾽. 180: δαὴρ αὖτ᾽ ἐμὸς ἔσκε er war auch (ferner). 191. 225. IV, 10: δ᾽ αὖτε. VII, 291 u. 377: ὕστερον αὖτε μαχησόμεθ᾽ nachher aber (hinwiederum). 345: Τρώων αὖτ᾽ ἀγορὴ γένετ᾽ Ἰλίου ἐν πόλει ἄκρῃ, andrerseits war eine Versammlung der Troer. Od. I, 111: οἱ δ᾽ αὖτε — τραπέζας νίζον die andern dagegen wuschen die Tische. II, 382 u. 393: Ἔνθ᾽ αὖτ᾽. XXI, 22. Sehr häufig ist δ᾽ αὖτε Od. II, 203. 331. 335. 386 u. a. Aesch. Ag. 330: dagegen. 512: νῦν δ᾽ αὖτε jetzt dagegen.

3. Seltener steht αὖτε in dem Sinn abermals, aufs Neue, auch. Il. I, 340: εἴ ποτε δ᾽ αὖτε wenn je wieder.

Il. II, 225: Ἀτρείδη, τέο δ᾽ αὖτ᾽ ἐπιμέμφεαι, ἠδὲ χατίζεις;
II, 370: ἦ μὰν αὖτ᾽ ἀγορῇ νικᾷς auch in der öffentlichen Versammlung. V, 224.

VI, 73: ἔνθα κεν αὖτε Τρῶες ἀρηϊφίλων ὑπ᾽ Ἀχαιῶν
Ἴλιον εἰσανέβησαν.
VI, 81: —   —   πρὶν αὖτ᾽ ἐν χερσὶ γυναικῶν
φεύγοντας πεσέειν.

In diesen Stellen, sowie Il. VII, 335 kann man zweifelhaft sein, ob die Bedeutung wieder oder zurück vorzuziehen ist. *Od.* VIII, 444 f.: ὁππότ᾽ ἂν αὖτε εὐδήσθα.

Zuweilen steht αὖτε, wo man durch etwas unangenehm berührt an frühere ähnliche Erfahrungen sich erinnert (= was thust du da wieder?!).

Il. I, 202: τίπτ᾽ αὖτ᾽ αἰγιόχοιο Διὸς τέκος εἰλήλουθας; was kommst du da wieder? verwandt *Od.* XX, 33: τίπτ᾽ αὖτ᾽ ἐγρήσσεις; was wachst du da wieder? missbilligend.

Od. VI, 119: ὤμοι ἐγώ, τέων αὖτε βροτῶν ἐς γαῖαν ἱκάνω; zu welchen Sterblichen komme ich da wieder?

Αὖτις, αὖθις.

Das jonische αὖτις und attische αὖθις findet sich
1) in der Bedeutung zurück in folgenden Stellen: *Il.* IV, 19. V, 257. VI, 390 f. VIII, 271. X, 468. XI, 446. XII, 369. (S. oben unter αὖ.)
Eur. Iph. T. 576: οὐδένα γὰρ εἶχον, ὅστις ἀγγείλαι μολὼν εἰς Ἄργος αὖθις. — Es steht ferner
2) in der Bedeutung des Zurückgehens in den vorigen Zustand, der Wiederholung einer vorigen Handlung und Sache, so dass man zwischen zurück und wieder wählen kann:
Il. I, 425: δωδεκάτῃ δέ τοι αὖτις ἐλεύσεται Οὔλυμπόνδε.
II, 207 f.: — — — — — οἱ δ᾽ ἀγορήνδε
αὖτις ἐπεσσεύοντο νεῶν ἄπο καὶ κλισιάων.
VI, 367: οὐ γάρ τ᾽ οἶδ᾽ ἢ ἔτι σφιν ὑπότροπος ἵξομαι αὖτις.
Od. IX, 495 f. X, 54 f. XXI, 139: ἂψ δ᾽ αὖτις κατ᾽ ἄρ᾽ ἕζετ᾽ ἐπὶ θρόνου. *Eur.* Or. 217: κλῖνόν μ᾽ ἐς εὐνὴν αὖθις. 221: ... μ᾽ ἐς ὀρθὸν στῆσον. El. 596.

Es kommt aber auch einfach in der Bedeutung der Wiederholung vor = wieder, abermals, aufs Neue. *Il.* I, 513. 522. II, 276.

IV, 15: ἦ ῥ᾽ αὖτις πόλεμόν τε κακὸν καὶ φύλοπιν αἰνὴν
ὄρσομεν, ob wir aufs Neue Krieg erregen (vgl. auch IV, 82). — IV, 222.

VII, 462: αὖτις δ᾽ ἠϊόνα μεγάλην ψαμάθοισι καλύψαι.
Od. X, 460 f.: ἀλλ᾽ ἄγετ᾽ ἐσθίετε βρώμην καὶ πίνετε οἶνον,
εἰς ὅ κεν αὖτις θυμὸν ἐνὶ στήθεσσι λάβητε.
Eur. Or. 271: ἐκ κυμάτων γὰρ αὖθις αὖ γαλήν᾽ ὁρῶ. — 1019.
Iph. A. 1026: ποῦ σ᾽ αὖθις ὀψόμεσθα wo werden wir dich wieder sehen?
Iph. T. 767: Ὀρέσθ᾽ ἵν᾽ αὖθις ὄνομα δὶς κλύων μάθῃς.
Phoen. 634 f.: — — — — — οὐ γὰρ οἶδ᾽,
εἴ μοι προσειπεῖν αὖθις ἔσθ᾽ ὑμᾶς ποτέ ob ich euch je wieder anreden werde. 1074 ωή — 1076 ὠὴ μάλ᾽ αὖθις. 1177.

Αύθις. 49

Herod. I, 54, 1: πέμψας αύτις ές Πυθώ Δελφούς δωρέεται er sandte abermals (aufs Neue) nach Pytho. I, 60, 2: Οί δ' εξελάσαντες Πεισίστρατον αύτις εκ τέης επ' αλλήλοισι εστασίασαν. I, 67, 3: έπεμπον αύτις. I, 96, 1.
Thuc. I, 143, 4: κρατήσαντες τε γάρ αύθις ουκ ελάσσοσι μαχούμεθα nach erfochtenem Siege haben wir abermals mit einer eben so grossen Anzahl zu kämpfen. *Xen.* Cyr. II, 1, 1: Έπειδή δε διέβησαν, προσηύχοντο αύθις θεοίς.
3) Für die Bedeutung wieder, hinwiederum, hingegen, andrerseits und (schwächer) weiter, ferner mögen folgende Belege dienen:
Il. VII, 170: τοις δ' αύτις μετέειπε Γερήνιος ιππότα Νέστωρ· unter ihnen hinwiederum (dagegen) sprach. *Od.* XV, 439: τοις δ' αύτις μετέειπε im Nachsatze.
Il. X, 463 f.: — — — — — αλλά και αύτις
πέμψον επί Θρηκών ανδρών ίππους τε και ευάς.
geleite uns andrerseits (hinwiederum) auch.
Aesch. Ag. 338 ff.: εί δ' εύ σέβουσι τούς πολισσούχους θεούς
τούς της άλούσης γης θεών θ' ιδρύματα,
ου τάν ελόντες αύθις ανθαλοίεν άν.
dann dürften sie, die Eroberer, nicht wieder (andrerseits auch) erobert werden.
Eur. Iph. A. 345: ώς δ' ες Αύλιν ήλθεν αύθις hinwiederum, ferner.
447 f.: εγώ γάρ εκβαλείν μέν αιδούμαι δάκρυ,
το μή δακρύσαι δ' αύθις αιδούμαι τάλας, hinwiederum, dagegen. *Eur.* Phoen. 1602. *Thuc.* I, 70, 2. *Pl.* Prot. p. 355 A—B: φημί γάρ υμίν τούτου ούτως έχοντος γελοίον τον λόγον γίγνεσθαι, όταν λέγητε, ότι πολλάκις γιγνώσκων τά κακά άνθρωπος ότι κακά εστιν, όμως πράττει αυτά, εξόν μή πράττειν, υπό τών ηδονών αγόμενος και εκπληττόμενος· και αύθις αύ (hinwiederum, andrerseits sagt ihr) λέγετε, ότι γιγνώσκων ο άνθρωπος τάγαθά πράττειν ουκ εθέλει διά τάς παραχρήμα ηδονάς, υπό τούτων ηττώμενος. *Dem.* Ol. I, 12: το πρώτον Αμφίπολιν λαβών, μετά ταύτα Πύδναν, πάλιν Ποτίδαιαν, Μεθώνην αύθις, είτα Θετταλίας επέβη.
Endlich 4) die Bedeutung: ein andres Mal, künftig einmal, nachher erkennt man in folgenden Stellen:
Il. IV, 439: νύν μεν γάρ Μενέλαος ενίκησεν σύν Αθήνη,
κείνον δ' αύτις εγώ· παρά γάρ θεοί είσι και ημίν.
Od. I, 316 f.: δώρον δ' όττι κέ μοι δούναι φίλον ήτορ ανώγη,
αύτις ανερχομένω δόμεναι οίκόνδε φέρεσθαι.
Aesch. Ag. 317: θεοίς μεν αύθις, ώ γύναι, προσεύξομαι.
Zu den Göttern will ich ein andres Mal (künftig) flehen.
Eur. Or. 901: όσοι δέ σύν τω χρηστά βουλεύουσ' αεί,
κάν μή παραυτίκ', αύθίς είσι χρήσιμοι
πόλει. — Iph. T. 1280: αύθις τά τώνδε σημανώ,

4

ein andres Mal (nachher) werde ich melden. *Pl.* Ap. p. 24 A: ἐάν τε νῦν ἐάν τε αὖθις ζητήσητε ταῦτα, οὕτως εὑρήσετε, jezt oder später.

Ἐξαῦτις

kommt in der Bedeutung: abermals, von Neuem vor
Il. III, 432 f.: ἀλλ' ἴθι νῦν προκάλεσσαι ἀρηΐφιλον Μενέλαον ἐξαῦτις μαχέσασθαι ἐναντίον.
Od. IX, 537: αὐτὰρ ὅ γ' ἐξαῦτις πολὺ μείζονα λᾶαν ἀείρας ἧκ' ἐπιδινήσας.

Εἰσαῦθις

= εἰς αὖθις steht in dem Sinn: auf ein andres Mal, oder: ein andres Mal, künftig einmal bei Attikern.
Eur. Iph. T. 368: — πολλὰ δ' ἀπεθέμην ἀσπάσματα εἰσαῦθις ὡς ἥξουσ' ἐς Ἄργος αὖ πάλιν,
ich behielt mir viele Begrüssungen auf ein späteres Mal bevor. *Pl.* Euthyphro p. 6 C: ταῦτα μέν μοι εἰσαῦθις ἐπὶ σχολῆς διηγήσει. p. 15 E: Εἰσαῦθις τοίνυν, ὦ Σώκρατες· νῦν γὰρ σπεύδω ποι καί μοι ὥρα ἀπιέναι. (Auf) ein andres Mal also! Phaedo p. 115 A: ὑμεῖς μὲν οὖν — εἰσαῦθις ἔν τινι χρόνῳ ἕκαστοι πορεύσεσθε· ἐμὲ δὲ νῦν ἤδη καλεῖ — ἡ εἱμαρμένη. Gorg. p. 447 B: ἐπιδείξεται ἡμῖν, εἰ μὲν δοκεῖ, νῦν, ἐὰν δὲ βούλῃ, εἰσαῦθις· später. C. p. 449 C. Prot. p. 347 B: καὶ ὁ Ἀλκιβιάδης· ναί, ἔφη, ὦ Ἱππία, εἰσαῦθίς γε, νῦν δὲ δίκαιόν ἐστιν κ. τ. λ. 357 B: Ἥτις μὲν τοίνυν τέχνη καὶ ἐπιστήμη ἐστὶν αὕτη, εἰσαῦθις σκεψόμεθα, das wollen wir ein andres Mal (später) untersuchen. pag. 361 E: καὶ περὶ τούτων δὲ εἰσαῦθις, ὅταν βούλῃ, διέξιμεν· νῦν δὲ ὥρα ἤδη καὶ ἐπ' ἄλλο τι τρέπεσθαι· darüber wollen wir ein andres Mal, wenn es dir gefällt, sprechen.

Αὐτάρ. Ἀτάρ.

Αὐτάρ, der epischen Poësie angehörig und von dieser aus auch in die idyllische, und, obwohl hier selten, in die dramatische Poësie aufgenommen, sollte seinem Ursprung aus αὖτε und ἄρ gemäss eigentlich eine Aussage einführen, welche einer vorhergehenden gegenüber gestellt wird, als: auf der andern Seite unbestritten und natürlich, hinwiederum eben gewiss. Wie indessen aus dem Vorkommen von ἄρα und αὖτε in Verbindung mit αὐτάρ (*Il.* II, 103—107: αὐτὰρ ἄρα und αὐτὰρ — αὖτε) hervorgeht, dass man αὐτάρ als einfaches Wort gebrauchte und der Zusammensetzung aus αὖτε und ἄρα sich nicht mehr bewusst war, mit Ausnahme etwa von *Il.* I, 133, so erscheint auch die oben angegebene, aus der Zusammensetzung resultirende Bedeutung bereits merklich abge-

Αὐτάρ.

schwächt, so dass αὐτάρ dem δέ sehr nahe kommt, und überhaupt eine neue Handlung dem Vorhergehenden gegenüber stellt. Dieser Abschwächung der Bedeutung entspricht eine Abschwächung der Form, indem schon in der homerischen Poësie nach Bedarf des Verses ἀτάρ eintritt, was sich nur so erklären lässt, das υ nicht als Vocal u, sondern als schwaches w galt, das am Ende der Sylbe verhallen und quiesciren konnte. Beide Partikeln treten regelmässig an den Anfang des Satzes, und haben auch darum, wie durch ihre vollere Form mehr Nachdruck als δέ. Während αὐτάρ vorzugsweise der epischen (und idyllischen) Poësie angehört, der attischen Prosa aber völlig fremd ist, findet sich ἀτάρ durch alle Gattungen und Dialekte der griechischen Sprache, wenn es auch um vieles seltener ist, als δέ.

A ὐ τ ά ρ.

1. Ein Beispiel der ursprünglichen Bedeutung, in welchem der Sinn der beiden Partikeln αὖτε und ἄρα noch fühlbar vorliegt, haben wir
Il. I, 133 f.: ἦ ἐθέλεις, ὄφρ' αὐτὸς ἔχῃς γέρας, αὐτὰρ ἔμ' αὔτως
ἦσθαι δευόμενον: willst du etwa, während du selbst dein Ehrengeschenk behältst, dass ich dagegen (andrerseits) eben ruhig das meinige entbehren soll? *Αὖτε* drückt hier die andre Seite, das Gegenstück zum Vorhergehenden aus, ἄρα mit Ironie das Entschiedene, über allen Zweifel Erhabene. Indessen eben so wohl das isolirte Vorkommen dieser ursprünglichen Bedeutung, als die Stellung in der Mitte des Satzes dürfte die getrennte Schreibung: αὖτ' ἄρ' empfehlen.

2. Unter die Fälle, in welchen αὐτάρ gleich δέ nur eine andre Handlung dem Vorhergehenden entgegenstellt, sind a) namentlich diejenigen Stellen zu rechnen, da αὐτάρ dem μέν correspondirt.
Il. I, 127 f.: ἀλλὰ σὺ μὲν νῦν τήνδε θεῷ πρόες· αὐτὰρ Ἀχαιοὶ
τριπλῇ τετραπλῇ τ' ἀποτίσομεν.
I, 331—333: τὼ μὲν ταρβήσαντε καὶ αἰδομένω βασιλῆα
στήτην —
αὐτὰρ ὁ ἔγνω ᾗσιν ἐνὶ φρεσί. — I, 601: τότε μὲν —
605: αὐτὰρ ἐπεί. II, 102 ff.:
Ἥφαιστος μὲν δῶκε Διὶ Κρονίωνι ἄνακτι,
αὐτὰρ ἄρα Ζεὺς δῶκε διακτόρῳ ἀργειφόντῃ,
Ἑρμείας δὲ ἄναξ δῶκεν Πέλοπι πληξίππῳ,
αὐτὰρ ὁ αὖτε Πέλοψ δῶκ' Ἀτρέϊ.
Hier ist αὐτάρ kaum von δέ zu unterscheiden. Uebrigens erscheinen ἄρα und αὖτε neben αὐτάρ wiederholt. So auch 107: αὐτὰρ ὁ αὖτε. — III, 69. 379. VI, 214. VII, 143 f. *Od.* I, 215 f.:
μήτηρ μέν τέ μέ φησι τοῦ ἔμμεναι, αὐτὰρ ἔγωγε
οὐκ οἶδ'. — II, 125 f. IX, 172 f. XX, 2. 45—47. 83—87. 139 f.

b) Andre Beispiele, da αὐτάρ am Anfange eines Satzes wie ein nachdrücklicheres δέ = aber, doch, indessen steht, sind: *Il.* I, 118. 282: σὺ δὲ — αὐτὰρ ἔγωγε. 348. 430. 488: Αὐτὰρ ὁ μῆνις, zu einer neuen Scene hinüberführend: Er dagegen grollte. Αὐτὰρ ὁ und αὐτὰρ ὅ γε findet sich ferner *Il.* I, 597. III, 81. 118. 328. 379. VI, 171. 214. 474. *Od.* I, 9. XX, 1. 140. — Ausserdem *Il.* II, 218. 224. 402. 465. III, 136, 253. VI, 155. 157. 243. *Od.* I, 57. 88. 156 200. 303: αὐτὰρ ἐγών dem καὶ σὺ 301 entgegengesetzt. 397: αὐτὰρ ἐγὼν den βασιλῆες πολλοί 393 f. entgegengestellt.

Häufig findet sich, um eine weitere Handlung und eine neue Scene einzuleiten: αὐτὰρ ἐπεί. *Il.* I, 458. 464. 467. 469. 484. 605. II, 317. III, 1. VI, 349. VII, 148. *Od.* I, 150. II, 9. 378. 407. — αὐτὰρ ἐπεί κε z. B. *Il.* VI, 83. — αὐτὰρ ἐπήν *Od.* I, 293. — αὐτὰρ ἐπειδή *Il.* VI, 178. VII, 207. *Od.* IX, 250. — αὐτὰρ ἔπειτα *Il.* I, 51 nach μὲν πρῶτον 50. II, 406 nach μὲν πρώτιστα. III, 273. 315. 335. *Od.* I, 123. IX, 203. 225. 240.

Ἀτάρ.

Auch ἀτάρ kommt in der epischen Poësie

1. gewöhnlich in dem Sinn eines betonteren δέ oder gleich ἀλλά vor = aber, doch, indessen. — So steht es

a) nach μέν.

Il. I, 165 ff.: ἀλλὰ τὸ μὲν πλεῖον πολυάϊκος πολέμοιο
χεῖρες ἐμαὶ διέπουσ'· ἀτὰρ ἤν ποτε δασμὸς ἵκηται,
σοὶ τὸ γέρας πολὺ μεῖζον.

VI, 124 ff.: οὐ μὲν γάρ ποτ' ὄπωπα μάχῃ ἔνι κυδιανείρῃ
τὸ πρίν· ἀτὰρ μὲν νῦν γε πολὺ προβέβηκας ἁπάντων
σῷ θάρσει. Beide Male konnte statt ἀτάρ auch ἀλλά stehen. — *Pind.* Pyth. III, 176.

Aesch. Prom. 340 ff.: Τὰ μέν σ' ἐπαινῶ κοὐδαμῇ λήξω ποτέ·
προθυμίας γὰρ οὐδὲν ἐλλείπεις. ἀτὰρ
μηδὲν πόνει = ἀλλά oder δέ.

Soph. Trach. 54: πῶς παισὶ μὲν τοσοῖσδε πληθύεις, ἀτὰρ
ἀνδρὸς κατὰ ζήτησιν οὐ πέμπεις τινά;

760. Oed. R. 1051f. = ἀλλά. — *Herod.* II, 175, 3. III, 29, 1: ἄξιος μὲν Αἰγυπτίων οὗτός γε ὁ θεός· ἀτάρ τοι ὑμεῖς γε οὐ χαίροντες γέλωτα ἐμὲ θήσεσθε. IV, 18. Gegensatz zu dem Schluss von 17. IV, 178, 1: τῷ λωτῷ μὲν καὶ οὗτοι χρεώμενοι, ἀτὰρ ἔσσον γε τῶν πρότερον λεχθέντων. V, 66, 1. V, 92, 4. *Pl.* Prot. p. 335 D.

b) Andere Beispiele von ἀτάρ ohne vorausgegangenes μέν sind:

Il. I, 505 ff.: τίμησόν μοι υἱόν, ὃς ὠκυμορώτατος ἄλλων
ἔπλετ', ἀτάρ μιν νῦν γε ἄναξ ἀνδρῶν Ἀγαμέμνων
ἠτίμησεν.

II, 214: μὰψ ἀτὰρ οὐ κατὰ κόσμον, wie οὐδὲ κατὰ κόσμον oder ἀλλ' οὐ. Aehnlich *Od.* II, 240: ἀτὰρ οὔτι. 179: ἀτὰρ οὐκ. — *Il.* II, 313: ὀκτώ, ἀτὰρ μήτηρ ἐνάτη ἦν = μήτηρ δέ. III, 268. 270. VI, 429. VII, 333. *Od.* I, 181 und 419. II, 122 und XX, 200: ἀτὰρ μέν. XX, 24. XXI, 229. 231. 260. — *Pind.* Pyth. IV, 301. Nem. IV, 77. VII, 57. *Aesch.* Prom. 1011. Pers. 333: ἀτὰρ φράσον μοι wie ἀλλά beim Imperativ. *Eur.* Med. 80: ἀτὰρ σύ γ' — ἡσύχαζε. 84. *Arist.* Ach. 448. — *Plato* Prot. p. 340 A. Gorg. 505 E. Soph. 225 C. Theaet. p. 172 C. Phaedo p. 60 D: ἀτὰρ καί doch auch. *Xen.* Cyr. I, 6, 9 indessen.

2. Insbesondre findet sich ἀτάρ bei den Attikern in Fragen, die mit Lebhaftigkeit gegen eine vorhergehende Behauptung eines Andern, oder auch gegen eine Bemerkung und Reflexion des Sprechenden selbst gerichtet sind, überhaupt aber das Vorangehende abbrechen und etwas Neues entgegenstellen = indessen, doch. *Eur.* Phoen. 380 ff.: κακῶς θεῶν τις Οἰδίπου φθείρει γένος·

οὕτω γὰρ ἤρξατ' ἄνομα μὲν τεκεῖν ἐμέ,
κακῶς δὲ γῆμαι πατέρα σὸν φῦναί τε σέ.
ἀτὰρ τί ταῦτα; δεῖ φέρειν τὰ τῶν θεῶν.

Or. 853: ἀτὰρ τίς ἀγών;
Arist. Ach. 410 ff.: Δ. Εὐριπίδη, — E. Τί λέλακας; Δ. Ἀναβάδην ποιεῖς

ἐξὸν καταβάδην· οὐκ ἐτὸς χωλοὺς ποιεῖς.
ἀτὰρ τί τὰ ῥάκι' ἐκ τραγῳδίας ἔχεις,
ἐσθῆτ' ἐλεινήν; οὐκ ἐτὸς πτωχοὺς ποιεῖς.

So auch 513. — *Plato* Prot. p. 339 C. Phaedr. 230 A. das Gespräch unterbrechend: Ἀτάρ, ὦ ἑταῖρε, μεταξὺ τῶν λόγων — ἆρ' οὐ τόδε ἦν τὸ δένδρον, ἐφ' ὅπερ ἦγες ἡμᾶς; Theaet. p. 142 D: Καὶ ἀληθῆ γε, ὡς ἔοικεν, εἶπεν — ἀτὰρ τίνες ἦσαν οἱ λόγοι; *Xen.* Cyr. II, 1, 3: Ἀτάρ, ἔφη, δέῃ τι αὐτῶν; VII, 2, 10. Anab. IV, 6, 14. VII, 7, 10. Mem. III, 6, 11: Ἐὰν δέ τις ἀφέλῃ γ', ἔφη, τὰς φυλακάς, οὐκ οἴει καὶ ἁρπάζειν ἐξουσίαν ἔσεσθαι τῷ βουλομένῳ; ἀτάρ, ἔφη, πότερον ἐλθὼν αὐτὸς ἐξήτακας τοῦτο, ἢ πῶς οἶσθα, ὅτι κακῶς φυλάττονται;

Γ έ.

Wir führen auch hier vorerst die Ansichten einiger Gelehrten an, die sich mit den griechischen Partikeln speciell beschäftigt haben. *G. Hermann* zu Vigeri idiotismi ed. 4ta p. 822 nennt γέ wie μέν restrictiv: „sed μὲν ad totas enunciationes, γὲ ad partes enunciationum spectat. Deinde μὲν excludit alia, γὲ non excludit, sed ita tantum distinguit, ut id, quod distinguitur, eminere ante alia significetur." *Hartung* Partikellehre I. S. 326 meint, indem er γέ und καί vergleicht, dass „bei γέ eine mathematische, bei καί eine arithmetische Grösse zu Grunde liege." S. 349 bemerkt er, γέ und πέρ zusammenstellend: „Will man die Grundbedeutung des γέ noch sinnlicher, d. h. räumlich fassen, so bezeichnet es die Verdichtung, so wie πέρ die Ausbreitung." Sodann, in etymologische und sprachvergleichende Untersuchungen eingehend, stellt er S. 350 die Partikel mit άγα, ζα zusammen. Endlich, wo er von dem Gebrauch der Partikel spricht S. 364 ff., nennt er „ihre Wirkung durchaus relativ, d. h. die Bestimmung, welche sie an irgend einem Dinge gibt, ist immer in Bezug gesetzt auf einen gegenübergehaltenen Gegenstand. Darum erscheint auch ihre Kraft nirgends mehr rein, sondern ist gemischt, verändert und verdunkelt durch das von aussen hinzugekommene Element, und der Grundbedeutung noch weiter entfremdet. Wenn nämlich diese Festigkeit und trotzige Stärke bezeichnete, — so wird diese Bedeutung nun in die der Emphasis, der Hervorhebung und Auszeichnung übergegangen sein müssen: und diese Hervorhebung wird, je nachdem die gegenseitig auf sich bezogenen Dinge im Einklang mit einander, oder im Widerspruch stehen, dort als eine Steigerung, hier als eine Einschränkung dienen." Mit Hartung stimmt *Nägelsbach* überein in dem vierten Excurs zu der ersten Auflage seiner Anmerkungen, und im Wesentlichen auch das grössere *Rost'*sche Wörterbuch. — *Klotz* Adnott. zu Devarii l. de part. I. p. 273 ist geneigt, γέ als Abkürzung aus άγε zu erklären, „quae hoc potissimum ageret, ut in aliqua voce, quae fere exciperetur a particula γὲ, adtentum redderet auditorem, ideoque vim ejus vocis acueret." „Quotiescunque — aliquid per particulam γὲ adfirmari videtur, revera aliqua subest oppositio, quae paucis quidem locis aperto declarata est, in ceteris modo obscurius, modo explicatius significatur." Dabei bezieht sich *Klotz* auf Hermann's oben angeführte Erklärung.

Auch bei dieser Partikel dürfte der Etymologie durchaus kein Werth beizulegen sein. Mag unter den vorgeschlagenen Ableitungen der Zusammenhang mit άγαν oder in Zusammensetzungen άγα die meiste Wahrscheinlichkeit für sich haben, indem die Analogie von άρα und dem enklitischen ῥα einen Abfall des anlautenden α als möglich darstellt, so liegt doch zwischen άγαν einerseits und der nachweisbaren Bedeutung von γέ andrerseits eine Kluft, die nur durch willkührliche Mittelglieder ausgefüllt werden kann. Hinwiederum ist eben Bedeutung und Gebrauch von γέ so bestimmt und klar, dass es einer Aufklärung aus der Etymologie nicht bedarf.

Wir werden den Eindruck, den wir von γέ, wo es in voller Kraft steht, erhalten, am richtigsten so zusammenfassen können, dass wir sagen: γέ hebt einen Begriff hervor, indem es ihn von allem Uebrigen aussondert, alles Weitere von ihm ablöst und fern hält, so dass er allein in's Licht gestellt wird.

Darauf dürfte zurückzuführen sein, was *Hartung* und nach ihm Andre von einer relativen Wirkung, einer Beziehung auf einen gegenübergehaltenen Gegenstand bemerken. An und für sich und direkt liegt in γέ durchaus keine gegensätzliche Beziehung, sod wenn in einer Reihe von Stellen diess der Fall zu sein scheint, un resultirt dieser Schein nur aus dem Zusammenhang, und es lassen sich andrerseits zahlreiche Stellen anführen, in welchen die Möglichkeit eines solchen Verhältnisses ausgeschlossen ist. So sind auch die beiden mit γέ zusammengesetzten Partikeln γάρ und γοῦν unter jener Voraussetzung kaum zu erklären. — Am meisten dürfte die Bedeutung von γέ aus einer analogen des Pronomens αὐτός klar werden, da auch dieses einen Gegenstand ausschliesslich hervorhebt, so dass von allem Andern abgesehen und die Aufmerksamkeit auf den einen Punkt concentrirt wird. — Es ist von selbst klar, wie sich aus dem vorangestellten Begriff der Partikel γέ auch deren restrictiver Gebrauch ergibt, aber auch, wie zuweilen ein Gegensatz in ihr zu liegen scheint, der doch nicht anders in ihr liegt, als wie überhaupt in einer ausschliesslichen Position die Negation eines Andern mit involvirt ist. — Wenn ferner hervorgehoben wird, dass eine Behauptung gerade von diesem Subject und unter diesen Verhältnissen gelte, so entsteht leicht zwischen beiden Elementen ein causaler Zusammenhang, d. i. die Andeutung, dass eben in der Natur des Subjects oder der Verhältnisse die Aussage ihren Grund habe.

Es hängen aber diese Gebrauchsweisen so zusammen, dass eine sichere Gränzlinie zwischen ihnen nicht zu ziehen ist, und nicht wenige Beispiele unter verschiedene Gesichtspunkte gebracht werden können. Auch hinsichtlich des stärkeren oder schwächeren Grades, in welchem die Bedeutung hervortritt, lässt sich eine feste Gränze nicht ziehen, sondern, obwohl wir einigermassen (3 und 4) zu scheiden suchten, so ist doch nicht zu verkennen, dass die Grade unmerklich in einander übergehen. Vielfach, und schon bei *Homer*, sinkt die Partikel zu so schwacher Bedeutung herab, dass sie fast nur eine äusserliche Stütze und Vermehrung des Wortes zu sein scheint.

1. Wir können zuvörderst diejenigen Fälle ausscheiden, wo γέ, indem es Eines mit Nachdruck hervorhebt und behauptet, von allem Uebrigen absieht, nichts darüber behaupten will, und stillschweigend einräumt, dass es sich im Uebrigen anders verhalten könne. Diess ist der restrictive Gebrauch, welchem im Deutschen wenigstens, jedenfalls entspricht. Die Bedeutung wenigstens, jedenfalls liegt auch da zu Grund, wo γέ einen Beleg für eine vorher ausgesprochene Behauptung anführt, also einen Fall, in welchem wenigstens das Angegebene stattfindet.

Unter diese erste Kategorie dürfen wir folgende Stellen rechnen:
Il. I, 59 f.: Ἀτρείδη, νῦν ἄμμε παλιμπλαγχθέντας ὀίω
ἂψ ἀπονοστήσειν, εἴ κεν θάνατόν γε φύγοιμεν,
ob wir wenigstens dem Tode entrinnen. Es liegt der unausgesprochene Gedanke zu Grunde: wenn auch nicht sonstiger Noth. I, 393: εἰ δύνασαί γε = εἴ γε δύνασαι und Od. II, 62: εἴ μοι δύναμίς γε παρείη. Beide Male ist zunächst das Können betont; aber innerhalb des Bedingungssatzes wird es zur Einschränkung der Behauptung.
Od. I, 209—212: — — ἐπεὶ θαμὰ τοῖον ἐμισγόμεθ᾽ ἀλλήλοισιν
πρίν γε τὸν ἐς Τροίην ἀναβήμεναι.
Das θαμὰ ἐμισγόμεθ᾽ wird durch den Zusatz πρίν γε — ἀναβήμεναι beschränkt, wie auch aus dem Folgenden hervorgeht:
ἐκ τοῦ δ᾽ οὔτ᾽ Ὀδυσῆα ἐγὼν ἴδον, οὔτ᾽ ἐμὲ κεῖνος.
Od. I, 228 f.: — — νεμεσσήσαιτό κεν ἀνὴρ
αἴσχεα πόλλ᾽ ὁρόων, ὅστις πινυτός γε μετέλθοι,
ein Verständiger wenigstens dürfte es tadeln.
Od. I, 390: καί κεν τοῦτ᾽ ἐθέλοιμι Διός γε διδόντος ἀρέσθαι.
In Διὸς διδόντος liegt die Beschränkung von ἐθέλοιμί κε. Als eine Einschränkung der Behauptung ist auch Od. II, 31: ὅτε πρότερός γε πύθοιτο (= ὅτε γε) und 43: ὅτε πρότερός γε πυθοίμην zu betrachten.
Soph. Phil. 230 f.: — — οὐ γὰρ εἰκός, οὔτ᾽ ἐμὲ
ὑμῶν ἁμαρτεῖν τοῦτό γ᾽, οὐδ᾽ ὑμᾶς ἐμοῦ.
wenn ihr auch andre Bitten mir nicht erfüllen solltet, diess wenigstens könnt ihr mir nicht versagen. Soph. Phil. 904: σύ γε du jedenfalls. 907: οὔκουν ἐν οἷς γε δρᾷς in deinen Handlungen jedenfalls. nicht. 1202: ἀλλ᾽, ὦ ξένοι, ἔν γε μοι εὖχος ὀρέξατε. 1403: εἰς ὅσον γ᾽ ἐγὼ σθένω. El. 319: φησίν γε er sagt es wenigstens (ob es wahr ist, bleibt dahin gestellt). 321 und 817: ἔγωγε. 365: οὐδ᾽ ἂν σὺ σώφρων γ᾽ οὖσα.
517 f.: οὐ γὰρ πάρεστ᾽ Αἴγισθος, ὅς σ᾽ ἐπείγ᾽ ἀεὶ
μή τοι θυραίαν γ᾽ οὖσαν αἰσχύνειν φίλους.
wenigstens nicht ausser dem Hause (wenn es sich auch innerhalb desselben nicht verhüten lässt). 548: ἡ θανοῦσά γε jedenfalls die Todte. 552: ἐρεῖς μὲν οὐχὶ νῦν γε jetzt wenigstens kannst du nicht sagen. Eur. El. 37: εἰς γένος γε.
425 f.: ἔστιν δὲ δὴ τοσαῦτά γ᾽ ἐν δόμοις ἔτι,
ὥσθ᾽ ἕν γ᾽ ἐπ᾽ ἦμαρ τούσδε πληρῶσαι βορᾶς.
Pl. Ap. p. 18 A: ὥς γ᾽ ἐμοὶ δοκῶ (so viel) wie wenigstens ich glaube. p. 21 D: ἔοικα γοῦν τούτου γε σμικρῷ τινι σοφώτερος εἶναι d. i. wenn ich auch vielleicht andern nachstehe. Ap. p. 27 C: ἀλλὰ τὸ ἐπὶ τούτῳ γε ἀπόκριναι. p. 28 C: φαῦλοι γὰρ ἂν τῷ γε σῷ λόγῳ εἶεν τῶν ἡμιθέων ὅσοι ἐν Τροίᾳ τετελευτήκασιν. Euthyphro p. 3 A: ὥς γε τὸ εἰκός ξυμβῆναι. p. 3 B: Ἄτοπα, ὡς οὕτω γ᾽ ἀκοῦσαι wenigstens, wenn man es so hört. p. 4 B: οὐ γὰρ ἄν που ὑπέρ γε ἀλλοτρίου

ἐπεξήεισθα φόνον αὐτῷ. *Xen.* Cyr. I, 3, 18: Ἀλλ' ὅ γε σὸς πατήρ, εἶπεν ὁ Κῦρος, δεινότερός ἐστιν, ὦ μῆτερ, διδάσκειν μεῖον ἢ πλεῖον ἔχειν. II, 1, 8: οὐδ' εἰ πάντες ἔλθοιεν Πέρσαι, πλήθει γε οὐχ ὑπερβαλοίμεθ' ἂν τοὺς πολεμίους. III, 1, 15: Κολαστέον ἄρ' ἂν εἴη κατά γε τὸν σὸν λόγον τὸν πατέρα. Mem. I, 2, 54: Ἔλεγε δέ, ὅτι καὶ ζῶν ἕκαστος — τοῦ σώματος ὅ τι ἂν ἀχρεῖον ᾖ καὶ ἀνωφελές, αὐτός τε ἀφαιρεῖ καὶ ἄλλῳ παρέχει· αὐτοί τέ γε αὑτῶν ὄνυχάς τε καὶ τρίχας καὶ τύλους ἀφαιροῦσι. III, 14, 5: πλείω μέν γε τῶν ὀψοποιῶν συμμιγνύων πολυτελέστερα ποιεῖ. In den beiden letzten Stellen wird für eine aufgestellte Behauptung ein Beleg gegeben.

2. Ein zweiter Gebrauch der Partikel ist der causale. Es wird nämlich γέ dem Worte angehängt, dessen Begriff und Natur nachdrücklich hervorgehoben werden soll, um eben auf sie, sie als solche eine gewisse Aussage zu beziehen und zu begründen.

Il. I, 352: μῆτερ, ἐπεί μ' ἔτεκές γε μινυνθάδιόν περ ἐόντα,
τιμήν πέρ μοι ὄφελλεν Ὀλύμπιος ἐγγυαλίξαι
Ζεὺς ὑψιβρεμέτης. In ἔτεκες μινυνθάδιον sollte der Grund liegen für τιμήν — ἐγγυαλίξαι.

Od. I, 45: ὡς ἀπόλοιτο καὶ ἄλλος, ὅτις τοιαῦτά γε ῥέζοι·
Aesch. Eum. 434 f.: Ἀθ. Ἦ κἀπ' ἐμοὶ τρέποιτ' ἂν αἰτίας τέλος;
Χ. Πῶς δ' οὔ; σέβουσαί γ' ἀξίαν ἐπαξίων.
Soph. Phil. 93: πεμφθείς γε μέντοι σοὶ ξυνεργάτης, ὀκνῶ
προδότης καλεῖσθαι. In πεμφθείς liegt der Grund für ὀκνῶ.
Ebd. 106: οὐκ ἆρ' ἐκείνῳ γ' οὐδὲ προσμίξαι θρασύ; = τοιούτῳ ὄντι.
412 f.: — — — οὐ γὰρ ἄν ποτε
ζῶντός γ' ἐκείνου ταῦτ' ἐσυλήθην ἐγώ. Er hätte, wenn er am Leben gewesen wäre, mich nicht berauben lassen.
947: — — — οὐ γὰρ ἂν σθένοντά γε
εἷλέν μ'.
El. 137: Ἀλλ' οὔτοι τόν γ' ἐξ Ἀίδα παγκοίνου λίμνας πατέρ' ἀνστάσεις da er im Hades ist. 1385: φίλος γ' ὤν.
Eur. Or. 1321: μὴ δῆτ' ἐμοῦ γε συγγενεῖς πεφυκότες. Da sie — sind.
Phoen. 555: ἐπεὶ τά γ' ἀρκοῦνθ' ἱκανὰ τοῖς γε σώφροσιν.
Iph. A. 85: συγγονόν γε als einen Verwandten. *Plato* Euthyphro p. 4 D: ἀνδροφόνου γε ὄντος τοῦ ἀποθανόντος οὐ δεῖν φροντίζειν ὑπὲρ τοῦ τοιούτου. Ap. p. 24 D: δῆλον γάρ, ὅτι οἶσθα μέλον γέ σοι. *Xen.* Cyr. I, 4, 27: Ἀλλ' οὐκ ἔδει (αἰσχύνεσθαι) συγγενῆ γε ὄντα. II, 1, 7: Οὔκουν ἀκροβολίζεσθαι ἀνάγκη ἐστὶ τοιούτων γε τῶν ὅπλων ὄντων. *Dem.* Phil. I, 14: οὐ γὰρ ἂν τά γε ἤδη γεγενημένα τῇ νυνὶ βοηθείᾳ κωλῦσαι δυνηθείημεν,

Wenn ein Relativsatz den Grund enthält, so wird γέ dem relativen Worte angehängt, in dessen Begriff zunächst der Grund liegt; zuweilen jedoch auch einem andern.

Soph. Phil. 598—600: τίνος δ' Ἀτρείδαι τοῦδ' ἄγαν οὕτω χρόνῳ
τοσῷδ' ἐπεστρέφοντο πράγματος χάριν,
ὅν γ' εἶχον ἤδη χρόνιον ἐκβεβληκότες;
da sie ihn doch vor langer Zeit schon ausgestossen hatten.
662 f.: ὅσιά τε φωνεῖς, ὅστι τ', ὦ τέκνον, θέμις,
ὅς γ' ἡλίου τόδ' εἰσορᾶν ἐμοὶ φάος μόνος
δέδωκας.
1281 ff.: οὐ γάρ ποτ' εὔνουν τὴν ἐμὴν κτήσει φρένα,
ὅστις γ' ἐμοῦ δόλοισι τὸν βίον λαβὼν
ἀπεστέρηκας.
1363: χρῆν γάρ σε μήτ' αὐτόν ποτ' ἐς Τροίαν μολεῖν,
ἡμᾶς τ' ἀπείργειν, οἵ γέ σου καθύβρισαν.
Es steht οἵ γε, als wäre vorausgegangen πρὸς τοὺς Ἀτρείδας.
1386: πῶς, ὅς γε τοῖς ἐχθροῖσί μ' ἐκδοῦναι θέλεις;
Wie kannst du mein Freund sein, da du mich an meine Feinde aus-
liefern willst?
El. 440 f.: — — — — τάσδε δυσμενεῖς χοὰς
οὐκ ἄν ποθ' ὅν γ' ἔκτεινε, τῷδ' ἐπέστεφε.
Da sie ihn getödtet hat.
Eur. Or. 1092: ἐμὴν γὰρ αὐτήν, ἧς λέχος γ' ἐπήνεσα,
κρίνω δάμαρτα.
Herod. I, 71, 4: τοῖσί γε μὴ ἔστι μηδέν (die ja) da sie ja nichts
haben. *Thuc.* I, 11, 2: οἵ γε. Desgl. I, 74, 2. und VIII, 76, 5. *Pl.*
Ap. p. 26 A: παύσομαι ὅ γε ἄκων ποιῶ. Euthyphro p. 4 A: Πολλοῦ
γε δεῖ πέτεσθαι, ὅς γε τυγχάνει ὢν εὖ μάλα πρεσβύτης. 6 B: τί γὰρ
καὶ φήσομεν, οἵ γε καὶ αὐτοὶ ὁμολογοῦμεν περὶ αὐτῶν μηδὲν εἰδέναι;

Auch hängt sich γέ an Partikeln an, die dadurch causale Bedeutung erhalten. *Soph.* Phil. 1099: εὖτέ γε. *Herod.* III, 73, 1:
Λέγει Γωβρύης μετὰ ταῦτα· „ἄνδρες φίλοι, ἡμῖν κότε κάλλιον παρέξει
ἀνασώσασθαι τὴν ἀρχήν, ἤ, εἴ γε μὴ οἷοί τε ἐσόμεθα αὐτὴν ἀναλαβέειν,
ἀποθανέειν; ὅτε γε ἀρχόμεθα μὲν ἐόντες Πέρσαι ὑπὸ Μήδου ἀνδρὸς
μάγου καὶ τούτου ὦτα οὐκ ἔχοντος. *Xen.* Cyr. II, 2, 13 und Anab.
VII, 6, 11: ὁπότε γε.

Ein causaler Zusammenhang findet auch da statt, wo γέ dem
Begriff angehängt wird, in welchem die Bedingung für die Behauptung liegt.
Soph. El. 364: — — τῆς σῆς δ' οὐκ ἐρῶ τιμῆς τυχεῖν.
οὐδ' ἄν σὺ σώφρων γ' οὖσα.
582 f.: — — — — — σύ τοι
πρώτη θάνοις ἄν, εἰ δίκης γε τυγχάνοις.

3. Wir stellen drittens diejenigen Fälle zusammen, wo überhaupt ein Begriff durch γέ aus Anderem heraus, über Anderes hervorgehoben wird. — Es finden hier jedoch verschiedene Abstufungen

statt, so dass der Uebergang zu den unter 4. aufgeführten Fällen ein unmerklicher ist.

Il. I, 173 ff.: — — — — — *ουδέ σ' έγωγε*
λίσσομαι είνεκ' έμείο μέτειν' πάρ' έμοιγε και άλλοι
οί κε με τιμήσουσι, μάλιστα δε μητίετα Ζεύς.

Mit Selbstgefühl tritt hier die Persönlichkeit Agamemnon's über alle Fürsten hervor; *έγωγε, έμοιγε* erinnern an die Würde, die ihm zukommt. Mit ähnlichem Selbstgefühl steht I, 295. 296: *έμοιγε, έγωγε*. Auch I, 216:

χρή μεν σφωίτερόν γε, θεά, έπος είρύσασθαι,

kann hieher gerechnet werden. Ebenso I, 260 f.:

ήδη γάρ ποτ' εγώ και αρείοσιν ήέπερ ύμιν
ανδράσιν ώμίλησα, και ού ποτέ μ' οί γ' αθέμιζον.

Schwächeren Ton hat *έγωγε* I, 282 f.:

Ατρείδη, σύ δε παύε τεόν μένος, αυτάρ έγωγε
λίσσομ' Αχιλλήϊ μεθέμεν χόλον.

Grösserer Nachdruck liegt 525:

τούτο γάρ εξ εμέθεν γε μετ' αθανάτοισι μέγιστον
τέκμωρ auf *εμέθεν γε*.

Auch 548 hat *τόν γε*, auf *ον μέν* bezogen, einigen Nachdruck. II, 119 erscheint *τόδε γε*, das durch die nachfolgenden Infinitive erklärt wird, betont. M. vgl. noch II, 379: *εί δέ ποτ' ές γε μίαν βουλεύσομεν.*

Od. I, 46: *και λίην κείνός γε έοικότι κείται ολέθρω.*

Wenn gleich Athene diess mit Beziehung auf Odysseus sagt, so liegt doch in *κείνός γε* an und für sich kein Gegensatz, sondern nur in sofern, als die nachdrückliche Hervorhebung: „allerdings hat Er sein Loos vollkommen verdient" leicht den Gedanken anregt: nicht so andre. *Od.* I, 47. 163, 203.

I, 215: *μήτηρ μέν τέ μέ φησι τού έμμεναι, αυτάρ έγωγε ούκ οίδ'.* Obwohl *μήτηρ* und *έγωγε* einander entgegengesetzt sind, so dient doch nur *αυτάρ*, diesen Gegensatz auszudrücken; *έγωγ'* an und für sich ist ein betontes ich. *Od.* I, 226: *επεί ούκ έρατος τάδε γ' εστίν* = *τοιαύτα όντα*. 403: *μή γάρ ό γ' έλθοι ανήρ* = *τοιούτος*. *Od.* II, 76: *υμείς γε*. 115: *ανώσει γε*. 122: *τούτό γε*. 126: *σοί γε*. 127: *πάρος γε*. 204: *ή γε*.

II, 274: *εί δ' ού κείνου γ' εσσί γόνος και Πηνελοπείης*.

Aesch. Prom. 268 f.: *ού μήν τι ποιναίς γ' ωόμην τοίαισί με κατισχνανείσθαι*. —

VII c. Th. 716: *νίκην γε μέντοι και κακόν τιμά θεός.*

Mit entschiedenem Nachdruck ist *νίκην* herausgehoben: den Sieg als solchen, abgesehen von allen begleitenden Umständen. Pers. 168: *έστι γάρ πλούτός γ' αμεμφής* der Reichthum an und für sich (wie *αυτός ό πλούτος*), abgesehen von den näheren Verhältnissen. Schwächer 847: *ατιμίαν γε*. Ag. 1064: *ή μαίνεταί γε*.

Soph. Phil. 107: δόλῳ λαβόντα γ'. 109: τὸ σωθῆναί γε. 117: τοῦτό γ'. 339 sowie 658 u. 1053: σοί γε d. i. τυιούτῳ ὄττι. 524: ἀλλ' αἰσχρὰ μέττοι, σοῦ γέ μ' ἐνδεέστερον ξένῳ φατῆναι πρὸς τὸ καίριον ποτεῖν. 655: ἄλλα γ'. 755 u. 1225: δεινόν γε. 763: μὴ δῆτα τοῦτό γ'. 811: ἔνορκόν γ'. 812: θέμις γ'. 977: ἐμοῦ γ' ὂν εἰσορᾷς. 999: οὐδέποτέ γ'. 1037: μέλει γ'. 1056: τά γ' ὅπλα.- 1293: ἐγὼ δ' ἀπαυδῶ γ'. 1296: πέλας γ'. 1389: οὔκουν ἔγωγε (d. i. σὲ ὀλῶ). 1392: ἑκόντα γε. 1393: σέ γ'. — El. 147: ἐμέ γ'. 298: ἀλλ' ἴσθι τοι τίσουσά γ' ἀξίαν δίκην. 332: καίτοι τοσοῦτόν γ' οἶδα. 341: δεινόν γ'. 387: τοῦδέ γ' οὕνεκα. 398: καλόν γε μέττοι. 536: ἀλλ' οὐ μετῆν αὐτοῖσί γε τήν γ' ἐμὴν κτανεῖν. 561: οὐ δίκῃ γ' ἔκτεινας. 773: οὗτοι μάτην γε. 909: πλήν γ' ἐμοῦ καὶ σοῦ. 394 u. 1146: σύ γ'. 631: σοί γε. 925. 944. 1124. — *Eur.* Or. 1617: Οὔκουν σύ γε.

Eur. El. 34 ff.: ἡμῖν δὲ δὴ δίδωσιν Ἠλέκτραν ἔχειν
δάμαρτα, πατέρων μὲν Μυκηναίων ἄπο
γεγῶσιν· οὐ δὴ τοῦτό γ' ἐξελέγχομαι·
. λαμπροὶ γὰρ εἰς γένος γε, χρημάτων γε μὴν
πένητες. — 241: τί γάρ μοι τῶνδέ γ' ἐστὶ φίλτερον;
735: ἔμοιγε. — *Her.* I, 11, 3: ἀλλ' ἤτοι ἐκεῖνόν γε τὸν ταῦτα βουλεύσαντα δεῖ ἀπόλλυσθαι, ἢ σέ. I, 112, 2: πᾶσά γε. — *Thuc.* I, 3, 2: πολλοῦ γε χρόνου. I, 40, 3: καίτοι δίκαιοί γ' ἐστὲ μάλιστα μὲν ἐκποδὼν στῆναι ἀμφοτέροις. — *Pl.* Apol. p. 17 A: ἀληθές γε. Obwohl es im Gegensatz zu πιθανῶς gesetzt ist, so dient doch γέ an und für sich nur den Begriff ἀληθές hervorzuheben. B: κεκαλλιεπημένους γε λόγους. p. 19 D: Ἀλλὰ γὰρ οὔτε τούτων οὐδέν ἐστιν, οὐδέ γε εἴ τινες ἀκηκόατε und eben so wenig ist an dem etwas etc. 19 E: τοῦτό γε. 20 C: σοῦ γε. 21 B: οὐ γὰρ δήπου ψεύδεταί γε lügen kann er nicht. 22 D: τούτους δέ γ'. 25 A: πολλήν γ' ἐμοῦ κατέγνωκας δυστυχίαν. 26 A: σύ γε. E: ἄπιστός γ' εἶ. 27 D: θεούς γ' ἢ θεῶν παῖδας. Euthyphro p. 2 A: οὐ γάρ που καὶ σοί γε δίκη τις οὖσα τυγχάνει πρὸς τὸν βασιλέα, ὥσπερ ἐμοί. Σ. Οὔτοι δὴ Ἀθηναῖοί γε — δίκην αὐτὴν καλοῦσιν, ἀλλὰ γραφήν. E. Τί φῄς; γραφήν σέ τις, ὡς ἔοικε, γέγραπται; οὐ γὰρ ἐκεῖνό γε καταγνώσομαι, ὡς σύ γε ἕτερον. Sichtlich sind hier alle die Begriffe, denen sich γέ anhängt, dadurch hervorgehoben und betont. Ferner p. 2 C: ἔμοιγε. 4 A: οὐ γὰρ οἶμαί γε τοῦ ἐπιτυχόντος εἶναι. C: ὅ γε ἀποθανὼν πελάτης τις ἦν ἐμός was den Todten betrifft, so war er u. s. w. 5 A: ἔγωγε. 6 A: ἐκεῖνόν γε αὖ. — Ἀρά γε p. 13 A. D. E. 14 E. 15 B.

Xen. Cyr. I, 6 finden wir §. 4. 6. 8. 17. 18. 19. 20. 21. 24. 29. 31. 34. 37. 39. 43 (ἔγωγε §. 26. 28. 41. 43) durch γέ einen Begriff bald mehr, bald weniger, theilweise ganz schwach, hervorgehoben. Bemerkenswerth ist namentlich §. 31: καὶ ἔτι δὲ ταῦτα ἐδίδασκον, ὡς καὶ τοὺς φίλους δίκαιον εἴη ἐξαπατᾶν, ἐπί γε ἀγαθῷ, καὶ κλέπτειν τὰ τῶν φίλων ἐπί γε ἀγαθῷ. Hier wird der Begriff ἐπ' ἀγαθῷ so von allem Andern ausgeschieden und hervorgehoben, dass er die Bedeutung erhält: nur zu einem guten Zweck. Aehnlich wird VIII, 2, 11: ὀλίγα γὰρ εἰς γ' ἂν ἴδοι durch γέ εἰς ausschliesslich hervorgehoben: ein Einziger, einer allein. In gleicher Weise *Xen.* Mem. I, 2, 36 f.: Μηδ' ἀποκρίνωμαι οὖν, ἔφη, ἄν τίς με ἐρωτᾷ νέος, ἐὰν εἰδῶ, οἷον· ποῦ οἰκεῖ Χαρικλῆς; ἢ ποῦ ἐστι Κριτίας; Ναὶ τά γε τοιαῦτα, ἔφη ὁ Χαρικλῆς. Mit Betonung: solches, d. i. nur solches.

4. Am schwächsten zeigt sich die Bedeutung von γέ, wo es einem Worte, das an und für sich, oder an der Stelle, die es einnimmt, zu leicht wäre, mehr Körper und äusserliches Gewicht geben soll, oder wo es einem Worte angehängt wird, das für sich selbst immer nur mit Nachdruck gebraucht, oder das durch andre Beiwörter (wie αὐτός, καί, περ) hinlänglich hervorgehoben scheint. Der zweite Fall tritt besonders bei den Personalpronomina ein, die im Nominativ ohnehin nur bei entsprechendem Nachdruck stehen. Dieser Nachdruck sollte durch das beigefügte γέ noch gesteigert erscheinen, während diess häufig kaum fühlbar ist. Man erwäge, um sich hievon zu überzeugen, folgende Stellen:

Il. I, 65: εἴτ' ἄρ' ὅ γ' εὐχωλῆς ἐπιμέμφεται, εἴθ' ἑκατόμβης. Auch 93, ferner 68 und sonst oft: Ἤτοι ὅ γ' ὡς εἰπὼν κατ' ἄρ' ἕζετο. Sodann I, 97. 190, überall ohne merkliche Betonung, 320. 342. II, 3. 37. 55. 76. 109. 170: οὐδ' ὅ γε τηὸς ἐϋσσέλμοιο μελαίνης ἅπτετ', mit geringem Ton, den schon das demonstrative Pronomen für sich genügend ausdrückte. II, 207. 314. 420. *Od.* I, 4 26. 31. 443. II, 24. 132. 327. Ferner τόν γε: *Il.* I, 401. 582. *Od.* I, 195. — τῷ γε: *Od.* II, 11. 12. — τώ γε: *Il.* I, 304. 330. 531. — οἵ γε: *Il.* I, 485. — ἥ γε: *Il.* I, 496. — τῇ γε: *Od.* I, 331. — τὴν γε: *Od.* II, 109. — ἡ δέ γε: *Od.* II, 372. — τό γε: *Il.* I, 116, 120. 178. *Od.* I, 370. — ταῦτά γε: *Il.* I, 286. — ἔγωγε: *Il.* I, 298. *Soph.* Phil. 169. 330. 1362. *Pl.* Ap. p. 17 B. Euthyphro 6 E. 10 C. 13 B. D. 14 D. *Dem.* Phil. I, 43. — ἔμοιγε: *Soph.* Ph. 410. *Pl.* Euth. 11 E. 12 D. 13 B. — σύ γε: *Soph.* Ph. 246. — σοί γε: *Il.* I, 557. — σέ γε: *Od.* I, 223. 386. II, 275. *Soph.* Ph. 674. 1118. — νῦν γε: *Il.* I, 506. — ταγῖν γε: *Soph.* Ph. 245. — ἐνθάδε γε: *Od.* II, 51. — τουνθένδε γε: - *Soph.* Ph. 895. — ἀρά γε: *Pl.* Euthyphro p. 6 A. *Xen.* Cyr. I, 6, 12. Mem. I, 5, 4. — καίτοι γε: *Xen.* Mem. I, 2, 3. — εὖ γε: *Soph.* Ph. 327. *Pl.* Ap. p. 24 E. Euthyphro 7 A. — μάλιστά γε: *Pl.* Euthyphro p. 15 B.

Auch andre Begriffe erscheinen häufig durch γέ nur leicht betont. *Il.* I, 81 f.: εἴπερ γάρ τε χόλον γε καὶ αὐτῆμαρ καταπέψῃ,
ἀλλά τε καὶ μετόπισθεν ἔχει κότον.
Das Hauptgewicht liegt auf καὶ αὐτῆμαρ, das dem μετόπισθεν ent-

gegengesetzt ist. Der Begriff Groll bleibt im Vorder- und Nachsatz sich gleich: χόλον, κότον. *Od*. I, 222: γενεήν γε. 349: τῶν ἕν γε σφιν ἄειδε keineswegs = nur eines, sondern = irgend eines. II, 279: οὐδέ σέ πάγχυ γε. — *Aesch*. Prom. 77: ὡς οὑπιτιμητής γε τῶν ἔργων βαρύς. 307: παραινέσαι γε. VII c. Th. 71: πόλιν γε. *Soph*. Phil. 422: τά γε κείνων κάκ'. 441: πλήν γ'. 648: νεώς γε. El. 345: ἑλοῦ γε. Man wird sich bei der Prüfung dieser Stellen der Ueberzeugung nicht verschliessen können, dass die Kraft der Partikel hier bedeutend abgeschwächt und kaum noch fühlbar ist, dass sie oftmals nur einem zu flüchtigen Worte mehr Körper und äusserliches Gewicht geben soll.

Zu diesem Zweck wird γέ namentlich in Antworten einem Worte angehängt. So steht in Antworten ἔγωγε: *Plato* Ap. 24 D. Euthyphro p. 6 E. *Xen*. Cyr. 1, 6, 9. Mem. II, 1, 8. II, 2, 1. III, 3, 5. — *Dem*. Phil. I, 25: μὰ Δί' οὐχ ἡμεῖς γε. — Häufig steht in Antworten πάνυ γε, offenbar nur, um das Gewicht des Wortes zu vermehren, ohne dass der Begriff besonders hervorgehoben wäre. *Pl*. Euthyphro p. 2 B. 7 C. E. 12 B. C. 13 A. B. 14 A. 15 C. Ap. 25 C. 27 D. Prot. 332 E. 351 E. 360 C.

Eine äusserliche Verstärkung des schon durch andre Mittel bewirkten Nachdrucks findet statt, wenn nach περ noch γέ angehängt wird. *Soph*. Phil. 559: ἅπερ γ'. *Eur*. Iph. T. 1174: εἴπερ γε. *Pl*. Ap. p. 26 C: οὕσπερ γε. 27 D: ἐπειδήπερ γε.

5. Endlich dient γέ, wo man die Rede eines Andern fortsetzt durch Anfügung einer näheren Bestimmung, besonders in Antworten, welche, die allgemeine Beziehung voraussetzend, noch ein besonders hervorzuhebendes Moment mit γέ oder καί — γέ hinzufügen. *Aesch*. Prom. 253 f.: *X*. Καὶ νῦν φλογωπὸν πῦρ ἔχουσ' ἐφήμεροι;
Π. Ἀφ' οὗ γε πολλὰς ἐκμαθήσονται τέχνας.
Die Bejahung im Allgemeinen ist in dem weiteren Zusatz mitgegeben: und sie werden mit Hülfe dessen viele Künste lernen.
377 ff.: *Ωκ*. Οὔκουν, Προμηθεῦ, τοῦτο γιγνώσκεις, ὅτι
ὀργῆς ζεούσης εἰσὶν ἰατροὶ λόγοι;
Π. Ἐάν τις ἐν καιρῷ γε μαλθάσσῃ κέαρ.
ja, (und zwar) wenn etc. 745 f.
VII c. Th. 992 f.: *Αν*. Ἐπεὶ κατῆλθες ἐς πόλιν, Ἰσ. Δορός γε τῷδ'
ἀντηρέτας.
Ag. 540: *X*. Ἔρως πατρῴας τῆσδε γῆς σ' ἐγύμνασεν;
Κ. Ὥστ' ἐνδακρύειν γ' ὄμμασιν χαρᾶς ὕπο.
ja, in dem Grade, dass ich vor Freude weinen muss.
Soph. Phil. 32 ff.: *Ὀδ*. Οὐδ' ἔνδον οἰκοποιός ἐστί τις τρυφή;
Ν. Στειπτή γε φυλλὰς ὡς ἐναυλίζοντί τῳ.
Ὀδ. Τὰ δ' ἄλλ' ἔρημα, κοὐδέν ἐσθ' ὑπόστεγον;
Ν. Αὐτόξυλόν γ' ἔκπωμα.

Beide Male ist die allgemeine Bejahung der Frage vorausgesetzt, indem noch ein näheres Moment hinzugefügt wird.
Eur. El. 237 f.: Ἠλ. Οὐκοῦν ὁρᾷς μου πρῶτον ὡς ξηρὸν δέμας.
Ὀρ. Λύπαις γε συντετηκός, ὥστε με στένειν·
277: Ὀρ. Ἦ καὶ μετ' αὐτοῦ μητέρ' ἂν τλαίης κτανεῖν; Ἠλ. Ταὐτῷ γε πελέκει τῷ πατὴρ ἀπώλετο.
Ferner 285—287. 561.
656: Πρ. Πόθεν; τί δ'; αὐτῇ σου μέλειν δοκεῖς, τέκνον, Ἠλ. Ναί· καὶ δακρύσει γ'.
Eur. Or. 1610: Μ. Ἦ γὰρ δίκαιον ζῆν σε; Ὀρ. Καὶ κρατεῖν γε γῆς.
Phoen. 610 f.: Π. Ἀνόσιος πέφυκας. Ε. Ἀλλ' οὐ πατρίδος, ὥς σὺ πολέμιος.
Π. Ὃς μ' ἄμοιρον ἐξελαύνεις. Ε. Καὶ κατακτενῶ γε πρός.
Phoen. 723: Ε. Βούλει τράπωμαι δῆθ' ὁδοὺς ἄλλας τινάς; Κρ. Πάσας γε, πρὶν κίνδυνον εἰς ἅπαξ μολεῖν.
Ebd. 1088. Med. 692: Αἴγ. Πότερον ἐρασθεὶς ἢ σὸν ἐχθαίρων λέχος; Μ. Μέγαν γ' ἔρωτα.— Iph. A. 321. 401. 720.
Iph. A. 1361: Κλ. Ἥξει δ' ὅστις ἅψεται κόρης; Ἀχ. Μυρίοι γ'.
Iph. T. 808: Ὀρ. Τί γάρ; κόμας σὰς μητρὶ δοῦσα σῇ φέρειν; Ἰφ. Μνημεῖά γ' ἀντὶ σώματος τοὐμοῦ τάφῳ.
847 ff. 893: Ἰφ. Ὅδ' ἐστὶν Ἀτρέως θυγατρός, ὁμογενὴς ἐμός; Ὀρ. Ἀνεψιός γε, μόνος ἐμοὶ σαφῆς φίλος.
Arist. Eq. 258. der Chor, die Rede Kleons fortsetzend antwortet: ἐν δίκῃ γ' und zwar mit Recht. 282: τῇ Δί' ἐξάγων γε τἀπόρρητ᾽θ'.
Plato Prot. 310 D: Τί οὖν σοι, ἦν δ' ἐγώ, τοῦτο; μῶν τί σε ἀδικεῖ Πρωταγόρας; Καὶ ὃς γελάσας· Νὴ τοὺς θεούς, ἔφη, ὦ Σώκρατες, ὅτι γε μόνος ἐστὶ σοφός, ἐμὲ δ' οὐ ποιεῖ. Euthyphro p. 12 E: καὶ καλῶς γε μοι φαίνει λέγειν. *Xen.* Cyr. VII, 1, 6: Ἐννοεῖς, ἔφη, ὦ Χρυσάντα, ἔνθα τὴν ἐπικαμπὴν ποιοῦνται; Πάνυ γε, ἔφη ὁ Χρυσάντας, καὶ θαυμάζω γε· πολὺ γάρ μοι δοκοῦσιν ἀποσπᾶν τὰ κέρατα ἀπὸ τῆς ἑαυτῶν φάλαγγος. Ναὶ μὰ Δί', ἔφη ὁ Κῦρος, καὶ ἀπό γε τῆς ἡμετέρας. Beide Male wird der vorangehenden Bejahung noch ein besonders hervorzuhebendes Moment angehängt. Mem. I, 2, 37.

6. Verbindungen kann γέ, wie aus den bisher angeführten Stellen erhellt, mit jedem Worte eingehen, mit Formwörtern eben so wohl wie mit selbständigen Begriffen. Seine Bedeutung bleibt überall die gleiche, bald vollere, bald schwächere. Dieselben Wörter aber, an welche es sich am häufigsten anhängt, sind auch die, bei denen seine Bedeutung am meisten sich abschwächen kann. — Dass es überflüssig ist, alle Partikeln einzeln aufzuführen, mit welchen γέ, vorangehend oder nachfolgend, zusammengestellt wird, soferne das Wort, dem es sich anschliesst, keinen Einfluss auf die Bedeutung der Partikel ausübt, soll zunächst an dem Beispiel von

γὲ δή und γὲ μήν gezeigt, und hierauf die eine oder andre Verbindung erörtert werden, die irgend etwas Bemerkenswerthes darbietet.

Wenn ich behaupte, dass in der Verbindung von γὲ δή und γὲ μήν jede Partikel die ihr sonst zukommende Bedeutung bewahre, so muss ich freilich das Resultat der späteren Untersuchung über δή und μήν anticipiren. *Plato* Ap. p. 40 A: νυνὶ δὲ ξυμβέβηκέ μοι, ἅπερ ὁρᾶτε καὶ αὐτοί, ταυτί, ἃ γε δὴ οἰηθείη ἄν τις καὶ νομίζεται ἔσχατα κακῶν εἶναι. Durch γέ wird nur ἃ hervorgehoben = ein solches Loos, wie man es etc., so dass eben durch dessen Beschaffenheit das allgemeine Urtheil begründet erscheint. Durch δή wird die Sache als etwas Offenbares, Bekanntes bezeichnet. *Xen.* Oec. V, 20: εὖ γὰρ ἴσθι, ἔφη, ὅτι οἱ σώφρονες — καὶ ὑπὲρ ὑγρῶν καὶ ξηρῶν καρπῶν καὶ βοῶν καὶ ἵππων καὶ προβάτων καὶ ὑπὲρ πάντων γε δὴ τῶν κτημάτων τοὺς θεοὺς θεραπεύουσιν. Zur Hervorhebung von πάντων dient γέ; δή bezieht sich zwar auch auf den zumeist hervorgehobenen Begriff, gehört aber doch wesentlich der ganzen Aussage an: die Vernünftigen erweisen offenbar um all ihr Besitzthum den Göttern Verehrung. Man vergleiche etwa noch *Xen.* Oec. XIII, 4: Ἦ οὖν, ἔφην ἐγώ, καὶ σὺ ἄρχειν ἱκανοὺς εἶναι παιδεύεις τοὺς ἐπιτρόπους; Πειρῶμαί γε δή, ἔφη, ὁ Ἰσχόμαχος. Mem, I, 2, 53: καὶ πρὸς τούτοις γε δή.

Dasselbe gilt von γὲ μήν, z. B. *Herod.* VI, 129, 4: ἀπωρχήσαό γε μὴν τὸν γάμον. Augenscheinlich dient γέ dazu, ἀπωρχήσαο „du hast durch dein Tanzen verspielt" hervorzuheben; μήν, die Erklärung zu bekräftigen. *Xen.* Ages. I, 4: τῇδέ γε μὴν καὶ κοινῇ ἄξιον ἐπαινέσαι τήν τε πατρίδα καὶ τὸ γένος αὐτοῦ = auf diese (die folgende) Weise jedenfalls ist seine Vaterstadt und sein Geschlecht fürwahr zu loben. Ebd. 36: ἄξιόν γε μὴν καὶ ἐντεῦθεν ὑπερβαλλόντως ἄγασθαι αὐτοῦ und in allen von *Breitenbach* in seiner Ausgabe bei I, 6 angeführten Stellen: I, 37. II, 8. 14. 23. 24. 25. 26. kann γὲ μήν, wenn es auch beim Uebergang auf etwas Neues gebraucht wird, doch nicht die von ihm angenommene Bedeutung vero porro haben, sondern überall hebt γέ den vorhergehenden Begriff mehr oder weniger hervor, und μήν fügt die Versicherung fürwahr, in der That hinzu, allerdings bei *Xenophon* nicht selten im Gegensatz zu dem Vorhergehenden, so dass μήν stärker oder schwächer für doch steht. Genauer kann hierüber erst bei μήν gesprochen werden.

Eine besondre Erwähnung verdient εἴ γε, ἐάν γε und πρίν γε. Die Bedingung wird durch ein an εἰ oder ἐάν angehängtes γέ überhaupt mit Nachdruck betont. Es ist einseitig und nicht durchaus richtig, wenn *G. Hermann* zu Viger p. 831 unter Zustimmung von *Stallbaum* zu Plato Meno p. 73 C und *Bornemann* zu Xen. Cyr. II, 2, 3. zwischen εἴπερ und εἴ γε den Unterschied zieht: „εἴπερ usurpatur de re, quae esse sumitur, sed in incerto relinquitur, utrum jure an injuria sumatur; εἴ γε autem de re, quae jure sumpta dicitur" Wir werden unter a) einige Stellen erwähnen, in welchen γέ nach εἰ nichts weiter bewirkt, als eine nachdrückliche Betonung der Bedingung, eine vorzugsweise oder ausschliessliche Hervorhebung des Wenn. Wir werden aber allerdings auch unter b) eine Reihe von Stellen anzuführen haben, in welchen εἴ γε einen in Wirklichkeit vorhandenen Fall, etwas annimmt, woran nicht gezweifelt werden soll. Hier geht εἴ γε zuweilen geradehin in die Bedeutung einer causalen Partikel = da ja über.

a) Eine Hervorhebung (Steigerung) der Bedingung liegt in Eur. Or. 1521: Ἐνδικώτατ'. εἴ γε λαιμοὺς εἶχε τριπτύχους θανεῖν. Mit allem Recht (ist sie gestorben), wenn sie sogar (selbst wenn sie) eine dreifache Kehle hatte zu sterben. *Herod*. III, 73, 1: Λέγει Γωβρύης μετὰ ταῦτα· „ἄνδρες φίλοι, ἡμῖν κότε κάλλιον παρέξει ἀνασώσασθαι τὴν ἀρχήν, ἤ, εἴ γε μὴ οἱοί τε ἐσόμεθα αὐτὴν ἀναλαβεῖν, ἀποθανέειν; oder wofern wir (anders) nicht im Stande sein werden. *Thuc.* VI, 18, 2: ἐπεὶ εἴ γε ἡσυχάζοιεν πάντες ἢ φυλοκρινοῖεν οἷς χρὴ βοηθεῖν, βραχὺ ἄν τι προσκτώμενοι αὐτῇ περὶ αὐτῆς ἂν ταύτης μᾶλλον κινδυνεύοιεν. Wir haben hier lediglich eine betonte Bedingung. *Pl.* Meno p. 73 C: Οὐκ ἂν δήπου, εἴ γε μὴ ἡ αὐτὴ ἀρετὴ ἦν αὐτῶν, τῷ αὐτῷ ἂν τρόπῳ ἀγαθοὶ ἦσαν. *Xen.* Cyr. I, 6, 26 (γέ an μέλλοι angehängt, statt an εἰ). 43. II, 2, 13: Ἦ που ἂν — εἴ γε κλαίειν ἐπειρώμεθά σε ποιεῖν, σφόδρα ἂν ἡμῖν ἐμέμφου.
Eur. El. 581 f.: Ἠλ. Ἐκεῖνος εἶ σύ; Ορ. σύμμαχός γε σὸς μόνος,
ἢν ἐκσπάσωμαί γ' ὂν μετέρχομαι βόλον·
Die Partikel gehört eigentlich zu ἤν.
Arist. Ach. 317: Κἄν γε μὴ λέγω δίκαιον, μηδὲ τῷ πλήθει δοκῶ,
ὑπὲρ ἐπιξήνου θελήσω τὴν κεφαλὴν ἔχων λέγειν.

b) Es wird andrerseits die in der Bedingung angegebene Handlung als unzweifelhaft bestehend vorausgesetzt. *Xen.* Cyr. II, 2, 3: Μὰ Δί', ἔφη, τῶνδε μὲν οὐδὲν ἴσον ἐστίν, εἴ γε ἀφ' ἡμῶν γε τῶν ἐν μέσῳ οὐδεὶς οὐδέποτε ἄρξεται. Was in der Bedingung angenommen wird, ist vorher geschehen. Cyr. III, 1, 17: οὐ γὰρ ἂν δήπου, εἴ γε φρόνιμον δεῖ γενέσθαι τὸν μέλλοντα σώφρονα ἔσεσθαι, παραχρῆμα ἐξ ἄφρονος σώφρων ἄν τις γένοιτο. Mem. I, 5, 3: ἀλλὰ μὴν εἴ γε μηδὲ δοῦλον ἀκρατῆ δεξαίμεθ' ἄν, πῶς οὐκ ἄξιον αὐτόν γε φυλάξασθαι τοιοῦτον γενέσθαι; Mem. II, 1, 17. Mem. II, 2, 3: Οὔκουν, εἴ γε οὕτως ἔχει τοῦτο (es ist im Vorhergehenden zugegeben) εἰλικρινής τις ἂν εἴη ἀδικία ἡ ἀχαριστία. III, 6, 13: Λέγεις παμμέγεθες πρᾶγμα, εἴ γε καὶ τῶν τοιούτων ἐπιμελεῖσθαι δεήσει. IV, 3, 12: Σοὶ δ' ἔφη, ὦ Σώκρατες, ἐοίκασιν ἔτι φιλικώτερον ἢ τοῖς ἄλλοις χρῆσθαι, εἴ γε μηδὲ ἐπερωτώμενοι ὑπὸ σοῦ προσημαίνουσί σοι ἅ τε χρὴ ποιεῖν καὶ ἃ μή. Ages. VII, 4.

Zeitpartikeln erhalten, auch wenn sie sonst gewöhnlich nicht als Causalpartikeln dienen, doch durch den Zusatz von γέ (im Einklang mit dem unter 2. erwähnten Sprachgebrauch) causale

Bedeutung. So *εὐτέ γε* Soph. Phil. 1099. *ὅτε γε* Herod. III, 73, 1. *ὁπότε γε* Xen. Cyr. II, 2, 13. Anab. VII, 6, 11.

Πρίν γε hebt mit Nachdruck die Handlung hervor, deren Eintreten entweder als factisch und einen Wendepunkt in den Begebenheiten bildend besonders behauptet werden soll, oder vorausgesetzt wird als die conditio sine qua non für eine andre Handlung. Im ersten Falle steht *πρίν γε* mit dem Indicativ der historischen Tempora. *Aesch.* Prom. 479 ff.:

οὐκ ἦν ἀλέξημ' οὐδέν, οὔτε βρώσιμον,
οὐ χριστόν, οὔτε πιστόν, ἀλλὰ φαρμάκων
χρείᾳ κατεσκέλλοντο, πρίν γ' ἐγώ σφίσιν
ἔδειξα κράσεις ἠπίων ἀκεσμάτων.

bis ich sie lehrte etc., oder: da lehrte ich sie etc. *Eur.* Med. 1162: ἀνωλόλυξε πρίν γ' ὁρᾷ. *Thuc.* I, 132, 6. VII, 71, 4.

In der Construction von *πρὶν ἄν* mit dem Conjunctiv ist *γέ* nicht nothwendig, sofern der Conjunctiv mit *ἄν* das Eintreten der Handlung setzt, also mit *πρίν* verbunden die Handlung genügend als nothwendige Bedingung bezeichnet; demungeachtet findet sich zuweilen auch *πρίν γ' ἄν* oder *πρὶν ἄν γε*. *Soph.* Trach. 415. *Eur.* Iph. T. 1270. *Arist.* Ach. 176. 296. Eq. 960 f. Vesp. 919. Eccl. 770. *Xen.* Mem. IV, 4, 9. *Homer* hat auch Od. II, 374: πρίν γ' ὅτ' ἄν.

Vornehmlich aber braucht *Homer πρίν γε* mit Infinitiv nach negativen Sätzen mit Haupttempora, wo die Attiker *πρὶν ἄν* mit Conjunctiv anwenden. Die Hervorhebung von *πρίν* war nothwendig, um die folgende Handlung als solche zu bezeichnen, die eingetreten sein muss, ehe etwas Anderes eintreten kann.

Il. I, 97 f.: οὐδ' ὅ γε πρὶν Δαναοῖσιν ἀεικέα λοιγὸν ἀπώσει,
πρίν γ' ἀπὸ πατρὶ φίλῳ δόμεναι ἑλικώπιδα κούρην.

Ferner *Il.* V, 218 f. 287 ff. IX, 386. XII, 171. Od. II, 127 f. IV, 254.

Auch ausser diesem Fall findet sich zuweilen *πρίν γε* mit Infinitiv, um den Begriff bevor stärker herauszuheben. *Od.* I, 210. *Aesch.* VII c. Th. 1047 f.: *Α.* Ἤδη τὰ τοῦδ' οὐ διατετίμηται θεοῖς.
Κ. Οὔ, πρίν γε χώραν τήνδε κιτδύνῳ βαλεῖν.

7. Die Stellung der Partikel ist regelmässig hinter dem Worte, welches hervorgehoben werden soll. Es sind dabei folgende Punkte zu beobachten.

a) Wenn *γέ* andern Partikeln vorangeht, so übt diess, wie sich aus dem Voranstehenden ergeben hat, auf die letzteren keinen Einfluss und die Wirkung von *γέ* bezieht sich lediglich auf das vorhergehende Wort.

b) Wenn als Exponenten der Verhältnisse eines Begriffs gewisse Formwörter dienen, so fragt sich, welche Stellung in solchem Fall dem *γέ* zukomme. Hier ist nun ein Doppeltes zu berücksichtigen. Erstlich werden Formwörter (Artikel, Präposition) mit ihrem Hauptbegriff zusammen als Theile eines Ganzen betrachtet, und es nehmen jene an der Bedeutung des letzteren in der Art Theil, dass sie von allem mit betroffen werden, was diesen betrifft. Steht der Begriff selbst zu einem andern in dem Verhältniss des Gegensatzes, des Grundes, der Folge u. s. w., so kann die Partikel, welche dieses Verhältniss bezeichnet, eben so wohl den Formwörtern wie dem Hauptwort beigegeben werden.

Es kommt aber ferner in Betracht, dass die Partikeln sich möglichst vordrängen, und demgemäss, wenn ein Begriff auf die dargelegte Weise in verschiedene Theile zerlegt ist, am liebsten gleich dem ersten Worte beigegeben werden. Wo demnach ein Nomen den Artikel und eine Präposition vor sich hat, wird die Partikel zunächst nach der Präposition, wo diese fehlt, nach dem Artikel ihre Stelle einnehmen.

Man vergleiche *Il.* II, 379: ἔς γε μίαν. *Soph.* Phil. 1056: τά γ' ὅπλ'. El. 536: τήν γ' ἐμήν. *Eur.* Phoen. 555: ἐπεὶ τά γ' ἀρκοῦνθ' ἱκανὰ τοῖς γε σώφροσιν. *Pl.* Euthyphro p. 4 B: ὑπέρ γε ἀλλοτρίου. C: ὅ γε ἀποθανών. Ap. p. 28 C: τῷ γε σῷ λόγῳ. Phaedo p. 62 E: οὐ δεῖ ἀπό γε τοῦ ἀγαθοῦ φεύγειν. 69 D: κατά γε τὸ δυνατόν. 72 E: κατ' ἐκεῖνόν γε τὸν λόγον. 92 A: περί γε τούτου. 95 D: πρός γε τὸ ἕκαστον ἡμῶν φοβεῖσθαι. 96 A: τὰ γ' ἐμὰ παθήματα. *Xen.* Cyr. I, 6, 4: διά γε ἐκείνας τὰς ἐπιμελείας. 18: τὸν δέ γε ἐργάτην στρατηγόν — τό γε μελετᾶσθαι. 19: εἴς γε τὸ προθυμίαν ἐμβαλεῖν. 21: ἐπὶ μέν γε τὸ ἀνάγκῃ ἕπεσθαι. 24. 31. III, 1, 5: κατὰ γε τὸν σὸν λόγον. *Dem.* Ol. I, 27. Phil. I, 14.

Dass jedoch diese Gewohnheit nicht unbedingte Regel ist, dass namentlich Dichter davon abweichen, zeigen folgende Stellen: *Il.* I, 525. *Soph.* Phil. 109. *Eur.* El. 36. *Pl.* Ap. 27 C: ἀλλὰ τὸ ἐπὶ τούτῳ γε ἀπόκριναι.

Tritt γέ in Collision mit Partikeln, die das Verhältniss des Satzes zu einem andern bezeichnen, so haben letztere, wie es die Natur der Sache erheischt, den Vortritt. *Thuc.* I, 40, 2: Κορινθίοις μέν γε. *Plato* Ap. p. 22 D: τούτους δέ γε. Phaedo p. 65 C: λογίζεται δέ γε που. 67 D: Λύειν δέ γε αὐτὴν προθυμοῦνται. p. 72 E: ταῖς μέν γ' ἀγαθαῖς ἄμεινον εἶναι, ταῖς δὲ κακαῖς κάκιον. p. 75 D: εἰ μέν γε. E: εἰ δέ γε. 79 C: ὅταν δέ γε. 81 B: ἐὰν δέ γε. *Xen.* Cyr. I, 6, 21: ἐπὶ μέν γε. Mem. I, 2, 54: αὐτοί τέ γε. III, 14, 5: πλείω μέν γε.

Bei Dichtern tritt zuweilen der Fall ein, dass γέ nicht dem Worte, zu welchem es eigentlich gehört, sondern einem andern angehängt wird. Es ist diess einerseits da der Fall, wo die Wirkung des γέ sich auch auf dasjenige Wort, das γέ nach sich hat, jedenfalls mit erstreckt, z. B. bei δύνασθαι. *Il.* I, 393: εἰ δύνασαί γε. Eigentlich sollte hier die Bedingungspartikel hervorgehoben sein; indessen

5*

ist auch das Können mit betont. So auch *Od.* II, 62: εἴ μοι δύναμίς γε παρείη. *Soph.* Antig. 90: Εἰ καὶ δυνήσει γ'. Auch in andern Fällen kann γέ einem andern Worte, als zu dem es eigentlich gehört, angehängt werden. *Od.* II, 31: ὅτε πρότερός γε πύθοιτο und 43: ὅτε πρότερός γε πυθοίμην = ὅτε γε, vorausgesetzt, dass etc. *Soph.* El. 583: εἰ δίκης γε τυγχάνοις statt εἴ γε δ. τ. *Eur.* El. 582: ἢν ἐκσπάσωμαί γ' ὃν μετέρχομαι βόλον statt ἤν γε. 646: ἐγὼ φόνον γε μητρὸς ἐξαρτύσομαι statt ἔγωγε φόνον μητρός oder μητρός γε φόνον ἐγώ.

Γάρ.

Wenn die Entstehung von γάρ aus γέ und ἄρ keinem Zweifel unterliegt, so kann dessen Grundbedeutung keine andre sein, als die aus der Verknüpfung der beiden Partikeln sich ergibt.

Wir haben S. 21 gesehen, dass ἄρα etwas als keines Beweises bedürftig, als unmittelbar gewiss und gegeben bezeichnet, und S. 54, dass γέ einen Begriff aus dem Uebrigen absondernd hervorhebt. Wir müssen aber ausser den Elementen an und für sich auch deren Verknüpfung beachten. Vielleicht mochte γέ, auch wenn es vor ἄρ zu stehen kam, ursprünglich dem vorhergehenden Begriff sich anschliessen, und es lässt sich nicht läugnen, dass in manchen Fällen die Betonung des Begriffs, welchem γάρ folgt, nicht unangemessen ist. Die Unmöglichkeit jedoch, γάρ überall und schlechthin in seine Elemente aufzulösen * und die Gewissheit, dass schon in den homerischen Gedichten γάρ als einfache Partikel gilt, erhellt eben so wohl aus dem Umstand, dass überall nur γάρ, nie γάρα sich findet, als aus der Wahrnehmung, dass γάρ ῥα verbunden vorkommt, da ein γ' ἄρ ῥα nicht möglich wäre. Demnach gehört γέ nicht zu dem einzelnen, voranstehenden Begriff, sondern mit ἄρ verwachsen gehört es dem ganzen Satz an. Es wird mithin durch γάρ der ganze Satz als unmittelbar gewiss und unbestreitbar, als eine Thatsache, die nun einmal so ist, nachdrücklich hervorgehoben.

Es ist klar, dass diese Grundbedeutung leicht zur causalen Bedeutung werden kann, denn als Grund für einen andern Gedanken kann nur das dienen, was selbst unbestreitbar feststeht, unmittelbar gewiss und gegeben ist; es ist aber auch klar, dass die Bedeutung der Partikel nicht auf den causalen Gebrauch beschränkt werden kann, und es wird uns ein Weg eröffnet, eine grosse Anzahl

---

* In einzelnen Stellen kann sich eine solche Auflösung empfehlen, wie *Il.* XXI, 581: ἀλλ' ὅ γ' ἄρ' ἀσπίδα μὲν πρόσθ' ἔσχετο, wie seit Wolf gelesen wird statt ὁ γάρ.
Aesch. Ag. 204: εὖ γ' ἄρ' εἴη: möge es eben gut gehen (mit Betonung).

von Stellen, in welchen man mit mehr Scharfsinn als Wahrheit die causale Bedeutung nachzuweisen sucht, auf die natürlichste und sicherste Weise aus jener Grundbedeutung zu erklären.

Einen Ueberblick über die seitherigen Ansichten von der Partikel γάρ zu geben, können wir kaum versuchen. Ohne zu grosse Ausführlichkeit lässt sich von der Auffassung *Hartungs* I, 457 ff., der sich auch *Klotz* (I, 231 ff.) anschliesst, nichts Genaueres sagen. So mag es genügen, zu bemerken, dass beide, ausgehend von den Bedeutungen, die sie für γέ und ἄρα angenommen haben, die Beschränkung auf die causale Bedeutung verwerfen und dem γάρ selbst eine conclusive Kraft beilegen (*Hartung* I, 476 ff., *Klotz* I, 232 ff.), worüber gehörigen Orts das Nöthige erinnert werden soll.

Die meisten Grammatiker nehmen die Bedeutung, welche allerdings die häufigste ist, wonach γάρ den Grund für einen vorausgehenden oder auch nachfolgenden Gedanken angibt, als die allgemeine und alleinige an, und wissen, wo sich ein solcher zu begründender Gedanke nicht vorfindet, durch Beziehung auf einen zu supplirenden Gedanken, *Döderlein,* auch hier wie gewöhnlich originell, durch Beziehung auf die Gebärde des Sprechenden, die erforderliche Hülfe zu schaffen.

Aber die Voraussetzung eben, dass γάρ überall den Grund angebe, ist eine unbegründete. Sie lässt sich eben so wenig aus dem Gebrauch der Partikel als aus ihrer Entstehung rechtfertigen. Da die causale Beziehung einer Periode angehört, da die Sprache bereits das ursprüngliche rein paratakische Verhältniss der Sätze zu einer innerlichen Verknüpfung ausgebildet hatte, so ist an und für sich nicht wahrscheinlich, dass wir in ihr die Grundbedeutung anzuerkennen haben, und wenn nun eine Menge von Fällen vorliegt, wo γάρ ohne sichtbare Beziehung auf einen andern Gedanken einfach denjenigen, dem es angehört, als unmittelbar gewiss und unbestritten hervorhebt, so haben wir hier eben die ursprüngliche Bedeutung anzuerkennen, und es liesse sich mit einer naturgemässen Ansicht von der Entwicklung der griechischen Sprache und ihrer Partikeln nicht vereinigen, wenn man die beziehungslose, adverbiale Bedeutung grundsätzlich auf die conjunctionale zurückführen wollte.

Wir stellen demgemäss jenen beziehungslosen Gebrauch voran, wonach γάρ I. **überhaupt den Satz, dem es angehört, als unmittelbar gewiss und keines Beweises bedürftig hinstellt.** Diess findet statt 1. a) überhaupt in **Behauptungssätzen,** wo γάρ am meisten unsrem **ja** entspricht.

Il. I, 293 f.: ἦ γάρ κεν δειλός τε καὶ οὐτιδανὸς καλεοίμην,
εἰ δή σοι πᾶν ἔργον ὑπείξομαι, ὅττι κεν εἴπῃς.

I, 342: ἦ γὰρ ὅ γ᾽ ὀλοιῇσι φρεσὶ θύει.

355 f.: ἦ γάρ μ᾽ Ἀτρεΐδης εὐρυκρείων Ἀγαμέμνων
ἠτίμησεν.

XI, 407 f.: ἀλλὰ τίη μοι ταῦτα φίλος διελέξατο θυμός;
οἶδα γάρ, ὅττι κακοὶ μὲν ἀποίχονται πολέμοιο.

Od. XVII, 78 ff.: Πείραι', οὐ γάρ τ' ἴδμεν, ὅπως ἔσται τάδε ἔργα,
εἴ κεν ἐμὲ μνηστῆρες ἀγήνορες ἐν μεγάροισιν
λάθρῃ κτείναντες πατρώϊα πάντα δάσωνται,
αὐτὸν ἔχοντά σε βούλομ' ἐπαυρέμεν ἤ τινα τῶνδε·
εἰ δέ κ' ἐγὼ τούτοισι φόνον καὶ κῆρα φυτεύσω,
δὴ τότε μοι χαίροντι φέρειν πρὸς δώματα χαίρων.

XXIII, 248: ὦ γύναι, οὐ γάρ πω πάντων ἐπὶ πείρατ' ἀέθλων
ἤλθομεν, ἀλλ' ἔτ' ὄπισθεν ἀμέτρητος πόνος ἔσται

Es folgt in beiden Stellen nicht etwa ein zu begründender Satz, dem (nach der Anrede, parenthetisch) der Grund vorangeschickt wäre, sondern es wird einfach etwas Zweifelloses behauptet. Aehnlich ist es *Aesch.* Ag. 1356: χρονίζομεν γάρ wir zögern ja (offenbar). *Soph.* El. 837: οἶδα γὰρ ἄνακτ' Ἀμφιάρεων χρυσοδέτοις ἕρκεσι κρυφθέντα γυναικῶν. Es folgt nichts, das begründet werden müsste.
Eur. El. 82: Πυλάδη, σὲ γὰρ δὴ πρῶτον ἀνθρώπων ἐγὼ
πιστὸν νομίζω καὶ φίλον ξένον τ' ἐμοί.
Auch hier folgt nichts, das eine Begründung verlangte.
Phoen. 1652 f.: K. Τί δ'; οὐ δικαίως ὅδε κυσὶν δοθήσεται;
Ἀν. Οὐκ ἔννομον γὰρ τὴν δίκην πράσσεσθέ νιν.
Plato Ap. p. 38 B: εἰ μὲν γὰρ ἦν μοι χρήματα, ἐτιμησάμην ἂν χρημάτων ὅσα ἔμελλον ἐκτίσειν· οὐδὲν γὰρ ἂν ἐβλάβην· νῦν δέ — οὐ γὰρ ἔστιν, εἰ μὴ ἄρα ὅσον ἂν ἐγὼ δυναίμην ἐκτῖσαι, τοσούτου βούλεσθέ μοι τιμῆσαι. Während die beiden ersten γάρ ein causales Verhältniss angeben, steht das letzte (= ich habe ja keines) nur von dem Unbestrittenen, über jeden Zweifel Erhabenen. Euthyphro p. 13 C: καὶ σὺ τοῦτ' ξυγχωρήσαις ἄν, ὡς ἐπειδάν τι ὅσιον ποιῇς, βελτίω τινὰ τῶν θεῶν ἀπεργάζει; Εὐθ. Μὰ Δί' οὐκ ἔγωγε. Σ. Οὐδὲ γὰρ ἐγώ, ὦ Εὐθύφρον, οἶμαί σε τοῦτο λέγειν· πολλοῦ καὶ δέω· ἀλλὰ τούτου δὴ ἕνεκα καὶ ἀνηρόμην. Es ist unmöglich, dem γάρ hier eine causale Beziehung beizulegen. *Xen.* Mem. III, 6, 2: Ὦ Γλαύκων, ἔφη, προστατεύειν ἡμῖν διανενόησαι τῆς πόλεως; Ἔγωγ', ἔφη, ὦ Σώκρατες. Νὴ Δί', ἔφη, καλὸν γάρ, εἴπερ τι καὶ ἄλλο τῶν ἐν ἀνθρώποις. In der Verbindung mit der Betheurung Νὴ Δία kann καλὸν γάρ nur heissen: es ist allerdings (ohne Zweifel) schön. IV, 2, 6: Θαυμαστὸν γάρ nimmt *Kühner* ohne Noth in conclusiver Bedeutung, als Folgerung aus dem, was Euthydem gethan hatte. Es ist vielmehr: das ist doch (allerdings, ohne Zweifel) wunderbar.

b) Diese Bedeutung ist namentlich in ἀλλὰ γάρ ersichtlich, wenn diese Partikeln zusammengehörend im Gegensatz zu dem Vorangegangenen auf etwas Unbestreitbares hinweisen.

Il. VII, 242 f.: ἀλλ' οὐ γάρ σ' ἐθέλω βαλέειν τοιοῦτον ἐόντα
λάθρῃ ὀπιπεύσας, ἀλλ' ἀμφαδόν, αἴ κε τύχωμι.

ich will dich ja nicht (natürlich nicht) heimlich angreifen.

XV, 739: ἀλλ' ἐν γὰρ Τρώων πεδίῳ πύκα θωρηκτάων
πόντῳ κεκλιμένοι ἑκὰς ἥμεθα πατρίδος αἴης.
vielmehr liegen wir ja in der Ebene der trefflich gerüsteten Troer.
Od. X, 202 u. 568: ἀλλ' οὐ γάρ τις πρῆξις ἐγίγνετο μυρομένοισιν
doch sie richteten ja nichts aus mit ihrem Jammern.
Soph. Phil. 1020: ἀλλ' οὐ γὰρ οὐδὲν θεοὶ νέμουσιν ἡδύ μοι, wie
der Zusammenhang zeigt, nicht Grund für eine folgende Behauptung,
sondern im Gegensatz zu 1019: ὄλοιο· καὶ σοὶ πολλάκις τόδ' εὐξάμην.
Erinnerung an eine unbestreitbare Thatsache: doch die Götter erweisen mir ja (freilich) nichts Angenehmes.
Soph. El. 223: ἀλλ' ἐν γὰρ δεινοῖς οὐ σχήσω ταύτας ἄτας.
aber ich will nun einmal diese Klagen nicht zurückhalten.
565: ἀλλ' οὐ γὰρ οὐδὲ νουθετεῖν ἔξεστί σε.
aber freilich dich auch nur zu warnen ist nicht verstattet.
619 f.: ἀλλ' ἡ γὰρ ἐκ σοῦ δυσμένεια καὶ τὰ σὰ
ἔργ' ἐξαναγκάζει με ταῦτα δρᾶν βίᾳ.
aber deine Feindseligkeit nöthigt mich ja etc.
Eur. Or. 717: ἀλλ' εἰσορῶ γὰρ τόνδε φίλτατον βροτῶν.
Med. 253: ἀλλ' οὐ γὰρ αὑτὸς πρὸς σὲ κἄμ' ἥκει λόγος.
Arist. Ach. 40: ἀλλ' οἱ πρυτάνεις γὰρ οὑτοὶ μεσημβρινοί.
doch da sind ja etc. 175: ἀλλ' ἐκ Λακεδαίμονος γὰρ Ἀμφίθεος ὁδί.
Plut. 425: ἀλλ' οὐκ ἔχει γὰρ δᾷδας. *Herod.* V, 3, 1: Ἀλλὰ γὰρ
τοῦτο ἄπορόν σφι καὶ ἀμήχανον, μήποτε ἐγγένηται· εἰσὶ δὴ κατὰ τοῦτο
ἀσθενέες. IX, 27, 5: Ἀλλ' οὐ γάρ τι προέχει τούτων ἐπιμεμνῆσθαι.
IX, 46, 3. *Plato* Euthyphro p. 6 D: ἀλλὰ γάρ, ὦ Εὐθύφρον, καὶ
ἄλλα πολλὰ φῂς εἶναι ὅσια. Wer den Zusammenhang dieser Stelle
übersieht, wie Sokrates den Euthyphro erinnert, dass er auf seine
Frage, was das Fromme sei, nur eine einzelne Erscheinung der
Frömmigkeit genannt habe (p. 6 D verglichen mit 5 D), wie dann
Euthyphro auf das ἀλλὰ γὰρ καὶ ἄλλα πολλὰ φῂς εἶναι ὅσια antwortet: καὶ γὰρ ἔστιν, und Sokrates fortführt: Μέμνησαι οὖν, ὅτι οὐ
τοῦτό σοι διεκελευόμην, ἕν τι ἢ δύο με διδάξαι τῶν πολλῶν ὁσίων, kann
keinen Augenblick an eine causale Bedeutung des γάρ denken, sondern er muss sich überzeugen, dass die Einwendung des Sokrates
an etwas Unbestrittenes und Zweifelloses erinnert. Auch p. 9 C:
ἀλλὰ γὰρ οὐ τούτῳ ἐφάνη ἄρτι ὡρισμένα τὸ ὅσιον καὶ μή haben wir
einen Einwurf, der an etwas unbestritten Feststehendes erinnert =
aber es hat sich uns ja nur eben gezeigt, dass damit die Frömmigkeit nicht definirt ist. p. 14 B: ἀλλὰ γὰρ οὐ πρόθυμός με εἶ διδάξαι
aber es ist dir freilich kein rechter Ernst, mich zu belehren. Ap.
p. 19 C: καὶ οὐχ ὡς ἀτιμάζων λέγω τὴν τοιαύτην ἐπιστήμην, εἴ τις περὶ
τῶν τοιούτων σοφός ἐστι· μήπως ἐγὼ ὑπὸ Μελήτου τοσαύτας δίκας
φύγοιμι! ἀλλὰ γὰρ ἐμοὶ τούτων, ὦ ἄνδρες Ἀθηναῖοι, οὐδὲν μέτεστι.
p. 20 C: ἀλλ' οὐ γὰρ ἐπίσταμαι. 25 C. 26 A. 28 A. 42 A. Prot.
310 E. 336 A. *Isocr.* Paneg. §. 140. 175. Antid. §. 35. In allen

diesen Stellen liegt deutlich ein Einwurf vor, der auf eine unbestrittene Thatsache und Wahrheit hinweist, und wir würden den Sätzen einen völlig ungerechtfertigten Zwang anthun, wollten wir sie mit Hülfe von Ellipsen und geheimen Beziehungen bald auf Causalsätze reduciren, bald als Folgerungen deuten.

c) Auch in der Verbindung von καὶ γάρ findet sich die letztere Partikel öfter nicht zur Angabe eines Grundes gebraucht, sondern um das Unbestreitbare, zweifellos Gewisse zu bezeichnen. *Aesch.* Ag. 1254 f.:

    Κα. Καὶ μὴν ἄγαν γ᾽ Ἕλλην᾽ ἐπίσταμαι φάτιν.
    Χορ. Καὶ γὰρ τὰ πυθόκραντα· δυσμαθῆ δ᾽ ὅμως.

Auch die pythischen Orakel kennen ja die griechische Sprache, und sind doch schwer verständlich. *Eur.* Phoen. 608:

    Π. Ἐξελαυνόμεσθα πατρίδος. *Ε.* Καὶ γὰρ ἦλθες ἐξελῶν.

Du bist ja auch gekommen, um zu vertreiben. Iph. A. 637: *Καὶ γὰρ πατὴρ σέ.* Auch der Vater ja (hat sich deines Anblicks gefreut). *Pl.* Euthyphro p. 14 A: *Καὶ γὰρ οἱ στρατηγοί* Auch die Feldherrn ja (bezwecken viel Gutes).

d) Häufig steht γάρ in zustimmenden Antworten, sie mögen auf eine affirmative oder eine negative Behauptung sich beziehen. *Eur.* Iph. T. 507:

    Ἰφ. Φασίν τιν οὐκέτ᾽ οὖσαν οἴχεσθαι δορί.
    Ὀρ. Ἔστιν γὰρ οὕτως, οὐδ᾽ ἄκραντ᾽ ἠκούσατε.

Ja, so ist es. *Pl.* Euthyphro p. 2 A—B: *Τί φῄς; γραφήν σέ τις, ὡς ἔοικε, γέγραπται; οὐ γὰρ* (causal) *ἐκεῖνό γε καταγνώσομαι, ὡς σύ γε ἕτερον; Σ. Οὐ γὰρ οὖν* Allerdings nicht. p. 7 B: *Σ. Καὶ εὖ γε φαίνεται εἰρῆσθαι. Ε. Δοκῶ, ὦ Σώκρατες· εἴρηται γάρ. Σ. Οὐκοῦν καὶ ὅτι στασιάζουσιν οἱ θεοί, ὦ Εὐθύφρον, καὶ διαφέρονται ἀλλήλοις καὶ ἔχθρα ἐστὶν ἐν αὐτοῖς πρὸς ἀλλήλους, καὶ τοῦτο εἴρηται; Ε. Εἴρηται γάρ.* Ja, das ist behauptet worden. Phaedo p. 75 A: *ταὐτὸν δὲ πάντα ταῦτα λέγω. Ταὐτὸν γάρ ἐστιν, ὦ Σώκρατες, πρός γε ὃ βούλεται δηλῶσαι ὁ λόγος.* Ja, es ist dasselbe. p. 90 B: *Εἰκός γε, ἦν δ᾽ ἐγώ. Εἰκὸς γάρ, ἔφη.* p. 92 C: *Καὶ πρέπει μήτ᾽, ἦ δ᾽ ὅς, πρέπει γε, εἴπερ τῳ ἄλλῳ λόγῳ, ξυνῳδῷ εἶναι καὶ τῷ περὶ ἁρμονίας. Πρέπει γάρ, ἔφη ὁ Σιμμίας. Xen.* Mem. II, 1, 2: *Οὐκοῦν τὸ μὲν βούλεσθαι σίτου ἅπτεσθαι, ὅταν ὥρα ἥκῃ, ἀμφοτέροις εἰκὸς παραγίγνεσθαι; Εἰκὸς γάρ, ἔφη.* III, 5, 2: *Οὐκουν οἶσθα, ἔφη, ὅτι πλήθει μὲν οὐδὲν μείους εἰσὶν Ἀθηναῖοι Βοιωτῶν; Οἶδα γάρ, ἔφη.* §. 10: *Ἆρα λέγεις τὴν τῶν θεῶν κρίσιν, ἣν οἱ περὶ Κέκροπα δι᾽ ἀρετὴν ἔκριναν; Λέγω γάρ.* 11: *λέγονται γάρ.* III, 6, 12: *Εἴς γε μήν, ἔφη, τἀργύρια οἶδ᾽ ὅτι οὐκ ἀφῖξαι, ὥστ᾽ ἔχειν εἰπεῖν, διότι νῦν ἐλάττω ἢ πρόσθεν προσέρχεται αὐτόθεν. Οὐ γὰρ οὖν ἐλήλυθα, ἔφη.* IV, 6, 14.

2. Auch in Fragen dient γάρ

a) zunächst um zu fragen, ob etwas ausgemacht, entschieden,

zweifellos gewiss sei. Im Deutschen steht meistens denn. So besonders in *ἦ γάρ*.

Soph. El. 1221: Ἠλ. Ἦ ζῇ γὰρ ἀνήρ; Ὀρ. Εἴπερ ἔμψυχός γ' ἐγώ.
Ἠλ. Ἦ γὰρ σὺ κεῖνος;
Lebt er wirklich (denn)? Bist du denn (in der That) jener?
Eur. Or. 1610: Ἦ γὰρ δίκαιον ζῆν σε; *Plato* Euthyphro p. 10 E: ὁμολογοῦμεν τὸ μὲν ὅσιον διὰ τοῦτο φιλεῖσθαι, ὅτι ὅσιόν ἐστιν, ἀλλ' οὐ διότι φιλεῖται ὅσιον εἶναι· ἦ γάρ; ist es in Wahrheit so? Dessgl. p. 13 A.
Ausserdem:
Aesch. Pers. 798: Πῶς εἶπας; οὐ γὰρ πᾶν στράτευμα βαρβάρων,
περᾷ τὸν Ἕλλης πορθμὸν Εὐρώπης ἄπο;
geht denn nicht das ganze Heer über den Hellespont?
Soph. Phil. 249: Ὦ τέκνον, οὐ γὰρ οἶσθά μ' ὅντιν' εἰσορᾷς;
weisst du wirklich nicht? El. 274: οὐ γὰρ νῦν ἀκμή; aus der Behauptung:˙νῦν γὰρ ἀκμή. *Arist.* Ach. 588: πτίλον γάρ ἐστιν; ists wirklich eine Feder?
594: ἐγὼ γάρ εἰμι πτωχός; ἀλλὰ τίς γὰρ εἴ; ich soll wirklich ein Bettler sein? ist das entschieden? So nahe hier der Sprache also liegt, so darf das doch nicht zu der Meinung verleiten, als hätten wir eine Folgerung vor uns. Vielmehr geht die Frage dahin, ob diess ausgemacht und entschieden sei. *Xen.* Cyr. I, 3, 4: Τί δέ; φάναι τὸν Ἀστυάγην, οὐ γὰρ πολύ σοι δοκεῖ κάλλιον τόδε τὸ δεῖπνον εἶναι τοῦ ἐν Πέρσαις; dünkt dir denn dieses Mahl nicht viel herrlicher als das der Perser? Die Behauptung: πολὺ γὰρ κάλλιον κ. τ. λ. unzweifelhaft ist unser Mahl weit besser, ist in eine Frage verwandelt. — Und so ist in allen den angeführten Stellen die Behauptung eines Ausgemachten, Zweifellosen zu der Frage geworden, ob es denn nicht so sei?

Andrerseits dient *γάρ* unmittelbar nach den Fragewörtern τίς, τί, πῶς u. dgl. gestellt, nicht nur um einen Grund für das Vorangehende anzuführen (wovon nachher die Rede sein wird), sondern auch um die Frage selbst als eine natürliche, den durch die Frage ausgedrückten Zweifel als entschieden und berechtigt hinzustellen, oder in Fragform entschieden zu verneinen.
Il. I, 123: πῶς γάρ τοι δώσουσι γέρας μεγάθυμοι Ἀχαιοί;
= οὐδαμῶς γὰρ δώσουσι.
Od. X, 337: ὦ Κίρκη, πῶς γάρ με κέλεαι σοὶ ἤπιον εἶναι;
Wie kannst du von mir verlangen? = du kannst ja in keiner Weise von mir verlangen.
X, 383: ὦ Κίρκη, τίς γάρ κεν ἀνὴρ ὃς ἐναίσιμος εἴη,
πρὶν τλαίη πάσσασθαι ἐδητύος ἠδὲ ποτῆτος.
X, 501: ὦ Κίρκη, τίς γὰρ ταύτην ὁδὸν ἡγεμονεύσει;
= οὐδεὶς γάρ, niemand wird ja diesen Weg zeigen können.

Aesch. Prom. 519: τί γὰρ πέπρωται Ζηνὶ πλὴν ἀεὶ κρατεῖν;
d. i. nichts Anderes ja ist die Bestimmung des Zeus.
Soph. Phil. 250: πῶς γὰρ κάτοιδ', ὅν γ' εἶδον οὐδεπώποτε;
= ich kann unmöglich den kennen, den ich noch nie gesehen habe.
El. 1448: ἔξοιδα. πῶς γὰρ οὐχί;
El. 241: Τί γάρ μοι τῶνδέ γ' ἐστὶ φίλτερον; — τίς γάρ; = οὐδείς
γάρ. *Isocr.* Paneg. §. 176. 185. 186.

c) Indem γάρ die Frage als natürlich und berechtigt bezeichnet, dient es nicht selten (wie δή und im Deutschen denn), derselben mehr Ton und Lebhaftigkeit zu verleihen.

Il. X, 424 f.: πῶς γὰρ νῦν, Τρώεσσι μεμιγμένοι ἱπποδάμοισιν
εὕδουσ', ἦ ἀπάνευθε;
XVIII, 182: Ἴρι θεά, τίς γάρ σε θεῶν ἐμοὶ ἄγγελον ἦκεν;
Aesch. Ag. 271: Κλ. Εὖ γὰρ φρονοῦντος ὄμμα σοῦ κατηγορεῖ.
Χ. Τί γάρ; τὸ πιστόν ἐστι τῶνδέ σοι τέκμαρ;
630: πότερα γὰρ αὐτοῦ ζῶντος ἢ τεθνηκότος
φάτις πρὸς ἄλλων ταὐτίλων ἐκλῄζετο;
634 f.: πῶς γὰρ λέγεις χειμῶνα ναυτικῷ στρατῷ
ἐλθεῖν τελευτῆσαί τε δαιμόνων κότῳ;
Soph. Phil. 161: ποῦ γὰρ ὁ τλήμων αὐτὸς ἄπεστιν;
433: ποῦ γὰρ ἦν ἐνταῦθά σοι Πάτροκλος;
El. 864: Χ. ἄσκοπος ἁ λώβα. Ἠλ. Πῶς γὰρ οὔκ;
942: τί γὰρ κελεύεις, ὧν ἐγὼ φερέγγυος;
Eur. Or. 476: Τί γάρ; φίλον μοι πατρός ἐστιν ἔκγονος. Was denn (soll ich sonst thun?)
Phoen. 377: Τί γὰρ πατήρ μοι πρέσβυς ἐν δόμοισι δρᾷ
σκότον δεδορκώς; — Was macht denn mein Vater?
1763: ἀλλὰ γὰρ τί ταῦτα θρηνῶ; = τί γὰρ τ. θ.
Iph. T. 808: Τί γάρ; κόμας σὰς μητρὶ δοῦσα σῇ φέρειν (sc. οἶσθα;)
El. 64: Τί γὰρ τάδ', ὦ δύστην', ἐμὴν μοχθεῖς χάριν;
warum denn mühst du meinetwegen dich so ab? *Arist.* Ach. 594.
Pl. Euthyphro p. 9 B: ἆρ' οὕτω βούλει ἡμῖν ὡρίσθαι νῦν περὶ τοῦ
ὁσίου καὶ τοῦ ἀνοσίου; Ε. Τί γὰρ κωλύει, ὦ Σώκρατες; 10 Α: Πῶς
γὰρ οὔ; *Isocr.* Paneg. §. 150: πῶς γάρ.

Da in den meisten Fällen, welche γάρ haben, auch δή stehen kann, welche Partikel mit γάρ (wie wir, das Resultat der folgenden Untersuchung anticipirend, hier voraussetzen) darin übereinkommt, dass sie ebenfalls die objective Gewissheit bezeichnet, so kann diess als eine Probe für die Richtigkeit der aufgestellten Bedeutung betrachtet werden.

3. Auch in Wunschsätzen ist die hier festgestellte Grundbedeutung von γάρ leicht erkennbar. Es wird nämlich damit ausgedrückt, dass doch ja gewiss etwas eintreten möge, wie denn auch im Deutschen in solchem Fall ja gebraucht wird, z. B.: kommt

ja! — Dass diese Auffassung richtig ist, bestätigt sich aus dem analogen Gebrauch des enklitischen θέ und der Partikel δή (vergl. die nachfolgende Erörterung über δή und meine Untersuchungen über die griechischen Modi etc. S. 103). — Nicht selten treten im Wunschsatz, wie ausserdem, γὰρ δή zur Verstärkung zusammen.

Beispiele von αἰ γάρ mit Optativ sind, und zwar mit αἰ γὰρ δή: *Il.* IV, 189: αἰ γὰρ δὴ οὕτως εἴη. Ferner: X, 536. XVIII, 272. *Od.* IX, 523. XX, 169. Ausserdem *Il.* II, 371: αἲ γὰρ — τοιοῦτοι δέκα μοι συμφράδμονες εἶεν Ἀχαιῶν. *Il.* VII, 132 f.: αἲ γὰρ — ἡβῶμ'. *Od.* VI, 244: αἲ γὰρ ἐμοὶ τοιόσδε πόσις κεκλημένος εἴη. XX, 236. XXI, 200. *Herod.* I, 27, 3: αἲ γὰρ τοῦτο θεοὶ ποιήσειαν ἐπὶ τόον νησιώτῃσι.

Εἰ γάρ mit dem Indicativ eines historischen Tempus haben wir: *Aesch.* Prom. 152 f.: εἰ γάρ μ' ὑπὸ γῆν — ἧκεν. *Eur.* Or. 1624: εἰ γὰρ τόδ' ἦν! Ebd. 1590. Alc. 1074: εἰ γὰρ τοσαύτην δύναμιν εἶχον. *Plato* Crito p. 44 D: εἰ γὰρ ὤφελον οἷοί τε εἶναι.

Endlich εἰ γάρ mit dem Optativ:
Il. XIII, 825 f.: εἰ γὰρ ἐγὼν οὕτω γε Διὸς παῖς αἰγιόχοιο
εἴην ἤματα πάντα!
Od. XVIII, 513: εἰ γάρ τοι, βασίλεια, σιωπήσειαν Ἀχαιοί!
Soph. Oed. R. 80 f.: εἰ γὰρ ἐν τύχῃ γέ τῳ σωτῆρι βαίη!
Eur. Or. 1100: Ὦ φίλτατ', εἰ γὰρ τοῦτο κατθάνοιμ' ἰδών!
Iph. T. 1195: εἰ γάρ, ὡς θέλω, καθαρμὸς ὅδε πέσοι!
Plato Prot. p. 310 D: Εἰ γὰρ ἐν τούτῳ εἴη! *Xen.* Cyr. VI, 1, 38: Εἰ γὰρ γένοιτο!

Es ist eine ansehnliche Reihe von Fällen, in denen γάρ, wenn wir unbefangen der natürlichsten Auffassung folgen, als Partikel der objectiven Gewissheit erscheint und dazu dient, theils etwas als unmittelbar gewiss und gegeben zu betonen, theils zu fragen, ob etwas ausser Zweifel sei, oder auch die Frage selbst als natürliche und berechtigte zu bezeichnen, theils auszudrücken, wie man wünsche, dass etwas ganz gewiss stattfinden oder geschehen möge. Wie nun eben so wohl dieser Gebrauch als die unbestrittene Ableitung der Partikel von γέ und ἄρα die aufgestellte Grundbedeutung ausser Zweifel setzen, so kann die Wahrnehmung, dass in vielen Fällen gleich γάρ oder neben diesem δή gebraucht wird und dass auch im Deutschen zu dem gleichen Zweck ähnliche Partikeln der Gewissheit und der Bestätigung zur Anwendung kommen, eine weitere Stütze für die hier vorgetragene Ansicht abgeben.

Es findet aber in dieser Grundbedeutung auch eine andere Gattung von Fällen, welche man gewöhnlich zu dem causalen Gebrauch rechnet, ihre einfachste und natürlichste Erklärung.

II. 4. In nicht wenigen Fällen steht nämlich der Satz mit γάρ voran, und der Gedanke, der begründet werden soll, folgt nach. Da nun γάρ nicht, wie ἐπεί, einem untergeordneten Satze angehört, der nothwendig auf einen übergeordneten Satz bezogen werden muss, da es in sich selbst lediglich nichts hat, das eine Beziehung auf einen andern Satz andeutete, so kann man es dem voranstehenden Satze mit γάρ nicht ansehen, dass er auf einen folgenden Satz bezogen werden soll; er muss nothwendig für sich genommen werden als Behauptung einer unbestrittenen, gegebenen Wahrheit. Zwar liegt selbst, wo der Satz mit γάρ folgt, in γάρ an sich keine Beziehung auf das Vorangehende. Aber wenn auch der grammatische Ausdruck für eine solche Beziehung fehlt, so wird dieselbe durch das logische Verhältniss der Sätze ersetzt, indem, wenn einer aufgestellten Behauptung die Behauptung eines unmittelbar Gewissen und Gegebenen nachfolgt, worauf die erste Behauptung der Natur der Sache nach sich stützen kann, der Hörende oder Lesende den zweiten Satz natürlich in Beziehung auf den ersten und als zu dessen Begründung gesagt sich denkt. Aber dieses causale Verhältniss kann natürlich erst dann ganz klar hervortreten, wenn beide Sätze vorliegen, und in ihrem inneren Verhältniss als Grund und Folge aufgefasst werden können; so lange nur der Satz mit γάρ vorliegt und man nicht weiss, was folgen wird, muss jener, weil γάρ eigentlich keine satzverknüpfende Partikel ist, für sich aufgefasst werden, als Behauptung eines unmittelbar und zweifellos Gewissen. — Dabei wollen wir nicht läugnen, dass der Gebrauch daran gewöhnen konnte, nach dem Satz mit γάρ einen zu begründenden Gedanken zu erwarten.

Wir führen nun a) zunächst diejenigen Stellen an, in welchen der Satz mit γάρ einfach vorangeht und der nachfolgende Satz coordinirt, aber durch ein Pronomen oder eine Conjunction mit dem vorhergehenden regelmässig verknüpft ist. Besonders hervorzuheben sind die Fälle, wo der folgende Satz mit dem vorhergehenden durch τῷ = dann, darum etc. verbunden ist, andrerseits, wo auf den Satz mit γάρ eine Forderung oder Aufforderung mit dem eindringlichen ἀλλά folgt.

Il. II, 803 ff.: πολλοὶ γὰρ κατὰ ἄστυ μέγα Πριάμου ἐπίκουροι,
ἄλλη δ' ἄλλων γλῶσσα πολυσπερέων ἀνθρώπων,
τοῖσιν ἕκαστος ἀνὴρ σημαινέτω, οἷσί περ ἄρχει,
τῶν δ' ἐξηγείσθω, κοσμησάμενος πολιήτας.

Es sind ja in der Stadt viele Hülfsvölker, und sie reden verschiedene Sprachen; diese mögen alle je von ihren Gebietern Befehle empfangen.

Il. VII, 73 f.: ὑμῖν δ' ἐν γὰρ ἔασιν ἀριστῆες Παναχαιῶν,
τῶν νῦν ὅντινα θυμὸς ἐμοὶ μαχέσασθαι ἀνώγει,
δεῦρ' ἴτω ἐκ πάντων πρόμος ἔμμεναι Ἕκτορι δίῳ.

unter euch sind ja die edelsten der Achäer, von denen möge einer dem Hektor zum Kampfe sich stellen = da unter euch etc. sind, so möge sich einer stellen.

Il. XVII, 221 ff.: οὐ γὰρ ἐγὼ πληθὺν διζήμενος οὐδὲ χατίζων
ἐνθάδ' ἀφ' ὑμετέρων πολίων ἤγειρα ἕκαστον,
ἀλλ' ἵνα μοι Τρώων ἀλόχους καὶ νήπια τέκνα
προφρονέως ῥύοισθε φιλοπτολέμων ὑπ' Ἀχαιῶν.
τὰ φρονέων δώροισι κατατρύχω καὶ ἐδωδῇ
λαούς, ὑμέτερον δὲ ἑκάστου θυμὸν ἀέξω.
τῷ τις νῦν ἰθὺς τετραμμένος ἢ ἀπολέσθω
ἠὲ σαωθήτω.

Der Hauptgedanke liegt in 227 f. τῷ τις νῦν κ. τ. λ., denn Hektor will zu muthigem Kampf ermuntern; diesem ist zum Zweck der Begründung vorangeschickt: οὐ γὰρ πληθὺν διζήμενος — ἤγειρα ἕκαστον, ἀλλ' ἵνα μοι — ῥύοισθε. Indessen οὐ γάρ u. s. w. geht als ganz selbständiger Satz, ohne sichtbare Beziehung auf etwas Folgendes voran = ich habe euch ja nicht in der Absicht versammelt, um nur eine grosse Menge zu haben.

Il. XXIII, 607 ff.: ἀλλὰ σὺ γὰρ δὴ πόλλ' ἔπαθες καὶ πόλλ' ἐμόγησας,
σός τε πατὴρ ἀγαθὸς καὶ ἀδελφεός, εἴνεκ' ἐμεῖο·
τῷ τοι λισσομένῳ ἐπιπείσομαι.

Od. XI, 66—71: der Satz οἶδα γάρ — νῆα trägt nicht den gewöhnlichen Charakter einer Parenthese. Vielmehr sind drei Sätze coordinirt: 1) νῦν δέ σε γουνάζομαι, 2) neu beginnend: οἶδα γάρ und nachdem dieser Satz geschlossen ist 3) ἔνθα σ' ἔπειτα κέλομαι.

Od. XIV, 496: λίην γὰρ νηῶν ἑκὰς ἤλθομεν· ἀλλά τις εἴη
εἰπεῖν Ἀτρείδῃ Ἀγαμέμνονι.

Wir haben uns ja weit von den Schiffen entfernt; möge denn jemand dem Atriden Agamemnon melden.

Od. XIX, 407 ff.: πολλοῖσιν γὰρ ἔγωγε ὀδυσσάμενος τόδ' ἱκάνω,
ἀνδράσιν ἠδὲ γυναιξὶν ἀνὰ χθόνα πουλυβότειραν·
τῷ δ' Ὀδυσεὺς ὄνομ' ἔστω ἐπώνυμον.

Der causale Zusammenhang zwischen V. 409 und 407 liegt lediglich in der Natur der Gedanken; grammatisch sind sie nicht verknüpft; vielmehr ist der erste Satz ganz selbständig hingestellt: ich bin ja vielen zürnend hieher gekommen; der zweite aber nicht aus dem ersten abgeleitet, sondern mit δέ ihm gegenüber gestellt.

Od. XX, 273 f.: οὐ γὰρ Ζεὺς εἴασε Κρονίων· τῷ κε μιν ἤδη
παύσαμεν ἐν μεγάροισι λιγύν περ ἐόντ' ἀγορητήν.

Zeus liess es ja nicht geschehen; sonst hätten wir ihn längst zur Ruhe gebracht. Der erste Satz ist selbständig aufgestellt; der zweite durch τῷ = εἰ Ζεὺς εἴασε, mit dem ersten verbunden. — *Herod.* VI, 102, 2: Καὶ ἦν γὰρ ὁ Μαραθὼν ἐπιτηδεώτατον χωρίον τῆς Ἀττικῆς ἐνιππεῦσαι καὶ ἀγχοτάτω τῆς Ἐρετρίης, ἐς τοῦτό σφι κατηγέετο Ἱππίης ὁ Πεισιστράτεω. Hier, wie in den zuerst angeführten homerischen Stellen, wird erst bei dem zweiten Satz die Verknüpfung durch ein auf das Vorhergehende sich zurückbeziehendes Demonstrativum bewirkt. *Thuc.* I, 72, 1: Τοιαῦτα μὲν οἱ Κορίνθιοι εἶπον.

τῶν δὲ Ἀθηναίων ἔτυχε γὰρ πρεσβεία πρότερον ἐν τῇ Λακεδαίμονι περὶ ἄλλων παροῦσα, καὶ ὡς ᾔσθοντο τῶν λόγων, ἔδοξεν αὐτοῖς παριτητέα ἐς τοὺς Λακεδαιμονίους εἶναι. Krüger nahm ohne Grund an καί Anstoss, da dieses einfach an einen selbständigen Satz mit γάρ einen neuen anreiht, auch VIII, 30, 1 eine ganz ähnliche Verknüpfung sich findet: Τοῦ δ' αὐτοῦ χειμῶνος τοῖς ἐν τῇ Σάμῳ Ἀθηναίοις προσαφιγμέναι γὰρ ἦσαν καὶ οἴκοθεν ἄλλαι νῆες πέντε καὶ τριάκοντα καὶ στρατηγοὶ Χαρμῖνος καὶ Στρομβιχίδης καὶ Εὐκτήμων, καὶ τὰς ἀπὸ Χίου καὶ τὰς ἄλλας πάσας ξυναγαγόντες ἐβούλοντο διακληρωσάμενοι ἐπὶ μὲν τῇ Μιλήτῳ τῷ ναυτικῷ ἐφορμεῖν.

5. Es gibt nun aber mehrere Fälle, welche ein Streben nach grammatischer Verknüpfung des begründenden und des begründeten Satzes offenbaren. Es wird nämlich theils a) die Einschiebung des Satzes mit γάρ in einen andern Satz, theils b) die Unterdrückung einer verknüpfenden Partikel bei dem zweiten Satze, theils c) anderweitige Verschlingung der beiden Sätze das Mittel, die engere Beziehung zwischen beiden Sätzen grammatisch darzustellen.

a) Von der ersten Gattung, da der begründende Satz durch Einschiebung in einen andern Satz als zu diesem gehörig, auf diesen bezogen bezeichnet wurde, wobei dann wesentlich ist, dass nach der Parenthese der begonnene und durch die Parenthese unterbrochene Satz fortgesetzt, nicht ein neuer mit Conjunction begonnen wird, finden sich schon bei Homer nicht wenige Beispiele, in der attischen Sprache aber hat namentlich der Gebrauch von ἀλλά — γάρ, da ἀλλά logisch dem Hauptsatze, γάρ dem eingeschobenen Grund angebenden Satze angehört, eine ziemliche Ausdehnung erhalten.

Il. XII, 326 ff.: νῦν δ' — ἔμπης γὰρ Κῆρες ἐφεστᾶσιν θανάτοιο
μυρίαι, ἃς οὐκ ἔστι φυγεῖν βροτὸν οὐδ' ὑπαλύξαι —
ἴομεν.

XXIII, 156 f.: Ἀτρεΐδη — σοὶ γάρ τε μάλιστά γε λαὸς Ἀχαιῶν
πείσονται μύθοισι — γόοιο μὲν ἔστι καὶ ἄσαι.

XXIII, 890 ff.: Ἀτρεΐδη — ἴδμεν γάρ, ὅσον προβέβηκας ἁπάντων,
ἠδ' ὅσσον δυνάμει τε καὶ ἥμασιν ἔπλευ ἄριστος —
ἀλλὰ σὺ μὲν τόδ' ἄεθλον ἔχων κοίλας ἐπὶ νῆας
ἔρχευ.

XXIV, 223 f.: νῦν δ' — αὐτὸς γὰρ ἄκουσα θεοῦ καὶ ἐσέδρακον
ἄντην —
εἶμι, καὶ οὐχ ἅλιον ἔπος ἔσσεται.

XXIV, 334 ff.: Ἑρμεία — σοὶ γάρ τε μάλιστά γε φίλτατόν ἐστιν
ἀνδρὶ ἑταιρίσσαι, καί τ' ἔκλυες, ᾧ κ' ἐθέλῃσθα —
βάσκ' ἴθι.

Od. I, 301 f.: καὶ σὺ φίλος — μάλα γάρ σ' ὁρόω καλόν τε μέγαν τε —
ἄλκιμος ἔσσ'.

Od. I, 337 ff.: Φήμιε — πολλὰ γὰρ ἄλλα βροτῶν θελκτήρια ἤδης,
ἔργ' ἀνδρῶν τε θεῶν τε, τά τε κλείουσιν ἀοιδοί —
τῶν ἕν γέ σφιν ἄειδε παρήμενος.

V, 29 f.: Ἑρμεία — σὺ γὰρ αὖτε τά τ' ἄλλα περ ἄγγελός ἐσσι —
νύμφῃ ἐϋπλοκάμῳ εἰπεῖν νημερτέα βουλήν.

IX, 431 ff.: — — —. — — αὐτὰρ ἔγωγε —
ἀρνειὸς γὰρ ἔην, μήλων ὄχ' ἄριστος ἁπάντων —
τοῦ κατὰ νῶτα λαβών, λασίην ὑπὸ γαστέρ' ἐλυσθεὶς
κείμην.

X, 174 ff.: ὦ φίλοι — οὐ γάρ πω καταδυσόμεθ' ἀχνύμενοί περ
εἰς Ἀΐδαο δόμους, πρὶν μόρσιμον ἦμαρ ἐπέλθῃ —
ἀλλ' ἄγετ', ὄφρ' ἐν νηὶ θοῇ βρῶσίς τε πόσις τε,
μνησόμεθα βρώμης.

Aehnlich ὦ φίλοι, dann parenthetischer Satz mit γάρ, dann ἀλλά mit einer Aufforderung *Od.* X, 190 ff. und 226 ff.

XII, 154 ff.: ὦ φίλοι — οὐ γὰρ χρὴ ἕνα ἴδμεναι, οὐδὲ δύ' οἵους
θέσφαθ', ἅ μοι Κίρκη μυθήσατο, δῖα θεάων —
ἀλλ' ἐρέω μὲν ἐγών. — So ist auch *Od.* XII, 208—213 und 320 mit der Anrede ein Hauptgedanke begonnen, der durch die Parenthese unterbrochen und nach Beendigung derselben nicht regelmässig fortgesetzt wird. Vielmehr stellt sich der mit der Anrede beabsichtigte Gedanke nun der Parenthese als Gegensatz gegenüber. Man würde geneigt sein können, die Anrede sammt dem folgenden Satze mit γάρ als zusammenhängenden Satz zu betrachten, wenn dem Satze mit γάρ eine selbständige Bedeutung beigelegt werden könnte. Aber *Od.* XII, 320: ἐν γὰρ νηὶ θοῇ βρῶσίς τε πόσις τε, und 208: οὐ γάρ πώ τι κακῶν ἀδαήμονές εἰμεν dienen offenbar nur dem folgenden Gedanken zur Stütze.

Pind. Pyth. I, 164 f.: ἀλλ' ὅμως — κρέσσων γὰρ οἰκτιρμοῦ φθόνος —
μὴ παρίει καλά.

Aesch. Ag. 799 ff.: σὺ δέ μοι τότε μὲν στέλλων στρατιὰν
Ἑλένης ἕνεκ' — οὐ γάρ σ' ἐπικεύσω —
κάρτ' ἀπομούσως ἦσθα γεγραμμένος.

Ag. 1069: ἐγὼ δ', ἐποικτείρω γάρ, οὐ θυμώσομαι.

Soph. Phil. 500 f.: νῦν δ' — εἰς σὲ γὰρ πομπόν τε καὐτὸν ἄγγελον
ἥκω — σὺ σῶσον.

603 f.: ἐγώ σε τοῦτ' — ἴσως γὰρ οὐκ ἀκήκοας —
πᾶν ἐκδιδάξω.

938 f.: ὑμῖν τάδ', οὐ γὰρ ἄλλον οἶδ' ὅτῳ λέγω,
ἀνακλαίομαι παροῦσι τοῖς εἰωθόσιν.

El. 783—787. Der Satz: νῦν δ' ἐκηλά που — ἡμερεύσομεν ist durch die nach νῦν δ' eingeschobene Parenthese ἡμέρα γὰρ — αἷμα unterbrochen, und darum νῦν δ' wiederholt.

Eur. El. 102: νῦν οὖν — Ἕως γὰρ λευκὸν ὄμμ' ἀναίρεται —
ἔξω τρίβου τοῦδ' ἴχνος ἀλλαξώμεθα.

Ebd. 607. 943. 1004—1006.
Or. 16: Ἀτρέως δέ — τὰς γὰρ ἐν μέσῳ σιγῶ τύχας —
ὁ κλεινός, εἰ δὴ κλεινός, Ἀγαμέμνων ἔφυ.
83—85. Med. 80 f.: Ἀτὰρ σύγ' — οὐ γὰρ καιρὸς εἰδέναι τόδε
δέσποιναν — ἡσύχαζε καὶ σίγα λόγον.
Iph. T. 815: Ὦ φίλτατ', οὐδὲν ἄλλο, φίλτατος γὰρ εἶ,
ἔχω σ', Ὀρέστα. — Ebd. 1347.
Arist. Ach. 450 ff.: Ὦ θύμ' — ὁρᾷς γὰρ ὡς ἀπωθοῦμαι δόμων
πολλῶν δεόμενος σκευαρίων — νῦν δὴ γενοῦ
γλίσχρος προσαιτῶν λιπαρῶν τ'.
Ebd. 513: ἀτάρ — φίλοι γὰρ οἱ παρόντες ἐν λόγῳ —
τί ταῦτα τοὺς Λάκωνας αἰτιώμεθα;
1020: ὦ φίλτατε — σπονδαὶ γάρ εἰσι σοι μόνῳ —
μέτρησον εἰρήνης τί μοι, κἂν πέντ' ἔτη.
Herod. I, 8, 1: ὥστε δὲ ταῦτα νομίζων — ἦν γάρ οἱ τῶν αἰχμοφόρων Γύγης ὁ Δασκύλεω ἀρεσκόμενος μάλιστα — τούτῳ τῷ Γύγῃ καὶ τὰ σπουδαιότερα τῶν πραγμάτων ὑπερετίθετο ὁ Κανδαύλης καὶ δὴ καὶ τὸ εἶδος τῆς γυναικὸς ὑπερεπαινέων. I, 8, 2: Γύγη — οὐ γάρ σε δοκέω πείθεσθαί μοι λέγοντι περὶ τοῦ εἴδεος τῆς γυναικός — ποίεε ὅκως ἐκείνην θεήσεαι γυμνήν. I, 12, 1. I, 24, 5: Καὶ τοῖσι ἐσελθεῖν γὰρ ἡδονήν εἰ μέλλοιεν ἀκούσεσθαι τοῦ ἀρίστου ἀνθρώπων ἀοιδοῦ, ἀναχωρῆσαι ἐκ τῆς πρύμνης ἐς μέσην νέα. I, 41, 2: Νῦν ὦν — ὀφείλεις γὰρ ἐμεῦ προποιήσαντος χρηστὰ ἐς σὲ χρηστοῖσί με ἀμείβεσθαι, φύλακα παιδός σε τοῦ ἐμοῦ χρηίζω γενέσθαι ἐς ἄγρην ὁρμεωμένου. I, 42, 2: Νῦν δέ, ἐπεί τε σὺ σπεύδεις καὶ δεῖ τοι χαρίζεσθαι — ὀφείλω γάρ σε ἀμείβεσθαι χρηστοῖσι — ποιέειν εἰμὶ ἕτοιμος ταῦτα. VI, 55. — Thuc. III, 70, 2: καί — ἦν γὰρ Πειθίας ἐθελοπρόξενός τε τῶν Ἀθηναίων καὶ τοῦ δήμου προειστήκει — ὑπάγουσιν αὐτὸν οὗτοι οἱ ἄνδρες ἐς δίκην.
Plato Euthyphro p. 11 C: νῦν δέ — σαὶ γὰρ αἱ ὑποθέσεις εἰσίν — ἄλλου δή τινος δεῖ σκώμματος. 14 C: νῦν δέ — ἀνάγκη γὰρ τὸν ἐρωτῶντα τῷ ἐρωτωμένῳ ἀκολουθεῖν, ὅπῃ ἂν ἐκεῖνος ὑπάγῃ — τί δὴ αὖ λέγεις τὸ ὅσιον εἶναι; Apol. p. 22 A. 40 A: Ἐμοὶ γάρ, ὦ ἄνδρες δικασταί — ὑμᾶς γὰρ δικαστὰς καλῶν ὀρθῶς ἂν καλοίην — θαυμάσιόν τι γέγονεν. Phaedo p. 60 A. 117 A. Protag. p. 317 C. 335 C. Xen. h. gr. I, 6, 5.

Nicht selten gehört in Sätzen mit ἀλλά — γάρ die erste Partikel zum Hauptsatz, und γάρ bildet eine Parenthese.
Od. XIV, 355 ff.:   ἀλλ' — οὐ γάρ σφιν ἐφαίνετο κέρδιον εἶναι
μαίεσθαι προτέρω — τοὶ μὲν πάλιν αὖτις ἔβαινον
νηὸς ἔπι γλαφυρῆς.
Soph. Phil. 81 f.: ἀλλ' — ἡδὺ γάρ τοι κτῆμα τῆς νίκης λαβεῖν —
τόλμα.
Antig. 392 ff.: ἀλλ' — ἡ γὰρ ἐκτὸς καὶ παρ' ἐλπίδας χαρὰ
ἔοικεν ἄλλῃ μῆκος οὐδενὶ ἡδονῇ —
ἥκω.

El. 256: ἀλλ' — ἡ βία γὰρ ταῦτ' ἀναγκάζει με δρᾶν —
σύγγνωτε.
Eur. El. 107 ff.: ἀλλ' — εἰσορῶ γὰρ τήνδε προσπόλων τινὰ
πηγαῖον ἄχθος ἐν κεκαρμένῳ κάρᾳ
φέρουσαν — ἑζώμεσθα κἀκπυθώμεθα
δούλης γυναικός. — Ebd. 392 ff.
1241 f.: ἀλλ' — ἄναξ γάρ ἐστ' ἐμός — σιγῶ. Phoen. 894—897.
Iph. T. 118: ἀλλ' — εὖ γὰρ εἶπας — πειστέον. Bacch. 1154—1156.
Herod. I, 14, 5: ἀλλ' — οὐδὲν γὰρ μέγα ἔργον ἀπ' αὐτοῦ ἐγένετο βασιλεύσαντος δυῶν δέοντα τεσσεράκοντα ἔτεα — τοῦτον μὲν παρήσομεν. VI, 135, 4: ἀλλά — δέειν γὰρ Μιλτιάδεα τελευτᾶν μὴ εὖ — φανῆναί οἱ τῶν κακῶν κατηγεμόνα.

Ich habe hier auch durch die Schrift ἀλλά von dem Satze mit γάρ getrennt und letzteren ausdrücklich als Parenthese bezeichnet. Die gewöhnliche Interpunktion, welche ἀλλά — γάρ als dem gleichen Satze angehörig bezeichnet, und erst nach Beendigung des grundangebenden Satzes interpungirt, ist jedenfalls unrichtig. Entweder muss auch nach ἀλλά interpungirt, d. i. dieses als dem Hauptsatz angehörig von dem eingeschobenen Grund angebenden Satze geschieden werden, oder man müsste mit Unterdrückung jeder Interpunktion das Ganze als einen Satz behandeln. So wenig nämlich geläugnet werden kann, dass ἀλλὰ γάρ häufig zu einem und demselben Satze gehören, so lässt sich doch namentlich in der attischen Sprache das Asyndeton nach dem Schluss des Grund angebenden Satzes nur daraus erklären, dass die Sätze mit γάρ, wie aus der vorliegenden Erörterung hinlänglich hervorgeht, um sie mit dem Hauptsatze zu verflechten, in letzteren eingeschoben wurden, und dass nach ἀλλά auch sonst eine Parenthese folgen kann, erhellt u. a. aus *Soph.* Phil. 1153: ἀλλ' — ἀνέδην ὅδε χῶρος ἐρύκεται οὐκέτι φοβητὸς ὑμῖν — ἕρπετε κ. τ. λ.

Auch καί — γάρ wird so gebraucht, dass καί zum ganzen Satz, γάρ zum begründenden Zwischensatz gehört. *Herod.* I, 27, 6: Κάρτα τε ἡσθῆναι Κροῖσον τῷ ἐπιλόγῳ, καί οἱ — προσφυέως γὰρ δόξαι λέγειν — πειθόμενον παύσασθαι τῆς ναυπηγίης. (Vielleicht auch I, 24, 5; s. o.) *Thuc.* I, 137, 2: Καί — ἦν γὰρ ἀγνὼς τοῖς ἐν τῇ νηί — δείσας φράζει τῷ ναυκλήρῳ, ὅστις ἐστί.

b) Auch ohne Einschiebung fällt zuweilen bei dem zweiten Satz die folgernde Partikel weg, und es erscheinen demnach beide Sätze als zusammengehörige Glieder einer Periode.
Soph. Ant. 148 ff.: ἀλλὰ γὰρ ἁ μεγαλώνυμος ἦλθε Νίκα
τᾷ πολυαρμάτῳ ἀντιχαρεῖσα Θήβᾳ,
ἐκ μὲν δὴ πολέμων
τῶν νῦν θέσθε λησμοσύναν.
Eur. Phoen. 1318: ἀλλὰ γὰρ Κρέοντα λεύσσω τόνδε δεῦρο συννεφῆ
πρὸς δόμους στείχοντα, παύσω τοὺς παρεστῶτας γόους.

Herod. I, 97, 3: οὐ γὰρ δὴ τρόπῳ τῷ παρεόντι χρεώμενοι δυνατοί εἰμεν οἰκέειν τὴν χώρην, φέρε στήσωμεν ἕνα ἡμέων αὐτῶν βασιλέα. Zwischen a) und b) finden vermittelnde Uebergänge statt, indem die Periode zwar von vorn herein als parenthetische erscheint, aber nach Beendigung der scheinbaren Parenthese dennoch der zweite Satz durch eine Folgerungspartikel an den grundangebenden Satz angeknüpft wird.

Il. VII, 327 ff.: Ἀτρείδη τε καὶ ἄλλοι ἀριστῆες Παναχαιῶν,
πολλοὶ γὰρ τεθνᾶσι καρηκομόωντες Ἀχαιοί,
τῶν νῦν αἷμα κελαινὸν ἐΰρροον ἀμφὶ Σκάμανδρον
ἐσκέδασ᾽ ὀξὺς Ἄρης, ψυχαὶ δ᾽ Ἄϊδόσδε κατῆλθον·
τῷ σε χρὴ πόλεμον μὲν ἅμ᾽ ἠοῖ παῦσαι Ἀχαιῶν.

Herod. I, 30, 3: ξεῖνε Ἀθηναῖε, παρ᾽ ἡμέας γὰρ περὶ σέο λόγος ἀπῖκται πολλὸς καὶ σοφίης εἵνεκεν τῆς σῆς καὶ πλάνης, ὡς φιλοσοφέων γῆν πολλὴν θεωρίης εἵνεκεν ἐπελήλυθας· νῦν ὦν ἵμερος ἐπείρεσθαί μοι ἐπῆλθε εἴ τινα ἤδη πάντων εἶδες ὀλβιώτατον. I, 69, 1: ὦ Λακεδαιμόνιοι, χρήσαντος τοῦ θεοῦ τὸν Ἕλληνα φίλον προσθέσθαι, ὑμέας γὰρ πυνθάνομαι προεστάναι τῆς Ἑλλάδος, ὑμέας ὦν κατὰ τὸ χρηστήριον προσκαλεῦμαι φίλος τε ἐθέλων γενέσθαι κ. τ. λ. VI, 87, 2: καὶ ἦν γὰρ δὴ τοῖσι Ἀθηναίοισι πεντήρης ἐπὶ Σουνίῳ, λοχήσαντες ὦν τὴν θεωρίδα νέα εἷλον. Eine ähnliche Verknüpfung haben wir: *Plato* Euthyphro p. 14 D: Ἐπιθυμητής γάρ εἰμι τῆς σῆς σοφίας καὶ προσέχω τὸν νοῦν αὐτῇ, kann eben so wohl Grund sein für das folgende ὥστε οὐ χαμαὶ πεσεῖται ὅ τι ἂν εἴπῃς, als für das Vorangegangene: Πάνυ καλῶς — ξυνῆκας ὃ εἶπον.

c) Ausser den bisher angeführten Mitteln, den Satz mit γάρ als einem Hauptsatze angehörig zu bezeichnen und mit demselben zu verknüpfen, finden sich, namentlich bei älteren Schriftstellern, noch andre Weisen, den begründenden Satz mit dem begründeten zu verschlingen. *Herod.* IV, 200, 1: τῶνδε πᾶν γὰρ ἦν τὸ πλῆθος μεταίτιον, οὐκ ἐδέκοντο τοὺς λόγους. Man sollte erwarten: οἱ δὲ — πᾶν γὰρ κ. τ. λ. οὐκ ἐδέκοντο, die Sätze sind aber dadurch verschlungen, dass das Subject in den begründenden Satz aufgenommen ward. *Thuc.* I, 115, 4: τῶν δὲ Σαμίων ἦσαν γάρ τινες οἳ οὐχ ὑπώπτευον ἀλλ᾽ ἔφυγον εἰς τὴν ἤπειρον, ξυνθέμενοι τῶν ἐν τῇ πόλει τοῖς δυνατωτάτοις — ἐπικούρους τε ξυλλέξαντες ἐς ἑπτακοσίους διέβησαν ὑπὸ νύκτα ἐς τὴν Σάμον. Der Hauptsatz ἐπικούρους ξυλλέξαντες διέβησαν hat sein Subject in τῶν Σαμίων τινές. Indem aber dieses in den begründenden Satz aufgenommen ward, erscheinen beide Sätze näher verflochten.

III. Es bleiben uns nun noch die beiden gewöhnlichsten Gebrauchsweisen von γάρ übrig, einerseits, wenn γάρ dazu dient, einen vorausgehenden Gedanken zu begründen, andrerseits, wenn es eine Erklärung oder Erläuterung einführt. Beide Gebiete gränzen indessen logisch so nahe an einander, dass es in vielen Stellen schwer ist zu entscheiden, ob ein eigentlich grundangebender Satz oder eine blosse Erläuterung des Vorangegangenen vorliegt. Darum wird auch bei der nun folgenden Scheidung die eine oder andre Stelle einem andern Gebiete, als dem wir sie beizählten, zugerechnet werden können.

6. Ueberaus häufig durch alle Perioden der griechischen Literatur ist der Gebrauch von γάρ in dem nachfolgenden Satz zur Begründung des vorangehenden, zuweilen auch aus dem Zusammenhang zu ergänzenden. In den meisten Fällen ist der Grund in einem Behauptungssatz enthalten; doch kann er auch in eine Frage, Forderung, Aufforderung, einen Wunsch, oder, wenn er einer aus Neben- und Hauptsatz gegliederten Periode angehört, in den vorausgeschickten Nebensatz aufgenommen sein.

Schon in den homerischen Gedichten finden sich zahlreiche Belege.

Il. I, 8 ff.: Τίς τ' ἄρ σφωε θεῶν ἔριδι ξυνέηκε μάχεσθαι;
Λητοῦς καὶ Διὸς υἱός· ὁ γὰρ βασιλῆϊ χολωθεὶς
νοῦσον ἀνὰ στρατὸν ὦρσε κακήν, ὀλέκοντο δὲ λαοί,
οὕνεκα τὸν Χρύσην ἠτίμησ' ἀρητῆρα
Ἀτρείδης. ὁ γὰρ ἦλθε θοὰς ἐπὶ νῆας Ἀχαιῶν.

Zunächst dienen diese Sätze zur Erläuterung des Vorhergehenden; doch enthält ὁ γάρ — ὦρσε auch den Grund, wesshalb Apollon als Urheber des Streites angegeben ist.

I, 54 ff.: τῇ δεκάτῃ δ' ἀγορήνδε καλέσσατο λαὸν Ἀχιλλεύς·
τῷ γὰρ ἐπὶ φρεσὶ θῆκε θεὰ λευκώλενος Ἥρη·
κήδετο γὰρ Δαναῶν, ὅτι ῥα θνήσκοντας ὁρᾶτο.

Während das erste γάρ mehr Erläuterung ist, wird in κήδετο γάρ eigentlich der Grund angeführt, wesshalb Here dem Achill den Gedanken eingab, eine Versammlung zu berufen.

I, 77: ἦ γὰρ ὀίομαι ἄνδρα χολωσέμεν
(ich bitte dich darum) denn ich denke wahrhaftig etc. — Der Grund für seine Befürchtung liegt dann V. 80 in κρείσσων γὰρ βασιλεύς und V. 81 f.: εἴπερ γάρ τε χόλον γε καὶ αὐτῆμαρ καταπέψῃ, ἀλλά τε καὶ μετόπισθεν ἔχει κότον, denn er bewahrt seinen Groll. Hier ist γάρ in den vorangehenden Bedingungssatz aufgenommen, während es eigentlich zum Hauptsatz gehört.

I, 120: λεύσσετε γὰρ τό γε πάντες, ὅ μοι γέρας ἔρχεται ἄλλῃ.
Hierin liegt der Grund für seine Forderung. Man vergleiche ferner I, 152 ff. 177. 212. 217. 232. 236.

Il. II, 11 ff.: θωρῆξαί ἑ κέλευε καρηκομόωντας Ἀχαιοὺς
πανσυδίῃ· νῦν γάρ κεν ἕλοι πόλιν εὐρυάγυιαν
Τρώων· οὐ γὰρ ἔτ' ἀμφὶς Ὀλύμπια δώματ' ἔχοντες
ἀθάνατοι φράζονται· ἐπέγναμψεν γὰρ ἅπαντας
Ἥρη λισσομένη, Τρώεσσι δὲ κήδε' ἐφῆπται.

Jedes γάρ enthält den Grund für den vorhergehenden Satz. — *Od.*
I, 29. 33. 40 u. a. IX, 119. 125. 131. 144. 163. 164.
Aesch. Prom. 7. 17. 26 f.: άεὶ δὲ τοῦ παρόντος άχθηδὼν κακοῦ
τρύσει σ᾽· ὁ λωφήσων γὰρ οὐ πέφυκέ πω.
Prom. 43: ἄκος γὰρ οὐδὲν τόνδε θρηνεῖσθαι zu suppliren: allerdings kenne ich kein Erbarmen: denn es hilft ja nichts. Pers. 12. 91.
490 f.: — — — ἔνθα δὴ πλεῖστοι θάνον
δίψῃ τε λιμῷ τ᾽, ἀμφότερα γὰρ ἦν τάδε.
Agam 11. 14. 832. 834. 838.
Soph. El. 42 f.: οὐ γάρ σε μὴ γήρᾳ τε καὶ χρόνῳ μακρῷ
γνῶσ᾽ — zu suppliren: du kannst ohne Gefahr
hineingehen, denn dein Alter macht dich unkenntlich. 75: νὼ δ᾽ ἔξιμεν· καιρὸς γάρ. 84. 179.
1046 f.: Χρ. Καὶ τοῦτ᾽ ἀληθές, οὐδὲ βουλεύσει πάλιν;
Ἠλ. Βουλῆς γὰρ οὐδέν ἐστιν ἔχθιον κακῆς.
Zu suppliren: οὐ πάλιν βουλεύσομαι.
Phil. 301 f.: ταύτῃ πελάζει ναυβάτης οὐδεὶς ἑκών.
οὐ γάρ τις ὅρμος ἐστίν. — 305. 351. 373.
Eur. El. 37. 44 ff.: — — παρθένος δ᾽ ἔτ᾽ ἐστὶ δή.
αἰσχύνομαι γὰρ ὀλβίων ἀνδρῶν τέκνα
λαβὼν ὑβρίζειν οὐ κατάξιος γεγώς.
67 f.: ἐγώ σ᾽ ἴσον θεοῖσιν ἡγοῦμαι φίλον·
ἐν τοῖς ἐμοῖς γὰρ οὐκ ἐνύβρισας κακοῖς. — 80. 228. 283.
Arist. Ach. 7: — — — καὶ φιλῶ τοὺς ἱππέας
διὰ τοῦτο τοὔργον· ἄξιον γὰρ Ἑλλάδι.
46 f. 54. 172 f. 500. 512. 598. — *Herod.* I, 1, 1. I, 2, 1. 2. I, 3, 1.
I, 4, 1. I, 38. I, 50, 3. — *Thuc.* I, 1, 2. I, 3, 3. I, 7, 2. I, 8, 2.
I, 10, 2. I, 13, 3. 4. I, 14, 1. 2. 3. — *Plato* Euthyphro p. 2 A—B:
γραφήν σέ τις, ὡς ἔοικε, γέγραπται; οὐ γὰρ ἐκεῖνό γε καταγνώσομαι, ὡς
σύ γε ἕτερον. Zu suppliren: ich muss diess voraussetzen — denn
das kann ich nicht annehmen. Ferner p. 2 B. C. D. 3 A. B. C. D.
12 C: Οὐκ ἄρ᾽ ὀρθῶς ἔχει λέγειν· ἵνα γὰρ δέος, ἔνθα καὶ αἰδώς, ἀλλ᾽
ἵνα μὲν αἰδώς, ἔνθα καὶ δέος· οὐ μέντοι ἵνα γε δέος, πανταχοῦ αἰδώς.
ἐπὶ πλέον γάρ, οἶμαι, δέος αἰδοῦς· μόριον γὰρ αἰδὼς δέους. p. 13 A.
14 E. 15 A. E. Apol. p. 17 C. D. 26 E. 27 A. C. E. — *Xen.*
Mem. I, 1, 2. 8. 9. 14. I, 2, 4. 5. 10. — *Isocr.* Paneg. §. 16. 21.
23. 25. 26. 39. 58. 59. 69. — *Dem.* Ol. I, §. 5. 6. 7. II, 9. 10. 12.

Die Begründung eines vorangegangenen oder zu supplirenden Gedankens kann auch in einer Frage enthalten sein.
Aesch. Ag. 600 ff.: ὅπως δ᾽ ἄριστα τὸν ἐμὸν αἰδοῖον πόσιν
σπείσω πάλιν μολόντα δέξασθαι. τί γὰρ
γυναικὶ τούτου φέγγος ἥδιον δρακεῖν —;
1372 ff.: Πολλῶν πάροιθεν καιρίως εἰρημένων
τἀναντί᾽ εἰπεῖν οὐκ ἐπαισχυνθήσομαι.
πῶς γάρ τις ἐχθροῖς ἐχθρὰ πορσύνων, φίλοις

δοκοῦσιν εἶναι πημονῆς ἀρκύστατ' ἂν
φάρξειεν, ὕψος κρεῖσσον ἐκπηδήματος;
= denn wie anders kann man seinen Zweck erreichen?
Soph. El. 59: τί γάρ με λυπεῖ τοῦθ' ὅταν λόγῳ θανὼν
ἔργοισι σωθῶ καξενέγκωμαι κλέος;
168 ff.: ὁ δὲ λάθεται ὧν τ' ἔπαθ', ὧν τ' ἐδάη. τί γὰρ οὐκ ἐμοὶ
ἔρχεται ἀγγελίας ἀπατώμενον; Das Letzte, dass immer nur trügliche Nachrichten eintreffen und Orest selbst nicht kommt, ist ein Beweis für das Erste, dass er alles vergessen hat. Ebd. 257. 909.
Eur. El. 756 f.: Χ. Ἔπισχε, τρανῶς ὡς μάθῃς τύχας σέθεν.
Ἠλ. Οὐκ ἔστι· νικώμεσθα· ποῦ γὰρ ἄγγελοι;
Denn es sind ja noch keine Boten erschienen. — *Xen.* Mem. I, 2, 11: Ἀλλὰ μὴν καὶ συμμάχων ὁ μὲν βιάζεσθαι τολμῶν δέοιτ' ἂν οὐκ ὀλίγων, ὁ δὲ πείθειν δυνάμενος οὐδενός· καὶ γὰρ μόνος ἡγοῖτ' ἂν δύνασθαι πείθειν· καὶ φονεύειν δὲ τοῖς τοιούτοις ἥκιστα συμβαίνει· τίς γὰρ ἀποκτεῖναί τινα βούλοιτ' ἂν μᾶλλον ἢ ζῶντι πειθομένῳ χρῆσθαι; die Frage enthält den Grund für die vorhergehende Behauptung. III, 6, 6. *Isocr.* Paneg. §. 57: ἐκ δὴ τούτων ῥᾴδιον κατιδεῖν ὅτι καὶ κατ' ἐκεῖνον τὸν χρόνον ἡ πόλις ἡμῶν ἡγεμονικῶς εἶχε· τίς γὰρ ἂν ἱκετεύειν τολμήσειεν ἢ τοὺς ἥττους αὑτοῦ ἢ τοὺς ὑφ' ἑτέρου ὄντας; §. 82 f.: πρὸς δὲ τοὺς οὐκ εἰσὶν ἁρμόττοντες λόγοι. πῶς γὰρ ἂν γένοιτο σύμμετροι τοιούτοις ἀνδράσιν —;

Zuweilen wird γάρ in den vorangestellten Nebensatz aufgenommen, wenn es der ganzen Periode, oder zunächst dem Hauptsatz angehört. Man vgl.: *Il.* I, 81.

II, 123 ff.: εἴπερ γάρ κ' ἐθέλοιμεν Ἀχαιοί τε Τρῶές τε,
ὅρκια πιστὰ ταμόντες, ἀριθμηθήμεναι ἄμφω —
πολλαί κεν δεκάδες δευοίατο οἰνοχόοιο.
Il. XII, 302 ff. XXIV, 219 ff.:
— — — — οὐδέ με πείσεις,
εἰ μὲν γάρ τίς μ' ἄλλος ἐπιχθονίων ἐκέλευεν —
ψεῦδός κεν φαῖμεν.
Denn wir würden es für eine Unwahrheit erklären, wofern ein andrer etc. euch auffordern würde. *Soph.* El. 25 ff.: die Partikel gehört zu
ὡσαύτως σὺ ἡμᾶς τ' ὀτρύνεις.
Soph. El. 580 ff.: ὅρα, τιθεῖσα τόνδε τὸν νόμον βροτοῖς,
μὴ πῆμα σαυτῇ καὶ μετάγνοιαν τιθῇς.
εἰ γὰρ κτενοῦμεν ἄλλον ἀντ' ἄλλου, σύ τοι
πρώτη θάνοις ἄν, εἰ δίκης γε τυγχάνοις.
Eur. El. 40. *Herod.* I, 39, 2: εἰ μὲν γὰρ ὑπ' ὀδόντος τοι εἶπε τελευτήσειν με, ἢ ἄλλου τευ ὅ τι τούτῳ οἶκε, χρῆν δή σε ποιέειν τὰ ποιέεις. *Pl.* Euthyphro p. 15 D: In εἰ γὰρ μὴ ᾔδησθα σαφῶς τό τε ὅσιον καὶ τὸ ἀνόσιον gehört γάρ zu dem Nachsatz οὐκ ἔστιν ὅπως ἄν ποτε ἐπεχείρησας = οὐ γὰρ ἂν ἐπεχείρησας εἰ μὴ ᾔδησθα.

Auch die, positive oder negative, Forderung kann den Grund enthalten für das Vorhergehende, also γάρ haben.

Il. I, 295: ἄλλοισιν δὴ ταῦτ' ἐπιτέλλεο, μὴ γὰρ ἔμοιγε.
Arist. Ach. 221: διωκτέος δέ· μὴ γὰρ ἐγχάνῃ ποτὲ
μηδέ περ γέροντας ὄντας ἐκφυγὼν Ἀχαρνέας.
Pl. Euthyphro p. 9 E: Τάχ', ὦ 'γαθέ, βέλτιον εἰσόμεθα. ἐννόησον γὰρ τὸ τοιόνδε. Ebd. 11 E: ἰδὲ γάρ. Ap. p. 30 C: εὖ γὰρ ἴστε.

7. Von dem unter 6. entwickelten Gebrauch nicht streng zu scheiden ist der Gebrauch von γάρ in Sätzen, die zur Erklärung oder Erläuterung dienen (im Deutschen: nämlich).

Es lassen sich die oben angeführten Belege aus Homer theilweise auch hieher ziehen. *Il.* I, 8—12. I, 54—56. Ferner
Il. I, 194 f.: — — — — — ἦλθε δ' Ἀθήνη
οὐρανόθεν· πρὸ γὰρ ἧκε θεὰ λευκώλενος Ἥρη.
I, 260 ff. VI, 392 f.: εὖτε πύλας ἵκανε διερχόμενος μέγα ἄστυ
Σκαιάς — τῇ γὰρ ἔμελλε διεξίμεναι πεδίονδε.
Od. IV, 86: τρὶς γὰρ τίκτει μῆλα τελεσφόρον εἰς ἐνιαυτόν.
IX, 190 f.: Καὶ γὰρ θαῦμ' ἐτέτυκτο πελώριον, οὐδὲ ἐῴκει
ἀνδρί γε σιτοφάγῳ.
IX, 200: — — ᾤκει γὰρ ἐν ἄλσεϊ δενδρήεντι
Φοίβου Ἀπόλλωνος.
IX, 318 f.: ἥδε δέ μοι κατὰ θυμὸν ἀρίστη φαίνετο βουλή·
Κύκλωπος γὰρ ἔκειτο μέγα ῥόπαλον παρὰ σηκῷ.
Aesch. Pers. 353 ff.: Ἦρξεν μέν, ὦ δέσποινα, τοῦ παντὸς κακοῦ
φανεὶς ἀλάστωρ ἢ κακὸς δαίμων ποθέν.
ἀνὴρ γὰρ Ἕλλην ἐξ Ἀθηναίων στρατοῦ
ἐλθὼν ἔλεξε παιδὶ σῷ Ξέρξῃ τάδε.
Soph. El. 1 ff.: Ὦ τοῦ στρατηγήσαντος ἐν Τροίᾳ ποτὲ
Ἀγαμέμνονος παῖ, νῦν ἐκεῖν' ἔξεστί σοι
παρόντι λεύσσειν, ὧν πρόθυμος ἦσθ' ἀεί.
τὸ γὰρ παλαιὸν Ἄργος, οὗ 'πόθεις, τόδε.
Ebd. 698 ff. Antig. 178.
Arist. Ach. 77: οἱ βάρβαροι γὰρ ἄνδρας ἡγοῦνται μόνους
τοὺς πλεῖστα δυναμένους φαγεῖν τε καὶ πιεῖν.
Herod. I, 4, 4. I, 11, 2: Ὁ δὲ οὐδὲν δοκέων αὐτὴν τῶν πρηχθέντων ἐπίστασθαι, ἦλθε καλεύμενος· ἐώθεε γὰρ καὶ πρόσθε, ὅκως ἡ βασίλεια καλέοι, φοιτᾶν. I, 17, 1: Ἐπολέμησε Μιλησίοισι, παραδεξάμενος τὸν πόλεμον παρὰ τοῦ πατρός. Ἐπελαύνων γὰρ ἐπολιόρκεε τὴν Μίλητον τρόπῳ τοιῷδε. I, 18, 2. I, 22, 2. I, 28. I, 59, 2. Bei *Thukydides* I, 2, 1. I, 2, 2. 3. kann man zweifelhaft sein, ob die Fälle hieher, oder zu 6. zu rechnen sind; ausserdem vergleiche man I, 4. I, 5, 1. I, 10, 5 — *Plato* Ap. p. 32 D. *Isocr.* Paneg. §. 13. 39. 71. 86: Ἐπεδείξαντο δὲ τὰς αὑτῶν ἀρετὰς πρῶτον μὲν ἐν τοῖς ὑπὸ

Δαρείου πεμφθεῖσιν. ἀποβάντων γὰρ αὐτῶν εἰς τὴν Ἀττικὴν οἱ μὲν οὐ περιέμειναν τοὺς συμμάχους. §. 93. 179.

Es verdient besonders bemerkt zu werden, dass im Griechischen häufig ein Erläuterungssatz mit γάρ steht, wo die einfache Angabe des Was, ein unabhängiger oder abhängiger Objectssatz erwartet würde.

Aesch. Ag. 266 f.: πεύσει δὲ χάρμα μεῖζον ἐλπίδος κλύειν.
    Πριάμου γὰρ ᾑρήκασιν Ἀργεῖοι πόλιν.
Soph. El. 29 ff.: — — — — — —, σὺ δὲ
    ὀξεῖαν ἀκοὴν τοῖς ἐμοῖς λόγοις διδούς,
    εἰ μή τι καιροῦ τυγχάνω, μεθάρμοσον.
    ἐγὼ γὰρ ἡνίχ' ἱκόμην τὸ Πυθικὸν
    μαντεῖον κ. τ. λ.
680 ff.: Κἀπεμπόμην πρὸς ταῦτα καὶ τὸ πᾶν φράσω.
    κεῖνος γὰρ ἐλθὼν εἰς τὸ κλεινὸν Ἑλλάδος
    πρόσχημ' ἀγῶνος — εἰσῆλθε λαμπρός.
690 ff.: ἐν δ' ἴσθ'· ὅσων γὰρ εἰσεκήρυξεν βραβῆς
    τούτων ἐνεγκὼν πάντα τἀπινίκια
    ὠλβίζετ'.
892 ff.: Καὶ δὴ λέγω σοι πᾶν ὅσον κατειδόμην.
    ἐπεὶ γὰρ ἦλθον πατρὸς ἀρχαίου τάφον,
    ὁρῶ κ. τ. λ. — Soph. Antig. 238.
Eur. Iph. A. 1537 ff.: Ἀλλ', ὦ φίλη δέσποινα, πᾶν πεύσῃ σαφῶς,
    λέξω δ' ἀπ' ἀρχῆς — —
    ἐπεὶ γὰρ ἱκόμεσθα τῆς Διὸς κόρης
    Ἀρτέμιδος ἄλσος.
Thuc. I, 3, 1: Δηλοῖ δέ μοι καὶ τόδε τῶν παλαιῶν ἀσθένειαν οὐχ ἥκιστα· πρὸ γὰρ τῶν Τρωϊκῶν οὐδὲν φαίνεται κοινῇ ἐργασαμένη ἡ Ἑλλάς. I, 8, 1: μαρτύριον δέ· Δήλου γὰρ καθαιρομένης κ. τ. λ. Plato Prot. p. 320 C. beginnt eine Erzählung mit γάρ. Δοκεῖ τοίνυν μοι, ἔφη, χαριέστερον εἶναι μῦθον ὑμῖν λέγειν. Ἦν γάρ ποτε χρόνος κ. τ. λ. Phaedo p. 86 E: Λέγω δή, ἦ δ' ὅς, ὁ Κέβης· ἐμοὶ γὰρ φαίνεται ἔτι ἐν τῷ αὐτῷ ὁ λόγος εἶναι. Ap. p. 20 D: ἀκούετε δή· καὶ ἴσως μὲν δόξω τισὶν ὑμῶν παίζειν, εὖ μέντοι ἴστε, πᾶσαν ὑμῖν τὴν ἀλήθειαν ἐρῶ. Ἐγὼ γάρ, ὦ ἄνδρες Ἀθηναῖοι, δι' οὐδὲν ἀλλ' ἢ διὰ σοφίαν τινὰ τοῦτο τὸ ὄνομα ἔσχηκα. p. 31 B. 32 A. 40 A: Ἐμοὶ γάρ — θαυμάσιόν τι γέγονεν. ἡ γὰρ εἰωθυῖά μοι μαντικὴ κ. τ. λ. B: ἐγὼ ὑμῖν ἐρῶ· κινδυνεύει γάρ μοι κ. τ. λ. Xen. Mem. I, 1, 4: Σωκράτης δέ, ὥσπερ ἐγίγνωσκεν, οὕτως ἔλεγε· τὸ δαιμόνιον γὰρ ἔφη, σημαίνειν. Mem. I, 1, 6: Ἀλλὰ μὴν ἐποίει καὶ τάδε πρὸς τοὺς ἐπιτηδείους· τὰ μὲν γὰρ ἀναγκαῖα συνεβούλευε καὶ πράττειν, ὡς ἐνόμιζεν ἄριστ' ἂν πραχθῆναι. II, 1, 21: Καὶ Πρόδικος δὲ — ὡσαύτως περὶ τῆς ἀρετῆς ἀποφαίνεται ὡδέ πως λέγων, ὅσα ἐγὼ μέμνημαι· φησὶ γὰρ Ἡρακλέα κ. τ. λ. Cyrop. I, 5, 8: δηλῶσαι ὑμῖν βούλομαι. Ἐγὼ μὲν γὰρ κατενόησα κ. τ. λ. — Isocr. Paneg. §. 28: καὶ γὰρ εἰ μυθώδης ὁ λόγος γέγονεν, ὅμως αὐτῷ καὶ νῦν

ῥηθῆναι προσήκει. Δήμητρος γὰρ ἀφικομένης εἰς τὴν χώραν — οὕτως ἡ πόλις ἡμῶν οὐ μόνον θεοφιλῶς ἀλλὰ καὶ φιλανθρώπως ἔσχεν κ. τ. λ. §. 40: δῆλον δ' ἐκεῖθεν· οἱ γὰρ ἐν ἀρχῇ περὶ τῶν φόνων ἐγκαλέσαντες κ. τ. λ. §. 64. 67. 149: κεφάλαιον δὲ τῶν εἰρημένων· ἐκεῖνοι γὰρ — ἀσφαλέστερον κατέβησαν κ. τ. λ.

Δ έ.

Wir können bei dieser Partikel nicht umhin, die Frage nach ihrem Ursprung zu berühren, sofern der verschiedene Grundbegriff, den man der Partikel beilegte, eben durch die verschiedene Ansicht von ihrer Abstammung bedingt ist. *Hartung* äussert sich I, S. 161 f. also: „Seine Gestalt weist auf das Zahlwort δύο hin, aus dessen Adverbium δίς die Partikel auf ähnliche Weise abgekürzt sein kann, wie ἀῦτε aus αὖτις etc. — Dieses δίς dürfte aber freilich nicht in seiner gewöhnlichen Bedeutung genommen werden, sondern in einer andern, die ihm, wenn auch ungebraucht, dennoch seiner Bildung nach, als einem Localis-Dativus zusteht, nämlich im zweiten Male, zweitens, iterum. — Oder ist δέ — vielleicht unmittelbar aus δ. — verdunkelt, gleichwie ὀψέ aus ὀψί, τῆλε aus τῆλι?" — „Δέ kann also — mit andrerseits, zweitens, hinwiederum, hernach vertauscht werden." — Anders *Klotz* II, p. 355: „Particula δὲ dubitari non potest quin cum ampliore forma δή ita cognata sit, quem ad modum particularum μὲν et μήν formae correptione et productione diversae communem originem habere videntur. Ac si primam ac veram particulae significationem investigamus, nihil aliud videtur particula δέ in se continuisse olim, nisi aliquam rei dudum cognitae adseverationem. Facile autem ex adseveratione, sicuti et in ceteris linguis et in aliis Graeci sermonis formulis videmus esse factum, erascitur oppositio, quam volgo ei particulae tribui satis notum est." Letztere Ansicht, dass δέ aus δή abgeschwächt sei, theilen auch *Rost* und *K. W. Krüger*. — So sehr die Analogie des aus μήν abgeschwächten μέν hiefür zu sprechen scheint, so täuschend ist doch dieser Schein. Ohne vorerst noch auf die Verschiedenheit der Bedeutungen näher einzugehen, wollen wir nur auf eine Thatsache aufmerksam machen, welche die Entstehung von δέ aus δή unmöglich macht. Δέ steht nie in dem ersten Satz*; es bezieht

---

* Man wird sich gegen diese Thatsache nicht auf ein paar Beispiele bei Xenophon (Anfang des Oeconomicus, der athen. Staatsverfassung und der Apologie) berufen wollen, wo δέ zu Anfang der ganzen Schrift steht. Diese machen durch das in den ersten Satz aufgenommene δέ unläugbar den Eindruck einer aus einem grösseren Zusammenhang herausgenommenen Rede. Schon unter ἀλλά (S. 13) ist hierüber gesprochen worden.

sich immer auf etwas Vorangegangenes. Wäre es aus δή hervorgegangen, so müsste man erwarten, dass es die Stellung des nur graduell verschiedenen δή theilen, mithin gleich δή auch in dem ganz für sich bestehenden Satze, oder bei einer Reihe coordinirter Sätze schon in dem ersten stehen könnte. Und wenn wirklich nach *Klotz* der Grundbegriff wäre: „aliqua rei dudum cognitae adseveratio," so wäre unbegreiflich, wesshalb dieser Grundbegriff nirgends mehr sichtbar ist, vielmehr δέ schon in der homerischen Sprache überall ein Vorangegangenes voraussetzt. Diese Thatsache würde sich besser aus der von *Hartung* versuchten Etymologie erklären. Indessen völlig möchten wir derselben nicht beipflichten. Form und Bedeutung von δέ erklärt sich uns leichter aus dem Stamme δευ, der in δεύομαι nachstehen, δεύτερος der Nachstehende von Zweien, der Zweite, vorliegt, und zu der in den indogermanischen Sprachen vorhandenen Wurzel ἐν gehört. Das Digamma hat sich als schwacher Laut am Schluss der Sylbe eben so wenig gehalten, wie in ἀτάρ aus αὐτάρ oder wie in dem Verbum δεύομαι selbst, das in δέομαι übergieng.

1. So läge denn in δέ zunächst der Begriff eines Folgenden, Zweiten, und wir werden allerdings, namentlich bei Homer, in einer Menge von Fällen gar nichts Anderes annehmen dürfen, als nur die Angabe eines Weiteren, ohne dass irgend ein Gegensatz beabsichtigt wäre. Begreiflich aber ist es, dass das Weitere und Neue eben als ein vom Vorhergehenden Verschiedenes, oder auch ihm Correspondirendes, Entsprechendes sich darstellt, wenn die Sätze aus ihrer schlichtesten sprachlichen Parataxis in ein gegenseitiges logisches Verhältniss übertreten. — Man prüfe z. B. den Anfang der Iliade, so wird man in folgenden Versen einfach ein Weiteres, Neues erkennen: 3. 5. 10. 16. 19. 25. 33. 34. 43. 46. 47. 48. 49. 68. 101. 103. 104. 121. 130. 134. 142. 143. 148. 162. 172. 176. 180. 181. 186. 188. 194. 197. 199. 200; ja es könnte in 3. 10. 19. 25. 33. 34. 43. 46. 103. 104. 134. 186. 188 das Zweite sogar als Folge oder natürliche Ergänzung des Ersten aufgefasst und mit τέ bezeichnet werden. Ein Gegensatz der Handlung oder der Person kann in 4. 20. 29. 57. 76. 83. 108. 126 (nach μέν). 137 (nach μέν). 139. 141 (nach μέν). 167. 169. 175. 184 (nach μέν). 191 (nach μέν). 194 = dagegen, 198 stattfinden. — *Il.* II, 93—100 finden sich 9 Beispiele des δέ bei einfacher Angabe eines weiteren, neuen Momentes.

Im ersten Gesang der Odyssee mögen etwa folgende Verse Belege sein für die blosse Einführung eines Weiteren, Neuen: 3. 4. 28. 44. 51. 53. 56. 63. 71. 80. 93. 102. 103. 104. 106. 119. 120. 131. 132. 136. 138. 139. 141. 142. 143. 144. 148. 168. 171. 178. 184. 187. 198. 213. 221. 225. 230. 248. 252. 273. 306. 314.

318. 320. 324. 325. 326. 330. 335. 336. 345. 362. 367. 383. 388. 399. 406. 407. 412. 418. 422. 423. 428. 431. 432. 433. 436. 437. 441. 442; — folgende etwa als Andeutung eines Gegensatzes: 13 (nach μέν). 19. 20. 24 (nach μέν). 26. 33. 36. 43. 66 (nach μέν). 75. 77. 109. 111. 112. 113. 117 (nach μέν). 126. 130 (nach μέν). 146 (nach μέν). 147. 148. 153 (nach μέν). 166. 182. 194. 212. 219. 234. 241. 242. 249. 250. 269. 271. 275. 277. 279. 289 (nach μέν). 305. 316. 320. 322. 328. 339. 340. 350. 353. 355. 358. 359. 365. 366. 372 (nach μέν). 374. 376. 378. 381. 402. 417. 420. 421. 425. 433. — Indessen gränzt das eine Gebiet so nahe an das andre, dass öfter dieselbe Stelle je nach subjectiver Auffassung unter die eine oder die andre Klasse gerechnet werden kann. Wir wollen darum auch in dem Folgenden keinen weiteren Unterschied zwischen den Belegen für das Eine oder Andre machen, und nur einerseits besondre Gebrauchsweisen des einfachen δέ herausheben und abgesondert behandeln, andrerseits die Fälle von μέν — δέ später bei μέν zusammenstellen.

Aesch. VII c. Th. 10: ὑμᾶς δέ leichter Gegensatz. 36: σκοποὺς δὲ — ἔπεμψα einfach neue Handlung. Dessgleichen ist in der Erzählung der Fortschritt zu etwas Neuem, einem neuen Momente oder weiteren Handlung mit δέ angegeben: 41. 51. 55. 61. 76. — Pers. 365. 380. 381. 389. 391. 395. 396. 398; ein leichter Gegensatz liegt in σὺ δέ VII c. Th. 62. Eine verschiedene Handlung oder leichter Gegensatz scheint durch δέ angedeutet Agam. 16. 20. 36. 37; Pers. 361. 368. 374. 377. Neue, verschiedene Momente, Gegenstände oder Handlungen sind auch in folgenden Stellen von *Sophokles* enthalten: El. 6. 7. 8. 44. 47. 268. 271. 299; ein etwas stärkerer Gegensatz: 29. 51. 73. 75. 252. 282. 290. — Phil. 20. 25: κοινὰ δ' ἐξ ἀμφοῖν ἴῃ, hier könnte auch κοινά τ' stehen. 34 findet ein leichter Gegensatz statt, dessgleichen 49 σὺ δ', einfach neues Moment: 58, Gegensatz 66: εἰ δ' ἐργάσει μὴ ταῦτα. 70. 74. 82. 94. 96. 98 νῦν δέ stärkerer Gegensatz. — Nur ein weiteres, neues Moment ist Phil. 354. 387. 389 mit δέ eingeführt. Dessgl. Antig. 253. 257 σημεῖα δ' (vielleicht leichter Gegensatz, wie auch 259). 264. 268. 272. 276. 420. 421. 426. 427. 432. 435; ein Gegensatz Phil. 363. 365. 371. 377. 618. 620. Antig. 250. 438. — So wird man auch in den folgenden Stellen bald nur einfach ein weiteres, neues Moment, bald einen leichteren oder stärkeren Gegensatz durch δέ angegeben finden. *Eur.* Iph. T. 3. 4. 15. 26. 29. 34. 37. 42. 45. 46. 47. 48. 50. 51. 52. 55. 58. El. 4. 6. 22. 25. 47. 50. Phoen. 8. 9. 10. 12. 13. 17. 21. 28. 30. 32. 41. 45. 49. 53. 55. 59. 63. 66. 69. 74. 76. 77. 79. 81. 83 u. a. — *Aristophanes* Ach. 2. 3. 11 (stärkerer Gegensatz = dagegen). 15. 21. 24. 26. 28. 33.

Häufig findet sich δέ von den Historikern gebraucht zum Uebergang auf ein weiteres, vom Vorhergehenden verschiedenes Moment.

So bieten bei *Herodot* gleich die zwei ersten Kapitel mehrfache Beispiele hiefür dar: ἀπαγινέοντας δέ, τὸ δὲ Ἄργος, ἀπικομένους δέ, πέμπτῃ δέ, τὸ δέ οἱ οὔνομα εἶναι, τὴν δὲ Ἰοῦν, ἐσβαλομένους δέ, μετὰ δὲ ταῦτα, εἴησαν δ' ἄν, μετὰ δὲ ταῦτα, πέμψαντα δέ, τοὺς δέ. Ebenso bei *Thukydides* I, 2, 2. I, 3, 1. 2. 3. I, 5, 2. I, 6, 1. 2. I, 7, 1. I, 8, 1. I, 14, 1. I, 15, 3 u. a.

Ferner bei *Xenophon* hist. graeca 1, 6, 1: τῷ δ' ἐπιόντι ἔτει. §. 2: ὅτε δέ, ὁ δέ. §. 3: οὐ φαμένου δέ, ταύτας δέ. §. 4: καταμαθών δέ. §. 6. 7. 12. 13. 15. 16. 17. 18 u. a. in manchen Paragraphen mehrere Beispiele. 1, 7, 1. 2. 3. 4. 5 u. a. Cyrop. I, 2, 1. 2. 3. 4. 5. 6. 7 u. s. f. fast überall mehrfache Belege.

Derselbe Gebrauch begegnet uns in geschichtlichen Abschnitten bei *Plato*. Prot. 320 D: ἐπειδὴ δέ zweimal, Προμηθέα δέ — νέμων δέ. p. 321: ταῦτα δέ, ἐπειδὴ δέ, ἀποροῦντι δέ, ἤδη δέ, τῷ δὲ Προμηθεῖ, πρὸς δέ, εἰς δέ. 322: ἐπειδὴ δέ, πόλεις δέ Gegensatz zu σποράδην, τετέμηνται δέ.

Isokrates Paneg. §. 7: πρὸς δὲ τούτοις. 10: ἡγοῦμαι δ'. 14: ἐγὼ δ'. 18: ἦν δ' ἐπιδείξῃ. 40: δῆλον δ' ἐκεῖθεν. 42: ἔτι δέ. 50: τοσοῦτον δ'. 51: ἵνα δέ. 54: ποίη δ' ἄν τις. 59: θαυμαζόμενοι δέ. 61: πολλῶν δ'. 64: ἔτι δέ. 66: δοκεῖ δέ. 117: τοσοῦτον δ'. 133: ἡγοῦμαι δ'. 170: θαυμάζω δέ. — Isokrates hat jedoch das einfache δέ zum Uebergang auf ein Neues verhältnissmässig selten, in den meisten Fällen zieht er die Gliederung mit μέν und δέ vor.

Dieselbe Bedeutung eines Weiteren, Neuen, Verschiedenen oder Entgegengesetzten zeigt sich in gewissen besonderen Gebrauchsweisen. Erstlich wo δέ auf das Subject folgt, obwohl nicht das Subject ein neues ist, sondern nur die Handlung. *Il.* VI, 46:

ζώγρει, Ἀτρέος υἱέ, σὺ δ' ἄξια δέξαι ἄποινα.

Od. XII, 219 f.: τούτου μὲν καπνοῦ καὶ κύματος ἐκτὸς ἔεργε
νῆα, σὺ δὲ σκοπέλων ἐπιμαίεο.

Herod. I, 17, 2: ὁ δέ. I, 66, 3: οἱ δέ. *Xen.* hist. gr. I, 6, 5: Ἐμοὶ μὲν ἀρκεῖ οἴκοι μένειν, καὶ εἴτε Λύσανδρος, εἴτε ἄλλος τις ἐμπειρότερος περὶ τὰ ναυτικὰ βούλεται εἶναι, οὐ κωλύω τὰ κατ' ἐμέ· ἐγὼ δ' ὑπὸ τῆς πόλεως ἐπὶ τὰς ναῦς πεμφθεὶς οὐκ ἔχω τί ἄλλο ποιῶ ἢ τὰ κελευόμενα ὡς ἂν δύνωμαι κράτιστα.

Auch die Frage mit τί δέ (wofür freilich öfter von den Herausgebern nicht ohne Grund τί δαί gesetzt wird) führt ohne eigentlichen Gegensatz gegen das Vorhergehende nur einen neuen Punkt ein. *Plato* Euthyphro p. 7 D: Εὐθ. Ἀλλ' ἔστιν αὕτη ἡ διαφορά, ὦ Σώκρατες, καὶ περὶ τούτων. Σ. Τί δέ;* οἱ θεοί, ὦ Εὐθύφρον, οὐκ εἴπερ τι διαφέρονται, δι' αὐτὰ ταῦτα διαφέροιντ' ἄν; p. 13 D: Τί δέ; ἡ ναυπηγοῖς ὑπηρετικὴ εἰς τίνος ἔργον ἀπεργασίαν ὑπηρετική ἐστιν; 14 A: Τί δὲ δή; — *Xen.* Mem. II, 1, 3: Τὸ δὲ ὕπνου ἐγκρατῆ

---

* So liest *Stallbaum* mit Recht.

εἶται, ὥστε δύτασθαι καὶ ὀψὲ κοιμηθῆναι καὶ πρωὶ ἀναστῆναι καὶ ἀγρυπνῆσαι, εἴ τι δέοι, ποτέρῳ ἂν προσθείημεν; Καὶ τοῦτο, ἔφη, τῷ αὐτῷ. Τί δέ, ἔφη, τὸ ἀφροδισίων ἐγκρατῆ εἶναι, ὥστε μὴ διὰ ταῦτα κωλύεσθαι πράττειν, εἴ τι δέοι; Καὶ τοῦτο, ἔφη, τῷ αὐτῷ. Τί δέ; τὸ μὴ φεύγειν τοὺς πόνους, ἀλλὰ ἐθελοντὴν ὑπομένειν, ποτέρῳ ἂν προσθείημεν; Καὶ τοῦτο, ἔφη, τῷ ἄρχειν παιδευομένῳ. Τί δέ; τὸ μαθεῖν, εἴ τι ἐπιτήδειόν ἐστι μάθημα πρὸς τὸ κρατεῖν τῶν ἀντιπάλων; — II, 2, 12.

2. Eine besondere Berücksichtigung verdient δέ im Nachsatz. Die Partikel bezeichnet dann wesentlich, im Sinne eines schwächeren αὖ = hinwiederum, andrerseits, dagegen, ein gegensätzliches Entsprechen zwischen zwei Handlungen. *Nägelsbach* hat in seinem XI. Excurs zu der ersten Auflage seiner Anmerkungen über die Iliade S. 256 die Ansicht ausgesprochen, dass, wo ein Satz durch die einleitende Conjunction als Vordersatz charakterisirt sei, und demnach der Nachsatz dem Vordersatz ohne weiteres sich anschliessen sollte, δέ im Nachsatze zeige, dass man sich des Verhältnisses beider Sätze als Vorder- und Nachsatz noch nicht bewusst gewesen sei, und man gleich wieder versucht habe, den Nachsatz selbständig neben den Vordersatz hinzustellen. — Ich glaube, dass man überhaupt die Voraussetzung aufgeben muss, als widerstreite δέ der Natur des Nachsatzes. Weder in dem Wesen des Nachsatzes, noch in der Bedeutung der Partikel läge ein solcher Widerspruch. In ihrem Grundbegriff enthält letztere immer die Beziehung auf ein Vorangehendes, deutet ein Andres an, das entweder einfach ein Neues ist, oder als Verschiedenes hervorgehoben, dem Ersten entgegengestellt wird, oder auch ihm correspondirt. So wenig die deutschen Partikeln hinwiederum, dagegen, andrerseits, oder auch (die alle ein entsprechendes Zweites anzeigen) der Natur des Nachsatzes widerstreiten, so wenig jemand im Deutschen an der den Nachsatz einleitenden, gleichstellenden Partikel so Anstoss nimmt, so wenig man sich im Griechischen an einem beiden correspondirenden Sätzen beigefügten gleichstellenden καί oder an εἶτα, κἄπειτα nach dem Particip stossen darf, eben so wenig darf das einem schwächeren αὖ gleichbedeutende δέ im Nachsatz auffallen. Aller Anstoss, den man daran nahm, lag einerseits in der Wahrnehmung, dass dieser Gebrauch in der attischen Prosa so gar selten geworden ist, andrerseits in der beschränkten Auffassung des δέ gleich aber. In den folgenden Stellen wird man in δέ leicht den Ausdruck des Correspondirens zweier Handlungen, wofür im Deutschen (nur gewöhnlich mit grösserem Gewicht) hinwiederum, andrerseits, dagegen stehen kann, anerkennen.

Il. I, 57 f.: οἱ δ᾽ ἐπεὶ οὖν ἤγερθεν, ὁμηγερέες τ᾽ ἐγένοντο
τοῖσι δ᾽ ἀνιστάμενος μετέφη πόδας ὠκὺς Ἀχιλλεύς.

Aehnlich *Od.* VIII, 24 f.: da erhub sich hinwiederum.
I, 137: εἰ δέ κε μὴ δώωσιν, ἐγὼ δέ κεν αὐτὸς ἕλωμαι,
so will ich dagegen selbst es mir nehmen. I, 193 f.: ἕως ὁ ταῦτ'
ὥρμαινε — ἦλθε δ' Ἀθήνη, ähnlich *Od.* IV, 120 f.
Il. II, 188: Ὅντινα μὲν βασιλῆα καὶ ἔξοχον ἄνδρα κιχείη,
τὸν δ' ἀγανοῖς ἐπέεσσιν ἐρητύσασκε παραστάς.
VII, 148 f.: αὐτὰρ ἐπεὶ Λυκόοργος ἐνὶ μεγάροισιν ἐγήρα,
δῶκε δ' Ἐρευθαλίωνι, φίλῳ θεράποντι, φορῆναι.
313 f.: οἱ δ' ὅτε δὴ κλισίῃσιν ἐν Ἀτρείδαο γένοντο,
τοῖσι δὲ βοῦν ἱερεῦσεν ἄναξ ἀνδρῶν Ἀγαμέμνων.
XXIII, 62 ff.: εὖτε τὸν ὕπνος ἔμαρπτε — ἦλθε δ' ἐπὶ ψυχὴ Πατροκλῆος.
XXIV, 14 f.: ἀλλ' ὅ γ' ἐπεὶ ζεύξειεν ὑφ' ἅρματος ὠκέας ἵππους
Ἕκτορα δ' ἕλκεσθαι δησάσκετο δίφρου ὄπισθεν.
Od. IX, 181: ἀλλ' ὅτε δὴ τὸν χῶρον ἀφικόμεθ' ἐγγὺς ἐόντα,
ἔνθα δ' ἐπ' ἐσχατιῇ σπέος εἴδομεν.
XI, 34 ff.: τοὺς δ' ἐπεὶ εὐχωλῇσι λιτῇσί τε, ἔθνεα νεκρῶν,
ἐλλισάμην, τὰ δὲ μῆλα λαβὼν ἀπεδειροτόμησα
ἐς βόθρον.
147 ff.: ὅντινα μέν κεν ἐᾷς νεκύων κατατεθνηώτων
αἵματος ἆσσον ἴμεν, ὁ δέ τοι νημερτὲς ἐνίψει,
ᾧ δέ κ' ἐπιφθονέοις, ὁ δέ τοι πάλιν εἶσιν ὀπίσσω.
385 ff.: Αὐτὰρ ἐπεὶ ψυχὰς μὲν ἀπεσκέδασ' ἄλλυδις ἄλλην
ἁγνὴ Περσεφόνεια γυναικῶν θηλυτεράων,
ἦλθε δ' ἐπὶ ψυχὴ Ἀγαμέμνονος Ἀτρείδαο.
591 f.: τῶν ὁπότ' ἰθύσει' ὁ γέρων ἐπὶ χερσὶ μάσασθαι,
τὰς δ' ἄνεμος ῥίπτασκε ποτὶ νέφεα σκιόεντα.
XII, 182 f. 320 f.: ὦ φίλοι, ἐν γὰρ νηὶ θοῇ βρῶσίς τε πόσις τε
ἔστιν, τῶν δὲ βοῶν ἀπεχώμεθα.
in dem Schiff ist ja Speise und Trank, so wollen wir dagegen etc.
XIII, 143 f.: ἀνδρῶν δ' εἴπερ τίς σε βίῃ καὶ κάρτεϊ εἴκων
οὔ τι τίει, σοὶ δ' ἐστὶ καὶ ἐξοπίσω τίσις αἰεί.
IV, 120 f. XIV, 404 f. XV, 438 f. XVI, 274 f. XVII, 359.
XVIII, 61 f. XX, 56 f. 73—77. XXI, 273 f. *Hesiod.* Theog.
58 f. *Aesch.* Ag. 198—205: ἐπεὶ δὲ — μάντις ἔκλαγξεν — ἄναξ δ'
ὁ πρέσβυς τότ' εἶπε φωνῶν.
1060 f.: εἰ δ' ἀξυνήμων οὖσα μὴ δέχει λόγον,
σὺ δ' ἀντὶ φωνῆς φράζε καρβάνῳ χερί.
Soph. El. 25 ff.: ὥσπερ γὰρ ἵππος εὐγενής, κἂν ᾖ γέρων,
ἐν τοῖσι δεινοῖς θυμὸν οὐκ ἀπώλεσεν,
ἀλλ' ὀρθὸν οὖς ἵστησιν, ὡσαύτως δὲ σὺ
ἡμᾶς τ' ὀτρύνεις καὐτὸς ἐν πρώτοις ἔπει.
293 ff.: — — — πλὴν ὅταν κλύῃ τινὸς
ἥξοντ' Ὀρέστην, τηνικαῦτα δ' ἐμμανὴς
βοᾷ παραστᾶσ'·

Oed. R. 1266 f.: — — — — — ἐπεὶ δὲ γῇ
ἔκειτο τλήμων, δεινὰ δ' ἦν τἀνθένδ' ὁρᾶν.
Eur. Phoen. 45 ff.: — — — — ὡς δ' ἐπεζάρει
Σφὶγξ ἁρπαγαῖσι πόλιν ἐμός τ' οὐκ ἦν πόσις,
Κρέων δ' ἀδελφὸς τἀμὰ κηρύσσει λέχη.
wie *Kirchhoff* nach den codd. A B F hat. — *Herod.* I, 13, 1: ἦν
μὲν δὴ τὸ χρηστήριον ἀνέλη μιν βασιλέα εἶναι Λυδῶν, τὸν δὲ βασιλεύειν.
VII, 103, 3: Εἰ γὰρ ἐκείνων ἕκαστος δέκα ἀνδρῶν τῆς στρατιῆς τῆς
ἐμῆς ἀντάξιός ἐστι, σὲ δέ γε δίζημαι εἴκοσι εἶναι ἀντάξιον. VIII, 115,
2: εἰ δὲ καρπὸν μηδένα εὕροιεν — οἱ δὲ τὴν ποίην — κατήσθιον. —
Dass dieses δέ auch der attischen Prosa nicht fremd ist, mögen
folgende Stellen beweisen. *Thuc.* I, 11, 1: ἐπειδὴ δὲ ἀφικόμενοι
μάχῃ ἐκράτησαν (δῆλον δέ, τὸ γὰρ ἔρυμα τῷ στρατοπέδῳ οὐκ ἂν ἐτειχί-
σαντο) φαίνονται δ' οὐδ' ἐνταῦθα πάσῃ τῇ δυνάμει χρησάμενοι. II,
65, 3: ἐπεί τε ὁ πόλεμος κατέστη, ὁ δὲ φαίνεται καὶ ἐν τούτῳ προ-
γνοὺς τὴν δύναμιν. III, 98, 1. V, 16, 1: ἐπειδὴ — τότε δέ. — *Plato*
Ap. p. 38 A: ἐὰν τ' αὖ λέγω — ταῦτα δ' ἔτι ἧττον πείσεσθέ μοι λέγοντι. *Xen.* Cyr. V, 5, 21: Ἀλλ' εἰ μηδὲ τοῦτο, ἔφη, βούλει ἀποκρίνασθαι, σὺ δὲ τοὐντεῦθεν λέγε. VIII, 5, 12: ἐκάθευδον δὲ αὐτῷ ἐν
τάξει, ὥσπερ οἱ ὁπλῖται, οὕτω δὲ καὶ οἱ πελτασταί.

Besondere Erwähnung verdienen die Fälle, da δέ nach einem
Participium absolutum steht. *Herod.* V, 50, 2: χρεὼν γάρ
μιν μὴ λέγειν τὸ ἐόν, βουλόμενόν γε Σπαρτιήτας ἐξαγαγεῖν ἐς τὴν Ἀσίην,
λέγειν δ' ὦν τριῶν μηνῶν φὰς εἶναι τὴν ἄνοδον. Auch in zwei Stellen
bei Antiphon scheint nach *Klotz* auf Grund der Handschriften δέ
hergestellt werden zu müssen. Acc. venef. §. 12: εἰ γὰρ τούτων
ἐθελόντων διδόναι εἰς βάσανον, ἐγὼ δέ (nach A B L) μὴ ἐδεξάμην.
Tetral. A. β. §. 4: εἰ γὰρ τούτων ἀναιτίων δοκούντων εἶναι ἐν ἐμοὶ
τἀδίκημα φανεῖται, τούτων δ' ὑπόπτων ὄντων ἐγὼ δ' (A B L) ἂν εἰκότως καθαρὸς δοκοίην εἶναι. *Plato* Symp. p. 220 B: καὶ πάντων ἢ
οὐκ ἐξιόντων ἔνδοθεν, ἤ εἴ τις ἐξίοι ἠμφιεσμένων τε θαυμαστὰ δὴ ὅσα
— οὗτος δ' ἐν τούτοις ἐξῄει. *Xen.* hist. gr. III, 3, 7: πάλιν οὖν ἐρω-
τώντων, ὅπλα δὲ πόθεν ἔφασαν λήψεσθαι; τὸν δ' εἰπεῖν κ. τ. λ. *Isocr.*
Antid. §. 71: ἐπιτιμῶ ταῖς μοναρχίαις, ὅτι δέον αὐτοὺς τὴν φρόνησιν
ἀσκεῖν μᾶλλον τῶν ἄλλων. οἱ δὲ χεῖρον παιδεύονται τῶν ἰδιωτῶν.

3. Nachdem wir schon unter 1. Beispiele eines bald leichteren, bald stärkeren Gegensatzes, der durch δέ angedeutet wird,
namhaft gemacht haben, so verdienen gewisse Fälle besonders hervorgehoben zu werden, in denen dieser Gegensatz bemerklicher ist,
oder die sonst etwas Beachtenswerthes darbieten.

a) Hier ist zunächst δέ in Zwischensätzen zu erwähnen.
Od. XX, 227 ff.: βουκόλ', ἐπεὶ οὔτε κακῷ οὔτ' ἄφρονι φωτὶ ἔοικας —
γιγνώσκω δὲ καὶ αὐτός, ὅ τοι πινυτὴ φρένας ἵκει —
τούνεκά τοι ἐρέω.

Eur. Iph. A. 66 ff.: ἐπεὶ δ' ἐπιστώθησαν — εὖ δέ πως γέρων
ὑπῆλθεν αὐτοὺς Τυνδάρεως πυκνῇ φρενί —
δίδωσ' ἑλέσθαι θυγατρὶ μνηστήρων ἕνα.

b) Grösseren Nachdruck erhält die Partikel zu Anfang einer Rede, sowie nach negativen Sätzen.

Aehnlich wie ἀλλά kann δέ zu Anfang einer Rede einer zuvor von Andern geäusserten Ansicht, oder andern Handlungen gegenübertreten. *Xen.* Anab. VI, 6, 10 ist Ἐγὼ δὲ οὕτω γιγνώσκω Gegensatz gegen die zuvor geäusserten Ansichten. V, 5, 13: Ἡμεῖς δέ tritt den Besorgnissen der sinopischen Gesandten entgegen. VII, 3, 30 bildet Ἐγὼ δέ σοι, ὦ Σεύθη, δίδωμι ἐμαυτόν den Gegensatz gegen die von andern dargebrachten Geschenke.

Besonders nach negativen Sätzen steht δέ mit der Kraft eines ἀλλά.

Od. IX, 144 f.: — — — — — ' οὐδὲ σελήνη
οὐρανόθε προύφαινε, κατείχετο δὲ νεφέεσσιν.
Aesch. Prom. 1075 f.: μὴ δῆτ', αὐταὶ δ' ὑμᾶς αὐτάς.
Eur. Or. 1071 f.: Ορ. Τί γὰρ προσήκει κατθανεῖν σ' ἐμοῦ μέτα;
Πυλ. Ἤρου; τί δὲ ζῆν σῆς ἑταιρίας ἄτερ;
In Prosa würde μᾶλλον δὲ τί ζῆν (προσήκει) stehen können. *Herod.* I, 5, 3: Ταῦτα μέν νυν Πέρσαι τε καὶ Φοίνικες λέγουσι· ἐγὼ δὲ περὶ μὲν τούτων οὐκ ἔρχομαι ἐρέων ὡς οὕτως ἢ ἄλλως πως ταῦτα ἐγένετο, τὸν δὲ οἶδα αὐτὸς πρῶτον ὑπάρξαντα ἀδίκων ἔργων ἐς τοὺς Ἕλληνας τοῦτον σημήνας προβήσομαι ἐς τὸ πρόσω τοῦ λόγου. *Thuc.* 1, 5, 1: οὐκ ἔχοντός πω αἰσχύνην τούτου τοῦ ἔργου, φέροντος δέ τι καὶ δόξης μᾶλλον. I, 19: καὶ οἱ μὲν Λακεδαιμόνιοι οὐχ ὑποτελεῖς ἔχοντες φόρου τοὺς ξυμμάχους ἡγοῦντο, κατ' ὀλιγαρχίαν δὲ σφίσιν αὐτοῖς μόνον ἐπιτηδείως ὅπως πολιτεύσουσι θεραπεύοντες.

c) Verwandt hiemit ist der Gebrauch von δέ nach einer Annahme nicht wirklicher Fälle, namentlich in νῦν δέ. Sowie mit νῦν δέ die Gegenwart sonstigen Verhältnissen entgegengestellt wird (z. B. *Soph.* El. 516 ff. 783 u. 786. 812. 954. 1149. 1379. *Plato* Soph. p. 244 A), so die Wirklichkeit der Nichtwirklichkeit.

Il. I, 352 ff.: μῆτερ, ἐπεί μ' ἔτεκές γε μινυνθάδιόν περ ἐόντα,
τιμήν πέρ μοι ὄφελλεν Ὀλύμπιος ἐγγυαλίξαι
Ζεὺς ὑψιβρεμέτης· νῦν δ' οὐδέ με τυτθὸν ἔτισεν.
I, 417. II, 80 ff.: εἰ μέν τις τὸν ὄνειρον Ἀχαιῶν ἄλλος ἔνισπεν·
ψεῦδός κεν φαῖμεν καὶ νοσφιζοίμεθα μᾶλλον·
νῦν δ' ἴδεν, ὃς μέγ' ἄριστος Ἀχαιῶν εὔχεται εἶναι.
Od. I, 166. 241. II, 79. III, 209. IX, 515. — *Soph.* El. 335. 365. 1136. 1334. *Eur.* Or. 504. 1134. Iph. A. 1216. Phoen. 501. El. 1027. *Arist.* Ach. 219. *Herod.* I, 39, 2: εἰ μὲν γὰρ ὑπ' ὀδόντος τοι εἶπε τελευτήσειν με — χρῆν δή σε ποιέειν τὰ ποιέεις· νῦν δὲ ὑπ' αἰχμῆς. I, 42, 2. *Plato* Ap. p. 31 B. 36 A. 37 B. 38 B. Protag.

328 E. 335 C. *Isocr.* Paneg. §. 171. *Dem.* Ol. II, 6: ἐγὼ μὲν γάρ, ὦ ἄνδρες Ἀθηναῖοι, σφόδρ' ἄν ἡγούμην καὶ αὐτὸς φοβερὸν τὸν Φίλιππον καὶ θαυμαστόν, εἰ τὰ δίκαια πράττοντα ἑώρων αὐτὸν ηὐξημένον· νῦν δὲ θεωρῶν καὶ σκοπῶν εὑρίσκω κ. τ. λ.

d) Daran reiht sich ein beachtenswerther Gebrauch, durch δέ (namentlich τὸ δέ, τὰ δέ) das Wahre dem Falschen gegenüber zu stellen.

Od. XXII, 31 ff.: Ἴσκεν ἕκαστος ἀνήρ, ἐπεὶη φάσαν οὐκ ἐθέλοντα ἄνδρα κατακτεῖναι, τὸ δὲ νήπιοι οὐκ ἐνόησαν, ὡς δή σφιν καὶ πᾶσιν ὀλέθρου πείρατ' ἐφῆπτο.
XXIII, 153: Ὣς ἄρα τις εἴπεσκε, τὰ δ' οὐκ ἴσαν, ὡς ἐτέτυκτο.
Soph. Trach. 1169: ἦ μοι χρόνῳ τῷ ζῶντι καὶ παρόντι νῦν ἔφασκε μόχθων τῶν ἐφεστώτων ἐμοὶ λύσιν τελεῖσθαι· κἀδόκουν πράξειν καλῶς. τὸ δ' ἦν ἄρ' οὐδὲν ἄλλο πλὴν θανεῖν ἐμέ.
in Wirklichkeit aber hatte diess eben nichts anderes zu bedeuten. *Pl.* Ap. p. 23 A: οἴονται γάρ με ἑκάστοτε οἱ παρόντες ταῦτα αὐτὸν εἶναι σοφόν, ἃ ἂν ἄλλον ἐξελέγξω· τὸ δὲ κινδυνεύει — τῷ ὄντι ὁ θεὸς σοφὸς εἶναι vielmehr aber scheint in Wirklichkeit nur die Gottheit weise zu sein. Vgl. z. d. St. *Stallbaum*, welcher erinnert, dass für τὸ δέ zuweilen τὸ δὲ ἀληθές steht, wie de rep. IV. p. 443 C. Tim. p. 86 D. *Stallbaum* führt noch folgende drei Stellen an: de rep. I. p. 340 C: τὸ δ' οἶμαι. Meno p. 97 D: τὸ δὲ ἄρα καὶ δόξα ἦν ἀληθής. Theaet. p. 157 A: τὸ δ' οὐ δεῖ. — Ausserdem vgl. man Phaedo p. 87 C: τὸ δ' οἶμαι, ὦ Σιμμία, οὐχ οὕτως ἔχει in Wirklichkeit aber verhält es sich nicht so. p. 109 D: τὸ δὲ εἶναι, ὑπ' ἀσθενείας καὶ βραδυτῆτος οὐχ οἵους τε εἶναι ἡμᾶς διεξελθεῖν ἐπ' ἔσχατον τὸν ἀέρα die Wahrheit aber sei, aus Schwäche und Langsamkeit seien wir nicht im Stande etc. Soph. p. 244 A: διδάσκετε οὖν πρῶτον τοῦτ' αὐτὸ ἡμᾶς, ἵνα μὴ δοξάζωμεν μανθάνειν μὲν τὰ λεγόμενα παρ' ὑμῶν, τὸ δὲ τούτου γίγνηται πᾶν τοὐναντίον damit nicht — in Wahrheit aber ganz das Gegentheil stattfinde. Daran lassen sich vielleicht auch folgende Stellen anreihen: *Xen.* Mem. I, 1, 2: ὅθεν δὴ καὶ μάλιστά μοι δοκοῦσιν αὐτὸν αἰτιάσασθαι καινὰ δαιμόνια εἰσφέρειν. ὁ δ' οὐδὲν καινότερον εἰσέφερε τῶν ἄλλων. I, 2, 50: Σωκράτης δέ.

4. Wir stellen zum Schluss noch einige beachtenswerthe Constructionen mit δέ zusammen.

a) Bei *Homer* und nach ihm auch bei andern Dichtern tritt nach begonnener relativer Construction der mit δέ folgende Satz nicht selten aus der relativen Construction heraus und führt einen neuen, selbständigen Satz ein. Ein Beispiel der Art haben wir

Il. I, 161 f.: καὶ δή μοι γέρας αὐτὸς ἀφαιρήσεσθαι ἀπειλεῖς,
 ᾧ ἔπι πόλλ' ἐμόγησα, δόσαν δέ μοι υἷες Ἀχαιῶν.
statt καὶ ὃ μοι ἔδοσαν.

Il. II, 209 f.: ὡς ὅτε κῦμα πολυφλοίσβοιο θαλάσσης
αἰγιαλῷ μεγάλῳ βρέμεται, σμαραγεῖ δέ τε πόντος.
IV, 540 f.: ὅστις ἔτ᾽ ἄβλητος καὶ ἀνούτατος ὀξέϊ χαλκῷ
δινεύοι κατὰ μέσσον, ἄγοι δέ ἑ Παλλὰς Ἀθήνη.
VI, 294 f.: ὃς κάλλιστος ἔην ποικίλμασιν ἠδὲ μέγιστος,
ἀστὴρ δ᾽ ὣς ἀπέλαμπεν.
Od. I, 3. 52 f.: Ἄτλαντος θυγάτηρ ὀλοόφρονος, ὅστε θαλάσσης
πάσης βένθεα οἶδεν, ἔχει δέ τε κίονας αὐτός.
Arist. Ach. Anfang: Ὅσα δὴ δέδηγμαι τὴν ἐμαυτοῦ καρδίαν,
ἥσθην δὲ βαιά.

b) Bemerkenswerth ist bei Homer der Gebrauch von δέ, um dem vollendeten Hauptsatz eine zu diesem gehörige Nebenbestimmung folgen zu lassen.

Il. VI, 147 f.: φύλλα τὰ μέν τ᾽ ἄνεμος χαμάδις χέει, ἄλλα δέ θ᾽ ὕλη
τηλεθόωσα φύει, ἔαρος δ᾽ ἐπιγίγνεται ὥρη,
= wenn der Frühling naht.
Od. II, 312 f.: ἦ οὐχ ἅλις, ὡς τὸ πάροιθεν ἐκείρετε πολλὰ καὶ ἐσθλὰ
κτήματ᾽ ἐμά, μνηστῆρες, ἐγὼ δ᾽ ἔτι νήπιος ἦα;
= während ich noch unmündig war. VI, 108.
IX, 292: ἤσθιε δ᾽ ὥστε λέων ὀρεσίτροφος, οὐδ᾽ ἀπέλειπεν,
= ohne etwas übrig zu lassen.
XV, 195: ἄλλοι δ᾽ ἐπὶ ἔργον ἔποιεν = während andre dem Geschäft nachgehen. — XVIII, 283. XX, 40. 109 f.:
αἱ μὲν ἄρ᾽ ἄλλαι εὗδον, ἐπεὶ κατὰ πυρὸν ἄλεσσαν,
ἡ δὲ μί᾽ οὔπω παύετ᾽, ἀφαυροτάτη δ᾽ ἐτέτυκτο.
Der letzte Satz enthält die Erklärung und Begründung des Vorhergehenden.

c) Endlich ist noch eine im Attischen häufige Wiederholung der Partikel zu erwähnen. Diese findet statt theils bei dem recapitulirenden Demonstrativ, theils wo dasselbe Wort, um Weiteres anzuknüpfen, wiederholt wird.

Beispiele des δέ nach dem das Vorangehende wieder aufnehmenden Demonstrativ sind: *Plato* Ap. p. 28 E: τοῦ δὲ θεοῦ τάττοντος — ἐνταῦθα δέ. p. 32 D: τοῦ δὲ μηδὲν ἄδικον μηδ᾽ ἀνόσιον ἐργάζεσθαι, τούτου δὲ τὸ πᾶν μέλει. Phaedo p. 78 E: τὰ δὲ ἄλλοτ᾽ ἄλλως καὶ μηδέποτε κατὰ ταὐτὰ (ἔχοντα) ταῦτα δὲ εἶναι τὰ ξύνθετα; 80 D: ἡ δὲ ψυχὴ ἄρα — αὕτη δὲ δή. *Isocr.* Paneg. §. 1: τοῖς δ᾽ ὑπὲρ τῶν κοινῶν ἰδίᾳ πονήσασι — τούτοις δ᾽. §. 98: ἃ δ᾽ ἐστὶν ἴδια — ταῦτα δ᾽. §. 176: ἃ δὲ — ταῦτα δέ. Areop. p. 47: ὅπου δὲ — ἐνταῦθα δέ. §. 63: εἰ δέ τι καλὸν ἦ σεμνὸν διαπέπρακται, ταῦτα δὲ παραλείπειν. Antid. §. 305. *Xen.* h. gr. I, 6, 4: καταμαθὼν δέ — nach mehreren Zwischensätzen wieder aufnehmend: ἐκ τούτου δέ.

Beispiele der andern Art, wo dasselbe Wort, um Weiteres hinzuzufügen, mit δέ wiederholt wird, sind u. a.

Aesch. Pers. 403: ἐλευθεροῦτε πατρίδ', ἐλευθεροῦτε δὲ παῖδας.
Soph. El. 783 u. 786: νῦν δὲ — νῦν δέ.
Eur. Phoen. 564 ff.: ὄψει δαμασθὲν ἄστυ Θηβαῖον τόδε,
ὄψει δὲ πολλὰς αἰχμαλωτίδας κόρας
βίᾳ πρὸς ἀνδρῶν πολεμίων πορθουμένας.

Δή.

Es kann keinem Zweifel unterliegen, dass δή mit den Sanskritthemen diw, diwa Himmel, dju Himmel, Tag, divan, divas Tag, dēva Gott, daiva göttlich, mit den lateinischen Wörtern dium, Dia, dies, Diespiter, deus, divus, den griechischen δι(πετής), Διός, δῖος zu einer Familie gehört, und zwar durch Abfall des Digamma und Gunirung des ι entstanden ist. — Wir würden indess auf die aus solcher Etymologie resultirende Bedeutung: am Tage, klar, offenbar kein Gewicht legen, wenn sie nicht durch die Verwandtschaft der Partikel mit δῆλος und durch den Gebrauch der Partikel selbst unwiderleglich sich bestätigte. Es wird Niemand in Abrede ziehen wollen, dass δῆλος durch die Adjectivendung λος aus einem Stamm mit dem Adverb δή gebildet ist.

Δή steht also da, wo etwas als klar, am Tage liegend, offenbar, entschieden bezeichnet werden soll, und wird dann überhaupt gebraucht, um dem Gedanken (der Behauptung, Frage, Forderung, dem Wunsche) grösseren Nachdruck zu geben. Die Partikel tritt gern hinter den Begriff, auf welchen δή den nächsten oder meisten Einfluss übt, der in der entschiedenen Behauptung hauptsächlich betont ist.

1. Wir stellen zunächst den Gebrauch in Behauptungssätzen voran.

a) *Il.* I, 266: κάρτιστοι δὴ κεῖνοι ἐπιχθονίων τράφεν ἀνδρῶν.
Das Prädicat κάρτιστοι — τράφεν wird durch δή als offenbare, unzweifelhafte Thatsache bezeichnet.

I, 286: ναὶ δὴ ταῦτά γε πάντα, γέρον, κατὰ μοῖραν ἔειπες (vgl. X, 169), offenbar ist alles, was du gesagt hast, ganz richtig und in der Ordnung.

II, 134 f.: ἐννέα δὴ βεβάασι Διὸς μεγάλου ἐνιαυτοί,
καὶ δὴ δοῦρα σέσηπε νεῶν.
Beides sind unzweifelhafte Thatsachen. Es ist nur Täuschung, wenn man aus dem Grunde, weil in beide Sätze ἤδη sich einfügen liesse, der Partikel δή die Bedeutung von ἤδη erkennt. II, 330 und Od. II, 176: τὰ δὴ νῦν πάντα τελεῖται. *Il.* III, 134: οἳ δὴ νῦν ἔαται σιγῇ.

III, 403 ff.: οὕνεκα δὴ νῦν δῖον Ἀλέξανδρον Μενέλαος
νικήσας ἐθέλει στυγερὴν ἐμὲ οἴκαδ' ἄγεσθαι,
τούνεκα δὴ νῦν δεῦρο δολοφρονέουσα παρέστης;

Δή. 1.

Od. I, 26: — — —. — — οἱ δὲ δὴ ἄλλοι
Ζηνὸς ἐνὶ μεγάροισιν Ὀλυμπίου ἀθρόοι ἦσαν.
sie waren offenbar (natürlich) im Palaste des Zeus versammelt.
I, 32: οἷον δή νυ θεοὺς βροτοὶ αἰτιόωνται! Es ist etwas Bekanntes, dass die Sterblichen die Schuld auf die Menschen schieben.
II, 221: νοστήσας δὴ — χενύω vom entschiedenen Vorsatz. XX, 321. 322. 348.
Aesch. Pers. 236: καὶ στρατὸς τοιοῦτος ἔρξας πολλὰ δὴ Μήδους
κακά.
Sichtlich ist, dass wie der Stellung, so der Bedeutung nach *δή* zu πολλά gehört. Vgl. damit *Soph.* El. 603. 1377. — Ferner *Aesch.* Pers. 382.
Pers. 433: κακῶν δὴ πέλαγος ἔρρωγεν μέγα Πέρσαις, offenbar ist über Persien ein schweres Unglück hereingebrochen.
Soph. El. 103: ἀλλ' οὐ μὲν δὴ λήξω θρήνων στυγερῶν τε γόων.
764 f.: φεῦ, φεῦ· τὸ πᾶν δὴ δεσπόταισι τοῖς πάλαι
πρόρριζον, ὡς ἔοικεν, ἔφθαρται γένος.
= δῆλον ἐξ ὧν γ' ἀκούομεν, ὅτι τὸ πᾶν γένος ἔφθαρται. Wie hier, so scheint 954:
νῦν δ' ἡνίκ' οὐκέτ' ἐστίν, εἰς σὲ δὴ βλέπω.
= „ich sehe nun offenbar auf dich" *δή* eine aus dem Vorangegangenen resultirende Gewissheit, eine Folgerung zu bedeuten. 1482: ὅλωλα δὴ δείλαιος ich bin offenbar verloren. *Eur.* Or. 19. 39. 52. 62. 72. 1054. 1076. 1081. 1224. Iph A. 658. 750. Phoen. 581: ἐρεῖ δὲ δή τις offenbar wird man sagen. El. 31. 36. 37. 44. 57. 71. 82. 122. 234. 235. 275. 425. 766. 917. 951.
Herod. I, 4: τὸ δὲ ἀπὸ τούτου Ἕλληνας δὴ μεγάλως αἰτίους γενέσθαι· — δῆλα γὰρ δή, ὅτι, εἰ μὴ αὐταὶ ἐβουλέατο, οὐκ ἂν ἡρπάζοντο. σφέας μὲν δὴ — λόγον οὐδένα ποιήσασθαι überall Ausdruck des Offenbaren, Klaren, Unzweifelhaften. I, 9. 10. 11. 13. 14. 21. 22, 1 f.: Ταῦτα δὲ ἐποίεέ τε καὶ προαγόρευε Θρασύβουλος τῶνδε εἵνεκεν, ὅκως ἂν δὴ ὁ κῆρυξ — ἀγγείλῃ Ἀλυάττῃ. τὰ δὴ καὶ ἐγένετο. ὡς γὰρ δὴ — ἀπῆλθε. Mit *δή* wird zuerst die Absicht, dann der Erfolg als offenbar und entschieden bezeichnet. — *Plato* Euthyphro p. 5 A: ὅτι — νῦν — μαθητὴς δὴ γέγονα σός dass ich offenbar (ja) dein Schüler bin. Ap. p. 19 A: ἀπολογητέον δή ich soll mich offenbar vertheidigen. 21 A: ἴστε δὴ οἷος ἦν Χαιρεφῶν — καὶ δή ποτε — ἐτόλμησε τοῦτο μαντεύσασθαι — ἤρετο γὰρ δή ihr kennt ja den Chärephon — und so hat er es denn einmal gewagt — er fragte nämlich etc. Ueberall dient *δή*, die Aussage als unzweifelhafte mit Nachdruck hervorzuheben. p. 22 A. 27 A: Ἆρα γνώσεται ὁ Σωκράτης, ὁ σοφὸς δή der ja (offenbar) bekanntlich ein Weiser ist (mit Ironie). p. 27 C: οὐχ οὕτως ἔχει· ἔχει δή es verhält sich offenbar so. 31 B: ὁρᾶτε δὴ καὶ αὐτοί. Protag. p. 311 E: Σοφιστὴν δή τοι ὀνομάζουσί γε, ᾧ Σώκρατες, τὸν ἄνδρα εἶναι bekanntlich nennt man ihn einen Sophi-

sten. p. 322 B: ἐζήτουν δή so suchten sie denn — es ergibt sich als gewiss aus dem Vorangegangenen. 341 C:. Ἀκούεις δή — Προδίκου τοῦδε da hörst du's. — *Xen.* Cyr. I, 3, 2: ὁ Κῦρος — εὐθὺς οἷα δὴ παῖς φύσει φιλόστοργος ὢν ἠσπάζετό τε αὐτόν — καὶ ὁρῶν δὴ αὐτὸν κεκοσμημένον καὶ ὁφθαλμῶν ὑπογραφῇ — ἃ δὴ νόμιμα ἦν ἐν Μήδοις — ὁρῶν δὴ τὸν κόσμον τοῦ πάππου überall auf etwas Bekanntes hinweisend, oder etwas Entschiedenes ausdrückend. Ebd. §. 9. 10. — *Dem.* Ol. I, §. 2. 8. 17: φημὶ δὴ διχῇ βοηθητέον εἶναι τοῖς πράγμασιν ὑμῖν, und nachdem diess ausgeführt ist, gleichsam folgernd, was nun ausser Zweifel und offenbar ist §. 18: δεῖ δὴ πολλὴν καὶ διχῇ τὴν βοήθειαν εἶναι. Ferner §. 20. 28. Olynth. II, 11. 17. 19. 27. 31: φημὶ δή und λέγω δή entschiedene Behauptung, die sich zum Theil aus dem Vorhergehenden ergibt.

b) Sehr häufig ist die Verbindung von γὰρ δή, um eine Behauptung oder speziell einen Grund mit um so grösserem Nachdruck geltend zu machen. Wir dürfen wohl wiederholt geltend machen, wie der factisch vorliegende parallele Gebrauch der beiden Partikeln γάρ und δή eine Bestätigung der für beide vorausgesetzten ähnlichen Bedeutung enthält. *Il.* II, 301: εὖ γὰρ δὴ τόδε ἴδμεν ἐνὶ φρεσίν. VII, 172: οὗτος γὰρ δὴ ὀνήσει — Ἀχαιούς. XVI, 810: καὶ γὰρ δὴ τότε φῶτας ἐείκοσι βῆσεν ἀφ' ἵππων. (Namentlich hat Homer diese Stellung: γὰρ δή öfter im Wunsche mit αἲ γὰρ δή.) Dagegen findet sich δὴ γάρ Od. I, 194: δὴ γάρ μιν ἔφαντ' ἐπιδήμιον εἶναι. Nur scheinbar steht hier δή = ἤδη; vielmehr ist der Sinn: sie behaupteten nämlich als gewiss, dass er zu Hause sei. X, 160: δὴ γάρ μιν ἔχει μένος ἠελίοιο. Ausserdem steht δὴ γάρ *Il.* XI, 314. XIII, 122. 517. XV, 400. 488. XVII, 546. 625. Später wird die Stellung γὰρ δή herrschend. *Aesch.* Prom. 1064. Choeph. 874. 891. *Soph.* Phil. 246. *Eur.* Or. 1225. 1566. Iph. A. 122. Iph. T. 10. 170. 566. *Herod.* I, 22, 2. I, 32, 10. I, 34, 2: Ἔσαν δὲ τῷ Κροίσῳ δύο παῖδες, τῶν οὕτερος μὲν διέφθαρτο, ἦν γὰρ δὴ κωφός. I, 74, 1. I, 75, 3. I, 93, 4. *Thuc.* I, 8, 1: οὗτοι γὰρ δὴ τὰς πλείστας τῶν νήσων ᾤκισαν. *Plato* Ap. p. 20 E. 21 A. B. 24 B. C. 33 C. 38 C: φήσουσι γὰρ δή με σοφὸν εἶναι — ὁρᾶτε γὰρ δή. Euthyphro p. 12 A: καὶ γὰρ οὐδὲ χαλεπὸν κατανοῆσαι ὃ λέγω. λέγω γὰρ δή. Prot. p. 327 A. *Xen.* Cyr. I, 3, 10: τότε γὰρ δὴ ἔγωγε καὶ πρῶτον κατέμαθον. Mem. I, 2, 14.

Auch den Partikeln der Versicherung wird δή beigegeben. Wir finden ἦ δή z. B. *Il.* I, 518 und 573: ἦ δὴ λοίγια ἔργ' fürwahr, das sind offenbar verderbliche Dinge.

II, 337 f.: ὦ πόποι, ἦ δὴ παισὶν ἐοικότες ἀγοράασθε νηπιάχοις.

Od. I, 253 f.: ἦ δὴ πολλὸν ἀποιχομένου Ὀδυσῆος δεύῃ. —

I, 384: ἦ μάλα δή σε διδάσκουσιν θεοὶ αὐτοί.

IX, 507: ἦ μάλα δή.
Auch die Verbindung von μὲν δή findet sich in Fällen, wo μέν alleinstehend zur Versicherung dient.
Aesch. Ag. 1213: ἡμῖν γε μὲν δὴ πιστὰ θεσπίζειν δοκεῖς.
Pl. Euthyphro p. 10 D: Ἀλλὰ μὲν δὴ διότι γε φιλεῖται ὑπὸ θεῶν, φιλούμενόν ἐστι καὶ θεοφιλὲς τὸ θεοφιλές.

Eine besondere Bestätigung der aufgestellten Bedeutung liegt in δῆλα δή (oder δηλαδή), δῆλα γὰρ δή, worin wir eine Potenzirung von δῆλα oder δή anzuerkennen haben.
Eur. Or. 781: δηλαδὴ σιγᾶν ἄμεινον.
Iph. T. 1365: — — Κλ. Ἄξει δ' οὐχ ἑκοῦσαν ἁρπάσας;
Ἀχ. Δηλαδὴ ξανθῆς ἐθείρης.
Herod. I, 4, 2: δῆλα γὰρ δή. *Pl.* Euthyphro p. 4 B: Ἔστι δὲ δὴ τῶν οἰκείων τις ὁ τεθνεὼς ὑπὸ τοῦ σοῦ πατρός; ἢ δῆλα δή· οὐ γὰρ ἄν που ὑπέρ γε ἀλλοτρίου ἐπεξῄεισθα φόνον αὐτῷ. Es ist aber (offenbar) natürlich ein Familienangehöriger, der durch deinen Vater getödtet worden ist; oder (was kann ich da noch zweifeln?) das ist ja klar und augenscheinlich, denn um eines Fremden willen hättest du ihn doch wohl nicht wegen Mord belangt. Prot. 309 A: Πόθεν, ὦ Σώκρατες, φαίνει; ἢ δῆλα δή, ὅτι ἀπὸ κυνηγεσίου τοῦ περὶ τὴν Ἀλκιβιάδου ὥραν; p. 330 B: ἢ δῆλα δή, ὅτι οὕτως ἔχει.

c) Indem die Partikel δή die Behauptung als klar und offenbar, keinem Zweifel unterworfen bezeichnet, oder sie mit Nachdruck betont und ihr das Gepräge der Entschiedenheit gibt, findet sie, wie sich schon aus dem Bisherigen ergibt, ihre natürlichste Stellung nach dem Worte, welches das Hauptmoment in der Aussage enthält, und den Charakter, welchen sie dem ganzen Satze verleiht, theilt sie vor Allem dem Worte mit, dem sie nachsteht. Natürlich aber kann, wofern zu dem Begriff Artikel und Präposition hinzutreten, da diese als Momente des Begriffs selbst erscheinen, δή nach der Präposition und dem Artikel, vor dem zu betonenden Worte stehen (*Xen.* Cyr. I, 4, 25: ἐν μὲν δὴ Μήδοις ταῦτα ἐγεγένητο). So findet sich denn δή nach einer Reihe von demonstrativen Wörtern, um diese speziell hervorzuheben.

Nach οὗτος, αὕτη, τοῦτο: *Herod.* I, 8, 1: Οὗτος δὴ ὦν ὁ Κανδαύλης ἠράσθη τῆς ἑαυτοῦ γυναικός. I, 43, 2. I, 45, 3. I, 69, 1. I, 75, 1. I, 102, 2. *Plato* Euthyphro p. 4 D. Ap. 22 E. 37 B. E. *Xen.* Cyr. I, 3, 10. I, 5, 6. Mem. I, 2, 56. 59.

Οὕτω δή: *Il.* II, 158 und 174: οὕτω δὴ οἴκόνδε — Ἀργεῖοι φεύξονται; = so ist es denn entschieden, dass die Argeier fliehen werden? *Herod.* I, 3, 2. I, 5, 2. I, 64, 1. I, 83. I, 84, 4. I, 87, 3. I, 94, 5. *Plato* Prot. p. 321 D. 322 A. D. *Xen.* Cyr. I, 3, 9. I, 5, 2. 5.

Ἔνθα δή: *Aesch.* Pers. 490. *Herod.* I, 26, 2. I, 43, 2. I, 59, 7.
Ἐνταῦθα δή: *Xen.* Cyr. I, 3, 7. I, 4, 15. I, 5, 1.

Gerne schliesst sich δή an die Zeitpartikeln νῦν, τότε an, um die Entschiedenheit der Aussage speziell auf einen besonderen Zeitmoment zu beziehen und diesen hervorzuheben.

νῦν δή: *Il.* II, 284 f.: Ἀτρείδη, νῦν δή σε, ἄναξ, ἐθέλουσιν Ἀχαιοὶ
πᾶσιν ἐλέγχιστον θέμεναι μερόπεσσι βροτοῖσιν.
VII, 226: νῦν μὲν δὴ σάφα εἴσεαι.
Aesch. Pers, 548: νῦν δὴ πρόπασα μὲν στένει
γαῖ᾽ Ἀσὶς ἐκκενουμένα.
Pl. Euthyphro p. 3 D: ὃ νῦν δὴ ἔλεγον. 5 C: νῦν οὖν — λέγε μοι, ὃ νῦν δὴ σαφῶς εἰδέναι διισχυρίζου. Ap. p. 37 C. Prot. 317 E. 329 D. *Dem.* Ol. II, 9: νυνὶ δὴ καιρὸς ἥκει τις οὗτος.

Häufig ist die Verbindung δὴ τότε (episch) oder καὶ τότε δή (episch) und τότε δή.

δὴ τότε: *Il.* I, 476: δὴ τότε κοιμήσαντο παρὰ πρυμνήσια νηός.
V, 136. *Od.* I, 424. IX, 88. 169. 193. 559. 561. X, 59. 100. 186. 294. 531. *Herod.* I, 55 in einem Orakel.

καὶ τότε δή: *Il.* I, 92. 494. *Od.* II, 108. IX, 59.

τότε δή: *Od.* IX, 52. *Eur.* El. 724 und Or. 1485: τότε δὴ τότε.

Auch an Superlative schliesst sich δή an, um das Gewicht der entschiedenen Behauptung hauptsächlich auf diese zu legen. *Il.* I, 266. *Soph.* El. 202. *Thuc.* I, 1, 2. I, 138, 4.

Wofern aber ein neuer Satz durch καί = und, auch eingeleitet wird, ohne dass die Aussage in einem einzelnen, an die Spitze des Satzes zu stellenden Worte sich concentrirt, so kann die auf den ganzen Satz sich beziehende Partikel der objectiven Gewissheit unmittelbar nach καί folgen.

Il. I, 160 f.: — — τῶν οὔ τι μετατρέπῃ, οὐδ᾽ ἀλεγίζεις·
καὶ δή μοι γέρας αὐτὸς ἀφαιρήσεσθαι ἀπειλεῖς.
II, 135. *Od.* IX, 496. X, 30.
Soph. El. 316 f.: Ἠλ. Ὡς νῦν ἀπόντος ἱστόρει, τί σοι φίλον.
X. Καὶ δή σ᾽ ἐρωτῶ = so frage ich dich denn auch. Καί deutet an, dass die folgende Handlung der vorhergehenden entspricht und angemessen ist. Ebd. 1435 f.: Ἠλ. Ἔπειγέ νυν. Ὀρ. Καὶ δὴ βέβηκα. 1464 und *Eur.* Or. 1108. 1215.
Phoen. 386 ff.: Π. Ἀλλ᾽ ἐξερώτα, μηδὲν ἐνδεὴς λίπῃς·
ἃ γὰρ σὺ βούλει, ταῦτ᾽ ἐμοί, μῆτερ, φίλα.
Ἰ. Καὶ δή σ᾽ ἐρωτῶ πρῶτον, ὧν χρῄζω τυχεῖν.
Or. 1189. *Herod.* I, 66, 2. *Pl.* Ap. p. 21 A. 41 B.

Ist die Behauptung verneinend, so dass die Negation an die Spitze des Satzes tritt, so reiht sich ihr δή an, um den negativen Charakter der Behauptung zu bekräftigen; nur werden Partikeln von minderem Gewicht als δή, welche sich unmittelbar an die Negation anlehnen müssen, noch vor δή eingeschoben.

Οὐκ ἂν δή: *Il.* III, 52. *Od.* VI, 57. XX, 322. — *Soph.* El. 103: οὐ μὲν δὴ λήξω θρήνων. *Eur.* El. 36: οὐ δὴ τοῦτό γ' ἐξελέγχομαι. 57: οὐ δή τι χρείας εἰς τοσόνδ' ἀφιγμένη. *Pl.* Euthyphro p. 2 A: οὔ τοι δή. *Dem.* Ol. II, 23: οὐ δὴ θαυμαστόν ἐστιν.

d) Je nachdem das Verhältniss des Satzes, in welchem δή steht, zu dem vorhergehenden Satz aufzufassen ist, kann die Behauptung des Offenbaren, am Tag Liegenden auch als Folgerung aus dem Vorangehenden erscheinen. So in den oben angeführten Stellen *Soph.* El. 764. 954. *Plato* Prot. p. 322 A: Ἐπειδὴ δὲ ὁ ἄνθρωπος θείας μετέσχε μοίρας, πρῶτον μὲν διὰ τὴν τοῦ θεοῦ συγγένειαν ζώων μόνον θεοὺς ἐνόμισε, καὶ ἐπεχείρει βωμούς τε ἱδρύεσθαι καὶ ἀγάλματα θεῶν· ἔπειτα φωνὴν καὶ ὀνόματα ταχὺ διηρθρώσατο τῇ τέχνῃ καὶ οἰκήσεις καὶ ἐσθῆτας καὶ ὑποδέσεις καὶ στρωμνὰς καὶ τὰς ἐκ γῆς τροφὰς εὕρετο. οὕτω δὴ παρεσκευασμένοι κατ' ἀρχὰς ἄνθρωποι ᾤκουν σποράδην, πόλεις δὲ οὐκ ἦσαν. Man könnte den Begriff: so ausgerüstet als Ergebniss aus dem zuvor Angeführten betrachten. Indessen in Wahrheit hat δή doch keine andre Bestimmung, als den das Vorherige zusammenfassenden Begriff οὕτω mit Nachdruck hervorzuheben. Aehnlich ist es *Xen.* Cyr. V, 3, 4: Ἄγε δή, ἔφη, τὰ τῶν θεῶν ἀποδόντες τοῖς μάγοις καὶ ὅσα τῇ στρατιᾷ ἱκανὰ ἐξελόντες τἆλλα καλέσαντες τὸν Γωβρύαν δότε αὐτῷ· οὕτω δὴ λαβόντες ἐκεῖνοι ὅσα ἔδει τἆλλα ἔδοσαν τῷ Γωβρύᾳ. Auch hier könnte der Schlusssatz οὖν haben und eine Folgerung ausdrücken, während im Grunde nur οὕτω hervorgehoben wird. Scheinbarer noch ist die Stelle *Xen.* Cyr. IV, 2, 30: ὡς δὲ παρήσθοντο τῶν φευγόντων καὶ καταλαμβανόντων αὐτούς, πυθόμενοι τὸ γιγνόμενον ἔφευγον δὴ καὶ αὐτοὶ ἀνὰ κράτος. Wie die Flucht eine Folge der eingezogenen Nachrichten ist, so scheint δή gebraucht zu sein, eben um diese Folge darzustellen. Und die Möglichkeit kann allerdings nicht geläugnet werden, dass die Partikel, welche eine Thatsache als offenbar und entschieden darstellte, auch da verwendet werden konnte, wenn diese Gewissheit das Ergebniss aus dem Vorangegangenen ist. *Dem.* Ol. I, §. 18, s. o.

2. *Δή* findet sich ferner in Fragen, theils wo eine Behauptung in Frage gestellt ist, theils und noch häufiger nach den fragenden τίς, τί, πῶς, πῇ u. dgl. Man denke sich an die Stelle dieser Wörter die bestimmte Angabe eines Nomens oder eines Verhältnisses, so würde letzteres durch δή mit Entschiedenheit als etwas Offenbares, Bekanntes, Unbestreitbares behauptet werden. Wenn nun aber an dessen Stelle eben die Frage, die das Unbestimmte angegeben wissen will, tritt, so hat τίς δή, τί δή, πῶς δή eigentlich die Bedeutung: wovon kann man offenbar behaupten, dass etc. — eine Frage, die natürlich oft in negativen Sinn übergeht = offenbar lässt sich von niemand (von nichts, in keiner Weise) diess sagen. — Wie

dort die Behauptung, so erhält hier die Frage durch δή oft nur den Charakter grösserer Entschiedenheit und Lebendigkeit. *Od.* IV, 138: ἴδμεν δή, — οἵτινες οἵδε ἀνδρῶν εὐχετόωνται ἱκανέμεν ἡμέτερον δῶ? Wir wissen ja wohl?
Od. XVII, 382: τίς γὰρ δὴ ξεῖνον καλεῖ ἄλλοθεν αὐτὸς ἐπελθών, = Niemand wird ja selbst einen Fremden herbeirufen.
XX, 191: τίς δὴ ὅδε ξεῖνος νέον εἰλήλουθε; — Lebhafte Frage.
Il. II, 339: πῇ δὴ συνθεσίαι τε καὶ ὅρκια βήσεται ἡμῖν; *Aesch.* Prom. 255 f.: X. Τοιοῖσδε δή σε Ζεὺς ἐπ' αἰτιάμασιν
αἰκίζεται —; das sind denn also (offenbar) die Anschuldigungen, um deren willen Zeus dich misshandelt? Prom. 298 f.: — — — — καὶ σὺ δὴ πόνων ἐμῶν
ἥκεις ἐπόπτης; — Und du bist denn also gekommen, meine Leiden anzuschauen? (= So ist es denn gewiss, dass etc.)
Prom. 117 f.: ἵκετο τερμόνιον ἐπὶ πάγον
πόνων ἐμῶν θεωρός, ἢ τί δὴ θέλων;
Was kann es denn sonst sein, das er will?
Ag. 1643: X. Τί δὴ τὸν ἄνδρα τόνδ' ἀπὸ ψυχῆς κακῆς
οὐκ αὐτὸς ἠνάριζες; — Was war denn der Grund, wesshalb du nicht selbst — getödtet hast? Lebhafte Frage.
Ebenso Ag. 1138: ποῖ δή με δεῦρο τὴν τάλαιναν ἤγαγες;
Soph. El. 385: Ἦ ταῦτα δή με καὶ βεβούλευνται ποιεῖν; Haben sie wirklich beschlossen? El. 1400: πῶς δή;
Eur. Or. 101: Αἰδὼς δὲ δὴ τίς σ' εἰς Μυκηναίους ἔχει; 788. 1612: τί δὴ γὰρ οὔ; Iph. T. 545: ὡς τί δὴ θέλων; Iph. A. 1439: Τί δὴ τόδ' εἶπας; Phoen. 930: τί δή με δράσεις; El. 973: Βλάπτῃ δὲ δὴ τί πατρὶ τιμωρῶν σέθεν; *Thuc.* I, 142, 8: πῶς δή. Desgl. *Pl.* Euthyphro p. 10 D. Ebd. p. 2 D: ἀλλὰ δὴ τίνα γραφήν σε γέγραπται; p. 10 D: Τί δὴ οὖν λέγομεν περὶ τοῦ ὁσίου; 13 D: τίς δὴ θεῶν θεραπεία εἴη ἂν ἡ ὁσιότης; 14 C: τί δὴ αὖ λέγεις τὸ ὅσιον εἶναι; Apol. p. 33 B: διὰ τί δή ποτε. p. 34 D: τί δὴ οὖν οὐδὲν τούτων ποιήσω; Prot. 312 E: Τί δή ἐστι τοῦτο; *Xen.* Cyr. I, 3, 8. 10. IV, 3, 10: Τί δὴ λοιπόν; Δηλονότι ἀνδρῶν δεῖ.

3. Sehr häufig steht δή beim Imperativ, um die Forderung oder Bitte als eine entschiedene, natürliche, unter den Verhältnissen berechtigte zu bezeichnen.

Il. I, 295: ἄλλοισιν δὴ ταῦτ' ἐπιτέλλεο. In der Hervorhebung: andern magst du das befehlen, liegt das folgende: μὴ γὰρ ἔμοιγε schon eingeschlossen. Ebenso könnte 514: νημερτὲς μὲν δή μοι ὑπόσχεο καὶ κατάνευσον dem hervorgehobenen νημερτές das darin enthaltene μηδὲ ψεύδεο beigefügt sein.

Il. I, 545: Ἥρη, μὴ δὴ πάντας ἐμοὺς ἐπιέλπεο μύθους
εἰδήσειν. — VI, 306. — Od. I, 290 f., wo der Imperativ durch einen Infinitiv vertreten ist. II, 25. 161 u. 229: κέκλυτε

δή. XX, 18: τέτλαθι δή, κραδίη. XXI, 176: ἄγρει δή. *Aesch.* Prom. 630: ἄκουε δή. *Soph.* El. 376: φέρ' εἰπὲ δὴ τὸ δεινόν. 534: δίδαξον δή με. 634: ἔπαιρε δή. 947: ἄκουε δή νυν. — *Eur.* El. 617: σὺ δὴ τοὐνθένδε βούλευσον γέρον. Iph. T. 741: ἄκουε δὴ νῦν. Or. 227 und 1182. *Arist.* Eq. 106: λαβὲ δή. Ach. 451. *Plato* Euthyphro p. 5 D. 12 D. E. 13 E. 14 D. Ap. p. 20 D. 27 A. 32 A. Prot. 312 C. 330 C. *Xen.* Cyr. I, 3, 9. Mem. I, 2, 41. III, 6, 5.

Namentlich findet sich δή gerne bei jenen Imperativen, die zu einer Forderung oder Aufforderung noch hinzugefügt werden, um derselben mehr Lebendigkeit und Nachdruck zu geben.

ἄγε δή: *Il.* I, 62. III, 441. V, 718. XI, 348. *Od.* II, 349. VIII, 492. X, 286. XIX, 16. XXI, 217. *Aesch.* Ag. 782. Eum. 307.

ἴθι δή: *Arist.* Eq. 152. Ach. 103. *Pl.* Ap. 24 D. Prot. 332 D. 333 B. D. 352 A. E. 359 C.

φέρε δή: *Pl.* Ap. 25 D. Prot. 330 B. 332 C. 349 E.

εἷα δή: *Aesch.* Ag. 1650. 1652.

4. In Wünschen findet sich δή:

Il. II, 340: ἐν πυρὶ δὴ βουλαί τε γενοίατο, μήδεά τ' ἀνδρῶν. Verwünschung. *Aesch.* Pers. 228: ἐκτελοῖτο δὴ τὰ χρηστά. *Od.* IX, 523 f.: αἲ γὰρ δὴ ψυχῆς τε καὶ αἰῶνός σε δυναίμην
εὖνιν ποιήσας πέμψαι δόμον Ἄϊδος εἴσω!
XIX, 22. XX, 169: αἲ γὰρ δή, Εὔμαιε, θεοὶ τισαίατο λώβην!

5. Von abhängigen Sätzen haben natürlich alle diejenigen, welche eine Behauptung in sich aufnehmen können, δή unter denselben Bedingungen bei sich, wie die Behauptungssätze selbst. Es sind diess zunächst die mit ὅτι und ὡς eingeleiteten abhängigen Aussagesätze, sodann die Causalsätze, die Relativsätze und die Zeitbestimmungssätze.

Il. I, 109 f.: καὶ νῦν ἐν Δαναοῖσι θεοπροπέων ἀγορεύεις,
ὡς δὴ τοῦδ' ἕνεκά σφιν ἐκηβόλος ἄλγεα τεύχει κ. τ. λ.
dass darum offenbar (aus keinem andern Grunde) Apollon Leiden bereitet. VII, 448 kann man zweifeln, ob δ' αὖτε aus δὲ αὖτε oder δὴ αὖτε entstanden ist. *Pl.* Ap. 31 C. *Xen.* Cyr. II, 3, 13: μέγα φρονοῦσιν, ὅτι πεπαίδευνται δή.

Für die Causalsätze ist beachtenswerth, dass, so wie namentlich das causale γάρ eine natürliche Verbindung mit δή eingeht, so auch das causale ἐπεί die Partikel δή in der Art an sich gezogen hat, dass ἐπειδή, zu einem Worte verwachsen, nicht minder häufig gebraucht wird, als das einfache ἐπεί. Was als Grund angeführt wird, muss als offenbar, am Tage liegend betrachtet werden können. — Auch andre Causalconjunctionen haben δή bei sich. *Il.* III, 403: οὕνεκα δή. *Plato* Euthyphro 3 B: Μανθάνω, ὦ

εΐναι. 9: *αυτίκα δήπου οίσθα.* III, 1, 17. VI, 1, 14. VII, 5, 83: *'Αλλ' ου δήπου τον άρχοντα των αρχομένων πονηρότερον προσήκει είναι* mit ironischer Milderung: das geziemt sich doch wohl nicht etc. *Xen.* hist. gr. VI, 3, 12: *βασιλεύς μέν γάρ δήπου έγραψε.* 14: *εισί μέν δήπου πασών των πόλεων αι μέν τά υμέτερα, αι δέ τά ημέτερα φρονούσαι* das ist doch wohl ausser Zweifel, dass etc. *Isocr.* Paneg. §. 63: Ironische Limitirung: *ου δήπου πάτριόν εστιν ηγείσθαι τους επήλυδας των αυτοχθόνων.* In gleicher Weise steht *ου δή ποτε: Soph.* El. 1008 f.: *οϊμοι τάλαιν', ου δή ποθ' ης ηκούσαμεν*
  φήμης φέροντες εμφανή τεκμήρια;
doch wohl nicht die deutlichen Beweise für die Kunde bringend?
1180: *Ου δήποτ', ώ ξέν', αμφ' εμοί στένεις τάδε;* — 1202.

Δ ή τ α.

Das attische *δήτα* ist in seiner Bedeutung ganz gleich dem *δή.* Wie dieses bald nachdrücklicher, bald schwächer steht, so auch *δήτα*; ebenso geht es in allen Arten des Gebrauchs, in der Behauptung, der Frage, beim Imperativ, ferner in der Stellung hinter dem Worte, in welchem der Gedanke sich concentrirt, dem *δή* parallel.
Aesch. Prom. 345 ff.: *εγώ γάρ ουκ ει δυστυχώ, τοΰδ' ούνεκα*
  θέλοιμ' άν ως πλείστοισι πημονάς τυχεΐν.
  Ου δητ'. — Die Verneinung wird mit Entschiedenheit wiederholt. Ebenso 1073 ff.:
  — — — *μηδέ ποτ' είπηθ'*
  ως Ζευς υμάς εις απρόοπτον
  πήμ' εισέβαλεν μή δητ' —.
Prom. 627: *τί δήτα μέλλεις μή ου γεγωνίσκειν το παν;*
  747: *τί δητ' εμοί ζην κέρδος;* Beide Male erhält das Fragwort durch *δήτα* entschiedenen Nachdruck.
VII c. Th. 670 f.: *ή δητ' άν είη πανδίκως ψευδώνυμος*
  Δίκη;
813. 829 ff.: *οί δητ' ορθώς κατ' επωνυμίαν και πολυνεικείς όλοιντ' ασεβεί διανοία.* — Suppl. 210 u. 359: *ίδοιτο δήτα.* 216: *ξυγγνοίτο δήτα.* — *Soph.* Phil. 53: *τί δητ' άρωγας;*
El. 537 f.: *αλλ' αντ' αδελφού δήτα Μενέλεω κτανών*
  ταμ' ούκ έμελλε τώνδε μοι δώσειν δίκην;
da er offenbar im Interesse des Menelaos mein Kind tödtete.
842: *Ήλ. φεύ.* X. *Φεύ δητ'* das von Elektra ausgesprochene Wehe bestätigend. Ebenso 1163 f.: *ως μ' απώλεσας· απώλεσας δητ'* und 1454: *πάρεστ' άρ' ημίν,* dann *πάρεστι δήτα.* 1198: *ου δήτα.* 1206: *μή δήτα.* 1450: *πού δητ' άν είεν οι ξένοι;*
Eur. Or. 92: *πίθοι' άν δητά μοί τι παρθένε.* 209: *Λαβού, λαβού δητ'.* 266: *τί δήτα μέλλετ';* .

Or. 772: — — — Πυλ. Ούκοῦν τοῦτο κρεῖσσον ἢ μένειν.
Ὀρ. Ἀλλὰ δῆτ' ἔλθω. — Or. 1232: Ὦ πάτερ, ἵκου δῆτ'.
1474: ποῦ δῆτ'.
Phoen. 160: Παιδ. ὁρᾷς; Ἀντ. Ὁρῶ δῆτ'.
723: βούλει τράπωμαι δῆθ' ὁδοὺς ἄλλας τινάς;
735: Ἐτ. Τί δῆτα δράσω; πολεμίοισι δῶ πόλιν;
Κρ. Μὴ δῆτα. — 741: Τί δῆτα δρῶμεν; Dasselbe
Iph. T. 1162 und El. 965.
904: Θέλεις ἀκοῦσαι δῆτα καὶ σπονδὴν ἔχεις;
912. 980: ποῖ δῆτα φεύγω; 1663: οὐ δῆτ'.
1704: Ὦ φίλτατον δῆτ' ὄνομα, Πολυνείκους ἐμοί. — 1717.
Iph. A. 866.
1184: μὴ δῆτα πρὸς θεῶν μήτ' ἀναγκάσῃς ἐμὲ
κακὴν γενέσθαι περὶ σέ, μήτ' αὐτὸς γένῃ.
Iph. T. 1013. El. 273. 611. 832.
Arist. Ach. 68. 125. 126. 142. 323. 618. 619. Pl. Ap. 25 D.
Prot. 310 C.

Θ ή ν

ist enklitische Nebenform von δή und mit diesem gleichbedeutend; nur als enklitische Partikel verhältnissmässig schwächer. Es findet sich bei Homer und epischen Dichtern, bei Theokrit und Aeschylos, und zwar vorzugsweise in ironischem und spottendem Sinn gebraucht. Dass wir den ironischen Gebrauch nicht als den eigentlichen und ursprünglichen zu betrachten haben, ist für sich klar, denn in solchem Fall würde die Ironie sich selber auflösen.

Im Sinne eines schwächeren δή = offenbar, augenscheinlich, natürlich ist θήν u. a. in folgenden Stellen gebraucht:
Il. II, 276 f.: οὐ θήν μιν πάλιν αὖτις ἀνήσει θυμὸς ἀγήνωρ
νεικείειν βασιλῆας ὀνειδείοις ἐπέεσσιν.
Οὐ θην: Il. X, 104 f.: οὐ θην Ἕκτορι πάντα νοήματα μητίετα Ζεὺς
ἐκτελέει. — Ferner: XIV, 480. XVI, 852.
Od. III, 352. V, 211: οὐ μὲν θήν.
Il. IX, 393 f.: ἢν γὰρ δή με σόωσι θεοὶ καὶ οἴκαδ' ἵκωμαι
Πηλεύς θήν μοι ἔπειτα γυναῖκά γε μάσσεται αὐτός.
XI, 365 u. XX, 452 f.: ἦ θήν σ' ἐξανύω γε. — XIII, 620. XVII, 29.
Od. XVI, 91: ὦ φίλ', ἐπεί θήν μοι καὶ ἀμείψασθαι θέμις ἐστίν κ. τ. λ.
= ἐπεὶ δή.
Aesch. Prom. 928: Σύ θην ἃ χρῄζεις, ταῦτ' ἐπιγλωσσῶ Διός.
Theocr. I, 97: τύ θην τὸν Ἔρωτα κατεύχεο. II, 114. V, 111.
VI, 34. VII, 83. XV, 15.
Hohn und Ironie drückt θήν in folgenden Stellen aus:
Il. VIII, 448: οὐ μέν θην κάμετόν γε. Auch XIII, 813: ἦ θήν

πού τοι θυμὸς ἐέλπεται und XV, 288 ist als höhnende Aeusserung aufzufassen.

Θ έ.

Aus dem enklitischen θήr ist durch Verkürzung das an αἴ und εἰ sich anhängende θέ hervorgegangen, mit welchem jene Bedingungspartikeln (vgl. im Deutschen: wenn doch = wenn sicher und gewiss) zum Ausdruck des Wunsches verwendet werden. — Und zwar

Αἴθε 1) zum Ausdruck eines unerfüllbaren Wunsches, mit Indicativ der historischen Tempora: *Il.* I, 415. III, 40. XIV, 84 f. XVIII, 86. — *Theocr.* IV, 49. XXVII, 61.

2) für den rein subjectiven Wunsch mit Optativ: *Il.* IV, 178. *Od.* VII, 331. XIV, 440. XV, 341. XVII, 494. XVIII, 202. XX, 61.

Εἴθε 1) für den unerfüllbaren Wunsch: *Il.* III, 173. *Od.* XVIII, 401. *Aesch.* Pers. 915. *Soph.* El. 1021. *Eur.* Med. 1. Hipp. 1076. Heracl. 731. Andr. 292. 1155. *Arist.* Vesp. 731. Pax 1068. Nub. 41. *Xen.* Mem. I, 2, 46.

2) für den reinen subjectiven Wunsch: *Il.* IV, 313 f. VII, 157. XI, 670. XXIII, 629. *Soph.* Ph. 791 f. Trach. 955 ff. *Eur.* Hec. 1045 f. *Plato* Phaedr. 227 C. *Xen.* h. gr. IV, 1, 38.

Δῆθεν

ist ohne Zweifel aus δή und dem enklitischen, in θέν abgeschwächten θήν zusammengesetzt. Die Partikel bezeichnet demnach **ursprünglich das klar, offenbar Gegebene, die entschiedene Gewissheit; besonders aber steht sie, wo es sich nur um den Schein des Offenbaren, um ein Vorgeben handelt**; endlich wird sie mit Ironie gebraucht, wo das Gegentheil der Wahrheit gemäss ist.

Aesch. Prom. 201 f.: οἱ μὲν θέλοντες ἐκβαλεῖν ἕδρας Κρόνον,
  ὡς Ζεὺς ἀνάσσοι δῆθεν.
damit natürlich (scilicet) Zeus herrsche.

Prom. 986: ἐκερτόμησας, δῆθεν ὡς παῖδ' ὄντα με.
= ὡς δῆθεν als einen, der natürlich (ohne Zweifel) noch ein Knabe ist.

Soph. Trach. 382: δῆθεν οὐδὲν ἱστορῶν Schol. προσποιούμενος μηδένα (Lesart: οὐδέν') ἠρωτηκέναι μηδὲ ἐγνωκέναι. Wunder: „hoc dicit quasi nihil omnino sciens."

Eur. Or. 1119: Εἴσιμεν ἐς οἴκους, δῆθεν ὡς θανούμενοι.
= ὡς δῆθεν θανούμενοι als solche, die offenbar sterben werden. So

findet sich auch in folgenden Stellen δῆθεν in geradem, wahrem Sinn gebraucht:
Eur. Or. 1312: ὡς δῆθεν· οὐκ εἰδυῖα τάξειργασμένα als natürlich unbekannt mit dem Vollbrachten.
El. 267: Ὡς δῆθε παῖδας μὴ τέκοις ποινάτορας; damit du natürlich keine Kinder gebären möchtest, die Rache üben könnten?
Her. VI, 138, 3: τί δὴ ἀνδρωθέντες δῆθεν ποιήσουσι: was sie erst thun werden, wenn sie Männer geworden seien? — Dagegen der Schein des Offenbaren liegt in *Herod.* I, 59, 5: Τρωματίσας ἑαυτόν τε καὶ ἡμιόνους ἤλασε ἐς τὴν ἀγορὰν τὸ ζεῦγος ὡς ἐκπεφευγὼς τοὺς ἐχθρούς, οἵ μιν ἐλαύνοντα ἐς ἀγρὸν ἠθέλησαν ἀπολέσαι δῆθεν die ihn natürlich hätten tödten wollen. Es ist hier die ursprüngliche Bedeutung des Offenbaren, Augenscheinlichen nicht zu verkennen. Dass diess nur Schein ist, ergibt sich erst aus dem Zusammenhang. Gleiches gilt von *Her.* I, 73, 5: φέροντες ὡς ἄγρην δῆθεν es sollte die Sache so aussehen, dass man es offenbar für gewöhnliches Wildpret hielte. *Thuc.* III, 111, 1: ἐφ' ἃ ἐξῆλθον δῆθεν den Zweck ihres Auszugs sollte man für augenscheinlich und offenbar betrachten, Gemüse und Holz zu holen. III, 68, 1: zu ἠξίουν δῆθεν bemerkt *Poppo*: „Δῆθεν additum est, ut Thucydides significet se existimare id, quod dixerint, a Lacedaemoniis simulatum esse, re vera autem eos etiam rerum a Plataeensibus antea — gestarum poenas repetere voluisse." I, 92: οὐδὲ γὰρ ἐπὶ κωλύμῃ ἀλλὰ γνώμης παραινέσει δῆθεν τῷ κοινῷ ἐπρεσβεύσαντο mit Ironie angebend, wofür die Lakedämonier offenbar ihre Schritte angesehen wissen wollten. Ebenso I, 127, 1: δῆθεν ὡς θεοῖς πρῶτον τιμωροῦντες = das war ja klar, dass sie blos die Götter dabei im Auge hatten. — *Plato* Polit. 297 C: οὐδὲ γὰρ ἄρτι δῆθεν κατέμαθον im Ernste gesagt. Ebenso *Xen.* Cyr. IV, 6, 3: μέγα φρονῶν, ὅτι δῆθεν τῆς βασιλέως θυγατρὸς ὀψοίμην τὸν ἐμὸν υἱὸν γαμέτην.

Εἶτα.

Die Partikel findet sich nicht bei Homer, obwohl er häufig genug das aus ἐπί (darauf) und εἶτα zusammengesetzte und verstärkte ἔπειτα hat.

Wir unterscheiden die einfache Folge und directe Folgerung von der widersprechenden Folge. In beiden Fällen kommt noch in Betracht das nach dem Particip gebrauchte κᾆτα.

1. Eine einfache Folge (= dann, nachher) liegt vor *Aesch.* Ag. 308. *Soph.* El. 53. 63.

417 ff.: *Λόγος τις αυτήν έστιν ει'σιδεΐν πατρός*
τοῦ σοῦ τε κάμοῦ δευτέρ̣ων ὁμιλίαν
ἐλθόντος ἐς φῶς· εἶτα τόν̣δ' ἐφέστιον
πῆξαι λαβόντα σκῆπτρον — —. 553.
Soph. Phil. 83 ff.: *τὸν δ' εἰς ἀναιδὲς ἡμέρας μέρος βραχὺ*
δός μοι σεαυτόν, κᾷτα τὸν λοιπὸν χρόνον
κέκλησο πάντων εὐσεβέστατος βροτῶν.
Eur. Or. 1129. 1262. Iph. A. 351 ff.:
κἀμὲ παρεκάλεις· τί δράσω; τίνα πόρον εὕρω πόθεν;
ὥστε μὴ στερέντα σ' ἀρχῆς ἀπολέσαι καλὸν κλέος.
κᾷτ' ἐπεὶ Κάλχας ἐν ἱεροῖς εἶπε σὴν θῦσαι κόρην
Ἀρτέμιδι καὶ πλοῦν ἔσεσθαι Δαναΐδαις, ἡσθεὶς φρένας
ἄσμενος θύσειν ὑπέστης παῖδα·
358. 362. Phoen. 402 nach *ποτὲ μέν* statt des entsprechenden *ποτὲ δέ*. Iph. A. 109 und Phoen. 418: *κᾷτα*. Arist. Eq. 716 und 486. Ach. 29: *κᾷτα*. — Plato Ap. 23 C. 31 A. Xen. Cyr. I, 3, 11. Mem. II, 2, 14. Dem. Ol. I, 12. 13. II, 30. — Nach Participium:
Eur. El. 919 f.: *ἴστω δ' ὅταν τις διολέσας δάμαρτά του*
κρυπταῖσιν εὐναῖς εἶτ' ἀναγκασθῇ λαβεῖν,
δύστηνός ἐστιν κ. τ. λ.

Oefter steht *εἶτα* bei Eintheilung. Soph. El. 261 f.: *πρῶτα μὲν — εἶτα*. Eur. El. 888 f. Arist. Ach. 648. Dem. Ol. I, 21.

2. Beispiele einer widersprechenden Folge, theilweise nach einem Particip, sind:
Aesch. Prom. 777: *μή μοι προτείνων κέρδος εἶτ' ἀποστέρει.*
Soph. El. 1007: *οὐ γὰρ θανεῖν ἔχθιστον, ἀλλ' ὅταν θανεῖν*
χρῄζων τις εἶτα μηδὲ τοῦτ' ἔχῃ λαβεῖν.
1192. Eur. Iph. A. 362: *ἐκπονοῦσ' ἑκόντες, εἶτα δ' ἐξεχώρησαν κακῶς.*
379. El. 1044 f. 1058: *Ἆρα κλύουσα, μῆτερ, εἶτ' ἔρξεις κακῶς;*
Arist. Ach. 290 f.: *ὦ προδότα τῆς πατρίδος, ὅστις ἡμῶν μόνος*
σπεισάμενος εἶτα δύνασαι πρὸς ἔμ' ἀποβλέπειν.
311 f.: — — *ταῦτα δὴ τολμᾷς λέγειν*
ἐμφανῶς ἤδη πρὸς ἡμᾶς; εἶτ' ἐγὼ σοῦ φείσομαι;
1024. Pl. Ap. 28 B: *Εἶτ' οὐκ αἰσχύνει* —; Und da schämst du dich nicht? Aehnlich Dem. Ol. I, 24: *εἶτ' οὐκ αἰσχύνεσθε* —. Pl. Prot. 341 E. Dem. Ol. II, 26.

Bei einer Gliederung der Periode durch *μέν* und *δέ* geht *εἶτα*, weil es zu dem Hauptgedanken gehört, der in dem Satze mit *δέ* enthalten ist, dem Satze mit *μέν* voran, da dieser nur als eingeschobener Satz gilt, von welchem aus auf das Gegentheil des Hauptgedankens geschlossen werden sollte.
Eur. Phoen. 547 ff.: *εἶθ' ἥλιος μὲν νύξ τε δουλεύει βροτοῖς,*
σὺ δ' οὐκ ἀνέξῃ δωμάτων ἔχων ἴσον
καὶ τῷδ' ἀπονεῖμαι; κᾷτα ποῦ 'στιν ἡ δίκη;

Xen. Mem. I, 2, 26: Εἶτα, εἰ μέν τι ἐπλημμελησάτην, τούτον Σωκράτην ὁ κατήγορος αἰτιᾶται, ὅτι δὲ νέω ὄντε αὐτώ, ἡνίκα καὶ ἀγνωμονεστάτω καὶ ἀκρατεστάτω εἰκὸς εἶναι, Σωκράτης παρέσχε σώφρονε, οὐδενὸς ἐπαίνου δοκεῖ τῷ κατηγόρῳ ἄξιος εἶναι; Mem. II, 2, 13: Εἶτα τούτων μὲν ἐπιμελεῖσθαι παρεσκευάσαι, τὴν δὲ μητέρα, τὴν πάντων μάλιστά σε φιλοῦσαν, οὐκ οἴει δεῖν θεραπεύειν; So auch III, 6, 15.

Κᾆτα findet sich theils in grammatischer (oder wenigstens logischer) Folge von vollständigen Sätzen mit dem Verbum finitum, theils in eigenthümlicher Weise nach dem Particip. Das Erste ist der Fall *Eur.* Phoen. 549, s. o.

Phoen. 598 ff.: *Π.* Εἰσορῶ· δειλὸν δ' ὁ πλοῦτος καὶ φιλόψυχον κακόν.
Ε. Κᾆτα σὺν πολλοῖσιν ἦλθες πρὸς τὸν οὐδὲν ἐς μάχην;

Iph. Α. 338 f.: κᾆτ' ἐπεὶ κατέσχες ἀρχάς, μεταβαλὼν ἄλλους τρόπους τοῖς φίλοισιν οὐκέτ' ἦσθα τοῖς πρὶν ὡς πρόσθεν φίλος.
Ebd. 526. 893. Or. 437. — *Dem.* Ol. I, 21.

Das Zweite, κᾆτα nach dem Particip, haben wir:
Arist. Eq. 391 f.: ἀλλ' ὅμως οὗτος τοιοῦτος ὢν ἅπαντα τὸν βίον κᾆτ' ἀνὴρ ἔδοξεν εἶναι τἀλλότριον ἀμῶν θέρος.
Xen. Mem. I, 1, 5: Ἐδόκει δ' ἂν ἀμφότερα ταῦτα, εἰ προαγορεύων ὡς ὑπὸ θεοῦ φαινόμενα κᾆτα ψευδόμενος ἐφαίνετο.

Ἔπειτα

wird ganz eben so wie das einfache εἶτα zunächst von der Folge überhaupt, (= sodann, hierauf) auch der entsprechenden und bei einer Aufzählung mehrerer Punkte, dann aber auch von der widersprechenden Folge gebraucht.

Der epische Dialekt hat es in der ersten Bedeutung ausserordentlich häufig, und wendet es auch in der zweiten an.

1. *Il.* I, 34 ff.: βῆ δ' ἀκέων παρὰ θῖνα πολυφλοίσβοιο θαλάσσης,
πολλὰ δ' ἔπειτ' ἀπάνευθε κιὼν ἠρᾶθ' ὁ γεραιὸς
Ἀπόλλωνι ἄνακτι.

47 f.: — — — — ὁ δ' ἤϊε νυκτὶ ἐοικώς·
ἕζετ' ἔπειτ' ἀπάνευθε νεῶν.

Beide Male ist ἔπειτα einfach Ausdruck der Folge, wenn auch in der ersten Stelle die Folge als eine dem Vorhergehenden entsprechende erscheint.

50 ff.: οὐρῆας μὲν πρῶτον ἐπῴχετο καὶ κύνας ἀργούς,
αὐτὰρ ἔπειτ' αὐτοῖσι βέλος ἐχεπευκὲς ἐφιεὶς
βάλλ'.
Il. I, 121. 387. 440. 449. 478. 531. 534. 544. 547. *Od.* I, 80. 84. 106. 144 u. a.

Auch die Verbindung αὐτίκ' ἔπειτα findet sich öfter: *Il.* II, 322. III, 267. 273. — Noch häufiger αὐτὰρ ἔπειτα: *Il.* III, 315. 335. *Od.* I, 123. IX, 203. 225. 240. *Aesch.* Ag. 171: ὃς δ' ἔπειτ' ἔφυ. 667. *Soph.* El. 743. Thuc. I, 18, 6: κἄπειτα. *Aesch.* Ag. 310 und 1598. *Eur.* El. 1039. Or. 503. Iph. A. 719. *Pl.* Ap. 21 C. 23 C.
Bei Aufzählung verschiedener Punkte und Momente: *Pl.* Ap. 18 C. und *Isocr.* Pgr. §. 5. — Besonders: πρῶτον — ἔπειτα: *Aesch.* Pers. 522. *Eur.* El. 663 ff.: πρώτιστα — ἔπειτα. *Pl.* Prot. 333 D: τὸ μὲν οὖν πρῶτον — ἔπειτα μέντοι. Phaedo p. 89 A. Ap. 18 A. 33 D—E.
Auch nach einem Particip steht ἔπειτα in derselben Weise, wie εἶτα. *Xen.* Cyr. I, 3, 11: Στὰς ἄν, ὥσπερ οὗτος, ἐπὶ τῇ εἰσόδῳ, ἔπειτα ὁπότε βούλοιτο παριέναι ἐπ' ἄριστον, λέγοιμ' ἂν κ. τ. λ:

2. Dass ἔπειτα auch eine widersprechende Folge (und da, und doch) bezeichnet, erhellt aus folgenden Stellen:
Od. I, 64 ff.: τέκνον ἐμόν, ποῖόν σε ἔπος φύγεν ἕρκος ὀδόντων;
πῶς ἂν ἔπειτ' Ὀδυσῆος ἐγὼ θείοιο λαθοίμην,
ὃς περὶ μὲν νόον ἐστὶ βροτῶν, περὶ δ' ἱρὰ θεοῖσιν
ἀθανάτοισιν ἔδωκε —; d. i. da Odysseus an Verstand und Frömmigkeit alle Sterblichen übertrifft, könnte ich dann (da) ihn vergessen?
XXI, 27: ὅς μιν ξεῖνον ἐόντα κατέκτανεν ᾧ ἐνὶ οἴκῳ
σχέτλιος, οὐδὲ θεῶν ὄπιν ᾐδέσατ', οὐδὲ τράπεζαν,
τὴν δή οἱ παρέθηκεν· ἔπειτα δὲ πέφνε καὶ αὐτόν.
Eur. Med. 1386 f.: Ἰ. Ὦ τέκνα φίλτατα. Μ. Μητρί γε, σοὶ δ' οὔ.
Ἰ. Κἄπειτ' ἔκανες; — und doch hast du sie
       getödtet?
Ar. Ach. 125: — — — Ταῦτα δῆτ' οὐκ ἀγχόνη;
κἄπειτ' ἐγὼ δῆτ' ἐνθαδὶ στραγγεύομαι;

In dieser Bedeutung des Widerspruchs gegen das Vorangegangene findet sich ἔπειτα auch nach Participien.
Aesch. Ag. 479 ff.: τίς ὧδε παιδνὸς ἢ φρενῶν κεκομμένος, φλογὸς παραγγέλμασιν νέοις πυρωθέντα καρδίαν ἔπειτ' ἀλλαγᾷ λόγον καμεῖν;
Arist. Ach. 496 ff.: μή μοι φθονήσητ' ἄνδρες οἱ θεώμενοι,
εἰ πτωχὸς ὢν ἔπειτ' ἐν Ἀθηναίοις λέγειν
μέλλω περὶ τῆς πόλεως.
Pl. Ap. 20 C: οὐ γὰρ δή που σοῦ γε οὐδὲν τῶν ἄλλων περιττότερον πραγματευομένου ἔπειτα τοσαύτη φήμη τε καὶ λόγος γέγονεν, εἰ μή τι ἔπραττες ἀλλοῖον ἢ οἱ πολλοί. Phaedo p. 67 D—E: Οὔκουν, ὅπερ ἐν ἀρχῇ ἔλεγον, γελοῖον ἂν εἴη ἄνδρα παρασκευάζονθ' ἑαυτὸν ἐν τῷ βίῳ, ὅτι ἐγγυτάτω ὄντα τοῦ τεθνάναι οὕτω ζῆν κἄπειθ' ἥκοντος αὐτῷ τούτου ἀγανακτεῖν; Ist es nicht lächerlich, wenn ein Mann, der sich während seines Lebens in die Fassung setzt, so zu leben, dass er dem

Tode möglichst nahe kommt (οὕτω nimmt ὅτι ἐγγυτάτω ὄντα τ. τ. wieder auf), dann wenn dieser Moment ihm erschienen ist, darüber unwillig wird? Prot. 319 B: τούτοις οὐδεὶς τοῦτο ἐπιπλήττει — ὅτι οὐδαμόθεν μαθών — ἔπειτα συμβουλεύειν ἐπιχειρεῖ. 343 C—D: Εὐθὺς γὰρ τὸ πρῶτον τοῦ ᾄσματος μανικὸν ἂν φανείη, εἰ βουλόμενος λέγειν, ὅτι ἄνδρα ἀγαθὸν γενέσθαι χαλεπόν, ἔπειτα ἐνέβαλε τὸ μέν.

Ἔμπης, ἔμπας, ἔμπαν, ἔμπα.

Die Grundbedeutung dieser nur von Dichtern gebrauchten Partikel, mit dem aus der Grundbedeutung sich entwickelnden Gebrauch, kann zwar kaum einer Schwierigkeit oder einem Zweifel unterliegen; sie wird uns aber wegen der durchgreifenden Analogie mit περ, mit dem ἔμπης öfter verbunden vorkommt, interessant.

Wir halten trotz der abweichenden Auffassung in dem neuesten grösseren Wörterbuche von *Rost*, wonach die Partikel die Bedeutung hätte: „bei dem Allem, dah. dennoch, gleichwohl, doch = ὅμως", an der durch die Etymologie gerechtfertigten Grundbedeutung: ganz und gar, allerdings, fest, und indem wir darthun, dass in manchen Stellen ἔμπης nur eben in dieser Grundbedeutung aufgefasst werden kann, werden wir auch nachweisen, wie sich aus derselben naturgemäss auch die nachdrückliche Betonung oder die Einräumung im Gegensatz zu einer andern Behauptung ergibt.

Il. II, 296 ff.: — — — τῷ οὐ νεμεσίζομ' Ἀχαιοὺς
ἀσχαλάαν παρὰ νηυσὶ κορωνίσιν· ἀλλὰ καὶ ἔμπης
αἰσχρόν τοι δηρόν τε μένειν κενεόν τε νέεσθαι.
Mag man zugeben, dass ἔμπης in seinem Gegensatz zu der vorhergehenden Behauptung zu der Bedeutung dennoch, demungeachtet hinneigt, so ist doch nicht nothwendig, von der Bedeutung ganz, völlig, durchaus abzugehen. Klar liegt letztere Bedeutung vor: *Il.* VII, 196 und *Od.* II, 199: ἐπεὶ οὔτινα δείδιμεν ἔμπης da wir ganz und gar niemand fürchten.

XIV, 97 f.: — — — — — ὄφρ' ἔτι μᾶλλον
Τρωσὶ μὲν εὐκτὰ γένηται, ἐπικρατέουσί περ ἔμπης.
damit den Troern noch mehr alles nach Wunsch gehe, die ganz und gar (ohnehin schon) die Oberhand haben. Die Bedeutung dennoch, gleichwohl ist unanwendbar.

V, 190 f.: καί μιν ἔγωγ' ἐφάμην Ἀϊδωνῆϊ προϊάψειν,
ἔμπης δ' οὐκ ἐδάμασσα.
dennoch überwältigte ich ihn nicht erscheint mit Rücksicht auf den Zusammenhang minder passend als: völlig aber überwältigte ich ihn nicht, mit Beziehung auf 188 f.: καί μιν βάλον ὦμον δεξιόν. Also ich traf ihn in die rechte Schulter, und meinte

Ἔμπης.

ihn zum Hades hinabzuschicken, aber ich hatte ihn nicht ganz überwältigt. — Unnatürlich wäre es,

Il. XIV, 173 f.: τοῦ καὶ κινυμένοιο Διὸς κατὰ χαλκοβατὲς δῶ
ἔμπης ἐς γαῖάν τε καὶ οὐρανὸν ἵκετ' ἀϋτμή,

zu übersetzen: „da es im Hause des Zeus geschüttelt wurde, drang dennoch der Geruch bis zur (durch) Erde und zum Himmel"; vielmehr liegt in ἔμπης: der Duft drang ganz und gar (zur) durch etc. — *Il.* XVII, 632: Ζεὺς δ' ἔμπης πάντ' ἰθύνει Zeus regiert ganz und gar alles.

XIX, 308: δύντα δ' ἐς ἠέλιον μετέω καὶ τλήσομαι ἔμπης, ich werde durchaus bis zu Sonnenuntergang ausharren. In dem Zusammenhang mit μή με πρὶν σίτοιο κελεύετε μηδὲ ποτῆτος ἄσασθαι φίλον ἦτορ, ἐπεί μ' ἄχος αἰνὸν ἱκάνει kann ἔμπης nicht in dem Sinn von demungeachtet stehen. Eben so wenig passt dieser Sinn:

XXIV, 522 f.: — — — — ἄλγεα δ' ἔμπης
ἐν θυμῷ κατακεῖσθαι ἐάσομεν ἀχνύμενοί περ.

Die Schmerzen wollen wir völlig ruhen lassen, so betrübt wir auch sind. Ebenso kann *Od.* IV, 100 das dem ὀδυρόμενος καὶ ἀχεύων und 104: ἀχνύμενός περ voranstehende ἔμπης nur in der Bedeutung: durchaus, allerdings, nicht = demungeachtet stehen. Od. III, 209 (vgl. VI, 190): νῦν δὲ χρὴ τετλάμεν ἔμπης, so aber müssen wir durchaus (ganz und gar) es ertragen.

V, 204 f.: οὕτω δὴ οἰκόνδε φίλην ἐς πατρίδα γαῖαν
αὐτίκα νῦν ἐθέλεις ἰέναι; σὺ δὲ χαῖρε καὶ ἔμπης.

du lebe immerhin wohl. XV, 214: μάλα γὰρ κεχολώσεται ἔμπης kann unmöglich adversativ aufgefasst werden: denn er wird demungeachtet sehr zürnen, sondern: er wird allerdings sehr zürnen. Auch XVIII, 353 ff.:

οὐκ ἀθεεὶ ὅδ' ἀνὴρ Ὀδυσήϊον ἐς δόμον ἵκει·
ἔμπης μοι δοκέει δαΐδων σέλας ἔμμεναι αὐτοῦ
καὶ κεφαλῆς.

schliesst das directe Causalverhältniss, das zwischen V. 354 und 353 besteht, die Auffassung von ἔμπης dennoch schlechthin aus. XIX, 37 ff.: ἔμπης μοι τοῖχοι — φαίνοντ' ὀφθαλμοῖς ὡς εἰ πυρὸς αἰθομένοιο (nicht: dennoch, demungeachtet, sondern:) ganz und gar erscheinen mir die Wände wie erleuchtet von Feuer. Auch XIX, 302: ἔμπης δέ τοι ὅρκια δώσω ist kein adversatives Verhältniss zu dem Vorangehenden: οὐδ' ἔτι — δηρὸν ἀπεσσεῖται möglich. Der Sinn ist: (durchaus, allerdings) ja, ich will es mit einem Eide dir bekräftigen. XVIII, 12: ἐγὼ δ' αἰσχύνομαι ἔμπης ich schäme mich allerdings, diess zu thun. XXIV, 324: μάλα δὲ χρὴ σπευδέμεν ἔμπης man muss allerdings sehr eilen.

Aesch. Prom. 48: ἔμπας τις αὐτὴν ἄλλος ὠφελεν λαχεῖν.
Eum. 229: μέγας γὰρ ἔμπας παρὰ Διὸς θρόνοις λέγει.

Soph. Aj. 121 f.: ἐγὼ μὲν οὐδέν' οἶδ'· ἐποικτείρω δέ νιν
δύστηνον ἔμπας, καίπερ ὄντα δυσμενῆ.
ich bedanre ihn, der so ganz unglücklich ist, obwohl er mir übel
will. Ebd. 556.

Dass nun aber, wo die nachdrückliche, durch: allerdings,
immerhin, durchaus betonte Aussage in Gegensatz tritt zu einer
vorher ausgesprochenen Behauptung oder Erinnerung, das allerdings, immerhin in ein demungeachtet, dennoch, doch,
nichts desto weniger übergeht, ist natürlich. Auch von diesem
Gebrauch bieten die homerischen Gedichte Beispiele.

Il. I, 561 f.: δαιμονίη, αἰεὶ μὲν ὀίεαι οὐδέ σε λήθω,
πρῆξαι δ' ἔμπης οὔ τι δυνήσεαι.
ausrichten wirst du aber (durchaus) dennoch nichts können.

VIII, 32 f.: εὖ νυ καὶ ἡμεῖς ἴδμεν, ὅ τοι σθένος οὐκ ἐπιεικτόν,
ἀλλ' ἔμπης Δαναῶν ὀλοφυρόμεθ' αἰχμητάων.
aber (allerdings) dennoch jammern uns die Danaer.

XVII, 229 f.: ὅς δέ κε Πάτροκλον καὶ τεθνηῶτά περ ἔμπης
Τρῶας ἐς ἱπποδάμους ἐρύσῃ wer den Patroklos,
wenn er auch todt ist, dennoch herüberzieht. XIX, 422 f.: ἀλλὰ
καὶ ἔμπης οὐ λήξω dennoch werde ich nicht ablassen.

XX, 311: ἀλλ' ἔμπης τάδε μὲν καὶ τέτλαμεν εἰσορόωντες.
Od. XXII, 83: ἀλλ' ἔμπης ἴομεν μετὰ παῖδ' ἐμόν.

XI, 350 f.: ξεῖνος δὲ τλήτω μάλα περ νόστοιο χατίζων·
ἔμπης οὖν ἐπιμεῖναι ἐς αὔριον.
so sehr er sich nach der Rückkehr sehnt, möge er sich nichts desto
weniger bis morgen gedulden.

XIV, 214: ἀλλ' ἔμπης καλάμην γέ σ' οἴομαι εἰσορόωντα
γιγνώσκειν.

Pind. Pyth. IV, 152 f.: τὸν μὲν οὐ γίγνωσκον· ὀπιζομένων δ' ἔμπας
τις εἶπεν καὶ τόδε. 423: ἴυξεν δ' ἀφωνήτῳ περ ἔμπας ἄχει δύασιν
Αἰήτας ἀγασθείς. V, 74.

Aesch. Prom. 186 ff.: οἶδ' ὅτι τραχὺς καὶ παρ' ἑαντῷ
τὸ δίκαιον ἔχων Ζεύς· ἀλλ' ἔμπας
μαλακογνώμων
ἔσται ποθ' —.

Eur. Alc. 906: ἀλλ' ἔμπας ἔφερε κακὸν ἅλις ἄτεκνος ὤν.
Cycl. 531: Μεθύωμεν· ἔμπας δ' οὔ τις ἄν ψαύσειέ μου.
Theocr. X, 29. XXII, 17.

Endlich steht περ ἔμπης bei Participien in der Bedeutung
obgleich, um eine Handlung, die, obwohl sie mit einer entgegenstehenden Thatsache unvereinbar scheint, dennoch stattfindet, nachdrücklich zu bestätigen.

Il. IX, 517 f.: οὐκ ἄν ἔγωγέ σε μῆνιν ἀπορρίψαντα κελοίμην
Ἀργείοισιν ἀμυνέμεναι, χατέουσί περ ἔμπης.

so sehr sie es auch verlangen. Der Gebrauch der beiden gleichbedeutenden Partikeln dient zur Verstärkung ihres Begriffs.
XIV, 1: Νέστορα δ᾽ οὐκ ἔλαθεν ἰαχὴ πίνοντά περ ἔμπης.
XV, 399 f.: — — οὐκέτι τοι δύναμαι χατέοντί περ ἔμπης
ἐνθάδε παρμενέμεν.
Od. XV, 361: ὄφρα μὲν οὖν δὴ κείνη δὴν ἀχέουσά περ ἔμπης κ. τ. λ.
so lange jene bei allem ihrem Gram noch am Leben war. XVIII, 165. XIX, 356.

Ἔτι.

Wir haben in ἔτι (noch) zwei verwandte Bedeutungen anzuerkennen, die wir nicht auf einen allgemeineren und unbestimmteren Grundbegriff zurückführen wollen: 1) die Fortdauer eines früheren Zustandes noch, noch immer, fortwährend, fernerhin, weiterhin; 2) ein Hinzukommen zu einem Gegebenen: noch, ausserdem, weiter, womit die Bedeutung der Vermehrung, der Steigerung zusammenhängt.
1. Die Fortdauer eines früheren oder gegebenen Zustandes liegt in
Il. II, 344 f.: Ἀτρείδη, σὺ δ᾽ ἔθ᾽ ὡς πρὶν ἔχων ἀστεμφέα βουλὴν
ἄρχευ᾽ Ἀργείοισι·
V, 254: ἔτι μοι μένος ἔμπεδόν ἐστιν. VI, 222: ἐπεί μ᾽ ἔτι τυτθὸν
ἐόντα κάλλιφ᾽. Od. XX, 209 f.: ὅς μ᾽ ἐπὶ βουσὶν εἴσ᾽ ἔτι τυτθὸν
ἐόντα. XV, 304 f.: πειρητίζων, ἤ μιν ἔτ᾽ ἐνδυκέως φιλέοι.
Od. XX, 10 ff.: πολλὰ δὲ μερμήριζε κατὰ φρένα καὶ κατὰ θυμόν,
ἠὲ μεταΐξας θάνατον τεύξειεν ἑκάστῃ,
ἦ ἔτ᾽ ἐῷ μνηστῆρσιν ὑπερφιάλοισι μιγῆναι
ὕστατα καὶ πύματα.
Besonders klar ist diese Bedeutung in νῦν ἔτι oder ἔτι καὶ νῦν: Il. I, 455. IX, 105. Od. XX, 178 f.:
ξεῖν᾽ ἔτι καὶ νῦν ἐνθάδ᾽ ἀνιήσεις κατὰ δῶμα
ἀνέρας αἰτίζων;
Herod. I, 57, 1: εἰ δὲ χρεών ἐστι τεκμαιρόμενον λέγειν τοῖσι νῦν
ἔτι ἐοῦσι Πελασγῶν. Ferner ἔτι καὶ νῦν.: Thuc. I, 5, 2. I, 6, 4. I, 8, 1. Pl. Ap. 23 B. Xen. Cyr. I, 2, 1. 16. u. II, 2, 20. — καὶ νῦν
ἔτι: Xen. Cyr. I, 2, 16. I, 3, 2. VIII, 6, 16.
Ausserdem Thuc. I, 7, 2: μέχρι τοῦδε ἔτι. Plato Prot. 310 C: καὶ ἔτι μὲν ἐνεχείρησα εὐθὺς παρὰ σὲ ἰέναι (noch während der Nacht). 310 E: ἔτι γὰρ παῖς ἦ, ὅτε τὸ πρότερον ἐπεδήμησεν. 312 D. 316 A: ἔτι σμικρὰ ἄττα διατρίψαντες. 324 D: ἔτι δὴ λοιπὴ ἀπορία ἐστίν, ἣν ἀπορεῖς. 328 D. Euthyphro 13 A: σμικροῦ τινος ἔτι ἐνδεής εἰμι. Dem. Ol. I, 12: φρασάτω τις ἐμοὶ τί τὸ κωλῦον ἔτ᾽ αὐτὸν ἔσται βαδίζειν ὅποι βούλεται.

Nach Negationen findet sich ἔτι in der Bedeutung der Fortdauer einer Handlung oder eines Zustandes = nicht mehr, nicht weiter. *Il.* II, 141 u. IX, 28: οὐ γὰρ ἔτι Τροίην αἱρήσομεν. VI, 139 f.: οὐδ' ἄρ' ἔτι δὴν ἦν. 367: οὐ γάρ τ' οἶδ', εἰ ἔτι σφιν ὑπότροπος ἵξομαι αὖτις. XIII, 7: ἐς Τροίην δ' οὐ πάμπαν ἔτι τράπεν ὄσσε φαεινώ. *Aesch.* Pers. 407 und Ag. 328: οὐκέτι nicht mehr, nicht weiter. Pers. 591: οὐδ' ἔτι. *Herod.* I, 36, 3: παιδὸς μὲν πέρι τοῦ ἐμοῦ μὴ μνησθῆτε ἔτι erwähnt nicht weiter. I, 63, 2. Οὐ (οὐκ) — ἔτι und οὐκέτι, οὐδὲν ἔτι, οὔτε — ἔτι: *Her.* I, 24, 8. I, 86, 7. I, 87, 1. I, 88, 3. I, 97, 2. Οὐκέτι: *Thuc.* I, 140, 4. I, 143, 3. I, 145. *Pl.* Prot. 312 E. *Dem.* Ol. I, 25: τίς αὐτὸν ἔτι κωλύσει δεῦρο βαδίζειν;

2. Ein Hinzukommen zu dem Gegebenen, ein weiteres Moment = noch, weiter, ausserdem, überdiess bezeichnet ἔτι und verstärkt προσέτι in folgenden Stellen: *Od.* XX, 41: πρὸς δ' ἔτι καὶ τόδε μεῖζον ἐνὶ φρεσὶ μερμηρίζω. *Thuc.* I, 70, 3: ἔτι δὲ τοῖς μὲν σώμασιν ἀλλοτριωτάτοις ὑπὲρ τῆς πόλεως χρῶνται überdiess. I, 142, 3: προσέτι. *Pl.* Ap. 18 C: ἔτι δὲ καὶ ἐν ταύτῃ τῇ ἡλικίᾳ λέγοντες πρὸς ὑμᾶς überdiess steht ihr, wenn ihr ihre Anklagen hört, in einem Alter etc. 33 E. Prot. 326 B: ἔτι τοίνυν πρὸς τούτοις. p. 328 A. *Xen.* Mem. II, 1, 20. Cyr. II, 4, 14: ἔτι δὲ ἐλπίζω überdiess hoffe ich. *Dem.* Ol. I, 25. II, 25: ἔτι πρὸς τούτοις.

Mit der eben erwähnten Bedeutung verwandt ist die der Steigerung, indem ἔτι nicht bloss eine äusserlich, sondern auch die innerlich hinzukommende Vermehrung ausdrückt. So steht ἔτι namentlich bei dem Comparativ.

Aesch. Pers. 438: καὶ τίς γένοιτ' ἂν τῆσδ' ἔτ' ἐχθίων τύχη; *Her.* I, 65, 2: Τὸ δὲ ἔτι πρότερον τούτων καὶ κακονομώτατοι ἦσαν σχεδὸν πάντων Ἑλλήνων. I, 94, 5: Ἐπεί τε δὲ οὐκ ἀνιέναι τὸ κακὸν ἀλλ' ἐπὶ μᾶλλον ἔτι βιάζεσθαι. I, 97, 2: Ἐούσης ὦν ἁρπαγῆς καὶ ἀνομίης ἔτι πολλῷ μᾶλλον. I, 103, 1: πολλὸν ἔτι ἀλκιμώτερος. *Thuc.* I, 1, 2: τὰ ἔτι παλαιότερα. I, 3, 3: πολλῷ γὰρ ὕστερον ἔτι. I, 9, 2. *Plato* Euthyphro 6 B: Καὶ ἔτι γε τούτων θαυμασιώτερα. Ap. 26 B: εἰπὲ ἔτι σαφέστερον. 38 A: ἔτι ἧττον. Prot. 341 A: ἔτι παλαιοτέρα. *Xen.* Mem. II, 1, 27: ἔτι πολὺ ἐντιμοτέραν. hist. gr. III, 3, 4: ἔτι δεινότερα. *Dem.* Ol. II, 15.

Ἦ.

I. In der Behauptung.

Ἦ dient, indem es eine Versicherung oder Betheurung bezeichnet (gleich μήν, s. u.), zum Ausdruck der subjectiven Gewissheit, wie ἄρα, γάρ und δή zum Ausdruck der objectiven. Als nachdrückliche Affirmation und Betheurung der Aussage, deren ganzer Charakter durch sie bestimmt wird, steht die Partikel an der Spitze des Satzes. Sie verbindet sich vermöge ihrer Bedeutung besonders gern mit den ebenfalls versichernden Partikeln μήν (μέν) und τοί; doch sind auch die Verbindungen ἦ γάρ und ἦ δή nicht selten. Begreiflich ist es ferner, dass gerne steigernde Adverbien: κάρτα, μάλα, nachfolgen; doch schliesst sich ihm auch, in ähnlicher Weise wie bei δή, das limitirende πού an, weil dem Ausdruck der subjectiven Gewissheit leicht der Zweifel folgt, ob auch andre ebenso von der Sache überzeugt sind. Auch ἦτε steht im Epos nicht selten, ohne bemerkbaren Unterschied von ἦ.

Das einfache ἦ findet sich Il. I, 78: ἦ γὰρ ὀίομαι ἄνδρα χολωσέμεν denn fürwahr ich denke, er wird zürnen. 229: ἦ πολὺ λώϊόν ἐστι fürwahr weit zuträglicher ist es etc. 232 (und II, 242): ἦ γὰρ ἄν, Ἀτρείδη, νῦν ὕστατα λωβήσαιο denn wahrlich du dürftest zum letzten Male uns höhnen. 240. 254. 255. 293. 342. 355 (in beiden Stellen ist γάρ causal). VI, 441: ἦ καὶ ἐμοὶ τάδε πάντα μέλει. VII, 124. 125.

Od. II, 60 f.: ἡμεῖς δ' οὔ νύ τι τοῖοι ἀμυνέμεν· ἦ καὶ ἔπειτα λευγαλέοι τ' ἐσόμεσθα.

XX, 113. 232.

Ἦ μάλα steht:
Od. II, 328: ἦ μάλα Τηλέμαχος φόνον ἡμῖν μερμηρίζει.
XX, 304. XXI, 102.
Aesch. Pers. 262: ἦ μακροβίοτος ὅδε γέ τις αἰὼν ἐφάνθη γεραιοῖς. 852. Ag. 1064: Ἦ μαίνεταί γε. — Ἦ κάρτα bei *Aesch.* Ag. 592 u. 1252. Choeph. 928. Eum. 213. Suppl. 452. *Soph.* El. 312: ἦ κάρτα. 314. 622. 1039. *Eur.* Phoen. 321. 322: ἦ ποθεινὸς φίλοις, ἦ ποθεινὸς Θήβαις. 698: ἦ πόλλ' ἐπῆλθον εἰσιδεῖν χρῄζων σ'. Iph. A. 1330: ἦ πολύμοχθον ἄρ' ἦν γένος, ἦ πολύμοχθον ἀμερίων. *Arist.* Ach. 543: ἦ πολλοῦ γε δεῖ. *Pl.* Euthyphro 14 B: Ἦ πολύ μοι διὰ βραχυτέρων — εἰ ἐβούλου, εἶπες ἄν.

Man vergleiche noch die Verbindungen von ἦ mit verwandten Partikeln.

Ἦ ἄρα: Il. XIX, 56: Ἀτρείδη, ἦ ἄρ τι τόδ' ἀμφοτέροισιν ἄρειον ἔπλετο, fürwahr das wäre für uns beide eben (unstreitig) besser gewesen. XVI, 750 und *Od.* XII, 280: ἦ ῥα. XXIV, 193: ἦ ἄρα σὺν μεγάλῃ ἀρετῇ ἐκτήσω ἄκοιτιν. Mit flüchtigerer Bedeutung steht ῥα nach ἦ: Il. III, 183. VI, 215. X, 401.

Ἦ γάρ als Versicherung des objectiv Gewissen, thatsächlich Gegebenen, Unbestreitbaren = wahrlich ja, fürwahr ja findet sich u. a.:

Il. I, 292 ff.: Τὸν δ' ἄρ' ὑποβλήδην ἠμείβετο δῖος Ἀχιλλεύς·
ἦ γάρ κεν δειλός τε καὶ οὐτιδανὸς καλεοίμην,
εἰ δὴ σοὶ πᾶν ἔργον ὑπείξομαι, ὅττι κεν εἴπῃς.

Es ist klar, dass γάρ nicht als Causalpartikel steht, sondern als Ausdruck der unmittelbar gewissen Wahrheit.

Ἡ δή ist Versicherung des offenbar Gewissen.

Il. I, 518 und 573: ἦ δὴ λοίγια ἔργα —. II, 272. 337: ἦ μάλα δή. *Il.* III, 204. VI, 255. 518. *Od.* I, 384.

Ἡ που gewiss (fürwahr) wohl, sicherlich wohl dient als limitirte, gemässigte Versicherung.

Il. III, 43: ἦ που καγχαλόωσι καρηκομόωντες Ἀχαιοί. *Eur.* Or. 1085. *Herod.* I, 68, 2: ἦ κου ἄν — εἴπερ εἶδες τό περ ἐγώ, κάρτα ἂν ἐθώμαζες. *Thuc.* I, 142, 1. V, 100. *Pl.* Euthyphro 4 A: ἦ που, ὦ Εὐθύφρον, ἀγνοεῖται ὑπὸ τῶν πολλῶν, ὅπῃ ποτὲ ὀρθῶς ἔχει. Phaedo 84 E: ἦ που χαλεπῶς ἂν τοὺς ἄλλους πείσαιμι ἀνθρώπους sicherlich wohl dürfte es mir schwer werden, andre zu überzeugen. *Isocr.* Pgr. 138: εἰ γὰρ ἡμῶν ὁμονοησάντων αὐτὸς ἐν ταραχαῖς ὢν χαλεπὸς ἔσται προσπολεμεῖν, ἦ που σφόδρα χρὴ δεδιέναι τὸν καιρὸν ἐκεῖνον, ὅταν τὰ μὲν τῶν βαρβάρων καταστῇ κ. τ. λ. Ueber ἦ μήν, ἦ μέν, ἦ τε, ἤτοι s. unter μήν, τέ, τοί.

Ἡ wird ferner zur Bekräftigung den Causalpartikeln ἐπεί, ὅτι angehängt.

Was zunächst die Verbindung mit ἐπεί betrifft, so ist (vergl. Lehrs quaestiones epicae §. 62—65), wenn wir den Ueberlieferungen der namhaftesten alten Autoritäten folgen, ἐπεὶ ἦ (oder ἐπειῇ) zu schreiben. Herodian behauptet: κἂν ὑποτάσσηται τῷ ἐπεὶ διαβεβαιωτικὸς ὢν περισπᾶται. Apollonios lex. Hom.: η ψιλούμενον καὶ περισπώμενον δηλοῖ σύνδεσμον παραπληρωματικὸν ἴσον τῷ δή „ἐπεὶ ἦ πολὺ φέρτερόν ἐστι". So hat denn auch Bekker in seinen beiden Ausgaben Homers geschrieben. Dass aber ἐπεὶ ἦ ganz nach der Analogie von ἐπεὶ δή zu betrachten ist, haben, wie die Bemerkung des Apollonios zeigt, schon die Alten nicht verkannt, und wenn uns einerseits die Vergleichung der homerischen Stellen lehrt, dass ἦ, den ἐπεί angehängt, nicht mehr die selbständige Kraft einer nachdrücklichen Versicherung hat, wenn andrerseits dieses Gefühl auch bei den alten Grammatikern seinen Ausdruck gefunden hat, indem sie ἦ in dieser Verbindung σύνδεσμος παραπληρωματικός nennen, so werden wir jedenfalls die getrennte Schreibung ἐπεὶ ἦ aufzugeben haben. Man vergleiche

Il. I, 155 ff.: οὐδέ ποτ᾽ ἐν Φθίῃ ἐριβώλακι βωτιανείρῃ
καρπὸν ἐδηλήσαντ᾽, ἐπειὴ μάλα πολλὰ μεταξὺ
οὔρεά τε σκιόεντα θάλασσά τε ἠχήεσσα.

169 f.: νῦν δ᾽ εἶμι Φθίηνδ᾽ ἐπειὴ πολὺ φέρτερόν ἐστιν
οἴκαδ᾽ ἴμεν σὺν νηυσί —.

Od. IX, 276. X, 465.

Was sodann die Verbindung mit τί und ὅτι betrifft, so gilt (vgl. Lehrs a. a. O.) für Homer, nach Herodian (und Apollonios), die Regel: Ὅτε παραπληροῖ μετὰ τί τὸ πυστικὸν ὀξύνεται oder, was damit zusammenfällt, τῷ τί ὑποτασσόμενος ἐγκλίνεται, so dass also τί ἦ zu schreiben wäre, dagegen für die Attiker gilt die Schreibung τιή, ὁτιή. Bekker schrieb in der ersten Homer-Ausgabe τίη, in der zweiten hat er gegen den Kanon des Herodian und des Apollonios τί ἦ aufgenommen. Vergleicht man aber mit der von Herodian und Apollonios aufgestellten Regel die Ansicht Tryphons (Lehrs p. 64), dass η nach τί paragogisch sei, wie λεγοίη, so ist auf keinen Fall die Trennung in zwei Wörter gerechtfertigt, es sei denn, dass man sich von der Autorität der alten Grammatiker ganz lossagt und nur die ursprüngliche Selbständigkeit beider Elemente berücksichtigt.

Ὁτιή in der Behauptung, so dass das causale ὅτι durch das angehängte ή bekräftigt wird, haben wir u. a. *Arist.* Eq. 29. 34. 181. 732. Τίη oder τιή:

Il. I, 365: οἶσθα· τίη τοι ταῦτ' εἰδυίῃ πάντ' ἀγορεύω;

VI, 55: τίη δὲ σὺ κήδεαι οὕτως ἀνδρῶν; 145: τίη γενεὴν ἐρεείνεις; XV, 244. *Arist.* Eq. 126. 731.

II. In der Frage.

Es könnte, selbst wenn wir einen Zusammenhang zwischen beiden Gebrauchsweisen nicht mehr anzugeben wüssten, doch wohl keinem Zweifel unterliegen, dass das fragende ἦ aus dem ἦ der Versicherung hervorgegangen ist. Indessen das analoge Verhältniss von ἄρα zu ἆρα zeigt wohl, dass, wie dort die Partikel des objectiv Gegebenen und Gewissen, so hier die Partikel der subjectiven Gewissheit zur Frage verwendet ward. Ursprünglich hatte wohl also die Frage mit ἦ die Bedeutung: gewiss ist es so? ἦ πάρεστι gewiss ist er da? Wenn indessen diese Bedeutung gewiss? wirklich? noch manchen Stellen zu Grunde zu liegen scheint, so ist doch nicht zu verkennen, dass der Sprachgebrauch dem fragenden ἦ entschieden das Gebiet der eigentlichen Frage (und zwar der unabhängigen) zugewiesen hat, d. i. derjenigen Frage, welche in der That Aufschluss über irgend etwas erhalten will, nicht unter der rhetorischen Form der Frage eine Affirmation oder Negation ausdrückt.

Il. I, 133 f.: ἦ ἐθέλεις, ὄφρ' αὐτὸς ἔχῃς γέρας, αὐτὰρ ἔμ' αὕτως ἦσθαι δευόμενον;
willst du etwa, während du selbst deine Ehrengabe behältst, dass ich sie ruhig entbehren soll?

I, 202 f.: τίπτ' αὖτ', αἰγιόχοιο Διὸς τέκος, εἰλήλουθας;
ἦ ἵνα ὕβριν ἴδῃ Ἀγαμέμνονος Ἀτρεΐδαο;
etwa, um den Uebermuth zu sehen? In gleicher Weise *Il.* II, 229. III, 46. XX, 17.

Od. I, 158 u. 389: *ἦ καί μοι νεμεσήσεαι, ὅττι κεν εἴπω;*
X, 284: *ἦ τοὺς λυσόμενος δεῦρ' ἔρχεαι;*
Bei Homer ist auch in der indirecten einfachen Frage *ἦ**
hinlänglich bezeugt, wenn auch nicht überall, wo Bekkers zweite
Ausgabe *ἤ* (statt *ἦ* oder *εἰ*) aufnahm.
Il. I, 83: *σὺ δὲ φράσαι, εἴ με σαώσεις.* So ist ohne die Spur
einer Variante der Text, auch im cod. Ven., überliefert. Bekker
hat *ἤ*, welches um so weniger gerechtfertigt ist, als in diesem Fall
die indirecte Frage aus der Bedingung hervorgehen konnte. Dagegen
Il. VIII, 111: *εἴσεται, ἦ καὶ ἐμὸν δόρυ μαίνεται ἐν παλάμῃσιν*,
hat der cod. Ven. *ἤ*, und die verschiedenen Versuche, wie die gewöhnlichen Scholien dieses *ἤ* zu erklären suchen, sind eben Zeugnisse, dass *η* überliefert war: *ὁ δὲ ἤ ἀντὶ τοῦ εἰ συναπτικοῦ ὡς τὸ ἤ κεν ζῶς ἀμετητός*" (*Il.* 5, 887) *ἤ ἀντὶ τοῦ ὡς, καὶ δασύνεται, ὡς τὸ „ἤ θέμις ἐστὶν ἄπαξ*" (*Il.* 9, 276)." Zugleich ist hieraus ersichtlich,
dass eben nur *η*, nicht auch die bestimmte Schreibung *ἦ* der Ueberlieferung angehört. Uebrigens ist die Vergleichung mit V, 887,
wo *ἤ σ. διαζευκτικός* ist und ausser der Frage steht, eine verfehlte.
Od. XIII, 415: *ᾤχετο πευσόμενος μετὰ σὸν κλέος, εἴ που ἔτ' εἴης.*
Für *ἦ*, wie Bekker hat, kann etwa die Variante im Harl. *ἦν* angeführt werden.
Od. XVI, 137 f.: *ἀλλ' ἄγε μοι τόδε εἰπὲ καὶ ἀτρεκέως κατάλεξον·*
ἦ καὶ Λαέρτῃ αὐτὴν ὁδὸν ἄγγελος ἔλθω.
Hier kann die Frage eben so gut direct wie indirect ausgesprochen
sein. Das Harl. Schol. hat: *Γρ. ἤ* und hiezu die Glosse *ἄρα*.
XIX, 325 f.: *πῶς γὰρ ἐμεῦ σύ, ξεῖνε, δαήσεαι, εἴ τι γυναικῶν*
ἀλλάων περίειμι —.
Bekker hat, ohne nachweisbaren Grund, *ἤ* aufgenommen.
Aesch. Pers. 302: *ἦ θεωρήσων τύχας ἐμὰς ἀφῖξαι;* Bist du etwa
gekommen, um Zeuge meines Geschicks zu sein?
389: *ἦ τῷ νέον θακοῦντι παγκρατεῖς ἕδρας;*
767: *ἦ πρὸς δάμαρτος ἐξανίσταται θρόνων;*
Ag. 1207: *ἦ καὶ τέκνων εἰς ἔργον ἠλθέτην νόμῳ;*
Soph. Phil. 332 f.: *φράσῃς μοι μὴ πέρα, πρὶν ἂν μάθω*
πρῶτον τόδ'· ἦ τέθνηχ' ὁ Πηλέως γόνος;
Man kann hier mit Rücksicht auf die schon 331 enthaltene Angabe,
dass Achill gestorben sei, die Frage auffassen: ist wirklich (gewiss)
des Peleus Sohn gestorben?
Ebd. 369 f.: *ὦ σχέτλι', ἦ 'τολμήσατ' ἀντ' ἐμοῦ τινι*
δοῦναι τὰ τεύχη τἀμά; — habt ihr es wirklich gewagt (mit Rücksicht auf 365). El. 385 mit Beziehung auf die eben
enthüllten Pläne:
ἦ ταῦτα δή με.καὶ βεβούλευνται ποιεῖν;

---

* Ueber die Schreibung *ᾖ* (nicht *ἦ*) wird unten bei 'Η die Rede sein.

haben sie (offenbar, entschieden) wirklich dazu sich entschlossen?
407: ἢ τῷ δυσμενεστάτῳ βροτῶν;
663: ἢ καὶ δάμαρτα τήνδ' ἐπεικάζων κυρῶ
κείνου; vermuthe ich auch richtig, wenn ich seine Gattin
vor mir zu sehen glaube? 1177. 1221. 1351, 1355. 1452. 1497.
1503: ἢ μὴ φύγω σέ; *Eur*. Or. 223. 778: ἢ λέγωμεν οὖν ἀδελφῇ
ταῦτ' ἐμῇ; sollen wir diess nun meiner Schwester sagen? 1323.
1601. Iph. T. 396.
725: ἢ κἀντιδώσεις τῷδε τοὺς αὐτοὺς λόγους;
729: ἢ καὶ τύραννος ταῦτα συγχωρήσεται; 1144. 1150. *Pl*. Euthyphro 13 C. Ap. 25 A. 37 B. *Xen*. Mem. II, 1, 15.

Ueber ἀλλ' ἤ war bei ἀλλά S. 14 f. die Rede.

Zur Verneinung scheint ἤ hinzuneigen: *Aesch*. Prom. 745:
Soph. El. 861. 940: Ἦ τοὺς θανόντας ἐξαναστήσω ποτέ;
Eur. El. 965: Τί δῆτα δρῶμεν; μητέρ' ἦ φονεύσομεν;
denn als negative Frage versteht es Elektra in ihrer Antwort:
Μῶν σ' οἶκτος εἷλε, μητρὸς ὡς εἶδες δόμους;
Indessen bleibt ἤ an und für sich immer Zeichen der wahren Frage;
nur dass diese je nach dem Zusammenhang den Schein der Verneinung annehmen kann.

Ἦ ῥα steht mit der flüchtigsten Bedeutung von ἄρα ohne merklichen Unterschied von dem einfachen ἤ bei *Homer*. ἦ ῥά νύ μοί τι
πίθοιο; *Il*. III, 93. VII, 48. XIV, 190; ausserdem VII, 446.
VIII, 236 und ἦ ἄρα XVIII, 429.

Ἦ γάρ; fragt überhaupt, ob etwas unzweifelhaft, in Wirklichkeit sei. *Aesch*. Prom. 745: ἦ γάρ τι λοιπὸν τῇδε πημάτων ἐρεῖς;
kannst du denn wirklich noch weitere Unglücksfälle nennen? Es
scheint hier die Verneinung: es ist ja nicht möglich, in sich zu
schliessen.

Ag. 1366: ἦ γὰρ τεκμηρίοισιν ἐξ οἰμωγμάτων
μαντευσόμεσθα τἀνδρὸς ὡς ὀλωλότος;
Können wir etwa wirklich aus dem Stöhnen auf den Tod des Mannes
schliessen?

Soph. Phil. 248: ἦ γὰρ μετέσχες καὶ σὺ τοῦδε τοῦ πόνου;
hast denn wirklich auch du an jenem Kriege theilgenommen? In
gleicher Bedeutung 322:

El. 1221: Ἠλ. Ἦ ζῇ γὰρ ἁνήρ; Ὀρ. Εἴπερ ἔμψυχός γ' ἐγώ.
Ἠλ. Ἦ γὰρ σὺ κεῖνος; Lebt er wirklich? bist du wirklich jener?

Eur. Phoen. 1675: ἦ γὰρ γαμοῦμαι ζῶσα παιδὶ σῷ ποτε;
Or. 731. 1605: ἦ γὰρ πατρῷον δῶμα πορθήσεις τόδε;
willst du wirklich zerstören? *Pl*. Prot. 331 E: Ἦ γὰρ οὕτω σοι τὸ
δίκαιον καὶ τὸ ὅσιον πρὸς ἄλληλα ἔχει, ὥστε ὅμοιόν τι σμικρὸν ἔχειν
ἀλλήλοις; Οὐ πάνυ, ἔφη.

Das einfache ἦ γάρ; ist: nicht wahr? *Pl.* Euthyphro 7 E. Die Antwort ist: ὀρθῶς λέγεις. p. 10 E. Die Antwort: *Naί.* p. 13 A: ἦ γάρ; Πάνυ γε. Prot. 312 E: Ἦ γάρ; *Naί.* 333 B: ἦ γάρ, ὦ Πρωταγόρα; ἔφην ἐγώ.
Auch an das fragende ἦ hängt sich das limitirende πού oder πῇ, um eine Vermuthung auszusprechen = etwa wohl?
Il. III, 400: ἦ πῇ με προτέρω — ἄξεις;
Eur. Or. 429: τίς δ' ἄλλος; ἦ που τῶν ἀπ' Αἰγίσθου φίλων;
836. Phoen. 377: τί γὰρ πατήρ μοι πρέσβυς ἐν δόμοισι δρᾷ
σκότον δεδορκώς; τί δὲ κασίγνηται δύο;
ἦ που στένουσι τλήμονες φυγὰς ἐμάς;
1079: Ὦ φίλτατ', ἦ που ξυμφορὰν ἥκεις φέρων
Ἐτεοκλέους θανόντος;

Ἦ.

Wir können es nicht für unmöglich erklären, dass ἤ aus dem versichernden oder fragenden ἦ hervorgieng. Es lässt sich denken, dass ursprünglich in einfacher Nebeneinanderstellung die von einander verschiedenen Begriffe und Gedanken je für sich als Gegenstände von Fragen bezeichnet wurden, und erst als die Sätze auf einander bezogen wurden und in ein grammatisches Verhältniss traten, die Partikel die Bedeutung des Unterschieds erhielt, womit zugleich eine Veränderung des Accentes verbunden war, indem der entgegensetzenden Kraft besser der scharf abschliessende Ton des Acutus als der gedehnte des Circumflexes entsprach. Doch soll die Möglichkeit dieser Entstehung des ἤ aus ἦ hier nur berührt werden; denn bereits in dem ältesten Sprachgebrauch sind die Gebiete beider Partikeln hinlänglich geschieden, wenn es auch in einzelnen Fällen zweifelhaft wird, ob das einfach fragende ἦ oder das disjunctive ἤ anzuerkennen ist.

Die mehrfachen Gebrauchsweisen vereinigen sich in dem Begriff der Verschiedenheit. Es wird nämlich ἤ = oder für das lateinische aut, an und vel bei Begriffen und Gedanken gebraucht, die sich gegenseitig ausschliessen, wie bei solchen, die sich unter einander vertreten, nach der Ansicht des Sprechenden vertauscht werden können. Ἤ kann in Aussagen und in Fragen stehen, entweder allein, ohne dass eine correspondirende Partikel oder ein correspondirender Gedanke vorhergienge, oder in mehrgliedrigen Perioden, und zwar entweder in beiden Gliedern, wie in der Aussage und episch auch in der Doppelfrage, oder nur in der zweiten, entgegengesetzten Frage, indem die erste ἦ, ἆρα, πότερον, πότερα, οὐ, μή, μῶν hat, oder indem eine Frage nach Subject, Object,

Art und Weise, mit τίς, ποῖος, πῶς u. dgl. vorangeht. — Ein andrer Gebrauch ist der bei comparativen Wörtern.

Bei der ersten Classe von Fällen unterscheiden wir den Gebrauch der Partikel in Aussagen und in Fragen.

1. Es findet sich ἤ in Aussagesätzen a) nur beim zweiten oder den folgenden Gliedern, sowohl um Begriffe, als um ganze Gedanken von den vorhergehenden zu unterscheiden, ihnen gegenüberzustellen, oder auch — denn beides ist nicht immer bestimmt auseinander zu halten — um einen Begriff und Gedanken durch einen ähnlichen oder für den vorliegenden Zweck gleichbedeutenden zu ersetzen. In letzterem Fall steht gerne ἤ καί = oder auch, um anzudeuten, dass man selbst in Hinsicht der Wahl des Einen oder Andern schwanke und gleichgiltig sei und die Wahl Andern überlasse. Beispiele, in denen einzelne Begriffe entgegengestellt werden, sind:

Il. I, 62 f.: ἀλλ' ἄγε δή τινα μάντιν ἐρείομεν, ἤ ἱερῆα ἤ καὶ ὀνειροπόλον. — 117. II, 460. VII, 195 f.: σιγῇ — ἠὲ καὶ ἀμφαδίην. *Aesch.* Prom. 660: δρῶντ' ἤ λέγοντα. VII c. Th. 242: θνήσκοντας ἤ τετρωμένους. *Soph.* El.: φανέντες ἤ κεκρυμμένοι. *Eur.* El. 602: νύχιος ἤ καθ' ἡμέραν. *Xen.* Mem. I, 1, 7: Καὶ τοὺς μέλλοντας οἴκους τε καὶ πόλεις καλῶς οἰκήσειν μαντικῆς ἔφη προσδεῖσθαι· τεκτονικὸν μὲν γὰρ ἤ χαλκευτικὸν ἤ γεωργικὸν ἤ ἀνθρώπων ἀρχικὸν ἤ τῶν τοιούτων ἔργων ἐξεταστικὸν ἤ λογιστικὸν ἤ οἰκονομικὸν ἤ στρατηγικὸν γενέσθαι — ἀνθρώπου γνώμῃ αἱρετέα ἐνόμιζεν εἶναι. *Isocr.* Pgr. 83.

Ganze Sätze werden dem Vorangehenden entgegengestellt:

Il. I, 39 f.: εἴ ποτέ τοι χαρίεντ' ἐπὶ νηὸν ἔρεψα ἤ εἰ δή ποτέ τοι κατὰ πίονα μηρί' ἔκηα. 515. *Od.* I, 162. IX, 267. 273. *Aesch.* Prom. 582. Choeph. 573. *Xen.* Mem. I, 1, 9: δαιμονᾶν δὲ καὶ τοὺς μαντευομένους, ἃ τοῖς ἀνθρώποις ἔδωκαν οἱ θεοὶ μαθοῦσι διακρίνειν· οἷον εἴ τις ἐπερωτώη, πότερον ἐπιστάμενον ἡνιοχεῖν ἐπὶ ζεῦγος λαβεῖν κρεῖττον, ἤ μὴ ἐπιστάμενον· ἤ πότερον ἐπιστάμενον κυβερνᾶν ἐπὶ τὴν ναῦν κρεῖττον λαβεῖν ἤ μὴ ἐπιστάμενον· ἤ ἃ ἔξεστιν ἀριθμήσαντας ἤ μετρήσαντας ἤ στήσαντας εἰδέναι.

Insbesondre ist zu bemerken, dass ἤ vor einem Satze = oder vielmehr dazu dient, das zuvor Gesagte zu verbessern. *Soph.* El. 565: ἤ 'γὼ φράσω· oder vielmehr, ich will es sagen. *Pl.* Euthyphro 4 B: ἤ δῆλα δή oder vielmehr (was brauche ich noch zu fragen?) es ist ja klar. In gleichem Sinn Ap. 26 B: ἤ δῆλον δή. 36 B.

Hervorzuheben ist noch der Gebrauch von ἤ = εἰ δὲ μή, alioquin, und ganz entsprechend dem deutschen Gebrauch des oder, um anzugeben, was eintreten werde, wenn das vorher Genannte nicht geschehe.

Soph. Ph. 1341: ἢ δίδωσ' ἑκὼν κτείνειν ἑαυτόν oder (wenn seine Weissagung sich als unwahr darstellen sollte) er erbietet sich, zu sterben. *Eur.* Phoen. 594: καὶ σὺ τῶνδ' ἔξω κομίζου τειχέων, ἢ κατθανῇ. oder du wirst (wenn du das nicht thust) sterben. *Thuc.* I, 78, 3: ἡμεῖς δὲ ἐν οὐδεμιᾷ πω τοιαύτῃ ἁμαρτίᾳ ὄντες οὔτ' αὐτοὶ οὔθ' ὑμᾶς ὁρῶντες λέγομεν ὑμῖν, ἕως ἔτι αὐθαίρετος ἀμφοτέροις ἡ εὐβουλία, σπονδὰς μὴ λύειν μηδὲ παραβαίνειν τοὺς ὅρκους, τὰ δὲ διάφορα δίκῃ λύεσθαι κατὰ τὴν ξυνθήκην. ἢ θεοὺς τοὺς ὁρκίους μάρτυρας ποιούμενοι πειρασόμεθα ἀμύνεσθαι πολέμου ἄρχοντας ταύτῃ ᾗ ἂν ὑφηγῆσθε. *Pl.* de rep. V, 463 D. vgl. z. d. Stelle Stallbaum. Ap. 20 D—E: οὗτοι δὲ τάχ' ἄν, οὓς ἄρτι ἔλεγον, μείζω τινὰ ἢ καθ' ἄνθρωπον σοφίαν σοφοὶ εἶεν, ἢ (wenn das nicht der Fall ist) οὐκ ἔχω τί λέγω. *Dem.* Ol. II, 8: ἢ (wenn das nicht so ist) παρελθών τις ἐμοὶ μᾶλλον δὲ ὑμῖν δειξάτω κ. τ. λ.

b) *Ἤ* steht ferner in mehrfacher Gliederung: entweder — oder — oder etc., übrigens nicht immer streng sich ausschliessend. *Il.* I, 26: ἢ νῦν δηθύνοντ' ἢ ὕστερον αὖτις ἰόντα. 138: ἢ τεὸν ἢ Αἴαντος — γέρας, ἢ Ὀδυσῆος ἄξω ἑλών. 144 ff.: — — εἰς δέ τις ἀρχὸς ἀνὴρ βουληφόρος ἔστω, ἢ Αἴας ἢ Ἰδομενεὺς ἢ δῖος Ὀδυσσεὺς ἠὲ σύ, Πηλείδη. — 151. 395 (504): ἢ ἔπει ἠὲ καὶ ἔργῳ. *Od.* I, 296: ἠὲ δόλῳ ἢ ἀμφαδόν. II, 29. 326 f. (Das zweite ἢ ist mit τέ vertauscht *Il.* II, 289: ὥστε γὰρ ἢ παῖδες νεαροὶ χῆραί τε γυναῖκες.) *Aesch.* Ag. 55: ὕπατος δ' ἀΐων ἤ τις Ἀπόλλων ἢ Πὰν ἢ Ζεύς. Eum. 270. *Soph.* El. 345 f.: ἔπειθ' ἑλοῦ γε θάτερ', ἢ φρονεῖν κακῶς ἢ τῶν φίλων φρονοῦσα μὴ μνήμην ἔχειν. 1320: ἢ γὰρ ἂν καλῶς ἔσωσ' ἐμαυτήν, ἢ καλῶς ἀπωλόμην. 435 f. *Eur.* Or. 750: ἢ θανεῖν ἢ ζῆν. 1034 f. Phoen. 33. *Herod.* I, 11, 3: νῦν τοι δυοῖν ὁδοῖν παρεουσέων, Γύγη, δίδωμι αἵρεσιν, ὁκοτέρην βούλεαι τραπέσθαι· ἢ γὰρ Κανδαύλεα ἀποκτείνας ἐμέ τε καὶ τὴν βασιληίην ἔχε τῶν Λυδῶν, ἢ αὐτόν σε αὐτίκα οὕτω ἀποθνήσκειν δεῖ. *Pl.* Ap. 17 B: ἢ τι ἢ οὐδὲν ἀληθὲς εἰρήκασιν. 26 A. (27 D: ἤτοι — ἤ.) 28 D. E. 30 B. 41 E: ἐὰν ὑμῖν δοκῶσιν ἢ χρημάτων ἢ ἄλλου πρότερον ἐπιμελεῖσθαι ἢ ἀρετῆς.

2. Wenn wir nun auf den Gebrauch der Partikel *ἤ* in Fragen eingehen, so müssen wir vor Allem erwägen, in welchen Fällen nach den Normen der alten Grammatiker, der handschriftlichen Ueberlieferung, oder nach allgemeinen im Griechischen geltenden Grundsätzen ἤ, ἦ, εἰ zu schreiben sei.

Es hat nämlich *J. Bekker* nicht nur in seiner berühmten Recension von *Wolfs* Homer-Ausgabe (Jenaer Lit. Zeit. 1809 N. 243 ff.), insbesondre unter Berufung auf die Scholien zu Od. IV, 712, welche οὐκ οἶδ' ἦ — ἠέ als Aristarchs Lesart anführen, gerathen, das εἰ der indirecten Frage in ἦ zu verwandeln, sondern er hat auch die dort aufgestellten Grundsätze in seiner eigenen Ausgabe vom Jahr 1843 und in noch grösserem Umfang in der Ausgabe von 1858 in Anwendung gebracht. Sehen wir von einzelnen, ohne Zweifel zufälligen Inconsequenzen in seinem letzten Texte ab, so scheinen in demselben folgende Grundsätze leitend gewesen zu sein: in unabhängigen, einfachen, wie wiederholten Fragen ἦ, in abhängigen Doppelfragen ἦ — ἦ (ἠὲ — ἠε), in der einfachen indirecten Frage ἦ statt εἰ, endlich statt εἴτε — εἴτε in und ausser der Frage ἦτε — ἦτε (nicht etwa in der zweiten Frage ἦτε) zu schreiben. — Die erste Mahnung Bekkers, sich strenger an die Normen der alten Grammatiker zu halten, war nicht ohne die Unterstützung bedeutender Autoritäten geblieben; *Lehrs* hat in seinen quaestiones epicae p. 50 ff. mit bekannter Gelehrsamkeit die Satzungen der alten Grammatiker zusammengestellt; auch *Fr. Thiersch* hat sich in der 3ten Auflage seiner Grammatik §. 353. 3. Anm. entschieden für die Vertauschung des εἰ mit ἦ bei Homer ausgesprochen; doch scheint er in der 4ten Aufl. §. 256. 2. seine frühere Ansicht zurückgenommen oder gemässigt zu haben, wenn er hier sagt: „Ist die einem andern Satze nachstehende Frage doppelt, so werden ihre Glieder a) bei Homer durch ἦ — ἦ verbunden — doch breitet sich neben dieser Disjunction auch εἰ — ἦ aus: Οὐκ οἶδ' εἰ — ἠέ Od. δ 712" (während gerade an dieser Stelle Aristarchs Lesart ἦ beglaubigt ist). „Ebenso εἴτε — ἠέ Il. β 349, endlich εἴτε — εἴτε Il. μ 239 f., während ἦτε — ἦτε allein auf die nicht fragenden disjunctiven Sätze beschränkt ist." Vorsichtig erinnert *Spitzner* zu Il. II, 349: „Quaestio difficillima est de particulis εἴτε et εἴτε, ἦτε et ἦτε, εἰ et ἦ, ἠὲ et ἦ in enuntiationibus deliberativis sibi obstantibus," und nach Erwähnung von Bekkers Grundsätzen fährt er fort: „praeter nostrum locum εἴτε — εἴτε in Homericis carminibus ter apparet Il. I, 65. XII, 239 sq. et Od. III, 90. — in quibus, si illorum judicio stabimus, ἦτε — ἦτε reponendum erit. Sed ab hoc conatu deterremur eo, quod nonnisi lib. XI, 410 ἤτ' ἔβλητ', ἤτ' ἔβαλ' ἄλλον satis certum et exploratum est, nam XVII, 42 lectio admodum variat, εἴτε — εἴτε omnium propemodum librorum auctoritate defenditur. — Sed alia ratio hujus versus est, ubi particula negandi sequitur. Etenim quum εἴτε — εἴτε sive —, sive recte sibi opponantur, εἴτε — εἴτε καὶ οὐκί nullo Homeri exemplo stabiliri possunt. vid. Il. II, 238. 300. X, 445. Od. I, 268. IV, 80. 632. XI, 493. Quare si res mei esset arbitrii, interpunctione mutata, quam et Ven. liber comprobat et Thiersch. l. l. recte divinat, ita scriberem: γνώμεναι ἦ κεν ψεῦδος ὑπόσχεσις, ἠὲ καὶ οὐκί. At quum libri contra stent, εἴτε — ἠὲ καὶ οὐκί intactum reliqui." Auch *Rumpf* hat in seiner durch umsichtige Gründlichkeit ausgezeichneten Recension von Bekkers zweiter Homer-Ausgabe

(N. Jahrbb. f. Philol. 1860, Heft 9, S. 592 ff.) nicht nur die Inconsequenzen, sondern auch das Bedenkliche in Bekkers Verfahren nachgewiesen.

Wir können nicht umhin, bevor wir in die Erörterung dieses speziellen Falles eingehen, ein Wort vorauszusenden über die Grundsätze, welche bei der zweiten Bekkerschen Ausgabe massgebend waren. Schon gegen *van Gents* Ausgabe der ersten Rhapsodie der Ilias hatte ich (Ztschr. f. d. Alt. Wiss. 1853 Nr. 46) an das Wort von Wolf gemahnt: „pro certo ponendum est, nos non ultra Aristarchi recensionem regredi posse, ac ne illam quidem hodie ita innotuisse, ut ullius partis Homericae scripturam ad ejus fidem edere liceat." Nur mit dem grössten Bedauern konnten conservativ denkende Philologen bei der zweiten Ausgabe Bekkers wahrnehmen, wie diese Gränze überschritten und von dem Princip der Analogie ein weitgreifender Gebrauch gemacht wird. Je grösser die Autorität des Gelehrten ist, der dieses wagte, um so gefährlicher ist der Vorgang. So wenig geläugnet werden kann, dass es eben das Princip der Analogie war, das die alexandrinischen Kritiker bei Feststellung des homerischen Textes befolgten, so wenig kann die Anwendung des gleichen Rechtes den Grammatikern der Gegenwart unbedingt zugestanden werden. Ohne Zweifel waren die Alexandriner in ganz andrer Lage, über den ächten Text der homerischen Gedichte zu urtheilen, als wir es sind. Sollte in Beziehung auf diesen Text neuern Kritikern die gleiche Befugniss zugestanden werden, welche die Alexandriner in Anspruch nahmen, so würden wir allen festen Boden verlieren. Dass uns zu Herstellung eines ursprünglichen Textes die sprachlichen Kenntnisse völlig abgehen, dass es die naivste Täuschung wäre, zu meinen, mit Restituirung des Digamma sei jene ursprüngliche Gestalt gewonnen, verdient an einem andern Orte ausgeführt zu werden. Hier muss diess nur zu Bekämpfung der ganzen Richtung berührt werden.

Scheint es bei einer neuen selbständigen Recension des homerischen Textes rathsam, sich genau an die Ueberlieferung der Alexandriner zu halten, weder über sie zurück nach dem Schemen der Ursprünglichkeit zu haschen, noch die Analogie weiter auszudehnen, als es nach den überlieferten Zeugnissen geschehen ist, sofern ja eine durchgreifende Gleichförmigkeit eine unerwiesene petitio principii ist, so sind wir doch andrerseits nicht an die subjectiven Ansichten gebunden, mit denen sie das Ueberlieferte aufgefasst und erklärt haben. In dieser Hinsicht wird man bei der grössten Achtung für ihr Zeugniss über das Ueberlieferte dennoch sich sein freies Urtheil bewahren müssen, da sie manches offenbar Unhaltbare angenommen haben.

Was nun zunächst den Unterschied zwischen $\tilde{\eta}$ und $\tilde{\eta}$ betrifft, so kann derselbe im Wesentlichen keinem Zweifel unterliegen. 'H gehört der (directen) Frage an, ἦ der Entgegensetzung und Disjunction. Das ist feste Ueberlieferung der Alten; das erste nennen sie σύνδεσμος διαπορητικός und ἐρωτηματικός, das letztere σ. διαζευκτικός. So Apollonios Lex. ἡ ψιλούμενον καὶ περισπώμενον — δηλοῖ καὶ ἀπορηματικὸν σύνδεσμον — ψιλούμενον δὲ καὶ βαρυνόμενον δηλοῖ σύνδεσμον διαζευκτικόν — ἔστι δὲ ὅτε καὶ ἀντὶ τοῦ εἰ τοῦ συναπτικοῦ τίθεται. Arcadius de accentibus Lips. p. 185: „Ὁ ἢ σύνδεσμος καὶ ὀξύνεται καὶ περισπᾶται· καὶ ἡνίκα μὲν εὑρεθῇ διαπόρησις μετὰ διαζεύξεως, τότε ὁ ἢ ἐν τῇ ἀρχῇ ὢν ὀξύνεται· ἐν δὲ τῷ μέσῳ περισπᾶται — ἡνίκα δὲ εὑρεθῇ διαπόρησις ἄνευ διαζεύξεως, τότε ὁ ἢ εἴτε ἐν ἀρχῇ, εἴτε ἐν μέσῳ εὑρεθῇ, περισπᾶται." Diese eigenthümliche Lehre, dass ἢ in der disjunctiven Frage zu Anfang den Acut, in der Mitte den Circumflex habe, setzen die homerischen Scholien öfter voraus, z. B. zu Il. I, 190 führen sie (aus Herodian) an: „τὸν μὲν πρότερον σύνδεσμον βαρυτονητέον, τὸν δὲ δεύτερον περισπαστέον. διαπορητικὴ γάρ ἐστιν ἡ σύνταξις" und zu XV, 105: ἔφαμεν τὸν ἢ κατ' ἀρχὴν ὄντα διαπορητικὸν περισπᾶσθαι, ὥσπερ καὶ ἐνθάδε· τοὺς μέντοι ἑξῆς ἐγκλιτέον (d. i. βαρυτονητέον) ἐν τῇ συντάξει· εἰσὶ γὰρ ἤτοι διαζευκτικοὶ ἢ παραζευκτικοί, d. i. die Frage ist einfach, mithin ἢ, die folgenden ἢ — ἢ = sive — sive sind zwei der einfachen Frage untergeordnete Fälle. Ferner zu XIV, 265 f.: ὁ Ἀσκαλωνίτης βαρύνει τὸν ἤ· ἄμεινον δὲ περισπᾶν, καὶ γὰρ εἰ διαπορεῖ, οὐκ ἀναγκαῖον ἐγκλίνειν αὐτόν· οὐ γὰρ ἕτερος αὐτῷ ἐπιφέρεται περισπώμενος. Dass indessen die alexandrinische Schule überhaupt in dem zweiten Glied der disjunctiven Frage ἤ geschrieben wissen wollte, mochte nun das erste Glied ἤ haben, oder die Frage unbezeichnet lassen, erhellt aus den Scholien zu Il. X, 425 und zu Od. IV, 643. — Zu Il. X, 425 hat das Schol. A die aus Nikanor und Herodian geschöpfte Bemerkung: τὸ εὕδουσ' ἐν διαστολῇ καὶ ὑποστιγμῇ, ἵνα ἐρωτηματικὸν γένηται. καὶ αὐτὸν δὲ τὸν ἢ περισπαστέον· διαπορητικὸς γάρ. Zu Od. IV, 643 bemerkt das Schol. Pal.: Στικτέον μετὰ τὸ ἔποντο, τὰ δὲ ἐξῆς ἐν πεύσει ἀναγνωστέον und Ἠέ οἱ. Ὁ μὲν ἢ περισπᾶται, διαπορητικὸς γάρ. Es wollte also lesen: τίνες αὐτῷ κοῦροι ἔποντ'; Ἰθάκης ἐξαίρετοι ἠὲ οἱ αὐτοῦ θῆτές τε δμῶές τε;

Es geht aus dem Angeführten (vgl. auch die ausführliche Darlegung bei Lehrs quaestiones epicae p. 51 ff.) deutlich hervor, dass während für die einfache Frage ἤ, für die Entgegensetzung und Disjunction ἢ geschrieben ward, in der disjunctiven Frage, welche mithin beiderlei Charakter hatte, das eine (erste) Mal die Disjunction, das andre (zweite) Mal die Frage charakterisirt ward. Dass nämlich die Grammatiker die beiden Glieder der disjunctiven Frage nicht verschieden, sondern beide eben so wohl als fragend, wie als disjunctiv auffassten, geht aus dem Schol. zu Il. I, 190: διαπορητικὴ γάρ ἐστιν ἡ σύνταξις, sowie aus den Worten des Arkadius: διαπόρησις μετὰ διαζεύξεως, hervor. Die Erklärung, die Lehrs S. 52 von dieser räthselhaften Accentuation zu geben versucht, dürfte schwerlich genügen. „Scilicet in ejusmodi enuntiationibus ad alteram particulam quodammodo languescere sentimus priorem; unde factum fortasse ut in priore membro deesse possit: in altero quasi majore quadam vi incidit, tanquam priore omnis dubitatio nondum satis expressa et declarata sit." Theils unterscheidet sich ἢ von ἢ nicht sowohl durch die Stärke als durch die Art des Tons, theils könnte keinenfalls (man vgl. ὦ und ὤ) dem Circumflex der stärkere Ton beigelegt werden. — Wie dem nun auch sei, so sind wir an jene grammatische Satzung so wenig gebunden, wie an manche andre, die als isolirte Subtilitäten (wie ich Ztschr. f. d. Alt. Wiss. 1857, Nr. 6, S. 46—48 nachgewiesen habe) verworfen werden müssen. In der disjunctiven Frage ἢ — ἢ kann das zweite ἢ keinen andern Charakter haben, als das ἢ nach πότερον, πότερα. So wenig man πότερον — ἤ schreiben kann, so wenig ἤ — ἤ. Es stellt sich die zweite Frage der ersten entgegen, und hat somit den scharfen, abschliessenden Ton, welcher von den Alten dem Acut beigelegt wird. Vgl. Arcadius περὶ τῆς τῶν τόνων εὑρέσεως Leipz. Ausg. p. 187: τῶν δὲ τόνων τὴν μὲν ἄνω τείνουσαν καὶ εὐθεῖαν καὶ εἰς ὀξὺ ἀπολήγουσαν — ὀξεῖαν ἐπωνόμασε (᾿Αριστοφάνης). Demgemäss schreiben wir am besten in der eigentlichen und einfachen Frage (also auch, wo Fragen wiederholt, aber sich nicht entgegengesetzt werden) ἤ (gedehnt ἤe), in der disjunctiven Frage, also wo die erste Frage eine gegensätzliche Frage erwarten lässt, ἤ — ἤ (zerdehnt ἤé).

In der einfachen, abhängigen Frage ist nach dem allgemeinen Grundsatz, dass ἤ σ. διαπορητικός und ἤ σ. διαζευκτικός ist, ἤ, nicht ἤ zu schreiben. — Was endlich die Gränze zwischen ἤ und εἰ betrifft, so werden wir auch in abhängigen Fragen ἤ und ἤ zu schützen haben, wo es als Ueberlieferung bezeugt ist, aber wir werden nicht durch den Grundsatz der Analogie verleitet in der indirecten Frage überall εἰ, auch wo es gute Zeugnisse für sich hat, durch ἤ ersetzen dürfen. Die alexandrinische Schule hatte guten Grund, in der abhängigen Frage ἤ als homerisch zur Geltung zu bringen und dem durch den späteren Sprachgebrauch veranlassten Umsichgreifen des εἰ zu steuern; aber wo sie εἰ stehen liess, dürften wir nicht berechtigt sein, die Analogie strenger durchzuführen, als es von ihnen geschehen ist, da wir keinen Grund haben, den Uebergang des Bedingungssatzes in eine indirecte Frage für Homer zu läugnen. Um so grössere Vorsicht aber ist nöthig, wenn wir bemerken, wie man ἤ selbst für das bedingende εἰ gesetzt glaubte: so Nikanor nach den Scholien zu Il. III, 46 (vgl. auch III, 215. V, 886) und Apollonios Lex.: ἔστι δὲ ὅτε καὶ ἀντὶ τοῦ εἰ τοῦ συναπτικοῦ τίθεται.

Wir führen nun Beispiele für die verschiedenen Fälle des ἤ διαζευκτικόν nach den vorangestellten Grundsätzen auf.

a) **Für das ἤ in einfacher, dem Vorhergehenden entgegengestellter Frage.**

Od. I, 296 ff.: — — — — — οὐδέ τί σε χρὴ
νηπιάας ὀχέειν, ἐπεὶ οὐκέτι τηλίκος ἐσσί·
ἢ οὐκ ἀΐεις οἷον κλέος ἔλλαβε δῖος Ὀρέστης —;
Offenbar dem Vorangehenden entgegengestellt: Oder hast du nicht gehört? Ebenso I, 391: ἢ φῄς oder meinst du? — *Soph.* El. 591: ἢ καὶ τοῦτ' ἐρεῖς; oder wirst du auch das behaupten? *Eur.* Or. 576: ἢ μητρὶ μὲν πάρεισι σύμμαχοι θεαί,
τῷ δ' οὐ πάρεισι μᾶλλον ἠδικημένῳ;
590. Iph. A. 380: ἢ δάκνει σε τὸ φιλότιμον τοὐμόν; *Pl.* Euthyphro 5 D: ἢ οὐ ταὐτόν ἐστιν; oder ist es nicht dasselbe? p. 6 E: ἢ οὐ μνημονεύεις; ferner ἢ οὐ ebd. 10 C. 12 D. 13 B. 15 B. C: ἢ οὐδέ und ἢ οὔ; Sodann ἢ ebd. 13 C. 15 A. Apol. 25 B. *Xen.* Mem. II, 1, 13: ἢ λανθάνουσί σε; III, 6, 16 und Cyr. I, 3, 18: ἢ οὐχ ὁρᾷς;

b) **Mannichfacher Art sind die Fälle, da ἤ einer vorausgehenden Frage entgegentritt.** Es kann

α) die **erste Frage ohne ein bezeichnendes Fragwort** stehen.

Od. XX, 129 f.: μαῖα φίλη, τὸν ξεῖνον ἐτιμήσασθ' ἐνὶ οἴκῳ
εὐνῇ καὶ σίτῳ, ἢ αὔτως κεῖται ἀκηδής;
Aesch. Pers. 715: λοιμοῦ τις ἦλθε σκηπτὸς ἢ στάσις πόλει; — 719. Ag. 1194 f.: ἥμαρτον, ἢ θηρῶ τι τοξότης τις ὥς;
ἢ ψευδόμαντίς εἰμ';
Soph. Ph. 28: ἄνωθεν, ἢ κάτωθεν; *Eur.* Phoen. 552 f. 1083: ἢ ζῇ παῖς ἐμός; Iph. A. 426.

Or. 435: φεύγειν πόλιν τήνδ', ἢ θανεῖν, ἢ μὴ θανεῖν; 439.

758: ἴδιον ἢ κοινὸν πολίταις ἐπιφέρων ἔγκλημά τι;

Pl. Euthyphro p. 3 E: φεύγεις αὐτὴν ἢ διώκεις; Ap. 25 A: τί δαὶ δή, οἵδε οἱ ἀκροαταὶ βελτίους ποιοῦσιν, ἢ οὔ; 27 D: φῄς ἢ οὔ;

β) **Die erste Frage wird zwar bezeichnet, aber ohne dass sie den folgenden Gegensatz erwarten lässt.**

Od. II, 30 ff.: ἠέ τιν' ἀγγελίην στρατοῦ ἔκλυεν ἐρχομένοιο;
ἠέ τι δήμιον ἄλλο πιφαύσκεται ἠδ' ἀγορεύει;
Es ist das Natürlichste, dass Aegyptios zuerst, ohne eine Gegenfrage zu beabsichtigen, einfach fragt: hat er etwa Kunde von dem Nahen eines feindlichen Heeres erhalten? Der Inhalt der ersten Frage lässt einen Gegensatz nicht erwarten. Dagegen tritt natürlich die zweite Frage der ersten entgegen, und ist darum als disjunctiv zu bezeichnen. *Bekker* schreibt beide Male ἦε. Auch *Od.* XX, 166 f.: ξεῖν', ἦ ἄρ τί σε μᾶλλον Ἀχαιοὶ εἰσορόωσιν;
ἦέ σ' ἀτιμάζουσι κατὰ μέγαρ', ὡς τὸ πάρος περ;
ist die erste Frage zunächst eine einfache, und erst nachträglich folgt ihr die Gegenfrage.

Eur. Phoen. 425: ἆρ' εὐτυχεῖς οὖν τοῖς γάμοις, ἢ δυστυχεῖς;
El. 226 f.: Ὀρ. Ἥκω φέρων σοι σοῦ κασιγνήτου λόγους.
Ἠλ. Ὦ φίλτατ', ἆρα ζῶντος, ἢ τεθνηκότος;
Pl. Euthyphro p. 10 D: Ἆρα διὰ τοῦτο, ὅτι ὅσιόν ἐστιν, ἢ δι' ἄλλο τι; 12 C. Ap. 27 A. Prot. 356 D. *Xen.* Mem. I, 1, 15. — Μὴ — ἢ *Pl.* Ap. 25 A: μὴ οἱ ἐν τῇ ἐκκλησίᾳ, οἱ ἐκκλησιασταί, διαφθείρουσι τοὺς νεωτέρους, ἢ κἀκεῖνοι βελτίους ποιοῦσιν ἅπαντες;

γ) Die vollständige disjunctive Gliederung, da gleich die erste Frage eine Gegenfrage erwarten lässt, wird in directen und in indirecten Fragen im epischen Dialekt mit ἦ — ἦ, im jonischen und attischen mit κότερον, κότερα und πότερον, πότερα — ἤ ausgedrückt.

Od. I, 174 ff.: καί μοι τοῦτ' ἀγόρευσον ἐτήτυμον, ὄφρ' εὖ εἰδῶ,
ἠὲ νέον μεθέπεις, ἢ καὶ πατρώϊός ἐσσι
ξεῖνος.

Die Frage kann als directe und indirecte aufgefasst werden; ἦ — ἦ (ἤ) ist handschriftlich sicher beglaubigt.

Od. IX, 252 f.: — — — πόθεν πλεῖθ' ὑγρὰ κέλευθα;
ἦ τι κατὰ πρῆξιν, ἢ μαψιδίως ἀλάλησθε;
XXI, 197: ἦ κε μνηστήρεσσιν ἀμύνοιτ', ἢ Ὀδυσῆϊ;

Häufig findet sich bei Homer ἦ — ἤ in der indirecten Frage; dass es ausschliesslich stehe, dass nicht auch εἰ — ἤ, dass neben ἤτε — ἤτε nicht auch εἴτε — εἴτε gebraucht werde, ist eine ungerechtfertigte Annahme. Wir können uns, wie gewagt die Consequenz der Analogie und die durchgreifende Zurückführung von εἰ auf ἦ in der disjunctiven abhängigen Frage sei, gleich an Il. I, 64 f. überzeugen. Bei *Wolf* und *Spitzner* lauten die Verse:

ὅς κ' εἴπῃ, ὅτι τόσσον ἐχώσατο Φοῖβος Ἀπόλλων,
εἴτ' ἄρ' ὅ γ' εὐχωλῆς ἐπιμέμφεται, εἴθ' ἑκατόμβης·

So haben auch alle übrigen Ausgaben, und selbst noch die frühere von J. Bekker. Die neue Ausgabe dagegen hat ἤ τ' ἄρ' — ἤ θ' ἑκατόμβης. Berücksichtigen wir die alten Zeugnisse, so erscheint ἤ τε — ἤ τε eben so wenig gerechtfertigt als εἴτε — εἴτε. Der cod. Ven. hat εἴταρ (d. i. εἴ ταρ) und ἠδ' ἑκατόμβης. Das Scholion A bemerkt aus Herodian: οὕτως ὀξεῖα εἰς τὸν εἴ· τὸ γὰρ τάρ ἐστιν ἐγκλιτικὸς σύνδεσμος ἐπιφερόμενος. καὶ οὐ δεῖ ἀπόστροφον βάλλειν εἰς τὸ τ̄· οὐ γάρ ἐστιν ὁ τε σύνδεσμος· ἐπεφέρετο γὰρ ἂν ἕτερός τε. Und so wird demgemäss 93 gelesen: οὔ ταρ — οὐδ' ἑκατόμβης, wozu dann die Bemerkung: οὕτως ὀξεῖαν ἐπὶ τοῦ οὔ· ὁ γὰρ τάρ ἐστι σύνδεσμος ἐπιφερόμενος ἐγκλιτικῶς, ὡς καὶ ἐπὶ τοῦ „εἴ ταρ ὅ γ' εὐχωλῆς"· οὐ γάρ ἐστιν ὁ τέ συμπλεκτικός· εἰ γὰρ ἦν, ἐπεφέρετο ἂν πάλιν ὁ τέ μετὰ ἀποφάσεως, οὐδ' ἑκατόμβης. Nach diesen Zeugnissen war — abgesehen von der nicht mehr anerkannten Partikel τάρ — das Ueberlieferte: εἴ τ — ἠ δ, und Herodian legt ausdrücklich Zeugniss ab für εἰ an der ersten, und für den Mangel des τέ an der zweiten Stelle.

Il. I, 189 ff.: — — — — διάνδιχα μερμήριξεν,
ἢ ὅ γε φάσγανον ὀξὺ ἐρυσσάμενος παρὰ μηροῦ
τοὺς μὲν ἀναστήσειεν, ὁ δ' Ἀτρείδην ἐναρίζοι,
ἦε χόλον παύσειεν. — Aehnlich
V, 671 ff.: μερμήριξε δ' ἔπειτα κατὰ φρένα καὶ κατὰ θυμὸν
ἢ προτέρω Διὸς υἱὸν ἐριγδούποιο διώκοι,
ἦ ὅ γε τῶν πλεόνων Λυκίων ἀπὸ θυμὸν ἕλοιτο.
II, 237 f.: — — — — — ὄφρα ἴδηται,
ἢ ῥά τί οἱ χἠμεῖς προσαμύνομεν, ἦε καὶ οὐκί.
253. 300. 349: γνώμεται, εἴτε ψεῦδος ὑπόσχεσις, ἦε καὶ οὐκί.
So haben *Wolf* und *Spitzner*, obwohl der letztere mit *Fr. Thiersch* vorziehen würde: ἢ κεν ψεῦδος ὑπόσχεσις, ἦὲ καὶ οὐκί, weil εἴτε — εἴτε καὶ οὐκί sonst bei Homer sich nicht nachweisen lasse. Der cod. Ven. hat εἴτε — εἴτε καὶ οὐκί, damit stimmt nach *Alter* die Wiener Hds. Darum erscheint *Bekkers*: ἦ τε — ἦε καὶ οὐκί jedenfalls gewagt.
Il. V, 85 f.: Τυδείδην δ' οὐκ ἂν γνοίης, ποτέροισι μετείη,
ἦε μετὰ Τρώεσσιν ὁμιλέοι, ἦ μετ' Ἀχαιούς.
Hier und XVII, 180 steht ἢ — ἦ ganz unbestritten. Aus der Odyssee sind namhaft zu machen: I, (175 s. o.) 268. 408. IV, 712, wo *Alter* (V. 706) nach seinen Wiener Hdss. bat:
οὐκ οἶδ', εἴ τις μιν θεὸς ὤρορεν, ἦε καὶ αὐτοῦ
θυμὸς ἐφωρμήθη, wie auch *Wolf* hat, ist durch die Scholien ἢ τις μιν als Aristarchs Lesart bezeugt. *Bekker* hat demgemäss ἢ — ἦε. IX, 175 f. X, 51. XVI, 95. Da es uns hier nicht darum zu thun sein kann, alle homerischen Stellen zu prüfen, ob sie ἢ — ἢ zulassen, oder ob εἰ und εἴτε hinlänglich bezeugt ist, so genügt es hier, sichere Belege für ἢ — ἢ aufgeführt, andrerseits aber nachgewiesen zu haben, dass es nicht gerechtfertigt wäre, εἰ und εἴτε in der indirecten Frage aus Homer geradehin zu verbannen. Aus dem homerischen Sprachgebrauch ist ἢ — ἢ auch in den der attischen Tragiker übergegangen.
Aesch. Prom. 780 f.: ἐλοῦ γάρ, ἢ πόνων τὰ λοιπά σοι
φράσω σαφηνῶς, ἢ τὸν ἐκλύσοντ' ἐμέ. Ohne Variante; auch *Hermann* hat ἢ — ἢ.
Choeph. 890: εἴδωμεν, ἢ νικῶμεν, ἢ νικώμεθα (*Hermann*: εἰ νικῶμεν). So hat *Wellauer* (vgl. zu Choeph. 745 seiner Ausgabe) mit gutem Grund, nach den besten Hdss. aufgenommen.
Soph. Oed. Col. 79 f.: — — — οἶδε γὰρ κρινοῦσί γε
ἢ χρή σε μίμνειν, ἢ πορεύεσθαι πάλιν.
Nachdem *Brunck* εἰ χρή vorgezogen hatte, haben *Reisig* und *Wunder* unter Berufung auf *Elmsley's* Bemerkung zu *Eur.* Med. 480 das von allen Hdss. dargebotene ἢ geschützt.
Eur. Med. 489 ff.: — — — — — οὐδ' ἔχω μαθεῖν,
ἢ θεοὺς νομίζεις τοὺς τότ' οὐκ ἄρχειν ἔτι,
ἢ καινὰ κεῖσθαι θέσμ' ἐν ἀνθρώποις τὰ νῦν.

So hat apf Grund aller Hdss. *Elmsley* hergestellt, und *Kirchhoff* ist ihm gefolgt, ausser dass er nach der ersten Schreibung des cod. Vat. (Elmsley: „ἢ θεοὺς νομίζεις" supra scripto ἢ ab eadem manu) ἢ θεοὺς νομίζεις aufgenommen hat. Die Einwendungen, welche *G. Hermann* in seinen adnotationes zu der Leipziger Ausgabe von Elmsley's Medea p. 364 f. geltend machte, dass die von E. vorgebrachten Belege zu wenige, und von der Stelle bei Euripides verschieden seien, sind nicht von Gewicht. Denn da der Gebrauch bei Homer feststeht, kann es nicht auffallen, auch bei den Tragikern ἢ — ἢ statt πότερον — ἤ in einzelnen Beispielen zu finden, und die Stellen bei Aeschylos, Sophokles und Euripides haben dieses ἢ — ἤ gleichmässig in der abhängigen disjunctiven Frage. Mit *Kirchhoff* ἢ zu lesen, also aus der epischen Sprache ἢ auch in die indirecte Frage zu bringen, in welcher die Attiker ἢ nicht haben, ist kein Grund vorhanden.

Bei *Herodot* und den *Attikern* wird die disjunctive Frage (ohne Unterschied der directen und der indirecten) mit κότερον (κότερα) — ἤ, πότερον (πότερα) — ἤ ausgedrückt.

Herod. I, 88, 2: ὦ βασιλεῦ, κότερον λέγειν πρὸς σὲ τὰ νοέων τυγχάνω ἢ σιγᾶν ἐν τῷ παρεόντι χρή; I, 91, 3: Τὸν δὲ πρὸς ταῦτα χρῆν εὖ μέλλοντα βουλεύεσθαι ἐπείρεσθαι πέμψαντα κότερα τὴν ἑαυτοῦ ἢ τὴν Κύρον λέγοι ἀρχήν. I, 126, 3: κότερα — ἤ. III, 32, 3: κότερον — ἤ. *Aesch.* Pers. 147.

351: τίνες κατῆρξαν, πότερον Ἕλληνες, μάχης,
ἢ παῖς ἐμός; VII c. Th. 825. Ag. 626.

πότερα: *Aesch.* Ag. 630. Choeph. 13 f. 89. 93. πότερα allein, ohne Gegenfrage: *Aesch.* Pers. 239. Ag. 274.

Soph. El. 310 f.: Φέρ' εἰπέ, πότερον ὄντος Αἰγίσθου πέλας
λέγεις τάδ' ἡμῖν, ἢ βεβῶτος ἐκ δόμων;
539 ff.: πότερον — ἤ — ἤ — ἤ. 766 f. 1327 f. *Eur.* Or. 855 f.: πότερα — ἤ. 878: πότερον — ἤ. 1586: πότερον ἐρωτᾷν ἢ κλύειν ἐμοῦ θέλεις; Phoen. 561: πότερα 1315 f.: πότερα. — Ferner πότερον — ἤ: *Pl.* Ap. 24 E. 25 C. 26 C. 28 B. Protag. 316 B: πότερον — ἢ καί. 324 E: πότερον ἔστι τι ἕν, ἢ οὐκ ἔστιν; *Xen.* Mem. I, 1, 9. I, 2, 15. 34. 42. 45. Sodann πότερα — ἤ: *Pl.* Prot. 334 E. Ap. 22 E. *Xen.* Mem. I, 1, 12. III, 6, 16. Cyr. I, 3, 17. *Dem.* Ol. I, 25.

In abhängigen Fragen *Xen.* Cyr. II, 4, 12. III, 1, 5.

δ) Endlich erscheint in der abhängigen disjunctiven Frage auch εἰ — ἤ. Für Homer beziehe ich mich auf das oben Bemerkte. Gesichert steht *εἰ:*

Il. II, 367 f.: γνώσεαι δ' εἰ καὶ θεσπεσίῃ πόλιν οὐκ ἀλαπάξεις
ἢ ἀνδρῶν κακότητι καὶ ἀφραδίῃ πολέμοιο.
So haben übereinstimmend die Ven. und die von *Alter* herausgegebene Wiener Hds. Auch die Scholien enthalten keine Variante;

nur über ἤ, ob ἤ oder ἤ zu schreiben sei, führen sie die abweichenden Ansichten des Ptolemäos und des Alexion an.
Pl. Ap. 18 A: τούτῳ τὸν νοῦν προσέχειν, εἰ δίκαια λέγω, ἢ μή.

3. Endlich ist ἤ Bezeichnung der Verschiedenheit nach Comparativen und andern Wörtern, welche eine Ungleichheit andeuten. Nach Comparativen z. B. *Il.* I, 260. II, 453. *Od.* II, 453. XX, 317. XXI, 155. *Soph.* El: 458. 598. *Pl.* Ephr. 5 B. C. Ap. 41 E. *Xen.* Cyr. I, 3, 4. Mem. I, 1, 18. *Isocr.* Pgr. 81. 95. 134. Andre Ausdrücke, denen ein comparativer Begriff inwohnt, sind: *Il.* I, 117: βούλομ᾽ ἐγὼ λαὸν σῶν ἔμμεναι ἢ ἀπολέσθαι.
Ferner ἄλλος — ἤ: *Eur.* Phoen. 591 (ἄλλως). *Pl.* Ap. 28 B. de rep. V, 463 D. *Isocr.* Pgr. 28. *Xen.* h. gr. I, 6, 6. ἀλλοῖος — ἤ: *Pl.* Ap. 20 C. ἕτερος — ἤ: *Eur.* Or. 337. διαφερόντως — ἤ: *Dem.* Ol. I, 27. *Pl.* Phaedo 95 C. ἐναντίος — ἤ: *Herod.* I, 22. *Pl.* Ephr. 12 A. διπλάσιος — ἤ: *Isocr.* Pgr. 107.

Bemerkenswerth ist, dass μᾶλλον ἤ = vielmehr gewöhnlich ungetrennt steht, namentlich wo μᾶλλον zu dem ganzen Satz gehört. *Soph.* Ph. 94 f.: — — — βούλομαι δ᾽, ἄναξ, καλῶς
δρῶν ἐξαμαρτεῖν μᾶλλον ἢ νικᾶν κακῶς.
El. 1045 f.: — — — οὔτε γάρ ποτε
μητρὸς σύ γ᾽ ἦσθα μᾶλλον ἢ κἀμοῦ φίλος.
Eur. Phoen. 508 f.: τοῦτ᾽ οὖν τὸ χρηστόν, μῆτερ, οὐχὶ βούλομαι
ἄλλῳ παρεῖναι μᾶλλον ἢ σώζειν ἐμοί.
Herod. I, 31, 4: διέδεξέ τε ἐν τούτοισι ὁ θεός, ὡς ἄμεινον εἴη ἀνθρώπῳ τεθνάναι μᾶλλον ἢ ζῆν. *Thuc.* I, 140, 4: βούλονται δὲ πολέμῳ μᾶλλον ἢ λόγοις τὰ ἐγκλήματα διαλύεσθαι. Hier sind nur die beiden Begriffe πολέμῳ und λόγοις verglichen. Dagegen zum ganzen Satz gehört es I, 141, 3: αἱ δὲ περιουσίαι τοὺς πολέμους μᾶλλον ἢ αἱ βίαιοι εἰσφοραὶ ἀνέχουσιν. *Pl.* Ephr. 11, D—E: ἐβουλόμην γὰρ ἄν μοι τοὺς λόγους μένειν καὶ ἀκινήτως ἱδρῦσθαι μᾶλλον ἢ πρὸς τῇ Δαιδάλου σοφίᾳ τὰ Ταντάλου χρήματα γενέσθαι. Auch wo μᾶλλον zunächst zu einem einzelnen Begriff gehört, kann es unmittelbar vor ἤ treten. *Pl.* Ap. 25 C: βλάπτεσθαι μᾶλλον ἢ ὠφελεῖσθαι. Prot. 348 D. *Isocr.* Pgr. 18: ταύτην τὴν τιμὴν ἡμετέραν οὖσαν μᾶλλον ἢ κείνων. Ebd. §. 53. 95. 107. 108. 115. Dass μᾶλλον nach Comparativen überflüssig beigefügt sein kann, zeigt *Her.* I, 31, 4 (s. o.). *Pl.* Phaedo 79 E. Prot. 317 B: καὶ εὐλάβειαν ταύτην οἶμαι βελτίω ἐκείνης εἶναι τὸ ὁμολογεῖν μᾶλλον ἢ ἔξαρνον εἶναι.

Ἠδέ.

Die Bedeutung dieser Partikel unterliegt keiner Schwierigkeit; sie verknüpft wie καί Wörter und Sätze. — Bei *Homer* und *Hesiod* in ausgedehntem Gebrauch ward ἠδέ in Folge des Einflusses, den die homerische Sprache auf die späteren Dichter übte, auch in die Lyrik und das Drama, vorzugsweise des Aeschylos, in den Dialog wie in die Chöre, aufgenommen, verschwand aber allmählich, nur als Alterthümlichkeit etwa noch gewählt, aus dem Gebrauch der Dichter, und fand in der Prosa überhaupt keine Aufnahme. Die Partikel steht entweder 1) allein: *Il.* II, 27. 79. 118: ἠδ' ἔτι. 121. 152. 220. 225. 393. 452. III, 248. 435. VI, 90 u. a. *Od.* I, 12. 13. *Hes.* theog. 15. 72. *Aesch.* Pers. 16 u. 535. Ag. 42. Choeph. 1025. u. Eum. 414 im Dialog. Sätze verknüpfend namentlich: *Il.* II, 366. III, 296. VI, 113. *Od.* I, 95. 135. *Aesch.* Pers. 859.

2) ἠδὲ καί: *Il.* I, 334. VII, 274. *Od.* XXI, 191. *Hes.* theog. 47. 113. ἠδὲ — καὶ — ἠδέ: *Il.* XV, 663 u. *Aesch.* Pers. 21 f.

3) τε ἠδέ: *Il.* I, 400 (τε — ἠδὲ — καί). VI, 446. *Aesch.* Pers. 26. VII c. Th. 862.

4) καὶ — ἠδέ: *Il.* VI, 429 f. VII, 348 u. 368.

Interessanter ist die Frage nach dem Ursprung der Partikel. Es liegt nahe, wie auch schon von Andern ausgesprochen worden ist (*Rost's* grösseres Wörterbuch), ἠδέ aus ἤ δέ hervorgegangen zu denken, namentlich in der vollen, nur im Epos gebräuchlichen Formel ἠμὲν — ἠδέ, so dass diess ursprünglich gewesen wäre: das Eine so gewiss wie das Andre.

Il. I, 453 ff.: ἠμὲν δή ποτ' ἐμεῦ πάρος ἔκλυες εὐξαμένοιο
— ἠδ' ἔτι καὶ νῦν μοι τόδ' ἐπικρήηνον ἐέλδωρ.

würde ursprünglich geheissen haben: fürwahr, du hast früher mein Gebet erhört, fürwahr erfülle auch jetzt diesen meinen Wunsch = wie du früher erhört hast — so erhöre auch jetzt.

VII, 301 f.: ἠμὲν ἐμαρνάσθην ἔριδος πέρι θυμοβόροιο,
ἠδ' αὖτ' ἐν φιλότητι διέτμαγεν ἀρθμήσαντε.

Od. I, 97 f.: τά μιν φέρον ἠμὲν ἐφ' ὑγρήν, ἠδ' ἐπ' ἀπείρονα γαῖαν wäre ursprünglich: sie trugen ihn gewiss über das Meer, gewiss auch über das Festland hin.

Od. II, 68: λίσσομαι ἠμὲν Ζηνὸς Ὀλυμπίου, ἠδὲ Θέμιστος·
69: ἥτ' ἀνδρῶν ἀγορὰς ἠμὲν λύει ἠδὲ καθίζει. — 268 und
401: Μέντορι εἰδομένη ἠμὲν δέμας ἠδὲ καὶ αὐδήν.
VIII, 383 f. X, 458 f. Auch kann bloss μὲν — ἠδέ stehen: *Od.* I, 239 f. oder ἠμὲν — δέ: *Il.* XII, 429 f.

Wenn wir es für wahrscheinlich halten, dass der Ursprung von ἠμὲν — ἠδέ war ἤ μέν, ἤ δέ, so verkennen wir dabei nicht, dass aus dieser einfachen Parataxis schon zu Homers Zeit eine Verknüpfung und gegenseitige Beziehung der Sätze hervorgegangen war, die etwa unserem: sowohl, als auch entspricht. Es erhellt diess nicht bloss aus den Stellen selbst, in denen sich diese Bedeutung nicht verkennen lässt, sondern auch aus der Wahrnehmung, dass schon bei Homer diese wechselseitige Verknüpfung minder häufig ist als ἠδέ, und dass, wie die Verbindung τε — ἠδέ nicht selten ist, so auf ἠμέν auch καί folgt. Il. XV, 664. 670, oder auch τέ Od. VIII, 575: ἠμὲν ὅσοι — οἵ τε.

Aus ἠδέ dürfte ἰδέ durch Verkürzung des η entstanden sein, wenn sich auch sonst die Verwandlung des η in ι nicht nachweisen lässt. Il. III, 194. V, 3. VI, 4. VII, 177. Od. III, 10. Hes. theog. 19. Bei *Sophokles* im Chorgesang Ant. 969: ἀκταὶ Βοσπόριαι ἴδ' ὁ Θρῃκῶν ἄξενος Σαλμυδησσός.

Ἤ δ η.

Wir glauben hier die divergirenden Ansichten der Grammatiker, die in neuerer Zeit mit der Erforschung der griechischen Partikeln sich beschäftigt haben, nicht übergehen zu dürfen. *Hartung* I, S. 224 ff. leitet den ersten Bestandtheil von der Sanskrit-Präposition sa = ἅμα oder dem α ἀθροιστικόν, indem das ἀ in ἠ übergieng, den zweiten aus dem Sanskritworte diw ab, und stellt demnach ἤδη mit dem sanskr. „sadjas = statim, zur Stunde" zusammen. S. 235: „Die Etymologie hat gelehrt, dass ἤδη soviel als zur Stunde, illico, extemplo, ex tempore u. s. w. sei und bedeute. Es ist also ein Zeitadverbium und bezeichnet die nächste, unmittelbare Gegenwart. Es unterscheidet sich von νῦν — nunc oder num (d. h. novum) erstlich dadurch, dass es nicht sowohl die absolute Gegenwart des Redenden, als vielmehr die relative des Besprochenen andeutet, und zweitens dadurch, dass es die Gegenwart als Punkt, als Augenblick, nicht als Linie, als Dauer darstellt."

Ganz verschieden ist der Weg, den *Klotz* II, p. 392 f. 597 ff. einschlägt. „Itaque credo ego ἤδη particulam, si originem ac veram vim et potestatem vocis spectamus, non posse alio referri nisi ad verbum εἰδέναι." — „Ut has particulas (ἤδη et quae inde ductae sunt δή et δέ) ad illam originem revocem, me movet cum ipsa forma illius vocis antiquissuma, quae est ἤδη, tum etiam significatio. Nam quom ea particula, uti recte jam veteres grammatici viderunt, definitam certi alicujus temporis significationem non habeat, quam habent verbi causa vocabula νῦν, πάλαι, τότε, referatur autem ad omnia tria tempora, ut illa de his singulis, prouti comparatus totus locus est, adfirmet, facile intelligitur istam particulam nullam omnino per sese temporis significationem habere, sed tantummodo eam, quam supra p. 397 dixi, temporalem adfirmationem. Ea autem nata est ex verbo ἤδη, ut hoc jam significet particula ἤδη, eum, qui loquitur, de ea re, de qua sermo est, quasi jam ipso facto cognovisset, statuere." „possumus etiam de re praesenti aut futura ita statuere, quasi jam ad factam caussam ista referenda sit.

Nam hoc jam saepe dico, ἤδη materialem temporis significationem non habere, sed ad actionem pertinere, de qua jam non dubitamus, quod quasi de ipso facto de ea nobis persuasum est."

Das grössere Wörterbuch von *Rost* tritt der gewöhnlichen Annahme, dass ἤδη ein Zeitadverbium sei, entgegen, und nennt es „in Wahrheit eine determinative Partikel, die ihrer Zusammensetzung aus ἤ und δή gemäss Zuversicht (ἤ), die sich auf augenfällige Wahrnehmung (δή) gründet, bezeichnet, und gleich dem schwächeren δή theils zu Bekräftigung ganzer Sätze, theils zu nachdrücklicher Hervorhebung einzelner Begriffe in dem gesammten Gebiete der griechischen Literatur ausnehmend häufig gebraucht wird."

Auf eine directe Widerlegung dieser Ansichten und Etymologieen können wir uns hier so wenig wie anderwärts einlassen, wir glauben durch eine etymologische Erörterung die Einsicht in den Gebrauch der Partikel nicht zu fördern, und wenn wir bekennen, dass uns, wie Hartung, in der zweiten Sylbe die Sanskritwurzel diw (s. δή) zu liegen scheint, so wagen wir doch nicht weiter zu gehen. Wenigstens finden wir in dem von *Hartung* aufgestellten Grundbegriff nicht die Vorstellung ausgedrückt, die wir unwillkürlich bei der Lectüre selbst uns abstrahiren. — Noch weniger scheinen die andern Etymologieen der Wahrheit zu entsprechen, und es ist nur zu verwundern, dass sich den Urhebern die nahe liegenden Einwürfe nicht aufgedrängt haben, warum denn nicht ᾔδη, sondern ἤδη geschrieben, warum nicht οἶδα gebraucht wird, oder wiefern sich ἤδη von ἤ δή, das ja öfter vorkommt, unterscheide, ob nicht der Gebrauch von ἤδη in der Mitte der Rede eine völlige Abweichung von dem Grundbegriff ἤ δή, das am Anfang steht, verrathe. — Die Widerlegung dieser Ansichten wird sich indirect aus dem Folgenden ergeben.

Als Grundbegriff der Partikel ἤδη werden wir das Jetzt mit vergleichender Rücksicht auf eine andre Zeit betrachten dürfen. So steht denn ἤδη

1) wo etwas jetzt (vollendete) Thatsache ist, was zuvor nicht war, oder was man noch nicht erwartete (schon, bereits); 2) mit Hervorhebung und Vergegenwärtigung eines Momentes und der in ihm stattfindenden Handlung in Vergleichung und im Gegensatz zu einer andern Zeit (jetzt). So wie nämlich unser jetzt nicht bloss die objective, sondern auch die subjective Gegenwart bezeichnet, d. i. den Moment, den der Sprechende hervorheben und wie einen gegenwärtigen hinstellen will, eben so das griechische ἤδη. — Wir führen zunächst Belege für die erste Bedeutung an.

Il. I, 250 f.: τῷ δ' ἤδη δύο μὲν γενεαὶ μερόπων ἀνθρώπων
ἐφθίαθ'.

260: ἤδη γάρ ποτ' ἐγὼ καὶ ἀρείοσιν ἠέπερ ὑμῖν
ἀνδράσιν ὡμίλησα. — Beide Male: schon, jetzt bereits
vollendete Thatsache.
590: ἤδη γάρ με καὶ ἄλλοτ' ἀλεξέμεναι μεμαῶτα
ῥίψε — schon einmal. III, 184: ἤδη καὶ Φρυγίην εἰσήλυθον.
205: ἤδη γάρ καὶ δεῦρό ποτ' ἤλυθε δῖος Ὀδυσσεύς.
243. VII, 282 u. 293: νὺξ δ' ἤδη τελέθει. Od. I, 89: ἤδη γάρ
τρίτον ἐστίν ἔτος bereits ist es das dritte Jahr. 164. 402.
XX, 90: οὐκ ἐφάμην ὄναρ ἔμμεται, ἀλλ' ὕπαρ ἤδη. 94.
208: εἰ δ' ἤδη τέθνηκε. 309: ἤδη γάρ νοέω καὶ οἶδα ἕκαστα bereits
bin ich verständig (nicht mehr unmündig, wie bisher). Od. XX,
215. 273. 347. XXI, 284. In allen diesen Stellen kann über die
aufgestellte Bedeutung: schon, bereits (dass etwas jetzt eingetreten ist, was vorher nicht war, oder nicht erwartet wurde) gar
kein Zweifel obwalten. *Aesch.* Pers. 9. 65.
603: ἐμοὶ γάρ ἤδη πάντα μὲν φόβου πλέα.
670: νεολαία γάρ ἤδη κατὰ πᾶσ' ὄλωλε.
Soph. El. 185 f.: ἀλλ' ἐμὲ μὲν ὁ πολὺς ἀπολέλοιπεν ἤδη βίοτος
ἀνέλπιστος. 726. — *Eur.* El. 370. 1332: Ὀρ. Ὦ πιστοτάτη, στειχεῖς
ἤδη; Ἠλ. Στείχω.
Iph. T. 1127: — — ἤδη τῶν ξένων κατήρξατο
ἀδύτοις τ' ἐν ἁγνοῖς σῶμα λάμποντα πυρί;
Phoen. 1187. 1249. 1336.
1458: καὶ χαίρετ'· ἤδη γάρ με περιβάλλει σκότος.
Arist. Ach. 311: ταῦτα δὴ τολμᾷς λέγειν ἐμφανῶς ἤδη πρὸς ἡμᾶς;
315. *Herod.* I, 30, 3: νῦν ὦν ἵμερος ἐπείρεσθαί μοι ἐπῆλθε, εἴ τινα
ἤδη πάντων εἶδες ὀλβιώτατον. I, 68, 7. I, 83: καί σφι ἤδη παρεσκευ-
ασμένοισι — ἦλθε ἄλλη ἀγγελίη. *Thuc.* I, 8, 2. 3. I, 140, 4. *Plato*
Euthyphro 4 B: πόρρω που ἤδη σοφίας ἐλαύνοντος. 5 E: ὃ καὶ ἄλλοις ἤδη εἶπον. Ap. 18 C: πολὺν χρόνον ἤδη κατηγορηκότες. 26 A:
τοῦτο μὲν δῆλον ἤδη ἐστίν das ist (jetzt) bereits klar. 38 C: ὁρᾶτε
γάρ δὴ τὴν ἡλικίαν, ὅτι πόρρω ἤδη ἐστὶ τοῦ βίου, θανάτου δὲ ἐγγύς.
Xen. Cyr. I, 3, 16: ἀκριβῶ ταῦτά γε ἤδη das kenne ich schon ganz
genau. 17: τά γε δίκαια παντάπασιν ἤδη ἀκριβῶ. I, 5, 2. 4. Hist.
gr. II, 4, 5. Mem. I, 1, 12: νομίσαντες ἱκανῶς ἤδη τἀνθρώπινα εἰδέναι. II, 1, 7: ἤδη ποτ' ἐπεσκέψω —; *Isocr.* Pgr. 140. 141: ἀλλ'
ἤδη μὲν ἓξ ἔτη διατέτριφεν. 162: πολὺν ἤδη χρόνον.

Während wir mit den bisher angeführten Stellen nur die Bedeutung bestätigen konnten, die, wir dürfen sagen, allgemein anerkannt ist, eine Bedeutung, die so klar und natürlich in die Augen
springt, dass keine der oben angeführten, hievon abweichenden
Grundbedeutungen dagegen zur Wahl kommen kann, möchte die
zweite Bedeutung, die wir in ἤδη anerkennen, dass es gebraucht
wird, um irgend welchen Moment, auch der Vergangenheit und
Zukunft, als dem Subject gegenwärtigen zu repräsentiren,

eher eines Beweises bedürfen. Wie aber dieser Gebrauch eng mit dem vorher belegten zusammenhängt und unter Einer Grundbedeutung mit ihm sich begreifen lässt, so ist es nicht selten in dem einzelnen Fall schwer, denselben bestimmt dieser oder jener Gattung zuzuweisen. Es erklärt sich aber, wie ἤδη mit νῦν und τότε sich verbinden konnte.

Il. I, 456: ἤδη νῦν Δαναοῖσιν ἀεικέα λοιγὸν ἄμυνον, mit vergleichender Rücksicht auf die vorhergehende Zeit, wo Apollo anderes that, betonend was er jetzt thun soll. III, 98: φρονέω διακρινθήμεναι ἤδη Ἀργείους καὶ Τρῶας ich denke, dass jetzt (jetzt endlich, was zuvor nicht geschehen ist) die Argeier und Troer ihre Sache ausfechten werden. Die Sache ist erwünscht und erwartet, also ist die Bedeutung: schon, bereits ausgeschlossen. VII, 401 f.: γνωτὸν δὲ — ὡς ἤδη Τρώεσσιν ὀλέθρου πείρατ' ἐφῆπται dass jetzt (bereits, unter Vergleichung mit der früheren Zeit) über die Troer Verderben verhängt ist.

Od. I, 303: αὐτὰρ ἐγὼν ἐπὶ νῆα θοὴν κατελεύσομαι ἤδη, ich will jetzt hingehen.

XX, 215: μεμάασι γὰρ ἤδη κτήματα δάσσασθαι.

315: εἰ δ' ἤδη μ' αὐτὸν κτεῖναι μενεαίνετε χαλκῷ.

333: νῦν δ' ἤδη τόδε δῆλον, ὅτ' οὐκέτι νόστιμός ἐστιν jetzt ist klar, was man zuvor nicht bestimmt wusste. XXI, 245 mit Hervorhebung, Vergegenwärtigung des Momentes:

Εὐρύμαχος δ' ἤδη τόξον μετὰ χερσὶν ἐνώμα.

Aesch. Ag. 353 ff.: ἀλλ' ὡς ἕκαστος ἔσπασεν τύχης πάλον,

ἐν αἰχμαλώτοις Τρωικοῖς οἰκήμασιν

ναίουσιν ἤδη — jetzt (was früher nicht der Fall war) wohnen sie. Die Bedeutung: schon, bereits ist ausgeschlossen. — So wird auch ebd. 970 f.:

ὅταν δὲ τεύχῃ Ζεὺς ἀπ' ὄμφακος πικρᾶς

οἶνον, τότ' ἤδη ψῦχος ἐν δόμοις πέλει.

der Moment, da die Kälte eintritt, mit ἤδη hervorgehoben und vergegenwärtigt im Gegensatz zu der Zeit, da noch keine Kälte ist. Es ist klar, dass ἤδη nicht in der Bedeutung schon, bereits hier gebraucht sein kann.

1577: Ὦ φέγγος εὔφρον ἡμέρας δικηφόρου.

φαίην ἂν ἤδη νῦν βροτῶν τιμαόρους

θεοὺς ἄνωθεν γῆς ἐποπτεύειν ἄχη,

jetzt endlich darf ich behaupten. Offenbar wird mit vergleichender Rücksicht auf eine frühere Zeit der gegenwärtige Moment hervorgehoben. Der Moment tritt für Aegisthos spät genug, längst ersehnt ein, so dass die Bedeutung: schon, bereits ausgeschlossen ist. *Soph.* El. 814: ἤδη δεῖ με δουλεύειν πάλιν jetzt muss ich wieder Sklavin sein, mit Beziehung auf die Erwartung, die sie von Orest hegte, er werde sie befreien.

1056 f.: — — — — ὅταν γὰρ ἐν κακοῖς
ἤδη βεβήκῃς, τἄμ' ἐπαινέσεις ἔπη.
ein Moment der Zukunft wird als gegenwärtig dargestellt: wenn nun
die Zeit da sein wird, da du leidest etc. 1070: ὅτι σφιν ἤδη τὰ μὲν
ἐκ δόμων νοσεῖται. 1115 f.: — — — — τοῦτ' ἐκεῖν' ἤδη σαφὲς
πρόχειρον ἄχθος, ὡς ἔοικε, δέρκομαι.
jetzt seh' ich deutlich. Phil. 15: ἀλλ' ἔργον ἤδη σόν jetzt hast du
zu handeln (was bisher nicht der Fall war).
Eur. Or. 631 ff.: M. Λέγ'· εὖ γὰρ εἶπας. ἔστι δ' οὐ σιγῇ λόγου
κρείσσων γένοιτ' ἄν, ἔστι δ' οὐ σιγῆς λόγος.
Ὀρ. Λέγοιμ' ἄν ἤδη. — Ich will jetzt sprechen
(nachdem ich es zuvor nicht gethan habe). Iph. T. 1054: σὸν ἔργον ἤδη.
Phoen. 906: Κλύοις ἄν ἤδη τῶν ἐμῶν θεσπισμάτων jetzt sollst du
hören, d. i. ich will nicht länger schweigen. 1586: οἴκτων μὲν ἤδη
λήγετ' lasst nun endlich ab. 1630. *Arist.* Ach. 539: κἀντεῦθεν ἤδη
πάταγος ἦν τῶν ἀσπίδων. *Herod.* I, 65, 1: ἐπυνθάνετο ὁ Κροῖσος —
τοὺς — Λακεδαιμονίους ἐκ κακῶν τε μεγάλων πεφευγότας καὶ ἐόντας
ἤδη τῷ πολέμῳ κατυπερτέρους Τεγεητέων dass sie jetzt (was sie zuvor nicht waren) den Tegeaten im Kriege überlegen seien. I, 67, 1:
ἐν Λακεδαίμονι ἤδη οἱ Σπαρτιῆται κατυπέρτεροι τῷ πολέμῳ ἐγεγόνεσαν.
I, 85, 3: μετὰ δὲ τοῦτο ἤδη ἐφώνεε τὸν πάντα χρόνον τῆς ζόης mit
Beziehung auf die Zeit, da er nicht gesprochen hatte: jetzt sprach
er etc. *Thuc.* I, 3, 2. 4. *Pl.* Euthyphro 3 E: εἰ δὲ σπουδάσονται,
τοῦτ' ἤδη, ὅπη ἀποβήσεται, ἄδηλον πλὴν ὑμῖν τοῖς μάντεσιν. Ap. 39 C:
καὶ γάρ εἰμι ἤδη ἐνταῦθα jetzt bin ich auf den Punkt gekommen (wo
ich zuvor nicht war). 41 C: καὶ ἤδη τὸν λοιπὸν χρόνον ἀθάνατοί εἰσιν.
Es kann nicht davon die Rede sein, dass sie bereits, früher als man
erwartete, unsterblich seien, sondern es wird hervorgehoben: jetzt
sind sie unsterblich, und können keinen Tod mehr erleiden. D: ἀλλά
μοι δῆλόν ἐστι τοῦτο, ὅτι ἤδη τεθνάναι — βέλτιον ἦν μοι. Phaedo 87
E: ἀπολομένης δὲ τῆς ψυχῆς τότ' ἤδη τὴν φύσιν τῆς ἀσθενείας ἐπιδεικνύοι τὸ σῶμα dann träte der Moment ein, wo der Leib seine
natürliche Schwäche verrathe. Es ist eine subjectiv vorgestellte
Gegenwart. *Xen.* Cyr. I, 5, 1: ἐπεὶ δὲ διελθὼν τὴν παιδείαν ταύτην
ἤδη εἰσῆλθεν εἰς τοὺς ἐφήβους,, ein vergangener Moment wird als
gegenwärtig angeschaut. Hist. gr. II, 4, 1: οἱ δὲ τριάκοντα ὡς ἐξὸν
ἤδη αὐτοῖς τυραννεῖν ἀδεῶς προεῖπον in der Voraussetzung, dass sie
jetzt (was zuvor minder der Fall war) völlig freie Hand haben. II,
4, 6: ἐπεὶ δὲ πρὸς ἡμέραν ἐγίγνετο, καὶ ἤδη ἀνίστατο ὅποι ἐδεῖτο ἕκαστος ἀπὸ τῶν ὅπλων. III, 3, 4: τὸ τρίτον ἤδη θύοντος. *Isocr.* Pgr.
12: πρὸς οὓς ἔτι μικρὸν ὑπὲρ ἐμαυτοῦ θρασυνόμενος ἤδη περὶ τοῦ
πράγματος ποιήσομαι τοὺς λόγους. 100: μετὰ δὲ ταῦτ' ἤδη τινὲς ἡμῶν
κατηγοροῦσιν. *Dem.* Ol. II, 2: δεῖ τοίνυν, ὦ ἄνδρες Ἀθηναῖοι, τοῦτ'
ἤδη σκοπεῖν αὐτούς.

Die angeführten Belege werden es, wie ich denke, klar machen, dass in nicht wenigen Stellen *ἤδη* unmöglich Ausdruck eines gegen Erwartung früheren Eintretens (schon, bereits) sein kann, dass vielmehr nur in Vergleichung mit einer andern Zeit etwas als jetzt (in einem subjectiv vergegenwärtigten, wenn auch an sich der Vergangenheit oder Zukunft angehörigen Moment) eingetreten oder eintretend bezeichnet werden soll, dass aber die beiden Gebrauchsweisen von *ἤδη* darin übereinkommen, dass sie ein Jetzt mit vergleichender Rücksicht auf eine andre Zeit ausdrücken.

Ἵνα.

Es liegen zwei Bedeutungen von dieser Partikel vor, die eines Ortsadverbiums wo und die einer Absichtspartikel: damit, dass, auf dass. Der letztere Gebrauch, in den „Untersuchungen über die griechischen Modi und die Partikeln *κέν* und *ἄν*" zur Genüge erörtert, soll hier übergangen werden; der andre, vorzugsweise bei Dichtern sich findend, reicht von der homerischen Zeit bis in die spätere attische herab.

Die örtliche Bedeutung wo geht naturgemäss in die verwandte: wohin über (wie *ἐκεῖ*, *ἔνθα*) oder in: wobei, bei welcher Gelegenheit, oder in wie (vergl. *Nitzsch* Erkl. Anmerkungen zur Odyssee I, S. 319 f.). Wir führen zunächst Belege für die Bedeutung: wo an.

Il. II, 558: στῆσε δ' ἄγων, ἵν' Ἀθηναίων ἵσταντο φάλαγγες.
V, 360 u. VIII, 456: ὄφρ' ἐς Ὀλυμπον ἵκωμαι, ἵν' ἀθανάτων ἕδος ἐστίν. II, 604. V, 479. IX, 441. XI, 807. *Od.* IX, 136. Aus den Cypria des Stasinos bei Plato Euthyphro 12 A. B. C: ἵνα γὰρ δέος, ἔνθα καὶ αἰδώς. *Aesch.* Prom. 21. 725. 793. 830. *Soph.* El. 22. 855. 935 f.: οὐκ εἰδυῖ' ἄρα, ἵν' ἦμεν ἄτης. Phil. 17. 379. 429. *Eur.* Iph. A. 344. 455. 703. 756. 923. 1491. 1542. *Herod.* I, 98, 2: ἵνα αὐτὸς ἔφρασε τῆς χώρης. 213: ἵνα ἦν κακοῦ. II, 133. 3. *Plato* Ap. 17 C: ἐπὶ τῶν τραπεζῶν, ἵνα ὑμῶν οἱ πολλοὶ ἀκηκόασι.

Dass ἵνα auch für die Richtung wohin scheinbar steht, ersehen wir aus

Od. IV, 820 f.: τοῦ δ' ἀμφιτρομέω καὶ δείδια, μή τι πάθῃσιν,
ἢ ὅ γε τῶν ἐνὶ δήμῳ ἵν' οἴχεται, ἢ ἐνὶ πόντῳ.

VI, 55: ἐς βουλήν, ἵνα μιν κάλεον Φαίηκες ἀγανοί.

Mit dieser Bedeutung vertritt es selbst das demonstrative dahin.

Il. X, 126 f.: ἀλλ' ἴομεν· κείνους δὲ κιχησόμεθα πρὸ πυλάων
ἐν φυλάκεσσ'· ἵνα γάρ σφιν ἐπέφραδον ἠγερέθεσθαι.

Soph. O. R. 687: ὁρᾷς, ἵν' ἥκεις wohin es mit dir gekommen ist.

1311. 1515. *Thuc.* IV, 48, 4: ἐς τὴν Σικελίαν, ἵναπερ τὸ πρῶτον ὥρμηντο. Ebenso IV, 74, 2.

Das Wo gränzt ferner an die Bedeutung: bei welcher Gelegenheit, wobei, oder da, als, wann.
Od. VI, 27 f.: σοὶ δὲ γάμος σχεδόν ἐστιν, ἵνα χρὴ καλὰ μὲν αὐτὴν ἕννυσθαι. — *Antiph.* de chor. §. 9: ἵνα μὲν ἐξῆν αὐτοῖς — ἐνταῦθα μέν. Oder es gränzt an die Bedeutung wie.
Od. VIII, 313: ἀλλ' ὄψεσθ' ἵνα τώ γε καθεύδετον ἐν φιλότητι.

Es interessirt uns indessen hier vornehmlich die Frage, ob zwischen der eben dargelegten relativen und wesentlich örtlichen Bedeutung und dem Gebrauch als Absichtspartikel ein Zusammenhang stattfindet. Nicht zu verkennen ist, dass ein solcher dem Bewusstsein nicht mehr gegenwärtig war, da die unmerklichen Uebergänge aus der einen in die andre Bedeutung, die wir bei ὅπως, auch bei ὡς antreffen, und die es oft zweifelhaft machen, ob die eine oder die andre Bedeutung anzunehmen sei, bei ἵνα sich nicht finden. Jener Fall tritt vorzüglich ein bei ὅπως mit Futur. Ind. (auch Opt. mit ἄν) oder ὅπως ἄν und ὡς ἄν mit Conjunctiv nach den Verben des Sorgens, Betreibens u. dgl. (vgl. Untersuchungen S. 112 f.), wo in manchen Fällen, wie nach einem vorbereitenden οὕτως, die Partikeln ὅπως und ὡς am natürlichsten als Relativ-Adverbien der Art und Weise, wie etwas geschehen wird und geschehen kann, betrachtet werden. Wenn sich ὅπως mit Futur. Ind. oder ὅπως ἄν und ὡς ἄν mit Conjunctiv nur daraus erklären lassen, dass hier die relative Bedeutung wie fühlbar blieb, so dass das Futur hier aus eben dem Grunde steht, wie in den Relativsätzen (namentlich z. B. ὅτῳ τρόπῳ statt ὅπως *Thuc.* I, 107. IV, 128. VI, 11; Untersuchungen S. 91), wenn die Construction mit ἄν und Conj. (= Setzung eines wirklich Werdenden) nach ὅπως und ὡς ebenfalls die relative Bedeutung wie voraussetzt, und aus der Verwandtschaft, die zwischen dem Conjunctiv mit ἄν und dem Futur stattfindet, sich erklärt, so bietet sich für die Erscheinung, dass ἵνα eben so wenig mit dem Conjunctiv und ἄν (vgl. *Klotz* II, p. 630) als mit dem Futur (vergl. *Elmsley* gegen *Brunck* zu Eurip. Bacchae 1380) vorkommt, keine andre Erklärung dar, als dass bei dieser Partikel ein Zusammenhang zwischen dem relativen Gebrauch und dem Gebrauch als Absichtspartikel in dem Bewusstsein der Griechen nicht stattfand.

Andrerseits müssen wir nichts desto weniger eine ursprüngliche Verbindung zwischen beiden Bedeutungen und zwar die Entwicklung des Gebrauchs als Absichtspartikel aus dem relativen Gebrauch schon darum annehmen, weil eben die relative Construction im Griechischen (wie im Lateinischen) überhaupt zum Ausdruck der Absicht verwendet ward, und die unterordnende, subjunctive Construction aus der mehr äusserlich verknüpfenden, conjunctiven hervorgieng.

Καί.

Die Bedeutung dieser Partikel kann an und für sich keinem Zweifel unterliegen; sie bedarf nur einer klaren Präcisirung. Es wird durch dieselbe das Hinzukommen eines neuen, aber unter den gleichen Gesichtspunkt fallenden, oder doch nicht als verschieden aufgefassten Momentes bezeichnet. Unter diesem Begriff ist die doppelte Bedeutung: sowohl und, wie auch zusammengefasst. Das unter gleichem Gesichtspunkt hinzugefügte Neue kann theils ein ganzer Gedanke, theils ein einzelner Begriff sein.

Das Gebiet der Partikel gränzt einerseits an δέ, andrerseits an τέ an. Von der ersten Partikel unterscheidet sich καί, sofern durch καί ein Weiteres unter gleichem Gesichtspunkt, durch δέ ein Weiteres als ein Verschiedenes, Anderes angereiht wird. Der Unterschied von τέ wird sich uns vollständiger erst bei Erörterung dieser Partikel ergeben; vorläufig können wir ihn dahin fixiren, dass καί ein Neues zwar unter gleichem Gesichtspunkt, doch mehr äusserlich hinzufüge, während τέ das innerlich Verbundene und Zusammengehörige bezeichne. Der Begriff von καί ist darum der weitere, allgemeinere, der von τέ der speciellere. Darum kann in vielen Fällen καί stehen, wo τέ das Präcisere wäre, aber nicht umgekehrt.

1. Die einfache Hinzufügung eines Neuen, Gleichen oder doch vom Vorhergehenden nicht Unterschiedenen = und kann in Beziehung a) auf einzelne Begriffe und Wörter oder b) auf vollständige Gedanken und Sätze stattfinden. In beiden Beziehungen erstreckt sich der Gebrauch von καί durch alle Perioden der griechischen Literatur.

a) Einzelne Begriffe sind verbunden: *Il.* I, 9: *Λητοῦς καὶ Διὸς υἱός.* 31: *ἰστὸν ἐποιχομένην καὶ ἐμὸν λέχος ἀντιόωσαν.* I, 77, 88. II, 49. 413. 421. 422 fünf gleichgestellte Prädicate, das zweite und dritte mit καί — καί, das vierte und fünfte mit τέ — τέ angefügt. III, 264. 266. *Od.* I, 92. 110: *οἶνον καὶ ὕδωρ.* 112: *ῥίζον καὶ πρότιθεν.* 159: *κίθαρις καὶ ἀοιδή.* XX, 130: *εὐτῇ καὶ σίτῳ.* 138: *κοίτοιο καὶ ὕπνου.* 141: *ἐν λέκτροισι καὶ ἐν ῥήγεσσι.* *Aesch.* Prom. 33: *ὀδυρμοὺς καὶ γόους.* 36. 42: *τλῆς καὶ θράσους πλέως.* Ag. 5. *Soph.* El. 12: *ὁμαίμον καὶ κασιγνήτης.* 13: *ἤνεγκα κἀξέσωσα κἀξεθρεψάμην.* 15: *'Ορέστα καὶ Πυλάδη.* 60. 71. 111. *Eur.* El. 32. 803. 806: *'Ορέστην καὶ σέ.* Phoen. 24. *Herod.* I, 1, 1. I, 2, 3. I, 4, 4: *τὴν Ἀσίην καὶ τὰ ἐνοικέοντα ἔθνεα βάρβαρα — τὴν Εὐρώπην καὶ τὸ Ἑλληνικόν.* *Thuc.* I, 6, 3. I, 7, 1. *Plato* Euthyphro 2 B: *νέος — καὶ ἀγνώς. τετανόθριχα καὶ οὐ πάνυ εὐγένειον.* 3 A: *πλείστων καὶ μεγίστων ἀγαθῶν.* 4 E: *περὶ τῶν θείων — καὶ ὁσίων τε καὶ ἀνο-*

σίων. Ap. 21 E. 22 C: φύσει τινί καὶ ἐνθουσιάζοντες — θεομάντεις καὶ χρησμῳδοί. 23 B. Xen. Cyr. I, 3, 1. 2. 3. 4. Isocr. Pgr. 1. 6: πῶς οὐ χρὴ σκοπεῖν καὶ φιλοσοφεῖν τοῦτον τὸν λόγον —; 8. 9. Eine besondere Erwähnung verdient der Gebrauch von καί, auch τε καί, nach πολλοί, πολλά, wo dieses nicht mit dem folgenden Adjectiv gleich gestellt ist, und nicht mit letzterem die gleiche, coordinirte Beziehung hat zu dem Substantiv, sondern eine nähere Bestimmung eben zu dem (mit oder ohne Substantiv) folgenden adjectivischen Nomen ist. *Herod.* I, 31, 1: πολλά τε καὶ ὄλβια. *Thuc.* I, 6, 4: πολλὰ δ' ἂν καὶ ἄλλα τις ἀποδείξειε. *Pl.* Ap. 22 D: τούτους δέ γ' ἤδη ὅτι εὑρήσοιμι πολλὰ καὶ καλὰ ἐπισταμένους von ihnen war ich überzeugt, dass sie viel Treffliches (nicht vieles und darunter auch Treffliches) wussten. 28 A: ἃ δὴ πολλοὺς καὶ ἄλλους καὶ ἀγαθοὺς ἄνδρας ᾕρηκεν. Es sind πολλούς und ἀγαθούς nicht coordinirte, in gleicher Weise zu ἄνδρας zu beziehende Attribute, sondern πολλούς gehört als Attribut zu dem Begriff ἀγαθοὺς ἄνδρας. p. 38 E: πολλὰ καὶ ἀνάξια ἐμοῦ. Prot. 314 C: καὶ ἄλλοι πολλοὶ καὶ σοφοί. *Xen.* Cyr. VII, 1, 11: πολλά τε καὶ ἀγαθά = viel Gutes. Mem. II, 9, 6: συνειδὼς αὑτῷ πολλὰ καὶ πονηρά. Hist. gr. II, 4, 40: πολλὰ καὶ αἰσχρὰ πεποιήκατε. Ihr habt viel Schändliches gethan.

b) Ebenso verbindet καί Sätze unter gleichem Gesichtspunkt mit einander, verkürzte und unvollständige, die gewisse Redetheile mit einander gemein haben, wie vollständige, und zwar ebensowohl solche, in welchen die Rede genz von Neuem anhebt, als solche, die nur das Begonnene fortsetzen. Wir stellen diese, ohne weiter zu unterscheiden, zusammen. *Il.* I, 15. 33. 71. 73. 76. 78 f.: — — — — ὃς μέγα πάντων
Ἀργείων κρατέει καί οἱ πείθονται Ἀχαιοί.
mit Aufhebung der relativen Construction einen selbständigen Satz beginnend. I, 92. II, 245. Od. I, 3. 89. 121. 122. Bemerkenswerth ist für *Homer*, dass er καί auch im Nachsatz gebraucht.
Il. I, 493 f.: Ἀλλ' ὅτε δή ῥ' ἐκ τοῖο δυωδεκάτη γένετ' ἠώς,
καὶ τότε δὴ πρὸς Ὄλυμπον ἴσαν θεοὶ αἰὲν ἐόντες.
V, 897 f.: εἰ δέ τευ ἐξ ἄλλου γε θεῶν γένευ ὧδ' ἀΐδηλος,
καί κεν δὴ πάλαι ἦσθα ἐνέρτερος Οὐρανιώνων.
VIII, 68 f.: ἦμος δ' ἠέλιος μέσον οὐρανὸν ἀμφιβεβήκει,
καὶ τότε δὴ χρύσεια πατὴρ ἐτίταινε τάλαντα.
Od. X, 144 ff.: ἀλλ' ὅτε δὴ τρίτον ἦμαρ ἐϋπλόκαμος τέλεσ' Ἠώς,
καὶ τότ' ἐγὼν — — ἀνήϊον. — X, 156 f. 187 f.
Aesch. Prom. 13: — — — — ἐντολὴ Διὸς
ἔχει τέλος δὴ κοὐδὲν ἐμποδὼν ἔτι.
51: ἔγνωκα τοῖσδε κοὐδὲν ἀντειπεῖν ἔχω. — 57.
Pers. 377: ἐπεὶ δὲ φέγγος ἡλίου κατέφθιτο
καὶ νὺξ ἐπῄει. — 382. 384.

Ag. 8. — Hervorhebend = und zwar: *Aesch.* Prom. 728:
αὐταί σ' ὁδηγήσουσι καὶ μάλ' ἀσμενῶς.
Soph. El. 100. 117. 264. 330. 344. 383. 680.
883 f.: Οἴμοι τάλαινα· καὶ τίνος βροτῶν λόγον
τόνδ' εἰσακούσασ' ὧδε πιστεύεις ἄγαν;
907: καὶ νῦν θ' ὁμοίως καὶ τότ' ἐξεπίσταμαι.
910: κἀγὼ μὲν οὐκ ἔδρασα ebenfalls neue, selbständige Sätze. — *Eur.* Med. 22. 60. 74. Phoen. 20. Iph. T. 16. 24. 53. El. 786 f.: καὶ ταῦθ' ἅμ' ἠγόρευε καὶ χερὸς λαβὼν παρῆγεν ἡμᾶς —. 794. *Herod.* I, 1, 4 Acc. c. Inf. durch καί verbunden. Desgl. I, 2, 1. I, 3, 2. I, 4, 3. Dagegen I, 12, 1 u. 2 ganz selbständige Sätze beginnend. *Thuc.* I, 2, 3. I, 4. I, 5, 1. 3. I, 6, 2. I, 14, 3. *Pl.* Euthyphro 2 C: ἐκεῖνος γάρ, ὥς φασιν, οἶδε, τίνα τρόπον οἱ νέοι διαφθείρονται καὶ τίνες οἱ διαφθείροντες αὐτούς. καὶ κινδυνεύει σοφός τις εἶναι· καὶ τὴν ἐμὴν ἀμαθίαν κατιδὼν — ἔρχεται κατηγορήσων μου ὥσπερ πρὸς μητέρα, πρὸς τὴν πόλιν· καὶ φαίνεταί μοι τῶν πολιτικῶν μόνος ἄρχεσθαι ὀρθῶς. 3 A. B. Ap. 20 D. 21 A. 22 C. 23 B. D. 24 A. *Xen.* Cyr. I, 3, 1. 2. 5 und 8 Acc. c. Inf. 10. 11. 18. Hist. gr. II, 4, 24: Καὶ εἵλοντο δέκα, ἕνα ἀπὸ φυλῆς. Καὶ οἱ μὲν τριάκοντα Ἐλευσῖνάδε ἀπῆλθον. *Isocr.* Pgr. 8. 40. 73. 97. 129. 157. *Dem.* Ol. I, 10.

c) α. Wenn ein neuer, dem Vorhergehenden entsprechender Punkt besonders hervorgehoben werden soll, steht καὶ δή.
Il. I, 161: καὶ δή μοι γέρας αὐτὸς ἀφαιρήσεσθαι ἀπειλεῖς.
XV, 251. *Od.* IX, 496: καὶ δὴ φαμέν. X, 30. *Aesch.* Prom. 54.
Prom. 75: καὶ δὴ πέπρακται τοὔργον οὐ μακρῷ χρόνῳ.
Soph. El. 317. 558. 892. 1436. 1464. *Eur.* Or. 1108. 1189. 1215.
Phoen. 388. *Herod.* I, 66, 2. VII, 14, 1. *Pl.* Ap. 21 A. 41 B: καὶ δὴ τὸ μέγιστον.

Hervorzuheben ist noch, dass καί steht, um die Folge zu bezeichnen.
Soph. El. 1207: πείθου λέγοντι, κοὐχ ἁμαρτήσει ποτέ.
Eur. Phoen. 19 f.: εἰ γὰρ τεκνώσεις παῖδ' ἀποκτενεῖ σ' ὁ φὺς καὶ πᾶς σὸς οἶκος βήσεται δι' αἵματος.
El. 224: Μείνασ' ἄκουσον καὶ τάχ' οὐκ ἄλλως ἐρεῖς.

β. Soll ein neues, besonders bemerkenswerthes, auffallendes, auch wohl widersprechendes Moment hinzugefügt werden, so geschieht es mit καὶ οὗτος, καὶ οὗτοι, am häufigsten καὶ ταῦτα = und zwar, zumal (zuweilen: obschon).
Soph. El. 613: ἥτις τοιαῦτα τὴν τεκοῦσαν ὕβρισεν καὶ ταῦτα τηλικοῦτος; — *Herod.* I, 147, 2: οὗτοι γὰρ μοῦνοι Ἰώνων οὐκ ἄγουσι Ἀπατούρια καὶ οὗτοι κατὰ φόνον τινὰ σκῆψιν. *Pl.* de rep. III, 404 B: οἶσθα γάρ, ὅτι ἐπὶ στρατείας ἐν ταῖς τῶν ἡρώων ἑστιάσεσιν οὔτε ἰχθύσιν αὐτοὺς ἑστιᾷ καὶ ταῦτα (obschon sie etc.) ἐπὶ θαλάττῃ ἐν Ἑλλησπόντῳ ὄντας. *Xen.* Cyr. II, 2, 16:

Ἀδικεῖς, ἔφη, ὅτι ἄνδρα ἡμῖν τὸν σπουδαιότατον διαφθείρεις γελᾶν ἀναπείθων, καὶ ταῦτα (zumal), ἔφη, οὕτω πολέμιον ὄντα τῷ γέλωτι. II, 3, 9. Anab. II, 5, 21: ἀμηχάνων καὶ ἐν ἀνάγκῃ ἐχομένων καὶ τούτων πονηρῶν.

γ. Schon oben unter γέ 5) haben wir Fälle aufgeführt, da καί ein weiteres Moment = und zwar hinzufügt, das durch γέ besonders hervorgehoben wird, ein Gebrauch, der namentlich da stattfindet, wo ein Anderer die Rede aufnimmt und fortsetzt. Dass auch ohne γέ das καί, jedoch mit dem bestätigenden und steigernden μάλα verbunden, in diesem Sinne stehen kann, mögen folgende Stellen zeigen. *Pl.* Euthyphro 14 C.: Οὐκοῦν τὸ θύειν δωρεῖσθαί ἐστι τοῖς θεοῖς, τὸ δ' εὔχεσθαι αἰτεῖν τοὺς θεούς; Καὶ μάλα, ὦ Σώκρατες. Ausser der Antwort, inmitten der Rede: *Xen.* Cyr. V, 1, 11: καὶ μάλα κακὸν νομίζοντας (= καίπερ). VII, 2, 18: ἐπεὶ μέντοι ἔγωγε καὶ μάλ' ἄτοπα ἐμοῦ ποιοῦντος κ. τ. λ. VIII, 3, 38: αὐτὸς σκάπτων καὶ σπείρων καὶ μάλα μικρὸν γῄδιον.

δ. Obwohl καί, sofern es ein Weiteres hinzufügt, eigentlich (wie τέ) ein vorangehendes Glied voraussetzt, so steht doch auch καί — καί (wie τέ — τέ), um eine gegenseitige Verbindung zweier Begriffe oder Gedanken auszudrücken, so dass bei dem ersten Glied auf ein folgendes, bei dem zweiten auf das erste hingewiesen wird. Es steht also καί auch bei dem ersten Glied nur sofern dieses ebenso gut wie das zweite als das hinzukommende betrachtet werden kann.

Aesch. VII c. Th. 10: — — — καὶ τὸν ἐλλείποντ' ἔτι
ἥβης ἀκμαίας καὶ τὸν ἔξηβον χρόνῳ.

Ag. 97: ὅτι καὶ δυνατὸν καὶ θέμις εἰπεῖν.
Soph. El. 522: καθυβρίζουσα καὶ σὲ καὶ τὰ σά.
622: καὶ τἄμ' ἔπη καὶ τἄργα τἀμά. *Eur.* Iph. A. 848: κἀμὲ καὶ σέ.
Pl. Ephr. 5 A: λέγοντα, ὅτι ἔγωγε καὶ ἐν τῷ ἔμπροσθεν χρόνῳ τὰ θεῖα περὶ πολλοῦ ἐποιούμην εἰδέναι καὶ νῦν — μαθητὴς δὴ γέγονα σός.
p. 5 C: καὶ ἄλλος πού τις καὶ ὁ Μέλητος οὗτος unter andern namentlich. p. 7 D: καὶ ἐγὼ καὶ σὺ καὶ οἱ ἄλλοι ἄνθρωποι πάντες. E. Ap. 21 E. 22 D. 23 B. 25 B. 27 D. *Xen.* Cyr. I, 3, 1. 2. 4. *Isocr.* Pgr. 6. 20. 27. 35. 45. 54. 64. 121: οὐ καὶ τοῦ πολέμου κύριος ἐγένετο, καὶ τὴν εἰρήνην ἐπρυτάνευσε, καὶ τῶν παρόντων πραγμάτων ἐπιστάτης καθέστηκεν;

ε. Καί erscheint mit δέ verbunden, sofern ein Neues ebensowohl als Gleichartiges aufgefasst und angereiht werden kann, wie als Verschiedenes.

Bei *Homer* steht καὶ δέ beisammen:
Il. VII, 112 ff.: — — — τόν τε στυγέουσι καὶ ἄλλοι·
καὶ δ' Ἀχιλεὺς τούτῳ γε μάχῃ ἔνι κυδιανείρῃ
ἔρριγ' ἀντιβολῆσαι. —
Mit στυγέουσι καὶ ἄλλοι ist καὶ δ' Ἀχιλεὺς — ἔρριγ' ἀντιβολῆσαι gleich-

artig, andrerseits aber auch als ein Spezielles, Hervorgehobenes von ihm verschieden. Aehnlich 172 f.: οὗτος γὰρ δὴ ὀνήσει ἐϋκνήμιδας Ἀχαιοὺς καὶ δ' αὐτὸς ὃν θυμὸν ὀνήσεται. 373 ff.: εἰπέμεν μῦθον — καὶ δὲ τόδ' εἰπέμεναι πυκινὸν ἔπος. 393 f.: Τρῶές γε κέλονται, καὶ δὲ τόδ' ἠνώγειν εἰπεῖν ἔπος. Dagegen im Attischen wird δέ dem betonten neuen und verschiedenen Begriff nachgesetzt. *Aesch.* Prom. 973: καὶ σὺ δ' ἐν τούτοις λέγω. Pers. 153. 546: κἀγὼ δέ. *Thuc.* I, 132, 4: Ἐπυνθάνοντο δὲ καὶ ἐς τοὺς Ἕλληνας πράσσειν τι αὐτόν, καὶ ἦν δὲ οὕτως. Da der zweite Satz durch καί und durch δέ mit dem ersten verbunden werden konnte, so können nach griechischer Gewohnheit beide mögliche Constructionen vereinigt werden. Ebenso II, 36: δίκαιον γὰρ αὐτοῖς καὶ πρέπον δὲ ἅμα. IV, 24, 2: καὶ αὐτοὶ δέ. *Pl.* Ap. 19 E: καὶ Ἱππίας; δέ einerseits mit dem vorhergehenden Namen gleichstellend, andrerseits davon unterscheidend und heraushebend. Crito 51 A: ἐάν σε ἐπιχειρῶμεν ἡμεῖς ἀπολλύναι — καὶ σὺ δὲ — ἐπιχειρήσεις ἀνταπολλύναι, einerseits gleichstellend, andrerseits unterscheidend und heraushebend. — Besonders *Xenophon* liebt diese doppelte Verbindung. Cyr. I, 1, 2: ἐνετοοῦμεν ὅτι ἄρχοντες μέν εἰσι καὶ οἱ βουκόλοι τῶν βοῶν καὶ οἱ ἱπποφορβοὶ τῶν ἵππων καὶ πάντες δὲ οἱ καλούμενοι νομεῖς ὧν ἂν ἐπιστατῶσι ζώων εἰκότως ἂν ἄρχοντες τούτων νομίζοιντο. 4: καὶ τἄλλα δὲ ἔθνη. καὶ ἄλλων δέ. I, 2, 10: καὶ τὴν ψυχὴν δέ. 11: καὶ ὄψον δέ. 13: καὶ αἱ ἀρχαὶ δέ. 14: καὶ θανάτου δέ. 16: καὶ νῦν δὲ ἔτι. I, 3, 9. Mem. I, 2, 21. 62.

ζ. Wie überhaupt das Wort von weiterer Begriffssphäre für dasjenige stehen kann, dessen engere Sphäre innerhalb jene weitere fällt (z. B. οὗτος für ὅδε, ὅς für ὅστις), so steht auch καί nicht selten, wo τέ die präcisere Verbindung wäre (s. unter τέ). Schon oben bei den Belegen für καί = und musste sich diess aufdrängen; indessen wollen wir unter Verweisung auf die entsprechenden Beispiele von τέ auf folgende Stellen namentlich aufmerksam machen: *Il.* II, 49: Ζηνὶ καὶ ἄλλοις ἀθανάτοισιν. VI, 268: αἵματι καὶ λύθρῳ. 448 f.: Ἴλιος ἱρὴ καὶ Πρίαμος καὶ λαὸς ἐϋμμελίω Πριάμοιο. *Od.* I, 159: κίθαρις καὶ ἀοιδή. XX. 138: κοίτοιο καὶ ὕπνου.
153 f.: — — — — ταὶ δὲ μεθ' ὕδωρ
ἔρχεσθε κρήνηνδε καὶ οἴσετε θᾶσσον ἰοῦσαι.
XXI, 24: αἳ δή οἱ καὶ ἔπειτα φόνος καὶ μοῖρα γένοντο. *Aesch.* Prom. 33. *Soph.* El. 12. *Eur.* El. 645: ἐκείνην τόνδε τε. 803 f. *Plato* Ap. 24 D: ἐμὲ εἰσάγεις καὶ κατηγορεῖς. Namentlich kommt im Attischen καί so vor in der Verbindung καλὸς κἀγαθός.

2. a) Wir haben als eine Modifikation der Grundbedeutung diejenige hervorgehoben, wonach καί ganz unserem auch nach seinen mannichfachen Anwendungen gleichkommt, bald ein Neues, dem Vorhergehenden Entsprechendes hinzufügt, bald mit Bezug auf

ein in Gedanken vorschwebendes Anderes und Allgemeines ein Einzelnes mit Steigerung hervorhebt = sogar, selbst, oder auch nur. *Il.* I, 29: πρίν μιν καὶ γῆρας ἔπεισιν eher wird sogar das Alter sie erreichen. Καί gehört nicht zu γῆρας, sondern zu dem ganzen Satz, und es ist καί zunächst mit πρίν zu verbinden.
81 f.: εἴπερ γάρ τε χόλον γε καὶ αὐτῆμαρ καταπέψῃ
ἀλλά τε καὶ μετόπισθεν ἔχει κότον.
wenn er auch für den Augenblick den Groll unterdrückt, so hegt er ihn doch, und zwar auch für die Folgezeit. 109: καὶ νῦν auch jetzt (d. i. wie immer, 107). 140: καὶ αὖτις auch ein andres Mal. 212: τὸ δὲ καὶ τετελεσμένον ἔσται das wird auch (wie ich es sage) in Erfüllung gehen.
213: καί ποτέ τοι τρὶς τόσσα παρέσσεται ἀγλαὰ δῶρα, selbst dreimal so viel, indem καί zu τρὶς τόσσα gehört. 325: τό οἱ καὶ ῥίγιον ἔσται das wird ihm noch schrecklicher sein. 553: καὶ λίην steigernd. 590: καὶ ἄλλοτ' auch sonst. VIII, 470 und XXII, 235: καὶ μᾶλλον auch mehr noch; καί steigernd. *Od.* I, 10: εἰπὲ καὶ ἡμῖν. 35: ὡς καὶ νῦν ein einzelner Fall als entsprechender Beleg für die vorangehende allgemeine Behauptung. 46: καὶ λίην steigernd: auch sehr, ganz wohl. 47: ὡς ἀπόλοιτο καὶ ἄλλος. 58: καὶ καπνόν auch nur den Rauch. 390: καί κεν τοῦτ' ἐθέλοιμι ich wünschte diess auch (allerdings). XX, 45: καὶ μέν τίς τε χερείονι πείθεθ' ἑταίρῳ.
52: ἀλλ' ἐλέτω σε καὶ ὕπνος· ἀνίη καὶ τὸ φυλάσσειν
πάννυχον ἐγρήσσοντα.
Beide Male gehört καί nicht bloss zu dem einzelnen Begriff, sondern zu dem ganzen Satz. Auch XXI, 29: ἔπειτα δὲ πέφνε καὶ αὐτόν muss man καί zu dem Praedicat πέφνε ziehen. XXI, 87: καὶ ἄλλως ohnehin schon.

Aesch. Prom. 59: δεινὸς γὰρ εὑρεῖν κἀξ ἀμηχάνων πόρους.
61: καὶ τῆνδε νῦν πόρπασον ἀσφαλῶς.
197: ἀλγεινὰ μέν μοι (ἄλλα τε) καὶ λέγειν ἐστὶν τάδε, sogar auszusprechen schmerzlich. 298: καὶ σύ. *Soph.* El. 62: καὶ τοὺς σοφούς sogar die Weisen. 65: κἄμ'. 309: πολλή 'στ' ἀνάγκη κἀπιτηδεύειν κακά. 314: κἂν ἐγώ. 332: κἀμαντήν. 593: αἰσχρῶς δ' ἐάνπερ καὶ λέγῃς wenn du es auch nur ausspríchst. *Eur.* El. 1057: καὶ νῦν γε auch jetzt. 1291: κἀμοί. 1292: καὶ σοί. Iph. T. 38: καὶ πρίν. 511: κἀμοί. 514: κἀγώ. Med. 42. 64. 81. 91. — *Herod.* I, 1, 1. I, 2, 2. I, 8, 1. 3: καὶ τὴν αἰδώ. I, 9, 2. *Thuc.* I, 2, 3. I, 8, 2. I, 9, 1: λέγουσι δὲ καί. I, 14, 1: φαίνεται δὲ καὶ ταῦτα πολλαῖς γενεαῖς ὕστερα γενόμενα τῶν Τρωικῶν — πεντηκοντόροις — καὶ πλοίοις μακροῖς. καὶ τούτων. I, 71, 2: πολλῆς καὶ τῆς ἐπιτεχνήσεως δεῖ. I, 74, 2. *Pl.* Ephr. 2 A. D. 3 C. D. 5 B: καὶ ἐμὲ ἡγοῦ. E: ὃ καὶ ἄλλοις ἤδη εἶπον. 7 B: καὶ πόλεμον. 7 E: ταῦτα καὶ φιλοῦσι. 14 B: καὶ ὀλίγον τοι πρότερον εἶπον (auch) schon kurz vorhin habe ich dir gesagt. Ap. 22 C: καὶ γὰρ οὗτοι denn auch diese — καὶ οἱ ποιηταί —

καὶ τἄλλα — καὶ ἐντεῦθεν. 24 E. 28 A. B: ὅτου καὶ σμικρὸν ὄφελός ἐστιν wer auch nur etwas nutz ist. *Xen.* Cyr. I, 3, 3: καὶ ἰδεῖν ἵππον σπάνιον es war eine Seltenheit, ein Pferd auch nur zu sehen. 5: καὶ σύ — καὶ σέ. 16: καὶ ἄλλοις. II, 2, 10: καὶ μικρῷ ὄψῳ auch nur mit weniger Zukost. III, 1, 18: καὶ ἕνα ἄνδρα auch ein Einzelner. III, 2, 20: καὶ νῦν — ὅσον τις καὶ ἄλλος πλεῖστον δήποτε ἔδωκε. Hist. gr. I, 6, 11: καὶ ἄνευ τοῦ ἐκείνους θαυμάζειν. Mem. I, 1, 1: ἀδικεῖ δὲ καί. I, 2, 22: ὁρῶ δὲ καί. *Isocr.* Pgr. 28. 66. 73: καὶ μᾶλλον sogar mehr.

b) Einige Fälle verdienen besonders erwähnt zu werden.

α. *Καὶ αὐτός* kommt theils in dem Sinn vor: auch selbst, auch von selbst, ohne fremde Ursache, Veranlassung, Erinnerung, theils in dem Sinn von: auch Er, et ipse, ebenfalls. Ersteres: *Il.* I, 577: καὶ αὐτῇ περ νοεούσῃ

Od. I, 33: — — — — οἱ δὲ καὶ αὐτοὶ
σφῇσιν ἀτασθαλίῃσιν ὑπὲρ μόρον ἄλγε' ἔχουσιν.

Pl. Ephr. 6 B: οἵ γε καὶ αὐτοὶ ὁμολογοῦμεν. Ap. 19 C: ἑωρᾶτε καὶ αὐτοί. 31 B: ὁρᾶτε δὴ καὶ αὐτοί. Das Zweite findet statt: *Thuc.* I, 72, 2: ἔφασαν βουλεύεσθαι καὶ αὐτοὶ ἐς τὸ πλῆθος αὑτῶν εἰπεῖν. *Xen.* Cyr. I, 3, 3: ὥσπερ καὶ αὐτὸς εἰώθει πορεύεσθαι.

β. In der Verbindung von *εἰ καί*, *ἐὰν καί* gehört καί natürlich zu dem Bedingungssatz, in welchen καί aufgenommen ist = wenn selbst, wenn sogar; in der Verbindung von καὶ εἰ (κεἰ) und καὶ ἐάν (κἄν) gehört καί zum Nachsatz: auch (selbst), wenn. Zuweilen aber verschwindet der Unterschied.

Il. V, 410: τῷ νῦν Τυδείδης, εἰ καὶ μάλα καρτερός ἐστι,
φραζέσθω, μή τίς οἱ ἀμείνων σεῖο μάχηται.
Od. VI, 313. VII, 194.
Eur. Med. 74 f.: Καὶ ταῦτ' Ἰάσων παῖδας ἐξανέξεται
πάσχοντας, εἰ καὶ μητρὶ διαφορὰν ἔχει;
Pl. Ephr. 4 D: ὡς — οὐδὲν ὂν πρᾶγμα, εἰ καὶ ἀποθάνοι.

Dagegen καὶ εἰ:
Il. IV, 347: νῦν δὲ φίλως χ' ὁρόωτε, καὶ εἰ δέκα πύργοι Ἀχαιῶν
ὑμείων προπάροιθε μαχοίατο νηλέϊ χαλκῷ.

d. i. καὶ τόδε δὴ φίλως ἂν ὁρῷτε — εἰ — μάχοιντο. V, 351. *Xen.* b. gr. II, 4, 25: πιστὰ δόντες, οἵτινες ξυμπολεμήσειαν, καὶ εἰ ξένοι εἶεν, ἰσοτέλειαν ἔσεσθαι selbst in dem Fall, wenn sie Fremde sein sollten.

γ. In manchen Fällen steht das einfache καί auch im Sinne von καίπερ mit Particip. *Od.* IX, 18: καὶ ἀπόπροθι δώματα ναίων. *Xen.* Cyr. V, 1, 11: καὶ μάλα κακὸν νομίζοντας obwohl sie es für ein grosses Unglück hielten. Mem. II, 3, 19: καὶ πολὺ διεστῶτε wenn sie auch weit von einander entfernt sind.

δ. Zu besonderer Hervorhebung eines Gegenstandes oder Momentes dient καὶ δὴ καί. *Her.* I, 1, 1: τῇ τε ἄλλῃ ἐσαπικνέεσθαι καὶ δὴ καὶ ἐς Ἄργος. 3: γυναῖκας ἄλλας τε πολλὰς καὶ δὴ καὶ τοῦ βασιλέως τὴν θυγατέρα. I, 8, 1. I, 29, 1. I, 30, 1. I, 31, 2. I, 75, 1. I, 82, 1. *Pl.* Ephr. 2 D. 6 C. 15 E. Ap. 18 A. 26 D: καὶ δὴ καὶ οἱ νέοι ταῦτα παρ' ἐμοῦ μανθάνουσιν. Prot. 345 E. 348 E.

ε. Καί, auch, gehört in vielen Fällen nicht zu dem einzelnen Worte, vor welchem es steht, sondern zu dem ganzen Satz, den es als dem Vorangehenden entsprechend bezeichnet. Zunächst in Behauptungssätzen. *Il.* I, 204: τὸ δὲ καὶ τελέεσθαι ὀίω. 212 und II, 257, auch *Od.* II, 187: τὸ δὲ καὶ τετελεσμένον ἔσται was denn auch so vollendet werden wird, wie ich es sage.
Il. VII, 214: τὸν δὲ καὶ Ἀργεῖοι μέγ' ἐγήθεον εἰσορόωντες. Es gehört καί offenbar nicht zu Ἀργεῖοι, sondern zu dem ganzen Satze, namentlich zu dem Prädicat. *Pl.* Prot. 329 B: Πρωταγόρας δὲ ὅδε ἱκανὸς μὲν μακροὺς λόγους καὶ καλοὺς εἰπεῖν — ἱκανὸς δὲ καὶ ἐρωτηθεὶς ἀποκρίνασθαι κατὰ βραχύ. Es ist deutlich, dass ἱκανὸς δὲ καὶ dem ἱκανὸς μὲν correspondirt: Protagoras ist aber auch geschickt, auf Fragen kurz zu antworten.

Ferner in Fragen. *Il.* II, 229: ἦ ἔτι καὶ χρυσοῦ ἐπιδεύεαι; *Od.* I, 158 u. 389: ἦ καί μοι νεμεσήσεαι; wirst du mir wohl auch zürnen? — *Aesch.* Ag. 1362. Eum. 424:
Ἦ καὶ τοιαύτας τῷδ' ἐπιρροιζεῖς φυγάς;
Soph. El. 663 f.: ἦ καὶ δάμαρτα τῇδ' ἐπεικάζων κυρῶ
κείνου; — *Pl.* Prot. 330 A. *Xen.* Cyr. I, 3, 6:
Ἦ καὶ δίδως —;
Nicht selten ist τίς καί, τί καί oder ποῖος, πῶς etc. καί. *Aesch.* Pers. 296: τίνα δὲ καὶ πενθήσομεν; Ag. 278:
ποίον χρόνον δὲ καὶ πεπόρθηται πόλις;
Pers. 721: πῶς δὲ καὶ στρατὸς τοσόσδε πεζὸς ἤνυσεν περᾶν;
Her. I, 11, 5: φέρε ἀκούσω τέῳ καὶ τρόπῳ ἐπιχειρήσομεν αὐτῷ. *Pl.* Ephr. 3 A: καί μοι λέγε, τί καὶ ποιοῦντά σε φησι διαφθείρειν τοὺς νέους; 6 B: τί γὰρ καὶ φήσομεν —; Phaedo 61 E: τί γὰρ ἄν τις καὶ ποιοῖ ἄλλο —; *Xen.* h. gr. III, 3, 11: τέλος αὐτὸν ἤροντο τί καὶ βουλόμενος ταῦτα πράττοι, was er denn nur bei diesem Unternehmen beabsichtige. Anab. V, 8, 2: ποῦ καὶ ἐπλάγη. Mem. I, 2, 27. *Isocr.* Pgr. 160.

Häufig findet sich das zu dem ganzen Satz gehörige καί in einem Relativsatz, um anzudeuten, dass der Gedanke des Relativsatzes in Uebereinstimmung stehe mit dem Vorhergehenden, der Inhalt des einen Satzes dem andern entspreche.

Il. I, 249: τοῦ καὶ ἀπὸ γλώσσης μέλιτος γλυκίων ῥέεν αὐδή, von dessen Zunge auch die Rede süsser als Honig floss; dem Vorhergehenden: ἡδυεπής, λιγὺς ἀγορητής entsprechend. II, 239 f.: ὃς καὶ νῦν Ἀχιλῆα — ἠτίμησεν der übrigen Schilderung Agamemnon's entsprechend. *Aesch.* Ag. 848: ὅτῳ δὲ καὶ δεῖ φαρμάκων παιωνίων. *Soph.* El. 55: ὃ καί. *Eur.* Phoen. 154: ὃ καὶ δέδοικα μὴ σκοπῶσ'

ὀρθῶς θεοί. *Her.* I, 11, 3: ὅθεν περ καί. *Thuc.* I, 140, 2: διόπερ καί. 143: αἴσπερ καὶ ἐνανμάχησαν. *Pl.* Ephr. 4 D: ὅπερ οὖν καὶ ἔπαθον. 7 E: περὶ ἃ καὶ ἀμφισβητοῦντες. 14 B: ἃ δὴ καί. Ap. 19 A: ᾗ δὴ καί. 27 D: ὧν δὴ καὶ λέγονται. 41 A: οἵπερ καὶ λέγονται. *Xen.* Mem. I, 2, 31: ἐξ ὧν δὴ καὶ ἐμίσει τὸν Σωκράτη ὁ Κριτίας, ὥστε καί, ὅτε τῶν τριάκοντα ὢν νομοθέτης μετὰ Χαρικλέους ἐγένετο, ἀπεμνημόνευσεν αὐτῷ κ. τ. λ. Ebenso ist das zu dem ganzen Gedanken gehörige καί in Conjunctionalsätze verflochten.
Od. XX, 156: ἀλλὰ μάλ' ἦρι νέονται, ἐπεὶ καὶ πᾶσιν ἑορτή. *Soph.* Phil. 380: ἐπειδὴ καὶ λέγεις θρασυστομῶν. *Pl.* Prot. 361 E: ἐπεὶ καὶ περὶ σοῦ πρὸς πολλοὺς δὴ εἴρηκα. Euthyphro 12 E: Πειρῶ δὴ καὶ σὺ ἐμὲ οὕτω διδάξαι, τὸ ποῖον μέρος τοῦ δικαίου ὅσιόν ἐστιν, ἵνα καὶ Μελήτῳ λέγωμεν. Es gehört ἵνα καί eng zusammen: damit wir dann auch etc. p. 22 A. *Xen.* Cyr. I, 5, 13: Ἀλλὰ θαρροῦντες ὁρμώμεθα, ἐπειδὴ καὶ ἐκποδὼν ἡμῖν γεγένηται τὸ δόξαι τῶν ἀλλοτρίων ἀδίκως ἐφίεσθαι. Mem. I, 2, 31 s. o.

ζ. Bei Vergleichungen kann καί, um das gegenseitige Entsprechen zu bezeichnen, in beiden zur Vergleichung dienenden Sätzen stehen, oder, wenn die Gleichheit in dem einen Satze durch ὁ αὐτός, ὅμοιος u. dgl. ausgedrückt ist, steht es (nach unsrem Sprachgebrauch überflüssig) wenigstens in dem Relativsatz. *Herod.* VII, 14, 2: ὡς καὶ μέγας καὶ πολλὸς ἐγένεο ἐν ὀλίγῳ χρόνῳ, οὕτω καὶ ταπεινὸς ὀπίσω κατὰ τάχος ἔσεαι. VII, 15, 3: ἐπιπτήσεται καὶ σοὶ τωυτὸ τοῦτο ὄνειρον ὁμοίως ὡς καὶ ἐμοὶ ἐντελλόμενον. VII, 16, 4: φανήτω γὰρ δὴ καὶ ἐμοὶ ὡς καὶ σοὶ διακελευόμενον. *Pl.* Ephr. 13 A: οὐ γάρ που λέγεις γε, οἷαί περ καὶ αἱ περὶ τὰ ἄλλα θεραπεῖαί εἰσι τοιαύτην καὶ περὶ θεούς. Ap. 22 C: τῷ αὐτῷ οἰόμενος περιγεγονέναι, ᾧπερ καὶ τῶν πολιτικῶν. D: ταὐτόν μοι ἔδοξαν ἔχειν ἁμάρτημα, ὅπερ καὶ οἱ ποιηταί. *Xen.* Cyr. VI, 1, 37: Ἀλλὰ σὺ μέν, ὦ Κῦρε, καὶ ταῦτα ὅμοιος εἶ, οἷόσπερ καὶ τἆλλα, πρᾷος κ. τ. λ. VIII, 1, 8: οὕτω δ' ἔχει καὶ ταῦτα, ὥσπερ καὶ τἆλλα. I, 4, 18.

Μάν, Μήν.

Μάν und μήν sind nur dialektisch verschieden. Während μάν dem dorischen Dialekt angehört, aber auch im epischen Dialekt, daher auch in denjenigen Schriften sich findet, welche den einen und andern Dialekt anwenden, gehört μήν dem epischen, jonischen und attischen Dialekt an. Nach Bedeutung und Gebrauchsweise sind μάν und μήν sich gleich.

Am nächsten steht μήν der Partikel ἦ. Beide sind Bezeichnungen der subjectiven Gewissheit, zu Versicherungen, Betheurungen, Schwüren gebraucht, daher auch gern zur Verstärkung (gewiss und wahrhaftig) zusammengestellt. Wie sich beide von dem ebenfalls versichernden τοί unterscheiden, soll bei letzterer Partikel gezeigt werden. Unter sich sind sie so verschieden, dass ἦ, ohne an ein anderes Wort sich anzuschliessen, selbständig erscheint und an die Spitze des Satzes tritt, auch gerne Partikeln der (subjectiven und objectiven) Gewissheit zu sich nimmt, μήν dagegen an ein andres Wort, namentlich an ἦ, καί, οὐ und andre Partikeln oder an hervorzuhebende Wörter sich anlehnt, doch mit diesen an den Anfang des Satzes sich vordrängt. — Aus diesem Grunde, weil μήν nie an den Anfang des Satzes tritt, konnte es auch nicht wie ἦ zur Bezeichnung der Frage verwendet werden.

Wir übergehen, da in Betreff der Bedeutung eine wesentliche Differenz nicht statt haben kann, die Ansichten andrer, berühren dagegen die verschiedene Schreibung bei Homer.

Die handschriftliche Ueberlieferung bietet in den homerischen Gedichten die dreifache Form: μάν, μήν, μέν; die letztere Form, wo sie für μήν steht, wird dem jonischen Dialekt zugesprochen. Da Bekkers zweite Ausgabe der homerischen Gedichte μάν überall durch μήν ersetzt hat, was hinsichtlich der Quantität keine Schwierigkeit machte, für μέν, wo es lang erscheint und nicht als erstes Glied ein zweites mit δέ vorbereitet, μήν gewählt hat, so können wir bei dem Ansehen, das sich Bekker in der Kritik des homerischen Textes erworben hat, die Frage nicht umgehen, ob μάν bei Homer zu tilgen, und für μέν, wo es in dem Sinne von μήν steht, letzteres herzustellen sei.

Es ist schon oben erinnert worden, wie bedenklich es scheine, die Analogie noch über die Gränzen hinaus, die sich die Alexandriner zogen, in Anwendung zu bringen, und wie unmöglich es für unsre Sprachkenntniss sei, das Ursprüngliche in der Sprache Homers herzustellen. Man berufe sich nicht auf die bekannte Thatsache, dass die Griechen zur Zeit, da die homerischen Gedichte niedergeschrieben wurden, für ε, ει, η nur ein Zeichen E hatten, und dass es darum unserem Ermessen anheimgegeben sei, das vorausgesetzte ursprüngliche E als ε oder ει oder η zu lesen. Der mündliche Vortrag der Gedichte reichte unter dem Einfluss der Rhapsodenüberlieferung in die Zeiten hinein, da jene Vocale unterschieden wurden; denn wenn das sogenannte jonische Alphabet auch erst seit 403 zu Athen in Staatsschriften gebraucht ward, so war es doch bekanntlich schon früher in Privatgebrauch. Wir können demnach nicht zweifeln, dass bei der schriftlichen Aufzeichnung auf die Fixirung der Laute der mündliche Vortrag, der doch gewiss in qualitativer und quantitativer Hinsicht zwischen ε, ει und η unterschied, seinen Einfluss übte. — Dass es nicht möglich ist, den Gebrauch des kurzen μέν auf die von Bekker angenommenen Fälle zu beschränken, dass μάν auch da zuweilen geschrieben werden muss, wo es im Sinne von μήν steht, und dass es Bekker nicht möglich ward, durchaus consequent zu verfahren, werden wir unten bei μέν sehen.

Μάν und μήν werden, wie es in der Natur der Sache liegt, gerne affirmativen und negativen Partikeln beigegeben. Beispiele von μάν sind, und zwar ἦ μάν: *Il.* II, 370: ἦ μὰν αὖτ' ἀγορῇ νικᾷς. XIII, 354. XVII, 538: ἦ δὴ μάν. *Pind.* Pyth. IV, 71. — Οὐ μάν: *Il.* IV, 512 f.: οὐ μὰν οὐδ' Ἀχιλεὺς — μάρναται. XII, 318. XIII, 414. XIV, 454. XV, 508. *Od.* XI, 344. XVII, 470. — Μὴ μάν: *Il.* VIII, 512: ·
   μὴ μὰν ἀσπουδί γε νεῶν ἐπιβαῖεν ἔκηλοι,
ähnlich XV, 476 und XXII, 304. — Καὶ μάν: *Pind.* Ol. XI (X), 42. Pyth. IV, 160. 515. Nem. II, 20. — Οὐδὲ μάν: *Pind.* Pyth. IV, 155. VIII, 22. — Nach andern Wörtern:
   Il. V, 765: ἄγρει μάν οἱ ἔπορσον Ἀθηναίην ἀγελείην.
   VIII, 373: ἔσται μάν, ὅτ' ἂν αὖτε φίλην γλαυκώπιδα εἴπῃ.
(Gegensatz zu 370: νῦν δ' ἐμὲ μὲν στυγέει) es wird (wahrhaftig) jedoch auch die Zeit kommen. So tritt auch XVI, 14: ζώειν μὲν ἔτι φασὶ Μενοίτιον man sagt doch, dass Menötios noch am Leben sei, den vorhergehenden Fragen, was für ein Unglück Patroklos zu melden habe, entgegen. *Pind.* Ol. II, 96: ὁ μὰν πλοῦτος ἀρεταῖς δεδαιδαλμένος φέρει τῶν τε καὶ τῶν καιρόν. VII, 82. IX, 75. Pyth. VII, 20. Nem. I, 105. Selbst im attischen Drama, in Chören: *Aesch.* Choeph. 963: ἄνα γε μάν. Suppl. 1019: ἴτε μάν. *Soph.* Oed. C. 182: ἔπεο μάν. 1468: τί μάν. Dagegen *Arist.* Lys. 183: πάρφαινε μάν zwar im Dialog, aber beim Gebrauch des dorischen Dialekts.

Beispiele von μήν und zwar ἦ μήν in Hauptsätzen sind:
   Il. II, 291: ἦ μὴν καὶ πόνος ἐστὶν ἀνιηθέντα νέεσθαι.
VII, 393. IX, 57. *Aesch.* Prom. 73: ἦ μὴ κελεύσω. 167. 907. Ag. 1098. *Eur.* Med. 1019: ἦ μήν ποθ' ἡ δύστηνος εἶχον ἐλπίδας. *Pl.* Ap. 22 A: ἦ μὴν ἐγὼ ἔπαθόν τι τοιοῦτον.

Besonders findet sich ἦ μήν mit dem Inf. Fut. oder Präs. abhängig von einem Verbum des Schwörens, Gelobens u. dgl.

Aesch. VII, c. Th. 531 f.: (ὄμνυσι) ἦ μὴν λαπάξειν ἄστυ Καδμείων βίᾳ Διός.
Soph. Ph. 593: διώμοτοι πλέουσιν ἦ μὴν ἢ λόγῳ
   πείσαντες ἄξειν, ἢ πρὸς ἰσχύος κράτος.
Eur. Iph. A. 469 ff.: Πέλοπα — κατόμνυμ' — ἦ μὴν ἐρεῖν σοι κ. τ. λ. *Thuc.* VIII, 81, 3: ὑπεδέξατο ἦ μὴν — μὴ ἀπορήσειν. *Pl.* Phaedo 115 D: ἡγνᾶτο — ἦ μὴν παραμενεῖν — ἦ μὴν μὴ παραμενεῖν — ἀλλὰ οἰχήσεσθαι ἀπιόντα. *Xen.* Cyr. VI, 2, 39: ἐγγυητής, ἦ μὴν πορεύσεσθαι. VI, 4, 6 mit Inf. Präs. nach ὀμνύω. IV, 2, 8: πιστὰ δίδωσιν — ἦ μὴν — χρήσεσθαι. VI, 2, 3: ὑποσχόμενοι — ἦ μὴν ἥξειν. Anab.

II, 3, 26: Καὶ τῶν ἕξεστιν ὑμῖν πιστὰ λαβεῖν παρ' ἡμῶν, ἢ μὴν φιλίαν παρέξειν ὑμῖν τὴν χώραν.
Οὐ μήν. Die in μήν liegende Versicherung bezieht sich entweder lediglich auf den Satz, welchem die Partikel eigentlich angehört, oder sie tritt in Gegensatz zu dem Vorhergehenden, und μήν (wie später μέντοι) nimmt die Bedeutung doch an.
Il. XXIV, 52: οὐ μὴν οἱ τόγε κάλλιον. *Aesch.* VII c. Th. 538.
Ag. 1068: οὐ μὴν πλέω ῥίψασ' ἀτιμωθήσομαι.
doch werde ich mich nicht durch weitere Reden herabwürdigen.
Soph. El. 817: ἀλλ' οὔτι μὴν ἔγωγε τοῦ λοιποῦ χρόνου ξύνοικος ἔσσομ'. — aber doch werde ich keineswegs ferner bei ihnen wohnen. Gegensatz zu dem Vorangehenden: ἤδη δεῖ με δουλεύειν πάλιν ἐν — φονεῦσι πατρός. ἀρά μοι καλῶς ἔχει;
Eur. Phoen. 1624: οὐ μὴν (doch nicht) ἑλίξας γ' ἀμφὶ σὸν χεῖρας
                                                γόνυ
κακὸς φανοῦμαι. — Iph. T. 619: οὐ μήν τι φεύγω doch fliehe ich nicht. *Thuc.* I, 3, 4: οὐ μὴν οὐδὲ βαρβάρους εἴρηκε auch hat er nicht von Barbaren gesprochen. *Xen.* M. I, 2, 5: Ἀλλ' οὐ μὴν θρυπτικός γε οὐδὲ ἀλαζονικὸς ἦν doch war er nicht weichlich; Gegensatz zu §. 4: ἀλλὰ μὴν καὶ τοῦ σώματος αὐτός τε οὐκ ἠμέλει. §. 26: οὐ μὴν τά γε ἄλλα οὕτω κρίνεται. So urtheilt man doch nicht in anderen Fällen. *Isocr.* Pgr. 3: οὐ μὴν ἐπὶ τούτοις ἀθυμήσας εἱλόμην ῥᾳθυμεῖν doch wurde ich darüber nicht muthlos. §. 68: Ἐπιφανέστατος μὲν οὖν τῶν πολέμων ὁ Περσικὸς γέγονεν, οὐ μὴν ἐλάττω τεκμήρια τὰ παλαιὰ τῶν ἔργων ἐστί. Doch sind die älteren Thaten keine geringeren Beweise. Der gleiche Gegensatz gegen das Vorhergehende (= doch nicht) liegt in den folgenden Stellen: §. 69. 75 u. 139: οὐ μὴν οὐδέ. 97. *Dem.* Ol. I, 16.
Οὐ μὴν ἀλλά, eigentlich = doch nicht, sondern erhält die Bedeutung dennoch, demungeachtet, indessen. *Xen.* Cyr. I, 4, 8: καί πως διαπηδῶν αὐτῷ ὁ ἵππος πίπτει εἰς γόνατα, καὶ μικροῦ κἀκεῖνον ἐξετραχήλισεν. οὐ μὴν ἀλλ' ἐπέμεινεν ὁ Κῦρος μόλις πως. Doch (geschah diess) nicht; sondern etc. = (demungeachtet) dennoch blieb Kyros sitzen. *Isocr.* Pgr. 85: Ἀεὶ μὲν οὖν οἵ θ' ἡμέτεροι πρόγονοι καὶ Λακεδαιμόνιοι φιλοτίμως πρὸς ἀλλήλους εἶχον, οὐ μὴν ἀλλὰ περὶ καλλίστων ἐν ἐκείνοις τοῖς χρόνοις ἐφιλονείκησαν indessen um den schönsten Preis stritten sie in jenen Zeiten. Die in οὐ μήν liegende Verneinung des Vorhergehenden ist erloschen. Ebenso ist §. 172 oder *Dem.* Ol. I, 4. II, 22: οὐ μὴν ἀλλά ohne Verneinung des Vorhergehenden einfach = demungeachtet, indessen.
Οὐδὲ μήν auch wahrhaftig nicht. *Eur.* Or. 1116 f.:
Ὀρ. Καὶ μὴν τόδ' ἔρξας δὶς θανεῖν οὐχ ἅζομαι.
Π. Ἀλλ' οὐδ' ἐγὼ μήν. — *Xen.* Cyr. IV, 5, 27: οὐδὲ μὴν ἀποχωροῦντές γέ σε οἰόμεθα ἐν κινδύνῳ εἶναι. Mem. I, 2, 63.
Καὶ μήν und fürwahr, auch fürwahr. Zuweilen aber er-

scheint καί für unsern Gesichtspunkt überflüssig. *Il.* XIX, 45: καὶ μὴν οἳ τότε γ' εἰς ἀγορὴν ἴσαν auch diese fürwahr kamen damals in die Versammlung. XXIII, 410 und *Od.* XVI, 440:
   ὧδε γὰρ ἐξερέω καὶ μὴν τετελεσμένον ἔσται,
und wahrhaftig, es wird in Erfüllung gehen. *Od.* XI, 582 und 593: καὶ μὴν Τάνταλον (Σίσυφον) εἰσεῖδον auch den Tantalos fürwahr sah ich. *Aesch.* Pers. 266: καὶ μὴν (und wahrhaftig) παρών γε — φράσαιμ' ἄν, οἳ ἐπορσύνθη κακά. 406. 992: καὶ μὴν ἄλλον γε ποθοῦμεν auch einen andern fürwahr vermissen wir. Ag. 1178:
   καὶ μὴν ὁ χρησμὸς οὐκέτ' ἐκ καλυμμάτων
   ἔσται δεδορκώς. — 1188.
Soph. El. 78: καὶ μὴν θυρῶν ἔδοξα προσπόλων τινὸς
   ὑποστενούσης ἔνδον αἰσθέσθαι, τέκνον.
mit Bezug auf den V. 20 gegebenen Rath und καιρὸς γὰρ V. 75 fortsetzend. 556: καὶ μὴν ἐφίημ', mit Bezug auf 554: ἣν ἐφῇς μοι, (und) wahrhaftig, ich gestatt' es. 1045: καὶ μὴν ποιήσω γ' οὐδέν, wahrhaftig, ich werde nichts thun. 1422: καὶ μὴν πάρεισιν οἵδε. Es dient, wie schon in Rost's Wörterbuch erinnert worden ist, καὶ μήν, wo das Auftreten neuer Personen angekündigt werden soll. *Eur.* Or. 340: καὶ μὴν βασιλεὺς ὅδε δὴ στείχει (und) wahrhaftig, da naht der König. 450. 1011. 1116. 1260. — *Thuc.* I, 70, 3: καὶ μὴν (und fürwahr) καὶ ἄοκνοι πρὸς ἡμᾶς μελλητάς. I, 142, 1: καὶ μὴν οὐδ' ἡ ἐπιτείχισις οὐδὲ τὸ ναυτικὸν αὐτῶν ἄξιον φοβηθῆναι. *Pl.* Prot. 309 A. Ephr. 12 A: καὶ μὴν νεώτερός γ' ἐμοῦ εἶ du bist auch wahrhaftig jünger als ich. *Xen.* Cyr. V, 3, 10. VI, 3, 18. VIII, 3, 27. *Isocr.* Pgr. 33. 115. 145. 185.

Stellen, in welchen καί überflüssig scheint, weil eine Anknüpfung des Satzes an das Vorhergehende nicht nöthig ist, sind u. a. *Eur.* Or. 340. Die ganz neu anhebende Rede macht die Satzverknüpfung überflüssig. Ebenso 1011. Phoen. 722.
Iph. T. 503: καὶ μὴν ποθεινός γ' ἦλθες ἐξ Ἄργους μολών.
Arist. Ach. 247.

Einen Gegensatz = und doch, nun aber deutet καὶ μήν in folgenden Stellen an:
Soph. El. 320 f.: φιλεῖ γὰρ ὀκνεῖν πρᾶγμ' ἀνὴρ πράσσων μέγα.
   Ἠλ. Καὶ μὴν ἔγωγ' ἔσωσ' ἐκεῖνον οὐκ ὄκνῳ.
   1187 f.: Ὀρ. ὁρῶ σε πολλοῖς ἐμπρέπουσαν ἄλγεσιν
   Ἠλ. Καὶ μὴν ὁρᾷς γε παῦρα τῶν ἐμῶν κακῶν.
Eur. Or. 107 ff.: Ἠλ. Τί δ' οὐχὶ θυγατρὸς Ἑρμιόνης πέμπεις δέμας;
   Ἑλ. Εἰς ὄχλον ἕρπειν παρθένοισιν οὐ καλόν.
   Ἠλ. Καὶ μὴν τίνοι γ' ἂν τῇ τεθνηκυίᾳ τροφάς.
Iph. A. 19 f.: Ἄγγ. τοὺς δ' ἐν τιμαῖς ἧσσον ζηλῶ.
   Πρ. Καὶ μὴν τὸ καλόν γ' ἐνταῦθα βίου.

Auch in der Verbindung ἀλλὰ μήν behalten beide Partikeln ihre gewöhnliche Bedeutung. *Aesch.* Pers. 226. 233. *Eur.* Or.

1559: ἀλλὰ μὴν καὶ τότδε λεύσσω. Iph. A. 1368: 'Ἀλλὰ μὴν ἐς τοῦτό γ' ἥξει. Pl. Prot. 332 A. 359 D. Phaedo 63 A: 'Ἀλλὰ μήν, ἔφη, ὦ Σώκρατες, νῦν γε δοκεῖ τί μοι καὶ αὐτῷ λέγειν Κέβης. Indess jetzt wahrhaftig scheint auch mir die Einwendung des Kebes nicht unbegründet. *Xen.* M. I, 1, 6: 'Ἀλλὰ (steigernd) μὴν ἐποίει καὶ τάδε. 10. I, 2, 4. 11. 63. I, 5, 14. Ag. 1, 3. *Dem.* Ol. I, 15. 23. 27.

In Τί μήν; erscheint τί durch μήν mit grossem Nachdruck hervorgehoben: (was wahrhaftig? was denn?) **was sonst, was weiter?** *Aesch.* Eum. 203: Ἔχρησα ποινὰς τοῦ πατρὸς πέμψαι. τί μήν; was weiter? Ag. 14 nach *Hermanns* passender Conjectur τί μήν; was denn? was sonst? natürlich, statt des hds. ἐμήν. *Soph.* El. 1279 f.: Ἠλ. Ξυναινεῖς; Ὀρ. Τί μὴν οὐ, nach *Seidlers* Conjectur statt τί μή, warum denn nicht? *Eur.* Rhes. 948: τὶ μὴν ἔμελλον οὐ πέμψειν φίλοις κ.τ.λ. warum nicht —? *Pl.* Phaedr. 229 A: Ὁρᾷς οὖν ἐκείνην τὴν ὑψηλοτάτην πλάτανον; Σ. Τί μήν; was weiter? Symp. 206 E: ἔστι γάρ, ὦ Σώκρατες, ἔφη, οὐ τοῦ καλοῦ ὁ ἔρως, ὡς σὺ οἴει. Ἀλλὰ τί μήν; aber was denn sonst? Polit. 259 B: Καὶ μὴν οἰκονόμος γε καὶ δεσπότης ταὐτόν. Τί μήν; Was sonst? Ebd. D. Phileb. 44 B. *Xen.* Cyr. II, 1, 9: Τί μὴν ἄλλο ἐφορᾷς ἄμεινον τούτου; Hist. gr. VI, 3, 13: τί μὴν ἥκομεν; zu welchem andern Zweck sind wir denn gekommen? Dann ist nach einer nur negativen Antwort mit Lebhaftigkeit wiederholt: τί μήν ἐστιν; was ist es denn?

Auch die Verbindung der Partikeln γε μήν zeigt im Allgemeinen nichts, das nicht aus der Bedeutung der einzelnen Partikeln sich ergäbe. Γέ schliesst sich an ein Wort an, das betont werden soll; legt das Gewicht der Behauptung auf **einen** Begriff, für dessen Sphäre die Behauptung jedenfalls gilt, wenn sie auch in sonstigen Beziehungen nicht festgehalten werden könnte; μήν dient zur Versicherung und Bekräftigung des Gedankens; in manchen Fällen jedoch tritt μήν in Gegensatz zum Vorangehenden und erhält die Bedeutung **jedoch**. *Aesch.* Ag. 1377 f.:

ἐμοὶ δ' ἀγὼν ὅδ' οὐκ ἀφρόντιστος πάλαι
νείκης παλαιᾶς ἦλθε, σὺν χρόνῳ γε μήν.

allerdings nur mit der Zeit. Prom. 869 ff.:

αὕτη κατ' Ἄργος βασιλικὸν τέξει γένος.
μακροῦ λόγου δεῖ ταῦτ' ἐπεξελθεῖν τορῶς.
σπορᾶς γε μὴν ἐκ τῆσδε φύσεται θρασὺς
τόξοισι κλεινός —.

So wie durch γέ der Begriff σπορᾶς ἐκ τῆσδε hervorgehoben wird, so tritt die Versicherung μήν in Gegensatz zu μ. λόγου δεῖ. Es wäre zwar zu weitläufig, diess alles genau zu erzählen; doch (soviel sei jedenfalls erwähnt) wird aus dieser Saat ein kühner Schütze hervorgehen. VII c. Th. 1062: σύ γε μὴν πολλῶν πενθητήρων τεύξει. Gegensatz zu 1058 ff.: doch werden dich viele betrauern. *Soph. El.* 973:

λόγων γε μὴν εὔκλειαν οὐχ ὁρᾷς ὅσην
σαυτῇ τε κἀμοὶ προσβαλεῖς κεισθεῖσ' ἐμοί;

Betont ist λόγων εὔκλειαν als das jedenfalls zu Gewinnende; durch μήν wird die Behauptung bekräftigt. *Eur. Or.* 1083: οὐ γὰρ ἡμῖν ἔστι τοῦτο, σοί γε μήν (dir allerdings =) doch dir. *El.* 752:

Μακρὰν γὰρ ἕρπει γῆρυς, ἐμφανής γε μήν.

doch deutlich. *Xen.* M. III, 6, 12: Εἴς γε μήν, ἔφη, τἀργύρια οἶδ' ὅτι οὐκ ἀφῖξαι in die Silberbergwerke bist du jedenfalls, wie ich weiss, nicht gekommen. Ebd. I, 4, 5.

Wenn in mehreren der eben erwähnten Stellen der Schein entstehen könnte, dass γε μήν dazu diene, einen Gegensatz gegen das Vorangehende anzudeuten, obwohl eigentlich nur die Versicherungspartikel μήν diese Bedeutung übernehmen kann, allerdings aber bei einem Gegensatz irgend ein Begriff zu betonen und dann auch wohl mit γέ zu verstärken ist, so hat dieser Gebrauch bei Xenophon noch eine weitere Ausdehnung erhalten. Xenophon bedient sich nämlich dieser Partikelverbindung auch an der Stelle von (ἀλλά oder) δέ, selbst nur um einen leichten Gegensatz auszudrücken, eine neue Behauptung in ein gegensätzliches Verhältniss zu dem Vorhergehenden zu bringen. Cyr. I, 2, 2 wird nach Beschreibung der γενεά und der φύσις mit ἐπαιδεύθη γε μήν ein neuer Punkt erwähnt. So geht auch I, 6, 20: τό γε μὴν πειθομένους παρέχεσθαι τοὺς στρατιώτας auf einen neuen Punkt über, wofür sonst δέ genügen würde. Das Gleiche wird man auch in andern Stellen bestätigt finden, z. B. Cyr. II, 1, 29. IV, 3, 14. Hist. gr. II, 3, 33. ΠΙ, 5, 7. 12. 13. IV, 2, 17. IV, 4, 1. Ages. I, 4. 5. 6. 9. 36. 37.

Μέν

Dass μέν nur eine schwächere Form für μήν ist, unterliegt von keiner Seite irgend einem Zweifel. In dem Jonismus des *Herodot* findet sich μήν geradehin durch μέν ersetzt, und auch die homerischen Gedichte bieten nach gesicherter Ueberlieferung vielfach μέν in dem Sinne von μήν.

1. Wir stellen, von der Voraussetzung ausgehend, dass μέν aus μήν entstanden und dass demnach seine ursprüngliche Bedeutung mit der von μήν identisch ist, eben denjenigen Gebrauch voran, nach welchem μέν nur als ein etwas schwächeres μήν erscheint, und zwar mit seiner Bedeutung entweder auf den Satz beschränkt ist, dem es angehört, oder wie μήν = **doch** einem vorangehenden Gedanken entgegentritt.

Il. I, 216: χρὴ μὲν σφωΐτερόν γε, θεά, ἔπος εἰρύσσασθαι
καὶ μάλα περ θυμῷ κεχολωμένον·
ich muss fürwahr euer Gebot beachten. Bekker schreibt, ohne dass die Hdss. oder die Scholien dafür irgend eine Stütze darbieten: χρὴ μήν. Die Partikel bildet weder zu dem Vorangehenden noch zu dem Folgenden einen Gegensatz; ihre Bedeutung ist lediglich in dem Satz beschlossen, in welchem sie steht.
234 f.: ναὶ μὰ τόδε σκῆπτρον, τὸ μὲν οὔ ποτε φύλλα καὶ ὄζους
φύσει —.

Μέν ist hier ganz gegensatzlos, ohne Beziehung auf einen vorhergegangenen oder folgenden Gedanken, blos als Versicherung der ausgesprochenen Behauptung: οὔ ποτε φύλλα καὶ ὄζους φύσει gebraucht: bei dem Stabe, der wahrhaftig weder Blätter noch Zweige treiben wird. So unzweifelhaft hier *μέν* im Sinne von *μήν* steht, ebenso nothwendig ist in Folge des Metrums die Schreibung *μέν*, die natürlich auch Bekker, im Widerspruch mit seiner Analogie hier beibehalten muss. Ganz das Gleiche gilt von 267:
κάρτιστοι μὲν ἔσαν καὶ καρτίστοις ἐμάχοντο.
Auch hier ist *Bekker* durch das Metrum genötigt, *μέν* beizubehalten, obwohl die Behauptung ebenso wenig einen Gegensatz zum Folgenden als zum Vorhergehenden bildet. Im Sinne von μήν = fürwahr steht μέν auch 269: καὶ μὲν τοῖσιν ἐγὼ μεθομίλεον und 273: καὶ μέν μευ βουλέων ξύνιεν, denn beide Male tritt die Behauptung nicht im Gegensatz und in Beziehung zu einer folgenden Behauptung auf. *Bekker* hat beide Male, weil das Metrum es gestattet, im Widerspruch mit der hds. Ueberlieferung μήν aufgenommen. I, 514 hat auch Bekker νημερτὲς μὲν δή μοι ὑπόσχεο, wohl weil er diess im Gegensatz zum Folgenden betrachtete. Es dient aber einfach, die Forderung nachdrücklich auszusprechen. Auch in den nachgenannten Stellen dient μέν gleich μήν einfach die Aussage zu bestätigen und zu versichern, ohne in adversativem Verhältniss zu einer folgenden Aussage zu stehen.

II, 203 f.: οὐ μέν πως πάντες βασιλεύσομεν ἐνθάδ' Ἀχαιοί·
οὐκ ἀγαθὸν πολυκοιρανίη.
233 f.: — — — — οὐ μὲν ἔοικεν
ἀρχὸν ἐόντα κακῶν ἐπιβασκέμεν υἶας Ἀχαιῶν.
es ziemt sich fürwahr nicht, als Fürst die Achäer ins Unglück zu führen. Dessgleichen
324: ἡμῖν μὲν τόδ' ἔφηνε τέρας μέγα μητίετα Ζεύς.
703 u. 726: οὐδὲ μὲν οὐδ' οἱ ἄναρχοι ἔσαν, πόθεν γε μὲν ἀρχόν.
(Bekker beide Male *μέν*.) Doch waren sie nicht ohne Führer; doch vermissten sie den Führer; ebenso 709: πόθεν γε μὲν ἐσθλὸν ἐόντα. Diese Sätze beziehen sich nur auf das Vorangehende, das sie beschränken. Ebenso III, 453. VII, 97. XXIII, 311. In

Od. I, 166: *νῦν δ' ὁ μὲν ὣς ἀπόλωλε κακὸν μόρον, οὐδέ τις ἡμῖν θαλπωρή* — kann ὁ μὲν Gegensatz zu ἡμῖν sein. Dagegen ist I, 173:

οὐ μὲν γάρ τί σε πεζὸν ὀΐομαι ἐνθάδ' ἱκέσθαι

die Partikel gegensatzlos und nur Versicherung des Gedankens, in den sie aufgenommen ist. Ferner: I, 208. 222. 392. 411.

I, 438 ff.: *καὶ τὸν μὲν γραίης πυκιμηδέος ἔμβαλε χερσίν.*

ἡ μὲν τὸν πτύξασα καὶ ἀσκήσασα χιτῶνα —.

Bekker hat beide Male μέν, wahrscheinlich weil er einen verschwiegenen Gegensatz annahm. II, 122. 196. Bekker: μέν wegen des folgenden Digamma. 318: *εἶμι μέν.* IX, 131. X, 447:

οὐδὲ μὲν Εὐρύλοχος κοίλῃ παρὰ νηῒ λέλειπτο.

XXIII, 266: *οὐ μέν τοι θυμὸς κεχαρήσεται.*

Aesch. Pers. 548: *νῦν δὴ πρόπασα μὲν στένει γαῖ' Ἀσὶς ἐκκενουμένα.* 753: *ὅτῳ θανεῖν μέν ἐστιν οὐ πεπρωμένον.* 1014: *στρατὸν μὲν τοσοῦτον τάλας πέπληγμαι.* — Aeschylos, auch Sophokles fügen gern in die Rede, womit das erste Auftreten beginnt, ein μέν ein, auch in Fällen, da es sehr gezwungen wäre, es als Concession gegen einen verschwiegenen Gegensatz zu betrachten. Wenn z. B. *Aesch.* Eum. 1. dem *Πρῶτον μέν* das *ἐκ δὲ τῆς* entspricht, wenn auch Prom. 1. μέν zu *ἥκομεν* gezogen, als Gegensatz des Erreichten gegen das noch zu Vollbringende: *Ἥφαιστε, σοὶ δὲ χρή κ. τ. λ.* betrachtet werden kann, so steht doch Suppl. 1: *Ζεὺς μὲν — ἀφίκτωρ ἴδοι* in keinem Gegensatz zu *δίαν δὲ λιποῦσαι χθόνα — φεύγομεν.* Ag.1: *θεοὺς μὲν αἰτῶ* lässt sich eben so wenig wie 40: *δέκατον μὲν ἔτος* nach *Schneidewin's* Meinung ein Gegensatz ergänzen.

Bei *Sophokles* hat Trach. 1: *Λόγος μέν ἐστ' ἀρχαῖος* seinen Gegensatz in V. 4: *ἐγὼ δέ*, dagegen dürfte es gezwungen sein, in Phil. 1: *Ἀκτὴ μὲν ἥδε τῆς περιρρύτου χθονός*, ähnlich wie *Aesch.* Prom. 1. den Gedanken zu suchen: wir haben nun zwar die Küste erreicht, aber ein Weiteres ist erst noch zu thun. Aj. 1. steht

Ἀεὶ μέν, ὦ παῖ Λαρτίου, δέδορκά σε

ohne Gegensatz. Andere Beispiele eines gegensatzlosen μέν in der Bedeutung eines schwächeren μήν sind bei *Sophokles:*

El. 61: *δοκῶ μὲν οὐδὲν ῥῆμα σὺν κέρδει κακόν.*

Ebenso 103: *ἀλλ' οὐ μὲν δὴ λήξω θρήνων.* 547: *δοκῶ μέν.* 185: *ἀλλ' ἐμὲ μὲν ὁ πολὺς ἀπολέλοιπεν ἤδη βίοτος ἀνέλπιστος, οὐδ' ἔτ' ἀρκῶ.* Weder sind *ἐμὲ μὲν ἀπολέλοιπεν* und *οὐδ ἔτ' ἀρκῶ* correspondirende Glieder, noch findet sich zu *ἐμὲ μέν* in dem Folgenden ein Gegensatz. 516: *ἀνειμένη μέν, ὡς ἔοικας, αὖ στρέφει.* 1307: *ἀλλ' οἶσθα μὲν τἀνθένδε.*

Eur. El. 146. 630: *δμῶες μὲν (οὖν) εἴσ', οἳ σέ γ' οὐκ εἰδόν ποτε.* 648. 979: *ἐγὼ μὲν οὐ δοκῶ.*

Dass *Herodot* statt μήν regelmässig μέν hat, ist schon oben berührt worden. Selbst wo sonst noch μήν gelesen ward, haben seit *Schweighäuser* und *Gaisford* die neueren Herausgeber μέν hergestellt. Man vergleiche namentlich Beispiele von ἢ μέν: IV, 154, 3: ἐξορκοῖ ἢ μέν οἱ διηκονήσειν ὅ τι ἂν δεηθῇ. V, 93, 1. VI, 74, 1: ὅρκους προσάγων σφι ἢ μὲν ἕψεσθαι σφέας αὐτῷ. IX, 91, 2.

II, 118, 2: τοὺς δὲ Τευκροὺς τὸν αὐτὸν λόγον λέγειν τότε καὶ μετέπειτεν, καὶ ὀμνύντας καὶ ἀνωμοτί, μὴ μὲν ἔχειν Ἑλένην. III, 99, 1: ὁ δὲ ἄπαρτός ἐστι μὴ μὲν νοσέειν. Ausserdem findet sich γε μέν in derselben Weise wie γε μήν: VII, 152, 3: Ἐγὼ δὲ ὀφείλω λέγειν τὰ λεγόμενα, πείθεσθαί γε μὲν οὐ παντάπασι ὀφείλω ich muss zwar anführen, was man erzählt, muss aber keineswegs alles glauben. Durch γέ wird πείθεσθαι hervorgehoben; μέν = doch tritt dem einräumenden Satz entgegen. VII, 234, 3: Ἔστι ἐν τῇ Λακεδαίμονι Σπάρτη πόλις ἀνδρῶν ὀκτακισχιλίων μάλιστα, καὶ οὗτοι πάντες εἰσὶ ὁμοῖοι τοῖσι ἐνθάδε μαχεσαμένοισι· οἵ γε μὲν ἄλλοι Λακεδαιμόνιοι τούτοισι μὲν οὐκ ὁμοῖοι, ἀγαθοὶ δέ. Während das letzte μέν concessiv ist und seinen Gegensatz in dem folgenden ἀγαθοὶ δέ findet, tritt das erste μέν dem Vorhergehenden entgegen.

Thuc. I, 10, 1: Καὶ ὅτι μὲν Μυκῆναι μικρὸν ἦν ἢ εἴ τι τῶν τότε πόλισμα νῦν μὴ ἀξιόχρεων δοκεῖ εἶναι, οὐκ ἀκριβεῖ ἄν τις σημείῳ χρώμενος ἀπιστοίη μὴ γενέσθαι τὸν στόλον τοσοῦτον ὅσον οἵ τε ποιηταὶ εἰρήκασι καὶ ὁ λόγος κατέχει. Ich zweifle, ob §. 4, wie *Krüger* meint, den Gegensatz anders gewendet bringt, denn dieser könnte nur sein zwischen μικρὸν und τὰς δυνάμεις, und wir würden dann wohl lesen: καὶ ὅτι μικρὸν μὲν ἦν Μυκῆναι. — VI, 25, 1: ὁ δὲ ἄκων μὲν εἶπε. VII, 55, 1: πρότερον μὲν γὰρ ἐφοβοῦντο ohne Gegensatz; ebenso nachher οἱ μὲν Ἀθηναῖοι ἐν παντὶ δὴ ἀθυμίας ἦσαν. *Pl.* Ap. 21 D: ἐλογιζόμην, ὅτι τούτου μὲν τοῦ ἀνθρώπου ἐγὼ σοφώτερός εἰμι. Es könnte hier am ersten γέ stehen: dass ich diesen jedenfalls (wenn auch sonst niemand) an Weisheit übertreffe. Es ist aber auch nicht zu verkennen, dass diese schwächere Versicherungspartikel den Begriff speziell versichert, dem sie nachgesetzt wird, oder auch, ähnlich wie γέ, überhaupt dessen Gewicht verstärkt. Crito 43 D: Οὔ τοι δὴ ἀφῖκται, ἀλλὰ δοκεῖ μέν μοι ἥξειν τήμερον. Der Gegensatz gegen οὐ — ἀφῖκται wird durch ἀλλά ausgedrückt; μέν dient, um δοκεῖ zu bestätigen und hervorzuheben. *Stallbaum* bemerkt zwar hier und zu de rep. I, 334 C: εἰκὸς μέν, IV, 423 B: οἶμαι μέν, wenn dem δοκεῖ μέν, οἶμαι μέν, εἰκὸς μέν kein δέ entspreche, so sei ein σαφῶς δ' οὐκ οἶδα u. dgl. zu suppliren; indessen so gerne wir zugeben, dass ein durch μέν hervorgehobenes δοκεῖ etc. einen latenten Gegensatz in sich schliessen kann, so müssen wir doch (abgesehen davon, dass weder οἶμαι noch εἰκός dem δοκεῖ gleichbedeutend sind und ein σαφῶς δ' οὐκ οἶδα keineswegs erwarten lassen) daran festhalten, dass μέν nicht nothwendig einen folgenden Gegensatz bedingt, sondern einfach die Aussage und speziell den voranstehenden Begriff versichert. Auch bei *Xenophon* finden wir diesen Gebrauch von μέν. Cyr. I, 6, 2: ὅτι μὲν οἱ θεοὶ ἵλεώ τε καὶ εὐμενεῖς πέμπουσί σε gegensatzlose Bestätigung. II, 1, 4.. II, 2, 10: ἐγὼ μὲν οὐκ οἶδα findet in dem Nachfolgenden keinen Gegensatz, und μέν dient nur, ἐγώ hervorzuheben. Mem. I, 1, 1: ἡ μὲν γὰρ γραφὴ κατ' αὐτοῦ τοιάδε τις ἦν. 10: Ἀλλὰ μὴν ἐκεῖνός γε ἀεὶ μὲν ἦν ἐν τῷ φανερῷ. In beiden Stellen folgt nichts, was als Gegensatz zu μέν betrachtet werden könnte. 53: οἶδα μέν. 62: Ἐμοὶ μὲν δή. Andere Stellen, da sich das versichernde μέν mit der Partikel der objectiven Gewissheit verbindet, sind: Cyr. I, 5, 1 und II, 2, 11: Ὁ μὲν δὴ Κῦρος. I, 5, 5: γίγνονται μὲν δὴ οὗτοι χίλιοι. I, 6, 3: καὶ μὲν δή. *Isocr.* Pgr. 40: καὶ μὲν δή.

Der Gebrauch des μέν zu gegensatzloser Versicherung erweist sich auch aus dem bestätigenden μὲν οὖν in Antworten. Wenn z. B. in dem so häufig wiederkehrenden πάνυ μὲν οὖν durch die Partikel οὖν (s. diese) das Zusammenstimmen mit dem Vorangehenden ausgedrückt ist, so liegt doch eben in μέν die eigene Versicherung und Bestätigung.

2. Dass μέν, wo es allein gebraucht wird, nicht selten auch als erstes Glied einer adversativen Periode steht, das zweite, entgegengesetzte Glied aber aus irgend einem Grund unterdrückt wird, ist bei der freien, oft anakoluthischen Gestaltung der griechischen Rede an und für sich wahrscheinlich und bestätigt sich auch durch viele Stellen.

Il. I, 210 f.: ἀλλ' ἄγε λῆγ' ἔριδος, μηδὲ ξίφος ἕλκεο χειρί·
 ἀλλ' ἤτοι ἔπεσιν μὲν ὀνείδισον, ὡς ἔσεταί περ.
Hier darf μέν nicht als Gegensatz zu dem Vorangehenden (= jedoch) betrachtet werden. Der vorangehende Satz ist vielmehr mit μηδὲ — χειρί abgeschlossen, und es beginnt mit ἀλλ' ἤτοι eine neue Periode, welche durch ἀλλά dem Vorhergehenden entgegengestellt ist und sich aufs Neue gliedern kann. Klar ist, dass μέν zunächst zu ἔπεσιν gehört und dieses versichert, aber nach dem, was vorangegangen ist, wird man unwillkürlich gedrängt, in ἔπεσιν μέν eine Concession gegenüber einer unterdrückten Adversative ἀλλὰ μὴ χερσίν anzuerkennen. Auch *Od.* I, 438 ff.:
 καὶ τὸν μὲν γραίης πυκιμηδέος ἔμβαλε χερσίν,
 ἡ μὲν τὸν πτύξασα — — βῆ ῥ' ἴμεν (B. beide Male μέν) lässt nach gewöhnlichem Sprachgebrauch τὸν μέν, ἡ μέν einen Gegensatz erwarten.

Aesch. Pers. 337 f.: πλήθους μὲν ἂν σάφ' ἴσθ' ἕκατι βαρβάρους
 ναυσὶν κρατῆσαι — — — der Gedanke:
von wegen der Menge der Schiffe hätten die Perser siegen sollen, lässt einen Gegensatz erwarten wie: ἀρετῇ δὲ Ἕλληνες ἐνίκων.

353 f.: ἦρξεν μέν, ὦ δέσποινα, τοῦ παντὸς κακοῦ
φανεὶς ἀλάστωρ ἢ κακὸς δαίμων ποθέν.
Gegenüber der Frage der Atossa: τίνες κατῆρξαν, πότερον Ἕλληνες, μάχης, ἢ παῖς ἐμός lässt ἦρξεν μὲν δαίμων einen Gegensatz erwarten: ἀνδρῶν δ' ἦρξεν. So erwartet man auch 555 nach τίπτε Δαρεῖος μὲν οὕτω τότ' ἀβλαβὴς ἐπῆν τόξαρχος πολιήταις einen Gegensatz Ξέρξης δ' οὔ; Prom. 340: τὰ μέν σ' ἐπαινῶ einerseits lobe ich dich, fordert den Gegensatz τὰ δέ κ. τ. λ. 478: τὸ μὲν μέγιστον fordert als Gegensatz die weiteren Verdienste.
Soph. El. 1424 f.: Ἠλ. Ὀρέστα, πῶς κυρεῖ; Ὀρ. Τὰν δόμοισι μὲν καλῶς. Durch μέν wird τὰν δόμοισι so betont, dass dem Gedanken ein Gegensatz vorzuschweben scheint.
Eur. Phoen. 1685: ὦ θύγατερ, αἰνῶ μέν σε τῆς προθυμίας, ich lobe zwar deine Hingebung. Antigone, den Vater unterbrechend, antwortet auf den darin liegenden Gegensatz (aber ich kann dein Anerbieten nicht annehmen): ἀλλ' εἰ γαμοίμην, σὺ δὲ μόνος φεύγεις πάτερ; *Thuc.* V, 60, 1: καὶ οἱ μὲν ταῦτα εἰπόντες τῶν Ἀργείων ἀφ' ἑαυτῶν καὶ οὐ τοῦ πλήθους κελεύσαντος εἶπον· καὶ ὁ Ἆγις δεξάμενος τοὺς λόγους αὐτός κ. τ. λ. Hier scheint καὶ ὁ Ἆγις für ὁ δὲ Ἆγις zu stehen. *Xen.* Cyr. I, 6, 36: πολλὰ μὲν τούτων. — Die Unterdrückung eines adversativen Glieds wird besonders deutlich, wo nach einem πρῶτον μέν das entsprechende Glied fehlt. *Thuc.* II, 74, 1.

b) Es ist aber μέν — δέ (weitere Glieder erhalten jedes δέ) ausserordentlich häufig angewendet worden, wo mehrere selbständige Gedanken und Sätze als einander widersprechend, oder auch nur (materiell oder formell) verschieden gegenseitig auf einander bezogen werden sollten; ferner, wo Ein Gedanke in verschiedene Glieder sich spaltete, wo verschiedene Theile Eines Gedankens, verschiedene Begriffe auf einander bezogen und sich gegenübergestellt werden sollten. In dieser Zusammenstellung und Gliederung, namentlich wo die beiden Sätze in einen erweiterten Gedanken zusammengefasst werden sollen, liegt das Wesentliche; das Ziel der Rede regelmässig in dem Satze mit δέ. Wenn nun ein dem adversativen Hauptgedanken widersprechender Gedanke nicht durch die Adversative aufgehoben, sondern dennoch als wahr und gewiss gelten sollte, so schien es angemessen, den concessiven Satz besonders zu bestätigen, wie diess auch die lateinische und die deutsche Sprache thut, und wie wir unten einen ähnlichen Gebrauch von περ zu erwähnen haben werden. — Indessen die ursprüngliche Bedeutung von μέν und δέ hat sich so abgeschwächt, dass in einer Menge von Stellen an einen Gegensatz oder eine Verschiedenheit nicht zu denken ist.

Indem wir die Belege für μέν — δέ in selbständigen, gegenübergestellten Sätzen von den Belegen für den Gebrauch in enger zusammengehörigen Gliedern und Satztheilen unterscheiden, können wir doch, da die Gränzen kaum fest zu ziehen sind, nicht dafür bürgen, dass nicht das eine oder andre Beispiel besser unter einer andern Klasse aufgeführt würde.

α) In selbständigen Sätzen.

Il. I, 53 f.: Ἐννῆμαρ μὲν ἀνὰ στρατὸν ᾤχετο κῆλα θεοῖο,
τῇ δεκάτῃ δ' ἀγορήνδε καλέσσατο λαὸν Ἀχιλλεύς.
Einfach Verschiedenheit der Handlung, ohne widersprechenden Gegensatz.

140 ff.: ἀλλ' ἤτοι μὲν ταῦτα μεταφρασόμεσθα καὶ αὖτις,
νῦν δ' ἄγε νῆα μέλαιναν ἐρύσσομεν εἰς ἅλα δῖαν,
ἐς δ' ἐρέτας ἐπιτηδὲς ἀγείρομεν, ἐς δ' ἑκατόμβην
θείομεν, ἂν δ' αὐτὴν Χρυσηΐδα καλλιπάρῃον
βήσομεν. — Ebd. 183 f. 250—252. 306 ff.: Πηλείδης μὲν — ἧϊε — Ἀτρείδης δ' ἄρα νῆα προέρυσσεν, ἐς δ' — ἐς δ' — ἀνὰ δέ —.

312 f.: Οἱ μὲν ἔπειτ' ἀναβάντες ἐπέπλεον ὑγρὰ κέλευθα,
λαοὺς δ' Ἀτρείδης ἀπολυμαίνεσθαι ἄνωγεν.
522 f. 606—610. II, 1 u. 444. 52. 211 f. — *Od.* I, 22 ff.: ἀλλ' ὁ μὲν Αἰθίοπας μετεκίαθε — οἱ δὲ δὴ ἄλλοι Ζηνὸς ἐνὶ μεγάροισιν Ὀλύμπιον ἀθρόοι ἦσαν. 360—366.

Aesch. Prom. 1—3. 12: σφῷν μὲν ἐντολὴ Διὸς ἔχει τέλος δή — ἐγὼ δ' ἄτολμός εἰμι. Pers. 1 und 8 sind in äusserliche Beziehung gesetzt, obwohl sie in keiner inneren Beziehung stehen.

200 f.: καὶ ταῦτα μὲν δὴ νυκτὸς εἰσιδεῖν λέγω·
ἐπεὶ δ' ἀνέστην —. Ebd. 65—73. 338 ff.

Soph. El. 39: σὺ μέν, — correspondirend 51: ἡμεῖς δέ.
73 f.: εἴρηκα μέν νυν ταῦτα· σοὶ δ' ἤδη, γέρον,
τὸ σὸν μελέσθω βάντι φρουρῆσαι χρέος.
678 f. 688—690. 696. 1288—1294:
τὰ μὲν περισσεύοντα τῶν λόγων ἄφες —
ἃ δ' ἁρμόσει μοι τῷ παρόντι νῦν χρόνῳ,
σήμαιν'. — *Eur.* El. 11 f.: χὠ μὲν — ὄλωλεν, Αἴγισθος δὲ βασιλεύει. — *Herod.* I, 5, 1—2: Οὕτω μὲν Πέρσαι λέγουσι γενέσθαι — περὶ δὲ τῆς Ἰοῦς οὐκ ὁμολογέουσι Πέρσῃσι οὕτω Φοίνικες. I, 14, 1. I, 21, 2. I, 39, 1. *Thuc.* I, 72, 1: Τοιαῦτα μὲν οἱ Κορίνθιοι εἶπον. τῶν δὲ Ἀθηναίων ἔτυχε γὰρ πρεσβεία — παροῦσα κ. τ. λ. I, 73, 2. *Plato* Ephr. 3 D: Ἴσως γὰρ σὺ μὲν δοκεῖς — ἐγὼ δὲ φοβοῦμαι κ. τ. λ. 6 C: ταῦτα μέν μοι εἰσαῦθις ἐπὶ σχολῆς διηγήσει· νυνὶ δέ, ὅπερ ἄρτι σε ἠρόμην, πειρῶ σαφέστερον εἰπεῖν. Ap. 17 A. — *Xen.* Mem. I, 1, 10—11: Ἀλλὰ μὴν ἐκεῖνός γ' ἀεὶ μὲν ἦν ἐν τῷ φανερῷ — Οὐδεὶς δὲ πώποτε Σωκράτους οὐδὲν ἀσεβὲς — ἤκουσεν. 19: οὗτοι μὲν γὰρ οἴονται τοὺς θεοὺς τὰ μὲν εἰδέναι, τὰ δ' οὐκ εἰδέναι· Σωκράτης δὲ πάντα μὲν ἡγεῖτο θεοὺς εἰδέναι — πανταχοῦ δὲ παρεῖναι.

Isocr. Pgr. 9. 13—14: τοὺς μὲν γὰρ ἄλλους ὁρῶ — ἐγὼ δ'. 19. 23. 97—98.

β) Es findet sich μέν — δέ ferner in zusammengehörigen Gliedern Eines Satzes, seien es verkürzte Sätze oder einzelne sich gegenübergestellte Begriffe, wie besonders häufig ὁ μέν — ὁ δέ, οἱ μέν — οἱ δέ, τὰ μέν — τὰ δέ.

Il. I, 17—29. Dem ὑμῖν μὲν θεοὶ δοῖεν entspräche genau: ἐμοὶ δὲ δοῖεν λῦσαι ὑμᾶς παῖδα φίλην, aber das zweite Glied ist durch logische Verwechslung zum Gegensatz von ἐκπέρσαι Πριάμου πόλιν geworden. I, 459—461.

II, 260 ff.: μηδ' ἔτι Τηλεμάχοιο πατὴρ κεκλημένος εἴην,
 εἰ μὴ ἐγώ σε λαβὼν ἀπὸ μὲν φίλα εἵματα δύσω —
 αὐτὸν δὲ κλαίοντα θοὰς ἐπὶ νῆας ἀφήσω.

II, 420: ἀλλ' ὅγε δέκτο μὲν ἱρά, πότον δ' ἀμέγαρτον ὄφελλεν.

III, 1—8: Αὐτὰρ ἐπεὶ κόσμηθεν ἅμ' ἡγεμόνεσσιν ἕκαστοι,
 Τρῶες μὲν κλαγγῇ τ' ἐνοπῇ τ' ἴσαν —
 οἱ δ' ἄρ' ἴσαν σιγῇ.

51: δυσμενέσιν μὲν χάρμα, κατηφείην δὲ σοὶ αὐτῷ.

II, 425 f. III, 88—90. 457 f.

Od. I, 24: οἱ μὲν δυσομένου Ὑπερίονος, οἱ δ' ἀνιόντος. 109—112. 230—234. 287—289: εἰ μέν κεν — ἀκούσῃς — εἰ δὲ — κε — ἀκούσῃς. 369—372: μητρὸς ἐμῆς μνηστῆρες — τῶν μὲν — τερπώμεθα — ἠῶθεν δ' ἀγορήνδε καθεζώμεσθα κιόντες.

Aesch. Pers. 197 f.: ἀλγεινὰ μέν μοι καὶ λέγειν ἐστὶν τάδε,
 ἄλγος δὲ σιγᾶν. — Ebd. 18. 27. 366 ff.

Soph. Ph. 17 f. El. 95—97. 251 f. 351—362. 448 f.: δέ nach σύ statt nach dem Prädicat. 523 f. 723 f.

1307 ff.: — — — — — κλύων,
 ὁθούνεκ' Αἴγισθος μὲν οὐ κατὰ στέγας,
 μήτηρ δ' ἐν οἴκοις.

Eur. Or. 910: μορφῇ μὲν οὐκ εὐωπός, ἀνδρεῖος δ' ἀνήρ. 1196—1200: κἂν μέν σε σώζῃ — ἢν δ' — κτείνῃ σε.

Phoen. 57 f.: — — — τὴν μὲν Ἰσμήνην πατὴρ
 ὠνόμασε, τὴν δὲ πρόσθεν Ἀντιγόνην ἐγώ.

124 f.: οὗτος Μυκηναῖος μὲν αὐδᾶται γένος,
 Λερναῖα δ' οἰκεῖ νάμαθ'.

132 f.: — — — Παῖς μὲν Οἰνέως ἔφυ
 Τυδεύς, Ἄρη δ' Αἰτωλὸν ἐν στέρνοις ἔχει.

El. 8 f. 32 ff. 234. 549. 782—784. 819 f.

Arist. Ach. 501: ἐγὼ δὲ λέξω δεινὰ μέν, δίκαια δέ.

Her. I, 56, 4: ἐπὶ μὲν γὰρ Δευκαλίωνος βασιλέος οἴκεε γῆν τὴν Φθιῆτιν, ἐπὶ δὲ Δώρου τοῦ Ἕλληνος τὴν ὑπὸ τὴν Ὄσσαν κ. τ. λ. *Thuc.* I, 1, 1. 2. I, 7, 1—2. I, 9, 2. I, 12, 3. *Plato* Ap. 21 D: οὗτος μὲν οἴεταί τι εἰδέναι οὐκ εἰδώς, ἐγὼ δὲ — οὐδὲ οἴομαι. 22 A. 36 C. *Xen.* Mem. I, 1, 1. 4. 6. 7. 9. 10. 12. 14. 16. 18. 19. *Isocr.* Pgr.

I. 2. 4. 7: εἰ μὲν — ἐπειδὴ δέ. 11. 13: λέγοντας τοὺς μὲν — τοὺς δ'.
19. 35. 36: τοῖς μὲν γὰρ ἱκανὴν τὴν οἴκοι χώραν κατέλιπον, τοῖς δὲ πλείω τῆς ὑπαρχούσης ἐπόρισαν. 38. 46. 48. 55. 61: πρόγονοι μέν, ἔκγονοι δέ. 68. 76. 88. 89. 119. Dem. Ol. I, 10. 13. 14. 19. II, 17.
Nach dem recapitulirenden Demonstrativ steht μέν: Pl. Ap. 28 E: ὅτε μέν — τότε μέν. Phaedo 79 E: ὅταν μέν — τότε μέν. Isocr. Pgr. 60: τῷ μὲν ὑπερενεγκόντι — τούτῳ μέν.

γ) Häufig kommt es vor, dass in den correspondirenden Gliedern ein denselben gemeinsamer Begriff wiederholt und demselben dann μέν — δέ — δέ u. s. w. beigegeben wird. Am natürlichsten gibt sich diese Gliederung nach dem in demonstrativem Sinn stehenden ὁ, ἡ, τό oder bei Wiederholung der gleichen, den Satz beherrschenden Conjunction. Man vergleiche in ersterer Hinsicht: Aesch. Pers. 182 f.: ἡ μὲν — ἡ δέ. 186 f. 483. Soph. El. 1271: τὰ μὲν — τὰ δέ. Eur. Or. 348 f.: τῇ μὲν — τῇ δέ. 873 f.: τὸν μὲν — τὸν δ'. 893 f.: οἱ μὲν — οἱ δ'. 1251 f. 1286: αἱ μὲν — αἱ δ'. El. 355. — Thuc. I, 18, 5: τοὺς μὲν — τοῖς δέ. I, 68, 3. I, 70, 3. Pl. Ap. 24 E: ἀλλ' οἱ μὲν αὐτῶν, οἱ δ' οὔ; Isocr. Pgr. 16. 29. 44. 47.

Es werden ferner in dieser Weise die Bedingungspartikeln und Relative wiederholt. Il. I, 135—137: ἀλλ' εἰ μὲν δώσουσι — εἰ δέ κε μὴ δώωσιν. Od. II, 218—220. XI, 147—149: ὅτινα μέν κεν ἐᾷς — ᾧ δέ κ' ἐπιφθονέοις. Soph. El. 646 f. Pl. Ephr. 4 B. 5 A—B. Xen. M. I, 2, 28: εἰ μὲν αὐτὸς ἐποίει τι φαῦλον — εἰ δ' αὐτὸς σωφρονῶν διετέλει. III, 6, 5. Isocr. Pgr. 102. Dem. Ol. I, 25: ἐὰν μὲν — ἐὰν δέ.

Es sind aber auch andre, mehreren Sätzen gemeinsame Begriffe, welche mit μέν — δέ wiederholt gesetzt werden, um die Correspondenz der Glieder äusserlich zu bezeichnen.
Il. I, 258: οἳ περὶ μὲν βουλὴν Δαναῶν, περὶ δ' ἐστὲ μάχεσθαι.
288: πάντων μὲν κρατέειν ἐθέλει, πάντεσσι δ' ἀνάσσειν.
Od. XXII, 46 f.: — — — — ὅσα ῥέζεσκον Ἀχαιοί,
πολλὰ μὲν ἐν μεγάροισιν ἀτάσθαλα, πολλὰ δ' ἐπ' ἀγροῦ.
Aesch. Pers. 701: δίομαι μὲν χαρίσασθαι, δίομαι δ' ἀντία φάσθαι. Ag. 101: τοτὲ μὲν — τοτὲ δ'. 508: νῦν χαῖρε μὲν χθών — χαῖρε δ' ἡλίου φάος. Soph. El. 88 f.: πολλὰς μὲν — πολλὰς δέ. 194: οἰκτρὰ μὲν νόστοις αὐδά, οἰκτρὰ δ' ἐν κοίταις πατρῴαις. Eur. El. 160: πικρᾶς μὲν — πικρᾶς δέ. Iph. A. 1387 f.: μύριοι μὲν — μύριοι δέ. Herod. I, 32, 2: πολλὰ μὲν — πολλὰ δέ. 6: πολλοὶ μὲν — πολλοὶ δέ. I, 37, 3: κοῖος μὲν — κοῖος δέ. I, 70, 2 und I, 71, 4: τοῦτο μὲν — τοῦτο δέ. I, 76, 2: εἷλε μὲν — εἷλε δέ. Pl. Ap. 18 D—E: ἑτέρους μὲν τοὺς ἄρτι κατηγορήσαντας, ἑτέρους δὲ τοὺς πάλαι. Prot. 310 E: ἅμα μὲν — ἅμα δέ. 326 A: πολλαὶ μὲν — πολλαὶ δέ. Xen. Cyr. I, 5, 5: δέκα μὲν — δέκα δὲ — δέκα δὲ — μύριοι μὲν — μύριοι

δέ. 12: πάντα μὲν πόνον — πάντα δὲ κίνδυνον. Hist. gr. II, 3, 25: γνόντες μὲν — γνόντες δέ. Mem. I, 1, 2: πολλάκις μὲν — πολλάκις δέ. II, 1, 32: Ἐγὼ δὲ σύνειμι μὲν θεοῖς, σύνειμι δὲ ἀνθρώποις τοῖς ἀγαθοῖς. Isocr. Pgr. 21 f.: τοῦτο μὲν — τοῦτο δέ. 58: ὑπὲρ μὲν— ὑπὲρ δέ.

δ) Dass μὲν — δέ nicht immer nach den correspondirenden Begriffen, noch in coordinirten Gliedern sich findet, mögen (ausser den im Vorangehenden gelegentlich gegebenen) folgende Belege bestätigen.

Il. I, 190 f.: ἢ — τοὺς μὲν ἀναστήσειεν, ὁ δ' Ἀτρείδην ἐναρίζοι. 288 ff.: χερσὶ μὲν οὔτοι ἔγωγε μαχήσομαι εἵνεκα κούρης — τῶν δ' ἄλλων ἅ μοί ἐστι — τῶν οὐκ ἄν τι φέροις. II, 123—127:

εἴπερ γάρ κ' ἐθέλοιμεν —
Τρῶας μὲν λέξασθαι, ἐφέστιοι ὅσσοι ἔασιν,
ἡμεῖς δ' εἰς δεκάδας διακοσμηθεῖμεν Ἀχαιοί —.

Od. XX, 67 f.: τῇσι τοκῆας μὲν φθῖσαν θεοί, αἱ δ' ἐλίποντο ὀρφαναὶ ἐν μεγάροισι.

Soph. Phil. 86 f.: ἐγὼ μὲν οὓς ἄν τῶν λόγων ἀλγῶ κλύων
Λαερτίου παῖ, τοὺς δὲ καὶ πράσσειν στυγῶ.

El. 44—47: λόγῳ δὲ χρῶ τοιῷδ', ὅτι ξένος μὲν εἶ Φωκεύς, — ἄγγελλε δ' ὅρκον προστιθείς, ὁθούνεκα τέθνηκ' Ὀρέστης. Pl. Ephr. 14 B: τόδε μέντοι σοι ἁπλῶς λέγω, ὅτι ἐὰν μὲν κεχαρισμένα τις ἐπίστηται τοῖς θεοῖς λέγειν τε καὶ πράττειν, εὐχόμενός τε καὶ θύων, ταῦτ ἐστι τὰ ὅσια, — τὰ δ' ἐναντία τῶν κεχαρισμένων ἀσεβῆ. Ap. 20 Α—B: εἰ μέν σον τὼ υἱέε πώλω ἢ μόσχω ἐγενέσθην — νῦν δ' ἐπειδὴ ἄνθρώπω ἐστόν, p. 33 A: ἐγὼ δὲ διδάσκαλος μὲν οὐδενὸς πώποτ' ἐγενόμην· εἰ δέ τις — ἐπιθυμεῖ ἀκούειν — οὐδενὶ πώποτε ἐφθόνησα. Dé Partikel δέ gehört zum Hauptsatz. Xen. Mem. I, 2, 13: Ἐγὼ ἰ εἰ μέν τι κακὸν ἐκείνω τὴν πόλιν ἐποιησάτην, οὐκ ἀπολογήσομαι· ἣν δὲ πρὸς Σωκράτην συνουσίαν αὐτοῖν ὡς ἐγένετο διηγήσομαι. Cyr. I, 5, 1: καὶ τὸ μὲν πρῶτον οἱ παῖδες ἔσκωπτον αὐτόν· ἐπεὶ δὲ (eigentlich gehört δέ zum Nachsatz) κ. τ. λ.

ε) Besondere Beachtung verdient die Erscheinung, dass die Griechen nicht selten vor den Hauptgedanken einen Nebengedanken einschieben, von welchem aus auf das Gegentheil des Hauptgedankens zu schliessen wäre. Der Nebengedanke wird dann mit μέν, der Hauptgedanke mit δέ ausgedrückt. Ein Missverständniss kann bei dieser Gliederung entstehen, wenn man in grammatisch abhängigen Sätzen den ersten mit μέν bezeichneten Satz ebenso als Hauptgegenstand der Aussage betrachten wollte, wie den zweiten Satz mit δέ. Das wahre, logische Verhältniss beider Gedanken kann häufig dadurch angegeben werden, dass man den Satz mit μέν durch während, wenn übersetzt.

Soph. El. 544: ἦ τῷ πανώλει πατρὶ τῶν με ἐξ ἐμοῦ
παίδων πόθος παρεῖτο, Μενέλεω δ' ἐνῆν;

Eur. El. 336 f.: αἰσχρὸν γάρ, εἰ πατὴρ μὲν ἐξεῖλεν Φρύγας,
ὁ δ' ἀνδρ' ἕν' εἰς ὢν οὐ δυνήσεται κτανεῖν.

Schimpflich ja ist es, wenn dieser als Einzelner einen Einzelnen nicht zu tödten vermag, während sein Vater die Phrygier vernichtete.

921 f.: δύστηνός ἐστιν, εἰ δοκεῖ τὸ σωφρονεῖν
ἐκεῖ μὲν αὐτὴν οὐκ ἔχειν, παρ' οἷ δ' ἔχειν.

Or. 576: ἦ μητρὶ μὲν πάρεισι σύμμαχοι θεαί,
τῷ δ' οὐ πάρεισι μᾶλλον ἠδικημένῳ;

Sollen zwar der Mutter Göttinnen als Verbündete zur Seite stehen, ihm aber nicht, an dem doch Schwereres verübt worden ist?

1143 ff.: οὐ δεῖ ποτ', οὐ δεῖ Μενέλεων μὲν εὐτυχεῖν,
τὸν σὸν δὲ πατέρα καὶ σὲ κἀδελφὴν θανεῖν,
μητέρα τ'.

Iph. A. 392 ff.: — — — — κοὐ τὸ σὸν μὲν εὖ
παρὰ δίκην ἔσται κακίστης εὐνίδος τιμωρίᾳ,
ἐμὲ δὲ συντήξουσι νύκτες ἡμέραι τε δακρύοις —.

1387—1390. *Pl.* Ap. 25 D—E: τοσοῦτον σὺ ἐμοῦ σοφώτερος εἶ τηλικούτου ὄντος τηλικόσδε ὤν, ὥστε σὺ μὲν ἔγνωκας, ὅτι οἱ μὲν κακοὶ κακόν τι ἐργάζονται ἀεὶ τοὺς μάλιστα πλησίον ἑαυτῶν, οἱ δὲ ἀγαθοὶ ἀγαθόν· ἐγὼ δὲ δὴ εἰς τοσοῦτον ἀμαθίας ἥκω. Du übertriffst mich ungeachtet deiner Jugend so sehr an Einsicht, dass, während du wohl eingesehen hast etc., bei mir dagegen die Unwissenheit so weit geht etc. p. 28 E. 37 C—D: λογίζεσθαι, ὅτι ὑμεῖς μὲν — ἄλλοι δέ κ. τ. λ. Prot. 325 B—C: εἰ τὰ μὲν ἄλλα διδάσκονται τοὺς υἱεῖς, τοῦτο δὲ μή, dann: τὰ μὲν ἄλλα ἄρα διδάσκονται — ἐφ' ᾧ δὲ — ταῦτα δ' ἄρα οὐ διδάσκονται. *Xen.* Mem. I, 4, 17. Cyr. I, 1, 4: καὶ γάρ τοι τοσοῦτον διήνεγκε τῶν ἄλλων βασιλέων — ὥσθ' ὁ μὲν Σκύθης — ἀγαπῴη δ' ἂν εἰ τοῦ ἑαυτοῦ ἔθνους ἄρχων διαγένοιτο, καὶ ὁ Θρᾷξ Θρακῶν — Κῦρος δὲ — ἑκόντων μὲν ἡγήσατο Μήδων, ἑκόντων δὲ Ὑρκανίων —. *Isocr.* Pgr. 62. 109. 112. 157. Nic. 34: Τοσούτον δέω τῶν ἀλλοτρίων ἐπιθυμεῖν, ὥσθ' ἕτεροι μέν, ἢν καὶ μικρῷ μεῖζον τῶν ὁμόρων δύναμιν ἔχωσιν, ἀποτέμνονται τῆς γῆς καὶ πλεονεκτεῖν ζητοῦσιν, ἐγὼ δὲ οὐδὲ τὴν διδομένην χώραν ἠξίωσα λαβεῖν. *Dem.* Ol. II, 24: ἀλλ' ἐκεῖνο θαυμάζω, εἰ Λακεδαιμονίοις μέν ποτε — ὑπὲρ τῶν δικαίων ἀντῄρατε — νυνὶ δ' ὀκνεῖτε ἐξιέναι.

ζ) Hinwiederum kommen auch Fälle vor, wo μέν dem Hauptgedanken, δέ dem logisch subordinirten Gedanken beigegeben ist.

Eur. El. 916 ff.: εἰς τοῦτο δ' ἦλθες ἀμαθίας, ὥστ' ἤλπισας,
ὡς εἰς σὲ μὲν δὴ μητέρ' οὐχ ἕξεις κακὴν
γήμασ', ἐμοῦ δὲ πατρὸς ἠδίκεις λέχη.

Der Gedanke kann nur sein: du warst so thöricht, der Hoffnung dich hinzugeben, dass, während du dich an dem Ehebund meines Vaters vergiengst, die Mutter, die du heirathetest, gegen dich nicht schlecht sich erweisen werde. *Xen.* Mem. I, 2, 9: Ἀλλὰ νὴ Δία, ὁ κατήγορος ἔφη, ὑπερορᾶν ἐποίει τῶν καθεστώτων νόμων τοὺς συνόντας λέγων, ὡς μωρὸν εἴη τοὺς μὲν τῆς πόλεως ἄρχοντας ἀπὸ κυάμου καθίστασθαι, κυβερνήτῃ δὲ μηδένα θέλειν κεχρῆσθαι κυαμευτῷ, μηδὲ τέκτονι. Der Hauptgedanke liegt offenbar in dem Satze mit μέν, dass sich niemand einem durchs Loos gewählten Steuermann anvertrauen mag, ist die Thatsache, von welcher aus auf ein ganz andres Verfahren hinsichtlich der Wahl der Lenker des Staates geschlossen werden sollte: es sei unsinnig, dass die Staatsbeamten durchs Loos eingesetzt werden, während doch niemand eines durchs Loos bezeichneten Steuermanns sich bedienen möge.

η) An die Stelle von δέ treten andre adversative Partikeln; sehr häufig ἀλλά, und (bei Homer) αὐτάρ, ἀτάρ.
Ἀλλά, stärker als δέ: Il. I, 22—24:
Ἔνθ᾽ ἄλλοι μὲν πάντες ἐπευφήμησαν Ἀχαιοί —
ἀλλ᾽ οὐκ Ἀτρείδῃ Ἀγαμέμνονι ἥνδανε θυμῷ.
163—165. 376—378. III, 214. Od. II, 105 f. XXI, 232—234. XXII, 45—48. Aesch. Pers. 176—179. 525 f. Soph. El. 254—256. 431—435. 450. 552—554. Eur. Or. 138. El. 751:
ἤκουσα κἀγώ, τηλόθεν μέν, ἀλλ᾽ ὅμως.
Thuc. I, 73, 1. Pl. Ap. 21 D. 22 D.
Αὐτάρ: Il. I, 50 f. 127. 331—333. 601—605. II, 102 ff.: μὲν — αὐτὰρ — δὲ — αὐτὰρ — δὲ — αὐτάρ. VII, 147 f. Od. II, 125 f. IX, 172 f. XX, 2. 45—47. 83—87. 139 f.
Ἀτάρ: Il. I, 166. — Αὖτε: Il. III, 240 f.
Μέντοι: Eur. Iph. T. 1302 f.:
— — καὶ τάδ᾽ ἦν ὕποπτα μὲν
ἤρεσκε μέντοι σοῖσι προσπόλοις, ἄναξ.
Pl. Prot. 347 A—B. Xen. Cyr. I, 3, 2. 13.

ϑ) Endlich fällt δέ auch ganz weg in Gliederungen: πρῶτον (πρῶτα) μὲν — ἔπειτα (εἶτα), obwohl das regelmässige ἔπειτα δέ häufig vorkommt; z. B. πρῶτα μὲν — εἶτα Soph. El. 260—262. Dann 266: ἔπειτα; πρῶτον μὲν — εἶτα Xen. Mem. I, 2, 1. III, 6, 9. — πρῶτον μὲν — ἔπειτα Isocr. Pgr. 30. 101—102.

Ὅμως.

Ὅμως ist unstreitig aus ὁμῶς hervorgegangen. Wir haben bereits gesehen, dass bei einem Adversativverhältnisse zweier Glieder, wo doch keines durch das andre aufgehoben, beide giltig sein sollten, die griechische Sprache dem einen oder andern Glied oder beiden zugleich eine besondre Bestätigung beifügte. So konnte man denn demjenigen Satz, der durch einen andern aufgehoben zu sein schien, eine Partikel beigeben, die ausdrückte, dass er in gleicher

Weise, wie der andre, dass er gleich wohl seine Geltung habe; und aus dem ganz ähnlichen Sprachgebrauch im Deutschen erklärt sich, dass dieses ὅμως nicht nur in dem Hauptsatz im Sinn von gleichwohl, dennoch, sondern auch in dem Vordersatz entsprechend unserem: wenn gleich, obgleich, und bei dessen Verkürzung, dem Particip, vorkommen kann. Es ist natürlich, dass die verstärkte Bedeutung, der grössere Nachdruck, der auf das Wort fällt, auch in der Verstärkung der Accentuation, d. i. der Zurückziehung des Accents auf die vorletzte Sylbe, zum Ausdruck kam.

Es erhebt sich zuvörderst die Frage, ob dieser Gebrauch von ὅμως = dennoch schon für die homerischen Gedichte anzuerkennen ist. Apollonios lex. Hom. hat ὅμως δ᾽ οὐ λήθετο χάρμης M. 393 (nach der treffenden Ergänzung von *Lehrs* de Aristarchi studiis p. 159: οὐχ ὡς ἡμεῖς) εἰώθαμεν ἀποφαίνεσθαι λέγοντες „κακοπάθειαν μὲν ἔχει ἡ καρτερία, ὅμως οὐκ ἀποσχετέον." ταύτην φημὶ τὴν δύναμιν μὴ γιγνώσκειν τὸν ποιητήν, ἀλλὰ διὰ τοῦ ἔμπης αὐτὴν ἐκφέρει· ὥστε εἰ μὲν ὁμῶς περισπωμένως, ἔστιν ὁμοίως, τὸ δὲ βαρυτόνως ἔμπης, ὅμως, ἵν᾽ ᾖ τοιοῦτος ὁ λόγος ·. Σαρπηδὼν δ᾽ ἠχθέσθη μὲν τοῦ Γλαύκου ἀπιόντος, ὅμως οὐκ ἀπέστη τῆς κατὰ τὴν μάχην ἀρετῆς. Damit stimmt das Scholion zu *Od*. XI, 565: ἔνθα χ᾽ ὁμῶς. Περισπαστέον. ἀπόρρημα γάρ. τῷ συνδέσμῳ οὐ χρῆται, ἀλλ᾽ ἀντ᾽ αὐτοῦ τῷ ἔμπης. διὸ καὶ τὸ ὅμως δ᾽ οὐ λήθετο χάρμης οἱ πλείους περισπῶσιν.

Es ist demnach klar, dass Aristarch, in Betracht, dass sonst ἔμπης in solcher Bedeutung in den homerischen Gedichten vorkommt, die paar Ausnahmsfälle von ὅμως nicht anerkennen wollte. Seine Schule suchte, wie die Scholien zeigen, in ihren Erklärungen ὁμῶς festzuhalten. Stünde *Il*. XII, 392 f.:
Σαρπηδόντι δ᾽ ἄχος γένετο Γλαύκου ἀπιόντος,
αὐτίκ᾽ ἐπεί τ᾽ ἐνόησεν· ὅμως δ᾽ οὐ λήθετο χάρμης,
statt des negativen Ausdrucks der positive: ἐμνήσατο, so würde ὁμῶς in gleicher Weise nicht unpassend sein; der negative οὐ λήθετο verlangt das stärkere ὅμως. Auch in der zweiten Stelle *Od*. XI, 563 ff.: Ὡς ἐφάμην, ὁ δέ μ᾽ οὐδὲν ἀμείβετο, βῆ δὲ μετ᾽ ἄλλας ψυχὰς εἰς Ἔρεβος νεκύων κατατεθνηώτων.
ἔνθα χ᾽ ὅμως προσέφη κεχολωμένος, ἤ κεν ἐγὼ τόν
ist die Erklärung als ὁμῶς· οὕτως (*Buttmann* ὁμοίως) τοῖς κεχολωμένοις προσέφη ἄν, ὡς καὶ ἐγὼ αὐτόν u. dgl. gezwungen. Der Sinn verlangt: da hätte er, so erzürnt er war, dennoch ihn angeredet, und nur darüber konnte ein Zweifel sein, ob ὅμως vorher mit dem Particip zu verbinden ist, oder, was vorzuziehen scheint, zum Hauptsatz gehört. Sofern jedoch diese Stelle innerhalb einer grösseren Interpolation steht, so kann sie für den homerischen Sprachgebrauch nichts beweisen. Die Stelle *Od*. XIII, 405 f.:
ὅς τοι ὑῶν ἐπίουρος, ὁμῶς δέ τοι ἤπια οἶδεν,
παῖδά τε σὸν φιλέει καὶ ἐχέφρονα Πηνελόπειαν.

in welcher nach *Lehrs* ὁμῶς nur auf gewaltsame Weise sich erklären lassen soll, lässt dennoch nur ὁμῶς zu. Eine Entgegenstellung der beiden in 405 enthaltenen Behauptungen wäre lächerlich. Der Sinn ist entweder: er ist dir noch eben so hold und treu gesinnt (wie früher), oder: er ist in gleicher Weise gegen dich treu gesinnt, wie er deinen Sohn und Penelope liebt.

Wir führen nun 1) diejenigen Stellen an, in welchen ὅμως zum Hauptsatz gehört, und zunächst a) solche, in denen sich ὅμως allein findet.

Hesiod. opp. 20: ἦτε καὶ ἀπάλαμόν περ ὅμως ἐπὶ ἔργον ἐγείρει, welche (Eris) auch den Trägen dennoch zur Arbeit anregt. — *Pind.* Ol. XI, 11. *Aesch.* Ag. 934. Suppl. 730 f. *Soph.* O. R. 1064. Ant. 519. Aj. 1253 f.:

μέγας δὲ πλευρὰ βοῦς ὑπὸ σμικρᾶς ὅμως
μάστιγος ὀρθὸς εἰς ὁδὸν πορεύεται·

Thuc. I, 10, 3. I, 15 1 nachgestellt: ἰσχὺν δὲ περιεποιήσατο ὅμως οὐκ ἐλαχίστην. I, 18, 2 nach Particip. *Pl.* Ap. 19 A. 22 B: αἰσχύνομαι οὖν ὑμῖν εἰπεῖν, ὦ ἄνδρες, τἀληθῆ· ὅμως δὲ ῥητέον. *Xen.* M. I, 2, 20: Διὸ καὶ τοὺς υἱεῖς οἱ πατέρες, κἂν ὦσι σώφρονες, ὅμως ἀπὸ τῶν πονηρῶν ἀνθρώπων εἴργουσιν. II, 1, 4: Τούτων γὰρ δήπου τὰ μὲν γαστρὶ δελεαζόμενα, καὶ μάλα ἔνια δυσωπούμενα, ὅμως τῇ ἐπιθυμίᾳ τοῦ φαγεῖν ἀγόμενα πρὸς τὸ δέλεαρ ἁλίσκεται. II, 1, 5, 14: οἱ μὲν πάντα ταῦτα κεκτημένοι ὅμως ἀδικοῦνται. 15. *Isocr.* Pgr. 28: καὶ γὰρ εἰ μυθώδης ὁ λόγος γέγονεν, ὅμως αὐτῷ καὶ νῦν ῥηθῆναι προσήκει. *Dem.* Ol. I, 10.

Der Behauptungssatz ist in das Particip oder in den Infinitiv verkürzt:

Aesch. Pers. 840 f.: ὑμεῖς δὲ πρέσβεις χαίρετ', ἐν κακοῖς ὅμως
ψυχὴν διδόντες ἡδονῇ καθ' ἡμέραν.

Thuc. I, 9, 1: ὅμως σχεῖν.

b) Ὅμως ist mit andern adversativen Partikeln verbunden. Mit ἀλλά: *Pind.* Pyth. 162 ff.: ἀστῶν δ' ἀκοὰ κρύφιον θυμὸν βαρύνει μάλιστ' ἐσλοῖσιν ἐπ' ἀλλοτρίοις, ἀλλ' ὅμως, κρέσσων γὰρ οἰκτιρμοῦ φθόνος, μὴ παρίει καλά. Nem. X, 39. Isthm. IV, 65. — *Eur.* Or. 732. 1168.

Phoen. 439: πάλαι μὲν οὖν ὑμνηθέν, ἀλλ' ὅμως ἐρῶ. 1076. *Arist.* Ach. 402: Δ. Ἐκκάλεσον αὐτόν. Κ. Ἀλλ' ἀδύνατον. Δ. Ἀλλ' ὅμως. 408. 956. *Pl.* Euthyphro 3 C. Ap. 34 A. *Isocr.* Pgr. 141.

μάν, μήν: *Pind.* Pyth. II, 150. *Pl.* Polit. 297 D: Τοιόνδε τι δεῖ γε ζητεῖν, οὐ πάνυ ξύνηθες οὐδὲ ῥᾴδιον ἰδεῖν· ὅμως μὴν πειρώμεθα λαβεῖν αὐτό. — Sehr häufig steht ὅμως mit

δέ: *Aesch.* Pers. 254: ὅμως δ' ἀνάγκη πᾶν ἀναπτύξαι πάθος. 293. 521. 691. VII c. Th. 620. Eum. 475. Dem entgegengesetz-

ten Begriff nachgestellt: Ag. 1255: δυσμαθῆ δ' ὅμως. *Soph*. Phil.
475: ὅμως δὲ τλῆθι. *Eur*. Iph. A. 997. 1244. 1424. *Thuc*. I, 146.
Mit μέντοι: *Pl*. Crito 54 D. — γε μήν: *Arist*. Nub. 631:
— γε μέντοι: *Arist*. Vesp. 1344. Ran. 61.

2) In Vordersätzen findet sich ὅμως, und zwar
a) in vollständigen Sätzen:
Aesch. Pers. 294 f.: — — — πᾶν δ' ἀναπτύξας πάθος
λέξον καταστάς, κεὶ στένεις κακοῖς ὅμως.
Choeph. 115: μέμνησ' Ὀρέστου, κεὶ θυραῖός ἐσθ' ὅμως.
b) beim Particip: *Pind*. Pyth. IV, 249. *Soph*. Trach.
1115: κλῦθί μου, νοσῶν ὅμως = καίπερ νοσῶν. — Verbunden mit
περ: *Eur*. Or. 673: Κἀγώ σ' ἱκνοῦμαι καὶ γυνή περ οὖσ' ὅμως.
καί: *Eur*. Med. 281: ἐρήσομαι δὲ καὶ κακῶς πάσχουσ' ὅμως.
καίπερ: *Aesch*. VII c. Th. 712: πειθοῦ γυναιξί, καίπερ οὐ στέργων
ὅμως.

Οὖν (jonisch ὦν).

Die Grundbedeutung der Partikel οὖν ist von *Hartung* II, S. 4
im Wesentlichen richtig als die der Einheit und Identität aufgefasst worden. Seine Ableitung von αὖς = αὐτός lassen wir dahingestellt. — Einen ganz verschiedenen Weg schlug *Klotz* ein, wenn
er p. 717 oὖν ex antiqua participii verbi substantivi forma" ableitet
und bemerkt: „Revocat igitur lectorem ad rem praesentem, id est,
quae nunc cum maxime agitur eodem prorsus modo, quo Latini particula igitur. Ea autem relatio, quam efficit οὖν particula, duplex
est, ut aut ad ea, quae antea revera posita sunt, lectorem revocet,
quod si fit, aperte vim collectivam prae se fert particula, aut ut
lectorem revocet ad id ipsum, quod nunc agitur, unde vim reflexivam habere visa atque adeo ad eandem originem, quo pronomen
αὐτός ab Hartungio falso quidem relata est." Von der gleichen
Etymologie geht *Rost* aus in der Abhandlung „Ueber Ableitung,
Bedeutung und Gebrauch der Partikel οὖν. Göttingen 1859", indem
er S. 2 das Resultat seiner Beobachtungen mit den Worten zusammenfasst: „Οὖν ist ursprünglich nicht eine Partikel zu
Andeutung einer Satzbeziehung, sondern ein Adverbium
zu determinativer Nebenbestimmung des Prädicates; —
Nach Laut und Bedeutung erkenne ich in οὖν — einen Spross aus
der Wurzel des Verbi εἶναι, eine Adverbialform des Participii ὄν,
also eine Wechselform von ὄντως mit der Grundbedeutung „in der
Wirklichkeit, wirklich, in Wahrheit, wahrhaftig." „Diese
Bedeutung tritt klar und ungeschminkt hervor erstens in den zahlreichen Fällen, wo οὖν sich den generell relativen und indirect fragenden Pronominen und Adverbien zugesellt, um die Beziehung

derselben auf alle in der Wirklichkeit (in der objectiven Welt) vorkommende Fälle anzudeuten, worin ich desshalb die ganz eigentliche und ursprüngliche Gebrauchsart des Wortes erkenne etc."

Ich muss auch hier mich jeder eingehenden directen Prüfung dieser Ansichten enthalten, und indem ich nur gegen *Hartung* erinnere, dass der Begriff: Identität mir theils für die Fälle, wo er anwendbar scheint, zu scharf, theils nicht auf alle Fälle des Gebrauchs anwendbar zu sein dünkt; gegen *Rost*, dass bei Voraussetzung des Begriffs: in der Wirklichkeit, in der Wahrheit sich nicht erklären lasse, warum nicht οὖν, gleich den bestätigenden Partikeln ἦ, μήν, δή, schon in dem ersten Gedanken vorkommen könne, warum es überall auf etwas Vorangegangenes sich beziehe, betrachte ich als Grundbedeutung, aus der sich die verschiedenen Gebrauchsweisen am leichtesten erklären oder ableiten lassen, die der Uebereinstimmung. — Diese Bedeutung liegt

1) unmittelbar vor in dem Gebrauch von γ' οὖν, γὰρ οὖν, μὲν οὖν bei zustimmenden Antworten.

a) Es findet sich, um die Zustimmung zu einer vorangehenden Behauptung, oder die Bejahung einer Frage auszudrücken, γ' οὖν gebraucht, so dass γέ an den vorhergehenden Begriff sich anlehnt und denselben hervorhebt, οὖν dagegen eben die Uebereinstimmung mit dem Vorangegangenen ausdrückt.

Soph. El. 1497 ff.: *Aly.* Ἦ πᾶσ᾽ ἀνάγκη τῇδε τὴν στέγην ἰδεῖν
τά τ᾽ ὄντα καὶ μέλλοντα Πελοπιδῶν κακά;
Ὀρ. Τά γ᾽ οὖν σ᾽. — Allerdings, wenigstens deine eigenen. Die Partikel γέ hebt τὰ σά (κακά) hervor und ist nach der Regel dem voranstehenden Artikel angehängt. In οὖν liegt die Bejahung der Frage. Da jede Partikel ihre besondere Bedeutung behält, so ist die Schreibung γοῦν minder richtig.

Eur. El. 349 f.: *Αὐτ.* Τί φασίν; ἀνὴρ ἐστι καὶ λεύσσει φάος;
Ἠλ. Ἔστιν λόγῳ γ᾽ οὖν — ja, wenigstens nach dem, was man sagt, lebt er. Auch *Kirchhoff*, wie die früheren Herausgeber, hat γοῦν, da doch γέ zu λόγῳ gehört. *Pl.* Soph. 219 D: Κτητικῆς δὲ ἆρ᾽ οὐ δύο εἴδη; τὸ μὲν ἑκόντων πρὸς ἑκόντας μεταβλητικὸν ὂν διά τε δωρεῶν καὶ μισθώσεων καὶ ἀγοράσεων, τὸ δὲ λοιπόν, ἢ κατ᾽ ἔργα ἢ κατὰ λόγους χειρούμενον ξύμπαν χειρωτικὸν ἂν εἴη; Θ. Φαίνεταί γ᾽ οὖν ἐκ τῶν εἰρημένων. p. 220 E: φασί γ᾽ οὖν τινες. 222 A: Ξ. Μέχρι μὲν τοίνυν ἐνταῦθα ὁ σοφιστής τε καὶ ὁ ἀσπαλιευτὴς ἅμα ἀπὸ τῆς κτητικῆς τέχνης πορεύεσθον. Θ. Ἐοικατόν γ᾽ οὖν. 229 A: Ξ. Οὐκοῦν καὶ περὶ μὲν ὕβριν καὶ ἀδικίαν καὶ δειλίαν ἡ κολαστικὴ πέφυκε τεχνῶν μάλιστα δὴ πασῶν προσήκουσα δίκη; Θ. Τό γ᾽ οὖν εἰκὸς ὡς εἰπεῖν κατὰ τὴν ἀνθρωπίνην δόξαν. 230 D: Βελτίστη γ᾽ οὖν καὶ σωφρονεστάτη τῶν ἕξεων αὕτη. 232 C: περὶ τῶν θείων, ὅσα ἀφανῆ τοῖς πολλοῖς, ἆρ᾽ ἱκανοὺς ποιοῦσι τοῦτο δρᾶν; Θ. Λέγεταί γ᾽ οὖν δὴ

περὶ αὐτῶν ταῦτα. E: ἀτὰρ δὴ τὸ τῆς ἀντιλογικῆς τέχνης ἆρ' οὐκ ἐν κεφαλαίῳ περὶ πάντων πρὸς ἀμφισβήτησιν ἱκανή τις δύναμις ἔοικ' εἶναι; Θ. Φαίνεταί γ' οὖν δὴ σχεδὸν οὐδὲν ὑπολιπεῖν. 268 A: Ξ. Οὐκοῦν τὸν μὲν ἁπλοῦν μιμητήν τινα, τὸν δὲ εἰρωτικὸν μιμητὴν θήσομεν; Θ. Εἰκός γ' οὖν. Prot. 360 A: Οὐκοῦν, ἦν δ' ἐγώ, εἴπερ καλὸν καὶ ἀγαθόν, καὶ ἡδύ; Ὡμολόγηταί γ' οὖν, ἔφη. Xen. Cyr. V, 3, 13—14: Οὐκοῦν, ἔφη ὁ Κῦρος, εἴ γε ἅπαξ εἰσέλθοι, δύναιτ' ἂν ἡμῖν ὑποχείριον ποιῆσαι τὸ χωρίον; Εἰκός γ' οὖν, ἔφη ὁ Γωβρύας κ. τ. λ. V, 5, 14: Ἐὰν δὲ δὴ καὶ ἀγαθά σοι πεπραχὼς δῆλος ὦ καὶ προθυμούμενος πρᾶξαι ὡς ἐγὼ πλεῖστα ἐδυνάμην, οὐκ ἂν καὶ ἐπαίνου σοι ἄξιος εἴην μᾶλλον ἢ μέμψεως; Δίκαιόν γ' οὖν, ἔφη. Mem. I, 4, 8: Σὺ δὲ σαυτὸν δοκεῖς τι φρόνιμον ἔχειν; Ἐρώτα γ' οὖν καὶ ἀποκρινοῦμαι. Letzterer Zusatz ist mit Recht von *Finckh* und *Kühner* in seiner Ausgabe vertheidigt, nur dass er die gewöhnliche Schreibung γοῦν beibehält. Der Sinn ist: du kannst dich davon aus meinen Antworten überzeugen. II, 1, 1: Βούλει σκοπῶμεν ἀρξάμενοι ἀπὸ τῆς τροφῆς, ὥσπερ ἀπὸ τῶν στοιχείων; Καὶ ὁ Ἀρίστιππος ἔφη· δοκεῖ γ' οὖν μοι ἡ τροφὴ ἀρχὴ εἶναι. III, 3, 5: Οὐκοῦν πρῶτον μὲν ἀναβατικωτέρους ἐπὶ τοὺς ἵππους ποιήσεις αὐτούς; Δεῖ γ' οὖν, ἔφη. III, 3, 6 u. 7: Βέλτιόν γ' οὖν. III, 6, 5: Οὐκοῦν πλουσιωτέρα γ' ἂν εἴη προσόδων αὐτῇ πλειόνων γενομένων; Εἰκός γ' οὖν, ἔφη. Das Gleiche III, 10, 8.

b) Ziemlich häufig steht auch, um die Zustimmung auszudrücken, γὰρ οὖν. Durch γὰρ wird etwas als unbestritten und objectiv gewiss bezeichnet, darum auch das Vorangehende bejaht, οὖν drückt die Zusammenstimmung mit dem Vorangehenden aus. — *Soph.* Ant. 1255: εὖ γὰρ οὖν λέγεις = ja, da hast du Recht, drückt die Zustimmung aus zu 1251 f.:

— — ἐμοὶ δ' οὖν ἥ τ' ἄγαν σιγὴ βαρὺ
δοκεῖ προσεῖναι χἠ μάτην πολλὴ βοή.

Pl. Soph. 219 B: Ξ. Τὰ δέ γε νῦν δὴ ἃ διήλθομεν ἅπαντα, εἶχεν εἰς τοῦτο τὴν αὐτῶν δύναμιν. Θ. Εἶχε γὰρ οὖν. 222 D: γίγνεσθον γὰρ οὖν. 245 A: δεῖ γὰρ οὖν. 248 B: φαμὲν γὰρ οὖν. 250 B: φημὶ γὰρ οὖν. So findet sich λέγεται γὰρ οὖν ja, so sagt man, in folgenden Stellen: *Pl.* Soph. 220 B. E. 225 D. 226 D. Ausserdem 258 D: Λέγει γὰρ οὖν οὕτως. *Xen.* Cyr. I, 6, 22: λέγω γὰρ οὖν. I, 6, 25. — Ἦν γὰρ οὖν haben wir *Pl.* Soph. 223 C. 225 A. 227 E. 231 E. 266 E. — Οὐ γὰρ οὖν findet sich *Pl.* Ephr. 2 B. Soph. 233 E. 240 B. 252 A. 256 A. *Xen.* Mem. III, 6, 12. Ausserdem bei *Xenophon* Cyr. V, 5, 16: Ἦλθες γὰρ οὖν. Mem. III, 3, 2: Ἡ δὲ ἀρχή που, ἐφ' ἧς ᾔρησαι, ἵππων τε καὶ ἀμβατῶν ἐστιν; Ἔστι γὰρ οὖν.

c) Besonders häufig steht in zustimmenden, bestätigenden Antworten μὲν οὖν, und zwar am häufigsten in der Formel πάνυ μὲν οὖν, doch auch mit andern steigernden Partikeln, und ohne solche. Die Versicherung, die in der Partikel μέν liegt, bezieht sich auf den Satz selbst, οὖν deutet zustimmend auf die Aeusserung eines Andern zurück. Wie gewöhnlich die zustimmende Formel πάνυ μὲν οὖν ist, und wie oft sie in dem gleichen Dialoge wiederkehrt, davon kann man sich aus folgenden Stellen überzeugen: *Pl.* Ephr. 4 A: *Εὐθ. Ὁ ἐμὸς πατήρ. Σ. Ὁ σός, ὦ βέλτιστε; Εὐθ. Πάνυ μὲν οὖν.* p. 7 A: *ἀλλὰ σὺ δῆλον ὅτι ἐπεκδιδάξεις ὡς ἔστιν ἀληθῆ ἃ λέγεις. Εὐθ. Πάνυ μὲν οὖν.* p. 13 D: *Σ. Ματθάτω· ὑπηρετική τις ἄν, ὡς ἔοικεν, εἴη θεοῖς. Εὐθ. Πάνυ μὲν οὖν.* Ap. 26 B: *Οὐ ταῦτα λέγεις ὅτι διδάσκων διαφθείρω; Πάνυ μὲν οὖν σφόδρα ταῦτα λέγω.* Protag. 310 A. 312 B. 317 D. 330 E. Soph. 220 C. 224 B. 228 D. 236 A. 249 D. 250 A. 251 C. 255 C. 256 B. 257 C. 263 E. 265 A. 266 D. 268 A. C. *Xen.* M. I, 3, 9. II, 1, 2. 4. 6. 10: *Βούλει οὖν καὶ τοῦτο σκεψώμεθα, πότεροι ἥδιον ζῶσιν, οἱ ἄρχοντες, ἢ οἱ ἀρχόμενοι; Πάνυ μὲν οὖν, ἔφη.* III, 4, 8. 9. III, 6, 3. 4. III, 10. 7.

Andre steigernde Partikeln, die mit μὲν οὖν vorkommen, sind: *Κομιδῇ: Pl.* Soph. 221 C. 226 A. 249 B. 252 A. 252 E. 255 E. 259 D. 262 A. 263 B.

Παντάπασι: Pl. Soph. 221 C. 223 B. 230 E. 231 E. 233 D. 253 E. 257 C. 262 E. 265 B. 268 D.

Auch ohne dergleichen steigernde Partikeln steht μὲν οὖν, um die Zustimmung zu einer fremden Aeusserung, oder die Bestätigung der eigenen Behauptung auszudrücken. Derjenige Begriff, welcher den wesentlichsten Inhalt der Behauptung ausmacht, wird vorangestellt, beziehungsweise wiederholt.

Aesch. Ag. 1087 ff.: (*Κα.*) *ἅ ποῖ ποτ' ἤγαγές με; πρὸς ποίαν στέγην;*
    Χ. Πρὸς τὴν Ἀτρειδῶν· εἰ σὺ μὴ τόδ' ἐννοεῖς,
    ἐγὼ λέγω σοι· καὶ τάδ' οὐκ ἐρεῖς ψύθη.
Κ. Μισόθεον μὲν οὖν (sc. *στέγην*) ja wohl, zu einem gottverhassten Hause.

Eum. 38: *δείσασα γὰρ γραῦς οὐδέν, ἀντίπαις μὲν οὖν.* ja, gleich einem Kinde.

Pers. 1031: *Χ. Παπαῖ παπαῖ. Ξ. Πλεῖον ἢ παπαῖ μὲν οὖν.*

Soph. El. 1503 f.? *Αἴγ. Ἦ μὴ φύγω σε; Ὀρ. Μὴ μὲν οὖν καθ'*
    ἡδονὴν
    θάνῃς. (allerdings) ja, damit du nicht nach Lust den Tod dir wählst.

Eur. Phoen. 550 ff.: *τί τὴν τυραννίδ', ἀδικίαν εὐδαίμονα*
    τιμᾷς ὑπέρφευ καὶ μέγ' ἥγησαι τόδε;
    περιβλέπεσθαι τίμιον; κενὸν μὲν οὖν.

Or. 1529 f.: *Ὀρ. Μὴ πέτρος γένῃ δέδοικας, ὥστε Γοργόν' εἰσιδών;*
    Φρ. Μὴ μὲν οὖν νεκρός. Besorgst du etwa, zu Stein zu werden? Allerdings besorge ich zu sterben. — Ebd. 1519.

Iph. A. 891 f.: *Κλ. Οὐκ ἐῶν ἢ ξυγκελεύων παῖδ' ἄγειν θανουμένην; Πρ. Μὴ μὲν οὖν ἄγειν·* Allerdings sie nicht zum Tode abzuführen. 1534. — *Pl.* Prot. 309 C—D: *Ἑτ. Ἀλλ' ἢ σοφῷ τινι ἡμῖν, ὦ Σώκρατες, ἐντυχὼν πάρει; Σ. Σοφωτάτῳ μὲν οὖν δήπου* τῶν γε νυν κ. τ. λ. 319 A: δοκεῖς γάρ μοι λέγειν τὴν πολιτικὴν τέχνην καὶ ὑπισχνεῖσθαι ποιεῖν ἄνδρας ἀγαθοὺς πολίτας. Αὐτὸ μὲν οὖν τοῦτό ἐστιν, ἔφη, ὦ Σώκρατες, τὸ ἐπάγγελμα, ὃ ἐπαγγέλλομαι. 349 E: Φέρε δή, τὴν ἀρετὴν καλόν τι φῂς εἶναι καὶ ὡς καλοῦ ὄντος αὐτοῦ σὺ διδάσκαλον σαυτὸν παρέχεις; Κάλλιστον μὲν οὖν, ἔφη, εἰ μὴ μαίνομαί γε. Ephr. 7 A: Σ. Οὐχ οὕτως; Εὐθ. Οὕτω μὲν οὖν. 12 B—C: ἔστιν ὅστις αἰδούμενός τι πρᾶγμα καὶ αἰσχυνόμενος οὐ πεφόβηταί τε καὶ δέδοικεν ἅμα δόξαν πονηρίας; Εὐθ. Δέδοικε μὲν οὖν. Soph. 228 B: Ὀρθότατα μὲν οὖν. 247 A: φασὶ μὲν οὖν. 250 D. 256 D. 263 B: ἀληθέστητα μὲν οὖν. *Xen.* M. II, 7, 5: Ἔπειτα, ἔφη, οἱ παρὰ σοὶ τούτων οὐδὲν ἐπίστανται ποιεῖν; Πάντα μὲν οὖν, ὡς ἐγῷμαι. III, 6, 11.

2) Die Grundbedeutung der Uebereinstimmung mit dem Vorhergehenden zeigt sich sodann in den nicht seltenen Fällen, wo durch οὖν das Vorangegangene wieder aufgenommen und zusammengefasst, oder (nach einer Unterbrechung) auf dasselbe zurückgegangen wird. Schon bei *Homer* begegnen wir diesem Gebrauch. Können wir auch nicht I, 54—57 (s. unten bei 4) hieher ziehen, so liegt derselbe doch z. B. *Il.* III, 340 offen vor. Nachdem von V. 328—339 beschrieben ward, wie sich Paris und Menelaos zum Zweikampf rüsteten, wird 340 fortgefahren:

Οἱ δ' ἐπεὶ οὖν ἑκάτερθεν ὁμίλου θωρήχθησαν κ. τ. λ.

Auch XIII, 1 ff.: Ζεὺς δ' ἐπεὶ οὖν Τρῶάς τε καὶ Ἕκτορα νηυσὶ πέλασσεν,
τοὺς μὲν ἔα παρὰ τῇσι πόνον τ' ἐχέμεν καὶ ὀϊζὺν
νωλεμέως, αὐτὸς δὲ πάλιν τρέπεν ὄσσε φαεινώ κ. τ. λ.

ist das am Schluss des 12ten Gesangs Erzählte zusammengefasst, bevor mit αὐτὸς δὲ πάλιν τρέπεν ὄσσε auf ein Neues übergegangen, vor diesem aber zuvor noch τοὺς μὲν ἔα als Nebensache eingeschaltet wird. — Aehnlich *Od.* XIV, 467. *Herod.* IV, 118, 1. Nachdem in den vorhergehenden Capiteln die Sauromaten geschildert worden sind, fährt Herodot fort: Ἐπὶ τούτων ὦν τῶν καταλεχθέντων ἐθνέων τοὺς βασιλέας ἁλισμένους ἐπικόμενοι τῶν Σκυθέων οἱ ἄγγελοι ἔλεγον κ. τ. λ. — *Thuc.* II, 16. auf den Anfang von cap. 15 sich zurückbeziehend: τῇ τε οὖν ἐπὶ πολὺ κατὰ τὴν χώραν αὐτονόμῳ οἰκήσει μετεῖχον οἱ Ἀθηναῖοι. III, 95, 1: ἄρας οὖν. VI, 64, 3. VIII, 57, 2. das Vorhergehende zusammenfassend: πάντων οὖν τούτων λογισμῷ καὶ προνοίᾳ. — Deutlich dient auch in folgenden *Platonischen* Stellen οὖν, um Vorhergehendes wieder aufzunehmen. Symp. 201 D: ὃν οὖν ἐκείνῃ ἔλεγε λόγον nimmt wieder auf: τὸν δὲ λόγον τὸν περὶ τοῦ Ἔρωτος, ὅν ποτ' ἤκουσα γυναικὸς Μαντινικῆς Διοτίμας. — Ap. 20 A: ἐπεὶ καὶ ἄλλος ἀνήρ ἐστι Πάριος ἐνθάδε σοφός — darauf sich beziehend nachher: τοῦτον οὖν ἀνηρόμην. p. 21 B: ταῦτα γὰρ ἐγὼ ἀκούσας ἐνεθυμούμην οὑτωσί· τί ποτε λέγει ὁ θεός, καὶ τί ποτε αἰνίττεται; ἐγὼ γὰρ δὴ οὔτε μέγα οὔτε σμικρὸν ξύνοιδα ἐμαυτῷ σοφὸς ὤν· τί οὖν ποτε λέγει φάσκων ἐμὲ σοφώτατον εἶναι; Auf diese Erklärung, dass er nichts wisse, zurückgehend, sagt Sokrates nachher p. 21 D: ἐγὼ δέ, ὥσπερ οὖν οὐκ οἶδα, οὐδὲ οἴομαι. p. 29 D: εἰ οὖν με, ὅπερ εἶπον, ἐπὶ τούτοις ἀφίοιτε auf C: ἐπὶ τούτῳ μέντοι sich beziehend. p. 40 E: εἰ οὖν τοιοῦτον ὁ θάνατός ἐστι, κέρδος ἔγωγε λέγω, die erste Voraussetzung C—D: καὶ εἴτε δὴ μηδεμία αἴσθησίς ἐστιν — θαυμάσιον κέρδος ἂν εἴη ὁ θάνατος wieder aufnehmend. Prot. 327 B: εἰ οὖν οὕτω καὶ ἐν αὐλήσει πᾶσαν προθυμίαν καὶ ἀφθονίαν εἴχομεν ἀλλήλους διδάσκειν nach der Parenthese die vorhergehende Annahme wieder aufnehmend. Aehnlich 341 B: ἴσως οὖν. 349 B. auf frühere Behauptungen zurückgehend: ἔφησθα οὖν σὺ οὐκ ὀνόματα ἐπὶ ἑνὶ εἶναι. Euthyd. 290 B: Οὐδεμία, ἔφη, τῆς θηρευτικῆς αὐτῆς ἐπὶ πλέον ἐστὶν ἢ ὅσον θηρεῦσαι καὶ χειρώσασθαι. ἐπειδὰν δὲ χειρώσωνται τοῦτο, ὃ ἂν θηρεύωνται, οὐ δύνανται τούτῳ χρῆσθαι — darauf sich beziehend C: ἅτε οὖν χρῆσθαι αὐτοῖς οὐκ ἐπιστάμενοι, ἀλλὰ θηρεῦσαι μόνον κ. τ. λ. *Xen.* Mem. I, 1, 20: θαυμάζω οὖν wieder aufnehmend §.1: Πολλάκις ἐθαύμασα. Cyr. I, 6, 5: παρέχοντας οὖν τοιούτους. V, 1, 1: ταύτην οὖν auf ἦν δὲ αὕτη ἡ γυνή zurückgehend. VIII, 1, 15: ὥσπερ οὖν ταῦτα ἔχει. Hist. gr. VI, 3, 6: πῶς οὖν δίκαιον nimmt δίκαιον μὲν οὖν ἦν wieder auf. Anab. I, 5, 14. III, 1, 20.

Diese Bedeutung des Wiederaufnehmens kommt der Partikel οὖν auch in der Verbindung μὲν οὖν zu, wo diese gebraucht wird, um das Vorangehende abzuschliessen und (als ein erstes Moment) zusammenzufassen, ehe man zu dem folgenden übergeht.

Soph. El. 359 ff.: ἐγὼ μὲν οὖν οὐκ ἄν ποτ' — ὑπεικάθοιμι. 459: οἶμαι μὲν οὖν. 549 f.:

ἐγὼ μὲν οὖν οὐκ εἰμὶ τοῖς πεπραγμένοις
δύσθυμος· εἰ δὲ σοὶ δοκῶ φρονεῖν κακῶς κ. τ. λ.

Eur. Or. 684 ff.: μάχῃ μὲν οὖν ἂν οὐχ ὑπερβαλοίμεθα
Πελασγὸν Ἄργος· εἰ δὲ μαλθακοῖς λόγοις
δυναίμεθ', ἐνταῦθ' ἐλπίδος προσήκομεν.

Es wird das V. 681 ff. Gesagte zusammengefasst, um auf ein Andres überzugehen. Iph. T. 378:

ἐγὼ μὲν οὖν τὰ Τανταλου θεοῖσιν ἑστιάματα
ἄπιστα κρίνω.

Herod. I, 4, 1: Μέχρι μὲν ὦν τούτου ἁρπαγὰς μούνας εἶναι παρ' ἀλλήλων, τὸ δὲ ἀπὸ τούτου κ. τ. λ. *Thuc.* I, 15, 1 beginnt, nachdem cap. 13 u. 14 das Seewesen der Hellenen geschildert worden war: Τὰ μὲν οὖν ναυτικὰ τῶν Ἑλλήνων τοιαῦτα ἦν — ἰσχὺν δὲ περιεποιήσαντο κ. τ. λ. I, 20: τὰ μὲν οὖν παλαιὰ τοιαῦτα εὗρον. *Pl.* Ap. 30 B: εἰ μὲν οὖν ταῦτα λέγων διαφθείρω τοὺς νέους. 36 A: Μέλητον μὲν οὖν — ἀποπέφευγα. Auch in diesen Stellen wird man aus der Vergleichung des Vorangegangenen sich überzeugen, dass dieses mit οὖν wieder aufgenommen und zusammengefasst wird. Aehnlich verhält es sich mit μὲν οὖν in Ap. 39 B. D. Prot. 319 C. 321 D. 323

C; ohne folgendes δέ haben wir μὲν οὖν Prot. 324 C. 336 D. *Antiphon* acc. ven. §. 13: *Ταῦτα μὲν οὖν μέχρι τούτου· περὶ δὲ τῶν γενομένων πειράσομαι ὑμῖν διηγήσασθαι τὴν ἀλήθειαν* §. 31. *Xen.* M. I, 1, 16. das Vorhergehende zusammenfassend, um auf ein Neues überzugehen: *περὶ μὲν οὖν τῶν ταῦτα πραγματευομένων τοιαῦτα ἔλεγεν· αὐτὸς δὲ περὶ τῶν ἀνθρωπείων ἀεὶ διελέγετο*. I, 2, 23: *Πάντα μὲν οὖν ἔμοιγε δοκεῖ τὰ καλὰ καὶ τὰ ἀγαθὰ ἀσκητὰ εἶναι, οὐχ ἥκιστα δὲ σωφροσύνη.* Ebd. 38 abschliessend: *Οἵα μὲν οὖν ἡ συνουσία ἐγεγόνει Κριτία πρὸς Σωκράτην καὶ ὡς εἶχον πρὸς ἀλλήλους, εἴρηται.* *Isocr.* Pgr. §. 14: *Περὶ μὲν οὖν τῶν ἰδίων ταυτί μοι προειρήσθω. περὶ δὲ τῶν κοινῶν* κ. τ. λ. §. 26. 34: *Περὶ μὲν οὖν τῶν μεγίστων εὐεργετημάτων — ταῦτ' εἰπεῖν ἔχομεν. περὶ δέ* κ. τ. λ. §. 75.

3) Die Grundbedeutung der Zusammenstimmung mit dem Vorangehenden ist auch da nicht zu verkennen, wo οὖν gebraucht wird, um entweder den Inhalt des Vorhergehenden zu entwickeln, das Folgende als in dem Vorhergehenden enthalten darzustellen, oder um etwas als Folge und Folgerung aus dem Vorhergehenden zu bezeichnen. Es können aus *Homer* hieher gerechnet werden:

Il. XI, 753 f.: *ἔνθα Ζεὺς Πυλίοισι μέγα κράτος ἐγγυάλιξεν·*
τόφρα γὰρ οὖν ἐπόμεσθα διὰ σπιδέος πεδίοιο κ. τ. λ.
Entwicklung von *μέγα κράτος ἐγγυάλιξεν*. So kann auch *Il.* XVII, 20 ff. als weitere Ausführung von *οὐ καλὸν ὑπέρβιον εὐχετάασθαι* betrachtet werden. Ebenso ist XX, 7: *οὔτε τις οὖν ποταμῶν ἀπέην* eingehende Entwicklung von *πάντῃ φοιτήσασα κέλευσε*.

Od. I, 414 f.: *οὔτ' οὖν ἀγγελίῃ ἔτι πείθομαι* κ. τ. λ. ist Folge aus *νόστος ἀπώλετο.* IX, 146 ff.

Od. II, 199 f.: — — — *ἐπεὶ οὔτινα δείδιμεν ἔμπης,*
οὔτ' οὖν Τηλέμαχον, μάλα περ πολύμυθον ἐόντα
οὔτε θεοπροπίης ἐμπαζόμεθ'.
In *οὔτινα δείδιμεν* sind die folgenden Sätze enthalten. Indessen lässt sich diese Stelle mit *οὔτ' οὖν — οὔτε* auch gleich andern erklären, die nachher anzuführen sind.

Aesch. Eum. 219 f.: *εἰ τοῖσιν οὖν κτείνουσιν ἀλλήλους χαλᾷς*
τὸ μὴ τίνεσθαι — Folgerung aus dem Vorhergehenden. Ebenso ist Suppl. 392 der Wunsch: *μή τί ποτ' οὖν γενοίμαν ὑποχείριος κράτεσιν ἀρσένων* Folgerung aus den Worten des Königs.

Soph. El. 38: *ὅτ' οὖν τοιόσδε χρησμὸν εἰσηκούσαμεν*
σὺ μὲν μολών κ. τ. λ. *Οὖν* zu *μολὼν ἴσθι* gehörig, gibt die Folgerung an aus *ὅτ' εἰσηκούσαμεν.*

307 f.: *ἐν οὖν τοιούτοις οὔτε σωφρονεῖν, φίλαι*
οὔτ' εὐσεβεῖν πάρεστιν — Schluss aus dem Vorhergehenden.

1001 f.: *τίς οὖν τοιοῦτον ἄνδρα βουλεύων ἑλεῖν*
ἄλυπος ἄτης ἐξαπαλλαχθήσεται;
ist Folgerung aus der zuvor geschilderten Macht der Feinde.

1318 f.: ὅτ' οὖν τοιαύτην ἡμῖν ἐξήκεις ὁδόν, ἄρχ' αὐτός —. Mit dem zu ἄρχε gehörenden οὖν ist die Folgerung aus ὅτε ἐξήκεις ausgesprochen. — Eur. Or. 548: ἐλοιπσάμην οὖν. 648: ἀπότισον οὖν gefolgert aus dem, was Agamemnon für Menelaos that. 1089 ff.: καὶ συγκατέκταινόν γάρ, οὐκ ἀρνήσομαι, καὶ πάντ' ἐβούλευσ', ὧν σὺ νῦν τίνεις δίκας· καὶ ξυνθανεῖν οὖν οὐ δεῖ με σοὶ καὶ τῇδ' ὁμοῦ. Herod. I, 36, 2: τοῦτον προθυμεύμενοι ἐλέειν οὐ δυνάμεθα. νῦν ὦν προσδεόμεθα σεῦ κ. τ. λ. I, 37, 3: ἐμὲ ὦν σὺ ἢ μέτες κ. τ. λ. I, 40: ὦ παῖ, ἔστι τῇ με νικᾷς γνώμην ἀποφαίνων περὶ τοῦ ἐνυπνίου· ὡς ἂν νενικημένος ὑπὸ σέο μεταγιγνώσκω. VII, 32, 2. — Thuc. I, 9, 3: οὐκ ἂν οὖν νήσων ἔξω τῶν περιοικίδων — ἠπειρώτης ὢν ἐκράτει, εἰ μή τι καὶ ναυτικὸν εἶχεν. I, 72, 2: προσελθόντες οὖν τοῖς Λακεδαιμονίοις ἐφασαν sie begaben sich desshalb etc. I, 78, 1: βουλεύεσθε οὖν βραδέως so überlegt es denn wohl. Plato Ephr. 3 B: Μανθάνω, ὦ Σώκρατες· ὅτι δὴ σὺ τὸ δαιμόνιον φῂς σαυτῷ ἑκάστοτε γίγνεσθαι· ὡς οὖν καινοτομοῦντός σου περὶ τὰ θεῖα γέγραπται ταύτην τὴν γραφήν. p. 5 A: Ἆρ' οὖν μοι — κράτιστόν ἐστι μαθητῇ σῷ γενέσθαι Folgerung aus dem vorangegangenen Eigenlob des Euthyphron. p. 15 E: νῦν δὲ εὖ οἶδ' ὅτι σαφῶς οἴει εἰδέναι τό τε ὅσιον καὶ μή. εἰπὲ οὖν, ὦ βέλτιστε Εὐθύφρον, καὶ μὴ ἀποκρύψῃ ὅ τι αὐτὸ ἡγεῖ. Ap. 17 D: νῦν ἐγὼ πρῶτον ἐπὶ δικαστήριον ἀναβέβηκα — ἀτεχνῶς οὖν ξένως ἔχω τῆς ἐνθάδε λέξεως. 18 D: ἀξιώσατε οὖν. 35 C: μὴ οὖν ἀξιοῦτέ με — τοιαῦτα δεῖν πρὸς ὑμᾶς πράττειν. 38 B: τοσούτου οὖν τιμῶμαι. Protag. 314 C: Ἐπειδὴ δὲ ἐν τῷ προθύρῳ ἐγενόμεθα, ἐπιστάντες περί τινος λόγου διελεγόμεθα, ὃς ἡμῖν κατὰ τὴν ὁδὸν ἐτέπεσεν. ἵν' οὖν μὴ ἀτελὴς γένοιτο — στάντες — διελεγόμεθα. Es gehört οὖν zu στάντες und könnte als Wiederholung von ἐπιστάντες betrachtet werden; richtiger aber nimmt man es als Folgerung = darum blieben wir stehen. 322 B: ἀπώλλυντο οὖν Folge aus den vorhergeschilderten Zuständen. C: Ζεὺς οὖν δείσας demgemäss besorgte Zeus und etc. 326 E: τοσαύτης οὖν τῆς ἐπιμελείας οὔσης περὶ ἀρετῆς ἰδίᾳ καὶ δημοσίᾳ θαυμάζεις κ. τ. λ. Das Vorhergehende zum Schluss führend. Xen. M. I, 1, 5: δῆλον οὖν. I, 2, 8: πῶς ἂν οὖν ὁ τοιοῦτος ἀνὴρ διαφθείροι τοὺς νέους; I, 2, 43: πάντα, ὅσα ἂν τὸ κρατοῦν τῆς πόλεως βουλευσάμενον, ἃ χρὴ ποιεῖν, γράψῃ, νόμος καλεῖται. Καὶ ἂν τύραννος οὖν κρατῶν τῆς πόλεως γράψῃ τοῖς πολίταις, ἃ χρὴ ποιεῖν, καὶ ταῦτα νόμος ἐστί; Ebd. 63. Schluss aus dem Vorhergehenden: πῶς οὖν ἔνοχος ἂν εἴη τῇ γραφῇ; II, 6, 26. III, 6, 3. III, 6, 18: εἰ οὖν ἐπιθυμεῖς εὐδοκιμεῖν κ. τ. λ. Isocr. Pgr. 187: αὐτοὺς οὖν χρὴ συνδιορᾶν. Dem. Ol. I, 6: ταῦτ' οὖν ἐγνωκότας ὑμᾶς — φημὶ δεῖν κ. τ. λ. Die beiden letzten Stellen enthalten Folgerungen aus dem Vorhergehenden.

Namentlich hervorzuheben ist die Partikelverbindung μὲν οὖν, wo man in die nähere Ausführung, die genauere Entwicklung eines zuvor ausgesprochenen Gedankens eingeht, so dass οὖν das Folgende als in dem Vorangehenden enthalten, mit ihm zusammenstimmend, μέν das erste Glied der Entwicklung bezeichnet. Häufig steht so πρῶτον μὲν οὖν.
Od. XIII, 120—125: ἐκ δὲ κτήματ᾿ ἄειραν, ἃ οἱ Φαίηκες ἀγαυοὶ
ὤπασαν οἴκαδ᾿ ἰόντι διὰ μεγάθυμον Ἀθήνην.
καὶ τὰ μὲν οὖν παρὰ πυθμέν᾿ ἐλαίης ἁθρόα
θῆκαν —
αὐτοὶ δ᾿ αὖτ᾿ οἶκόνδε πάλιν κίον. XV, 361 ff.
Aesch. Prom. 824 ff.: ὅπως δ᾿ ἂν εἰδῇ μὴ μάτην κλύουσά μου,
ἃ πρὶν μολεῖν δεῦρ᾿ ἐκμεμόχθησαν, φράσω,
τεκμήριον τοῦτ᾿ αὐτὸ δοὺς μύθων ἐμῶν.
ὄχλον μὲν οὖν τὸν πλεῖστον ἐκλείψω λόγων,
πρὸς δ᾿ αὐτὸ δ᾿ εἶμι τέρμα σῶν πλανημάτων.
Indem sich Prometheus zu der eingehenden Rede anschickt, beginnt er die Entwicklung mit μὲν οὖν.
VII c. Th. 615: δοκῶ μὲν οὖν σφε μηδὲ προσβαλεῖν πύλαις.
Eur. Bacch. 449: πρῶτον μὲν οὖν μοι λέξον, ὅστις εἶ γένος.
Or. 1258: ἐγὼ μὲν οὖν τρίβον τόνδ᾿ ἐκκυλινδήσω.
Phoen. 947: Αἵματος μὲν οὖν γάμοι σφαγὰς ἀπείργουσ᾿.
Bestimmtere Entwicklung des vorangehenden Gedankens.
Iph. A. 923: ἔστιν μὲν οὖν, ἵν᾿ ἡδὺ μὴ λίαν φρονεῖν κ. τ. λ.
1371: τὸν μὲν οὖν ξένον δίκαιον αἰνέσαι προθυμίας.
Nach der Ankündigung εἰσακούσατε τῶν ἐμῶν wird mit τὸν μὲν οὖν ξένον die nähere Erörterung begonnen. *Plato* Ap. 18 B: Πρῶτον μὲν οὖν δίκαιός εἰμι ἀπολογήσασθαι. 19 A: βουλοίμην μὲν οὖν ἂν τοῦτο οὕτω γενέσθαι. Ephr. 12 D: Ὅρα δὴ τὸ μετὰ τοῦτο. εἰ γὰρ μέρος τὸ ὅσιον τοῦ δικαίου, δεῖ δὴ ἡμᾶς, ὡς ἔοικεν, ἐξευρεῖν τὸ ποῖον μέρος ἂν εἴη τοῦ δικαίου τὸ ὅσιον. εἰ μὲν οὖν σύ με ἠρώτας τι τῶν νῦν δή κ. τ. λ. Offenbar beginnt mit εἰ μὲν οὖν die genauere Erörterung der vorgelegten Frage. *Xen.* hist. gr. VI, 3, 6: δίκαιον μὲν οὖν ἦν beginnt eine eingehende Erörterung. Mem. I, 1, 2: Nachdem Xenophon die Anklage gegen Sokrates angegeben hat, geht er in die Erörterung derselben mit den Worten ein: Πρῶτον μὲν οὖν, ὡς οὐκ ἐνόμιζεν οὓς ἡ πόλις νομίζει θεούς, ποίῳ ποτ᾿ ἐχρήσαντο τεκμηρίῳ; I, 2, 4: Ἀλλὰ μὴν καὶ τοῦ σώματος αὐτός τε οὐκ ἠμέλει, τούς τ᾿ ἀμελοῦντας οὐκ ἐπῄνει. Hierauf zu näherer Entwicklung eingehend: τὸ μὲν οὖν ὑπερεσθίοντα ὑπερπονεῖν ἀπεδοκίμαζε, τὸ δέ, ὅσα γ᾿ ἡδέως ἡ ψυχὴ δέχεται, ταῦτα ἱκανῶς ἐκπονεῖν ἐδοκίμαζε. — *Isocr.* Pgr. 18: Isokrates hatte zuvor erinnert, wer die Hellenen zu einer gemeinsamen Unternehmung wider Persien auffordere, müsse vor Allem dahin wirken, dass die beiden Hauptmächte Griechenlands ihre gegenseitige Eifersucht aufgeben und ihre Ansprüche gegen einan-

der ausgleichen. Dann, in die genauere Auseinandersetzung eingehend, fährt er fort: τὶμ μὲν οὖν ἡμετέραν πόλιν ῥᾴδιον ἐπὶ ταῦτα προαγαγεῖν, Λακεδαιμόνιοι δὲ νῦν μὲν ἔτι δυσπείστως ἔχουσι. Aehnlich §. 19. Ferner, indem der Redner von den Thaten Athens gegen die Barbaren zu sprechen beginnt, sagt er §. 66: ἅπαντας μὲν οὖν ἐξαριθμῶν τοὺς κινδύνους λίαν ἂν μακρολογοίην, ἐπὶ δὲ τῶν μεγίστων — πειράσομαι — διελθεῖν. Dann weiter unter den Kriegen unterscheidend §. 68: Ἐπιφανέστατος μὲν οὖν τῶν πολέμων ὁ Περσικὸς γέγονεν, οὐ μὴν ἐλάττω τεκμήρια τὰ παλαιὰ τῶν ἔργων ἐστί, wobei dann verweilt wird. — Klar ist auch der gleiche Gebrauch bei *Demosthenes* Ol. I, 2. 16. 19. II, 3. 5.

4) Aus dem unter 3) erwähnten Gebrauch der Partikel zum Ausdruck für eine innerliche Entwicklung und einen inneren Zusammenhang bildete sich durch unmerkliche Abstufungen eine weitere, allgemeinere Verwendung, um **überhaupt einen Zusammenhang zwischen dem Vorangehenden und dem Folgenden zu bezeichnen**. Dieser ist, wie bei dem Deutschen nun, oft nur ein äusserlicher. Indessen geht dieser Gebrauch doch nicht so weit, dass das Folgende im Gegensatz und Widerspruch zu dem Vorhergegangenen stehen könnte. Es muss Folge und Zusammenhang immerhin als mit dem Vorhergehenden zusammenstimmend betrachtet werden können.

Schon bei *Homer* ist οὖν **für diese leichte Fortleitung, wodurch die weitere Rede und Handlung als Folge aus und nach dem Früheren dargestellt wird**, in sehr häufigem Gebrauch.

ἐπεὶ οὖν:

Il. I, 54: τῇ δεκάτῃ δ' ἀγορήνδε καλέσσατο λαὸν Ἀχιλλεύς —
    57: οἱ δ' ἐπεὶ οὖν ἤγερθεν ὁμηγερέες τ' ἐγένοντο κ. τ. λ.
So wenig diess als Folgerung oder innere Entwicklung verstanden werden kann, so wenig ferner eine Wiederaufnahme des bereits Gesagten vorliegt (denn der erste Satz spricht nur von einer Berufung, der andre von einer Versammlung der Achäer), so ist doch eine Beziehung oder Zusammenstimmung des Zweiten mit dem Ersten nicht zu verkennen. Eine leichte Folgerung und Fortleitung liegt in *Il.* XVIII, 333: νῦν δ' ἐπεὶ οὖν, Πάτροκλε, σεῦ ὕστερος εἶμ' ὑπὸ γαῖαν κ. τ. λ. Denn es würde lächerlich lauten, wollten wir den Achill eine eigentliche logische Folgerung aussprechen lassen. Aeusserlicher scheint die Verknüpfung *Il.* XV, 363; *Od.* XVII, 226, XXI, 57, aber auch hier steht die folgende Handlung mit der vorangehenden im Einklang. — Dasselbe gilt von

ὡς οὖν:

Il. III, 19—21: — — — προκαλίζετο πάντας ἀρίστους
    ἀντίβιον μαχέσασθαι ἐν αἰνῇ δηϊοτῆτι.
    τὸν δ' ὡς οὖν ἐνόησεν ἀρηΐφιλος Μενέλαος κ. τ. λ.
Ebd. 30. 154. XIV, 440.

So steht auch *Soph.* 45: τὰν οὖν παρόντα πέμψον εἰς κατασκοπήν, wenn es auch nicht Folgerung sein kann, doch im Einklang und Zusammenhang mit der zuvor geäusserten Besorgniss und Gewissheit, dass Philoktet in der Nähe sei. Wenn ebd. 100:
Τί οὖν μ᾽ ἄνωγας ἄλλο πλὴν ψευδῆ λέγειν:
noch ein mehr innerlicher Zusammenhang mit dem Vorangegangenen zu liegen scheint, so ist dagegen 110. 121. 298. 305 der Zusammenhang mehr äusserlich. Auch in den folgenden Stellen wird man es bestätigt finden, dass οὖν nicht bloss in den unter 1. 2. 3. aufgeführten präciseren Bedeutungen, sondern auch da gebraucht wird, wo nur überhaupt das Folgende in einstimmigem Zusammenhang mit dem Vorhergehenden erscheinen soll: *Soph.* El. 15: νῦν οὖν βούλευσον. 20: πρὶν οὖν. 1260 f.: τίς οὖν ἄν. 1343: χαίρουσιν οὖν τούτοισιν;
1339: πῶς οὖν ἔχει τἀντεῦθεν εἰσιόντι μοι;
Eur. Phoen. 425: ἆρ᾽ εὐτυχεῖς οὖν τοῖς γάμοις ἢ δυστυχεῖς; Die Frage steht zwar in einstimmigem Zusammenhang mit den vorangehenden Worten des Polyneikes: Κάδωκέ γ᾽ ἡμῖν δύο δυοῖν νεάνιδας, aber οὖν ist auf keine der drei ersten präciseren Gebrauchsweisen zurückzuführen. Ferner ebd. 508. 737. 997: ὡς οὖν ἄν εἰδῇτ᾽. Or. 523. 527: ὡς οὖν ἄν εἰδῇς. 770: πῶς ἄν οὖν δρῴην; 779: ἦ λέγωμεν οὖν —; Iph. T. 22. 61, 98. Iph. A. 1425: ὡς οὖν ἄν εἰδῇς. — Häufig findet sich οὖν bei *Herodot*, nur um überhaupt den einstimmigen Zusammenhang der folgenden mit der vorhergehenden Handlung zu bezeichnen: I, 46, 2. 1, 56, 1. I, 68, 1. I, 69, 1. I, 95, 2. I, 97, 2. Und so wird in der attischen Prosa οὖν vielfach, mit Abschwächung seiner ursprünglichen Bedeutung, nur dazu gebraucht, um ein Weiteres einzuführen, das mit dem Vorangehenden in einstimmigem Zusammenhang oder doch nicht im Widerspruch erscheinen, die Erzählung oder Darstellung weiter leiten soll. *Plato* Prot. 310 D: τί οὖν —; 311 D. E. 313 A: τι οὖν; was nun? wie nun? d. i. was folgt nun weiter? 314 C. 316 A. B: τί οὖν; 318 A. und 336 B: ὑπολαβὼν οὖν. 318 B. 321 B. 322 C 326 E. 330 C. D. E. Euthyphro 3 D. 4 C. D. 5 C. 6 A. 10 D. 11 B. 12 A. 13 D. Ap. 19 A: ἀναλάβωμεν οὖν. B. 20 C. 21 A. C. D. 34 D. 35 A. 36 B. D. 37 A. D. E. 40 B. *Xen.* Cyr. I, 3, 17. I, 5, 13: τί οὖν ἐστιν — δικαιότερον —; VIII, 1, 47. Mem. I, 2, 17 u. 19: ἴσως οὖν. 52. 55. II, 1, 7: τί οὖν; 10. *Isocr.* Pgr. 16. 32.

Auch μὲν οὖν dient vielfach mit allmähliger Abschwächung aus dem unter 2. und 3. erwähnten Gebrauch nur als Uebergangsformel, um ein erstes Glied einer folgenden Entwicklung zu bezeichnen: *Eur.* El. 1266: δειναὶ μὲν οὖν θεαί. 1270 folgt σὺ δέ. 1280: Πυλάδης μὲν οὖν, dann 1284: σὺ δ᾽. Bacch. 43. Iph. T. 943: ὅσαι μὲν οὖν ἕζοντο κ. τ. λ. Phoen. 438: πάλαι μὲν οὖν ὑμνηθέν. 466. 864:

βασιλεὺς μὲν οὖν βέβηκε. Or. 591: ποῖ τις οὖν ἔτ' ἂν φύγοι; Hieher gehört wohl auch *Pl.* Ephr. 3 D. Prot. 313 E: εἰ μὲν οὖν σὺ τυγχάνεις κ. τ. λ. 336 C. 342 A. *Xen.* M. II, 1, 2. Isocr. Pgr. 54. 71. 85. 100.

5) Die Bedeutung der Uebereinstimmung, der Zustimmung und Gleichheit erkennen wir auch in den Formeln: εἴτ' οὖν — εἴτε, οὔτ' οὖν — οὔτε, μήτ' οὖν — μήτε, sowie in der Anhängung der Partikel an relative Wörter, wo für den Sprechenden verschiedene Annahmen gleichen Werth und gleiche Giltigkeit haben, so dass er einverstanden ist, welche derselben stattfinden oder vorgezogen werden mag.

a) εἴτ' οὖν — εἴτε.
Aesch. Ag. 489 ff.: Τάχ' εἰσόμεσθα λαμπάδων φαεσφόρων
φρυκτωριῶν τε καὶ πυρὸς παραλλαγάς,
εἴτ' οὖν ἀληθεῖς, εἴτ' ἐφήλωσαν φρένας.
wir werden das eine ebensowohl wie das andre erfahren. Der unmittelbare Eindruck, den dieses οὖν, sowie wenn es relativen Wörtern angehängt wird, macht, ist, dass für den Sprechenden die verschiedenen möglichen Fälle gleich sind. Man kann nun, wie in der eben erwähnten Stelle, die Bedeutung der Partikel eben auf diese gleiche Geltung der Sätze unter sich beziehen, oder auf ihre Gleichgiltigkeit hinsichtlich einer aufgestellten Behauptung, oder ihre Gleichgiltigkeit für den Sprechenden hinsichtlich des Vorzugs, den andre der einen oder andern Annahme geben wollen. Die Gleichgiltigkeit in Beziehung auf eine dritte Behauptung liegt z. B. vor *Aesch.* Ag. 841 ff.: μόνος δ' Ὀδυσσεύς, ὅσπερ οὐχ ἑκὼν ἔπλει,
ζευχθεὶς ἕτοιμος ἦν ἐμοὶ σειραφόρος·
εἴτ' οὖν θανόντος εἴτε καὶ ζῶντος πέρι
λέγω.

Choeph. 683 ff.: εἴτ' οὖν κομίζειν δόξα νικήσει φίλων,
εἴτ' οὖν μέτοικον, ἐς τὸ πᾶν ἀεὶ ξένον,
θάπτειν, ἐφετμὰς τάσδε πόρθμευσον πάλιν.
Soph. O. R. 1047 ff.: ""τιν τις ὑμῶν τῶν παρεστώτων πέλας,
ὅστις κάτοιδε τὸν βοτῆρ', ὃν ἐννέπει,
εἴτ' οὖν ἐπ' ἀγρῶν, εἴτε κἀνθάδ' εἰσιδών;
mag er ihn nun auf dem Lande oder hier gesehen haben; für den einen wie für den andern Fall gilt meine Frage.

El. 558 ff.: — — πατέρα φῂς κτεῖναι. τίς ἂν
τούτου λόγος γένοιτ' ἂν αἰσχίων ἔτι,
εἴτ' οὖν δικαίως, εἴτε μή;
Die Behauptung: οὐδεὶς τούτου λόγος αἰσχίων bleibt in Giltigkeit, wie es sich auch mit dem πατέρα φῂς κτεῖναι verhalten mag.
Pl. Ephr. 3 D: θυμοῦνται, εἴτ' οὖν φθόνῳ, ὡς σὺ λέγεις, εἴτε δι' ἄλλο τι. Ap. 27 C: οὐκοῦν δαιμόνια μὲν φῂς με καὶ νομίζειν καὶ δι-

δάσκειν, εἴτ' οὖν καινά εἴτε παλαιά. Es gilt diess für das Zugeständniss gleich und Sokrates kann es seinem Gegner überlassen, das Eine oder Andre anzunehmen. Ap. 34 E: τοῦτο τοὔνομα ἔχοντα, εἴτ' οὖν ἀληθές, εἴτ' οὖν ψεῦδος· ἀλλ' οὖν δεδογμένον γέ ἐστι τὸν Σωκράτη διαφέρειν τινὶ τῶν πολλῶν ἀνθρώπων. Prot. 333 C: Ἀλλ' οὐδέν μοι διαφέρει, ἐὰν μόνον σύ γε ἀποκρίνῃ, εἴτ' οὖν δοκεῖ σοι ταῦτα, εἴτε μή.

b) Οὔτ' οὖν — οὔτε und μήτ' οὖν — μήτε.
Hieber ist vielleicht die unter 3) angeführte Stelle Od. II, 199 ff. zu ziehen. Jedenfalls gehört hieher Od. XI, 197 ff.:

οὕτω γὰρ καὶ ἐγὼν ὀλόμην καὶ πότμον ἐπέσπον·
οὔτ' ἔμεγ' ἐν μεγάροισιν ἐΰσκοπος ἰοχέαιρα
οἷς ἀγανοῖς βελέεσσιν ἐποιχομένη κατέπεφνεν,
οὔτε τις οὖν μοι νοῦσος ἐπήλυθεν.

Die Stellung des οὖν im zweiten Satze schliesst die Annahme, dass die beiden negativen Sätze nur als Entwicklung des Hauptgedankens 197 betrachtet werden sollen, aus. Der Gedanke ist: Krankheit ebensowenig als ein schneller (von der Artemis gesendeter) Tod hat meinem Leben ein Ende gemacht. — Auch Od. XVII, 401 f. kann μήτ' οὖν μητέρ' ἐμὴν ἄζευ τό γε μήτε τίν' ἄλλον δμώων — nicht eigentlich als Folgerung und Entwicklung aus 400: δός οἱ ἑλών betrachtet werden, sondern nur als eine weitere Aufforderung, welche mit der vorhergehenden in einstimmigem Zusammenhang steht.

Aesch. Ag. 357 ff.: ἥτ' ἐπὶ Τροίας πύργοις ἔβαλες
στεγανὸν δίκτυον, ὡς μήτε μέγαν
μήτ' οὖν νεαρῶν τιν' ὑπερτελέσαι
μέγα δουλείας
γάγγαμον, ἄτης παναλώτου.

472 ff.: μήτ' εἴην πτολιπόρθης μήτ' οὖν αὐτὸς ἁλοὺς ὑπ' ἄλλων βίον κατίδοιμι.

Eum. 410 ff.: ὑμᾶς θ' ὁμοίας οὐδενὶ σπαρτῶν γένει,
οὔτ' ἐν θεαῖσι πρὸς θεῶ:· ἡρωμένας,
οὔτ' οὖν βροτείοις ἐμφερ. ν:ιςυρφώμασιν.

Her. IX, 26, 9: Οὕτω ὦν ἡμέας δίκαιον ἔχειν τὸ ἕτερον κέρας, ἤπερ Ἀθηναίους· οὐ γάρ σφί ἐστι ἔργα οἷάπερ ἡμῖν κατεργασμένα, οὔτ' ὦν καινὰ οὔτε παλαιά ebensowenig in neuerer, wie in älterer Zeit. In Beziehung auf die Behauptung: οὐ γάρ σφί ἐστι ἔργα οἷάπερ ἡμῖν κατεργασμένα stehen sich die beiden Fälle, welchen man auch annehmen mag, gleich.

c) In demselben Sinn, um anzudeuten, dass es dem Sprechenden gleichgiltig sei, und dass eine Behauptung Giltigkeit habe, was man auch annehme, wird den Relativen οὖν angehängt, und indem hiemit andern die Wahl freigelassen wird, irgend welchen unter den Begriff des Relativs gehörenden Fall anzunehmen, dient οὖν, das

Relativ selbst zu verallgemeinern. Da die oben erwähnte Abhandlung von *Rost* gerade auf diesen Gebrauch vornehmlich die aufgestellte Grundbedeutung „in der Wirklichkeit, wirklich, in Wahrheit" stützt, so scheint es angemessen, ihr gegenüber nachzuweisen, wie sich aus der in gegenwärtigen Untersuchungen durchgeführten Grundbedeutung der Partikel οὖν auch die scheinbar verallgemeinernde Bedeutung erklären lässt, welche das an Relativa angehängte οὖν annimmt. *Rost* äussert sich S. 2 also: „Diese Bedeutung" (in Wirklichkeit u. s. w.) „tritt klar und ungeschminkt hervor erstens in den zahlreichen Fällen, wo οὖν sich den generell relativen und indirect fragenden Pronominen und Adverbien zugesellt, um die Beziehung derselben auf alle in der Wirklichkeit (in der objectiven Welt) vorkommende Fälle anzudeuten, worin ich desshalb die ganz eigentliche und ursprüngliche Gebrauchsart des Wortes erkenne." Hier drängt sich aber die Einwendung auf: was bei dem den relativen Wörtern angehängten οὖν das Wesentliche und Hervortretende ist, die Beziehung auf alle Fälle, liegt nicht in der vorausgesetzten Grundbedeutung in Wirklichkeit, und diese hinwiederum liegt nicht in dem angehängten οὖν. Die einzelnen Belegstellen sollen diess beweisen. Dagegen lässt sich aus dem Gebrauch der Partikel nach εἶτα — εἶτι, οὔτε — οὔτι begreifen, wie sich aus der Grundbedeutung der Zusammenstimmung und Gleichheit der Gebrauch bilden konnte, da verschiedene Fälle in Beziehung auf eine dritte Aussage oder für den Sprechenden gleichen Werth haben, und er andern die Wahl (der er mithin beistimmt) lässt, welchen der möglichen Fälle sie annehmen wollen. Jedenfalls dürfte diess den Eindruck, welchen unwillkührlich die durch ein οὖν verstärkten Relativa machen, richtiger wiedergeben.

Arist. Nub. 344 und Plut. 385 ist οὐδ' ὁτιοῦν = auch nicht, was es immer sein mag, auch nicht im Mindesten. *Her.* I, 199, 5: τὸ δὲ ἀργύριον μέγαθός ἐστι ὁσονῶν die Summe kann eine beliebige sein (so gross oder klein sie immerhin sein mag). Annahme und Bestimmung der Summe ist beliebiger Wahl anheimgestellt. Wie man sie bestimmen mag, so streitet der Geschichtschreiber nicht darüber. *Thuc.* I, 77, 2: οἱ δὲ εἰθισμένοι πρὸς ἡμᾶς ἀπὸ τοῦ ἴσου ὁμιλεῖν, ἤν τι παρὰ τὸ μὴ οἴεσθαι χρῆται ἢ γνώμῃ ἢ δυνάμει τῇ διὰ τὴν ἀρχὴν καὶ ὁποσοῦν ἐλασσιωθῶσιν, οὐ τοῦ πλέονος μὴ στερισκόμενοι χάριν ἔχουσιν κ. τ. λ. wofern sie wider Vermuthen auch nur im Mindesten (wie es immer sein mag) in Nachtheil gebracht sind. Die Behauptung οὐ — χάριν ἔχουσιν hat ihre Giltigkeit, welchen Nachtheil man immer annehmen möge. IV, 16, 3: ὅ τι δ' ἂν τούτων παραβαίνωσιν ἑκάτεροι καὶ ὁτιοῦν. IV, 23, 1: ἐὰν καὶ ὁτιοῦν παραβαθῇ, λελύσθαι τὰς σπονδάς. Der Vertrag sei gebrochen, wenn er auch nur in irgend einem Punkt (gleichgültig in welchem) übertreten werde. IV, 37: εἰ καὶ ὁποσονοῦν. VI, 56, 3: εἰ καὶ ὁποσοιοῦν. VII,

48, 6: καὶ ὁτιοῦν. VII, 60, 3 und VIII, 90, 3: ὁπωσοῦν. *Pl.* Ephr.
5 E: ὁστισοῦν. Phaedo 78 D: ἡτιτοῦν. Phaedo 81 C und Phaedr.
258 C: ὁπωστιοῦν. Ferner οὐδ' ὁτιοῦν: *Xen.* Cyr. I, 6, 12. III, 1,
21. 22. VIII, 3, 40: μηδ' ὁτιοῦν. III, 1, 19. ferner VIII, 2, 3: αἰστισινοῦν. — Wenn, um die Ausdehnung auf jeden denkbaren Fall noch stärker auszudrücken, weitere Partikeln: δήποτε, τί, beigegeben werden, so erhalten diese ihre Stellung zwischen dem Relativum und οὖν.

6) Zum Schluss seien noch einige Stellen erörtert, die, wenn auch auf keine der bisher erwähnten besonderen Gebrauchsweisen, doch auf die vorausgesetzte Grundbedeutung zurückgeführt oder aus ihr erklärt werden können.

Il. II, 350: φημὶ γὰρ οὖν κατανεῦσαι ὑπερμενέα Κρονίωνα
scheint sich οὖν auf die zuvor geäusserte Hoffnung von Troja's Sturz zu beziehen.

Aesch. Ag. 524 f.: ἀλλ' εὖ νιν ἀσπάσασθε, καὶ γὰρ οὖν πρέπει,
Τροίαν κατασκάψαντα κ. τ. λ.
In καὶ γὰρ οὖν πρέπει liegt Bestätigung, wie Begründung der Aufforderung.

Ag. 606 f.: γυναῖκα πιστὴν δ' ἐν δόμοις εὕροι μολών,
οἵανπερ οὖν ἔλειπε, d. i. so eben, wie er sie zurückliess. Das εὑρεῖν soll mit dem λείπειν zusammenstimmen.

Ag. 1170 f.: ἄκος δ' οὐδὲν ἐπήρκεσαν (sc. αἱ θυσίαι) τὸ μὴ πόλιν μὲν ὥσπερ οὖν ἔχει, παθεῖν die Opfer wehrten keinen Schutz, dass nicht Troja das erfuhr, wie es nun steht. Wenn hier die *Rost*'sche Auffassung: in Wirklichkeit, in Wahrheit, anwendbar ist, so liegt diess doch weniger in der Partikel οὖν, als in ὥσπερ ἔχει, und man übersehe nicht, dass, während der Begriff: in Wirklickkeit, in Wahrheit, ebenso in der ersten Aussage, mit der die Rede beginnt, wie im weiteren Verlauf derselben seine Stelle haben kann, οὖν dagegen nie im ersten Satz, nie ohne zustimmende Beziehung auf das Vorangegangene steht.

Choeph. 96: ἦ σῖγ' ἀτίμως, ὥσπερ οὖν ἀπώλετο
πατήρ, τάδ' ἐκχέουσα, γάποτον χύσιν,
στείχω —;
die Stille des Opfers entspräche und stimmte zu der stillen Heimlichkeit des Todes.

888: δόλοις ὀλούμεθ', ὥσπερ οὖν ἐκτείναμεν die Ermordung der Klytämnestra stimmt zu ihrer Ermordung Agamemnons. — Aehnlich: ὥσπερ οὖν οὐκ οἶδα, οὐδὲ οἴομαι *Pl.* Ap. 21 D.

Γοῦν.

1. Schon oben, wo von γ' οὖν in zustimmenden Antworten die Rede war, haben wir uns überzeugt, dass in allen Fällen, wo γέ und οὖν je ihre besondere Bedeutung behalten, besser γ' οὖν geschrieben wird. Auch hier sollen zuerst diejenigen Beispiele aufgeführt werden, in welchen die beiden Elemente noch getrennt zu nehmen sind. *Il.* V, 257 f.: τούτω δ' οὐ πάλιν αὖτις ἀποίσετον ὠκέες ἵπποι ἄμφω ἀφ' ἡμείων, εἴ γ' οὖν ἕτερός γ' φύγῃσιν. So schreiben nach dem cod. Ven. seit *Spitzner* mit Recht die Neueren. Offenbar wird εἰ durch γέ hervorgehoben, οὖν ist zugebend. *Arist.* Eq. 87: ἰδού γ' ἄκρατον· περὶ ποτοῦ γ' οὖν ἐστί σοι; Da auf den Vorschlag des Nikias, Stierblut zu trinken, Demosthenes geantwortet hatte: μὰ Δί' ἀλλ' ἄκρατον οἶνον, so soll natürlich die Entgegnung des Nikias ποτοῦ hervorheben, und οὖν bezeichnet die Folgerung aus dem Vorhergehenden: um einen Trunk denn (also) ist es dir zu thun? *Pl.* Prot. 324 B: ἀποτροπῆς γ' οὖν ἕνεκα κολάζει. Unstreitig ist diese Folgerung aus dem Vorhergehenden und γέ dient, um ἀποτροπῆς hervorzuheben. Ap. 21 D: κινδυνεύει μὲν γὰρ ἡμῶν οὐδέτερος οὐδὲν καλὸν κἀγαθὸν εἰδέναι, ἀλλ' οὗτος μὲν οἴεταί τι εἰδέναι οὐκ εἰδώς, ἐγὼ δέ, ὥσπερ οὖν οὐκ οἶδα, οὐδὲ οἴομαι. ἔοικά γ' οὖν τούτου γε σμικρῷ τινι αὐτῷ τούτῳ σοφώτερος εἶναι, ὅτι ἃ μὴ οἶδα, οὐδὲ οἴομαι εἰδέναι. Da deutlich eine Folgerung vorliegt, so ist γ' οὖν zu schreiben. — *Xen.* hist. gr. IV, 4, 12: Nachdem erzählt war: οἱ δὲ Λακεδαιμόνιοι οὐκ ἠπόρουν, τίνα ἀποκτείνοιεν, und diess durch τὸ γὰρ ἐγχειρισθῆναι αὐτοῖς πολεμίων πλῆθος πεφοβημένον — εἰς δὲ τὸ ἀπόλλυσθαι πάντας πάντα ὑπηρετοῦνταις, so kann in τότε γ' οὖν οὕτως ἐν ὀλίγῳ πολλοὶ ἔπεσον nur die vorangehende Schilderung durch οὖν zusammengefasst sein und τότε durch γέ hervorgehoben werden. Ein bestätigender, schlagender Beleg für eine aufgestellte Behauptung liegt nicht vor.

2. Doch entsteht aus dem Zusammentreffen der beiden Elemente γέ und οὖν, deren erstes einen Punkt, ausgeschieden von dem Uebrigen und von allem Andern abgesehen hervorhebt, während οὖν im Allgemeinen dient, das Vorangehende zu bestätigen, der Gebrauch des aus beiden Elementen verwachsenen γοῦν, zu Bestätigung des Vorangehenden einen besonders treffenden Beleg zu geben, oder einen Beleg, in welchem jedenfalls und wenigstens die vorangehende Aussage sich bewährt.

Aesch. Ag. 1424 f.: — ἐὰν δὲ τοὔμπαλιν κραίνῃ θεός, γνώσει διδαχθεὶς ὀψὲ γοῦν τὸ σωφρονεῖν. Du wirst jedenfalls, wenn auch erst spät, besonnene Mässigung lernen. *Eur.* Or. 774: Π. Θανὼν γοῦν ὧδε κάλλιον θανεῖ. Jedenfalls wirst du so rühmlicher sterben.

779 f.: *Ὀρ. Ἦ λέγωμεν οὖν ἀδελφῇ ταῦτ' ἐμῇ; Π. Μὴ πρὸς θεῶν. Ὀρ. Δάκρυα γοῦν γένοιτ' ἄν.* 1612: *εὖ γοῦν θίγοις ἂν χερνίβων.* Iph. T. 73: *ἐξ αἱμάτων γοῦν ξανθ' ἔχει θριγκώματα.* Man könnte hier, wie Or. 774 in *οὖν*, die Zustimmung zu der vorhergehenden Behauptung anerkennen. Iph. T. 1168: *Ὁσιώτερον γοῦν τῇ θεῷ πέσοιεν ἄν* das Vorhergehende durch ein weiteres Moment bestätigend. Phoen. 619: *Π. Μῆτερ, ἀλλά μοι σὺ χαῖρε. Ἰοκ. Χαρτὰ γοῦν πάσχω, τέκνον.* mit Ironie das *χαῖρε* bestätigend. 1454: *ὡς τοσόνδε γοῦν τύχω χθονὸς πατρῴας* einfach = wenigstens. *Her.* I, 31, 1: *δοκέων πάγχυ δευτερεῖα γῶν οἴσεσθαι* = jedenfalls, wenigstens. *Thuc.* I, 2, 2: Zu der Behauptung: *μάλιστα δὲ τῆς γῆς ἡ ἀρίστη ἀεὶ τὰς μεταβολὰς τῶν οἰκητόρων εἶχεν* bildet *τὴν γοῦν Ἀττικὴν ἐκ τοῦ ἐπὶ πλεῖστον διὰ τὸ λεπτόγεων ἀστασίαστον οὖσαν ἄνθρωποι ᾤκουν οἱ αὐτοὶ ἀεὶ* einen bestätigenden Beleg: jedenfalls war Attika wegen seines mageren Bodens stets von den gleichen Menschen bewohnt. I, 10, 5: *ἄλλων γοῦν — οὐκ ἐμνήσθη* jedenfalls (wenigstens) hat er andrer nicht gedacht. I, 20, 2. I, 74, 3: *ὅτε γοῦν ἦμεν ἔτι σῶοι, οὐ παρεγένεσθε.* I, 76, 1. I, 77, 3: *ὑπὸ γοῦν τοῦ Μήδου δεινότερα τούτων πάσχοντες ἠνείχοντο* bestätigender Beleg zu *ἀδικούμενοι οἱ ἄνθρωποι μᾶλλον ὀργίζονται ἢ βιαζόμενοι.* So steht auch *Thuc.* I, 144, 5 und VIII, 87, 3 *γοῦν* als bestätigender Beleg. *Pl.* Ap. 20 B—C: *Καὶ ἐγὼ τὸν Εὔηνον ἐμακάρισα, εἰ ὡς ἀληθῶς ἔχει ταύτην τὴν τέχνην καὶ οὕτως ἐμμελῶς διδάσκει. ἐγὼ γοῦν καὶ αὐτὸς ἐκαλλυνόμην τε καὶ ἡβρυνόμην ἄν, εἰ ἠπιστάμην ταῦτα:* ich wenigstens würde mir viel darauf zu Gute thun. Prot. 314 D: *κινδυνεύει δὲ διὰ τὸ πλῆθος τῶν σοφιστῶν ἄχθεσθαι τοῖς φοιτῶσιν εἰς τὴν οἰκίαν. ἐπειδὴ γοῦν ἐκρούσαμεν τὴν θύραν, ἀνοίξας καὶ ἰδὼν ἡμᾶς ἔα, ἔφη, σοφισταί τινες· οὐ σχολὴ αὐτῷ.* Mit *ἐπειδὴ γοῦν* κ. τ. λ. wird zu der vorher geäusserten Vermuthung ein bestätigender Beleg ausgesprochen. p. 334 E: *Ἀκήκοα γοῦν.* 341 B: *οὐδεὶς γοῦν λέγει* jedenfalls drückt sich niemand so aus. *Xen.* Cyr. I, 3, 10: *τότε γὰρ δὴ ἔγωγε καὶ πρῶτον κατέμαθον, ὅτι τοῦτ' ἄρ' ἦν ἡ ἰσηγορία ὃ ὑμεῖς τότ' ἐποιεῖτε· οὐδέποτε γοῦν ἐσιωπᾶτε.* I, 5, 8: *οἱ πρόγονοι χείρονες μὲν ἡμῶν οὐδὲν ἐγένοντο· ἀσκοῦντες γοῦν κἀκεῖνοι διετέλεσαν.* II, 3, 12. Hist. gr. VI, 3, 11: *καὶ ὑμῖν δὲ ἔγωγε ὁρῶ διὰ τὰ ἀγνωμόνως πραχθέντα ἔστιν ὅτε καὶ πολλὰ ἀντίτυπα γιγνόμενα· ὧν ἦν καὶ ἡ καταληφθεῖσα ἐν Θήβαις Καδμεία· νῦν γοῦν, ὡς ἐσπουδάσατε αὐτονόμους τὰς πόλεις γενέσθαι, πᾶσαι πάλιν, ἐπεὶ ἠδικήθησαν οἱ Θηβαῖοι ἐπ' ἐκείνοις γεγένηνται.*

Zugegeben mag werden, dass auch unter den zu 2. angeführten Belegen das eine oder andre Beispiel von *γοῦν* sich in *γ' οὖν* auflösen lässt.

δ' οὖν.

Die Bedeutung jedenfalls liegt auch bei δ' οὖν zu Grunde, welche Partikelverbindung überhaupt 1) da gebraucht wird, wo im Gegensatz zu dem vorher Angegebenen dasjenige aufgeführt wird, was immerhin sein kann, oder gewiss ist, insbesondre aber 2) wenn das Vorherige abgebrochen wird, dahingestellt und unentschieden bleibt, oder nicht vollständig durchgeführt werden soll, um auf dasjenige überzugehen, was jedenfalls gewiss ist, wie es sich auch mit dem vorher Erwähnten verhalten mag.

Für 1) mögen folgende Belege dienen.

Aesch. Ag. 34 f.: γένοιτο δ' οὖν μολόντος εὐφιλῆ χέρα
ἄνακτος οἴκων τῇδε βαστάσαι χερί.
224 f.: ἔτλα δ' οὖν θυτὴρ γενέσθαι θυγατρός er scheute sich aber jedenfalls nicht etc. 255: πέλοιτο δ' οὖν τἀπὶ τούτοισιν εὔπραξις. 1042: εἰ δ' οὖν ἀνάγκη τῆσδ' ἐπιρρέποι τύχης. wenn aber nun jedenfalls die Nothwendigkeit dahin führt. 1568: ἐγὼ δ' οὖν ἐθέλω ich aber will jedenfalls. Prom. 935: ὁ δ' οὖν ποιείτω· πάντα προσδόκητά μοι er möge es immerhin thun. VII c. Th. 810: βαρέα δ' οὖν ὅμως φράσον so schwer es immer sein mag, sag' es doch.

Eur. El. 507: Ἀνόνηθ'· ὅμως δ' οὖν τοῦτό γ' οὐκ ἠνεσχόμην. Vergeblich. Dennoch konnte ich (wie dem auch sein mochte) mich nicht enthalten.

Or. 1149: ἢν δ' οὖν τὸν Ἑλένης μὴ κατάσχωμεν φόνον wenn nun aber doch der Mord der Helena uns nicht gelingt.

Arist. Ach. 186: οἱ δ' οὖν βοώντων sie mögen immerhin schreien. *Thuc.* I, 3, 4. I, 10, 7. *Pl.* Prot. 359 B: ἠρόμην δ' οὖν τοῦτον. *Xen.* Mem. II, I, 34: σοὶ δ' οὖν ἄξιον.

2) *Soph.* Ant. 1251: οὐκ οἶδ'· ἐμοὶ δ' οὖν ἥ τ' ἄγαν σιγὴ βαρὺ
δοκεῖ προσεῖναι χἠ μάτην πολλὴ βοή.

El. 577: εἰ δ' οὖν — κεῖνον θέλων ἐπωφελῆσαι ταῦτ' ἔδρα wenn er nun aber jedenfalls es that, aus welchen Motiven es auch sein mochte. 891: σὺ δ' οὖν λέγ' — wie sich's damit verhalten mag, sprich jedenfalls.

Eur. Or. 14 f: — — τί τἄρρητ' ἀναμετρήσασθαί με δεῖ;
ἔδαισε δ' οὖν νιν τέκν' ἀποκτείνας Ἀτρεύς.
Abbrechend geht Elektra auf das über, was jedenfalls gewiss ist.

Arist. Eq. 423: καὶ ταῦτα δρῶν ἐλάνθανόν γ', εἰ δ' οὖν ἴδοι τις αὐτῶν — ἀπώμνυν. Das λανθάνειν wird nicht unbedingt behauptet; εἰ δ' οὖν ἴδοι τις: wie dem auch sein mag, jedenfalls schwur ich es ab. *Herod.* VII, 9, 9: Mardonios, nachdem er den Krieg gegen Hellas aus mancherlei Gründen empfohlen hat, sagt am Schluss: ἔστω δ' ὦν μηδὲν ἀπείρητον, wie dem auch sein mag, jedenfalls wollen wir es versuchen. *Thuc.* I, 63, 1: ἠπόρησε μὲν ὁποτέρωσε διακινδυνεύσῃ χωρήσας, ἢ ἐπὶ τῆς Ὀλύνθου ἢ εἰς τὴν Ποτίδαιαν· ἔδοξε δ᾽ οὖν nach der richtigen Verbesserung von *Poppo* und *Krüger* statt γοῦν. *Thuc.* VIII, 87, 5: ἐς δ᾽ οὖν τὴν Ἀσπενδον ἥτινι δὴ γνώμῃ ὁ Τισσαφέρνης ἀφικνεῖται, in welcher Absicht es auch geschehen sein mag, jedenfalls kam Tissaphernes nach Aspendos. *Plato* Ap. zu Anfang: Ὁ τι μὲν ὑμεῖς, ὦ ἄνδρες Ἀθηναῖοι, πεπόνθατε ὑπὸ τῶν ἐμῶν κατηγόρων, οὐκ οἶδα· ἐγὼ δ᾽ οὖν καὶ αὐτὸς ὑπ᾽ αὐτῶν ὀλίγου ἐμαυτοῦ ἐπελαθόμην. p. 34 D: εἰ δή τις ὑμῶν οὕτως ἔχει — οὐκ ἀξιῶ μὲν γὰρ ἔγωγε· εἰ δ᾽ οὖν (wenn nun aber doch, was ich dahingestellt sein lasse) ἐπιεικῆ ἄν μοι δοκῶ πρὸς τοῦτον λέγειν λόγον. p. 34 E: ἀλλ᾽ εἰ μὲν θαρραλέως ἐγὼ ἔχω πρὸς θάνατον ἢ μή, ἄλλος λόγος, πρὸς δ᾽ οὖν δόξαν — οὔ μοι δοκεῖ καλὸν εἶναι. Die Frage: εἰ θαρραλέως ἔχω πρὸς θάνατον lässt Sokrates unentschieden und geht auf das über, was ihm jedenfalls gewiss scheint. p. 36 B: τιμᾶται δ᾽ οὖν μοι. Prot. 315 D—E: νέον τι ἔτι μειράκιον, ὡς ἐγῷμαι, καλόν τε κἀγαθὸν τὴν φύσιν, τὴν δ᾽ οὖν ἰδέαν πάνυ καλός. Auch ἀλλ᾽ οὖν steht in dem gleichen Sinn, wie δ᾽ οὖν. Prot. 310 A: καὶ χάριν γε εἴσομαι, ἐὰν ἀκούητε. Ἐτ. Καὶ μὴν καὶ ἡμεῖς σοί, ἐὰν λέγῃς. Σ. Διπλῆ ἂν εἴη ἡ χάρις. ἀλλ᾽ οὖν ἀκούετε, den Wettstreit der Artigkeit abbrechend: (wie dem auch sein mag, so) hört mir jedenfalls zu. *Xen.* hist. gr. III, 5, 19: ὁπότερα μὲν οὖν, εἴτε λαθόντες τὸν Λύσανδρον ἐπέπεσον αὐτῷ, εἴτε καὶ αἰσθόμενος προσιόντας ὡς κρατήσων ὑπέμενεν, ἄδηλον· τοῦτο δ᾽ οὖν σαφές κ. τ. λ. IV, 3, 8. VI, 47, 8: οἱ μὲν δή τινες λέγουσιν, ὡς ταῦτα πάντα τεχνάσματα ἦν τῶν προεστηκότων. εἰς δ᾽ οὖν τὴν μάχην τοῖς μὲν Λακεδαιμονίοις πάντα τἀναντία ἐγίγνετο. Ob die erwähnten für Theben günstigen Anzeichen wirklich nur Kunstgriffe der Lenker des Staates waren, lässt Xenophon unentschieden und geht zu dem über, was jedenfalls gewiss ist. *Isocr.* Pgr. 19. 69—70: οὐ γὰρ ἂν ποθ᾽ οἱ λόγοι περὶ αὐτῶν τοσοῦτον χρόνον διέμειναν, εἰ μὴ καὶ τὰ πραχθέντα πολὺ τῶν ἄλλων διήνεγκεν. λέγεται δ᾽ οὖν περὶ μὲν Ἀμαζόνων ὡς τῶν μὲν ἐλθουσῶν οὐδεμία πάλιν ἀπῆλθεν κ. τ. λ.

Μῶν siehe bei den Negationen.

Οὔκουν und *Οὐκοῦν*.

Die Frage, ob und wann οὔκουν, wann οὐκοῦν zu schreiben sei, scheint in neuerer Zeit allgemein nach den Grundsätzen entschieden zu sein, welche *G. Hermann* aufgestellt hat. Derselbe sagt zu Viger (4. Aufl. S. 793): „Erit igitur οὔκουν idem quod οὐκ οὖν, i. e. 1) non ergo, 2) non sane, 3) nonne ergo? 4) nonne?" — „Οὐκοῦν — ergo significat sine interrogatione, licet haec ipsa significatio ex interrogatione orta sit."

Es scheint jedoch, nachdem *Kühner* in dem dritten Excurs zu seiner Ausgabe von Xenophons Memorabilien (p. 489—495) der Frage eine eingehende und sorgfältige Erörterung gewidmet hat, nicht überflüssig, diese Grundsätze im Allgemeinen nach der Ueberlieferung der alten Grammatiker, im Einzelnen nach dem factischen Gebrauch zu prüfen.

Aus Phrynichos ist uns in dem lexikalischen Verzeichnisse (Bekker Anecd. I, p. 57) Folgendes aufbewahrt. „Οὐκοῦν· περισπώμενον μὲν συλλογιστικὴν διάνοιαν ἔχει, παροξυνόμενον δὲ διττῶς παρὰ τοῖς Ἀττικοῖς ἐκλαμβάνεται, ποτὲ μὲν ἀντὶ τοῦ μόλις ἐπ' ἀποφάσεως ταττόμενον, ποτὲ δὲ καθ' ὑπέρθεσιν· οὐκουν ἐάσεις — οὐκ ἐάσεις οὖν." Ferner aus der Schrift des Alexandriners Apollonios περὶ συνδέσμων (Bekker Anecd. II, p. 525): „Ὁ οὐκοῦν καλεῖται πρὸς ἐνίων ἐπιλογιστικός, πρὸς [δ' ἑτέρων] ἀνακεφαλαιωτικὸς [καθ]ὸ ἐπὶ τοῦ τέλους ἔχων τὴν [περισπωμένην] οὐ μακρὰν πέπτωκε τῶν καλουμένων συλλογιστικῶν. ἔστι γε ἐπ' αὐτοῦ τούτο τηρῆσαι, ὡς ὅτε μὲν ἔχει τὴν οὐ ἀπόφασιν ἐγκειμένην καὶ κατὰ τὸ δηλούμενον, παραπληρωματικῶ κέχρηται τῷ οὖν, ὅτε δὲ τὸ οὖν ἔχει καὶ ἐν δηλουμένω, οὐκ ἔχει τὴν οὐ ἀπόφασιν ἔχει." So Bekker; man scheint lesen zu müssen: ὅτε δὲ τὸ οὖν ἔχει ἐν δηλουμένω, οὐκ ἔχει τὴν οὐ ἀπόφασιν, d. i. wann die Bedeutung von οὖν in ihm liegt (ἔχει ἐγκειμένην), dann liegt die Negation οὐ nicht in ihm. Es folgt nun weiter: „παρητοῦντο ... ε τὴν ἐπικράτειαν τοῦ ἐπιρρήματος καὶ ἡ βαρεῖα κατὰ τέλος πίπτει· ἀπειράκις γὰρ τίθεται ἀντὶ τῆς οὐ ἀποφάσεως. παρὰ δὲ τὴν τοῦ συνδέσμου ἐπὶ τέλους ἴσχει τὸν δέοντα τόνον τοῦ συνδέσμου. καὶ ἕνεκά γε τοῦ τοιούτου σημειώσαιτο ἄν τις τὴν ἐπὶ τέλους βαρεῖαν. τὰ γὰρ μέρη τοῦ λόγου, ἐάν τε δηλοῖ ἐάν τε καὶ παρέλκῃ, τοῦ αὐτοῦ τόνον ἐστὶ παραστατικά. εἴπερ οὖν παρέλκεται ὁ οὖν σύνδεσμος μετὰ τῆς οὐ ἀποφάσεως παραλαμβανόμενος, οὐ δεόντως τὸν τόνον μετατίθησι. ταύτῃ γοῦν καὶ ἡ μὴ ἀπαγόρευσις [συν]ταττομένη τῷ οὖν καὶ δηλοῦσα ἀπαγόρευσιν, οὐδὲν ἐξαλλάσσει τοῦ τόνου. φαμὲν γὰρ οὕτως· μὴ οὖν παρέσται; καὶ ἐν προστάξει· μὴ οὖν γράφε, μὴ οὖν διαλέγου. καὶ τὸ τοιοῦτον πάλιν πρός τινων βαρύνεται." Obwohl die letztere Hälfte zu Anfang kaum zu restituiren sein dürfte, so ist doch der Sinn der Stelle nicht zu verkennen. Sie setzt als herrschenden Gebrauch voraus, dass, wo die Bedeutung des οὐ hervortritt, das οὖν bedeutungslos angehängt werde und tonlos sei (die προσωδία βαρεῖα habe). Apollonios tadelt diess aus dem Grund, weil in andern Fällen der Ton der Conjunctionen derselbe bleibe, sie mögen ihre Bedeutung behalten oder verlieren, bestätigt aber eben damit, dass beide Partikeln als ein Wort betrachtet wurden und dass, wo die Bedeutung der Negation vorwaltete, die des οὖν aber zurücktrat, letzteres seinen Ton verlor.

Wir werden aus diesem Grunde uns wohl bedenken müssen, οὐκ οὖν zu trennen, oder doch die Trennung nur in den Fällen anwenden können, wo die eine wie die andre Partikel in ihrer vollen Geltung bleibt. Die Einheit des Accentes ist eine sichere Ueberlieferung; sie bezeugt die Einheit des Wortes. Da aber bei der Verknüpfung zweier Wörter zu Einem Wort nur eines von beiden den Hauptbegriff enthalten und somit betont sein kann, Bedeutung und Ton des andern zurücktreten, beziehungsweise erlöschen muss, so rechtfertigt sich der von den Grammatikern angegebene Unterschied, οὐκοῦν zu sprechen und zu schreiben, wo die folgernde Kraft des οὖν, dagegen οὔκουν, wo die Negation vorherrscht. Ich kann darum auch den Resultaten nicht beipflichten, mit welchen *Kühner* seinen Excurs schliesst „particula οὔκουν scribenda est οὐκοῦν, ubi significat 1) nonne ergo, vel nonne igitur? 2) ergo (scilicet, nempe doch wohl), 3) οὐκοῦν vel οὐκ οὖν non ergo, 4) οὔκουν ubi significat non sane, non profecto, nequaquam." Diese Aufstellungen widersprechen ebensowohl der Natur der Sache, wie der grammatischen Ueberlieferung. Bei nonne ergo und non ergo ist offenbar die Negation betont und Hauptbegriff, und wenn man der Ueberlieferung gemäss die Partikeln als ein Wort schreiben muss, so fällt der Ton nothwendig auf οὐκ. Indessen soll hier schon ausdrücklich erklärt werden, dass auch οὐκοῦν in der Frage stehen kann, aber mit erloschener Negation.

1. Zunächst sollen einige Stellen behandelt werden, in denen man (*Hermann*, *Kühner*, die griechischen Wörterbücher) dem οὔκουν (wie man es dann gewöhnlich schreibt) die Bedeutung „non sane, non profecto, fürwahr nicht, in der That nicht, gewiss nicht, freilich nicht" beilegt. Dass jedoch οὖν ebensowenig schlechthin in die Reihe der Partikeln, die eine subjective Versicherung und Betheuerung ausdrücken, wie unter die Partikeln der objectiven Gewissheit zu setzen und durch „in Wirklichkeit, in Wahrheit" wiederzugeben ist, ergibt sich aus der Beobachtung, dass οὖν nie in dem ersten Satz einer Rede stehen kann, was doch bei allen Partikeln der subjectiven und der objectiven Gewissheit natürlich der Fall ist. Das affirmirende Element, das in οὖν liegt, steht nie absolut, sondern immer in Bezug auf einen schon geäusserten Gedanken; Zustimmung, Bestätigung, Uebereinstimmung, Gleichheit wird durch οὖν ausgedrückt, nicht eine freie Versicherung.

Οὔκουν kann, je nachdem der Zusammenhang es gibt, die Zustimmung zu einem affirmativen Gedanken verneinen, oder auch zu einer vorausgehenden Verneinung zustimmen. Sofern hier ebensowohl οὖν wie die Negation ihre volle Bedeutung hat, könnte man ohne Widerspruch gegen die Ueberlieferung der Grammatiker, in diesen nicht sehr häufigen Fällen οὐκ οὖν schreiben. In Antworten findet sich οὔκουν:

Soph. Phil. 907 f.: *N. Αἰσχρὸς φανοῦμαι· τοῦτ' ἀνῶμαι πάλαι·
Φ. Οὔκουν ἐν οἷς γε δρᾷς.*
Die Zustimmung wird hinsichtlich der Handlungen negirt: in deinen Handlungen jedenfalls nicht. Ebenso wird die Zustimmung verweigert: 1388: *Φ. Ὀλεῖς με, γιγνώσκω σε, τοῖσδε τοῖς λόγοις.
Ν. Οὔκουν ἔγωγε.*
Soph. Ant. 992: *Τ. Ἐγὼ διδάξω, καὶ σὺ τῷ μάντει πιθοῦ·
Κρ. Οὔκουν πάρος γε σῆς ἀπεστάτουν φρενός.*
Ich habe ja auch früher deinem Rathe mich gefügt.
Arist. Pl. 888 f.: *οὐκ ἐπ' ἀγαθῷ γὰρ ἐνθάδ' ἐστὸν οὐδενί.
Χρ. Μὰ τὸν Δί' οὔκουν τῷ γε σῷ, σάφ' ἴσθ' ὅτι.*
Zustimmung zu der vorausgehenden Verneinung.
Eq. 465 soll *Οὔκουν μ' ἐν Ἄργει οἶα πράττει λανθάνει.*
die Uebereinstimmung mit Kreon's Worten 461: *ταὐτὶ μὰ τὴν Δήμητρά μ' οὐκ ἐλάνθανεν* ausdrücken.
Plato Polit. 283 A—B: *Ξ. τί δήποτε οὖν οὐκ εὐθὺς ἀπεκρινάμεθα πλεκτικὴν εἶναι κρόκης καὶ στήμονος ὑφαντικήν, ἀλλὰ περιήλθομεν ἐν κύκλῳ πάμπολλα διοριζόμενοι μάτην; Ν. Σ. Οὔκουν ἔμοιγε, ὦ ξένε, μάτην οὐδὲν τῶν ῥηθέντων ἔδοξε ῥηθῆναι.* Verweigerung der Zustimmung. 291 C: *Ν. Σ. Ἀλλὰ μὴν τοῦτό γε οὐκ ἀνετέον. Ξ. Οὔκουν δὴ κατά γε τὴν ἐμήν.* Zustimmung zu der vorangehenden Verneinung. Ebenso Phaedr. 258 C. *Xen.* Oec. I, 9 und Anab. III, 5, 6: *Οὔκουν ἔμοιγε δοκεῖ.* Zustimmung zur Verneinung.

2. Zu den Fällen, wo die Bedeutung von *οὖν* untergeordnet ist, gegen die Negation minder hervortritt, aber immerhin noch fühlbar ist, dürften zu rechnen sein:
Soph. El. 795: *Οὔκουν Ὀρέστης καὶ σὺ παύσετον τάδε.*
Uebereinstimmend mit der Aeusserung der Elektra: *νῦν γὰρ εὐτυχοῦσα τυγχάνεις.* Allerdings werdet ihr mein Glück nicht stören.
Eur. El. 1004: *Οὔκουν ἐγώ·* also ich nicht (sc. *λήψομαι τῆς σῆς χερός*). So hat richtig *Kirchhoff* interpungirt, während *Fix* u. a. *Οὔκουν* mit *λάβωμαι* construirt haben, wofür *μὴ λάβωμαι* zu erwarten wäre.
Or. 1616 f.: *Μ. Ὅστις δὲ τιμᾷ μητέρ'; Ὀρ. Εὐδαίμων ἔφυ.
Μ. Οὔκουν σύ γ'* du also nicht.
Iph. A. 9: *οὔκουν φθόγγος γ' οὔτ' ὀρνίθων οὔτε θαλάσσης.*
1431: *οὔκουν ἐάσω σ' ἀφροσύνῃ τῇ σῇ θανεῖν.*
Iph. T. 589: *οὔκουν δίκαιον.* 1190. — *Thuc.* I, 10, 4: *Οὔκουν ἀπιστεῖν εἰκός* Folgerung aus dem Vorhergehenden und zurückweisend auf den Anfang des Capitels: *οὐκ ἀκριβεῖ ἄν τις σημείῳ χρώμενος ἀπιστοίη. Pl.* Ap. 35 C: *οὔκουν χρὴ οὔτε ἡμᾶς ἐθίζειν ὑμᾶς ἐπιορκεῖν, οὔθ' ὑμᾶς ἐθίζεσθαι.* Folgerung aus dem Vorhergehenden. Phaedr. 258 C. *Xen.* Mem. I, 2, 10. Cyr. V, 5, 41: *οὐχ ὁρᾷς ὅτι οὗτοι οἱ παρόντες ὑφ' ἡμῶν πάντες ἐπαιρόμενοι πάρεισιν;*

οὐκουν καλῶς ἂν πράττοιμι, εἰ τούτων ἀμελῶν τὴν ἐμὴν ἡδονὴν θεραπεύειν δοκοίην. Ich würde also (darum) nicht recht thun u. s. w. VII, 5, 73. In der Stelle Anab. VI, 6, 14: οὐκουν δεῖ οὔτε ἑνὸς ἀνδρὸς ἕνεκα οὔτε δυοῖν ἡμᾶς τοὺς ἄλλους τῆς Ἑλλάδος ἀπέχεσθαι bezeichnet οὐκουν deutlich eine Folgerung aus dem Vorhergehenden.

3. Da die Bedeutung des einfachen οὖν in manchen Fällen sich so abgeschwächt hat, dass es im Uebergang auf ein Weiteres nur eben überhaupt einen (einstimmigen) Zusammenhang anzeigt, so darf es nicht auffallen, wenn auch οὐκουν so sich gebraucht findet, dass die Bedeutung des οὖν erloschen scheint. In diesen Stellen οὐκουν für non sane zu nehmen, verbietet uns nicht nur die Ueberzeugung, dass οὖν nicht überhaupt Partikel der Versicherung und Betheuerung ist, sondern auch die Beschaffenheit der einzelnen Stellen, die eine emphatische Verneinung nicht verlangen, noch zulassen.

Aesch. Prom. 320 ff.: σὺ δ' οὐδέπω ταπεινός, οὐδ' εἴκεις κακοῖς
πρὸς τοῖς παροῦσι δ' ἄλλα προσλαβεῖν θέλεις.
οὐκουν ἔμοιγε χρώμενος διδασκάλῳ
πρὸς κέντρα κῶλον ἐκτενεῖς.

s. v. a. *ἔμοιγ' οὖν διδασκάλῳ χρώμενος οὐκ — ἐκτενεῖς* wenn du nun meinem Rathe folgen willst u. s. w. Οὖν hat hier weder recapitulirende noch folgernde Bedeutung; andrerseits ist die Rede so objectiv und ruhig gehalten, dass an eine Betheuerung nicht zu denken ist. *Soph.* Ph. 873: οὐκουν Ἀτρεῖδαι τοῦτ' ἔτλησαν s. v. a. Ἀτρεῖδαι οὖν οὐκ ἔτλησαν. *Arist.* Ran. 488. *Herod.* I, 11, 4. Οὔκων δὴ ἔπειθε. I, 59, 4.

4. Es steht οὐκουν ferner in der Frage = nicht also oder also nicht? nonne igitur? Häufig hat οὖν seine Bedeutung beinahe verloren, und steht nur wie ein schwaches nun, um einen Zusammenhang der Rede anzudeuten.

Aesch. Prom. 52: Οὔκουν ἐπείξει δεσμὰ τῷδε περιβαλεῖν —;
377: Οὔκουν, Προμηθεῦ, τοῦτο γιγνώσκεις, ὅτι
ὀργῆς ζεούσης εἰσὶν ἰατροὶ λόγοι;
Soph. Phil. 628 ff.: Οὔκουν τάδ', ὦ παῖ, δεινά, τὸν Λαερτίου
ἔμ' ἐλπίσαι ποτ' ἂν λόγοισι μαλθακοῖς
δεῖξαι νεὼς ἄγοντ' ἐπ' Ἀργείοις μέσοις;
Oed. R. 973: Οὔκουν ἐγώ σοι ταῦτα προύλεγον πάλαι;
Oed. R. 676: Οὔκουν μ' ἐάσεις κἀκτὸς εἶ willst du mich denn nicht verlassen? wie Aesch. Prom. 52 im Sinne eines Befehls. Dessgleichen:
Oed. Col. 897: Οὔκουν τις ἀναγκάσει κ. τ. λ.
Aj. 79: Οὔκουν γέλως ἥδιστος εἰς ἐχθροὺς γελᾶν;

Eur. Or. 1239: Οὔκουν ὀνείδη τάδε κλύων ῥύσῃ
τέκνα; *Kirchhoff:* ῥύσῃ nach den Handschr. und das Ganze richtig als lebendige Frage fassend.
Iph. T. 1164: Οὔκουν ἐν ἔργῳ χέρνιβες ξίφος τε σόν;
1170: Οὔκουν πρὸς αὐτὸν ναὸν ἐκπίπτει κλύδων;
Herod. IV, 118, 2: Οὔκων ποιήσετε ταῦτα; *Dindorf:* Οὐκ ὦν.
Pl. Phaedo 82 A: Οὔκουν, ἦ δ' ὅς, δῆλα δὴ τἆλλα, οἷ ἂν ἑκάστη ἴοι κατὰ τὰς αὑτῶν ὁμοιότητας τῆς μελέτης; Δῆλον δή, ἔφη. πῶς δ' οὔ;
Οὔκουν εὐδαιμονέστατοι, ἔφη, καὶ τούτων εἰσί. *Xen.* Hiero I, 21.

Da aber auch in der Frage ganz die Form der Behauptung beibehalten werden kann, so dass die Frage nur in dem Ton liegt, so kommt οὔκουν auch in der Frage mit negativem Sinne vor.
Soph. El. 630 f.: οὔκουν ἐάσεις οὐδ' ὑπ' εὐφήμου βοῆς
θῦσαί μ' ἐπειδὴ σοί γ' ἐφῆκα πᾶν λέγειν;
du willst mich also, weil ich dir gestattet habe, dich frei auszusprechen, nicht einmal in (feierlicher) Stille opfern lassen?

Οὐκοῦν.

Es gibt, wie schon die alten Grammatiker anerkannten, nicht wenige Fälle, in welchen die Bedeutung der Negation erloschen ist, und durch οὐκοῦν einfach aus dem Vorhergehenden eine Folgerung abgeleitet wird. Von οὖν unterscheidet es sich nur darin, dass ersteres nach dem betonten Wort, οὐκοῦν am Anfange des Satzes steht. Dass aber ursprünglich die Negation ihre Bedeutung gehabt haben muss, ist natürlich. Wo jetzt οὐκοῦν mit erloschener Negation angenommen wird, ist ursprünglich, wie schon die Stellung von οὖν nach οὐκ, und die Voranstellung des οὐκοῦν an die Spitze des Satzes beweist, οὔκουν = nicht also (= folgt nun nicht?) als selbständige Frage zu denken, und es würde für Sinn und Tendenz des Gedankens im Allgemeinen gleichgiltig sein, ob man οὔκουν als Frage oder οὐκοῦν im Zusammenhang mit der folgenden Behauptung schriebe. Dagegen würde die Frage οὔκουν; dem Satz eine Lebendigkeit und ein Pathos verleihen, das häufig mit der ruhigen Entwicklung, in welcher es gebraucht wird, im Widerspruch stünde.

Weil aber die Form des Behauptungssatzes einfach nur durch Veränderung des Tons zur Frage werden kann, so kann die mit οὐκοῦν ausgesprochene affirmative Folgerung (wie die negative mit οὔκουν) auch in Frage gestellt werden = nun folgt? — Aus dem Gesagten erhellt, dass in vielen Stellen nur aus dem Ton der ganzen Rede entschieden werden kann, ob οὔκουν; oder οὐκοῦν als Behauptung oder als Frage zu schreiben ist.
Soph. El. 797 ff.: Κλ. Πολλῶν ἂν ἥκοις, ὦ ξέν', ἄξιος τυχεῖν,
εἰ τήνδ' ἔπαυσας τῆς πολυγλώσσου βοῆς.
Π. Οὐκοῦν ἀποστείχοιμ' ἄν, εἰ τάδ' εὖ κυρεῖ.

Οὐκοῦν.

So geh' ich denn. Weder οὔκουν; noch οὐκοῦν in der Frage ist zulässig. Es ist eine ruhige, aus den Worten der Klytämnestra sich ergebende Entschliessung. So haben wir auch in den nachgenannten Stellen eine einfache, ohne Frage ausgesprochene affirmative Folgerung. *Eur.* Or. 772: *Π.* οὐκοῦν τοῦτο κρεῖσσον ἢ μένειν. Phoen. 982: Οὐκοῦν σε φράζειν εἰκός, ἐκπονεῖν δ' ἐμέ. 1655: Οὐκοῦν ἔδωκα τῇ τύχῃ τὸν δαίμονα. — 1692. Iph. A. 525: Οὐκοῦν δοκεῖ νιν στάντ' ἐν Ἀργείοις μέσοις λέξειν. El. 237: Οὐκοῦν ὁρᾷς μου πρῶτον ὡς ξηρὸν δέμας. 355. 357. 661. *Plato* Ephr. 13 B: Οὐκοῦν θεραπεία γε πᾶσα ταὐτὸν διαπράττεται. 15 C: Οὐκοῦν ἢ ἄρτι οὐ καλῶς ὡμολογοῦμεν, ἢ εἰ τότε καλῶς, νῦν οὐκ ὀρθῶς τιθέμεθα. Beide Male ruhig zum Ziel fortschreitende Folgerungen. Ap. 27 C: ἔσθ' ὅστις δαιμόνια μὲν νομίζει πράγματ' εἶναι, δαίμονας δὲ οὐ νομίζει; Οὐκ ἔστιν. Ὡς ὤνησας, ὅτι μόγις ἀπεκρίνω ὑπὸ τουτωνὶ ἀναγκαζόμενος. οὐκοῦν δαιμόνια μὲν φῂς με καὶ νομίζειν καὶ διδάσκειν. Eine Frage, es sei mit οὔκουν oder mit οὐκοῦν, ist, da das Zugeständniss des Meletos schon vorliegt, unangemessen. Es ist vielmehr ruhige Feststellung des gewonnenen Resultates. Ap. 27 D. Phaedo p. 81 A: Οὐκοῦν οὕτω μὲν ἔχουσα εἰς τὸ ὅμοιον αὐτῇ τὸ ἀειδὲς ἀπέρχεται, τὸ θεῖόν τε καὶ ἀθάνατον καὶ φρόνιμον κ. τ. λ. *Stallbaum* z. d. St. „Resumitur per οὐκοῦν abruptum orationis filum." Prot. 312 C—D: Ἐγὼ μέν, ἢ δ' ὅς, ὥσπερ τοὔνομα λέγει, τοῦτον (sc. τὸν σοφιστὴν) εἶναι τὸν τῶν σοφῶν ἐπιστήμονα. Οὐκοῦν, ἦν δ' ἐγώ, τοῦτο μὲν ἔξεστι λέγειν καὶ περὶ ζωγράφων καὶ περὶ τεκτόνων, ὅτι οὗτοί εἰσιν οἱ τῶν σοφῶν ἐπιστήμονες· ἀλλ' εἴ τις ἔροιτο ἡμᾶς, τῶν τί σοφῶν εἰσιν οἱ ζωγράφοι ἐπιστήμονες, εἴποιμεν μὲν ἄν που αὐτῷ, ὅτι τῶν πρὸς τὴν ἀπεργασίαν τὴν τῶν εἰκόνων, καὶ τἆλλα οὕτως. εἰ δέ τις ἐκεῖνο ἔροιτο· Ὁ δὲ σοφιστὴς τῶν τί σοφῶν ἐστι; τί ἂν ἀποκριναίμεθα αὐτῷ; Hier könnte wohl an sich die Folgerung als Frage ausgesprochen sein: οὔκουν τοῦτο ἔξεστι λέγειν κ. π. ζ. kann man nun nicht das Gleiche von den Malern sagen? Indessen da sich die Einwendung nicht darauf beschränkt, sondern die Periode sich in zwei Gedanken gliedert, deren erster die Definition als zu weit bezeichnet, der zweite: ὁ δὲ σοφιστὴς τῶν τί σοφῶν ἐστι (ἐπιστήμων) nachweist, woran es fehlt, so ist das zu der ganzen Periode gehörige, den Einwurf einleitende οὐκοῦν nicht als οὔκουν aufzufassen. Ebensowenig aber passt es, die ganze Deduction als Frage zu nehmen. — *Xen.* Cyr. I, 4, 19: ἀλλ' οὖν πονηροί γε φαινόμενοι — ἄγουσιν ἡμῶν τὰ χρήματα. οὐκοῦν χρὴ ἐλαύνειν τινὰς ἡμῶν ἐπ' αὐτούς. Mem. III, 6, 6. 8. Anab. III, 2, 19. *Isocr.* Pgr. 184. Nach einer Reihe von Fragen, gegen welchen Feind ein Krieg am natürlichsten wäre, und welche Eigenschaften einen solchen am meisten rechtfertigen, schliesst Isokrates: οὐκοῦν ἐκεῖνοι (die Perser) πᾶσι τούτοις ἔνοχοι τυγχάνουσιν ὄντες.

Ein fragendes ούκοῦν ist anzuerkennen *Pl.* Prot. 330 D: Ἔστιν ἄρα τοιοῦτον ἡ δικαιοσύνη, οἷον δίκαιον εἶναι, φαίην ἂν ἔγωγε ἀποκρινόμενος τῷ ἐρωτῶντι. οὐκοῦν καὶ σύ; Ναί, ἔφη. Εἰ οὖν μετὰ τοῦτο ἡμᾶς ἔροιτο· Οὐκοῦν καὶ ὁσιότητά τινα φαμὲν εἶναι; φαῖμεν ἄν, ὡς ἐγᾦμαι. Ναί, ἦ δ' ὅς. Οὐκοῦν φατε καὶ τοῦτο πρᾶγμά τι εἶναι; 332 A—B.C.E. 333 B. 350 B.C. 353 E. 354 A.C. 360 A.B.C.D. In diesen Stellen zeigt der ganze Gang der Rede, dass Folgerungen in Form von Behauptungssätzen, aber fragweise (ob der Andre beistimme) ausgesprochen sind. Euthyphro 7 B.C.E. 9 E. 10 A. C. 14 C. *Xen.* Cyr. I, 6, 4. II, 4, 15: Καὶ ὁ Κυαξάρης εἶπε· Κἀὶ ἐγώ, ἔφη, ἐλπίζω ἐκείνους ἐλθεῖν πρὸς σὲ μᾶλλον ἢ πρὸς ἐμέ. ἀκούω γὰρ ὅτι καὶ συνθηρευτάς τινας τῶν παίδων σοι γενέσθαι αὐτοῦ· ὥστ' ἴσως ἂν καὶ πάλιν ἔλθοιεν πρὸς σέ· ὑποχειρίων δὲ γενομένων αὐτῶν πάντα πραχθείη ἂν ᾗ ἡμεῖς βουλόμεθα. Οὐκοῦν σοι δοκεῖ, ἔφη ὁ Κῦρος, σύμφορον εἶναι τὸ λεληθέναι ἡμᾶς ταῦτα βουλεύοντας; V, 2, 26. 29. Mem. I, 2, 37: Ἀλλὰ τῶνδέ τοί σε ἀπέχεσθαι δεήσει, ὦ Σώκρατες, τῶν σκυτέων καὶ τῶν τεκτόνων καὶ τῶν χαλκέων — Οὐκοῦν, ἔφη ὁ Σωκράτης καὶ τῶν ἐπομένων τούτοις τοῦ τε δικαίου καὶ τοῦ ὁσίου καὶ τῶν ἄλλων τῶν τοιούτων; Ναὶ μὰ Δί', ἔφη ὁ Χαρικλῆς. Es ist natürlich eine Frage, die Sokrates an Kritias und Charikles richtet. II, 1, 2. 4. 5 kann man schwanken, ob das lebhafter fragende οὔκουν oder das ruhigere οὐκοῦν mehr am Platze ist. Dass es Fragen sind, zeigt die Unterredung selbst. Es dürfte aber die ruhige Folgerung, wenn gleich mit dem Ton der Frage, ob es die Meinung der Andern sei, ausgesprochen, schicklicher sein.

Πέρ.

Es kann nicht wohl einem Zweifel unterliegen, dass πέρ etymologisch mit πέρα, πέραν, πέρας, περάω, περαίνω, πείρω und dem lateinischen per verwandt ist. Es scheint diesen Wörtern das Gemeinsame zu Grunde zu liegen, dass durch ein in der Mitte Liegendes hindurch und hinüber ein Gränzpunkt und Ziel erreicht wird. Daher kann auch in der zu Grunde liegenden Wurzel theils der Grenzpunkt selbst, theils die Vollständigkeit bezeichnet werden.

Mit diesem der Wurzel ΠΕΡ zukommenden Begriff stimmt es überein, wenn wir als Grundbedeutung von πέρ in den homerischen Gedichten die Bedeutung: durchaus, allerdings, jedenfalls, wenigstens anerkennen müssen. Der Satz, dem πέρ beigegeben wird, erhält durch diese Partikel die stärkste, objective Giltigkeit. Demgemäss steht die Partikel, wie die folgenden Beispiele bestätigen werden, theils mit ἔμπης, theils mit γέ in naher Verwandtschaft und Berührung. Die folgenden Beispiele werden

den Beweis liefern, dass auch in der Verbindung mit Participien *πέρ* vielfach in dieser Grundbedeutung (nicht in der Bedeutung von obgleich) zu fassen ist.

1. *Il.* I, 211: ἀλλ' ἤτοι ἔπεσιν μὲν ὀνείδισον, ὡς ἔσεταί περ. Mit Worten traun magst du ihm vorwerfen, wie es allerdings kommen wird.

I, 352 ff.: μῆτερ, ἐπεί μ' ἔτεκές γε μινυνθάδιόν περ ἐόντα,
τιμήν πέρ μοι ὀφελλεν Ὀλύμπιος ἐγγυαλίξαι
Ζεὺς ὑψιβρεμέτης.
Da du mich (durchaus) allerdings zu kurzem Dasein geboren hast, so sollte mir Zeus jedenfalls (durchaus) Ehre verleihen. Dieselben Gedanken kehren wieder:

I, 416: ἐπεί νύ τοι αἶσα μίνυνθά περ, οὔτι μάλα δήν.
Da dein Leben allerdings nur kurz dauert. I, 508: σύ πέρ μιν τῖσον du jedenfalls ehre ihn. II, 236 sagt Thersites: οἴκαδέ περ σὺν νηυσὶ νεώμεθα wir wollen allerdings (jedenfalls) heimkehren.

Il. III, 201: ὅς τράφη ἐν δήμῳ Ἰθάκης κραναῆς περ ἐούσης in Ithaka, das durchaus felsig ist.

VI, 476 f.: Ζεῦ ἄλλοι τε θεοί, δότε δὴ καὶ τόνδε γενέσθαι,
παῖδ' ἐμόν, ὡς καὶ ἐγώ περ, ἀριπρεπέα Τρώεσσιν,
so sich auszeichnend unter den Troern, wie ja allerdings ich (mich auszeichne).

VII, 204: εἰ δὲ καὶ Ἕκτορά περ φιλέεις καὶ κήδεαι αὐτοῦ wenn du auch allerdings Hektor liebst. VIII, 242: τόδε πέρ μοι ἐπικρήηνον ἐέλδωρ diesen Wunsch jedenfalls erfülle mir. XI, 789: ὁ δὲ πείσεται εἰς ἀγαθόν περ allerdings zum Guten. XI, 796: ἀλλὰ σέ περ προέτω so lasse er jedenfalls (wenigstens) dich ziehen.

Od. XVII, 12 f.: — — — ἐμὲ δ' οὔ πως ἔστιν ἅπαντας
ἀνθρώπους ἀνέχεσθαι ἔχοντά περ ἄλγεα θυμῷ.
Da ich ja so schweren Kummer habe.

46 f.: — — — μή μοι γόον ὄρνυθι, μηδέ μοι ἦτορ
ἐν στήθεσσιν ὄρινε φυγόντι περ αἰπὺν ὄλεθρον.
Da ich ja dem Verderben allerdings entronnen bin. Auch hier ist ein adversatives Verhältniss: obgleich ich entronnen bin, undenkbar.

XX, 7 und 167: πάρος περ jedenfalls früher. 181: ἐπεὶ σύ περ οὐ κατὰ κόσμον αἰτίζεις da du jedenfalls nicht in der Ordnung bettelst. 199: γένοιτό τοι ἔς περ ὀπίσσω ὄλβος dir möge (durchaus, jedenfalls) wenigstens für die Zukunft Glück zu Theil werden. 282: μοῖραν — ἴσην, ὡς αὐτοί περ ἐλάγχανον.

XXI, 79: τοῦ ποτε μεμνήσεσθαι ὀίομαι ἔν περ ὀνείρῳ jedenfalls (wenigstens) im Traume.

212: σφῶϊν δ' ὡς ἔσεταί περ, ἀληθείην καταλέξω, wie *Il.* I, 211. — *Pind.* Nem. III, 140: ὀψέ περ allerdings spät.

Es wird aber ferner *πέρ* dem Nebensatze oder dessen Verkürzung, dem Particip, beigegeben, um die in ihm enthaltene Aussage zu bestätigen und zu verstärken, oder als etwas Sicheres, Bekanntes zu bezeichnen. Dabei kommen verschiedene Grade der stärkeren oder schwächeren Bedeutung in Betracht.

2. Das grösste Gewicht verleiht *πέρ* der in einem Particip enthaltenen Aussage, wo diese gegenüber einer widersprechenden Wahrheit, welche dieselbe aufzuheben scheint, bestätigt, als dennoch wahr und statthabend bezeichnet werden soll. Es wird also *πέρ* dem Particip beigegeben, wo dasselbe in adversativem (mit: obgleich, so sehr auch und dergl. auszudrückenden) Verhältniss zu dem Hauptsatz steht, damit die in dem Particip enthaltene Aussage nicht aufgehoben erscheine, sondern ausdrücklich bestätigt werde. Beispiele sind zahlreich.

Il. I, 241 f.: — — — τότε δ' οὔ τι δυνήσεαι ἀχνύμενός περ
χραισμεῖν. Dann wirst du, so sehr du dich grämst, nicht helfen können. So auch 588. 586: ἀνάσχεο κηδομένη περ.

VI, 84 f.: ἡμεῖς μὲν Δαναοῖσι μαχησόμεσθ' αὖθι μένοντες
καὶ μάλα τειρόμενοί περ so sehr wir auch bedrängt werden.

360: μή με κάθιζ' Ἑλένη, φιλέουσά περ, obgleich du mich liebst (wie sehr du mich lieben magst). VII, 110. XI, 554. XXIV, 523.

Od. I, 6: ἀλλ' οὐδ' ὣς ἑτάρους ἐρρύσατο ἱέμενός περ so sehr er auch darnach strebte. 236: ἐπεὶ οὔ κε θανόντι περ ὧδ' ἀκαχοίμην selbst wenn er gestorben wäre.

288: ἤ τ' ἂν τρυχόμενός περ ἔτι τλαίης ἐνιαυτόν. 309. 315. II, 219. IV, 104. X, 174. XVII, 147. XXI, 250.

Die Partikel *πέρ* ist eben so häufig nicht dem Particip, sondern andern Wörtern angehängt, die hervorgehoben werden sollen; und es findet diess namentlich (doch nicht allein) statt vor dem inhaltlosen Particip ἐών.

Il. I, 131 und 275: ἀγαθός περ ἐών obgleich du so tüchtig bist. I, 217: καὶ μάλα περ θυμῷ κεχολωμένον. 546: χαλεποί τοι ἔσοντ' ἀλόχῳ περ ἐούσῃ. 587: φίλην περ ἐοῦσαν. II, 246: λιγύς περ ἐὼν ἀγορητής. III, 159: τοίη περ ἐοῦσ'. XI, 418, 721. — *Od.* II, 200: μάλα περ πολύμυθον ἐόντα. 249: μάλα περ χατέουσα.

III, 97: ὢν ὄφελον τριτάτην περ ἔχων ἐν δώμασι μοῖραν
ναίειν — o dass ich, wenn auch nur den dritten Theil besitzend, ruhig wohnte.

IX, 57. X, 441. XI, 88: πυκινόν περ ἀχεύων. 350: μάλα περ νόστοιο χατίζων. XIII, 280. 294: οὐδ' ἐν σῇ περ ἐὼν γαίῃ. XIV, 464. XX, 131. 271. 274.

Noch bei *Aeschylos* wird πέρ in ähnlicher Construction, wie bei *Homer*, im Sinne von: wenn gleich, so sehr auch gebraucht.
VII. c. Th. 1037 f.: τάφον γὰρ αὐτὴ καὶ κατασκαφὰς ἐγώ,
  γυνή περ οὖσα, τῷδε μηχανήσομαι.
Ag. 140: τόσσον περ εὔφρων.
1084: μένει τὸ θεῖον δουλία περ ἐν φρενί.
1570 f.: τάδε μὲν στέργειν δύστλητά περ ὄντα. Suppl. 54: ἄελπτά περ ὄντα.

Die Bedeutung der Partikel konnte verstärkt werden durch Hinzutritt von ἔμπης, ὅμως, καί.
Durch ἔμπης, ἔμπας: *Il.* IX, 518: χατέουσί περ ἔμπης. XV, 399: χατέοντί περ ἔμπης. *Od.* XV, 361: χατέουσά περ ἔμπης.
Il. XIV, 1: Νέστορα δ' οὐκ ἔλαθεν ἰαχὴ πίνοντά περ ἔμπης. 98: ἐπικρατέουσί περ ἔμπης. *Od.* XVIII, 165: ἀπεχθομένοισί περ ἔμπης. XIX, 356: ὀλιγηπελέουσά περ ἔμπης. *Pind.* Pyth. IV, 423: ἴϋξεν δ' ἀφωνήτῳ περ ἔμπας ἄχει.
Durch ὅμως und καί:
Eur. Or. 673: κἀγώ σ' ἱκνοῦμαι, καὶ γυνή περ οὖσ' ὅμως.

Am häufigsten wird περ durch ein hinzutretendes καί = auch sogar verstärkt, in welchem Fall bei *Homer* und noch bei *Aeschylos* καί vor und πέρ nach dem betonten Worte steht.
Il. I, 577: μητρὶ δ' ἐγὼ παράφημι, καὶ αὐτῇ περ νοεούσῃ.
V, 135: καὶ πρίν περ μεμαὼς Τρώεσσι μάχεσθαι. XVII, 104: καὶ πρὸς δαίμονά περ selbst allerdings gegen eine Gottheit.
Od. XVII, 554 f.: — — — μεταλλῆσαί τί ἑ θυμὸς
  ἀμφὶ πόσει κέλεται καὶ κήδεά περ πεπαθυίῃ
zumal da sie so viel gelitten hat.

Namentlich im Sinne von obgleich, wenn auch steht καί — πέρ:
Il. VIII, 125 und 317: τὸν μὲν ἔπειτ' εἴασε καὶ ἀχνύμενός περ ἑταίρον. IX, 247: καὶ ὀψέ περ wenn auch spät. 627: καὶ οὐκ ἀγαθόν περ ἐόντα. X, 70: καὶ αὐτοί περ πονεώμεθα.
XII, 410: ἀργαλέον δέ μοί ἐστι καὶ ἰφθίμῳ περ ἐόντι.
XV, 30. 195. XVI, 550. 617. XXIV, 423. 570. 609.
Od. IV, 733. V, 73. X, 441. XIV, 155: καὶ μάλα περ κεχρημένος. XVIII, 385. XIX, 511. XX, 271. XXI, 370. XXIV, 499.

So erscheint auch bei *Aeschylos* καὶ — πέρ getrennt.
Ag. 1203: μῶν καὶ θεός περ ἱμέρῳ πεπληγμένος;
Ausnahmsweise stehen καὶ πέρ bei *Homer* beisammen: *Od.* VII, 224: καί περ πολλὰ παθόντα obgleich ich vieles erduldet habe = obwohl nach vielen Leiden.

Im Attischen ward, da πέρ an Kraft verloren hatte, das verstärkte καίπερ mit Particip in demselben Sinne üblich, in welchem *Homer* das einfache πέρ mit Particip gebraucht hatte, um den

Concessivsatz einer adversativen Periode zu bilden. Schon bei
Aeschylos erscheint καίπερ gewöhnlich zu einem Worte verbunden. Prom. 167: ἐμοῦ καίπερ κρατεραῖς ἐν γυιοπέδαις αἰκιζομένου
χρείαν ἕξει μακάρων πρύτανις.
307 f.: — — — — παραινέσαι γέ σοι
    θέλω τὰ λῶστα, καίπερ ὄντι ποικίλω. — 372.
907 f.: ἦ μὴν ἔτι Ζεύς, καίπερ αὐθάδη φρονῶν,
   ἔσται ταπεινός.
VII. c. Th. 712: πειθοῦ γυναιξὶ καίπερ οὐ στέργων ὅμως. Eum.
395: καίπερ ὑπὸ χθόνα τάξιν ἔχουσα. — Von da findet es sich
äusserst häufig. *Soph.* Phil. 377: καίπερ οὐ δύσοργος ὤν.. Aj. 122:
καίπερ ὄντα δυσμενῆ. *Eur.* Iph. T. 1312: καίπερ οὐκ ἐωμένοις.
1415: καίπερ οὐ παρών. El. 1030: καίπερ ἠδικημένη. *Herod.* I,
45, 2. I, 86, 3. *Thuc.* I, 140, 1. V, 46, 1. *Pl.* Ap. 18 B.
Prot. 318 B. *Xen.* Cyr. IV, 5, 32. V, 1, 4.

  Dem καίπερ correspondirt das negative οὐδέπερ und μηδέ περ:
Aesch. Choeph. 504: οὕτω γὰρ οὐ τέθνηκας οὐδέπερ θανών.
Suppl. 398 f.: οὐκ ἄνευ δήμου τάδε πράξαιμ᾽ ἄν, οὐδέπερ κρατῶν.
Eur. Phoen. 1625 f.: — — — — τὸ γὰρ ἐμόν ποτ᾽ εὐγενὲς
    οὐκ ἂν προδοίην οὐδέπερ πράσσων κακῶς.
Arist. Ach. 221 ff.: — διωκτέος δέ· μὴ γὰρ ἐγχάνῃ ποτὲ
   μηδέπερ γέροντας ὄντας ἐκφυγὼν Ἀχαρνέας.

  3. Den Bedingungspartikeln gibt das angehängte πέρ
mehr oder weniger Nachdruck: wenn allerdings, wenn anders,
wenn sogar, und schwächer: wofern nämlich und dergl. Die
Betonung der Bedingungspartikel kann nicht nur einen
Zweifel ob, sondern auch die Voraussetzung, dass etwas
stattfindet, in sich schliessen.

  Il. I, 81: εἴπερ γάρ τε χόλον γε καὶ αὐτῆμαρ καταπέψῃ,
denn wofern er anders für den Augenblick seinen Groll unterdrückt. Ohne besonderen Nachdruck steht es I, 580 und II, 123.

  III, 25 f.: — — — μάλα γάρ τε κατεσθίει, εἴπερ ἂν αὐτὸν
   σεύωνται ταχέες τε κύνες θαλεροί τ᾽ αἰζηοί.
Der Löwe frisst das Wild auf, wenn selbst Hunde und Jäger ihn
verfolgen. VII, 117: εἴπερ ἀδεής τ᾽ ἐστί wenn er sogar keine
Furcht kennt.

  Od. I, 166 f.: — — — — — οὐδέ τις ἡμῖν
   θαλπωρή, εἴπερ τις ἐπιχθονίων ἀνθρώπων
   φῆσιν ἐλεύσεσθαι. — 188: εἴπερ τε γέροντ᾽ εἴρηαι
wofern du nämlich fragst. *Od.* II, 246: wenn sogar. IX, 35: wenn
nämlich. XX, 42: εἴπερ γὰρ κτείναιμι wenn ich anders (nämlich)
tödten wollte. 49: εἴπερ πεντήκοντα λόχοι — τῶϊ περισταῖεν wenn
selbst u. s. w.

Aesch. Prom. 607: δείξον, είπερ οίσθα wenn du anders es weisst.
Choeph. 522: θέλοιτι δ', είπερ οίσθ', έμοι φράσον τάδε.
Ag. 29: είπερ Ίλίου πόλις εάλωκεν in Causalbedeutung übergehend: da ja. 934: είπερ τις wenn überhaupt jemand, wenn je einer (so habe ich etc.). Soph. El. 312: μή δόκει μ' ἂν, είπερ ήν πάλας, θυραίον οιχνείν. 315 beide Male ohne besonderen Nachdruck. 604: είπερ έσθενον wofern ich anders (wenn ich nur) die Kraft dazu gehabt hätte. 1117 und 1119 ohne merklichen Nachdruck. Phil. 21: είπερ έστι σών wenn die Quelle anders noch erhalten ist. — Eur. Or. 1213: είπερ εύτυχήσομεν wenn es anders uns gelingen wird. 1242. Phoen. 525 f.: είπερ γάρ άδικείν χρή, τυραννίδος πέρι κάλλιστον άδικείν. 726.
Είπερ σφαλείς γε δεύρο σωθήση πάλιν
unter der Bedingung, dass etc. — Iph. A. 888:
είπερ άλγεινόν τό τέκνων στερομένην δακρυρροείν.
946. 1553. El. 407: είπερ είσίν, ώς δοκούσιν, εύγενείς. 556: είπερ έστ' έτι. — Arist. Ach. 307: είπερ έσπείσω γ' άπαξ wenn allerdings (übergehend in) = da ja.
405: υπάκουσον, είπερ πώποτ' άνθρώπων τινί.
Herod. I, 68, 2: είπερ είδες, τόπερ έγώ wenn du nämlich gesehen hättest, was ich gesehen habe. Thuc. I, 69, 2: είπερ καί τήν άξίωσιν τής άρετής ώς έλευθερών τήν Έλλάδα φέρεται, zumal wenn. I, 77, 4: είπερ — υπεδείξατε wofern nämlich. Pl. Ephr. 7 D: Τί δέ; οί θεοί — ούκ είπερ τι διαφέρονται, δι' αυτά ταύτα διαφέροιτ' άν; wofern sie anders (wenn sie je, überhaupt) in Streit geraten. 15 D: οίσθα γάρ είπερ τις άλλος wenn es überhaupt jemand weiss. Ap. 21 C.: ώς ένταύθα, είπερ που, έλέγξων. 27 D. Prot. 319 A: Ἡ καλόν — τέχνημα άρα κέκτησαι, είπερ κέκτησαι. 24 E. Xen. M. III, 6, 3: είπερ τιμάσθαι βούλει wofern du anders geehrt werden willst. So auch Cyr. II, 2, 23. V, 3, 11. Isocr. Pgr. 14. 170: έχρήν γάρ αύτούς, είπερ ήσαν άξιοι τής παρούσης δόξης. Dem. Ol. I, 2. 6. II, 13.

Da πέρ in der Verbindung mit εί vielfach abgeschwächt erschien, so ward, um die Bedingung hervorzuheben, zuweilen noch γέ hinzugefügt, z. B.:
Soph. El. 1215 f.: Ορ. — — — τούτο δ' ούχί σόν.
Ήλ. Είπερ γ' Ορέστου σώμα βαστάζω τόδε.
Doch (geht es mich an), wenn anders ich hier Orestes trage.
Eur. Iph. T. 1174: Είπερ γε κηλίς έβαλέ νιν μητροκτόνος.
Da ja. Phoen. 1654. Pl. Prot. 312 A: Νή τόν Δία, ώ Σώκρατες, είπερ γε, ά διανοούμαι, χρή λέγειν. Ja, bei Zeus (ich schäme mich), wenn ich anders sagen soll, was ich denke. p. 330 B. 333 B.: πώς γάρ άν συνάδοιεν, είπερ γε άνάγκη έπί μέν έν μόνον έναντίον είναι. Dass mit είπερ γε das Angegebene keineswegs überhaupt bezweifelt werden soll, sondern dass der darin enthaltene Gedanke vielmehr

als wahr vorausgesetzt wird, zeigt nicht nur *Eur.* Iph. T. 1174, sondern auch *Pl.* Ap. 41 C: καὶ ἤδη τὸν λοιπὸν χρόνον ἀθάνατοί εἰσιν, εἴπερ γε τὰ λεγόμενα ἀληθῆ ἐστιν. Ferner *Xen.* Anab. I, 7, 9. Mem. I, 4, 4. Symp. V, 6: εἴπερ γε τοῦ ὀσφραίνεσθαι ἕνεκεν ἐποίησαν ἡμῖν ῥῖνας οἱ θεοί.

Die gleiche Wirkung übt πέρ, wenn es zu εἴ κεν, ἐάν, ἤν hinzugefügt wird.

Il. VII, 386 ff.: ἠνώγει Πρίαμός τε καὶ ἄλλοι Τρῶες ἀγανοὶ
εἰπεῖν, αἴ κέ περ ὔμμι φίλον καὶ ἡδὺ γένοιτο,
μῦθον Ἀλεξάνδροιο, τοῦ εἴνεκα νεῖκος ὄρωρεν.
wofern es nämlich euch lieb ist.

Aesch. Pers. 529: καὶ παῖδ᾽, ἐάνπερ δεῦρ᾽ ἐμοῦ πρόσθεν μόλῃ
παρηγορεῖτε. — *Soph.* El. 593: ἐάνπερ καὶ λέγῃς. *Eur.* Med. 722: ἐάνπερ εἰς ἐμοὺς ἔλθῃς δόμους. Phoen. 776: ἤνπερ κρατήσῃ τἀμά. Iph. T. 985 f.: ἤξω δέ γ᾽, ἤνπερ καὐτὸς ἐντανθοῖ πέσω. *Pl.* Ephr. 4 C: ἐάνπερ ὁ κτείνας συνέστιός σοι καὶ ὁμοτράπεζος ᾖ, selbst in dem Falle, wenn u. s. w. 6 C: ἐάνπερ βούλῃ wenn du anders es willst. 9 B—C: ἐάνπερ ἀκούωσί γέ μου λέγοντος. — Ἀλλ᾽ ἀκούσονται, ἐάνπερ εὖ δοκῇς λέγειν. Ap. 25 B. 28 A. Prot. 329 E.

4. Auch an Zeitpartikeln wird πέρ angehängt, um auf eine bekannte Sache hinzuweisen.

Il. V, 802: καί ῥ᾽ ὅτε πέρ μιν ἐγὼ πολεμίζειν οὐκ εἴασκον, auch damals, als ich nämlich etc. auf eine bekannte Begebenheit verweisend. *Thuc.* I, 8, 2: ὅτε περ als nämlich. *Soph.* El. 386: ὅταν περ wann nämlich.

Ἐπεί περ *Aesch.* Ag. 854:
νίκη δ᾽ ἐπεί περ ἔσπετ᾽ ἐμπέδως μένοι·
Soph. Ph. 545. — Ἕως περ *Pl.* Ap. 29 D.

Namentlich wo die Zeitpartikeln causale Bedeutung annehmen, wird ihnen öfter das auf eine bekannte und unbestrittene Thatsache hinweisende πέρ beigefügt. Ἐπεί περ *Aesch.* Ag. 822. *Soph.* El. 800. *Eur.* Iph. T. 583 f.: οὗτος δ᾽, ἐπεί περ πόλις ἀναγκάζει τάδε,
θεᾷ γενέσθω θῦμα χωρισθεὶς σέθεν.
Phoen. 736: Μὴ δῆτα· βουλεύον δ᾽ ἐπεί περ εἶ σοφός, da du ja so weise bist. *Pl.* Ephr. 13 E: δῆλον γάρ, ὅτι σὺ οἶσθα, ἐπειδή περ τά γε θεῖα κάλλιστα φῂς εἰδέναι ἀνθρώπων. Ap. 27 D: ἐπειδή πέρ γε δαίμονας ἡγοῦμαι. *Xen.* Cyr. I, 5, 11.

5. Ebensowohl am häufigsten als verhältnissmässig am schwächsten erscheint das an adjectivische oder adverbiale Relative angehängte πέρ, durch welches das Relativum verallgemeinert, meist aber auf etwas Sicheres, Bekanntes hingewiesen wird. Schon bei *Homer* ist dieser abgeschwächte Gebrauch der Partikel üblich,

wenn auch in manchen Stellen πέρ noch seine ursprüngliche, die Aussage auch gegenüber einer andern bekräftigende Bedeutung behält. Es erweist sich aber πέρ dadurch als dem ganzen Satze (nicht speziell dem Relativ) angehörig, weil es auch eine andre Stellung, als unmittelbar hinter dem Relativ einnehmen kann. So würde *Il.* I, 211 und *Od.* XXI, 212: ὅς ἔσεταί περ attisch gelautet haben: ὥσπερ ἔσται II, 258 ὥς τύ περ ὦδε.

Il. II, 286: οὐδέ τοι ἐκτελέουσιν ὑπόσχεσιν, ἥνπερ ὑπέσταν ἐνθάδ᾽ ἔτι στείχοντες.
Das Versprechen, das sie doch, als sie aus Argos hieher zogen, geleistet hatten. 293: ὅνπερ welchen nämlich. 318: ὅσπερ ἔφηνεν der die Schlange ja hatte erscheinen lassen. VI, 100: ὅνπερ φασὶ θεᾶς ἐξ ἔμμεναι, den man doch den Sohn einer Göttin nennt. 146: οἵηπερ φύλλων γενεή, τοίη δὲ καὶ ἀνδρῶν.
292: τὴν ὁδόν, ἣν Ἑλένην περ ἀνήγαγεν εὐπατέρειαν.
379 und 384: ἔνθαπερ. 398: τοῦπερ δὴ θυγάτηρ dessen Tochter bekanntlich.
VII, 114: ὅ περ σέο πολλὸν ἀμείνων der doch viel tüchtiger ist als du.
286: ἀρχέτω· αὐτὰρ ἐγὼ μάλα πείσομαι, ᾗπερ ἂν οὗτος (sc. ἄρχῃ) wie immer er (anfängt) vorangeht. Aus der Odyssee vergleiche man: Ἔνθα περ I, 128. 210. IX, 543. X, 285. XIII, 284. Ferner: II, 156: ὥρμηναν δ᾽ ἀνὰ θυμόν, ἅπερ τελέεσθαι ἔμελλον.
was sie denn (allerdings) auch ausführen sollten. II, 305: ὡς τὸ πάρος περ. II, 332 f.: τίς δ᾽ οἶδ᾽ εἴ κε καὶ αὐτὸς ἰὼν κοίλης ἐπὶ νηὸς τῆλε φίλων ἀπόληται ἀλώμενος ὥσπερ Ὀδυσσεύς;
Von Odysseus wird diess als bekannte, unbestreitbare Thatsache vorausgesetzt. III, 103. 279. 376: ἥ τις σύ πέρ ἐσσι θεάων welche Göttin du immerhin sein magst.
XIII, 248 f.: τῷ τοι, ξεῖν᾽, Ἰθάκης γε καὶ ἐς Τροίην ὄνομ᾽ ἵκει, τῆνπερ τηλοῦ φασὶν Ἀχαιΐδος ἔμμεναι αἴης.
Das doch, wie man sagt, fern von Achaja ist XIV, 415. XXI, 134. 243.

Aesch. Pers. 423: ὅσαιπερ ἦσαν soviel ihrer immer (nämlich) waren. 441: Περσῶν ὅσοιπερ ἦσαν ἀκμαῖοι φύσιν soviel ihrer immer waren. 610.
Ag. 1046: ἔχεις παρ᾽ ἡμῶν οἷάπερ νομίζεται.
Soph. El. 75. 404. 763. 946: ὅσονπερ soviel immer. 1375: ὅσοιπερ alle nämlich, welche. 1495: Ὥσπερ El. 277. 533. 656. Ἔνθα περ El. 1495. — *Eur.* Or. 347 und 638: ἅπερ. 912 und 1167: οἷπερ. Iph. T. 600: ὅσπερ. 736: ἐν οἷσπερ. 1057: ᾗπερ. Iph. A. 1204: οὕνπερ. 1219: ὅπερ. *Arist.* Eq. 213: ταῦτ᾽ ἅπερ ποιεῖς, ποίει thue, was du ja auch (was du nämlich) thust. *Herod.* I, 30, 6: ἔθαψαν αὐτοῦ, τῇπερ ἔπεσε. I, 14, 3: ἔνθαπερ. *Thuc.* I, 3, 3: οἵπερ καὶ πρῶτοι Ἕλληνες ἦσαν die allerdings auch die ersten Hel-

lenen waren. I, 14, 3. I, 140, 2. — *Pl.* Ap. 17 C. 18 A. 20 A. D. 26 D. 27 A. 29 D. 35 A. 36 A. B. 37 C. 40 A. 41 E. Euthyphro 3 D: ἐγὼ δὲ φοβοῦμαι, μὴ ὑπὸ φιλανθρωπίας δοκῶ αὐτοῖς ὅ τι περ ἔχω ἐκκεχυμένως παντὶ ἀνδρὶ λέγειν was ich immer habe (was ich nämlich habe). p. 5 D: ἢ οὐ ταὐτόν ἐστιν ἐν πάσῃ πράξει τὸ ὅσιον αὐτὸ αὑτῷ, καὶ τὸ ἀνόσιον αὖ τοῦ μὲν ὁσίου παντὸς ἐναντίον, αὐτὸ δὲ αὑτῷ ὅμοιον καὶ ἔχον μίαν τινὰ ἰδέαν κατὰ τὴν ἀνοσιότητα πᾶν, ὅ τι περ ἂν μέλλῃ ἀνόσιον εἶναι; Hier ist ὅ τι περ: (was nämlich) = vorausgesetzt nämlich, dass es ἀνόσιον ist s. v. a. εἴπερ μέλλῃ ἀνόσιον εἶναι. So steht auch 4 D: ὅπερ οὖν καὶ ἔπαθεν = was denn auch der Fall war, πέρ in sehr schwacher, kaum fühlbarer Bedeutung. Man vgl. noch ebd. 6 C. 7 E. 12 C: ἵνα περ schwach: wo immer, wo nämlich, wo anders, wie vorher ἵνα γε δέος 13 A. D. — *Xen.* M. I, 1, 11. 17. I, 2, 8. 16. 47. II, 1, 21. Cyr. I, 5, 8. I, 5, 13. *Isocr.* Pgr. 21. 25. 28. 38. 66. 71. 81. 106. 164. *Dem.* Ol. I, 8. 11. — Wie man in diesen Stellen, wenn auch zuweilen πέρ noch mit stärkerer Bedeutung steht, doch eine fortschreitende Abschwächung der Partikel in ihrer Verbindung mit dem Relativum beobachten wird, so dürfte diess ganz besonders durch die vielen Beispiele von ὥσπερ seine Bestätigung finden, da dieses, wenn es auch nie zu der Bedeutung eines einfachen ὡς herabsinkt, doch insgemein einem schwachen: wie bekanntlich, wie nämlich gleichkommt. Man vgl. *Thuc.* I, 6, 1: πᾶσα γὰρ ἡ Ἑλλὰς ἐσιδηροφόρει διὰ τὰς ἀφράκτους τε οἰκήσεις καὶ οὐκ ἀσφαλεῖς παρ' ἀλλήλους ἐφόδους καὶ ξυνήθη τὴν δίαιταν μεθ' ὅπλων ἐποιήσαντο, ὥσπερ οἱ βάρβαροι wie bekanntlich (wie nämlich) die Barbaren I, 76, 1. *Pl.* Ap. 17 B: οὗτοι μὲν οὖν, ὥσπερ ἐγὼ λέγω, ἢ τὶ ἢ οὐδὲν ἀληθὲς εἰρήκασιν einfache Zurückweisung auf das eben Gesagte. Ebd. C. D. 18 D. 22 A. E. Ephr. 2 A. C. D. 3 D. *Xen.* M. 1, 1, 4. 15. I, 2, 16. 19. 24. 29. 46. Cyr. I, 3, 11. 14. *Isocr.* Pgr. 11: ὥσπερ ὁμοίως δέον ἀμφοτέρους ἔχειν gerade wie wenn sich beide gleich verhalten müssten. 22: ἀξιοῦσι δὲ τὴν ἡγεμονίαν ἔχειν ὥσπερ ἄλλο τι γέρας, auch hier πέρ in ganz abgeschwächter Bedeutung. §. 32. 53. 121. 170. 179. *Dem.* Ol. I, 15: δέδοικα μὴ τὸν αὐτὸν τρόπον, ὥσπερ οἱ δανειζόμενοι ῥᾳδίως ἐπὶ τοῖς μεγάλοις τόκοις μικρὸν εὐπορήσαντες χρόνον ὕστερον καὶ τῶν ἀρχαίων ἀπέστησαν Hinweisung auf eine bekannte Erfahrung. Mit ganz schwacher Bedeutung steht ὥσπερ auch Ol. II, 8: ὥσπερ οὖν διὰ τούτων ἤρθη μέγας κ. τ. λ.

T έ.

Je grössere Schwierigkeit der Versuch darbietet, den herrschenden Gebrauch dieser Partikel, wie er von *Homer* an üblich ist, mit dem speziellen Gebrauche der Epiker zu vereinigen, und aus einer Grundbedeutung alle Arten des Gebrauchs auf eine völlig befriedigende Weise abzuleiten, um so mehr fühlt man sich darauf hingeführt, die verschiedenen Versuche, die zu diesem Behuf gemacht worden sind, einer sorgfältigen Prüfung zu unterwerfen, und um ein unbefangenes Urtheil möglich zu machen, wenigstens ihre Resultate in kurzer Uebersicht darzulegen.

Wir beginnen mit *G. Hermann*, dem Philologen, der für die neuere Zeit Führer zu einer rationellen Behandlung der griechischen Grammatik geworden ist. In den Anmerkungen zu *Elmsley's* Medea Lips. 1822 p. 331 und 334 erklärt *Hermann:* „*Kai* particula est conjunctiva; *τὲ* adjunctiva," „notum esse putamus — particulam *τὲ* usurpari, ubi quid adnectitur, quod ad rem, de qua sermo est, non pertinet neque cum ea cohaeret." Wir werden die Behauptung gerade umkehren müssen. Auch die späteren Modificationen sind unhaltbar. In den Anmerkungen zur 4. Ausgabe *Vigers* äussert *Hermann* S. 833: „Multum differunt *καὶ* et *τὲ*, quarum particularum prior proprie est et, altera autem que, quae proprie non copulat, sed rem reddit incertam, ut fere nostro etwa respondeat. Hinc ὅστε, οἷός τε, ὥστε, ἔνθα τε et quae reliqua sunt hujus modi, explicari debent. Itaque *τὲ* etiam alio modo, quam *καὶ* copulat. Nam quum integra orationis membra per *τὲ* adnectuntur, ita hoc fieri solet, ut eo modo addantur, quae tamquam non necessaria praecedentibus accedunt." — „Latine ferme dicas, referens ad id, quod solet fieri. Ideo singula facta incerta." In ähnlicher Weise spricht er sich in den libri IV. de particula *ἄν* p. 10 und 11 aus: „fortuitis et probabilibus (destinatae sunt) particulae *ἄν* sive *κέν* et *τέ*." — „Probabilia denique per particulam *τὲ* exprimuntur, quae Germanice plerumque per ja encliticam exprimi potest, Latina in lingua fere vel nimirum non prorsus alienae sunt, sed aliquanto tamen fortiores. Dass keine dieser Modificationen dem gewöhnlichen oder auch dem epischen Gebrauch der Partikel entspricht, wird sich in den folgenden Erörterungen ergeben.

Näher trifft das Wesen der Partikel die Auffassung von *Hand* in den beiden Dissertationen de particula TE. Lips. 1823 und 1824. Sie ist p. 7 der früheren Dissertation mit den Worten ausgesprochen: „*καί* copulandi vim habet simplicem" — „In vocabulo *τέ* autem non primitiva inest significatio copulandi sed vis aequandi sive comparandi, qua duas res aequali ratione inter se cohaerere indicantur. Eo enim duae notiones aut duae enuntiationes ita conjunguntur, ut res altera sive temporis, sive caussae, sive alius generis aequalitate cum altera re componatur et in utriusque partis nexu appareat comparationis vinculum. Quare ea" fügt er gegen *Hermann* hinzu „quae hoc modo, quem relativum nominaverim, nectuntur, non fortuita esse possunt, sed habent certam necessitudinem." Das

Wesentliche jedoch, was in diesen Bestimmungen dem wirklichen Gebrauch der Partikel entspricht, die innere Verwandtschaft (oder Zusammengehörigkeit) ist mit der vis aequandi s. comparandi nicht ausgesprochen, noch gegeben. Wenn zum Beweise zunächst p. 10 auf den Wechsel von τέ und ἤ hingewiesen wird, so kann hierin ebensowenig ein Beweis gefunden werden, als in dem Wechsel von μέν—τέ oder τέ—δέ und dergl. (d. i. in einem Wechsel oder einer Verbindung zweier an sich möglicher Verknüpfungsweisen) ein Beweis für die Verwandtschaft von μέν oder δέ mit τέ liegt. Ebensowenig kann für den angenommenen Grundbegriff der Gleichsetzung (zweite Diss. p. 4) die Anhängung der Partikel an ὡς, οὕτως, zeugen, da diese auf andre Weise ihre Erklärung findet, und die Partikel τέ auch an andre Wörter angehängt wird, denen der Begriff der Vergleichung fern liegt. Es ist indessen nicht möglich, in eine spezielle Prüfung der verschiedenen Ansichten hier einzugehen, wir müssen uns auf eine kurze Uebersicht beschränken, und eine indirecte Widerlegung durch eine selbständig durchgeführte Ansicht, ausserdem durch Bemerkungen zu den einzelnen Belegstellen zu geben suchen. *Fr. Thiersch* erklärt in der dritten Auflage seiner Griechischen Grammatik (1826) §. 312. 4. und in der vierten (1855) §. 227. 1. τέ als Ausdruck einfacher Anreihung, wobei er τέ als „zum Stamme τε, aus τείνω, τεταώς" gehörig betrachtet „mit dem Begriffe des Spannens, des Anschlusses" (in der dritten Auflage: „sein ursprünglicher Begriff ist also der der Spanne, der Klammer, die eingesetzt wird, also der Verbindung"). Diese verknüpfende Kraft liege auch zu Grunde, wo τέ an Relativa, an ὅτε, ἵνα, εἰ, ἐπεί, an τίς, αὖ, γάρ, ἤ angehängt werde.

Hatte schon *Hand* in seiner zweiten Dissertation p. 4 in τέ eine „vis quaedam demonstrativa" anerkannt, so ist von *Hartung* Partikellehre I, S. 58 ff. namentlich S. 64 die Ableitung aus dem demonstrativen Stamm weiter ausgeführt, und τέ „für einen Casus des Demonstrativums τό" erklärt aber unentschieden gelassen worden, ob die Partikel „aus τεῖ oder τῇ abgekürzt ist." S. 65. „Τό scheint einem geschwächten enklitischen σο gleichgeachtet werden zu müssen." Weiterhin S. 67 äussert sich *Hartung* offenbar unter dem Einfluss von *Hands* Ansicht: „Als das allgemeinste Zeichen des Gleichmaasses und Einklangs der Glieder (so — wie) pflegt τέ fast alle sätzevermittelnden Partikeln in der präparativen sowohl als in der responsiven Function zu begleiten, und dieselben, die sämmtlich ursprüngliche Adverbia sind, in ihrem Amte als Conjunctionen zu unterstützen. So sind z. B. μέν zwar und δέ andrerseits zwar freilich schon durch ihre Bedeutung zum Wechselbezuge unter sich geschickt und befähigt; aber die Begleitung des τέ dient nicht blos dazu, die Zusammenwirkung der Glieder als ein äusseres Zeichen desto deutlicher zu beurkunden, sondern auch auf die innere Harmonie des Inhaltes, auf das gegenseitige Entsprechen und das Gleichmaass der Erscheinungen hinzudeuten." „Die andere Seite des Gebrauchs befasst die gewöhnlichen Erscheinungen und das Amt der Copulation, welches davon ausgeht, dass τέ, wie jedes andre Correlativum, allein für sich stehend, durch zweimaligen Gebrauch, den Einklang der zur Verbindung strebenden Glieder ausdrückt, und somit ihre Verbindung bezeichnet: wobei es denn auch geschieht, dass der Exponent im demonstrativen Gliede wegbleibt, indem die Conjunction des relativen Gliedes auf jenes zurückwirkt."

Von einer wesentlich verschiedenen Ansicht geht *Klotz* aus p. 739 seines Werkes über die griechischen Partikeln: „τè particula — jure multis ex τοì particula enata esse visa est. Ac prima quidem vis ejus particulae, ut fere idem, quod τοì particula, quanquam paullo lenius, exprimat, ab Atticis scriptoribus non est retenta nisi in quibusdam formulis, uti in ὅστε unde ἐφ' ᾧτε, et ἄτε mansit, οἷόστε, ὥστε. — Efficit autem τè particula in ejus modi locis nihil aliud nisi ut universa magis relativa vis, quae est in pronomine, esse videatur, ut cum ὡς sit ut, ὥστε proprie sit ut quodam modo. Quod tamen non ita dictum existumari volo, quasi ego putem tam gravem esse vim particulae τέ, quam Latinae vocis quodam modo: — sed si retineas e Latina voce significationem vocis quodam modo, infringas autem ejus vim ac penitus adsumas ad ipsam vim pronominis ὅς, fere nactus eris id, quod valet in his locis Graeca vox τέ, ut G. Hermannum non vituperandum, sed laudandum existumem, qui Latinam particulam fere assimulavit, quamquam ea ipsa gravior etiam est quam Graeca vox. Huic primae potestati τè particulae proxuma ea accedit, qua per eam particulam aliquid priore loco inducitur, cui deinceps aliud per aliam particulam aut repetitam τè particulam adjungatur."

Die folgende ins Einzelne gehende Erörterung wird genügende Momente zur Beurtheilung, d. i. Zurückweisung einer Ansicht darbieten, die den ganzen Gebrauch der Partikel aus einem abgeschwächten τοί abzuleiten unternimmt; nur das dürfte allerdings zu erwägen bleiben, ob nicht einzelne Gebrauchsweisen eine natürlichere Erklärung in τοί finden.

Eine ausführlichere Untersuchung „über den Gebrauch der Partikel τέ bei Homer" haben wir in dem Glogauer Programm des Jahrs 1847 von Dir. *Wentzel* erhalten. Auch nach *Wentzel* hat die Partikel „ursprünglich eine hinzeigende (d. i. demonstrative) Bedeutung, und kann grösstentheils mit unserem hinweisenden „da" verglichen werden." — „Einzelnen Wörtern gibt τέ — demonstrative Bedeutung, z. B. οἷός τ' εἰμι, ich bin ein solcher, dass ich u. s. w. — ferner das folgende ὥστε und ἐφ' ᾧτε unter der

Bedingung u. s. w." Demnach ist „ὅτε ursprünglich: zu welcher Zeit da, d. i. wann da", τότε „zu der Zeit da, d. i. dann da", πότε „zu welcher Zeit da?" ἄλλοτε „ein andermal da". „Homer setzte daher zu ὅτε und ἄλλοτε nicht selten ein zweites τέ, wenn die Natur des auszudrückenden Gedankens noch eine besondre Hinzeigung nöthig machte oder zuliess." So wird denn überall in τέ eine hinzeigende Kraft (= da) angenommen, dieser aber ein so ausgedehntes Gebiet angewiesen, dass sich kaum Sätze denken lassen, in welchen nicht aus dem einen oder andern Grunde eine Hinweisung anwendbar scheint. „Sie zeigt entweder auf ein einzelnes, besonderes Ereigniss hin, welches allgemein oder wenigstens dem Redenden und Angeredeten bekannt ist, oder welches der Sprechende eben wahrgenommen hat, oder auf eine allgemeine, durch die Erfahrung gewonnene und bestätigte Wahrheit, auf wiederholte oder allbekannte Erscheinungen in der Natur, in dem Leben der Menschen oder in der Thierwelt, oder auf allgemeine Beschaffenheiten, die einer ganzen Gattung von Wesen zukommen, oder auf besondere Eigenschaften und Eigenthümlichkeiten eines Individuums oder eines einzelnen Gegenstandes, aus welchen eben der Charakter und das Wesen des Individuums oder des Gegenstandes — wenigstens nach einer Seite hin — bestimmt und erkannt wird." Das wird denn in den Gattungen des Gebrauchs, die nun unterschieden werden, einfach in Anwendung gebracht; zuvor aber die Bemerkung vorangeschickt, dass auch „die sogenannte copulative Bedeutung des τέ — die richtiger eine partitive oder distributive zu nennen ist — ebenfalls aus der hinzeigenden entstanden ist." „Die mannigfaltigen Arten einer Gattung können neben einander gestellt werden, erstens ohne alle Verbindung — oder zweitens die einzelnen Arten werden zwar wieder aufgezählt, aber zugleich wird ihre äusserliche Getrenntheit bezeichnet. Wir sagen dann: die Winkel sind theils rechte, theils stumpfe, theils spitze u. s. w. Der Grieche setzt hier τε — τε — τε und hat ursprünglich so gedacht: die Winkel sind rechte da, stumpfe da, spitze da, und bezeichnet dadurch eben ihr Getrenntsein in ihrer äusseren Erscheinung. Obgleich nun zwar die Erscheinung der einzelnen Arten äusserlich getrennt ist — so haben sie doch ihren Einigungspunkt in einem Ganzen, welches der Gattungsbegriff ist, dessen Theilvorstellungen sie sind, und geistig verbunden machen sie eben das Ganze aus. Hier ist der Uebergangspunkt von der hinzeigenden und partitiven Bedeutung des τέ zu der copulativen zu suchen."

In dem grösseren *Rost*'schen Wörterbuch ist die Bedeutung der Partikel in einer Weise festgestellt, dass man die Elemente der *Hand*'schen und *Hartung*'schen Ansicht unschwer wieder erkennen wird. „Τέ entsprechend dem lateinischen que ist eine

Adverbialform des Pronomens τό, welches die demonstrative und die relative Bedeutung in sich vereinigt, und kann mit demselben Rechte als eine abgeschwächte Form von τῇ betrachtet werden, wie δέ aus δή und μέν aus μήν hervorgegangen ist. Als Grundbedeutung ist demnach anzunehmen wie, da in dem ganzen Gebrauche des Wortes die relative Natur sich unzweifelhaft zu erkennen gibt. Seine eigentliche Bestimmung ist demnach, einen Begriff einem vorhergegangenen vergleichsweise anzureihen, und mit demselben gemeinsam auf ein Prädicat zu beziehen, dann aber auch ein Satzglied als mit einem andern in Einklang stehend zu bezeichnen."

Beginnen wir nun unsre selbständige Untersuchung, so scheint es auch hier nicht dienlich, von etymologischen Wahrscheinlichkeiten auszugehen. So nahe die Vermuthung liegt, dass τέ zum Stamme des demonstrativen oder relativen Pronomens gehöre, so wenig ist doch damit gewonnen. Die Kluft ist viel zu gross, um von der demonstrativen Grundbedeutung aus zu dem Gebrauch zu gelangen, wie er von Homer an, und namentlich noch im Attischen, wenn auch allmählig auf engere Gränzen beschränkt, entschieden vorliegt. Andrerseits lassen sich bei einer so kurzen und flüchtigen Partikel noch mancherlei Möglichkeiten denken, wie sie entstanden, abgekürzt oder abgeschwächt worden ist. Auch den besonderen epischen und jonischen Gebrauch der Partikel zum Ausgangspunkt zu machen, scheint, da derselbe ein höheres Alter und grössere Ursprünglichkeit nicht anzusprechen hat, nicht nothwendig, und da er offenbar die meisten Schwierigkeiten darbietet, nicht rathsam.

Der sicherste Ausgangspunkt ist unstreitig derjenige Gebrauch, der sich von Homer an, wenn auch mit verschiedenen Modificationen und Beschränkungen durch die folgende griechische Literatur fortsetzt. Es besteht aber dieser darin, dass das einfache τέ innerlich und wesentlich Zusammengehöriges anknüpft, das wiederholte mehreres als zu einem Ganzen zusammengehörend wechselseitig verknüpft.

I. Das einmal gesetzte τέ knüpft an vorangehende Begriffe und Gedanken solche an, die mit jenem entweder natürlich und nothwendig verwandt, und seine natürliche Ergänzung sind, oder die doch unter dem vorliegenden Gesichtspunkt als zusammengehörig aufgefasst werden sollen. Wir unterscheiden hier zunächst 1) einzelne Begriffe und Satztheile.

Dieser Gebrauch, häufig bei Homer, ist wesentlich auf Dichter beschränkt.

Was die Stellung des τέ betrifft, so wird es dem Begriff angehängt, der mit dem vorhergenannten zusammengehörig gedacht werden soll. Ist dieser aus mehreren Theilen, wie Substantiv und Adjectiv, oder Particip mit Object, Artikel und Präposition, zusammengesetzt, so steht τέ nach gewöhnlicher Regel hinter dem ersten Theile des zusammengesetzten Begriffes. Man vergleiche *Il.* I, 4 f.: κύνεσσιν οἰωνοισί τε πᾶσιν (*Od.* III, 259: κύνες τε καὶ οἰωνοί). Hunde und Raubvögel gehören zusammen als Thiere, welche Leichen verzehren. Wenn anderwärts κύνες und γῦπες durch καί verbunden werden *Il.* XVIII, 271. XXII, 42 oder durch ἠδέ XXII, 335 so erklärt sich diess daraus, dass überall das Wort von weiterem Umfang für das von spezielleren Bedeutung eintreten kann. 37 f. 451 f. sind Χρύσην und Κίλλαν als Cultusorte Apollo's zusammengehörig durch τέ verbunden. 45: τόξα- und φαρέτρην. 66: ἀρνῶν κνίσης αἰγῶν τε τελείων. 99: ἄγειν θ' ἱερὴν ἑκατόμβην zweite ergänzende Handlung zu 98: ἀπὸ πατρὶ δόμεναι κούρην. I, 128: τριπλῇ τετραπλῇ τ'. 159: τιμὴν ἀρνύμενοι Μενελάῳ σοί τε. 255: Πρίαμος Πριάμοιό τε παῖδες. 497: οὐρανὸν Οὔλυμπόν τε. 603 f.: φόρμιγγος Μουσάων θ'. II, 120: τοιόσδε τοσόσδε τε λαόν. 293: ἄελλαι χειμέριαι ὀρινομένη τε θάλασσα. 377: ἐγὼν Ἀχιλεύς τε μαχησάμεθ' eben als Hadernde hier zusammengehörend; anderwärts ἠδέ II, 815. III, 456. III, 451: Τρώων κλειτῶν τ' ἐπικούρων oder VI, 14: Τρῶες τηλεκλειτοί τ' ἐπίκουροι. 227: κλειτοί τ' ἐπίκουροι. VI, 327 f.: περὶ πτόλιν αἰπύ τε τεῖχος μαρνάμενοι. 476 und öfter: Ζεῦ ἄλλοι τε θεοί. — Im ersten Gesange der *Odyssee* findet sich das einfache anknüpfende τέ nicht (obwohl das doppelte öfter). II, 300: αἶγας ἀπεμέτους σιάλους θ' εὔοντας ἐν αὐλῇ.

Od. IX, 74 f.: ἔνθα δύω νύκτας δύο τ' ἤματα συνεχὲς αἰεὶ κείμεθ'.

77: ἱστοὺς στησάμενοι ἀνά θ' ἱστία λεύκ' ἐρύσαντες. 80: κῦμα ῥόος τε 97. XX, 121. 230. 231. 259. 354. XXI, 3. 72. 97. 198. 215. 227. 228. — *Pindar* Ol. VI, 5 ff.: εἰ δ' εἴη μὲν Ὀλυμπιονίκας βωμῷ τε μαντείῳ ταμίας Διὸς ἐν Πίσᾳ συνοικιστήρ τε τᾶν κλειτᾶν Συρακοσσᾶν. 66: ζώταν καταθηκαμένα καλπίδα τ' wenigstens in Beziehung auf den Zweck zusammengehörend. Innerlich zusammengehörig und verwandt: 74 f.: ὑπὸ σπλάγχνων ὑπ' ὠδῖνός τ'. 90: σχοίνῳ βατίᾳ τ' ἐν ἀπειράτῳ. 151: πρῶτον μὲν Ἥραν Παρθενίαν κελαδῆσαι γνῶναί τ' ἔπειτ' statt der sondernden Partikel δέ (wie 5 ff.) τέ um γνῶναι als zu dem Vorhergehenden gehörig aus ihm sich ergebend zu bezeichnen. 160: Δάματρα λευκίππου τε θυγατρὸς ἑορτάν. 175: τῶνδε κείνων τε.

Solon 1, 7 f.: Ἰομὲν εἰς Σαλαμῖνα, μαχησόμενοι περὶ νήσου ἱμερτῆς χαλεπόν τ' αἶσχος ἀπωσόμενοι.

2, 6 f.: ἀστοὶ — δήμου θ' ἡγεμόνων ἄδικος νόος. 15: τά γιγνόμενα

πρό τ' ἐόντα. 19: στάσιν ἔμφυλον πόλεμόν θ'. 25, 36. — 11, 61: τὸν δὲ κακαῖς νούσοισι κακούμενον ἀργαλέαις τε. *Aesch.* Prom. 12: Κράτος Βία τε. Pers. 92. 222: σοὶ τέκνῳ τε. 229. 273. 378 f.: — — — — πᾶς ἀνὴρ κώπης ἄναξ
ἐς ναῦν ἐχώρει πᾶς θ' ὅπλων ἐπιστάτης.
404 f. 421: ἀκταὶ — χοιράδες τ'. 425: ἀγαῖσι κωπῶν θραύμασίν τ' ἐριπίων. 499: γαῖαν οὐρανόν τε προσκυνῶν. Ag. 10. 335 f.: πά γων δρόσων τ'. 339. 509. 519. — *Soph.* Phil. 15 f.:
ἀλλ' ἔργον ἤδη σὸν τὰ λοίφ' ὑπηρετεῖν
σκοπεῖν θ'. — Das ὑπηρετεῖν besteht zunächst eben in dem σκοπεῖν. 133 f.: Ἑρμῆς — Νίκη τ' Ἀθάνα. 314: Ἀτρεῖδαι — ἤ τ' Ὀδυσσέως βία, ähnlich 321. 325: Μυκῆναι — ἡ Σπάρτη θ'. 386 f.: πόλις — πᾶσα — στρατός τε σύμπας. 468 f. — El. 10. 67 ff.: ὦ πατρῷα γῆ θεοί τ' ἐγχώριοι, σύ τ' ὦ πατρῷον δῶμα. 102; αἰνῶς οἰκτρῶς τε θανόντος. 104: λήξω θρηνῶν στυγερῶν τε γόων. 326. 650 f. 667. 726. 784. 852. 962. 1183. 1365. 1377. 1459. — *Eur.* Or. 16 ff.: Ἀτρέως δὲ — Ἀγαμέμνων ἔφυ Μενέλεῳ; τε. ähnlich 23 f. ferner 33. 86. 90: ὦ μέλεος, ἡ τεκοῦσά θ'. 113. 115. 118. 126.
Ὦ φύσις, ἐν ἀνθρώποισιν ὡς μέγ' εἶ κακὸν
σωτήριόν τε τοῖς καλῶς κεκτημένοις.
zwei sich gegenseitig ergänzende, zum Wesen zusammengehörende Eigenschaften. 210. 239 f.: ἐπίσημον — γένος — δυσκλεές τ' ἀν' Ἑλλάδα. 274. 458. 539 f.: σὲ — σήν τε φρένα. 607: σοὶ σῇ τ' ἀδελφῇ. 615: λέγω δράσω τε πρός. 623. 723. 937: σύγγονος σέ τε. 966. 1013. 1044. 1398. 1631. 1657. 1696. —
Arist. Ach. 353: — ὥστε βάλλειν καὶ βοᾶν
ἐθέλειν τ' ἀκοῦσαι μηδὲν ἴσον ἴσῳ φέρον.
385. 1062: ὁτιὴ γυνή 'στι τοῦ πολέμου τ' οὐκ ἀξία.
Lysistr. 770 f.: ὁπόταν πτήξωσι χελιδόνες — ἀπόσχωνταί τε φαλή των. 802: τραχὺς — μελάμπυγός τε τοῖς ἐχθροῖς ἅπασιν. *Theocr.* VII, 8 und 136: αἴγειροι πτελέαι τε.

In der Prosa kommt dieser Gebrauch des einfachen τέ zu Anknüpfung eines mit dem vorher genannten zusammengehörigen Begriffs ab, und findet sich nur in isolirten Beispielen, vgl. *Thuc.* I, 12, 3: Ἰταλίας δὲ καὶ Σικελίας τὸ πλεῖστον Πελοποννήσιοι τῆς τε ἄλλης Ἑλλάδος ἐστιν ἃ χωρία (ᾤκισαν). Dagegen findet es sich bei Satzverkürzungen (Infinitiv und Particip) angehängt. I, 76, 2: ἄξιοί τε νομίζοντες εἶναι wesentlich zusammengehörend mit den zuvor genannten Motiven zur Behauptung der Hegemonie: ὑπὸ τῶν μεγίστων νικηθέντες — οὐδ' αὖ πρῶτοι τοῦ τοιούτου ὑπάρξαντες. *Xen.* hist. gr. I, 6, 6: Οὐδενὸς δὲ τολμήσαντος ἄλλο τι εἰπεῖν ἤ τοῖς οἴκοι πείθεσθαι ποιεῖν τε ἐφ' ἃ ἥκει. Der zweite Infinitiv dient zur Ergänzung und Erklärung von πείθεσθαι. I, 6, 7: φάσκων τε als wesentliche Ergänzung mit ὀργισθεὶς καὶ εἰπών zusammengehörend. Mem. I, 4, 6: ὀφρύσι τε ἀπογειῶσαι. Anab. I, 9, 5: Ἔνθα Κῦρος αἰδημονέστατος μὲν πρῶτον τῶν ἡλίκων ἐδόκει εἶναι τοῖς τε πρεσβυτέροις καὶ τῶν ἑαυτοῦ ὑποδεεστέρων μᾶλλον πείθεσθαι. III, 2, 16: ἄπειροι ὄντες — τό τε πλῆθος ἄμετρον ὁρῶντες.

2. Τέ wird ferner gebraucht, um an einen vorhergehenden Gedanken und Satz einen neuen als mit demselben zusammengehörend und verwandt anzuknüpfen, um einer zuvor genannten Handlung ihre natürliche Ergänzung oder Folge beizugeben. Die Stellung der Partikel ergibt sich aus der doppelten Eigenschaft, dass sie einerseits nur enklitisch stehen kann, andrerseits als satzverbindende Conjunction möglichst am Anfange des Satzes stehen muss. Il. I, 37 f. und 451: ὃς Χρύσην ἀμφιβέβηκας — Τενέδοιό τε ἶφι ἀνάσσεις. 57: οἱ δ' ἐπεὶ οὖν ἤγερθεν ὁμηγερέες τ' ἐγένοντο. 189 bis 192 haben wir zwei von μερμήριξεν abhängige Hauptglieder ἢ — ἠέ, dem ersten ist untergeordnet τοὺς μὲν — Ἀτρείδην δέ, das zweite ἠὲ χόλον παύσειεν ἐρητύσειέ τε θυμόν enthält zwei innerlich zusammengehörige, verwandte, ja wesentlich gleiche Gedanken. 218: ὅς κε θεοῖς ἐπιπείθηται, μάλα τ' ἔκλυον αὐτοῦ veränderte Construction; der Nachsatz lautet, als wäre beabsichtigt gewesen: θεοῖς τις ἐπιπείθεται, μάλα τ' ἔκλυον αὐτοῦ wie einer den Göttern gehorcht, so erhören sie ihn. So hängt sich 256 an ἢ κεν γηθήσαι Πρίαμος Πριάμοιό τε παῖδες die natürliche Ergänzung an: ἄλλοι τε Τρῶες μέγα κεν κεχαροίατο θυμῷ. 273: πείθοντό τε μύθῳ natürliche Ergänzung zu βουλέων ξύνιεν. 333: ἔγνω — φώνησέν τε er erkannte und sprach demgemäss. Das Zweite ist die natürliche Folge des Ersten. 467: ἐπεὶ παύσαντο πόνου τετύκοντό τε δαῖτα das Zweite ist nur die genauere Angabe des Ersten. Ebenso ist

509 f.: — — — — — ὄφρ' ἂν Ἀχαιοὶ
υἱὸν ἐμὸν τίσωσιν ὀφέλλωσίν τέ ἑ τιμῇ.

das Zweite mit dem Ersten identisch. — Od. I, 320 f. sind mit

— — — — — τῷ δ' ἐνὶ θυμῷ
θῆκε μένος καὶ θάρσος, ὑπέμνησέν τέ ἑ πατρὸς
μᾶλλον ἔτ' ἢ τὸ πάροιθεν.

zwei zusammengehörige Momente des Einflusses angegeben, den Athene auf Telemach übte. 392 gibt αἶψά τέ οἱ δῶ ἀφνειὸν πέλεται die mit βασιλευέμεν unmittelbar verbundene Folge an.

Od. XXI, 97: νευρὴν ἐντανύσειν διοϊστεύσειν τε σιδήρου.
218: ὄφρα μ' ἐὺ γνῶτον πιστωθῆτόν τ' ἐνὶ θυμῷ.
222: τὼ δ' ἐπεὶ εἰσιδέτην εὖ τ' ἐφράσσαντο ἕκαστα.

Es mögen diese Stellen aus Homer genügen, um den vorausgestellten Grundbegriff ausser Zweifel zu setzen. Aus *Pindar* vergleiche man: Ol. VI, 56 f.: ὃς ἀνδρῶν Ἀρκάδων ἄνασσε Φαισάνᾳ λάχε τ' Ἀλφεὸν οἰκεῖν und 105 f.: ἀντεφθέγξατο δ' ἀρτιεπὴς πατρία ὄσσα μετάλλησέν τέ μιν.

Aesch. Prom. 23 ff.: — — — — — ἀσμένῳ δέ σοι
ἡ ποικιλείμων νὺξ ἀποκρύψει φάος,
πάχνην θ' ἑῴαν ἥλιος σκεδᾷ πάλιν.
508 f.: νῦν χαῖρε μὲν χθών, χαῖρε δ' ἡλίου φάος
ὕπατός τε χώρας Ζεύς, ὁ Πύθιός τ' ἄναξ.
512 ff.: νῦν δ' αὖτε σωτὴρ ἴσθι κἀπαγώνιος
ἄναξ Ἄπολλον. τούς τ' ἀγωνίους θεοὺς
πάντας προςαυδῶ, τόν τ' ἐμὸν τιμάορον
Ἑρμῆν, φίλον κήρυκα, κηρύκων σέβας,
ἥρως τε τούς πέμψαντας.
Jedes weitere τέ gibt eine weitere Ergänzung der Anrufung an.
Soph. El. 519: μέλαινά τ' ἄστρων ἐκλέλοιπεν εὐφρόνη.
nach dem Gesang der Vögel ein weiteres Anzeichen des anbrechenden Tages. 421: ἐκ δὲ τοῦδ' ἄνω βλαστεῖν — θαλλόν Folge von dem πῆξαι σκῆπτρον.
Eur. Or. 63 f.: ἣν γὰρ κατ' οἴκους Ἑλιφ', ὅτ' ἐς Τροίαν ἔπλει,
παρθένον ἐμῇ τε μητρὶ παρέδωκεν τρέφειν.
1066 ff.: περίστειλον — θάψον τε.
1135 ff.: ὧν πατέρας ἔκτειν' ὧν δ' ἀπώλεσεν τέκνα,
νύμφας τ' ἔθηκεν ὀρφανὰς ξυναόρων.
ὀλολυγμὸς ἔσται πῦρ τ' ἀνάψουσιν θεοῖς.
1628 ff.: ὕφαπτε δώματ' — σύ τ' — κάταιθε. — 1651.
1688 f.: χωρεῖτε νῦν ἕκαστος οἷ προστάσσομεν,
νείκας τε διαλύεσθε. Das Letzte ist die natürliche Folge des Ersten. — Iph. T. 308 ff.: ἔγνω — ᾤμωξέ θ'. 1426: νόμον τε θὲς τόνδ'. 1428 f. El. 305. 328. 510. 870. 1027. 1033.
Arist. Ach. 85 f.: εἶτ' ἐξένιζε παρετίθει θ' ἡμῖν ὅλους
ἐκ κριβάνου βοῦς.
142: καὶ δῆτα φιλαθήναιος ἦν ὑπερφυῶς
ὑμῶν τ' ἐραστὴς ἦν ἀληθής. Das Zweite ist identisch mit dem Ersten. 347 f.: ἐμέλλετ' ἄρ' ἅπαντες ἀνασείειν βοήν,
ὀλίγον τ' ἀπέθανον ἄνθρακες Παρνήσιοι.
Lysistr. 793 f.: οὕτω τὰς γυναῖκας ἐβδελύχθη κεῖνος, ἡμεῖς τ' οὐδὲν ἧττον τοῦ Μελανίωνος οἱ σώφρονες.

Nicht selten bedient sich *Herodot,* sehr häufig *Thukydides* des τέ, um an die vorangehende Erzählung und Handlung eine weitere zu ihr gehörende, mit ihr verwandte oder identische oder aus ihr sich ergebende Handlung anzuknüpfen. *Her.* I, 9. 3: ἐπεὰν δὲ ἀπὸ τοῦ θρόνου στείχῃ ἐπὶ τὴν εὐνὴν κατὰ νώτον τε αὐτῆς γένῃ. Das Zweite ist mit dem Ersten gegeben. I, 15: Οὗτος δὲ Πριηνέας τε εἷλε ἐς Μίλητόν τε ἐσέβαλε, ἐπί τούτου τε τυραννεύοντος Σαρδίως Κιμμέριοι — ἀπικέατο ἐς τὴν Ἀσίην. Während εἷλε und ἐσέβαλε als zwei zusammengehörende Glieder durch τέ — τέ zu einem Ganzen verbunden sind, ist mit ἐπὶ τούτον τε. — ἀπικέατο eine weitere Handlung angeknüpft, die dazu dient, die Regierungsgeschichte des Ardys zu ergänzen. Aehnlich wird I, 16, nachdem Κυαξάρη τε — καὶ Μήδοισι näher verknüpft sind, an Οὗτος ἐπολέμησα angehängt: Κιμμερίους τε — ἐξήλασε, Σμύρνην τε — εἷλε, ἐς Κλαζομενάς τε ἐσέβαλε. Man vergleiche ferner I, 27, 6 (Acc. c. Inf.). I, 42, 2: ποιέειν εἰμί ἑτοῖμος ταῦτα, παῖδά τε σὸν — προσδόκα τοι ἀπονοστήσειν I, 57, 3. I, 59, 5. I, 79, 4. Wie häufig dieses innerlich verknüpfende τέ von Thukydides gebraucht wird, um an das Vorangegangene eine weitere damit verwandte, ergänzende oder daraus folgende Handlung anzuknüpfen, ergibt sich, wenn wir alle Fälle bis I, 20 incl. aufzählen. I, 2, 1: τῆς γὰρ ἐμπορίας οὐκ οὔσης οὐδ' ἐπιμιγνύντες ἀδεῶς ἀλλήλοις οὔτε κατὰ γῆν οὔτε διὰ θαλάσσης νεμόμενοί τε τὰ αὑτῶν ἕκαστοι ὅσον ἀποζῆν — τῆς τε καθ' ἡμέραν ἀναγκαίου τροφῆς πανταχοῦ ἂν ἡγούμενοι ἐπικρατεῖν οὐ χαλεπῶς ἀνίσταντο. Drei zusammengehörige Momente, welche die Auswanderung beförderten. I, 4: τό τε λῃστικόν, ὡς εἰκός, καθῄρει ἐκ τῆς θαλάσσης, ergänzendes Moment zu der Schilderung von der Seemacht des Minos. I, 5, 3: καὶ μέχρι τοῦδε πολλὰ τῆς Ἑλλάδος τῷ παλαιῷ τρόπῳ νέμεται περί τε Λοκροὺς τοὺς Ὀζόλας καὶ Αἰτωλοὺς καὶ Ἀκαρνᾶνας καὶ τὴν ταύτῃ ἤπειρον. τό τε σιδηροφορεῖσθαι τούτοις τοῖς ἠπειρώταις ἀπὸ τῆς παλαιᾶς λῃστείας ἐμμεμένηκεν. Hier wie I, 6, 3: ἐγυμνώθησάν τε und I, 9, 1: Ἀγαμέμνων τέ μοι δοκεῖ wird an einen vollständig geschlossenen Satz ein Weiteres als zusammengehörend mit τέ (= auch) angehängt. I, 10, 2: καίτοι Πελοποννήσου τῶν πέντε τὰς δύο μοίρας νέμονται, τῆς τε ξυμπάσης ἡγοῦνται beides Beweise der Macht Sparta's. I, 13, 1: ναυτικά τε ἐξηρτύετο ἡ Ἑλλάς ein weiterer Beweis der fortschreitenden Machtentwicklung in Hellas. I, 13, 3: ναυμαχία τε παλαιτάτη ὧν ἴσμεν γίγνεται Κορινθίων πρὸς Κερκυραίους ein weiterer Beweis für den Satz: πρῶτοι δὲ Κορίνθιοι κ. τ. λ. Dann 4: χρήμασί τε δυνατοὶ ἦσαν ein weiterer Zug in der Schilderung von der Blüthe Korinths. Ebenso ἐπειδή τε οἱ Ἕλληνες μᾶλλον ἐπλώιζον, τὰς ναῦς κτησάμενοι τὸ λῃστικὸν καθῄρουν. Dann § 5 wird zu καὶ Ἴωσιν ὕστερον πολὺ γίγνεται ναυτικόν ein entsprechender verwandter Zusatz beigefügt: τῆς τε καθ' ἑαυτοὺς θαλάσσης — ἐκράτησάν τινα χρόνον. I, 14, 1. 2. 3 folgen weitere Belege über die ναυτικὰ τῶν Ἑλλήνων. I, 17, 1: ἐπράχθη τε ἀπ' αὐτῶν οὐδὲν ἔργον ἀξιόλογον wesentlich zusammengehörend zu der vorangehenden Bemerkung, dass die Tyrannen in den griechischen Städten nur auf ihre persönliche Sicherheit und ihre Privatmacht Bedacht nahmen. I, 18, 5. — Auch nach Thukydides findet sich, obwohl viel seltener, das τέ zu Anknüpfung neuer mit den zuvor genannten zusammengehörigen Handlungen. Xen. Cyr. II, 1, 13: καὶ νῦν, ἔφη, οἱ Πέρσαι παραστάται ὑπὸ Κύρου πολὺ μᾶλλον ἡσθήσονται ἢ ὑφ' ἡμῶν παρακαλούμενοι, εἴς τε τοὺς ὁμοτίμους καθιστάμενοι βεβαιοτέρως σφίσιν ἡγήσονται ἔχειν τοῦτο ὑπὸ βασιλέως τε παιδὸς καὶ ὑπὸ στρατηγοῦ γενόμενον. II, 1, 19: καὶ οὕτω δὴ ἀπογράφονται πάντες ἀνέλαβόν τε τὰ ὅπλα πάντες. Beides gehörte zusammen. V, 2, 4: ὁ Κῦρος αὐτὸς μὲν τῷ ὅτι βουλόμενος ἰδεῖν, εἴ που εἴη αἱρέσιμον τὸ τεῖχος — περιήλαυνε παντόθεν, ἑώρα τε ἰσχυρότερα πάντα, ἢ ᾗ προσῆλθεν. Verhältnissmässig selten findet sich dieses τέ bei Plato. De rep. II. p. 373 B. Nachdem verschiedene Berufsklassen aufgeführt sind, die nicht dem eigentlichen Bedürfniss im Staate dienen, wird fortgefahren: σκευῶν τε παντοδαπῶν δημιουργοί, τῶν τε ἄλλων καὶ τῶν περὶ τὸν γυναικεῖον κόσμον. Es werden also weitere den vorhergenannten verwandte Beschäftigungen hinzugefügt. Ebd. VII, 522 A: ἔν τε τοῖς λόγοις ἕτερα τούτων ἀδελφὰ ἄττα ἔχουσα (sc. μουσική) ist ein ergänzender, verwandter Zusatz zu ἔθεσι παιδεύουσα τοὺς φύλακας κατά τε ἁρμονίαν εὐαρμοστίαν τινὰ, οὐκ ἐπιστήμην, παραδιδοῦσα, καὶ κατὰ ῥυθμὸν εὐρυθμίαν. — Antiph. acc. venef. §. 26: πῶς γὰρ οὐ βιαίως ἀπέθανεν — ὅς γ' ἐκπλεῖν ἔμελλεν ἐκ τῆς γῆς τῆσδε, παρά τε ἀνδρὶ αὐτοῦ φίλῳ εἱστιᾶτο; das einzige Beispiel in der Rede.

II. Τέ wird zwei- oder mehrmals wiederholt, um die zusammengehörigen Glieder eines Ganzen unter sich zu verbinden, und bei dem ersten Gliede schon auf die folgenden hinzuweisen. Auch hier sind die mit τὲ — τέ verbundenen Begriffe und Handlungen als innerlich zusammengehörige und sich gegenseitig ergänzende aufzufassen. Ohne hier die Stellen, in welchen τὲ — τέ nur einzelne Begriffe und diejenigen, in welchen es vollständige Sätze oder Satzverkürzungen verknüpft, zu sondern, müssen wir doch erinnern, dass auch das wiederholte τέ, gleich dem einfachen, hauptsächlich in der früheren Zeit und bei Dichtern sich findet, späterhin und in der Prosa allmählich sich verliert, und nur in der Zusammensetzung mit οὐ und μή, mit εἰ und ἐάν auch in der spätesten Zeit in häufigem Gebrauch bleibt.

3. Wir führen nun zunächst das allein und ohne Zusammensetzung sich findende τὲ — τέ auf.

Il. I, 13 und 372: λυσόμενός τε θύγατρα φέρων τ' ἀπερείσι' ἄποινα.
20: παῖδα δ' ἐμοὶ λῦσαί τε φίλην τά τ' ἄποινα δέχεσθαι.
70: ὃς ᾔδη τά τ' ἐόντα τά τ' ἐσσόμενα πρό τ' ἐόντα.
157: οὔρεά τε σκιόεντα θάλασσά τε ἠχήεσσα.
167: ὀλίγον τε φίλον τε. 177. 196. 209. 339. 361. 443. 469. 487. 492. 544. — *Od.* I, 28 und öfter: πατὴρ ἀνδρῶν τε θεῶν τε. Wie hier, so sind auch in den übrigen Gesängen vorzugsweise einzelne Begriffe, doch auch Sätze als zusammengehörend durch τὲ — τέ verbunden. *Od.* I, 145 (XX, 249): ἕζοντο κατὰ κλισμούς τε θρόνους τε. 152: μολπή τ' ὀρχηστύς τε. 165. 242. 258. 266. 301. 310. 357. II, 39. 58. 123. 145.

198: ὃν δ' αὖ δῆμον τ' ἄνδρα ἴδοι βοόωντά τ' ἐφεύροι,
298: αἰσχρόν τοι δηρόν τε μένειν κενεόν τε νέεσθαι — 356.
360: ἀλλά, ἄναξ, αὐτός τ' εὖ μήδεο, πείθεό τ' ἄλλῳ.
378: αὐτὰρ ἐπεί ῥ' ὅμοσέν τε τελεύτησέν τε τὸν ὅρκον.

Da die Beispiele für die Verknüpfung einzelner Begriffe entschieden überwiegen, in der ersten Rhapsodie der Odyssee überhaupt andre sich nicht finden, so mögen noch einige weitere Stellen angeführt werden, in welchen durch τὲ — τέ Handlungen und Sätze verknüpft sind. Das häufige ἔν τ' ἄρα οἱ φῦ χειρὶ ἔπος τ' ἔφατ' ἔκ τ' ὀνόμαζεν. Il. VI, 253, 406. Od. II, 302 u. a. oder χειρί τέ μιν κατέρεξεν ἔπος τ' ἔφατ' ἔκ τ' ὀνόμαζεν. Il. VI, 485. VII, 108 u. a. Bei Od. XXI, 84. 167 und 287:

Ἀντίνοος δ' ἐνένιπεν, ἔπος τ' ἔφατ' ἔκ τ' ὀνόμαζεν.

und 248 kann man zweifeln, ob ἔπος τ' ἔφατ' ἔκ τ' ὀνόμαζεν zwei weitere, an das erste ἐνένιπεν, εἶπεν angehängte Glieder sind, oder ob das zusammengehörige ἔπος τ' ἔφατ' ἔκ τ' ὀνόμαζεν Erklärung (darum asyndetisch beigegeben) von ἐνένιπεν und εἶπον ist.

Mit τὲ — τέ sind auch untergeordnete Relativ- und Conjunctionalsätze mit den übergeordneten Hauptsätzen als zusammengehörige Glieder und zugleich mit einander gegeben bezeichnet.

Il. III, 12: τόσσον τίς τ' ἐπιλεύσσει, ὅσον τ' ἐπὶ λᾶαν ἵησιν.
Il. I, 81 f.: εἴπερ γάρ τε χόλον γε καὶ αὐτῆμαρ καταπέψῃ
ἀλλά τε καὶ μετόπισθεν ἔχει κότον.
X, 225 f. und XXI, 191.

Theognis (Delectus ed. Schneidewin):
45: δῆμόν τε φθείρουσι, δίκας τ' ἀδίκοισι διδοῦσιν.
67: ἀλλὰ δόλους τ' ἀπάτας τε πολυπλοκίας τ' ἐφίλησεν.
Solon II, 33: Θνητοὶ δ' ὧδε νοεῦμεν ὁμῶς ἀγαθός τε κακός τε.
Aesch. Pers. 374 ff.: οἱ δ' οὐκ ἀκόσμως, ἀλλὰ πειθάρχῳ φρενὶ
δεῖπνόν τ' ἐπορσύνοντο, ναυβάτης τ' ἀνὴρ
τροποῦτο κώπην σκαλμὸν ἀμφ' εὐήρετμον.
490 f.: ἔνθα δὴ πλεῖστοι θάνον δίψῃ τε λιμῷ τ'. 607 f.: ἄνευ
τ' ὀχημάτων χλιδῆς τε. Dann als erklärende Apposition zu 609 χοὰς Vers 611 f.: βοός τ' ἀφ' ἁγνῆς — γάλα τῆς τ' ἀνθεμουργοῦ στάγμα.
Soph. El. 168: ὁ δὲ λάθεται ὧν τ' ἔπαθ', ὧν τ' ἐδάη. 249 f.: ἔρροι
τ' ἂν αἰδὼς ἁπάντων τ' εὐσέβεια θνατῶν.
461 f.: ὅμως σὺ δ', ἀδελφή, σοί θ' ὑπούργησεν τάδε,
ἐμοί τ' ἀρωγὰ τῷ τε φιλτάτῳ βροτῶν.
554 f.: — — τοῦ τεθνηκότος θ' ὕπερ
λέξαιμ' ἂν ὀρθῶς τῆς κασιγνήτης θ' ὁμοῦ.
599: ἔκ τε σοῦ — τοῦ τε συννόμου. 1089: σοφά τ' ἀρίστα τε παῖς. Phil. 185: ἔν τ' ὀδύναις ὁμοῦ λιμῷ τ' οἰκτρός. Eur. Or. 73: σύ τε κασίγνητός τε σός. 859: τά τ' ἀμφὶ σοῦ, τά τ' ἀμφ' Ὀρέστου.

1543: σύγγονόν τ' ἐμὴν Πυλάδην τε. 1646: Κάστορί τε Πολυδεύκει τ'. Phoen. 96: ἅ τ' εἶδον εἰσήκουσά τ' Ἀργείων πάρα. 544. 763. Iph. T. 302 ff.: — — — ἅτερος δὲ τοῖν ξένοιν ἀφρόν τ' ἀπέψα σώματός τ' ἐτημέλει πέπλων τε προὐκάλυπτεν εὐπήνους ὑφάς. 966 f. 968: σφαγῆς τε γὰρ σῆς χεῖρ' ἀπαλλάξαιμεν ἂν σώσαιμί τ' οἴκους — 1406—1409. Arist. Ach. 370 bis 377: τούς τε γὰρ τρόπους τοὺς τῶν ἀγροίκων οἶδα — τῶν τ' αὖ γερόντων οἶδα τὰς ψυχὰς — αὐτός τ' ἐμαυτὸν ὑπὸ Κλέωνος ἅπαθον, ἐπίσταμαι. Theocr. VII, 28 f. 57 f. 68. 132—134.

Von den Geschichtschreibern bedient sich *Herodot* zuweilen, *Thukydides* etwas häufiger der wechselseitigen Verknüpfung durch τὲ — τέ. *Herodot* I, 15: Οὗτος δὲ Πριηνέας τε εἷλε ἐς Μιλητόν τε ἐσέβαλε. I, 50, 1: κτήνεά τε γὰρ τὰ θύσιμα πάντα τρισχίλια ἔθυσε, κλίνας τε — κατέκαιε. Λυδοῖσί τε πᾶσι προεῖπε κ. τ. λ. Hier sind grössere, für sich vollständige Sätze durch τὲ — τὲ — τέ verbunden. I, 54, 1: ὑπερήσθη τε τοῖσι χρηστηρίοισι, πάγχυ τε ἐλπίσας καταλύσειν τὴν Κύρου βασιληίην πέμψας αὖτις ἐς Πυθὼ Δελφοὺς δωρέεται, mit der Freude über den Orakelspruch war zugleich die Hoffnung, Kyros zu besiegen, gegeben. I, 64, 1. Correspondirende Glieder sind: ὁμήρους τε — λαβὼν καὶ καταστήσας ἐς Νάξον und πρός τε ὅτι τούτοισι τὴν νῆσον Δῆλον καθήρας, so dass καὶ καταστήσας nur die andre Hälfte des ersten Gliedes bildet. *Thuc.* I, 8, 3: ἐφιέμενοι γὰρ τῶν κερδῶν οἵ τε ἥσσους ὑπέμενον τὴν τῶν κρεισσόνων δουλείαν, οἵ τε δυνατώτεροι περιουσίας ἔχοντες προσεποιοῦντο ὑπηκόους τὰς ἐλάσσους πόλεις. I, 12, 2 sind drei selbständige Sätze oder Perioden: Βοιωτοί τε — ᾤκισαν, Δωριῆς τε — ἔσχον und μόλις τε — ἡ Ἑλλὰς — ἐξέπεμψεν zu einem grösseren Ganzen verbunden. I, 70, 2: τὸ δὲ ὑμέτερον τῆς τε δυνάμεως ἐνδεᾶ πρᾶξαι, τῆς τε γνώμης μηδὲ τοῖς βεβαίοις πιστεῦσαι τῶν τε δεινῶν μηδέποτε οἴεσθαι ἀπολυθήσεσθαι. II, 63, 2: τάχιστ' ἄν τε πόλιν οἱ τοιοῦτοι ἑτέρους τε πείσαντες ἀπολέσειαν. II, 64, 2: φέρειν τε χρὴ τά τε δαιμόνια ἀναγκαίως, τά τε ἀπὸ τῶν πολεμίων ἀνδρείως· ταῦτα γὰρ ἐν ἔθει τῇδε τῇ πόλει πρότερόν τε ἦν νῦν τε μὴ ἐν ὑμῖν κωλυθῇ. 3: μνήμη τε καταλείψεται Ἑλλήνων τε ὅτι Ἕλληνες πλείστων δὴ ἦρξαμεν — πόλιν τε τοῖς πᾶσιν εὐπορωτάτην καὶ μεγίστην ᾠκήσαμεν. 5: ἔς τε τὸ μέλλον — ἔς τε τὸ αὐτίκα. II, 65, 3: ὅσον τε γὰρ χρόνον προύστη τῆς πόλεως, ἐπεί τε ὁ πόλεμος κατέστη κ. τ. λ.

Seltener findet sich τὲ — τέ bei *Xenophon*. Hist. gr. VI, 3, 18 bei Angabe der zusammengehörigen, sich gegenseitig ergänzenden Friedensbedingungen: ἐψηφίσατο καὶ οἱ Λακεδαιμόνιοι δέχεσθαι τὴν εἰρήνην, ἐφ' ᾧ τούς τε ἁρμοστὰς ἐκ τῶν πόλεων ἐξάγειν, τά τε στρατόπεδα διαλύειν καὶ τὰ ναυτικὰ καὶ τὰ πεζικά, τάς τε πόλεις αὐτονόμους ἐᾶν. Cyr. I, 3, 10: Ἐπελέλησθε δὲ παντάπασι, σύ τε ὅτι βασιλεὺς ἦσθα, οἵ τε ἄλλοι, ὅτι σὺ ἄρχων. I, 5, 9: οἵ τε λέγειν

προθυμούμενοι δεινοὶ γενέσθαι — οἵ τε αὖ τα πολεμικὰ ἀσκοῦντες.
II, 1, 17 sind zwei selbständige und vollständige Sätze durch τὲ —
τέ verbunden. Mem. I, 1, 14 sind durch τὲ — τέ die μαινόμενοι und
die περὶ τῆς τῶν πάντων φύσεως μεριμνῶντες einander gleichgestellt.
I, 2, 4: Ἀλλὰ μὴν καὶ τοῦ σώματος αὐτός τε οὐκ ἠμέλει τούς τ' ἀμελοῦντας οὐκ ἐπῄνει.

Bei andern Schriftstellern der klassischen Zeit findet sich τὲ
— τέ ausser in den erwähnten Zusammensetzungen noch seltener.
Plato de rep. II, 373 B: οἷον οἵ τε θηρευταὶ πάντες οἵ τε μιμηταί.
Antiph. acc. venef. §. 18: τὰ μὲν ἄλλα μακρότερος ἂν εἴη λόγος περὶ
τοῦ δείπνου ἐμοί τε διηγήσασθαι ὑμῖν τ' ἀκοῦσαι. Das einzige Beispiel dieser Rede, während sich τὲ — καί häufig findet. *Lys.* c.
Phil. §. 19: οὐ μέντοι τοῦτόν γε χρὴ διὰ τὴν ἐκείνων ἀδυναμίαν δὶς
ὠφεληθῆναι, τότε τ' ἀφελόμενον ἃ εἶχον, νῦν τε δοκιμασθέντα ὑφ'
ὑμῶν. Oefter, wenn auch nicht häufig, braucht Lysias τὲ — καί.
— In dem Panegyrikus des *Isokrates* findet sich bis §. 134 kein
Beispiel des doppelten τέ; dann, nachdem erwähnt ist, dass sowohl
das Heer, das in Kypros belagert werde, als dasjenige, welches im
Dienste der Perser Kypros belagere, ein griechisches sei, folgt
§. 135: οἵ τε γὰρ ἀφεστῶτες πρὸς ἡμᾶς τε οἰκείως ἔχουσι καὶ Λακεδαιμονίοις σφᾶς αὐτοὺς ἐνδιδόασιν, τῶν τε μετὰ Τιριβάζου στρατενο-
μένων καὶ τοῦ πεζοῦ τὸ χρησιμώτατον ἐκ τῶνδε τῶν τόπων ἤθροισται
καὶ τοῦ ναυτικοῦ τὸ πλεῖστον ἀπ' Ἰωνίας συμπέπλευκεν. Ohne Zweifel
hat Isokrates das gewöhnliche τὲ — καί darum verschmäht und das
zu seiner Zeit selten gewordene τὲ — τέ vorgezogen, weil durch
letzteres die wechselseitige Beziehung der zwei zusammengehörigen
Glieder deutlicher hervortrat. Nachdem er aber einmal τὲ — τέ
gebraucht hat, folgt es sofort §. 137 wieder: τήν τε γὰρ Ἀσίαν διω-
μολόγηται καὶ παρ' ἡμῶν καὶ παρὰ Λακεδαιμονίων βασιλέως εἶναι, τάς
τε πόλεις τὰς Ἑλληνίδας οὕτω κυρίως παρείληφεν. Es sind diess aber
in dem ganzen Panegyrikus die einzigen Beispiele von τὲ — τέ, indem von §. 137 bis zum Schluss §. 189 diese Verknüpfung eben
so wenig mehr gebraucht ist, als vor §. 135.

Zum Schluss dieses Gebrauchs noch eine Anmerkung. Die
Grundform der ausdrücklichen Gleichstellung beider Glieder durch
τὲ — τέ lässt verschiedene Modificationen zu.

a) Es bleibt das erste Glied unbezeichnet, obwohl ein zweites
folgen muss.

Theognis 81 f.: οἵτινες ἂν τολμῶσιν ὁμόφρονα θυμὸν ἔχοντες
ἴσον τῶν ἀγαθῶν τῶν τε κακῶν μετέχειν.

Es ist klar, dass bei ἴσον τῶν ἀγαθῶν schon an das zweite
Glied gedacht war.

b) Es fehlt das zweite τέ. *Aesch.* Pers. 482. Bei ἔν τε Βοιωτῶν χθονί war ein entsprechendes zweites Glied beabsichtigt.

c) Es folgt τέ nach μέν, d. i. es findet eine Mischung statt aus μὲν — δέ und τὲ — τέ. *Pind.* Ol. VI, 5 ff. und 151. *Eur.* Or. 493 ff.:

χρῆν αὐτὸν ἐπιθεῖναι μὲν αἵματος δίκην
ὁσίαν διώκοντ᾿ ἐκβαλεῖν τε δωμάτων
μητέρα —

d) Häufiger findet der Fall statt, dass das zweite τέ mit δέ vertauscht, also die begonnene Gleichstellung beider Glieder verwechselt wird mit einer Entgegenstellung oder Hervorhebung des zweiten.

Il. VII, 417 f. (420) — — — — τοὶ δ᾿ ὁπλίζοντο μάλ᾿ ὦκα
ἀμφότερον, τέκνας τ᾿ ἀγέμεν, ἕτεροι δὲ μεθ᾿
ὕλην.

Durch ἕτεροι ward zugleich auch δέ herbeigeführt.

Aesch. Pers. 623 ff.: βασίλεια γύναι, πρέσβος Πέρσαις
σύ τε πέμπε χοὰς θαλάμους ὑπὸ γῆς
ἡμεῖς δ᾿ ὕμνοις αἰτησόμεθα
φθιμένων πομποὺς
εὔφρονας εἶναι κατὰ γαίας.

Soph. El. 1098 f.: Ἆρ᾿, ὦ γυναῖκες, ὀρθά τ᾿ εἰσηκούσαμεν,
ὀρθῶς δ᾿ ὁδοιπορoῦμεν, ἔνθα χρῄζομεν;

Thuc. I, 25, 3: Κορίνθιοι δὲ κατά τε τὸ δίκαιον ὑπεδέξαντο τὴν τιμωρίαν — ἅμα δὲ καὶ μίσει τῶν Κερκυραίων. *Plato* de rep. II, 367 C: ἃ τῶν τε ἀποβαινόντων ἀπ᾿ αὐτῶν ἕνεκα ἄξια κεκτῆσθαι, πολὺ δὲ μᾶλλον αὐτὰ αὑτῶν. Man sieht namentlich in den beiden letzten Stellen, wie durch die Vertauschung mit δέ auf den Satz ein grösseres Gewicht gelegt wird.

Οὔτε — οὔτε und μήτε — μήτε mit deren Modificationen.

Sind die zusammengehörigen zu einem Ganzen verbundenen Glieder negativer Art, so steht οὔτε — οὔτε oder μήτε — μήτε = weder — noch, natürlich vor den Sätzen und Satzgliedern, die negirt werden sollen. Da die griechische Sprache für die negative wechselseitige Verknüpfung nur diesen Ausdruck hatte, so begreift sich, dass er durch die ganze Entwicklung derselben blieb, und es bedarf keiner Belegstellen. Denn dass, was man früher behauptet hatte, οὐδὲ — οὐδέ nicht zu wechselseitiger Verknüpfung dient, dass vielmehr jedes οὐδέ (gleich δέ) nur auf ein vorhergehendes, nie auf ein folgendes Glied hinweist, ist nun allgemein anerkannt. Dagegen sollen für die verschiedenen Modificationen, die hier möglich sind, Belege gegeben werden.

1) Es kann das erste Glied ganz unbezeichnet bleiben.
Aesch. Ag. 532: — Πάρις γὰρ οὔτε συντελὴς πόλις
ἐξεύχεται τὸ δρᾶμα τοῦ πάθους πλέον.
statt οὔτε Πάρις οὔτε συντελὴς πόλις.
Soph. Phil. 770 ff.: — — — — ἐφίεμαι
ἑκόντα μήτ' ἄκοντα, μηδέ τῳ τέχνῃ
κείνοις μεθεῖναι ταῦτα = μήθ' ἑκόντα, μήτ' ἄκοντα.
Es kann aber auch nur das verknüpfende τέ fehlen, die Negation dagegen stehen. Theognis 125 f.:
οὐ γὰρ ἂν εἰδείης ἀνδρὸς νόον οὔτε γυναικός.
743 ff.: Καὶ τοῦτ', ἀθανάτων βασιλεῦ, πῶς ἐστι δίκαιον,
ἔργων ὅστις ἀνὴρ ἐκτὸς ἐὼν ἀδίκων,
μή τιν' ὑπερβασίην κατέχων μήθ' ὅρκον ἀλιτρόν,
ἀλλὰ δίκαιος ἐὼν μὴ τὰ δίκαια πάθῃ;
Eur. Iph. A. 977: πῶς ἄν σ' ἐπαινέσαιμι μὴ λίαν λόγοις
μήτ' ἐνδεῶς τοῦδ' ἀπολέσαιμι τὴν χάριν;
= πῶς ἂν μήτε λίαν λόγοις σε ἐπαινέσαιμι, μήτ' (ἂν) ἐνδεῶς τοῦδ' ἀπολέσαιμι τὴν χάριν; das von den Hdschr. dargebotene störende μή zwischen ἐνδεῶς und τοῦδ' ist wohl aus Missverständniss der Construction, die man gleich ὅπως μὴ ἀπολέσαιμι nahm, entstanden.
2) Es fehlt das zweite τέ. Eur. Or. 1086 ff.:
μήθ' αἷμά μου δέξαιτο κάρπιμον πέδον,
μὴ λαμπρὸς αἰθήρ, εἴ σ' ἐγὼ προδούς ποτε
ἐλευθερώσας τοὐμὸν ἀπολίποιμί σε.
3) Das erste Glied ist negativ, das zweite affirmativ, d. i. es correspondiren sich οὔτε — τέ, μήτε — τέ.
Soph. El. 349 f.: ἐμοῦ δὲ πατρὶ πάντα τιμωρουμένης
οὔτε ξυνέρδεις τήν τε δρῶσαν ἐκτρέπεις.
1077 ff.: ἃ πάνδυρτος ἀηδών, οὔτε τι τοῦ θανεῖν προμηθής, τό τε μὴ βλέπειν ἑτοίμα. Thuc. I, 5, 2. I, 73, 1: δηλῶσαι, ὡς οὔτε ἀπεικότως ἔχομεν, ἅ κεκτήμεθα, ἥ τε πόλις ἡμῶν ἀξία λόγου ἐστίν. Plato Ap. 20 C: ἢ παντάπασί με φῇς οὔτε αὐτὸν νομίζειν θεούς, τούς τε ἄλλους ταῦτα διδάσκειν. Symp. 223 C: οὔτε γὰρ ἐξ ἀρχῆς παραγενέσθαι ὑπονυστάζειν τε. Prot. 360 D: Οὐκέτι ἐνταῦθα οὔτ' ἐπινεῦσαι ἠθέλησεν ἐσίγα τε. 361 E. Xen. M. I, 2, 47: οὔτε γὰρ αὐτοῖς ἄλλως ἤρεσκεν, εἴ τε προσέλθοιεν — ἤχθοντο. — Ja es findet sich im zweiten Gliede statt des regelmässigen τέ auch καί.
Eur. Iph. T. 579 f.: — εἰ γὰρ, ὡς ἔοικας, οὔτε δυσγενὴς
καὶ τὰς Μυκήνας οἶσθα χοῦς κἀγὼ θέλω.
Beispiele von οὔτε — οὔτε — τέ sind Eur. El. 381 ff.:
οὗτος γὰρ ἀνὴρ οὔτ' ἐν Ἀργείοις μέγας,
οὔτ' αὖ δοκήσει δωμάτων ὠγκωμένος,
ἐν τοῖς τε πολλοῖς ὢν ἄριστος εὑρέθη.

Kirchhoff hat ohne Noth das hdschr. τέ in δέ corrigirt. *Herodot* I, 42, 1: οὔτε γὰρ συμφορῇ τοιῇδε κεχρημένον οἰκός ἐστι ἐς ὁμήλικας εὖ πρήσσοντας ἰέναι, οὔτε τὸ βούλεσθαι πάρα, πολλαχῇ τε ἂν ἴσχον ἐμεωυτόν I, 59, 7. *Plato* Polit. 271 E.
Beispiele von μήτε — τέ sind: *Eur.* Iph. T. 992 f.:

Πῶς οὖν γένοιτ᾽ ἂν ὥστε μήθ᾽ ἡμᾶς θανεῖν
λαθεῖν θ᾽ ἃ βουλόμεσθα; — *Herod.* I, 63, 2. I, 99, 2:
μήτε ἐσιέναι (diesem entgegengestellt δέ) — ὁρᾶσθαί τε — πρός τε τούτοισι. *Thuc.* I, 17, 2. I, 70, 5. I, 141, 5. *Dem.* Ol. I, 10.

4) Durch eine Vermischung des Verhältnisses zusammengehöriger und verwandter Glieder mit dem Verhältnisse der entgegengesetzten geschieht es, dass οὔτε — οὐδέ, und indem das zweite Glied affirmativ ist, οὔτε — δέ stehen kann. Das zweite Glied tritt dadurch vor dem ersten hervor = weder — und eben so wenig. *Pl.* Ap. 19 D: Ἀλλὰ γὰρ οὔτε τούτων οὐδέν ἐστιν, οὐδέ γ᾽ εἴ τινος ἀκηκόατε κ. τ. λ. Phil. 22 E: καὶ κατὰ τοῦτον τὸν λόγον οὔτ᾽ ἂν τῶν πρωτείων οὐδ᾽ αὖ τῶν δευτερείων ἡδονῇ μετὸν ἀληθῶς ἂν ποτε λέγοιτο. *Stallbaum* z. d. St. hat οὐδ᾽ αὖ´ aus den Hdschr. und durch ähnliche Stellen genügend geschützt. Wie aber vorher γέ, so dient αὖ das zweite Glied nachdrücklich hervorzuheben. Phil. 42 B. ´Weitere Belege bietet *Stallbaum* zu Phil. 22 E. —

Οὔτε — δέ haben wir z. B. *Il.* VII, 433:

Ἦμος δ᾽ οὔτ᾽ ἄρ πω ἠώς, ἔτι δ᾽ ἀμφιλύκη νύξ.

Εἴτε — εἴτε und *ἐάντε — ἐάντε.*

Ein weiteres Gebiet, wo sich das verknüpfende τέ durch alle Perioden der griechischen Sprache gehalten hat, ist in der Zusammensetzung mit den Bedingungspartikeln εἰ und ἐάν. Es bedarf darum auch hier keiner Belege; nur mag erinnert werden, dass durch εἴτε — εἴτε sei es dass — oder (sei es) dass etc. zwei oder mehrere Begriffe und Sätze in Beziehung auf die Hauptaussage sich gleich gestellt, als keinen Unterschied begründend behandelt werden, während εἰ μέν — εἰ δέ die beiden Bedingungssätze in ihrer Verschiedenheit auffasst und einander gegenüber stellt. So *Il.* XII, 238 ff.: — — — — τῶν οὔτι μετατρέπομ᾽ οὐδ᾽ ἀλεγίζω,

εἴτ᾽ ἐπὶ δεξί᾽ ἴωσι πρὸς ἠῶ τ᾽ ἠέλιόν τε,
εἴτ᾽ ἐπ᾽ ἀριστερὰ τοίγε ποτὶ ζόφον ἠερόεντα.
Ihr Flug gegen Osten und gegen Westen hat für Hektor gleich wenig Bedeutung. *Aesch.* Ag. 843 f.:

εἴτ᾽ οὖν θανόντος εἴτε καὶ ζῶντος πέρι
λέγω. — *Soph.* El. 199 f.: εἴτ᾽ οὖν θεός, εἴτε βροτῶν ἦν ὁ ταῦτα πράσσων.

558 ff.: — — — πατέρα φῂς κτεῖναι· τίς ἂν
τούτου λόγος γένοιτ' ἂν αἰσχίων ἔτι,
εἴτ' οὖν δικαίως, εἴτε μή; — 605 ff. Oed. R. 1049.
Herod. I, 19, 2. I, 86, 2: beide Male wird es dem Leser überlassen, was er annehmen will. *Pl.* Euthyphro 3 D: θυμοῦνται, εἴτ' οὖν φθόνῳ — εἴτε δι' ἄλλο τι. Beide Annahmen bleiben dahin gestellt und sind sich hinsichtlich der jedenfalls giltigen Behauptung: θυμοῦνται gleich. *Xen.* h. gr. I, 6, 5. *Isocr.* Pgr. 177. *Dem.* Ol. I, 18.
Ausserdem steht εἴτε — εἴτε in der indirecten Frage: ob — oder.
Il. I, 64 f.: ὅς κ' εἴποι, ὅ τι τόσσον ἐχώσατο Φοῖβος Ἀπόλλων,
εἴτ' ἄρ' ὅ γ' εὐχωλῆς ἐπιμέμφεται, εἴθ' ἑκατόμβης. (S. 133.)
Od. III, 89—91. *Soph.* Ph. 22 f.:
— — — — σῖγα ὄμματ' εἴτ' ἔχει
χῶρον πρὸς αὑτὸν τόνδε γ', εἴτ' ἄλλῃ κυρεῖ.
Pl. Prot. 313 A: πολλὰ ὧν περιεσκέψω, εἴτ' ἐπιτρεπτέον, εἴτε οὔ· ebenso B; dann: οὐδὲ συμβουλὴν ποιεῖ, εἴτε χρὴ ἐπιτρέπειν σαυτὸν αὐτῷ, εἴτε μή. 361 C. Euthyphro 4 B. *Xen.* Mem. II, 1, 21. II, 2, 2. Auch hier treten ähnliche Modificationen ein, wie bei οὔτε — οὔτε.

1) *Τέ* steht nur im zweiten Gliede. Vielleicht *Aesch.* Ag. 261:
σὺ δ' εἴτε κεδνὸν εἴτε μὴ πεπυσμένη.
G. Hermann spricht für die Conjectur: εἴ τι κεδνόν. 1403:
σὺ δ' αἰνεῖν εἴτε με ψέγειν θέλεις.

2) Im zweiten Gliede ist τέ mit δέ vertauscht. *Plato* Ap. 33 D. 40 D. Dem εἴτε δή, μηδεμία αἴσθησίς ἐστιν correspondirt E: εἰ δ' αὖ οἷον ἀποδημῆσαί ἐστιν ὁ θάνατος. Nach der doppelten Annahme über den Tod 40 C. sollte folgen, dass in jedem Fall — möge man das Eine oder das Andre annehmen, der Tod eine Wohlthat sei. Daher sollte der ersten Annahme mit εἴτε eine andre gleichgesetzte mit εἴτε folgen. Indessen die längeren Zwischensätze führen eine Aenderung der Construction und die Entgegenstellung mit εἰ δ' αὖ herbei. *Xen.* Mem. II, 1, 28 folgt nach sechsmaligem εἴτε das entgegenstellende und hervorhebende εἰ δέ.

Τέ — καί.

schon bei *Homer* häufig, und zur Verknüpfung sowohl ganzer Sätze wie einzelner Begriffe oder Satzverkürzungen gebraucht, tritt mit allmähliger Verdrängung von ἠ — τέ ganz an dessen Stelle. Man könnte aus den lautlichen Verhältnissen, da τέ tonlos, leichter und flüchtiger, καί betont und voller ist, vermuthen, dass in der Verbindung τὲ — καί das grössere Gewicht auf καί falle, und diese Annahme könnte durch die Bemerkung unterstützt werden, dass überhaupt öfter dem zweiten Gliede der grössere Nachdruck zufällt, wie im Verhältnisse von μέν und δέ, oder wo an die Stelle des zweiten τέ ein δέ tritt. Wenn sich nun auch in einzelnen Fällen, wie bei ἄλλως τε καί, τά τε ἄλλα καί und dergleichen zu bestätigen scheint, dass das grössere Gewicht dem Gliede mit καί zukommt, so lässt es sich doch im Allgemeinen keineswegs behaupten. Auch mögen gleich die ersten Beispiele der *Ilias* den Beweis liefern, dass das zweite mit καί bezeichnete Glied nicht vor dem ersten hervorgehoben werden soll.

I, 7: Ἀτρείδης τε ἄναξ ἀνδρῶν καὶ δῖος Ἀχιλλεύς.
17: Ἀτρεῖδαί τε καὶ ἄλλοι ἐϋκνήμιδες Ἀχαιοί.
23: αἰδεῖσθαί θ' ἱερῆα καὶ ἀγλαὰ δέχθαι ἄποινα.

Ueberdiess steht jener Annahme die Beobachtung entgegen, dass allmählig die Verbindung mit τὲ — τέ ganz durch τὲ — καὶ verdrängt wird. Vielmehr liegt in diesem überhaupt eine Gleichstellung mehrerer Glieder = sowohl, als auch. Indessen dieser deutsche Ausdruck ist doch in doppelter Hinsicht hinwiederum von τὲ — καί verschieden. Nicht nur ist er um vieles schwerfälliger, auffallender und nachdrücklicher als das griechische τὲ — καί, das durch seine Leichtigkeit einen weit häufigeren Gebrauch verstattete, sondern der deutsche Ausdruck hält die beiden Glieder, die er gleichstellt, zugleich auch auseinander, während der griechische sie nur verknüpft. Daher kann τὲ — καί häufig eintreten, wo das einfache καί genügte, und auch zu stehen pflegt. So findet sich καλός τε κἀγαθός = καλὸς κἀγαθός, oder κατὰ γῆν τε καὶ θάλατταν, wo gewöhnlicher τέ fehlt. So steht *Soph*. El. 417 f.: πατρὸς τοῦ σοῦ τε κἀμοῦ δευτέραν ὁμιλίαν, wie wenn es zwei Väter wären, statt τοῦ σοῦ καὶ ἐμοῦ.

Es ist überflüssig, aus einzelnen Schriftstellern Belege anzuführen. Nur um das Verhältniss zu charakterisiren, in welchem von Anfang an die Verknüpfung durch τὲ — καί zu der mit τὲ — τέ steht, sei erwähnt, dass in dem ersten Gesang der Ilias sich gleich viele Beispiele von τὲ — καί, wie von τὲ — τέ — nämlich je 16 — finden. Ausserdem bemerke man 263 f.:

οἷον Πειρίθοόν τε Δρύαντά τε ποιμένα λαῶν
Καινέα τ' Ἐξάδιόν τε καὶ ἀντίθεον Πολύφημον.

339 f.: τὲ — τὲ — καί.
400: Ἥρη τ' ἠδὲ Ποσειδάων καὶ Παλλὰς Ἀθήνη.
465 u. II, 428 f.: μίστυλλόν τ' ἄρα τἆλλα, καὶ ἀμφ' ὀβελοῖσιν ἔπειραν
ὤπτησάν τε περιφραδέως, ἐρύσαντό τε πάντα.

Weitere Belege, wie bei einer grösseren Reihe von Gliedern mit τὲ καί, ἠδέ gewechselt wird, mögen folgende sein:

Il. II, 371: Ζεῦ τε πάτερ καὶ Ἀθηναίη καὶ Ἄπολλον. VI, 239: τὲ — τὲ — τὲ — καί. 283: τὲ — καί — τέ. 310: τὲ — καὶ — καί. VII, 288: τὲ — τὲ — καί. *Od.* I, 246: τὲ — τὲ — καί. II, 117: τὲ — καί — τέ. III, 413: viermal τέ, dann καί. IX, 24: τὲ — τέ — καί. XX, 365: τὲ — καί — καί — καί.
Thoognis 3: τὲ — καί — τέ. 720 f.: καὶ — καί, τὲ — τέ. 722: τὲ — καί — καί. *Pind.* Nem. IV, 15: τὲ — καί — τέ. 27: τὲ — καί — τέ. *Aesch.* Pers. 29—32: nachdem durch τέ an das Vorhergehende angeknüpft ist, folgt καί — τέ — τέ — τέ 36—40 nach ähnlichem τέ: τὲ — καί — τέ. 182 f.: τὲ — τὲ — καί. 218: τὲ — καί — καί — τέ. 485 und 629: τὲ — καί — τέ. 871—900 (τέ an das Vorhergehende anknüpfend, dann) mit Unterbrechung von asyndetisch zusammengestellten Namen: τέ — καί — τέ — τέ — ἠδέ — τέ — καί — τί — τ' ἠδέ — τέ — ἠδέ — τὲ καί. *Eur.* Phoen. 368 f.: μέλαθρα καὶ βωμοὺς θεῶν γυμνάσιά θ' οἷσιν ἐνετράφην, Δίρκης θ' ὕδωρ. 495: τὸ σῶφρόν τ' ἔλαβεν ἂν τῆς συμφορᾶς, καὶ τοῦ νόμου τ' ἂν εἶχετ' εὐσεβής τ' ἂν ἦν. — Auch in der Prosa finden wir bei Verbindung mehrerer Glieder wechselnd τέ und καί gebraucht. *Thuc.* I, 2, 2: τὲ — καί — τέ — τέ, dann: Θεσσαλία, Βοιωτία, Πελοποννήσου τὰ πολλὰ τῆς τε ἄλλης ὅσα ἦν κράτιστα als gleiche Glieder und Beweise der aufgestellten Behauptung aufgeführt. I, 69, 1: τὲ — καί — τέ.
Wenn das zweite Glied einerseits als dem ersten entsprechend und gleich angegeben, dabei aber besonders hervorgehoben werden soll, so findet sich nach τέ — καὶ δὴ καί. *Herod.* I, 1, 1: τῇ τε ἄλλῃ ἐσαπικνέεσθαι καὶ δὴ καὶ ἐς Ἄργος. I, 1, 3: γυναῖκας ἄλλας τε πολλὰς καὶ δὴ καὶ τοῦ βασιλέος θυγατέρα. I, 29, 1. I, 51, 5. I, 75, 1: τὰ Κροῖσος ἐπιμεμφόμενος τῷ Κύρῳ ἔς τε τὰ χρηστήρια ἔπεμπε, εἰ στρατεύηται ἐπὶ Πέρσας καὶ δὴ καὶ ἀπικομένου χρησμοῦ κιβδήλου — ἐστρατεύετο ἐς τὴν Περσέων μοῖραν. I, 82, 1: Ἔς τε δὴ ὧν τὰς ἄλλας ἔπεμπε συμμαχίας καὶ δὴ καὶ ἐς Λακεδαίμονα und denn namentlich auch nach Lakedämon. *Pl.* Ephr. 6 B—C: ὑπὸ τῶν ἀγαθῶν γραφέων τά τε ἄλλα ἱερά ἡμῖν καταπεποίκιλται, καὶ δὴ καὶ τοῖς μεγάλοις Παναθηναίοις ὁ πέπλος ἀνάγεται. — Bieten nun auch die erwähnten Stellen vor dem hervorhebenden καὶ δὴ καί grösstentheils ἄλλος τε, so bedarf es doch in den Formeln ἄλλοι (ἄλλαι, ἄλλα) τε καί oder ὅ τε ἄλλος (ἥ τε ἄλλη) καί — οἵ τε ἄλλοι (αἵ τε ἄλλαι, τά τε ἄλλα) καί, ἄλλως τε καί (für τέ — καί kann auch καί — καί stehen) nicht nothwendig der Beifügung von δὴ καί, um das folgende hervorzuheben. Der Umstand, dass man neben Anderem Eines speziell nahmhaft macht, kann zu dessen Hervorhebung genügen.
Aesch. Pers. 688 ff.: — — — — ἐστὶ δ' οὐκ εὐέξοδον·
ἄλλως τε πάντως χοὶ κατὰ χθονὸς θεοὶ
λαβεῖν ἀμείνους εἰσὶν ἢ μεθιέναι.
Soph. El. 1323: εἴσιτ', ὦ ξένοι, ἄλλως τε καὶ φέροντες. *Her.* I, 14, 1:

χρυσὸν ἄπλετον ἀνέθηκε, ἄλλον τε καὶ τοῦ μάλιστα μνήμην ἄξιον ἔχειν ἐστί. I, 80, 1: ποταμοὶ καὶ ἄλλοι καὶ Ὕλλος. *Thuc.* I, 10, 7: ἄλλως τε καί. I, 13, 5: ἄλλας τε τῶν νήσων — καὶ Ῥήνειαν. I, 16. 1, 70, 1: ἄλλως τε καί. I, 139, 4: ἄλλοι τε πολλοὶ ἔλεγον — καὶ παρελθὼν Περικλῆς κ. τ. λ. *Pl.* Ap. 21 C: ἄλλοις τε πολλοῖς ἀνθρώποις καὶ μάλιστα ἑαυτῷ. 26 E: ἄλλως τε καί. 28 C: οἵ τε ἄλλοι καὶ ὁ τῆς Θέτιδος υἱός. 41 C: τά τε ἄλλα καί. *Xen.* h. gr. VI, 3, 10. *Isocr.* Pgr. 57. 66. 106. *Dem.* Ol. I, 5.

Bemerkenswerth ist, dass auch ἄλλως τε allein im Sinne von ἄλλως τε καί = namentlich, besonders zu stehen scheint. Wenn ἄλλως τε *Eur.* Iph. A. 487: ἄλλως τέ μ' ἔλεος τῆς ταλαιπώρου κόρης εἰσῆλθε etwa in dem Sinn = und auch (in andrer Weise) sonst, auch ausserdem genommen werden kann, so lässt es sich doch in andern Stellen nur durch ein hinzugedachtes καί erklären. *Pl.* Phaedo 87 D: ἀλλὰ γὰρ ἄν φαίη ἑκάστην τῶν ψυχῶν πολλὰ σώματα κατατρίβειν, ἄλλως τε εἰ καὶ πολλὰ ἔτη βιῴη. *Xen.* Mem. I, 2, 59: ἄλλως τ' ἐὰν πρὸς τούτῳ καὶ θρασεῖς ὦσι.

Zum Schluss möge die allgemeine Bemerkung angefügt werden, dass in der Prosa überhaupt τὲ — καί in Vergleichung mit τὲ — τέ schon bei *Herodot* und *Thukydides* bei Weitem überwiegt, bei Späteren, während τὲ — τέ eine immer seltenere und vereinzelte Erscheinung wird, τὲ — καί ausserordentlich häufig sich findet. Indessen lässt sich doch auch hier ein Unterschied des Styls beobachten, ob ein Schriftsteller überhaupt eine gewisse Wortfülle und wechselseitige Verbindung der Glieder liebt oder nicht.

II. Episches τέ.

Gehen wir nun auf den besonderen Gebrauch über, den das Epos von τέ macht, und verbinden damit die Reste, welche sich von diesem epischen Sprachgebrauch bei *Herodot*, und die selteneren, die sich bei den Attikern finden, so müssen wir die einzelnen Gattungen des Gebrauchs genauer von einander sondern.

1) Wir finden also τέ zunächst nach allen relativen Wörtern (mit Ausnahme von ὅστις). Man kann hier allerdings geltend machen, dass jene adjectivischen oder adverbialen Relativa, sofern ihre ursprüngliche Bedeutung die demonstrative ist, das τέ zu sich nehmen, um die verknüpfende, relative Kraft bestimmter darzustellen; indessen τέ ist für die relative Bedeutung so wenig wesentlich und nothwendig, dass der Fälle, wo das Relativ ohne angehängtes τέ steht, weit mehrere sind. Wir haben z. B. in dem ersten Gesang der *Ilias* drei Beispiele des Relativs mit τέ: 86. 238. 279, während das Relativum ohne τέ (ὅστις, da es über-

haupt das τέ verschmäht, nicht mitgerechnet) sich 27mal vorfindet.
Der erste Gesang der *Odyssee* bietet 7 Beispiele des Relativs mit
τέ, dagegen 29 ohne τέ. Ὅσοντε *Herod.* VII, 100, 3.

2) Eine zweite Klasse bilden die Conjunctionen in abhängigen Sätzen. Sie sind verhältnissmässig selten.
ὅτε τε: *Il.* II, 471. III, 189. X, 7 (τέ von ὅτε durch πέρ getrennt).
Od. XII, 257:
εἴ πέρ τε: *Il.* X, 225: μοῦνος δ' εἴ πέρ τε νοήσῃ. *Od.* I, 188:
εἴ πέρ τε γέροντ' εἴρηαι. I, 204: εἴ πέρ τε σιδήρεα δέσματ' ἔχῃσιν
— und εἴ περ γάρ τε. *Il.* I, 81 f. und IV, 160. Durch τέ — τέ
sind Bedingungssatz und Folgesatz als zusammengehörige, correspondirende Glieder bezeichnet.

An ἐπεί. schliesst sich τέ bei *Homer* in dem einen Beispiel
Il. XII, 393: αὐτίκ' ἐπεί τ' ἐνόησεν. Sonst steht das häufig von
Homer gebrauchte ἐπεί allein. Bei *Herodot* findet sich ἐπεί τε gewöhnlich. 1, 42, 2. VI, 43, 2. VI, 91, 2. VI, 101, 2. VII, 56, 1.
VII, 59, 1.

Ὥς τε findet sich in der Bedeutung wie: *Il.* II, 289. III, 23.
381. *Od.* I, 227. 308. Auch noch die Tragiker kennen diesen Gebrauch von ὥστε = ὡς.
Aesch. Prom. 452: ὥστ' ἀήσυροι μύρμηκες. VII c. Th. 62: ὥστε
ναὸς κεδρὸς οἰακοστρόφος. Pers. 424. Ag. 628: ὥστε τοξότης. Eum.
628: ὥστ' Ἀμαζόνες. *Eur.* Or. 1528. — Im Sinne von ἅτε, also
für einen objectiv aufgeführten Grund haben wir ὥστε: *Aesch.* Ag.
883 ff. *Herod.* I, 8, 1. I, 73, 3: ὥστε δὲ περὶ πολλοῦ ποιεύμενος
αὐτούς, παῖδάς σφι παρέδωκε κ. τ. λ. VI, 44, 3. VI, 52, 3: Οὐκ
ὦν δή σφεας ἔχειν, ὁκότερον ἕλωνται, ὥστε καὶ ὁμοίων καὶ ἴσων ἐόντων. VI, 94, 1: ὁ δὲ Πέρσης τὸ ἑωυτοῦ ἐποίεε ὥστε ἀναμιμνήσκοντός τε αἰεὶ τοῦ θεράποντος μεμνῆσθαί μιν τῶν Ἀθηναίων VIII, 118, 2.

3) In ausgedehnterem Umfang findet sich τέ bei Homer den
Conjunctionen des coordinirten Verhältnisses beigegeben: καί, μέν,
δέ, οὐδέ, ἀλλά γάρ. — Beispiele von καί τε sind:

Il. I, 521: νεικεῖ καί τέ μέ φησι μάχῃ Τρώεσσιν ἀρήγειν.
III, 234 f.: νῦν δ' ἄλλους μὲν πάντας ὁρῶ ἑλίκωπας Ἀχαιούς,
οὕς κεν ἐῢ γνοίην καί τ' οὔνομα μυθησαίμην.
IX, 508 f.: ὅς μέν τ' αἰδέσεται κούρας Διὸς ἆσσον ἰόντες,
τὸν δὲ μέγ' ὤνησαν καί τ' ἔκλυον εὐχομένοιο.
Od. XXIII, 11 ff.: — — οἵτε δύνανται
ἄφρονα ποιῆσαι καὶ ἐπίφρονά περ μάλ' ἐόντα
καί τε χαλίφρονέοντα σαοφροσύνης ἐπέβησαν.
Theognis 138 f.: πολλάκι γὰρ δοκέων θήσειν κακὸν ἐσθλὸν ἔθηκεν.
καί τε δοκῶν θήσειν ἐσθλόν, ἔθηκε κακόν.

In allen diesen Stellen lässt sich die Bedeutung festhalten, die
oben für τέ angenommen ward, dass es etwas zu dem Vorangehen-

den Gehöriges, Verwandtes, aus ihm sich Ergebendes bezeichne. Vgl. *Nägelsbach* Anmerkungen zur Ilias 2. Aufl. S. 112. So werden in der Stelle der Odyssee und des Theognis offenbar zwei Seiten eines Ganzen zusammengestellt, die nicht ohne einander gedacht werden sollen, und als Exponent dieses inneren Verhältnisses der Zusammengehörigkeit dient τέ. Eine spätere Zeit jedoch hat die ausdrückliche Bezeichnung dieses Verhältnisses aufgegeben.

Μέν τε: Il. II, 90: αἱ μέν τ' ἔνθα ἅλις πεποτήαται, αἱ δέ τε ἔνθα.
VI, 147 f.: φύλλα τὰ μέν τ' ἄνεμος χαμάδις χέει, ἄλλα δέ θ' ὕλη τηλεθόωσα φύει.

Während in diesen Stellen dem μέν τε ein δέ τε correspondirt, entspricht IX, 508 f. (s. o.) dem μέν τε blosses δέ. *Od.* I, 215 steht μέν τε — αὐτάρ. IV, 102: ἄλλοτε μέν τε — ἄλλοτε δ' αὖτε.

Auch hier lässt sich ohne Schwierigkeit die dem τέ zugewiesene Bestimmung, Zusammengehöriges zu verknüpfen, festhalten. Dass aber mit τέ die Glieder als zu einem Ganzen zusammengehörende, dagegen mit μέν — δέ als unter sich verschieden bezeichnet werden, kann nicht auffallen, da an sich beide Auffassungen möglich sind, und sich eben so wenig gegenseitig ausschliessen, wie die von Homer und Xenophon gebrauchte Verbindung von καί und δέ.

Häufiger steht δέ τε, wo dem eben Gesagten entsprechend eine doppelte Auffassung des Satzverhältnisses möglich ist, indem der folgende Satz einerseits als mit dem vorhergehenden zusammengehörig und verwandt, andrerseits als von demselben verschieden betrachtet werden kann.

Il. I, 403 f.: ὃν Βριάρεων καλέουσι θεοί, ἄνδρες δέ τε πάντες
Αἰγαίων', = ὃν θεοὶ μέν τε κ. τ. λ. eine Vereinigung zweier Ausdrucksweisen: „Man nennt ihn sowohl Briareos als Aegäon" (die Namen gehören zusammen) und: „Die Götter nennen ihn Briareos, die Menschen aber Aegäon."

II, 455 f.: Ἠΰτε πῦρ ἀΐδηλον ἐπιφλέγει ἄσπετον ὕλην
οὔρεος ἐν κορυφῇς, ἕκαθεν δέ τε φαίνεται αὐγή κ. τ. λ.

Der letzte Satz ist einerseits mit δέ nur als ein Weiteres, Neues aufgeführt, andrerseits mit τέ als etwas an das Vorherige natürlich sich Anschliessendes, daraus sich Ergebendes. Dasselbe gilt für II, 463: σμαραγεῖ δέ τε λειμών Ergänzung und Folge von κλαγγηδὸν προκαθιζόντων. III, 10 f.:

— — — — — ἐμίχλην
ποιμέσιν οὔ τι φίλην, κλέπτῃ δέ τε νυκτὸς ἀμείνω·

wie der Nebel den Hirten nicht lieb ist, so (eben darum) ist er günstig für die Absichten des Diebes. Die gleiche Auffassung ist in folgenden Stellen möglich:

VII, 63 f.: οἵη δὲ Ζεφύροιο ἐχεύατο πόντον ἔπι φρὶξ
ὀρνυμένοιο νέον, μελάνει δέ τε πόντον ὑπ' αὐτῇ,

X, 226. XI, 156. Od. I, 53. IX, 124. X, 305 f.:
μῶλυ δέ μιν καλέουσι θεοί. χαλεπὸν δέ τ' ὀρύσσειν
ἀνδράσι γε θνητοῖσι· θεοὶ δέ τε πάντα δύνανται.
316 f.: τεῦξε δέ μοι κυκεῶ χρυσέῳ δέπαι, ὄφρα πίοιμι,
ἐν δέ τε φάρμακον ἧκε, κακὰ φρονέουσ' ἐνὶ θυμῷ.
XI, 537. XX, 133. 252. XXI, 169. — Schwieriger würde es sein, *Il.* VI, 127:
δυστήνων δέ τε παῖδες ἐμῷ μένει ἀντιόωσιν
das lediglich als Gegensatz zum Vorhergehenden sich gibt, τέ auf die genannte Weise zu erklären. Auch *Od.* II, 181:
ὄρνιθες δέ τε πολλοὶ ὑπ' αὐγὰς ἠελίοιο
φοιτῶσ', οὐδέ τι πάντες ἐναίσιμοι.
ist es schwer, den ersten Satz anders, denn als einfachen Gegensatz zu ἐγὼ — μαντεύεσθαι zu betrachten. Aehnlich *Od.* II, 277. Οὐδέ τε erklärt sich aus dem affirmativen δέ τε.
Il. I, 406: τὸν καὶ ὑπέδδεισαν μάκαρες θεοί, οὐδέ τ' ἔδησαν
und banden ihn demnach nicht.
X, 437 f.: πάντα δ' ἀπὸ πλευρῶν χρόα ἔργαθεν· οὐδέ τ' ἴασεν
Παλλὰς Ἀθηναίη μιχθήμεναι ἔγκασι φωτός.
Das Zweite ergibt sich aus χρόα ἔργαθεν, andrerseits bildet es dazu den Gegensatz. XV, 709: οὐδέ τ' ἀκόντων ebensowenig andrerseits XVII, 42. XXIII, 622. XXIV, 52. *Od.* II, 182: οὐδέ τε πάντες ἐναίσιμοι ist schon in dem Vorangehenden mitenthalten, und gibt nur die natürliche Ergänzung und Ausführung dazu. XI, 122 f. und XXIII, 270:
— — — οἳ οὐκ ἴσασι θάλασσαν
ἀνέρες, οὐδέ θ' ἅλεσσι μεμιγμένον εἶδαρ ἔδουσιν.
Ἀλλά τε. Zu den oben bei der Erörterung über τέ — τέ gegebenen Beispielen von εἴ πέρ τε — ἀλλά τε ist noch hinzuzufügen:
Il. XIX, 164 f.: εἴ περ γὰρ θυμῷ γε μενοινάᾳ πολεμίζειν,
ἀλλά τε λάθρῃ γυῖα βαρύνεται.
wo die Zusammengehörigkeit der beiden Sätze nur durch ein einfaches, statt durch ein doppeltes τέ angedeutet ist.
Ἤ τε — ἤ τε = entweder — oder lässt sich in ähnlicher Weise erklären, wie die Sätze mit μέν τε und δέ τε. Während die Glieder durch die Disjunction ἤ — ἤ getrennt werden, sind sie durch τέ — τέ als zusammengehörige bezeichnet.
Il. XI, 410: — ἤ τ' ἔβλητ' ἤ τ' ἔβαλ' ἄλλον.
XVII, 41: ἀλλ' οὐ μὰν ἔτι δηρὸν ἀπείρητος πόνος ἔσται·
οὐδέ τ' ἀδήριτος, ἤ τ' ἀλκῆς ἤ τε φόβοιο.
So lesen nach Nikanor und dem cod. Ven. Spitzner und Bekker. Siehe übrigens oben bei ἤ und ἤ. — Selbst das comparative ἤ hat τέ bei sich.
Od. XVI, 216: κλαῖον δὲ λιγέως, ἀδινώτερον, ἤ τ' οἰωνοί.
Dass τέ bei γάρ steht, mag seine Erklärung in dem Umstande

finden, dass γάρ eigentlich nur dem Satze angehört, in welchem es steht, um die Behauptung als jedenfalls gegeben und unmittelbar gewiss zu bezeichnen. Die Verknüpfung mit einem andern Satz schien also durch eine besondre Partikel bezeichnet werden zu müssen, die ein inneres Verhältniss zwischen zwei Sätzen andeutete.

Il. I, 63: *ἦ καὶ ὀνειροπόλον — καὶ γάρ τ' ὄναρ ἐκ Διός ἐστιν —*
II, 480 f.: *ἠΰτε βοῦς ἀγέληφι μέγ' ἔξοχος ἔπλετο πάντων*
ταῦρος· ὁ γάρ τε βόεσσι μεταπρέπει ἀγρομένῃσιν —
III, 25: *πεινάων· μάλα γάρ τε κατεσθίει κ. τ. λ.* VI, 367: *οὐ*
γάρ τ' οἶδ'. XV, 387.
Od. I, 152: *μολπῇ τ' ὀρχηστύς τε· τὰ γάρ τ' ἀναθήματα δαιτός.*
X, 217. XV, 400. XX, 75. 85.

Wenn *τέ* schon in den seither aufgeführten Fällen nicht selten etwas Auffallendes darum hatte, weil es entweder ohne eigene, bemerkbare Bedeutung überflüssig zu stehen schien, oder die erwiesener Massen ihm zukommende Bedeutung dem Verhältniss der Sätze widerstrebte, so dürfte es noch schwieriger werden, *τέ* nach dem fragenden und indefiniten *τίς*, nach *πῶς*, *πῇ* und dergl., nach dem versichernden *ἦ* und nach *οὔ νυ* ganz befriedigend zu erklären.

Zwar erklärt *Thiersch* (Gr. Gr. 3. Aufl. §. 312. 5) *τίς* werde durch *τέ* zum Fragwort, wie *ὅς* zur Relation: „und wer statt wer hat es gethan", ferner: „*ἦ* könnte einen Satz ohne Beziehung auf den vorhergehenden anfangen; diese Beziehung gibt ihm *τε* und *ἦ τε* steht also mit *ὅς τε*, *ὥστε*, *αὖτε*, *τίς τε* auf gleicher Linie, alle der griechischen Rede wesentlich und nothwendig, und erst später mit fast dem ganzen ursprünglichen Gepräge in *ἦ, ὅς, ὡς, τίς* abgeschliffen oder abgegriffen." Aber es erheben sich gegen diese Erklärungsweise nicht wenige Bedenken. Theils steht *τέ* ebensowohl nach dem indefiniten *τίς*, wie nach dem fragenden, theils finden sich *τίς, ἦ* mit *τέ* verhältnissmässig selten gegenüber den häufigeren Fällen ohne *τέ*, und es ist schwer einzusehen, wie sich diese Fälle von jenen hinsichtlich ihrer Bedeutung unterscheiden sollen.

Auch *Wentzels* Erklärungsweise gibt keine Gränze an zwischen der Bedeutung, die jene Wörter mit und die sie ohne *τέ* haben, und kann darum nicht befriedigen. Von dem *τέ* in Sätzen, „welche eine Versicherung, eine Betheurung oder Drohung enthalten", sagt derselbe §. 22, S. 26: „der Redende deutet durch *τέ* auf etwas hin 1) was wirklich geschehen ist, oder 2) was wirklich ist, oder immer auf dieselbe Weise geschieht, oder 3) was nach seiner individuellen Ueberzeugung gewiss geschehen wird. 4) Auch hypothetische Satzformen kommen hier vor, in denen ausgesagt wird, dass Etwas gewiss geschähe, wenn etwas Anderes eingetreten wäre u. s. w. Durch die Hindeutung mit τέ gewinnt die Aussage an Gewissheit, indem der Sprechende anzeigt, dass ihr Inhalt für ihn wenigstens Realität habe." — Es ist nicht nöthig, auszuführen, wie es kaum einen Fall geben dürfte, in dem nicht nach der einen oder andern Hinsicht τέ gesetzt werden könnte, dass mithin die Gränzen seines Gebietes viel zu unbestimmt beschrieben sind. Jedenfalls würden diese Gründe mit ähnlichem Recht auch da geltend gemacht werden können, wo das einfache ἤ steht. — In Fragesätzen behauptet *Wentzel* §. 24, S. 30 ist τέ gesetzt, „entweder hindeutend auf eine bestimmte einzelne Person, nach welcher eben gefragt wird, oder auf einen Vorgang, der im Vorhergehenden erzählt worden ist und die Frage veranlasst. Endlich gebraucht sie der Fragende auch, wenn er durch das, was ein Andrer von ihm verlangt, in Verlegenheit gekommen oder in eine gewisse Aufregung versetzt worden ist." Es lässt sich nach dieser Norm keine Frage denken, in welcher nicht τέ anwendbar wäre.

Indem wir nun auf die einzelnen Fälle des Gebrauchs, zunächst auf τίς τε eingehen, so kann zugegeben werden, dass in manchen Stellen durch τέ die Verknüpfung und der Zusammenhang mit dem Vorangehenden angedeutet scheint. So *Il.* III, 226: τίς τ' ἄρ' ὅδ' ἄλλος; und wer ist der andre? XI, 656: τίπτε τ' ἄρ' ὧδ' Ἀχιλεὺς ὀλοφύρεται υἷας Ἀχαιῶν; 838: πῶς τ' ἄρ' ἔοι τάδε ἔργα; XII, 409: τί τ' ἄρ' ὧδε μεθίετε; XIII, 307: πῇ τ' ἄρ μέμονας; XVIII, 6: τί τ' ἄρ' αὖτε κλονέονται; 188: πῶς τ' ἄρ' ἴω μετὰ μῶλον; *Od.* I, 346: τί τ' ἄρα φθονέεις; III, 22: πῶς τ' ἄρ' ἴω; XIII, 417: τίπτε τ' ἄρ' οὔ οἱ ἔειπες; XXIII, 264: τί τ' ἄρ' αὖ με μάλ' ὀτρύνουσα κελεύεις; Indessen keine dieser Stellen ist von der Art, dass wenn τέ fehlte, irgend etwas vermisst würde, oder dass eine Verknüpfung für den Sinn nothwendig erschiene. Dagegen ist gleich im Anfang der *Iliade* I, 8:

τίς τ' ἄρ σφωε θεῶν ἔριδι ξυνέηκε μάχεσθαι;

eine Verknüpfung mit dem Vorhergehenden sicherlich nicht am Platz. Die einleitende Inhaltsangabe ist mit V. 7 geschlossen; mit V. 8 hebt der Gesang von Neuem an. Da sich dieses Verhältniss von V. 8 zu V. 7 nicht verkennen lässt, so erscheint eine verknüpfende Partikel nur störend. Selbst *Nägelsbach*, der auch in der zweiten Auflage seiner Anmerkungen annimmt: „Mit τέ wird einfach fortgefahren", müsste, da er in 1—7 das Proömium erkennt, folgerichtig eine Verknüpfung als unangemessen bezeichnen. Auch II, 761 kann leicht verkannt werden, dass die Rede neu anhebt. Offenbar ist mit

οὗτοι ἄρ' ἡγεμόνες Δαναοὶ καὶ κοίρανοι ἦσαν.

das Vorangehende, der eigentliche Katalog, geschlossen, und mit der Bitte an die Musen, anzugeben, wer unter den Genannten der Tüchtigste war, beginnt die Rede von Neuem, ähnlich wie 484

mit ἕσπετε νῦν μοι Μοῦσαι. Eine Verknüpfung mit dem Vorigen ist in der einen Stelle so wenig am Platze, als in der andern.
Nach dem indefiniten τίς lässt sich τέ verschieden erklären. Es kann in mehreren Stellen zu dem Zweck gesetzt scheinen, um eine Verknüpfung des Satzes mit dem vorangehenden oder folgenden zu bezeichnen. Wie Il. III, 12:

τόσσον τίς τ' ἐπιλεύσσει, ὅσον τ' ἐπὶ λᾶαν ἵησιν·

das τέ zu dem ganzen Satz gehört, und in Prosa zunächst nach τόσσον stehen sollte, so ist XXIII, 845: ὅσσον τίς τ' ἔρριψε durch τέ mit 847: τόσσον παντὸς ἀγῶνος ὑπέρβαλε verknüpft. Wie III, 34:

ὡς δ' ὅτε τίς τε δράκοντα ἰδὼν παλίνορσος ἀπέστη

das an τίς angehängte τέ den Satz mit den drei folgenden
— — — ὑπό τε τρόμος ἔλλαβε γυῖα,
ἄψ τ' ἀνεχώρησεν, ὠχρός τέ μιν εἷλε παρειάς,
verbindet, so kann sich auch Il. II, 292 f.:

καὶ γάρ τίς θ' ἕνα μῆνα μένων ἀπὸ ἧς ἀλόχοιο ἀσχαλάᾳ, durch die Partikel eine Verbindung mit ἡμῖν δ' 295 bezeichnet sein, indem das zweite τέ mit δέ vertauscht wird.

Auch XVII, 61 f.: Ὡς δ' ὅτε τίς τε λέων — βοῦν ἁρπάσῃ gehört τέ zum ganzen Satz, der mit 68 verbunden werden soll.

An andern Stellen ist die Annahme, dass τέ zur Verknüpfung diene, nicht möglich. Il. XIV, 90:

σίγα, μή τίς τ' ἄλλος Ἀχαιῶν τοῦτον ἀκούσῃ μῦθον,

kann μή τις — ἀκούσῃ nur als Absichtssatz, nicht als Fortsetzung des Imperativs betrachtet werden, da in diesem Fall μηδέ τις ἄλλος stehen würde. Gleiches gilt von Od. XIX, 486. Ebensowenig Il. XVII, 132 f: Αἴας δ' ἀμφὶ Μενοιτιάδῃ σάκος εὐρὺ καλύψας ἑστήκειν ὥς τίς τε λέων περὶ οἷσι τέκεσσιν.

Die von *Wentzel* versuchte Erklärung ist um so werthloser, je weniger sie auf Form und Bedeutung des Gedankens irgend welchen modificirenden Einfluss übt.

Wenn nach dem fragenden τίς, nach πῇ und dergl. das apostrophirte τ' am natürlichsten und passendsten im Sinne von τοί genommen werden könnte, so muss, abgesehen von der Frage über die Möglichkeit der Elision des οι, die Unmöglichkeit, jenes τ' von dem τέ nach dem indefiniten τίς zu trennen, oder auch letzteres im Sinne von τοί und aus diesem entstanden zu nehmen, dagegen so gewichtige Bedenken erregen, dass auch dieser Erklärungsversuch sofort aufzugeben scheint.

Auch bei ἦ würde der Ausdruck des Affectes, den wir in τοι anzuerkennen haben, und zwar in noch höherem Grade als bei τίς, passend erscheinen; indessen es erheben sich hier ganz ähnliche Bedenken. Es können natürlich ἦ τ' und ἦ τε nicht von einander getrennt und verschieden erklärt werden; andrerseits erscheint es gewagt, eine Abschwächung von τοί in τέ und τ' anzunehmen. Um eine befriedigende Erklärung dieses räthselhaften τέ verlegen, können wir nur constatiren, einerseits, dass in einer Reihe von Stellen τοί in der Bedeutung, die wir im Folgenden demselben beilegen müssen, vollkommen angemessen wäre, andrerseits dass τέ hier nicht eine Verknüpfung bezeichnen kann.

Il. III, 365 ff.: Ζεῦ πάτερ, οὖ τις σεῖο θεῶν ὀλοώτερος ἄλλος·
ἦ τ' ἐφάμην τίσεσθαι Ἀλέξανδρον κακότητος.
νῦν δέ μοι ἐν χείρεσσιν ἄγη ξίφος.

V, 201: ἀλλ' ἐγὼ οὐ πιθόμην· ἦ τ' ἂν πολὺ κέρδιον ἦεν.
Dessgl. *Il.* XXII, 103 und *Od.* IX, 228.

885 f.: ἀλλά μ' ὑπήνεικαν ταχέες πόδες· ἦ τέ κε δηρὸν
αὐτοῦ πήματ' ἔπασχον.

X, 449 f. XI, 362 f.:
ἐξ αὖ νῦν ἔφυγες θάνατον, κύον· ἦ τέ τοι ἄγχι
ἦλθε κακόν. XI, 391. 763. XIII, 631 f.:
Ζεῦ πάτερ, ἦ τέ σέ φασι πέρι φρένας ἔμμεναι ἄλλων
ἀνδρῶν ἠδὲ θεῶν· σέο δ' ἐκ τάδε πάντα πέλονται.

XVII, 236. XVIII, 13: ἦ τ' ἐκέλευον fürwahr, ich hiess ihn doch u. s. w.

XIX, 205 f.: ὑμεῖς δ' ἐς βρωτὺν ὀτρύνετον. ἦ τ' ἂν ἔγωγε
νῦν μὲν ἀνώγοιμι πτολεμίζειν υἷας Ἀχαιῶν.

XXI, 583 ff.: ἦ δή που μάλ' ἔολπας ἐνὶ φρεσί, φαίδιμ' Ἀχιλλεῦ,
ἤματι τῷδε πόλιν πέρσειν Τρώων ἀγερώχων,
νηπύτι· ἦ τ' ἔτι πολλὰ τετεύξεται ἄλγε' ἐπ' αὐτῇ.

Od. XIII, 211: οἵ μ' εἰς ἄλλην γαῖαν ἀπήγαγον· ἦ τέ μ' ἔφαντο
ἄξειν εἰς Ἰθάκην κ. τ. λ. Sie sagten doch wahrhaftig.

XX, 194: δύσμορος· ἦ τε ἔοικε δέμας βασιλῆϊ ἄνακτι. — ähnlich:
XXIV, 311: δύσμορος· ἦ τέ οἱ ἐσθλοὶ ἔσαν ὄρνιθες ἰόντι,
Er hatte doch fürwahr glückliche Zeichen. — Ebd. 28:
ἦ τ' ἄρα καὶ σοὶ πρῶτα παραστήσεσθαι ἔμελλεν
μοῖρ' ὀλοή. — Doch traf auch ihn das Verhängniss.

Wir wollen nun noch einige Stellen anführen, da τέ im Nachsatze stehend etwa als Ausdruck der Folge, des Ergebnisses aus dem Vordersatze aufgefasst werden könnte.

Il. X, 449 f.: εἰ μὲν γάρ κέ σε νῦν ἀπολύσομεν ἠὲ μεθῶμεν,
ἦ τε καὶ ὕστερον εἶσθα θοὰς ἐπὶ νῆας Ἀχαιῶν.
Denn wenn wir dich auch jetzt frei lassen, so wirst du doch auch fernerhin zu den Schiffen der Achäer gehen. XII, 67 ff.

XVI, 686 f.: νήπιος· εἰ δὲ ἔπος Πηληϊάδαο φύλαξεν,
ἦ τ' ἂν ὑπέκφυγε Κῆρα κακὴν μέλανος θανάτοιο.

XXII, 49 f.: ἀλλ' εἰ μὲν ζώουσι μετὰ στρατῷ, ἦ τ' ἂν ἔπειτα
χαλκοῦ τε χρυσοῦ τ' ἀπολυσόμεθ'.

Od. I, 287 f.: εἰ μέν κεν πατρὸς βίοτον καὶ νόστον ἀκούσῃς,
ἦ τ' ἂν τρυχόμενός περ ἔτι τλαίης ἐνιαυτόν.

XII, 137 f.: τὰς εἰ μέν κ' ἀσινέας ἐάᾳς νόστον τε μέδηαι,
ἦ τ' ἄν ἔτ' εἰς Ἰθάκην κακά περ πάσχοντες ἵκοισθε.

Man wird sich aber nichtsdestoweniger bedenken müssen, hier ein innerlich verknüpfendes τέ anzunehmen, wenn man erwägt, dass dem versichernden ἦ (s. oben) ein solches sonst fremd ist, und dass einer natürlichen Auffassung der zuerst angeführten Stellen die Verknüpfung entschieden widerstrebt.

Auch in οὔ νυ τ' kann τ' nicht wohl eine Verknüpfung bezeichnen.

Od. I, 59 ff.: — — — — — — οὐδέ νυ σοί περ
ἐντρέπεται φίλον ἦτορ, Ὀλύμπιε. οὔ νύ τ' Ὀδυσσεὺς
Ἀργείων παρὰ νηυσὶ χαρίζετο ἱερὰ ῥέζων —;

346 ff.: μῆτερ ἐμή, τί τ' ἄρα φθονέεις ἐρίηρον ἀοιδὸν
τέρπειν, ὅππῃ οἱ νόος ὄρνυται; οὔ νυ τ' ἀοιδοὶ
αἴτιοι κ. τ. κ. — In beiden Stellen wird das Unangemessene einer Verknüpfung jedem fühlbar sein. I, 60 ist eine neu anhebende Frage; I, 347 enthält eine Erwiederung auf den Tadel der Mutter. Dazu kommt, dass selbst die Stellung des τε nach οὔ νυ auffallend wäre, und dass, wo eine Verbindung mit dem Vorhergehenden beabsichtigt ist, οὐδέ νυ steht. Dagegen würde der Gemüthsbewegung, mit welcher beide Male οὔ νύ τ' ausgesprochen ist, τοί vollkommen angemessen sein.

Τοί.

So weit bei den erneuten Forschungen über das Wesen der griechischen Partikeln die Ansichten über Ursprung und Bedeutung des τοί auseinandergehen, so scheint doch ein Punkt gewonnen zu sein, in Betreff dessen man so ziemlich einig ist. Diess ist die Annahme eines doppelten τοί, des enklitischen und des am Anfange des Satzes in τοιγάρ, τοιγάρτοι, τοιγαροῦν gebrauchten.

Nachdem man längere Zeit τοί aus dem Stamme des Demonstrativs abgeleitet und = τῷ, darum, desshalb genommen hatte, wobei man οι als Rest einer älteren Formation, wie in οἴκοι, oder genauer, als Form des Locativs genommen hatte, ist seit *Hartungs* und *Nägelbachs* Untersuchungen für das enklitische τοί dieser Standpunkt so ziemlich verlassen. *Hartung* Partikellehre (II, S. 336—371) bekennt S. 338, dass er selbst längere Zeit „τοί für den Dativ von τύ = σύ hielt, und somit die Bedeutung einer zutraulichen Versicherung gewann", welche Ansicht schon *Damm* in seinem homerischen Lexikon geäussert hatte. Indessen längere Beobachtung habe ihn vielmehr zu der Ueberzeugung geführt, dass τοί „trennender und ausschliessender Natur ist" (S. 356 f.).

Mit der von *Hartung* selbst wieder aufgegebenen Ansicht kommt im Wesentlichen *Nägelsbach* überein. Er nahm (Anmerkungen zur Ilias, 1. Aufl. II. Excurs S. 175—191) das enklitische τοί seiner Grundbedeutung nach für einen ethischen Dativ = σοί, in welchem angegeben sei, für wen eine gewisse Behauptung ausgesprochen sei, wem sie glaublich gemacht werden solle = sag' ich dir. Die 2. Aufl. bestätigte S. 281—283 diese Ansicht und unterstützte sie mit weiteren Gründen. Einen andern Weg versucht *Klotz* (Adnott. II, p. 735—738) das enklitische „τοί est idem quod τῷ vel, τινί, et significat aliquo modo, nescio quo. modo. Hoc autem nescio quo modo accepit vim adfirmationis, quia, si quid esse asseveramus, etiam si modum, quo sit, definire non possumus, eo tamen rem in majorem modum adfirmare videmus, si dicimus esse aliquid aliquo modo." *Krüger* nimmt, ohne ein zwiefaches τοί zu unterscheiden, τοί durchaus als Bekräftigung einer Versicherung. Die neueste Auflage des *Passow-Rost*'schen Wörterbuchs tritt *Nägelbachs* Auffassung bei.

Die folgende Untersuchung geht von der (in der Schulgrammatik §. 684 noch nicht anerkannten) Verschiedenheit des enklitischen τοί und des voranstehenden aus. Die Verschiedenheit der Stellung an und für sich schon ist entscheidend. Dazu kommt die Verschiedenheit der Bedeutung. Wenn in dem einfachen, enklitischen τοί, in ἤτοι, καίτοι, μέντοι die versichernde Kraft nicht zu verkennen ist, so in τοιγάρ, τοιγάρτοι, τοιγαροῦν, τοίνυν nicht die folgernde. Das versichernde τοί steht bei Homer und Spätern nie am Anfange des Satzes, während τοιγάρ diese Stelle regelmässig einnimmt.

Nägelsbach hat nicht nur aufmerksam gemacht, wie τοί als ethischer (bezeichnender wohl, weil er nur in der familiären Rede vorkommt, als familiärer) Dativ jenem versichernden τοί so nahe stehe, dass es zuweilen zweifelhaft sein könne, ob man es in jenem, oder in diesem Sinne aufzufassen habe, sondern er hat auch die scheinbare Schwierigkeit, dass τοί auch in der Anrede an mehrere vorkomme, durch die Hinweisung auf die interjectional gebrauchten Imperative ἄγε, φέρε, ἰδέ beseitigt.

Wenn man aber auch die Ableitung von dem familiären σοί und τοί in Zweifel ziehen wollte, wird man sich doch bei Vergleichung der Partikel mit den gleichfalls versichernden ἦ und μήν dem Zugeständniss nicht entziehen können, dass, während ἦ und μήν = gewiss und wahrhaftig, fürwahr einfach die Ueberzeugung ausdrücken, und dem Gebiete des Denkens angehören, in τοί vielmehr eine Stimmung des Gemüthes, ein πάθος seinen Ausdruck findet. 1. So liegt denn in τοί, und zwar nach verschiedenen Graden, stärker oder auch schwächer ausgeprägt, bald eine zutrauliche Insinuation = sag' ich dir, darfst du glauben, ein Bestreben, angelegentlich eine Wahrheit oder eine Bitte der Beachtung zu empfehlen, bald der Ausdruck eines Affectes, eines Unwillens, dass man an etwas zweifeln möge, bald die zuversichtliche Geltendmachung einer unbestreitbaren Wahrheit, besonders im Gegensatz gegen einen Widerspruch. Wenn sich aus den nun anzuführenden Belegstellen diese Bedeutung der Partikel ergeben wird, so wird zugleich daraus erhellen, dass, wenn auch zuweilen eine Folgerung in τοί liegen könnte, doch die überwiegende Anzahl von Stellen eine solche Bedeutung ausschliesst, namentlich diejenigen, in welchen auf eine unbestreitbare, allgemeine Wahrheit zurückgegangen wird, und der Satz eher an der Stelle eines Causalsatzes steht.

Il. I, 419 f.: τοῦτο δέ τοι ἐρέουσα ἔπος Διὶ τερπικεραύνῳ
εἶμ' αὐτὴ πρὸς Ὄλυμπον ἀγάννιφον.

Es kann τοί familiärer Dativ (Dat. commodi) sein, = so wie du es wünschest, oder auch Ausdruck der theilnehmenden, beruhigenden Zusage. Ebenso:

I, 426: καὶ τότ' ἔπειτα τοι εἶμι Διὸς ποτὶ χαλκοβατὲς δῶ.
Auch 425: δωδεκάτῃ δέ τοι αὖτις ἐλεύσεται Οὐλυμπόνδε.

II, 297 f.: — — — — ἀλλὰ καὶ ἔμπης
αἰσχρόν τοι δηρόν τε μένειν, κενεόν τε νέεσθαι.

Mit Entrüstung macht Odysseus geltend: daran ist doch nicht zu zweifeln, dass es schimpflich ist u. s. w. V, 801: Τυδεύς τοι μικρὸς μὲν ἔην. 873 mit Unwillen:

αἰεί τοι ῥίγιστα θεοὶ τετληότες εἰμὲν
ἀλλήλων ἰότητι. IX, 158: Ἀΐδης τοι ἀμείλιχος. IX, 654 f. mit trotziger Zuversicht:

ἀμφὶ δέ τοι τῇ ἐμῇ κλισίῃ καὶ νηΐ μελαίνῃ
Ἕκτορα καὶ μεμαῶτα μάχης σχήσεσθαι ὀΐω.

X, 249 f.: Τυδεΐδη, μήτ' ἄρ με μάλ' αἴνεε μήτε τι νείκει·
εἰδόσι γάρ τοι ταῦτα μετ' Ἀργείοις ἀγορεύεις.

Was du sagst, das wissen ja doch alle.

X, 316: ὃς δή τοι εἶδος μὲν ἔην κακός, ἀλλὰ ποδώκης.

XII, 412: πλεόνων δή τοι ἔργον ἄμεινον die Arbeit mehrerer ist ja doch besser und XIII, 115: ἀλλ' ἀκεώμεθα θᾶσσον· ἀκεσταί τοι φρένες ἐσθλῶν. In beiden letzten Stellen wird mit Affect eine Wahrheit als solche, an der man nicht zweifeln könne, ausgesprochen. XIII, 252 f.: οὐδέ τοι αὐτὸς ἧσθαι ἐνὶ κλισίῃσι λιλαίομαι.

XIII, 267: καί τοι ἐμοὶ παρά τε κλισίῃ καὶ νηΐ μελαίνῃ
πόλλ' ἔναρα Τρώων.

Man darf καί τοι nicht als zusammengehörig betrachten, da vielmehr καί (auch) zu ἐμοί gehört.

XV, 45: αὐτάρ τοι καὶ κείνῳ ἐγὼ παραμυθησαίμην aber auch ihm, kann ich dir versichern, will ich zusprechen. Aehnlich 69.

222: ἤδη μὲν γάρ τοι γαιήοχος ἐννοσίγαιος
ᾤχεται εἰς ἅλα δῖαν.
XXI, 110: ἀλλ' ἔπι τοι καὶ ἐμοὶ θάνατος καὶ Μοῖρα κραταιή.
Aber doch droht auch mir.
XXII, 488: αἰεί τοι τούτῳ γε πόνος καὶ κήδε' ὀπίσσω
ἔσσοντ'. — Mit bewegtem Gemüthe: immer wird er
ja doch Noth und Sorgen haben.
XXIII, 315: μή τι τοι δρυτόμος μέγ' ἀμείνων ἠὲ βίηφιν.
Durch Einsicht ist ja doch der Holzhauer klüger.
Od. II, 88: ἀλλὰ φίλη μήτηρ, ἥ τοι πέρι κέρδεα οἶδεν.
II, 276: παῦροι γάρ τοι παῖδες ὁμοῖοι πατρὶ πέλονται.
Hier, wie VIII, 329: κιχάνει τοι βραδὺς ὠκύν und 351: δειλαί τοι
δειλῶν γε καὶ ἐγγύαι ἐγγυάασθαι ist eine allgemeine Wahrheit mit
Affect, mit dem Nachdruck einer unzweifelhaften Sache vorgetragen.
IX, 259 ff.: ἡμεῖς τοι Τροίηθεν — ἤλθομεν wie sonst ἤτοι: wir
sind dir (kann ich dir sagen) von Troja gekommen.
XII, 118: ἡ δέ τοι οὐ θνητή, ἀλλ' ἀθάνατον κακόν ἐστιν.
Sie ist, kann ich dir sagen, keine Sterbliche. Vielleicht eigentlicher Dativ, nicht Partikel.
XIII, 128 ff.: Ζεῦ πάτερ, οὐκέτ' ἔγωγε μετ' ἀθανάτοισι θεοῖσιν
τιμήεις ἔσομαι, ὅτε με βροτοὶ οὔ τι τίουσιν,
Φαίηκες, τοί πέρ τοι ἐμῆς ἐξ εἰσι γενέθλης.
Die doch von mir abstammen. Es ist diess mit Affect und Pathos,
im Gegensatz zu οὔ τι τίουσιν geltend gemacht.
XV, 72 f.: ἶσόν τοι κακόν ἐσθ', ὅς τ' οὐκ ἐθέλοντα νέεσθαι
ξεῖνον ἐποτρύνει, καὶ ὃς ἐσσύμενον κατερύκει.
Auch hier dürfte τοί Partikel sein, durch welche eine Wahrheit mit
Lebhaftigkeit geltend gemacht wird.
XV, 272: οὕτω τοι καὶ ἐγὼν ἐκ πατρίδος, sowie XVI, 187: οὔ
τίς τοι θεός εἰμι, 207: αὐτάρ τοι τόδε ἔργον Ἀθηναίης und 263:
ἐσθλώ τοι τούτω γ' ἐπαμύντορε kann τοί einfach Dativ sein.
XVII, 572 f.: εἵματα γάρ τοι λύγρ' ἔχω· οἶσθα καὶ αὐτός.
Mit Lebhaftigkeit ist eine bekannte Sache geltend gemacht.
XVIII, 230: ἀλλά τοι οὐ δύναμαι πεπνυμένα πάντα νοῆσαι.
Telemach macht mit einigem Affect geltend, was zu seiner Entschuldigung spricht.
XIX, 592 f.: ἐπί γάρ τοι ἑκάστῳ μοῖραν ἔθηκαν
ἀθάνατοι.
Mit erregterem Gemüth ist auf eine allgemeine Wahrheit hingewiesen. — XX, 289.
Der Gebrauch *Pindars* weicht nicht ab. Vgl. Ol. II, 164. IV,
29 f.: οὐ ψεύδεϊ τέγξω λόγον· διάπειρά τοι βροτῶν ἔλεγχος. Lebhafte
Geltendmachung einer unbestreitbaren Wahrheit. VIII, 78: τὸ
διδάξασθαι δέ τοι εἰδότι ῥᾴτερον. 95: Ἀΐδα τοι λάθεται ἄρμενα

πράξαις ἀνήρ. IX, 33. XI, 104. Pyth. Π, 131. 173: ποτὶ κέντρον δέ τοι λακτιζέμεν τελέθει ὀλισθηρὸς οἶμος. — Aus *Aeschylos* vergleiche man Ag. 312.
348: τοιαυτά τοι γυναικὸς ἐξ ἐμοῦ κλύοις.
362: Δία τοι ξένιον μέγαν αἰδοῦμαι. — 877. 903. 922: θεούς τοι τοῖσδε τιμαλφεῖν χρεών. Es wird diess mit lebhafter Entschiedenheit geltend gemacht. — Auch im Wunsche findet sich τοί.
974: μέλοι δέ τοι σοὶ τῶν περ ἂν μέλλῃς τελεῖν. — 1001. 1040.
1047: σοί τοι λέγουσα παύεται σαφῆ λόγον.
VII c. Th. 716: τεθηγμένον τοί μ' οὐκ ἀπαμβλυνεῖς λόγῳ.
Pers. 245: δεινά τοι λέγεις. 287 ff.
506:   —   —   — εὐτυχὴς δέ τοι
ὅστις τάχιστα πνεῦμ' ἀπέρρηξεν βίου.
706:   — ἀνθρώπεια δ' ἄν τοι πήματ' ἐντύχοι βροτοῖς.
795: ἀλλ' εὐσταλῆ τοι λεκτὸν ἀροῦμεν στόλον.
827: Ζεύς τοι κολαστὴς τῶν ὑπερκόπων ἄγαν
φρονημάτων ἔπεστιν.
Dass τοί Ausdruck einer lebhaft erregten Stimmung und des Affektes ist, lässt sich namentlich aus den Stellen erkennen, wo τοί auf das σέ der Anrede folgt.
Soph. Aj. 1226 ff.: σὲ δὴ τὰ δεινὰ ῥήματ' ἀγγέλλουσί μοι
τλῆναι καθ' ἡμῶν ὧδ' ἀνοιμωκτὶ χανεῖν;
σέ τοι, σὲ τὸν τῆς αἰχμαλωτίδος λέγω,
ἦ που τραφεὶς ἂν μητρὸς εὐγενοῦς ἄπο
ὑψήλ' ἐφώνεις κ. τ. λ.
Es könnte scheinen, als ob τοί gleich dem wiederaufnehmenden und folgernden οὖν stehe; aber weniger noch lässt sich der Affect verkennen, mit welchem diese Worte gesprochen sind.
El. 582: εἰ γὰρ κτενοῦμεν ἄλλον ἀντ'. ἄλλου, σύ τοι
πρώτη θάνοις ἄν, εἰ δίκης γε τυγχάνοις.
El. 624: Σύ τοι λέγεις νιν, οὐκ ἐγώ.
El. 1445: σέ τοι, σὲ κρίνω, ναὶ σέ, τὴν ἐν τῷ πάρος
χρόνῳ θρασεῖαν κ. τ. λ.
Eur. Or. 578: σύ τοι φυτεύσας θυγατέρ', ὦ γέρον, κακὴν
ἀπώλεσάς με.
Arist. Av. 274: οὗτος, ὦ σέ τοι κ. τ. λ. 406: ἰώ, ἔποψ, σέ τοι καλῶ. *Plut.* 1099 f.: σέ τοι λέγω, ὦ Καρίων, ἀνάμεινον. *Herod.* I, 41, 2: Πρὸς δὲ τούτῳ καί σέ τοι χρεών ἐστι ἰέναι ἔνθα λαμπρυνέαι τοῖσι ἔργοισι. *Pl.* Prot. 316 B: Ὦ Πρωταγόρα, πρὸς σέ τοι ἤλθομεν.
Wir verfolgen den Gebrauch der Partikel weiter durch die attische Poësie und Prosa. Man wird sich aus dem Zusammenhang der Stellen überzeugen, dass τοί da steht, wo man mit erregterem Gemüth, mit Lebhaftigkeit und Affect etwas geltend macht oder verlangt.

Soph. El. 298: ἀλλ' ἴσθι τοι τίσουσά γ' ἀξίαν δίκην.
307 ff.: ἐν οὖν τοιούτοις οὔτε σωφρονεῖν, φίλαι,
οὔτ' εὐσεβεῖν πάρεστιν, ἀλλ' ἔν τοι κακοῖς
πολλή 'στ' ἀνάγκη κἀπιτηδεύειν κακά.
323: πέποιθ'· ἐπεὶ τἄν οὐ μακρὰν ἔζων ἐγώ.
378: ἀλλ' ἐξερῶ τοι πᾶν. 404.
415: λέγ' ἀλλὰ τοῦτο· πολλά τοι σμικροὶ λόγοι
ἔσφηλαν ἤδη καὶ κατώρθωσαν βροτούς.
871: ὑφ' ἡδονῆς τοι, φιλτάτη, διώκομαι.
916 f.: ἀλλ', ὦ φίλη, θάρσυνε. τοῖς αὐτοῖσί τοι
οὐχ αὑτὸς ἀεὶ δαιμόνων παραστατεῖ.
928: καὶ ποῦ 'στιν οὗτος; θαῦμά τοί μ' ὑπέρχεται.
945. 984. 1469.
Phil. 81: ἀλλ' ἡδὺ γάρ τοι κτῆμα τῆς νίκης λαβεῖν.
245: Ἐξ Ἰλίου τοι δὴ τανῦν γε ναυστολῶ.
So wisse denn, dass ich jetzt von Ilios komme.
475 f.: ὅμως δὲ τλῆθι· τοῖσι γενναίοισί τοι
τό τ' αἰσχρὸν ἐχθρὸν καὶ τὸ χρηστὸν εὐκλεές.
Geltendmachung einer anerkannten Wahrheit.
480: ἴθ'· ἡμέρας τοι μόχθος οὐχ ὅλης μιᾶς.
Zusprechend: die Last ja dauert kaum nur einen Tag. 801. 1252. 1255.
Eur. Or. 110 f.: ὀρθῶς ἔλεξας· πείθομαί τέ σοι, κόρη,
καὶ πέμψομέν γε θυγατέρ'· εὖ γάρ τοι λέγεις.
249: φίλον τοι τῷ νοσοῦντι δέμνιον.
389: πῶς φῄς; σοφόν τοι τὸ σαφές, οὐ τὸ μὴ σαφές.
480: Ἑλληνικόν τοι τὸν ὁμόθεν τιμᾶν ἀεί. 539. 675. 1046. 1168.
Phoen. 713: ἐξοιστέον τἄρ' ὅπλα Καδμείων πόλει.
Zu νικῆσαι δὲ δεῖ zustimmend und bestätigend.
731: βαθύς γέ τοι Διρκαῖος ἀναχωρεῖν πόρος.
Ebenso in zustimmender und bestätigender Antwort.
Phoen. 1660 f.: Κρ. Σαντὴν ἄρ' ἐγγὺς τῷδε συνθάψεις νεκρῷ.
— Ἀντ. Ἀλλ' εὐκλεές τοι δύο φίλω κεῖσθαι πέλας.
Iph. A. 306: ἀλλ' εὐκλεές τοι δεσποτῶν θνῄσκειν ὕπερ.
Arist. Eq. 178 ff.: Ἀλλ. — Εἰπέ μοι, καὶ πῶς ἐγὼ
ἀλλαντοπώλης ὢν ἀνὴρ γενήσομαι;
Δημ. Δι' αὐτὸ γάρ τοι τοῦτο καὶ γίγνει μέγας,
ὁτιὴ πονηρὸς κἀξ ἀγορᾶς εἶ καὶ θρασύς.
Av. 945: ξύνες, ὅ τοι λέγω.
Ach. 323: Χ. Οὐκ ἀκουσόμεσθα δῆτα. Δ. Δεινὰ τἄρα πείσομαι.
655: ἀλλ' ὑμεῖς τοι μή ποτ' ἀφῆθ'.
753: ἀλλ' ἡδύ τοι, νὴ τὸν Δί', ἦν αὐλὸς παρῇ.
Plut. 1041. Herod. I, 39, 1. 2: φῄς τοι (du sagst ja doch) τὸ ὄνειρον ὑπ' αἰχμῆς σιδηρέης φάναι ἐμὲ τελευτήσειν. III, 29, 1: ἀτάρ τοι ὑμεῖς γε οὐ χαίροντες γέλωτα ἐμὲ θήσεσθε. — Plato Ephr. 3 C:

καὶ ἐμοῦ γάρ τοι, ὅταν τι λέγω ἐν τῇ ἐκκλησίᾳ περὶ τῶν θείων — καταγελῶσιν ὡς μαινομένου. — Ἀθηναίοις γάρ τοι — οὐ σφόδρα μέλει κ. τ. λ. 5 C: Καὶ ἐγώ τοι, ὦ φίλε ἑταῖρε, ταῦτα γιγνώσκων μαθητής ἐπιθυμῶ γενέσθαι σός. Zutraulich: ich will ja eben in dieser Ueberzeugung dein Schüler werden. Ap. 29 A: τὸ γάρ τοι θάνατον δεδιέναι, ὦ ἄνδρες, οὐδὲν ἄλλο ἐστὶν ἢ δοκεῖν σοφὸν εἶναι μὴ ὄντα. Lebhafte Geltendmachung einer Wahrheit. Phaedo 63 A: Ἀεί τοι, ἔφη, ὁ Κέβης λόγους τινὰς ἀνερευνᾷ immer macht doch der Kebes Einwürfe ausfindig; mit ironischem Unwillen. Symp. 219 A: ἦ τοι τῆς διανοίας ὄψις ἄρχεται ὀξὺ βλέπειν, ὅταν ἡ τῶν ὀμμάτων τῆς ἀκμῆς λήγειν ἐπιχειρῇ, vgl. Stallbaum z. d. St. Prot. 310 C. 311 F. 314 E. 335 B. 340 E. 349 D. Xen. Mem. I, 1, 8. I, 2, 36: ἀλλά τοι σύ γε, ὦ Σώκρατες, εἴωθας εἰδώς, πῶς ἔχει, τὰ πλεῖστα ἐρωτᾶν· ταῦτα οὖν μὴ ἐρώτα. Es wird mit Lebhaftigkeit auf eine bekannte Sache hingewiesen: aber du hast ja die Gewohnheit etc. 46. I, 6, 11. II, 1, 10 f.: ἢ τῶν Ἑλλήνων, ἐν οἷς καὶ αὐτὸς εἶ, πότεροί σοι δοκοῦσιν ἥδιον, οἱ κρατοῦντες ἢ οἱ κρατούμενοι, ζῆν; Mit Lebhaftigkeit erwidert Aristipp: ἀλλ᾽ ἐγώ τοι οὐδὲ εἰς τὴν δουλείαν αὖ ἐμαυτὸν τάττω. Aehnlich 13: Ἀλλ᾽ ἐγώ τοι, ἔφη, ἵνα μὴ πάσχω ταῦτα, οὐδ᾽ εἰς πολιτείαν ἐμαυτὸν κατακλείω, ἀλλὰ ξένος πανταχοῦ εἰμι. II, 2, 7. III, 6, 10: Ἀλλά τοι περί γε φυλακῆς τῆς χώρας οἶδ᾽ ὅτι σοι μεμέληκε: aber darüber hast du doch (wie man unstreitig annehmen darf) nachgedacht. Ebenso 13: Ἀλλ᾽ ἐκείνου γέ τοι, ἔφη, οἶδ᾽ ὅτι οὐκ ἠμέληκας. Cyr. I, 5, 13 mit lebhafter Entschiedenheit: ἀλλὰ πιστεύω τοι. I, 6, 9: Ἀλλά τοι, ἔφη, ὦ παῖ, ἐνιά ἐστιν, ἃ οὐ πρὸς ἀνθρώπους ἀγωνιστέον. Hist. gr. II, 4, 13: ἀλλὰ νῦν τοι παραγεγένηνται, οὐ οὗτοι μὲν οὔποτε ᾤοντο, ἡμεῖς δὲ ἀεὶ εὐχόμεθα. Dem. Phil. I, 2 mit lebhafter Entschiedenheit: ἐπεί τοι, εἰ πάνθ᾽ ἃ προσῆκε πραττόντων οὕτως εἶχεν, οὐδ᾽ ἂν ἐλπὶς ἦν αὐτὰ βελτίω γίγνεσθαι. §. 6.

Ich führe zum Schluss noch Beispiele von τοί in negativen Sätzen an, sei es, dass τοί von der Negation getrennt, oder mit derselben verbunden erscheint.

Il. I, 298: χερσὶ μὲν οὔ τοι ἔγωγε μαχήσομαι εἵνεκα κούρης.

II, 360 f.: ἀλλά, ἄναξ, αὐτός τ᾽ εὖ μήδεο, πείθεό τ᾽ ἄλλῳ·
οὔ τοι ἀπόβλητον ἔπος ἔσσεται, ὅττι κεν εἴπω.

Es wird ja doch kein verwerflicher Rath sein, den ich gebe.

III, 65: οὔ τοι ἀπόβλητ᾽ ἐστὶ θεῶν ἐρικυδέα δῶρα.

Beide Male wird mit Entschiedenheit, nicht sowohl mit der Ruhe der Ueberzeugung, als mit lebhafter Theilnahme des Gemüths, mit der Zuversicht des θυμός, eine Wahrheit geltend gemacht.

IV, 29 und XVI, 443: ἔρδ᾽· ἀτὰρ οὔ τοι πάντες ἐπαινέομεν θεοὶ ἄλλοι.

VI, 335: οὔ τοι ἐγὼ Τρώων τόσσον χόλῳ οὐδὲ νεμέσσι ἥμην ἐν θαλάμῳ.

VIII, 293 ff. — — — — — τί με σπεύδοντα καὶ αὐτὸν
ὀτρύνεις; οὐ μέν τοι, ὅση δύναμίς γε πάρεστιν,
παύομαι.

In allen diesen Stellen wird mit grösserer oder geringerer Lebhaftigkeit eine Erklärung abgegeben oder eine unbestreitbare Wahrheit, namentlich im Gegensatze zu einer Thatsache oder einer Meinung geltend gemacht. Gleiches gilt von den folgenden Stellen:
Od. I, 203: οὔ τοι ἔτι δηρόν γε φίλης ἀπὸ πατρίδος αἴης
ἔσσεται.
IX, 27: — — — — — οὔ τοι ἔγωγε
ἧς γαίης δύναμαι γλυκερώτερον ἄλλο ἰδέσθαι.
XVII, 17: οὐδέ τοι αὐτὸς ἐρύκεσθαι μενεαίνω. XVIII, 233: οὐ μέν τοι. XXI, 172: οὐ γάρ τοι.
Aesch. Ag 338—340: εἰ δ᾽ εὖ σέβουσι τοὺς πολισσούχους θεούς —
οὐ τἂν ἑλόντες αὖθις ἀνθαλοῖεν ἄν.
traun, dann dürften die Sieger nicht wieder besiegt werden.
940: οὔ τοι γυναικός ἐστιν ἱμείρειν μάχης.
Es ist ja doch sicherlich nicht Sache des Weibes, nach dem Kampf zu verlangen.
1055: οὔ τοι θυραίαν τῇδ᾽ ἐμοὶ σχολὴ πάρα
τρίβειν.
Prom. 436: Μή τοι χλιδῇ δοκεῖτε μηδ᾽ αὐθαδίᾳ
σιγᾶν με.
625: μή τοι με κρύψῃς τοῦθ᾽ ὅπερ μέλλω παθεῖν.
Soph. El. 137 f.: ἀλλ᾽ οὔ τοι τόν γ᾽ ἐξ Ἀίδα παγκοίνου λίμνας πατέρ᾽ ἀνστάσεις οὔτε γόοισιν οὔτ᾽ ἄταις. 153: οὔ τοι σοὶ μούνᾳ, τέκνον, ἄχος ἐφάνη βροτῶν. 773. 791. 1182.
Phil. 1252 f.: ἀλλ᾽ οὐδέ τοι σῇ χειρὶ πείθομαι τὸ δρᾶν
Ὀδ. Οὐ τἄρα Τρωσίν, ἀλλὰ σοὶ μαχούμεθα.

Wenn in der letzteren Stelle an und für sich τοί zur Folgerung gezogen werden könnte, so zeigt doch genauere Betrachtung der Stelle, dass das eine und das andre Mal τοί Ausdruck des Affectes ist, womit hier Rede und Gegenrede gesprochen wird. So wird man auch in den folgenden Stellen den Ausdruck des Affectes nicht verkennen.

Ant. 523: Οὔ τοι συνέχθειν, ἀλλὰ συμφιλεῖν ἔφυν.
544: Μή τοι κασιγνήτη, μή, μ᾽ ἀτιμάσῃς τὸ μὴ οὐ
θανεῖν τε σὺν σοὶ τὸν θανόντα θ᾽ ἁγνίσαι.
Eindringliche Bitte gegenüber dem Entschluss der Antigone: entehre mich doch nicht.
Eur. Phoen. 553: — Ἐπίσχες· οὔ τοι τὸ ταχὺ τὴν δίκην ἔχει.
556: οὔ τοι τὰ χρήματ᾽ ἴδια κέκτηνται βροτοί.
Iph. A. 513: οὔ τοι χρὴ λίαν ταρβεῖν ὄχλον. Iph. T. 116. — Herod. I, 32, 6: οὐ γάρ τοι. VII, 103, 4: ἐπεί τοι πλεῦνες περὶ ἕνα ἕκαστον γενόμεθα ἢ χίλιοι ἐόντων ἐκείνων πέντε χιλιάδων. Eine unbestreitbare

Thatsache wird mit Lebhaftigkeit geltend gemacht. *Thuc.* II, 41, 2: *οὐ δή τοι. Plato* Ephr. 2 B: *Οὔ τοι δὴ Ἀθηναῖοί γε — δίκην αὐτὴν καλοῦσιν, ἀλλὰ γραφήν.* Prot. 360 E. Ap. 25 C: *ὦ 'τᾶν, ἀπόκριναι, οὐδὲν γάρ τοι χαλεπὸν ἐρωτῶ. Xen.* Cyr. VIII, 3, 42: *Οὔ τοι — ἡδύ ἐστι τὸ ἔχειν χρήματα ὡς ἀνιαρὸν τὸ ἀποβάλλειν.*

2. *Τοί* in Verbindung mit andern Partikeln.

Wie überhaupt diejenigen griechischen Partikeln, die für sich selbst nicht an den Anfang eines Satzes treten können, gerne in einer verwandten Partikel, welche dem Satz voranzutreten pflegt, eine Stütze suchen, um mit dieser verbunden dem Satze, zu dem sie gehören, gleich von Anfang an ihr Gepräge oder das Verhältniss zu verleihen, das sie, in Conjunctionen übergehend, ausdrücken sollen (z. B. *γάρ* und *πέρ* nach *καί*, *μήν* nach *ἦ*), so schliesst sich das versichernde *τοί* an die verwandte Partikel *ἦ* an, um an die Spitze des Satzes treten und diesen gleich von vorn herein versichern zu können. — Wenn wir aber von dem einfachen *τοί* zugeben mussten, dass seine charakteristische Bedeutung, wonach es eine vom Gemüth ausgehende oder unter Betheiligung des Gemüthes ausgesprochene Versicherung ist, oft schwächer und minder erkennbar hervortritt, so gilt diess besonders von *ἦτοι*.

Ἤ τ ο ι

erscheint im Allgemeinen ruhiger und dient nicht so wie das einfache *τοί* zu effectvoller, selbst trotziger, Geltendmachung einer Wahrheit. Nichts desto weniger wird man meist, namentlich im Anreden, aus der Versicherung mit *ἤτοι* die Betheiligung des Gemüthes heraushören. Im Deutschen dürfte am nächsten **traun** entsprechen. — Es steht aber *ἤτοι* ebenso wohl in der an Mehrere wie an Einzelne gerichteten Anrede; ausserdem auch in der Erzählung. — Häufig: *Ἤτοι ὅ γ' ὣς εἰπὼν κατ' ἄρ' ἕζετο,* vgl. *Il.* I, 68 und 101, ferner: II, 76. VII, 354. 365. *Od.* II, 224. —

Il. I, 140: *ἀλλ' ἤτοι μὲν ταῦτα μεταφρασόμεθα καὶ αὖτις·*
211: *ἀλλ' ἤτοι ἔπεσιν μὲν ἐπείθισον.* III, 168 und 213: *ἤτοι μέν,* wo ein Gegensatz folgt. III, 305: *ἤτοι ἐγὼν εἶμι προτὶ Ἴλιον ἠνεμόεσσαν.*

VI, 200 f.: *ἀλλ' ὅτε δὴ καὶ κεῖνος ἀπήχθετο πᾶσι θεοῖσιν,*
ἤτοι ὁ κὰπ πεδίον τὸ Ἀλήϊον οἶος ἀλᾶτο.
404: *ἤτοι ὁ μὲν μείδησεν ἰδὼν ἐς παῖδα σιωπῇ.*
414: *ἤτοι γὰρ πατέρ' ἁμὸν ἀπέκτανε δῖος Ἀχιλλεύς.*
VII, 188. 191: *ὦ φίλοι, ἤτοι κλῆρος ἐμός.*
406: *Ἰδαῖ', ἤτοι μῦθον Ἀχαιῶν αὐτὸς ἀκούεις.*
451: *τοῦ δ' ἤτοι κλέος ἔσται.*
Od. I, 155: *ἤτοι ὁ φορμίζων ἀνεβάλλετο καλὸν ἀείδειν.*
267: *ἀλλ' ἤτοι μὲν ταῦτα θεῶν ἐν γούνασι κεῖται.*

307: ξεῖν', ἤτοι μὲν ταῦτα φίλα φρονέων ἀγορεύεις·
394. 400. 413: Εὐρύμαχ' ἤτοι τόστος ἀπώλετο πατρὸς ἐμοῖο κ.τ.λ.
Π, 235: ἀλλ' ἤτοι μνηστῆρας ἀγήνορας οὔ τι μεγαίρω
ἔρδειν ἔργα βίαια κακορραφίῃσι νόοιο.
IX, 3. 43. X, 271. XIV, 171. XXI, 16. 98. — *Pind.* Ol. XII,
19. XIII, 118. *Pyth.* XII, 23.

Späterhin, namentlich bei den Attikern, wird τοί dem disjunctiven ἤ angehängt, um mit Lebhaftigkeit, Zuversicht oder Entrüstung und Trotz geltend zu machen, dass doch nothwendig das Eine oder Andre statt finden müsse.

Aesch. Ag. 661 ff.: ἡμᾶς γε μὲν δὴ ταῦν τ' ἀκήρατον σκάφος
ἤτοι τις ἐξέκλεψεν, ἤ 'ξῃτήσατο
θεός τις. — 849: ἤτοι κέαντες ἤ τεμόντες.
Choeph. 497 f.: ἤτοι δίκην ἴαλλε σύμμαχον φίλοις
ἤ τὰς ὁμοίας ἀντίδος βλάβας λαβεῖν.
Soph. El. 498 ff.: ἤ τοι μαντεῖαι βροτῶν οὐκ εἰσὶν ἐν δεινοῖς ὀνείροις, οὐδ' ἐν θεσφάτοις, εἰ μὴ τόδε φάσμα νυκτὸς εὖ κατασχήσει. Es wird mit lebhaftem Affect geltend gemacht, dass es entweder überhaupt keine göttlichen Offenbarungen in Traumgesichten und Göttersprüchen gebe, oder es müsse diese nächtliche Erscheinung wahr sein. Das zweite ἤ ist mit εἰ μή vertauscht. *Eur.* Or. 1500: ἁ δ' ἐκ θαλάμων ἐγένετο διαπρὸ δωμάτων ἄφαντος — ἤτοι φαρμάκοισιν ἤ μάγων τέχναις ἤ θεῶν κλοπαῖς. *Herod.* I, 11, 3: ἀλλ' ἤτοι ἐκεῖνόν γε τὸν ταῦτα βουλεύσαντα δεῖ ἀπόλλυσθαι, ἤ σὲ τὸν ἐμὲ γυμνὴν θηησάμενον καὶ ποιήσαντα οὐ νομιζόμενα. VII, 10, 4: καὶ δὴ συνήνεικε ἤτοι κατὰ γῆν ἤ κατὰ θάλασσαν ἑσσωθῆναι, ἤ καὶ κατ' ἀμφότερα. *Thuc.* II, 40, 2: καὶ αὐτοὶ ἤτοι κρίνομέν γε ἤ ἐνθυμούμεθα ὀρθῶς τὰ πράγματα. VI, 34, 2: ἤτοι κρύφα γε ἤ φανερῶς. VI, 38, 1. VI, 40, 1. *Plato* Prot. 331 B: ἐγὼ μὲν γὰρ αὐτὸς ὑπέρ γε ἐμαυτοῦ φαίην ἄν καὶ τὴν δικαιοσύνην ὅσιον εἶναι καὶ τὴν ὁσιότητα δίκαιον· καὶ ὑπὲρ σοῦ δέ, εἴ με ἐῴης, ταὐτὰ ἄν ταῦτα ἀποκρινοίμην, ὅτι ἤτοι ταὐτόν γέ ἐστι δικαιότης ὁσιότητι ἤ ὅτι ὁμοιότατον. Offenbar liegt in τοί ein fast trotziges Bewusstsein, Recht zu haben. p. 339 D: ὥστε ἤτοι τὸ πρότερον ἤ ὕστερον οὐκ ὀρθῶς λέγει. 340 E. — 341 A: κινδυνεύει γάρ τοι, ὦ Πρωταγόρα, ἡ Προδίκου σοφία θεία τις εἶναι πάλαι, ἤτοι ἀπὸ Σιμωνίδου ἀρξαμένη, ἤ καὶ ἔτι παλαιοτέρα. 348 B mit lebhaftem Affect: ἀλλ' ἤτοι διαλεγέσθω, ἤ εἰπέτω, ὅτι οὐκ ἐθέλει διαλέγεσθαι. *Xen.* Cyr. IV, 5, 22: ἤτοι μαχουμένους γε ἤ πεισομένους παρέσεσθαι. Mem. III, 12, 2. IV, 6, 13.

Es kann auch, nachdem zuvor andre Möglichkeiten genannt sind, ἤτοι allein stehen = oder auch. *Pl.* de rep. III, 400 C: καὶ τούτων τισὶν οἶμαι τὰς ἀγωγὰς τοῦ ποδὸς αὐτὸν οὐχ ἧττον ψέγειν τε καὶ ἐπαινεῖν, ἤ τοὺς ῥυθμοὺς αὐτούς, ἤτοι ξυναμφότερόν τι. Offenbar liegt in dem letzten Satz eine Steigerung. IV, 433 A: τοῦτό ἐστιν, ὡς ἐμοὶ δοκεῖ, ἤτοι τούτου τι εἶδος ἡ δικαιοσύνη.

Καίτοι.

Dass das enklitische τοί nicht folgernde Kraft hat, zeigt sich deutlich in καίτοι. Mit dieser Partikelverbindung wird überhaupt ein Fortschritt der Rede (namentlich der logischen Entwicklung) eine neue Behauptung eingeführt, und als etwas Unbestrittenes geltend gemacht. Theils tritt καίτοι in Gegensatz zu dem Vorhergehenden (= und doch), und zeigt dann am meisten seine ursprüngliche Bedeutung als Aeusserung des Affectes, theils leitet es (was besonders für die attische Prosa gilt) in Argumentationen dem beabsichtigten Schluss entgegen: und doch, freilich, nun aber.

Bei Homer findet sich kein καίτοι. In der einzigen Stelle, wo τοί seine Stelle nach καί hat, *Il.* XIII, 267 (S. 237) gehört καί nicht = und zu dem ganzen Satze, sondern = auch nur zu ἐμοί. Dagegen tritt bei Pindar der Fall ein, dass mit καίτοι eine neue Behauptung als unbestreitbar eingeführt wird. Ol. VII, 87: καίτοι γὰρ αἰθοίσας ἔχοντες σπέρμ' ἀπέβαν φλογὸς οὔ. — Späterhin, namentlich bei den Attikern, wird καίτοι häufig gebraucht.

Aesch. Prom. 98 ff.: φεῦ, φεῦ, τὸ παρὸν τό τ' ἐπερχόμενον πῆμα στενάχω, πῇ ποτε μόχθων χρὴ τέρματα τῶνδ' ἐπιτεῖλαι. καίτοι τί φημί; Und doch, was sprech' ich?

437 ff.: — — — συννοίᾳ δὲ δάπτομαι κέαρ,
ὁρῶν ἐμαυτὸν ὧδε προυσελούμενον.
καίτοι θεοῖσι τοῖς νέοις τούτοις γέρα
τίς ἄλλος ἢ 'γὼ παντελῶς διώρισεν;

641 ff.: σαφεῖ δὲ μύθῳ πᾶν ὅπερ προσχρῄζετε,
πεύσεσθε· καίτοι καὶ λέγους' αἰσχύνομαι.

In allen diesen Stellen tritt καίτοι dem Vorhergehenden entgegen.

Eum. 848: καίτοι γε μὴν σὺ κάρτ' ἐμοῦ σοφωτέρα. Und unbestritten bist du weiser auch als ich. Es scheint nicht nöthig, den Vers, der in obiger Fassung bestens bezeugt ist, mit *G. Hermann* zu streichen.

Soph. El. 332: καίτοι τοσοῦτόν γ' οἶδα κάμαντήν — und 338: καίτοι τὸ μὲν δίκαιον. Beide Male tritt eine neue Behauptung, die nicht ohne lebhaftere Erregung ausgesprochen wird, dem Vorhergehenden entgegen: freilich bin ich selber mir bewusst u. s. w.; und 338 zugestehend: freilich das Recht ist auf deiner Seite. Auch 520 wird mit καίτοι πολλὰ πρὸς πολλούς με δὴ ἐξεῖπας im Gegensatz zu dem Vorangegangenen etwas zugegeben: freilich hast du oft vor vielen mich geschmäht. Oed. Col. 1132: καίτοι τί φωτῶ; sich selbst unterbrechend, wie *Aesch.* Prom. 101. Und doch — was sprech' ich?

Eur. Or. 77: καίτοι στένω γε τὸν Κλυταιμνήστρης μόρον.
1675 ff.: Ὦ Λοξία μαντεῖε, σῶν θεσπισμάτων
οὐ ψευδόμαντις ἦσθ᾽ ἄρ᾽ ἀλλ᾽ ἐτήτυμος.
καίτοι μ᾽· ἐσῄει δεῖμα, μή τινος κλύων
ἀλαστόρων δόξαιμι σὴν κλύειν ὄπα.
Phoen. 696: den Auftrag an einen Boten abbrechend und zurücknehmend sagt Eteokles: καίτοι ποδῶν σῶν μόχθον ἐκλύει παρών· Doch da erscheint er und enthebt dich deiner Müh'. Med. 201.
El. 928 f.: πᾶσιν δ᾽ ἐν Ἀργείοισιν ἤκονες τάδε·
ὁ τῆς γυναικός, οὐχὶ τἀνδρὸς ἡ γυνή.
καίτοι τόδ᾽ αἰσχρὸν προστατεῖν γε δωμάτων
γυναῖκα. — Nun aber ist es schimpflich, dass im Haus ein Weib gebietet. Ebenso 1013.
1077 ff.: μόνην δὲ πασῶν οἶδ᾽ ἐγώ σ᾽ Ἑλληνίδων,
εἰ μὲν τὰ Τρώων εὐτυχοῖ, κεχαρμένην,
εἰ δ᾽ ἧσσον᾽ εἴη, συννεφοῦσαν ὄμματα,
Ἀγαμέμνον᾽ οὐ χρῄζουσαν ἐκ Τροίας μολεῖν.
καίτοι καλῶς γε σωφρονεῖν παρεῖχέ σοι·
ἄνδρ᾽ εἶχες οὐ κακίον᾽ Αἰγίσθου πόσιν.
Arist. Ach. 357: καίτοι φιλῶ γε τὴν ἐμὴν ψυχὴν ἐγώ.
369: λέξω δ᾽ ὑπὲρ Λακεδαιμονίων ἅ μοι δοκεῖ
καίτοι δέδοικα πολλά. Und doch (nun aber) hab' ich grosse Furcht.
466: ἀπέρχομαι· καίτοι τί δράσω; 611. In allen Stellen Gegensatz gegen das Vorhergehende: und doch. — *Herod.* VII, 49, 1—2: Οὔτε γὰρ τῆς θαλάσσης ἐστὶ λιμὴν τοσοῦτος οὐδαμόθι, ὡς ἐγὼ εἰκάζω, ὅστις ἐγειρομένου χειμῶνος δεξάμενός σευ τοῦτο τὸ ναυτικὸν φερέγγυος ἔσται διασῶσαι τὰς νέας. καίτοι οὐκὶ ἕνα κῃ αὐτὸν δέει εἶναι τὸν λιμένα, ἀλλὰ παρὰ πᾶσαν τὴν ἤπειρον, παρ᾽ ἣν δὴ κομίσεαι. Und doch muss es nicht bloss ein einziger Hafen sein. Geltendmachung einer unbestreitbaren Wahrheit im Gegensatz zu dem Vorangegangenen. VIII, 68, 3. Nachdem Artemisia erinnert hat, dass sie nach der zuvor bewiesenen Tapferkeit billig ihre Ansicht ausspreche, fährt sie fort: καίτοι τάδε λέγω Und Folgendes ist denn meine Ansicht. VII, 103, 2 und doch, nun aber. VII, 104, 2. *Thuc.* 1, 10, 2: καίτοι Πελοποννήσου τῶν πέντε τὰς δύο μοίρας νέμονται und doch besitzen sie u. s. w. I, 69, 4: καίτοι ἐλέγεσθε und doch sagte man von euch. II, 64, 4. Nachdem Perikles die umfassende Macht und Thätigkeit Athens gerühmt, fährt er fort: καίτοι ταῦτα ὁ μὲν ἀπράγμων μέμψαιτ᾽ ἄν freilich (nun aber) dürfte ein Unthätiger diess tadeln. *Pl.* Ephr. 3 C: καὶ ἐμοῦ γάρ τοι, ὅταν τι λέγω ἐν τῇ ἐκκλησίᾳ περὶ τῶν θείων, προλέγων αὐτοῖς τὰ μέλλοντα, καταγελῶσιν ὡς μαινομένου· καίτοι οὐδὲν ὅ τι οὐκ ἀληθὲς εἴρηκα ὧν προεῖπον. Und doch (nun aber) habe ich in allem nur die Wahrheit gesagt. — Einen Gegensatz gegen das Vorhergehende

(= und doch) bildet καίτοι auch in folgenden Stellen. Ap. 17 A: καίτοι ἀληθές γε, ὡς ἔπος εἰπεῖν, οὐδὲν εἰρήκασι. 24 A: καίτοι οἶδα σχεδόν, ὅ τι τοῖς αὐτοῖς ἀπεχθάνομαι, freilich kann ich so ziemlich wissen u. s. w. D: καίτοι οὐκ αἰσχρόν σοι δοκεῖ εἶναι —; 27 A: καίτοι τοῦτό ἐστι παίζοντος. Den Schluss bildend: das heisst nun aber Spass machen. 41 D: καίτοι οὐ ταύτῃ τῇ διανοίᾳ κατεψηφίζοντό μου dem Vorherigen entgegengestellt: freilich war es nicht diese Gesinnung, in welcher sie mich verurtheilten. Prot. 312 C: καίτοι εἰ τοῦτ' ἀγνοεῖς, οὐδὲ ὅτῳ παραδίδως τὴν ψυχήν, οἶσθα. Nun aber weisst du, wenn dir diess unbekannt ist, auch nicht, wem du deine Seele anvertraust 317 C. = und doch, nun aber. 339 D. zum Schluss leitend: καίτοι ὁπότε τὸν ταὐτὰ λέγοντα αὐτῷ μέμφεται, δῆλον ὅτι καὶ ἑαυτὸν μέμφεται. Auch in den nachgenannten Stellen tritt die mit καίτοι und doch, nun aber eingeleitete Behauptung dem Vorhergehenden gegenüber. Xen. Cyr. I, 5, 9: ὅ τι μέντοι προσεκτήσαντο τοιοῦτοι ὄντες ἢ τῷ τῶν Περσῶν κοινῷ ἀγαθὸν ἢ αὐτοῖς, τοῦτ' οὐκέτι δύναμαι ἰδεῖν. καίτοι ἐγὼ οἶμαι οὐδεμίαν ἀρετὴν ἀσκεῖσθαι ὑπ' ἀνθρώπων, ὡς μηδὲν πλεῖον ἔχωσιν οἱ ἐσθλοὶ γενόμενοι τῶν πονηρῶν. II, 2, 17. III, 1, 38. III, 3, 19. V, 4, 25. Mem. I, 1, 5. I, 2, 3. Isocr. Pgr. 11. Im Gegensatz zu dem Vorhergehenden heisst es: καίτοι τινὲς ἐπιτιμῶσι τῶν λόγων τοῖς ὑπὲρ τοὺς ἰδιώτας ἔχουσι καὶ λίαν ἀπηκριβωμένοις. — In den nachfolgenden Stellen wird mit καίτοι zum Schluss, zu der eigentlich beabsichtigten Behauptung hingeleitet: Pgr. 25: καίτοι χρὴ τοὺς εὐλόγως μέγα φρονοῦντας — τοιαύτην τὴν ἀρχὴν τοῦ γένους ἔχοντας φαίνεσθαι. Ferner: 31. 37. 67. 96. 99. 127. 155. 162. Nachdem die für einen Krieg gegen Persien günstigen Umstände, namentlich die Empörung der Provinzen, erwähnt sind, kommt Isokrates zu dem Schluss: καίτοι τοιούτων ὁρμητηρίων ὑπαρξάντων, καὶ τοσούτου πολέμου τὴν Ἀσίαν περιστάντος, τί δεῖ τὰ συμβησόμενα λίαν ἀκριβῶς ἐξετάζειν; Anderwärts ist mit καίτοι dem Vorhergehenden gegenüber ein Zugeständniss oder eine Einwendung enthalten = freilich, nun aber. §. 175: καίτοι πῶς οὐ χρὴ διαλύειν ταύτας τὰς ὁμολογίας κ.τ.λ. §. 74: καίτοι μ' οὐ λέληθεν. 138: Καίτοι τινὲς θαυμάζουσι τὸ μέγεθος τῶν βασιλέως πραγμάτων. — Dem. Ol. II, 20: Nachdem Demosthenes erwähnt hat, wie Philipp in seiner Umgebung Possenreisser liebe, fährt er fort: καίτοι (nun aber) ταῦτα, εἰ καὶ μικρά τις ἡγεῖται, μεγάλα, ὦ ἄνδρες Ἀθηναῖοι, δείγματα τῆς ἐκείνου γνώμης.

Μέντοι.

Die Partikel τοί wird ferner dem versichernden μέν angehängt, um die Kraft dieser Partikel zu verstärken. In dem Grade nämlich, wie μέν seine versichernde Bedeutung verlor und fast nur zur Gliederung von Perioden und Sätzen verwendet ward, trat die

Nothwendigkeit ein, durch Beigabe einer sinnverwandten Partikel die Bedeutung der Versicherung zu verstärken, sei nun diese absolut gegeben = gewiss, wahrhaftig, doch, oder im Gegensatz zu dem Vorangegangenen = doch, jedoch.

Wenn schon bei *Homer* μέν und τοί neben einander gestellt werden, so geschieht es doch nicht anders, als wie τοί auch andern Partikeln sich zugesellen kann, ohne dass sie zu einer Partikel verschmolzen sind.

Il. VIII, 294 f.: οὐ μέν τοι, ὅση δύναμίς γε πάρεστιν, παύομαι. Ich bin ja doch fürwahr nicht lässig. Jede Partikel steht in ihrer Bedeutung.

Od. IV, 411: Φώκας μέν τοι πρῶτον ἀριθμήσει καὶ ἔπεισιν, wo man zweifeln kann, ob τοί nicht eigentlich der familiäre Dativ ist.

XIV, 160: ἦ μέν τοι τάδε πάντα τελείεται, ὡς ἀγορεύω. Fürwahr, das wird dir (versichre ich dir) alles vollendet.

XVIII, 233: οὐ μέν τοι ξείνου γε καὶ Ἴρου μῶλος ἐτύχθη μνηστήρων ἰότητι, βίῃ δ' ὅ γε φέρτερος ἦεν.
Gegenüber der Vermuthung, welche Penelope ausgesprochen hatte, wird bemerkt: der Kampf zwischen dem Fremden und Iros ist jedoch (indessen) wie ich dir versichern kann, nicht nach dem Wunsche der Freier ausgefallen, vielmehr war jener an Stärke überlegen. XXIV, 321 und XIV, 508 kann τοί einfach der familiäre Dativ sein.

Die Existenz einer aus zwei Elementen verwachsenen Partikel μέντοι ist erst von da an zu datiren, da der Gebrauch des einfachen μέν für die Versicherung, namentlich im Gegensatz gegen das Vorhergehende (= doch, jedoch) allmählig abkam. Namentlich in letzterem Sinn ward schon bei Herodot und besonders bei attischen Dichtern und Prosaikern μέντοι vorzugsweise gebraucht. Hatten μέν und τοί früher selbständig gedient, den Gegensatz gegen das Vorhergehende zu bezeichnen, aber allmählig die entgegensetzende Kraft verloren, so verbanden sich nun naturgemäss beide Partikeln, um die verlorene Bedeutung wieder zu gewinnen. Obwohl aber dieser Gebrauch von μέντοι zur gegensätzlichen oder das Vorhergehende beschränkenden Behauptung der herrschendere ist, so finden sich nichts desto weniger auch Belege für den Gebrauch in der zustimmenden oder gegensatzlosen Versicherung. Die Belegstellen für den letzteren, in der ursprünglichen Bedeutung von μέν und τοί zunächst begründeten Gebrauch sollen zuerst angeführt werden.

a) Es liegt die einfach (ohne Gegensatz) versichernde Kraft wohl am deutlichsten da vor, wo μέντοι in zustimmenden Antworten gebraucht wird.

Pl. Ephr. 4 A. B: οὐ γὰρ οἶμαί γε τοῦ ἐπιτυχόντος εἶναι ὀρθῶς αὐτὸ πρᾶξαι, ἀλλὰ πόρρω που ἤδη σοφίας ἐλαύνοντος. Εὐθ. Πόρρω

μέντοι τῇ Δί' ὦ Σώκρατες = Ganz gewiss, weit. Ap. 26 E: ἀλλ' ὦ πρὸς Διός, οὑτωσί σοι δοκῶ οὐδένα νομίζειν θεὸν εἶναι; Οὐ μέντοι μὰ Δί' οὐδ' ὁπωστιοῦν (Nein fürwahr, in keiner Weise). Ἄπιστός γ' εἶ, ὦ Μέλητε, καὶ ταῦτα μέντοι, ὡς ἐμοὶ δοκεῖς, σαυτῷ. Du findest keinen Glauben, und zwar, wie mir vorkommt, allerdings bei dir selbst. Phaedo 81 D: Εἰκός γε, ὦ Σώκρατες. Εἰκὸς μέντοι, ὦ Κέβης. Allerdings (freilich) wahrscheinlich. 82 C: Οὐ γὰρ ἂν πρέποι, ἔφη, ὦ Σώκρατες, ὁ Κέβης. Οὐ μέντοι μὰ Δία, ἢ δ' ὅς. *Xen.* Mem. II, 6, 2: Οὐκοῦν ἀφεκτέον καὶ τούτου; Ἀφεκτέον μέντοι, ἔφη.
Ausserdem vergleiche man folgende Stellen:
Aesch. Ag. 943: πιθοῦ· κράτος μέντοι πάρες γ' ἑκὼν ἐμοί. Ohne vorhergehendes πιθοῦ könnte μέντοι wie ἀλλά beim Imperativ als Gegensatz gegen die Weigerung zu stehen scheinen. Nach πιθοῦ ist es nur als eindringliche Bitte: „lass willig mir den Sieg" aufzufassen.
Soph. El. 961 f.: πάρεστι δ' ἀλγεῖν ἐς τοσόνδε τοῦ χρόνου
ἄλεκτρα γηράσκουσιν ἀνυμέναιά τε,
καὶ τῶνδε μέντοι μηκέτ' ἐλπίσῃς ὅπως
τεύξει πότ'.
Das Vorhergehende bestätigend: du darfst allerdings nicht hoffen, das je zu erreichen. *Eur.* Phoen. 272: πέποιθα μέντοι μητρί, κοὐ πέποιθ' ἅμα.
902: βούλει σὺ μέντοι, κοὐχὶ βουλήσει τάχα.
Allerdings willst du das jetzt.
Arist. Ach. 544: καὶ κάρτα μέντ' ἂν εὐθέως καθείλκετε
τριακοσίας ναῦς. — *Thuc.* VI, 38, 2: καὶ δέδοικα μέντοι. *Pl.* Ap. 29 A: δεινὸν μέντ' ἂν εἴη es wäre in der That schlimm. 30 D: ἀποκτείνειε μέντ' ἂν ἴσως tödten könnte er mich allerdings. Prot. 331 D: ἀλλὰ μέντοι — προσέοικέ τι δικαιοσύνη ὁσιότητι. *Xen.* Mem. III, 1, 2: Αἰσχρὸν μέντοι. Es ist doch (fürwahr, in der That) schmählich. III, 6, 13—14: λέγεις, ἔφη ὁ Γλαύκων, παμμέγεθες πρᾶγμα, εἴ γε καὶ τῶν τοιούτων ἐπιμελεῖσθαι δεήσει. Ἀλλὰ μέντοι (in der That), ἔφη ὁ Σωκράτης, οὐδ' ἂν τὸν ἑαυτοῦ ποτε οἶκον καλῶς τις οἰκήσειεν εἰ μὴ πάντα μὲν εἴσεται κ. τ. λ. — Für ein stärkeres μέν steht μέντοι *Xen.* M. II, 10, 4, wo ein δέ folgt. IV, 7, 4: Ἐκέλευε δὲ καὶ ἀστρολογίας ἐμπείρους γίγνεσθαι, καὶ ταύτης μέντοι μέχρι τοῦ κ. τ. λ. *Dem.* Ol. I, 26: τῶν ἀτοπωτάτων μέντ' ἂν εἴη, εἰ ἃ νῦν ἄνοιαν ὀφλισκάνων ὅμως ἐκλαλεῖ, ταῦτα δυνηθεὶς μὴ πράξει. Das Allerungereimteste wäre es fürwahr (in der That).

b) *Μέντοι* steht besonders häufig in der entgegengesetzten Behauptung, der Einwendung und Einschränkung = doch, jedoch, indessen.
Aesch. Prom. 317 ff.: ἀρχαῖ' ἴσως σοι φαίνομαι λέγειν τάδε·
τοιαῦτα μέντοι τῆς ἄγαν ὑψηγόρου
γλώσσης, Προμηθεῦ, τἀπίχειρα γίγνεται (indessen).

949: καὶ ταῦτα μέντοι μηδὲν αἰνικτηρίως
ἀλλ' αὖθ' ἕκαστ' ἔκφραζε·
964. 1054. Ag. 644. 886.
Ag. 937 f.: Κλ. Μή νυν τὸν ἀνθρώπειον αἰδεσθῇς ψόγον.
Ἀγ. Φήμη γε μέντοι δημόθρους μέγα σθένει.
Indessen (doch) mächtig ist die Nachrede.
VII, c. Th. 716: νίκην γε μέντοι καὶ κακὴν τιμᾷ θεός.
1044: τραχύς γε μέντοι δῆμος ἐκφυγὼν κακά.
Pers. 386. Eum. 591. Suppl. 346.
Soph. Phil. 352: ἔπειτα μέντοι χὠ λόγος καλὸς προσῆν.
Dazu kam jedoch u. s. w., d. i. es war jenes nicht der einzige Beweggrund.
525: ἀλλ' αἰσχρὰ μέντοι. Antig. 495.
El. 398: καλόν γε μέντοι μὴ 'ξ ἀβουλίας πεσεῖν.
Eur. Or. 106: αἰσχρόν γε μέντοι προσπόλους φέρειν τάδε.
El. 659. 1011. Arist. Ach. 162. Herod. I, 13, 2: Ἀνεῖλέ τε δὴ τὸ χρηστήριον καὶ ἐβασίλευσε οὕτω Γύγης. τοσόνδε μέντοι εἶπε ἡ Πυθίη, ὡς Ἡρακλείδῃσι τίσις ἥξει ἐς τὸν πέμπτον ἀπόγονον Γύγεω.
Soviel jedoch erklärte die Pythia. 1, 36, 4: Λυδῶν γε μέντοι λογάδας — συμπέμψω. Doch will ich mitsenden. I, 51, 4: οὐ μέντοι jedoch nicht. I, 78, 3. I, 80, 6: οὐ μέντοι doch nicht. I, 102, 2: τότε δὲ ἔσαν μεμουνωμένοι μὲν συμμάχων ἅτε ἀπεστεώτων, ἄλλως μέντοι ἑαυτῶν εὖ ἥκοντες. I, 104, 2. Thuc. I, 3, 2: οὐ μέντοι πολλοῦ γε χρόνου ἠδύνατο καὶ ἅπασιν ἐκνικῆσαι. Doch konnte er lange nicht für alle zusammen recht aufkommen. I, 71, 1. I, 142, 2: οὐ μέντοι. Dessgl. II, 47, 2. Pl. Prot. 309 A: καλὸς μὲν ἐφαίνετο ἀνὴρ ἔτι, ἀνὴρ μέντοι (indessen doch ein Mann) Σωκ. Εἶτα τί τοῦτο; οὐ σὺ μέντοι Ὁμήρου ἐπαινέτης εἶ —; 309 B. 312 D: Ἴσως ἂν — ἀληθῆ λέγοιμεν, οὐ μέντοι ἱκανῶς γε. Beschränkend: doch nicht. 331 E. 343 E: τῶν δὲ ἀγαθῶν μέν, οὐ μέντοι ἀληθῶς. 359 E: Ἀλλὰ μέντοι πᾶν γε τοὐναντίον ἐστίν. Ap. 17 B: οὐ μέντοι 20 D. 26 C. einschränkend: doch nicht. 29 C: ἐπὶ τούτῳ μέντοι einschränkend: unter der Bedingung jedoch. 32 C. 37 C: πολλὴ μέντ' ἄν με φιλοψυχία ἔχοι da müsste mich jedoch grosse Liebe zum Leben beseelen. 38 D: οὐ μέντοι. 41 E: τοσόνδε μέντοι αὐτῶν δέομαι. Nur so viel jedoch erbitte ich mir von ihnen. Euthyphro 2 B: Οὐδ' αὐτὸς πάνυ τι γιγνώσκω τὸν ἄνδρα· — ὀνομάζουσι μέντοι αὐτόν, ὡς ἐγᾦμαι, Μέλητον. 3 C: μὴ μέντοι einschränkend. 7 A: εἰ μέντοι ἀληθές ἐς ob es indessen (jedoch) wahr ist. 14 B. Phaedo 62 B: Καὶ γὰρ ἂν δόξειεν, ἔφη ὁ Σωκράτης, οὕτω γ' εἶναι ἄλογον· οὐ μέντοι ἀλλ' ἴσως ἔχει τινὰ λόγον wie sonst οὐ μὴν ἀλλά nichts desto weniger scheint es vielleicht seinen guten Grund zu haben. Xen. Cyr. I, 5, 8. V, 5, 12: ταῦτα μὲν οὖν σὺν τοῖς θεοῖς ἐμοῦ παρόντος ἀσφαλῶς ἔχει σοι· τὸ μέντοι σε νομίζειν ὑπ' ἐμοῦ ἀδικεῖσθαι, τοῦτο ἐγὼ πάνυ χαλεπῶς φέρω. 13: ἐὰν γάρ τί σε φανῶ κακὸν πεποιηκώς, ὁμολογῶ ἀδικεῖν·

ἐὰν μέντοι μηδὲν φαύλωμαι κακὸν πεποιηκώς κ. τ. λ. *Xen.* Mem. II, 1, 14: Τοῦτο μέντοι ἤδη λέγεις δεινὸν πάλαισμα. III, 5, 24. *Dem.* Ol. II, 12: σκοπεῖσθε μέντοι τοῦτο habt jedoch darauf Acht. Ein Gegensatz, eine Einwendung liegt in *εἰ μέντοι*. *Pl.* Ap. 31 B: καὶ εἰ μέντοι τι ἀπὸ τούτων ἀπέλαυον und wenn ich noch (wenn ich nur) einen Genuss davon hätte. *Xen.* Mem. II, 1, 11—12: ἀλλ' εἶναί τίς μοι δοκεῖ μέση τούτων ὁδός, ἣν πειρῶμαι βαδίζειν, οὔτε δι' ἀρχῆς, οὔτε διὰ δουλείας, ἀλλὰ δι' ἐλευθερίας, ἥπερ μάλιστα πρὸς εὐδαιμονίαν ἄγει. Ἀλλ' εἰ μέντοι (wenn nur), ἔφη ὁ Σωκράτης, ὥσπερ οὔτε δι' ἀρχῆς οὔτε διὰ δουλείας ἡ ὁδὸς αὕτη φέρει, οὕτως μηδὲ δι' ἀνθρώπων, ἴσως ἄν τι λέγοις. M. I, 3, 10: Οὐ γὰρ οὗτος, ἔφη, ἐτόλμησε τὸν Ἀλκιβιάδου υἱὸν φιλῆσαι, ὄντα εὐπροσωπότατον καὶ ὡραιότατον; Ἀλλ' εἰ μέντοι, ἔφη ὁ Ξενοφῶν, τοιοῦτόν ἐστι τὸ ῥιψοκίνδυνον ἔργον, κἂν ἐγὼ δοκῶ μοι τὸν κίνδυνον τοῦτον ὑπομεῖναι. Einwendung: nun, wenn es nur das ist u. s. w.

Τ ο ί. II.

Ein verschiedenes τοί, das als eine andre Schreibung für τῷ (ΤΟΙ vor dem Archon Eukleides 403 in Staatsurkunden) zu betrachten ist, erkennen wir in τοίνυν, τοιγάρ, τοιγάρτοι, τοιγαροῦν.

Τ ο ί ν υ ν.

Bei τοίνυν könnte der Umstand, dass diese Partikel nicht an den Anfang des Satzes treten kann (von Späteren abgesehen, die ja auch ἄρα, μετοῦν voranstellen), einen Zweifel an dem Ursprung aus τῷ erwecken, aber der Grund dieser Erscheinung liegt ohne Zweifel nur in der schwächeren Bedeutung, welche dem τοίνυν im Unterschiede von τῷ zukommt. Während τῷ an den Anfang des Satzes tretend aus dem Vorhergehenden die strenge und bestimmte Folge zieht und mit vollem Gewicht aussagt: darum = aus diesem Grunde (vgl. *Il.* II, 250. 254. 354 oder = dann, in solchem Fall (*Il.* II, 373. *Od.* V, 311), bezeichnet τοίνυν nur die leichte, flüchtige Folgerung, in welcher der Sprechende den Gedanken mit dem Vorhergehenden verknüpft. Es steht darum namentlich = so denn, wo man den Umständen gemäss sich zu etwas anschickt oder etwas verlangt, öfter auch bloss zu Weiterleitung der Rede und Anreihung eines Neuen. Der alten epischen Poësie ist τοίνυν fremd.

Pind. Ol. VI, 45: χρὴ τοίνυν πύλας ὕμνων ἀναπιτνάμεν αὐταῖς so muss man denn u. s. w. *Pyth.* V, 56: ἑκόντι τοίνυν πρέπει νόῳ τὸν εὐεργέταν ὑπαντιάσαι drum ziemt es sich u. s. w.

Aesch. Prom. 757 ff.: Ἰώ. Ἦ γάρ ποτ' ἔστιν ἐκπεσεῖν ἀρχῆς Δία;
Πρ. Ἥδοι' ἄν, οἶμαι, τήνδ' ἰδοῦσα συμφοράν.

Ἰώ. Πῶς δ' οὐκ ἄν, ἥτις ἐκ Διὸς πάσχω τάδε;
Πρ. Ὡς τοίνυν ὄντων τῶνδέ σοι μαθεῖν πάρα.
Die Stelle ist ganz geeignet, den Unterschied von τῷ oder τοιγάρ u. s. w. fühlbar zu machen: dass dem nun also ist, vernimm von mir.
VII c. Th. 990: Σὺ τοίνυν οἶσθα διαπερῶν. — Suppl. 459.
Choeph. 910: Κλ. Ἡ Μοῖρα τούτων, ὦ τέκνον, παραιτία.
Ὀρ. Καὶ τόνδε τοίνυν Μοῖρ' ἐπόρσυνεν μόρον.
nicht: darum bringt die Moira auch diesen Tod, sondern leichter: auch diesen Tod nun (dann) bringt die Moira.
Soph. El. 1049 ff.: Ἠλ. Πάλαι δέδοκται ταῦτα κοὐ νεωστί μοι. -
Χρ. Ἄπειμι τοίνυν. οὔτε γὰρ σὺ τἄμ' ἔπη
τολμᾷς ἐπαινεῖν, οὔτ' ἐγὼ τοὺς σοὺς τρόπους.
Ich gehe denn fort (da jedes weitere Gespräch vergeblich ist).
Aj. 125: (Ὀδ.) ὁρῶ γὰρ ἡμᾶς οὐδὲν ὄντας ἄλλο πλὴν
εἴδωλ', ὅσοιπερ ζῶμεν, ἢ κούφην σκιάν.
Ἀθ. Τοιαῦτα τοίνυν εἰσορῶν ὑπέρκοπον
μηδέν ποτ' εἴπῃς αὐτὸς εἰς θεοὺς ἔπος.
Eur. Iph. A. 1539: Μὴ μέλλε τοίνυν, ἀλλὰ φράζ' ὅσον τάχος.
So zaudre denn nicht.
El. 1039 f.: ἐπὶ τοῖσδε τοίνυν, καίπερ ἠδικημένη
οὐκ ἠγριούμην.
Ar. Ach. 818 ff.: Σ. ὤνθρωπε, ποδαπός; Μ. χοιροπώλας Μεγαρικός.
Σ. τὰ χοιρίδια τοίνυν ἐγὼ φανῶ ταδὶ
πολέμια καὶ σέ.
So zeig' ich denn die Ferkeln an als Feindesgut.
Ach. 910 f.: Ταυτὶ τίνος τὰ φορτί' ἐστί; Β. τῶδ' ἐμὰ
Θείβαθεν, ἴττω Ζεύς. Ν. ἐγὼ τοίνυν ὁδὶ
Φαίνω πολέμια ταυταγί.
Beide Male leicht: unter diesen Umständen, demgemäss.
Eq. 30 f.: κράτιστα τοίνυν τῶν παρόντων ἐστὶ νῷν
θεῶν ἰόντε προσπεσεῖν που πρὸς βρέτας.
Herod. I, 57, 1—2: εἰ τούτοισι τεκμαιρόμενον δεῖ λέγειν, ἔσαν οἱ Πελασγοὶ βάρβαρον γλῶσσαν ἱέντες. εἰ τοίνυν (aufnehmend) ἦν καὶ πᾶν τοιοῦτο τὸ Πελασγικόν, τὸ Ἀττικὸν ἔθνος ἐὸν Πελασγικὸν ἅμα τῇ μεταβολῇ ἐς Ἕλληνας καὶ τὴν γλῶσσαν μετέμαθε. Pl. Ephr. 5 D:
Σ. Λέγε δή, τί φῂς εἶναι τὸ ὅσιον καὶ τί τὸ ἀνόσιον; Ἑ. Λέγω τοίνυν, ὅτι κ. τ. λ. ich sage denn also (da du mich fragst). Aehnlich 6 E: ταύτην τοίνυν με αὐτὴν δίδαξον τὴν ἰδέαν κ. τ. λ. Ε. Ἔστι τοίνυν τὸ μὲν τοῖς θεοῖς προσφιλὲς ὅσιον, τὸ δὲ μὴ προσφιλὲς ἀνόσιον. So ist denn = so behaupte ich denn, dass etc. ist. 12 E. 15 E: Εἰσαῦθις τοίνυν. Nun denn, ein andres Mal. Prot. 318 A: Ὦ νεανίσκε, ἔσται τοίνυν σοι es wird dir denn zu Theil werden (d. i. weil du mich fragst, so erkläre ich dir denn etc.). 320 C: Πολλοὶ οὖν αὐτῷ ὑπέλαβον τῶν παρακαθημένων, ὁποτέρως βούλοιτο, οὕτω διεξιέναι. Δοκεῖ τοίνυν μοι, ἔφη, χαριέστερον εἶναι μῦθον ὑμῖν λέγειν. So halte

ich es denn (da ihr mir die Wahl lasst) für feiner u. s. w. 342 A: Ἐγὼ τοίνυν, ἦν δ᾽ ἐγώ, — πειράσομαι ὑμῖν διεξελθεῖν. 351 E. *Xen.* Cyr. I, 3, 6: Εἰ τοίνυν οὕτω γιγνώσκεις, ὦ παῖ, ἀλλὰ κρέα γε εὐωχοῦ, wenn du denn so denkst etc. leichte Folgerung. Ebenso Mem. I, 2, 34: Ἐγὼ τοίνυν παρεσκεύασμαι μὲν πείθεσθαι τοῖς νόμοις, ὅπως δὲ μὴ δι᾽ ἄγνοιαν λάθω τι παρανομήσας, τοῦτο βούλομαι σαφῶς μαθεῖν παρ᾽ ὑμῶν. So wünsche ich denn (weil ihr mir zu fragen verstattet) zu erfahren. Τοίνυν gehört zu dem mit ὅπως δέ beginnenden Hauptgedanken, dem nur das untergeordnete Glied vorausgeschickt ist. Mem. III, 6, 3: Πρὸς θεῶν, ἔφη, μὴ τοίνυν ἀποκρύψῃ. *Dem.* Ol. I, 1: Ἀντὶ πολλῶν ἄν, ὦ ἄνδρες Ἀθηναῖοι, χρημάτων ὑμᾶς ἑλέσθαι νομίζω, εἰ φανερὸν γένοιτο τὸ μέλλον συνοίσειν τῇ πόλει περὶ ὧν νυνὶ σκοπεῖτε. ὅτε τοίνυν τοῦθ᾽ οὕτως ἔχει, προσήκει προθύμως ἐθέλειν ἀκούειν τῶν βουλομένων συμβουλεύειν §. 24. Ol. II, 2, 29: ὑμεῖς δέ, ὅταν μὲν εἰς τὰ πράγματα ἀποβλέψητε φαύλως ἔχοντα, τοὺς ἐφεστηκότας κρίνετε, ὅταν δὲ δόντες λόγον τὰς ἀνάγκας ἀκούσητε ταύτας, ἀφίετε. περίεστι τοίνυν ὑμῖν ἀλλήλοις ἐρίζειν καὶ διεστάναι κ. τ. λ.

Ich hebe noch besonders den Gebrauch von τοίνυν heraus, da es gleich οὖν nur steht, um entweder das Gesagte wiederaufzunehmen, oder die Rede weiter zu leiten. *Pl.* Ephr. 12 C: τὸ τοιοῦτον τοίνυν καὶ ἐκεῖ λέγων ἠρώτων das Frühere wiederaufnehmend: So etwas nun meinte ich auch mit meiner Frage. Prot. 353 C. *Isocr.* Pgr. 44: τοιούτων τοίνυν ἀγαθῶν διὰ τὰς συνόδους ἡμῖν γιγνομένων fasst das Vorhergehende zusammen.

Einfach weiter leitend ist τοίνυν *Pl.* Ap. 26 B: Πρὸς αὐτῶν τοίνυν, ὦ Μέλητε, τούτων τῶν θεῶν κ. τ. λ. 33 E: ἄλλοι τοίνυν οὗτοι = ferner sind andre hier. Prot. 319 D. 326 B: ἔτι τοίνυν πρὸς τούτοις εἰς παιδοτρίβου πέμπουσιν. 354 E. *Xen.* Cyr. I, 1, 2. I, 3, 16: καὶ τοίνυν — ἐπὶ μιᾷ ποτε δίκῃ πληγὰς ἔλαβον ferner habe ich einmal Schläge bekommen. Mem. I, 2, 47. II, 1, 9. Besonders von *Isokrates* wird τοίνυν häufig nur zum Uebergang auf ein Weiteres gebraucht; z. B. Pgr. §. 38. 41. 43. 47 u. a.

So wie τοίνυν hierin dem οὖν parallel geht, so auch μὲν τοίνυν dem μὲν οὖν. Es dient nicht nur, um eine Entwicklung des Vorhergehenden einzuleiten, sondern überhaupt, um auf das erste Glied eines neuen Gedankens überzugehen. *Xen.* Mem. I, 2, 29: Κριτίαν μὲν τοίνυν αἰσθόμενος ἐρῶντα κ. τ. λ. eingehend auf den neuangeregten Punkt. Hiero I, 7. So findet sich öfter πρῶτον μὲν τοίνυν = πρῶτον μὲν οὖν. *Xen.* M. II, 1, 10. III, 6, 9. *Isocr.* Pgr. §. 38.

Τοιγάρ.

Τοιγάρ, an den Anfang des Satzes tretend, spricht die auf das Vorhergehende gestützte Folge mit entschiedenerem Nachdruck aus, als das leicht eingeschobene τοίνυν. Die Partikel der

Folgerung τοί = τῷ ist verstärkt durch γάρ, wodurch die Folge hervorgehoben und als etwas Entschiedenes und Natürliches bezeichnet wird. Bei Homer wird τοιγάρ nur gebraucht, wo sich jemand zu einer Rede oder auch zu einer Handlung anschickt, die durch eine vorherige Aufforderung und Bitte motivirt oder herbeigeführt ist.

So *Il.* I, 74 ff.: ὦ 'Ἀχιλεῦ, κέλεαί με, διίφιλε, μυθήσασθαι
μῆνιν Ἀπόλλωνος ἑκατηβελέταο ἄνακτος·
τοιγὰρ ἐγὼν ἐρέω. — X. nach der Aufforderung

405: ἀλλ' ἄγε μοι τόδε εἰπὲ καὶ ἀτρεκέως κατάλεξον
folgt 413: τοιγὰρ ἐγώ τοι ταῦτα μάλ' ἀτρεκέως καταλέξω. Desgl. 427.

Od. I, 174: καί μοι τοῦτ' ἀγόρευσον ἐτήτυμον, ὄφρ' εὖ εἰδῶ, dann
179: τοιγὰρ ἐγώ τοι ταῦτα μάλ' ἀτρεκέως ἀγορεύσω.

und so mit unwesentlichen Modificationen 214 (vgl. 206). III, 254 (vgl. 247). IV, 383 (vgl. 379). 399. XIV, 192. XV, 266. 352. XVI, 61. 113. 226. 259. XVII, 108. XXII, 420. XXIII, 130: τοιγὰρ ἐγὼν ἐρέω, ὥς μοι δοκεῖ εἶναι ἄριστα. XXIV, 303.

In einigen Stellen ist τοιγάρ gebraucht, wo man sich in Folge einer vorangegangenen Aufforderung anschickt, etwas zu thun. Nachdem Telemach IV, 601 ff. geäussert hat, dass er die Pferde, die Menelaos zum Geschenk ihm versprochen, nicht nach Ithaka mitnehmen könne, erklärt Menelaos:

612: τοιγὰρ ἐγώ τοι ταῦτα μεταστήσω. So will ich denn deinen Aeusserungen gemäss die Geschenke ändern.

VII, 22: ὦ τέκος, οὐκ ἄν μοι δόμον ἀνέρος ἡγήσαιο·
Ἀλκινόου —; dann

28: τοιγὰρ ἐγώ τοι, ξεῖνε πάτερ, δόμον, ὃν με κελεύεις
δείξω. — So folgt nach der Aufforderung:

VIII, 396: Εὐρύαλος δέ ἑ αὐτὸν ἀρεσσάσθω ἐπέεσσιν, dann
402: τοιγὰρ ἐγὼ τὸν ξεῖνον ἀρέσσομαι, ὡς σὺ κελεύεις.

Aesch. Pers. 605 ff.: τοία κακῶν ἔκπληξις ἐκφοβεῖ φρένας.
τοιγὰρ κέλευθον τήνδ' ἄνευ τ' ὀχημάτων —
ἔστειλα.

In τοία — φρένας liegt der Beweggrund zu τοιγὰρ ἔστειλα darum habe ich mich aufgemacht.

757 ff.: (*Ατ.*) τοιάδ' ἐξ ἀνδρῶν ὀνείδη πολλάκις κλύων κακῶν
τῇδ' ἐβούλευσεν κέλευθον καὶ στράτευμ' ἐφ' Ἑλλάδα.
Δ. Τοιγὰρ σφιν ἔργον ἐστὶν ἐξειργασμένον
μέγιστον.

809 ff.: οἳ γῆν μολόντες Ἑλλάδ' οὐ θεῶν βρέτη
ᾐδοῦντο συλᾶν —
τοιγὰρ κακῶς δράσαντες οὐκ ἐλάσσονα
πάσχουσι.

In beiden Stellen bezeichnet τοιγάρ die natürliche, entschiedene, nothwendige Folge aus dem Vorhergehenden.

Soph. El. Den von dem παιδαγωγός ausgesprochenen Ermunterungen gemäss erklärt Orestes 29: τοιγὰρ τὰ μὲν δόξαντα δηλώσω: darum denn will ich den Beschluss dir kund thun.
1164 f.: ἀπώλεσας δῆτ', ὦ κασίγνητον κάρα.
τοιγὰρ σὺ δέξαι μ' ἐς τὸ σὸν τόδε στέγος.
Eur. El. 479 ff.: τοιῶνδ' ἄνακτα δοριπόνων ἔκανεν ἀνδρῶν, Τυνδαρί, σὰ λέχεα κακόφρων κούρα. τοιγὰρ σέ ποτ' οὐρανίδαι πέμψουσιν θανάτοις. *Herod*. III, 3, 2: τοιγάρ τοι, μῆτερ, ἐπεὰν ἐγὼ γένωμαι ἀνήρ, Αἰγύπτου τὰ μὲν ἄνω κάτω θήσω, τὰ δὲ κάτω ἄνω. Darum (um deine Schmach zu rächen) will ich dir denn in Aegypten das Oberste zu unterst kehren. VIII, 114, 3. — In der attischen Prosa findet sich das einfache τοιγάρ nicht. Dagegen gebraucht dieselbe τοιγάρτοι und τοιγαροῦν.

T o ι γ ά ρ τ ο ι.

Τοιγάρτοι vereinigt die beiden τοί, das eine = τῷ tritt an den Anfang, das zweite hängt sich als encliticum an. *Homer* kennt diese Verbindung nicht; in der häufigen Formel τοιγὰρ ἐγώ τοι κ. τ. λ. ist τοί Dativ der zweiten Person. *Aesch*. Suppl. 655: τοιγάρτοι καθαροῖσι βωμοῖς θεοὺς ἀρέσονται. Darum denn (weil sie so fromm sich erweisen) werden sie auf reinen Altären die Götter versöhnen. *Arist*. Ach. 641 ff.:

ταῦτα ποιήσας πολλῶν ἀγαθῶν αἴτιος ὑμῖν γεγένηται,
καὶ τοὺς δήμους ἐν ταῖς πόλεσιν δείξας, ὡς δημοκρατοῦνται.
τοιγάρτοι νῦν ἐκ τῶν πόλεων τὸν φόρον ὑμῖν ἀπάγοντες
ἥξουσιν, ἰδεῖν ἐπιθυμοῦντες τὸν ποιητὴν τὸν ἄριστον.

Darum denn, weil sich der Dichter so grosse Verdienste erworben hat, wünschen ihn alle zu sehen. *Plato* Phaedo 82 D: τοιγάρτοι τούτοις μὲν ἅπασιν — ἐκεῖνοι — χαίρειν εἰπόντες οὐ κατὰ ταὐτὰ πορεύονται. Darum (aus den angeführten Gründen) geben denn jene alles auf und schlagen eine andre Bahn ein. De rep. III, 409 A—B: διὸ δὴ καὶ εὐήθεις νέοι ὄντες οἱ ἐπιεικεῖς φαίνονται καὶ εὐεξαπάτητοι ὑπὸ τῶν ἀδίκων, ἅτε οὐκ ἔχοντες ἐν ἑαυτοῖς παραδείγματα ὁμοιοπαθῆ τοῖς πονηροῖς. Καὶ μὲν δή, ἔφη, σφόδρα γε αὐτὸ πάσχουσιν. Τοιγάρτοι, ἦν δ' ἐγώ, οὐ νέοι, ἀλλὰ γέροντα δεῖ τὸν ἀγαθὸν δικαστὴν εἶναι. VIII, 568 B. Gorg. 471 C. ironischer Schluss: τοιγάρτοι νῦν, ἅτε μέγιστα ἠδικηκὼς τῶν ἐν Μακεδονίᾳ, ἀθλιώτατός ἐστι πάντων Μακεδόνων κ. τ. λ. *Isocr*. Antid. §. 126.

T ο ι γ α ρ ο ῦ ν.

In τοιγαροῦν wird durch das angehängte οὖν die folgernde Kraft verstärkt: = darum denn also.
Soph. El. 1256 f.: Ἠλ. Μόλις γὰρ ἔσχον νῦν ἐλεύθερον στόμα.
Ὀρ. Ξύμφημι κἀγώ. τοιγαροῦν σώζον τόδε.
Darum erhalte dir denn diess.

Phil. 339 ff.: *N. Οἶμαι μὲν ἀρκεῖν σοί γε καὶ τὰ σ᾽, ὦ τάλας, ἀλγήμαθ᾽, ὥστε μὴ τὰ τῶν πέλας στένειν. Φ. Ὀρθῶς ἔλεξας· τοιγαροῦν τὸ σὸν φράσον αὖθις πάλιν μοι πρᾶγμ᾽, ὅτῳ σ᾽ ἐνύβρισαν.* *Pl.* de legg. III, 695 D: *(Δαρεῖος) χρήμασι καὶ δωρεαῖς τὸν Περσῶν δῆμον προσαγόμενος· τοιγαροῦν αὐτῷ τὰ στρατεύματα μετ᾽ εὐνοίας προσεκτήσατο χώρας οὐκ ἐλάττους ὧν κατέλιπε Κῦρος.* VII, 790 C. *Xen.* Cyr. VIII, 8, 7. Anab. I, 1, 8 f.: *καὶ γὰρ οὖν ἐπίστευον μὲν αὐτῷ αἱ πόλεις ἐπιτρεπόμεναι, ἐπίστευον δ᾽ οἱ ἄνδρες. καὶ εἴ τις πολέμιος ἐγένετο, σπεισαμένου Κύρου ἐπίστευε μηδὲν ἂν παρὰ τὰς σπονδὰς παθεῖν. τοιγαροῦν ἐπεὶ Τισσαφέρνει ἐπολέμησε, πᾶσαι αἱ πόλεις ἑκοῦσαι Κῦρον εἵλοντο ἀντὶ Τισσαφέρνους· πλὴν Μιλησίων.* II, 6, 20: *ᾤετο δὲ ἀρκεῖν πρὸς τὸ ἀρχικὸν εἶναι καὶ δοκεῖν τὸν μὲν καλῶς ποιοῦντα ἐπαινεῖν, τὸν δὲ ἀδικοῦντα μὴ ἐπαινεῖν. τοιγαροῦν αὐτῷ οἱ μὲν καλοί τε κἀγαθοὶ τῶν συνόντων εὖνοι ἦσαν, οἱ δὲ ἄδικοι ἐπεβούλευον ὡς εὐμεταχειρίστῳ ὄντι.* Isocr. Pgr. §. 136: *ἀλλὰ περὶ μὲν τῶν Κυκλάδων νήσων ἀμφισβητοῦμεν, τοσαύτας δὲ τὸ πλῆθος πόλεις καὶ τηλικαύτας τὸ μέγεθος δυνάμεις οὕτως εἰκῇ τῷ βαρβάρῳ παραδεδώκαμεν. τοιγαροῦν τὰ μὲν ἔχει, τὰ δὲ μέλλει, τοῖς δ᾽ ἐπιβουλεύει.* Die Folge davon ist denn, dass u. s. w.

Die Negationen.

Ich habe mir die Erörterung der griechischen Negationen zum Schluss vorbehalten, weil sie getrennt, ohne gegenseitige Vergleichung und Bezugnahme, nicht gründlich behandelt werden können, auch durch die nothwendige Rücksichtnahme auf die Modalität der Sätze jedenfalls eine Ausnahmestellung einnehmen.

Es würde ohne grosse Weitläufigkeit nicht möglich sein, die verschiedenen Gesichtspunkte, unter denen man seit Neubegründung der griechischen Grammatik in Deutschland den Unterschied zwischen den Negationen *οὐ* und *μή* aufgefasst hat, mit jener Genauigkeit, die Missverständnisse verhüten kann, darzulegen. Wenn an und für sich die Ansicht, wonach *οὐ* die objective, *μή* die subjective Negation bezeichnet, und die andre, wonach *οὐ* den unabhängigen, *μή* den abhängigen Sätzen angehört, am bestimmtesten sich von einander scheiden würden, so ist doch, so viel mir bekannt, weder die eine noch die andre Ansicht ganz rein aufgestellt und durchgeführt worden, vielmehr wurden in mannigfachen Schwankungen und Modificationen beide Ansichten mit einander verbunden und vermischt.

Schon im Jahr 1838 habe ich (Archiv für Philologie S. 299 ff.)

speziell gegenüber von *Hartung* daran festgehalten, dass οὐ objectiv, μή subjectiv negire, und ich habe diese Theorie in der Zeitschrift für die Alterthumswissenschaft 1847 Nro. 97—99 abweichend von der *Hermann*'schen Fassung consequent durchzuführen gesucht. Auch in den vorliegenden Untersuchungen kann ich nur die längst für mich sicher gestellten Resultate wiederholen, und zwar mit der Erinnerung, nicht vermittelnde Modificationen damit verwechseln zu wollen, wie sie z. B. von *K. W. Krüger* und in dem grösseren *Rost*'schen Wörterbuche aufgestellt sind. Ich fasse den wesentlichen Unterschied in folgenden Worten zusammen.

Οὐ ist objective Negation. Sie wird da gebraucht, wo die Negation dem Objecte selbst anhaftet, mit dem Objecte gegeben ist.

Μή ist subjective Negation. Sie wird gebraucht, wo die Negation von dem Subject aus, in seinem Willen oder in seiner Vorstellung vollzogen wird.

Die Darlegung des einzelnen Sprachgebrauchs wird diese allgemeine Regel, ungeachtet einzelner Ausnahmen, durch alle Gattungen der Rede bestätigen und erklären. — Die Frage nach der Etymologie bleibt dabei als eine nutzlose, die auf die Entscheidung keinen Einfluss haben kann, völlig bei Seite. Denn wenn das Bedürfniss, für diese doppelten Gebiete unterschiedene Verneinungen zu haben, auch im Griechischen schon frühe hervortreten und bestimmte Negationen hiefür ausprägen konnte, wie sich ein ähnliches Bedürfniss (ähnliche, nicht gleiche Gebiete der Verneinung zu unterscheiden) in dem Lateinischen, dem Sanskrit, dem Hebräischen geltend machte, so liegt auch schon in den ältesten griechischen Sprachdenkmälern der angegebene Unterschied so fest und präcis ausgeprägt vor, dass wir keiner Etymologie, und stünde sie fester, als diess zu sein pflegt, irgend welchen Einfluss auf die Begriffsbestimmung gestatten dürfen. Glaubt aber jemand, diese Bestimmungen seien zu abstract, als dass die angegebenen Bedeutungen als die ursprünglichen (die concreter genommen werden müssten), gedacht werden könnten, so möge er vor allem bedenken, dass alle Begriffsbestimmungen diese dem Concreten abgewandte abstracte Natur haben müssen, sofern es sich bei allen nicht sowohl um das Moment handelt, von wo aus der Gebrauch und der Begriff sich entwickelt hat, als vielmehr um eine richtige Zusammenfassung aller einzelnen Arten unter den höheren, gemeinsamen Begriff, der durch Abstraction zu gewinnen ist, und möge dann nur prüfen, ob unter den aufgestellten Begriff alles Einzelne richtig subsumirt werden kann.

Uebrigens war die Grundbedeutung von μή ohne Zweifel die des Verbots und von dieser prohibitiven Bedeutung aus hat sich dann derjenige Gebrauch entwickelt, wo die Negation in der Vorstellung vollzogen wird. Denn wie wir mit Wahrscheinlichkeit annehmen dürfen, dass der Optativ, zunächst und ursprünglich Ausdruck des reinen, subjectiven (von aller Möglichkeit absehenden) Wunsches von da aus zur Einräumung und freien Fiction verwendet ward, und in das Gebiet der reinen Vorstellung übertrat (vgl. meine Untersuchungen über die griechischen Modi S. 42. 252. 254), so kann auch μή aus der Sphäre des Willens übergegangen sein in die der reinen und freien (auf dem Willen des Subjects beruhenden) Vorstellung.

O ὐ.

Gehen wir nun zuerst auf die verschiedenen Gebrauchsweisen der Negation οὐ ein, und erwägen die Satzarten, in welchen diese Negation angewendet wird, so begreift sich aus dem festgestellten Begriff sofort, wesshalb οὐ nicht nur in allen Formen der unabhängigen Behauptung, sondern auch in der abhängigen Behauptung und in den (durch Infinitiv und Particip) verkürzten Behauptungssätzen gebraucht wird. In allen diesen Fällen haftet die Negation dem Object selbst an; es liegt in der Natur der Sache, dass wo etwas behauptet werden soll als nicht seiend, wo die Nichtexistenz als vom Subject unabhängig, als gegeben erscheinen soll, die objective Negation οὐ gewählt wird.

1. Fassen wir zunächst die unabhängige Behauptung in's Auge, und scheiden hier zwischen objectiver und subjectiver Behauptung, wobei wir unter der ersten diejenige Behauptung verstehen, die von einer möglichen Differenz zwischen Sein und Vorstellung absieht, und nicht daran denkt, dass es anders sein könnte, als es erscheint, unter der letzten diejenige Behauptung, welche diesen Unterschied in das Bewusstsein aufgenommen hat, und etwas nur als eigene Ansicht behauptet, so ist der Gebrauch von οὐ in der ersten, der objectiven Behauptung aus dem vorangestellten Begriff ohne Weiteres begreiflich. Bei der subjectiven Behauptung, welche für die Gegenwart und Zukunft durch den Optativ mit ἄν (κέν), für die Vergangenheit durch den Indicativ der historischen Tempora mit ἄν (κέν) ausgedrückt wird, könnte, wenn doch μή subjective Verneinung sein soll, die Frage sich erheben, warum nicht μή stehe. — Indessen wir erinnern an die nähere Bestimmung, die wir dem Namen objective, subjective Negation beigefügt haben. Wenn μή da gebraucht wird, wo die Negation von dem Subject ausgeht, von diesem, seinem Willen oder seiner Vorstellung vollzogen wird, so kann diese Negation nicht in den Fällen zur Anwendung kommen, wo es die Absicht ist, etwas als negativ gegeben auszusagen, wo mithin, weil die Negation dem Object anhaftet, οὐ seine Stelle hat. Ueberhaupt aber

darf nicht übersehen werden, dass, um die verschiedenen Modalitäten der Aussage auszudrücken, Mischungen objectiver und subjectiver Elemente vorkommen können. So wenig der blosse Optativ (ohne κέν und ἄν) im unabhängigen Satze irgend οὐ zulässt, eben weil er lediglich Acte freier Subjectivität bezeichnet, so tritt doch mit der Partikel ἄν oder κέν, durch welche etwas als wirklich gesetzt wird, zu dem Optativ ein objectives Element, und diese Mischung dient eben zum Ausdruck der subjectiven Behauptung, die zwar eine eigene Ansicht aufstellt, aber über etwas Gegebenes, das als positiv oder als negativ gegeben erscheinen soll. Durch eine etwas andre Mischung objectiver und subjectiver Elemente entsteht die subjective Behauptung über Vergangenes. Hier kommt zu der reinen Objectivität, die in dem Indicativ des historischen Tempus liegt, durch die Zugabe von ἄν oder κέν, d. i. durch die Setzung (Sumtion), dass etwas geschehen sei, ein subjectives Element. Indessen sofern doch immer in der subjectiven Behauptung die Ansicht ausgesprochen werden soll, dass etwas wohl nicht war oder nicht geschah, sofern eben die Nichtexistenz mit Bescheidenheit behauptet wird, kann als Negation nur das mit dem Object gegebene οὐ gewählt werden.

Für einen Sprachgebrauch, der durch alle Perioden der griechischen Sprache sich gleich geblieben ist, der in unzähligen Belegen zu Tage liegt, wird es nicht nöthig sein, Belege aufzuführen, wenigstens nicht für die objective Behauptung. Für die subjective Behauptung mit Optativ und ἄν (κέν) vergleiche man:

Il. I, 271 f.: κείνοισι δ' ἂν οὔ τις — μαχέοιτο. 301: τῶν οὐκ ἄν τι φέροις. II, 250: τῷ οὐκ ἂν βασιλῆας ἀνὰ στόμ' ἔχων ἀγορεύοις. *Il.* III, 52. 223. IV, 223. 429. 539. V, 456. XII, 58. XXIV, 263. *Od.* VI, 57. VII, 22.
Aesch. Prom. 63: πλὴν τοῦδ' ἂν οὐδεὶς ἐνδίκως μέμψαιτό μοι.'
520: τοῦτ' οὐκέτ' ἂν πύθοιο.
979: εἴης φορητὸς οὐκ ἄν, εἰ πράσσοις καλῶς.
Pers. 429 f.: — — — — οὐδ' ἂν εἰ δέκ' ἤματα
στοιχηγοροίην, οὐκ ἂν ἐκπλήσαιμί σοι. —
Eum. 888.
Soph. Trach. 196 f.: τὸ γὰρ ποθοῦν ἕκαστος ἐκμαθεῖν θέλων
οὐκ ἂν μεθεῖτο· — *Arist.* Vesp. 726. *Herod.* II, 41, 2. II, 47. *Pl.* Ap. 17 C: οὐδὲ γὰρ ἂν δήπου πρέποι τῇδε τῇ ἡλικίᾳ. 23 D: οὐκ ἂν ἐθέλοιεν λέγειν. 30 C: ἐμὲ μὲν γὰρ οὐδὲν ἂν βλάψειεν οὔτε Μέλητος οὔτε Ἄνυτος. — *Xen.* Cyr. I, 2, 11: καὶ θηρῶντες μὲν οὐκ ἂν ἀριστήσειαν. Mem. I, 5, 5. *Isocr.* Dem. 1: τὰς τῶν σπουδαίων φιλίας οὐδ' ἂν ὁ πᾶς χρόνος ἐξαλείψειεν. adv. *Soph.* 1: τίς γὰρ οὐκ ἂν μισήσειεν — ;

Bemerkenswerth ist, dass nach πῶς ἄν mit Optativ, obwohl

sonst der Regel gemäss οὐ gebraucht wird, *Soph.* El. 257 f. *Isocr.* Ant. §. 208, zuweilen μή steht. *Plato* Crat. 429 D: Πῶς γὰρ ἄν, ὦ Σώκρατες, λέγων γέ τις τοῦτο ὃ λέγει, μὴ τὸ ὂν λέγοι; *Xen.* Mem. III, 1, 10: τί οὖν ἂν σκοποῦμεν, ἔφη, πῶς ἂν αὐτῶν μὴ διαμαρτάνοιμεν; *Isocr.* Phil. 8: σκοπεῖσθαι, πῶς ἂν — μὴ ἐπιθυμήσεις. Ant. 6: ἐνεθυμούμην, πῶς ἂν δηλώσαιμι — καὶ μὴ περιίδοιμι. In den letzten Stellen könnte μή dadurch herbeigeführt sein, dass πῶς ἂν von σκοπεῖν abhängt und der Gedanke des Verhütens zu Grunde liegt.

Bei Homer hat auch der in der Behauptung stehende Futuralconjunctiv, so wie der Conjunctiv mit κέν und ἄν als Negation οὐ bei sich.

Il. I, 262: οὐ γάρ πω τοίους ἴδον ἀνέρας, οὐδὲ ἴδωμαι.
VII, 197: οὐ γὰρ τίς με βίῃ γε ἑκὼν ἀέκοντα δίηται.
XV, 349 ff. *Od.* VI, 201. XVI, 437.
Il. II, 488: πληθὺν δ᾽ οὐκ ἂν ἐγὼ μυθήσομαι, οὐδ᾽ ὀνομήνω.
und in den nur wenig veränderten Stellen *Od.* IV, 240: πάντα μὲν κ. τ. λ. XI, 328 und 517. *Il.* III, 54: οὐκ ἄν τοι χραίσμῃ κίθαρις und XI, 387.

Belege, dass in der subjectiven Behauptung über Vergangenes (Indic. der histor. Tempp. mit ἄν) namentlich auch wo der Satz in eine Andeutung der Nichtwirklichkeit übergeht, als Negation οὐ gebraucht wird, sind: *Il.* V, 22: οὐδὲ γὰρ οὐδέ κεν αὐτὸς ὑπέκφυγε Κῆρα μέλαιναν. VIII, 369. 455. XI, 504. XII, 290. XVI, 638: οὐδ᾽ ἂν ἔτι φράδμων περ ἀνὴρ Σαρπηδόνα δῖον ἔγνω. *Od.* XXIV, 61 f.: ἔνθα κεν οὔτιν᾽ ἀδάκρυτόν γ᾽ ἐνόησας Ἀργείων.
Aesch. Prom. 244: ἐγὼ γὰρ οὔτ᾽ ἂν εἰσιδεῖν τάδε ἔχρῃζον. 983: σὲ γὰρ προσηύδων οὐκ ἄν. *Pl.* Ap. 37 D: οὔτ᾽ ἂν ὑμᾶς ὠφελήκη οὐδέν, οὔτ᾽ ἂν ἐμαυτόν. 38 B: οὐδὲν γὰρ ἂν ἐβλάβην. *Xen.* h. gr. IV, 4, 12: Ἔδωκεν ὁ θεὸς αὐτοῖς ἔργον, οἷον οὐδ᾽ εὔξαντό ποτ᾽ ἄν. *Dem.* Phil. I, 1: Εἰ γὰρ ἐκ τοῦ παρεληλυθότος χρόνου τὰ δέοντα οὗτοι συνεβούλευσαν, οὐδὲν ἂν ὑμᾶς νῦν ἔδει βουλεύεσθαι. 2: ἐπεί τοι εἰ πάνθ᾽ ἃ προσῆκε πραττόντων οὕτως εἶχεν, οὐδ᾽ ἂν ἐλπὶς ἦν αὐτὰ βελτίω γενέσθαι. 5. in Mid. 35: οὐδὲν ἂν προσέδει τοῦδε τοῦ νόμου.

2. *Οὐ* steht in abhängigen Behauptungssätzen, die mit ὡς, ὅτι, ὁθούνεκα eingeleitet sind. a) In objectiven Behauptungen mit dem blossen Indicativ. *Od.* IV, 376 f.: ἐκ μέν τοι ἐρέω — ὡς ἐγὼ οὔ τι ἑκὼν κατερύκομαι. *Soph.* Oed. R. 1271: ὁθούνεκα. 1369 f.: ὡς μὲν τάδ᾽ οὐχ ὧδ᾽ ἔστ᾽ ἄριστ᾽ εἰργασμένα, μή μ᾽ ἐκδίδασκε. — Phil. 70. El. 560 f.: λέξω δέ σοι, ὡς οὐ δίκῃ γ᾽ ἔκτεινας. 949. *Herod.* VII, 168, 2: φράζοντες, ὡς οὔ σφι περιοπτέα ἐστὶ ἡ Ἑλλὰς ἀπολλυμένη. *Thuc.* I, 73, 1: δηλῶσαι, ὡς οὔτε ἀπεικότως ἔχομεν ἃ κεκτήμεθα. I, 77, 2. I, 86, 1: οὐδαμοῦ ἀντεῖπον ὡς οὐκ ἀδικοῦσι. I, 102, 2: εἰπόντες δ᾽ ὅτι οὐκ ἐν προσδέονται

αὐτῶν ἔτι. I, 120, 1. I, 132, 6. I, 143, 5. *Pl.* de rep. I, 331 C: πᾶς ἄν που εἴποι εἴ τις λάβοι παρὰ φίλου ἀνδρὸς σωφρονοῦντος ὅπλα, εἰ μανεὶς ἀπαιτοῖ, ὅτι οὐ χρὴ τὰ τοιαῦτα ἀποδιδόναι, οὔτε δίκαιος ἂν εἴη ὁ ἀποδιδούς. 345 A. B. C. E. 346 E: τοῦτο ἤδη δῆλον, ὅτι οὐδεμία τέχνη οὐδὲ ἀρχὴ τὸ αὑτῇ ὠφέλιμον παρασκευάζει. 348 A: Βούλει οὖν αὐτὸν πείθωμεν — ὡς οὐκ ἀληθῆ λέγει; 351 E. 352 B. II, 378 C. IV, 438 A. V, 457 D. 476 D. E. *Xen.* Cyr. I, 2, 8: ὅτι οὐ παρὰ μητρὶ σιτοῦνται οἱ παῖδες. I, 3, 11. I, 4, 5. 6. I, 5, 8. I, 6, 11. 12. 25. *Isocr.* Pgr. 1. 78. 101. 166: εἰδότες, ὅτι καὶ βασιλεὺς οὐχ ἑκόντων ἄρχει. 189: ἐνθυμουμένους ὅτι τοῖς μεγάλα ὑπισχνουμένοις οὐ πρέπει περὶ μικρὰ διατρίβειν. *Dem.* Ol. II, 8: ἢ παρελθών τις ἐμοὶ μᾶλλον δὲ ὑμῖν δειξάτω, ὡς οὐκ ἀληθῆ ταῦτα ὑμῖν λέγω.

Auffallend ist *Soph.* Ant. 685 f.:
ἐγὼ δ' ὅπως σὺ μὴ λέγεις ὀρθῶς τάδε,
οὔτ' ἂν δυναίμην, μήτ' ἐπισταίμην λέγειν.

b) Beispiele der subjectiven Behauptung, und zwar des Optativs mit ἄν sind: *Thuc.* I, 38, 2: καὶ δῆλον ὅτι, εἰ τοῖς πλέοσιν ἀρέσκοντές ἐσμεν, τοῖσδ' ἂν μόνοις οὐκ ὀρθῶς ἀπαρέσκοιμεν οὐδ' ἐπιστρατευόμεν ἐκπρεπῶς μὴ καὶ διαφερόντως τι ἀδικούμενοι. I, 40, 1: ὡς δ' οὐκ ἂν δικαίως αὐτοὺς δέχοισθε μαθεῖν χρή. *Pl.* de rep. I, 330 A: εὖ ἴχει ὁ αὐτὸς λόγος, ὅτι οὔτ' ἂν ὁ ἐπιεικὴς πάνυ τι ῥᾳδίως γῆρας μετὰ πενίας ἐνέγκοι, οὔθ' ὁ μὴ ἐπιεικὴς πλουτήσας εὔκολός ποτ' ἂν ἑαυτῷ γένοιτο. p. 331 C. II, 378 B. III, 394 C. IV, 420 B. V, 473 E. *Xen.* Cyr. I, 1, 3: εὖ εἰδότες, ὅτι οὐδ' ἂν ἴδοιεν. I, 6, 10: ἀνθ' ἧς οἶδ' ὅτι πολλαπλασίαν ἄλλην οὐκ ἂν δέξαιο. *Isocr.* Ant. 125. 212: τολμῶσι λέγειν, ὡς οὐδὲν ἂν ἀλλήλους πρὸς ἐπιείκειαν εὐεργετήσαιμεν.

c) Beispiele des Indicativs der historischen Tempora mit ἄν sind: *Plato* de rep. I, 330 A. (Θεμιστοκλῆς Σεριφίῳ) ἀπεκρίνατο, ὅτι οὔτ' ἂν αὐτὸς Σερίφιος ὢν ὀνομαστὸς ἐγένετο, οὔτ' ἐκεῖνος Ἀθηναῖος. III, 393 D: οἶσθ' ὅτι οὐκ ἂν μίμησις ἦν. *Isocr.* Ant. 17.

d) Endlich haben auch diejenigen abhängigen Behauptungssätze, welche durch den Optativ etwas ausdrücklich als fremde Ansicht und Aeusserung bezeichnen, als Negation regelmässig οὐ bei sich. Es erklärt sich diess daraus, dass nur von dem Berichtenden aus die Aussage als fremde Ansicht aufgestellt wird (daher der Optativ), im Sinne dessen aber, von dem die Aussage eigentlich ausging, das Nichtsein behauptet ward, also die Negation vom Object nicht zu trennen ist.

Aesch. Pers. 356 ff.: ἐλθὼν ἔλεξε παιδὶ σῷ Ξέρξῃ τάδε,
ὡς εἰ μελαίνης νυκτὸς ἵξεται κνέφας,
Ἕλληνες οὐ μένοιεν.

Soph. Phil. 345 f.: λέγοντες — ὡς οὐ θέμις γίγνοιτ'. Oed. R. 538. 1271: αὐδῶν τοιαῦθ', ὀθούνεκ' οὐκ ὄψοιτό νιν.

Oed. Col. 944 f.: ἤδη δ', ὀθούνεκ' ἄνδρα καὶ πατροκτόνον
κἄναγνον οὐ δεξοίατ'.
Herod. I, 86, 7: ἐπιλεξάμενον, ὡς οὐδὲν εἴη τῶν ἐν ἀνθρώποισι
ἀσφαλέως ἔχον. Thuc. I, 38, 1: λέγοντες, ὡς οὐκ ἐπὶ τῷ κακῶς
πάσχειν ἐκπεμφθείησαν. I, 72, 1: δηλῶσαι δὲ περὶ τοῦ παντός, ὡς
οὐ ταχέως αὐτοῖς βουλευτέον εἴη. I, 133. Pl. Ap. 22 C. Prot. 335 A.
Crat. 412 D. 413 C. E. Phaedr. 260 A. de rep. I. 330 A: λέγοντι,
ὅτι οὐ δι' αὑτόν, ἀλλὰ διὰ τὴν πόλιν εὐδοκιμοῖ. 337 A. B. Xen.
Cyr. I, 4, 7. I, 6, 6: λέγοντα ἀεὶ ὡς οὐ θέμις εἴη. II, 3, 6. 20:
ἀνέκραγον, ὅτι οὐ σφίσι δοκοίη παιδιὰ εἶναι τὸ ὁμόθεν παίεσθαι. II,
4, 12. Anab. II, 3, 25.

3. Es ist aus den voraus aufgestellten Sätzen begreiflich,
dass auch, wo der Behauptungssatz in einen Infinitiv verkürzt erscheint, als Negation *οὐ* gebraucht wird. Da eine Nichtexistenz ausgesagt werden soll, so wird die Negation am natürlichsten als dem Object anhaftend, von dem Subject unabhängig aufzufassen sein. Wenn aber andrerseits zwischen dem Infinitiv und dem Particip, wo sie von einem Verbum als dessen Ergänzung abhängig sind, der Unterschied besteht, dass das Particip eintritt, wann dessen Handlung, nicht durch das regierende Verbum bedingt, für sich besteht und gegeben ist, so dass sich eben auf das Gegebene und Vorhandene das Verbum des regierenden Satzes bezieht, dagegen der Infinitiv eintreten muss, wenn dessen Handlung durch das regierende Verbum bedingt, wenn von diesem das zu Stande Kommen der Sache abhängig ist, so muss consequent der von Verben der Aussage abhängige Infinitiv als von dem Aussagenden abhängig, mithin auch die Negation als von ihm abhängig aufgefasst werden. Auf diese Weise entsteht gewissermassen eine Collision verschiedener Anschauungsweisen, dem auch im Allgemeinen der Gebrauch entspricht, sofern die in den Infinitiv verkürzten Behauptungssätze vorherrschend *οὐ*, zum Theil aber auch *μή* haben.

Das entschiedenste Verbum der Behauptung (der Bejahung oder Verneinung eines Seins) ist *φάναι*. Nach diesem wird man regelmässig *οὐ* gebraucht finden.

Il. XVII, 174: ὅστε με φῂς Αἴαντα πελώριον οὐχ ὑπομεῖναι.
XXI, 316 f.: φημὶ γὰρ οὔτε βίην χραισμησέμεν, οὔτε τι εἶδος,
οὔτε τὰ τεύχεα καλά.
Od. IV, 664: φάμεν δέ οἱ οὐ τελέεσθαι. XXII, 31: ἐπειὴ φάσαν
οὐκ ἐθέλοντα ἄνδρα κατακτεῖναι. (Die Stellen, wo *οὐ* vor *φημί* steht,
kommen natürlich hier nicht in Betracht.)
Aesch. Pers. 734—36: μονάδα δὲ Ξέρξην ἐρημόν φασιν οὐ πολλῶν
μέτα — μολεῖν γέφυραν.
Choeph. 1027: κτανεῖν τέ φημι μητέρ' οὐκ ἄνευ δίκης.

Soph. Phil. 1389: φημὶ δ' οὔ σε μανθάνειν. Trach. 125. *Herod*. VI, 86, 1: φάντες δύο σφέας ἐόντας βασιλέας παραθέσθαι καὶ οὐ δικαιοῦν τῷ ἑτέρῳ ἄνευ τοῦ ἑτέρου ἀποδιδόναι. VI, 106, 3: οὐκ ἐξελεύσεσθαι ἔφασαν. VI, 133, 2. VI, 135, 4. VII, 16, 2. VII, 101, 4. VII, 149, 4. VII, 168, 5. *Thuc*. I, 37, 2: φασὶ δὴ ξυμμαχίαν διὰ τὸ σῶφρον οὐδενός πω δέξασθαι. I, 74, 3: ὥστε φαμὲν οὐχ ἧσσον αὐτοὶ ὠφελῆσαι ὑμᾶς ἢ τυχεῖν τούτου. I, 91, 4. *Pl*. Prot. 330 E. 331 A. D. 349 B. 352 D. 353 A. Ap. 29 C. 37 B. Crito 51 C. 52 A. Ephr. 4 D. 8 C. Lysis 220 E. De rep. I, 338 C. II, 359 B. 362 A. 365 B. III, 398 D. 407 D. IV, 439 C. V, 457 C. 464 B. 476 D. 478 D. 479 E. 480 A. — Antiphon de caede Her. 39. 42. *Isocr*. Ant. 311: φαμὲν οὐδὲν εἶναι τοιοῦτον. *Dem*. Phil. III, 17.

Neben diesem herrschenden Gebrauche kommen einzelne Abweichungen kaum in Betracht. Sie finden fast durchaus ihre Erklärung und Rechtfertigung in dem Zusammenhang. So erklärt sich *Soph*. OR. 461:

— — — — κἂν λάβῃς μ' ἐψευσμένον
φάσκειν ἔμ' ἤδη μαντικῇ μηδὲν φρονεῖν.

μή aus dem imperativisch gebrauchten φάσκειν. *Pl*. de rep. IV, 419: ἐάν τίς σε φῇ μὴ πάνυ τι εὐδαίμονας ποιεῖν τούτους τοὺς ἄνδρας und *Isocr*. Ant. 210: εἰ τῶν μὲν σωμάτων μηδὲν οὕτως ἂν φήσαιεν εἶναι φαῦλον ist μή durch die Abhängigkeit von ἐάν und εἰ herbeigeführt. Eine wirkliche Abweichung haben wir *Pl*. de rep. III, 407 C—E. anzuerkennen, wo nach φῶμεν καὶ Ἀσκληπιόν zwar οὐκ ἐπιχειρεῖν, dann aber τὸν μὴ δυνάμενον ἐν τῇ καθεστηκυίᾳ περιόδῳ ζῆν μὴ οἴεσθαι δεῖν θεραπεύειν folgt.

Λέγειν scheint häufiger οὐ, als μή nach sich zu haben. Aus folgenden mit besonderer Rücksicht auf den Gebrauch durchgegangenen Schriften, den vier ersten Büchern der Ilias und der Odyssee, dem Philoktet und König Oedipus von Sophokles, Euripides Hekuba, dem ersten Buche von Thukydides, den fünf ersten Büchern von Plato's Republik, den zwei ersten Büchern von Xenophon's Kyropädie, endlich dem Panegyrikus des Isokrates und dessen Rede vom Vermögenstausch habe ich mir fünf Fälle von οὐ, zwei von μή nach λέγω bemerkt. Von οὐ: *Thuc*. I, 67, 2: λέγοντες οὐκ εἶναι αὐτόνομοι κατὰ τὰς σπονδάς. *Pl*. de rep. I, 348 C: ἐπειδή γε καὶ λέγω ἀδικίαν μὲν λυσιτελεῖν, δικαιοσύνην δ' οὔ. *Xen*. Cyr. I, 6, 18. 22: Λέγεις σύ, ἔφη, ὦ πάτερ, εἰς τὸ πειθομένους ἔχειν οὐδὲν εἶναι ἀνυσιμώτερον τοῦ φρονιμώτερον δοκεῖν εἶναι τῶν ἀρχομένων. II, 1, 5. Dagegen findet sich μή *Thuc*. I, 139, 2: προὔλεγον — μὴ ἂν γίγνεσθαι πόλεμον. *Pl*. de rep. I, 346 E: ἄρτι ἔλεγον μηδένα ἐθέλειν ἑκόντα ἄρχειν. *Plato* wechselt Phaedo 101 B. zwischen μή und οὐ. Οὔκουν, ἦ δ' ὅς, τὰ δέκα τῶν ὀκτὼ δυεῖν πλείω εἶναι καὶ διὰ ταύτην τὴν αἰτίαν ὑπερβάλλειν, φοβοῖο ἂν λέγειν, ἀλλὰ μὴ πλήθει

καὶ διὰ τὸ πλῆθος; καὶ τὸ δίπηχυ τοῦ πηχυαίου ἡμίσει μεῖζον εἶναι, ἀλλ' οὐ μεγέθει;
So findet sich auch οὐ nach λόγος (ἐστί). *Soph.* OC. 134, nach εἰπεῖν: *Soph.* Ant. 755. πυνθάνεσθαι: *Soph.* Trach. 106. ἀποκρίνεσθαι: *Thuc.* I, 28, 3. I, 145 selbst auch ἀναιρεῖν (vgl. unter μή) weissagen: *Eur.* Iph. A. 93. ἀκούειν: *Pl.* Phaedr. 259 E. Entschieden ist der Gebrauch von οὐ in den Aussagesätzen mit Accusativ und Infinitiv, wo dieser ohne unmittelbare Abhängigkeit von einem Verbum declarandi steht. *Herod.* I, 24, 8: φαμένων δὲ ἐκείνων ὡς εἴη τε σῶς περὶ Ἰταλίην καί μιν εὖ πρήσσοντα λίποιεν ἐν Τάραντι, ἐπιφανῆναί σφι τὸν Ἀρίονα ὥσπερ ἔχων ἐξεπήδησε· καὶ τοὺς ἐκπλαγέντας οὐκ ἔχειν ἔτι ἐλεγχομένους ἀρνέεσθαι. *Thuc.* I, 91, 4:. I, 136, 4. *Pl.* de rep. II, 359 D. Crat. 412 D: ὅσοι γὰρ ἡγοῦνται τὸ πᾶν εἶναι ἐν πορείᾳ, τὸ μὲν πολὺ αὐτοῦ ὑπολαμβάνουσι τοιοῦτόν τι εἶναι, οἷον οὐδὲν ἄλλο ἢ χωρεῖν, διὰ δὲ τούτου παντὸς εἶναί τι διεξιόν, δι' οὗ πάντα τὰ γιγνόμενα γίγνεσθαι. εἶναι δὲ τάχιστον τοῦτο καὶ λεπτότατον. οὐ γὰρ ἂν δύνασθαι ἄλλως διὰ τοῦ ἰόντος ἰέναι παντός, εἰ μὴ λεπτότατόν τε ἦν — καὶ τάχιστον. 413 C. E. Phaedr. 260 A. *Xen.* Cyr. I, 4, 28. Mem. I, 1, 13. 14. III, 9, 5. 7. 9. *Isocr.* Pgr. 22. Antid. 262. 300. Phil. 39.

4. Eine (subjective) Behauptung wird ferner eingeleitet durch die Verba οἴεσθαι (zuversichtlich und zweifellos voraussetzen, denken) ἡγεῖσθαι annehmen, glauben, νομίζειν gelten lassen, annehmen, glauben, δοκεῖν meinen. Auch hier wird der abhängige Infinitiv regelmässig mit οὐ negirt, μή steht da, wo die übrige Form des Satzes es nothwendig macht; doch ist sie auch sonst möglich. Οἴεσθαι hat οὐ nach sich.
Soph. OR. 1051: οἶμαι μὲν οὐδέν' ἄλλον, ἢ τὸν ἐξ ἀγρῶν.
1227 f.: οἶμαι γὰρ οὔτ' ἂν Ἴστρον οὔτε Φᾶσιν ἂν νίψαι καθαρμῷ τήνδε τὴν στέγην.
Phil. 536 f. 1058. *Thuc.* I, 71, 1: οἴεσθε τὴν ἡσυχίαν οὐ τούτοις τῶν ἀνθρώπων ἐπὶ πλεῖστον ἀρκεῖν. *Pl.* de rep. I, 329 E: οἶμαί σου τοὺς πολλούς, ὅταν ταῦτα λέγῃς, οὐκ ἀποδέχεσθαι, ἀλλ' ἡγεῖσθαί σε ῥᾳδίως τὸ γῆρας φέρειν οὐ διὰ τὸν τρόπον κ. τ. λ. I, 336 E. 345 C. II, 369 B: οἶμαι μὲν γὰρ οὐκ ὀλίγον ἔργον αὐτὸ εἶναι. III, 400 C. V, 454 A. Euthyphro 4 B. 8 B. Ap. 25 E. 28 B. 29 B. 30 A. Lysis 206 B. 209 D. Phaedr. 234 B. 235 E: τοῦτο δὲ οἶμαι οὐδ' ἂν τὸν φαυλότατον παθεῖν συγγραφέα. Crat. 398 A. 403 C. 413 B. 436 A. *Xen.* Cyr. I, 5, 9: καίτοι ἐγὼ οἶμαι οὐδεμίαν ἀρετὴν ἀσκεῖσθαι ὑπ' ἀνθρώπων ὡς μηδὲν πλεῖον ἔχωσιν οἱ ἐσθλοὶ γενόμενοι τῶν πονηρῶν. I, 6, 8. II, 2, 4. II, 3, 5. 6. Mem. I, 1, 19. III, 5, 23. Ages. XI, 2. *Isocr.* Phil. 150. Archid. 39. 72. 103. Ant. 1. 19: οἶμαι δ' ὑμᾶς οὐκ ἀγνοεῖν. 37. 174. 299. 317. Bus. 25. *Dem.* Phil. I, 49.

Dagegen findet sich *Thuc.* I, 20, 4: οἱ ἄλλοι Ἕλληνες οὐκ

ὀρθῶς οἴονται, ὥσπερ τούς τε Λακεδαιμονίων βασιλέας μὴ μιᾷ ψήφῳ προστίθεσθαι ἑκάτερον ἀλλὰ δνοῖν. Bei *Plato* de rep. IV, 435 E. ist *μή* durch die Abhängigkeit von εἴ τις οἰηθείη herbeigeführt. Ἡγεῖσθαι hat οὐ beim Infinitiv. *Thuc.* I, 39, 2: ἐπειδὴ ἡγήσαντο ἡμᾶς οὐ περιόψεσθαι. *Pl.* de rep. I, 329 E. Prot. 317 A. 328 E. 335 B. 337 C. Gorg. 461 A. Ap. 18 C. *Isocr.* Phil. 141. 151: ἡγοῦμαι δὲ καὶ τὰ πεπραγμένα πρότερον οὐκ ἄν ποτέ σοι γενέσθαι τηλικαῦτα τὸ μέγεθος. Pgr. 38. 51. 95. 101. 133. Ant. 3. 147. 261. 274. 275.

Dagegen findet sich *μή* naturgemäss nach dem Imperativ. *Soph.* Oed. C. 278—281: ἡμεῖσθε δὲ βλέπειν μὲν — βλέπειν δὲ — φυγὴν δέ του μήπω γενέσθαι φωτὸς ἀνοσίου βροτῶν. — Ausserdem haben wir *μή Pl.* Prot. 319 B: ὅθεν δὲ αὐτὸ ἡγοῦμαι οὐ διδακτὸν εἶναι μηδ' ὑπ' ἀνθρώπων. Ap. 27 D: τίς ἂν ἀνθρώπων θεῶν μὲν παῖδας ἡγοῖτο εἶναι, θεοὺς δὲ μή; *Isocr.* ad. Nic. 36: Δεινὸν ἡγοῦ τῶν μὲν ἰδιωτῶν τινας ἐθέλειν ἀποθνήσκειν, ἵνα τελευτήσαντες ἐπαινεθῶσι, τοὺς δὲ βασιλέας μὴ τολμᾶν χρῆσθαι τοῖς ἐπιτηδεύμασι. τούτοις, ἐξ ὧν ζῶντες εὐδοκιμήσουσιν. Offenbar ist diess nicht als Thatsache, sondern hypothetisch zu verstehen: wenn Fürsten nicht solche Lebensmaximen befolgen wollen u. s. w.

Νομίζειν hat den Infinitiv mit οὐ.
Soph. OR. 551 f.: εἴ τοι νομίζεις ἄνδρα συγγενῆ κακῶς
δρῶν οὐχ ὑφέξειν τὴν δίκην, οὐκ εὖ φρονεῖς.
Thuc. I, 25, 3: νομίζοντες οὐχ ἧσσον ἑαυτῶν εἶναι τὴν ἀποικίαν ἢ Κερκυραίων. I, 82, 4. I, 105, 4: ἐνόμισαν αὐτοὶ ἑκάτεροι οὐκ ἔλασσον ἔχειν ἐν τῷ ἔργῳ. *Xen.* Cyr. II, 2, 19. Mem. I, 4, 5. III, 9, 4. *And.* de myst. §. 32. *Lys.* de caede Er. 3. *Isocr.* Pgr. 97. Antid. 284. ad Nic. 26. Phil. 4. 8: συνησθεὶς δὲ τοῖς περὶ τῆς εἰρήνης ψηφισθεῖσι καὶ νομίσας οὐ μόνον ἡμῖν ἀλλὰ καὶ σοὶ καὶ τοῖς ἄλλοις Ἕλλησιν ἅπασι συνοίσειν κ. τ. λ. 10: Ταῦτα δὲ διανοηθεὶς καὶ νομίσας οὐδέποτ' ἂν εὑρεθῆναι καλλίω ταύτης ὑπόθεσιν οὐδὲ κοινοτέραν οὐδὲ μᾶλλον ἅπασιν ἡμῖν ξυμφέρουσαν ἐπήρθην κ. τ. λ.

Μή findet sich nach νομίζω. *And.* myst. §. 70. Μὴ μόνον findet sich nach *νομίζω Isocr.* Ant. 234 wegen des vorhergehenden ὥστε.

Endlich δοκεῖν hat den Infinitiv mit οὐ.
Soph. Phil. 959 f.: φόνον φόνου δὲ ῥύσιον τίσω τάλας
πρὸς τοῦ δοκοῦντος οὐδὲν εἰδέναι κακόν.
Thuc. I, 3, 2. *Pl.* de rep. I, 329 B: ἐμοὶ δὲ δοκοῦσιν, ὦ Σώκρατες, οὗτοι οὐ τὸ αἴτιον αἰτιᾶσθαι. 349 A. II, 368 A. III, 396 C. D. IV, 432 D. E. 441 A—B. 445 A. V, 449 C. 471 C. Crat. 384 D. Phaedr. 228 C: ὥς μοι δοκεῖς σὺ οὐδαμῶς με ἀφήσειν. 234 D. Ephr. 3 D. *Xen.* Cyr. I, 2, 2. II, 3, 12. Mem. III, 5, 14. — Ein Beispiel, wie *μή* und οὐκ ἄν nach δοκῶ wechseln, bietet *Isocr.* Ant. 60: ἐνθυμήθητε δὲ πρὸς ὑμᾶς αὐτούς, εἰ δοκῶ τοῖς λόγοις διαφθείρειν

τοὺς νεωτέρους, ἀλλὰ μὴ προτρέπειν ἐπ' ἀρετὴν καὶ τοὺς ὑπὲρ τῆς πόλεως κινδύνους, ἦ δικαίως ἂν δοῦναι δίκην ὑπὲρ τῶν εἰρημένων, ἀλλ' οὐκ ἂν χάριν κομίσασθαι παρ' ὑμῶν τὴν μεγίστην κ. τ. λ. Phil. 101.
Μή findet sich nach δοκεῖν.
Aesch. Prom. 740 f.: — — οὓς γὰρ νῦν ἀκήκοας λόγους
εἶναι δόκει σοὶ μηδέπω 'ν προοιμίοις.
VII. c. Th. 615. *Pl.* Prot. 352 C. Ephr. 12 B.

Verwandt mit den bisher aufgeführten Verben sind die nachfolgenden, bei welchen ebenfalls οὐ vorherrscht, sofern der negative Charakter des abhängigen Satzes am natürlichsten als unabhängig von dem Subject, als gegeben und dem Subject vorliegend aufgefasst wird. So findet sich οὐ
nach ἔοικα. *Aesch.* Prom. 984: ἐρεῖν ἔοικας οὐδὲν ὧν χρῄζει πατήρ.
VII. c. Th. 545 f.: ἐλθὼν δ' ἔοικεν οὐ κιπηλεύσειν μάχην,
μακρᾶς κελεύθου δ' οὐ καταισχυνεῖν
πόρον.
Soph. OR. 744 f.: Οἴμοι τάλας· ἔοικ'. ἐμαυτὸν εἰς ἀρὰς
δεινὰς προβάλλων ἀρτίως οὐκ εἰδέναι.
Pl. de rep. I, 344 E: Ἔοικας, ἦν δ' ἐγώ, ἤτοι ἡμῶν γε οὐδὲν κήδεσθαι, οὐδέ τι φροντίζειν κ. τ. λ. Crat. 423 D.
Nach ὑπολαμβάνειν. *Xen.* Mem. I, 1, 3: οὗτοί τε γὰρ ὑπολαμβάνουσιν οὐ τὰς ὄρνιθας οὐδὲ τοὺς ἀπαντῶντας εἰδέναι τὰ συμφέροντα τοῖς μαντευομένοις. — Mit μή steht ὑπολαμβάνειν: *Isocr.* Phil. 137.
Nach ὑποτοπεῖν. *Thuc.* I, 51, 1: ταύτας οὖν προϊδόντες οἱ Κορίνθιοι καὶ ὑποτοπήσαντες ἀπ' Ἀθηνῶν εἶναι, οὐχ ὅσας ἑώρων ἀλλὰ πλείους, ὑπανεχώρουν.
Nach κινδυνεύειν = scheinen. *Pl.* de rep. I, 334 E: κινδυνεύομεν γὰρ οὐκ ὀρθῶς τὸν φίλον καὶ τὸν ἐχθρὸν θέσθαι. Ephr. 11 A. Crito 44 A: κινδυνεύεις ἐν καιρῷ τινι οὐκ ἐγεῖραί με. Crat. 390 D: κινδυνεύει ἄρα — εἶναι οὐ φαῦλον ἡ τοῦ ὀνόματος θέσις. 396 C.

Auch ἐλπίζειν und verwandte Ausdrücke haben den Infinitiv mit οὐ bei sich.
Soph. Ant. 1246 f.: — — — — ἐλπίσιν δὲ βόσκομαι
ἄχη τέκνου κλύουσαν ἐς πόλιν γόους
οὐκ ἀξιώσειν (στένειν).
Isocr. Phil 23: ἔλεγον δ' ὡς ἐλπίζουσιν οὐ μόνον σὲ καὶ τὴν πόλιν ἕξειν μοι χάριν. Bemerkenswerth ist *Dem.* Phil. I, 7: ἢν ὑμῶν αὐτῶν ἐθελήσητε γενέσθαι καὶ παύσησθε αὐτὸς μὲν οὐδὲν ἕκαστος ποιήσειν ἐλπίζων, τὸν δὲ πλησίον πάνθ' ὑπὲρ αὐτοῦ πράξειν. Ohne Zweifel steht οὐδέν, weil die Thatsache zu Grunde liegt: während jeder seinerseits nichts thut.

Dass aber hier auch μή steht, ist bei der Bedeutung des Wortes und der Bedingtheit der abhängigen Handlung durch die Subjectivität nicht unnatürlich.

Soph. Ant. 235 f.: τῆς ἐλπίδος γὰρ ἔρχομαι δεδραγμένος
τὸ μὴ παθεῖν ἂν ἄλλο πλὴν τὸ μόρσιμον.

Indem *Sophokles* nach seiner Neigung den Infinitiv mit Artikel statt des einfachen Infinitivs gebrauchte, war damit auch die Negation μή gegeben. *Xen*. Cyr. II, 4, 23: ὥστ' ἐλπὶς ὑμᾶς μὴ ὀφθῆναι. Auch Cyr. II, 3, 5: ὡς διανοεῖται μηδὲν καλὸν κἀγαθὸν ποιῶν, ἃ ἂν ἄλλοι τῇ ἀρετῇ καταπράξωσι, τούτων ἰσομοιρεῖν steht μηδέν, weil das Particip hypothetisch aufzufassen ist.

5. Es ist mit der vorangestellten allgemeinen Norm ganz im Einklang, dass, wenn ein Particip als Verkürzung eines Objectssatzes steht, eben weil dann immer das Nichtsein factisch vorliegt, und das Nichtsein Gegenstand einer sinnlichen oder geistigen Erkenntniss, eines Affectes und dergl. ist, regelmässig οὐ steht. Man vergleiche:

Ὁρᾶν und ἰδεῖν. *Soph*. Phil. 98 f. 279 f.:
  ὁρῶντα μὲν ναῦς, αἷς ἔχων ἐπανστόλουν
  πάσας βεβώσας, ἄνδρα δ' οὐδέν' ἔντοπον κ. τ. λ. 1256.
OR. 324: ὁρῶ γὰρ οὐδὲ σοὶ τὸ σὸν φώνημ' ἰὸν
  πρὸς καιρόν.
Aj. 125: ὁρῶ γὰρ ἡμᾶς οὐδὲν ὄντας ἄλλο πλὴν
  εἴδωλ'.
Eur. Hec. 314: τὸν κατθανόνθ' ὁρῶντες οὐ τιμώμενον κ. τ. λ.
Xen. Cyr. I, 2, 8. I, 3, 5. *Isocr*. Pgr. 48. 49. 156. Antid. 8. 26. 38. 148. 201. 217. Archid. 2. 36. 87. Phil. 116. 117.

Αἰσθάνεσθαι. *Thuc*. I, 73, 1: αἰσθόμενοι δὲ καταβοὴν οὐκ ὀλίγην οὖσαν ἡμῶν.

Εὑρίσκειν. *Thuc*. I, 80, 1: εὕροιτε δ' ἂν τόνδε (τὸν πόλεμον) περὶ οὗ νῦν βουλεύεσθε οὐκ ἂν ἐλάχιστον. *Isocr*. Dem. 45. Pgr. 26—27: εὑρήσομεν γὰρ αὐτὴν οὐ μόνον τῶν πρὸς τὸν πόλεμον κινδύνων, ἀλλὰ καὶ τῆς ἄλλης κατασκευῆς — σχεδὸν ἁπάσης αἰτίαν οὖσαν. Antid. 7. 308. Phil. 9: εὕρισκον οὐδαμῶς ἂν ἄλλως αὐτὴν ἡσυχίαν ἄγουσαν. 97. 108. Archid. 104. Bei *Soph*. 411: ἢν εὑρεθῇς ἐς τήνδε μὴ δίκαιος ὤν; muss μή schon wegen der Abhängigkeit von der Bedingung stehen.

Dagegen ist *Andoc*. in Alc. 37: οὓς πολλάκις ἐλέγχοντες εὑρίσκετε μηδὲν ἀδικοῦντας das μή auffallend.

Κατανοεῖν. *Thuc*. II, 3, 2: πράσσοντες δέ πως ταῦτα κατενόησαν οὐ πολλοὺς τοὺς Θηβαίους ὄντας. — Καταμανθάνειν *Xen*. Cyr. I, 1, 1.

Γιγνώσκειν. *Thuc*. I, 25, 1: Γνόντες δὲ οἱ Ἐπιδάμνιοι οὐδεμίαν σφίσιν ἀπὸ Κερκύρας τιμωρίαν οὖσαν. I, 36, 1—2: γνώτω — καὶ ἅμα οὐ — βουλευόμενος. I, 102, 3. I, 124, 1: εἰ γνωσθησόμεθα ξυνελθόντες μὲν ἀμύνεσθαι δὲ οὐ τολμῶντες. — *Xen*. Cyr. II, 3, 3: δεῖ γιγνώσκειν — ὡς οὐδὲν ἐσόμενον. *Isocr*. Ant. 4.

Auch nach εἰδέναι und seinen Compositis, sowie nach ἐπίστασθαι

hat das Particip, wo es verneint werden soll, der Regel gemäss
οὐ bei sich. Man vergleiche
Soph. OR. 1014: Ἆρ' οἶσθα δῆτα πρὸς δίκης οὐδὲν τρέμων;
Ant. 16. *Thuc.* I, 122, 3: τὴν ἧσσαν — ἴστω οὐκ ἄλλο τι φέρουσαν ἢ ἄντικρυς δουλείαν. I, 140, 1. *Isocr.* Ant. 203. 227. 250.
Phil. 10. Archid. 60: ἐξειδέναι. *Soph.* OC. 1028: ὡς ἔξοιδά σε
οὐ ψιλὸν οὐδ' ἄσκενον ἐς τοσήνδ' ὕβριν ἥκοντα.
Ξυνειδέναι. *Eur.* Med. 492: ἐπεὶ σύνοισθά γ' εἰς ἔμ' οὐκ εὔορκος ὤν.
Pl. Ap. 22 D: ἐμαυτῷ ξυνῄδη οὐδὲν ἐπισταμένῳ. *Xen.* Cyr. I, 6,
4: ὅτι συνειδέναι σαυτῷ δοκεῖς οὐπώποτ' ἀμελήσας αὐτῶν.
Ἐπίστασθαι. *Isocr.* Phil. 107: ἠπίστατο γὰρ τοὺς μὲν Ἕλληνας οὐκ
εἰθισμένους ὑπομένειν τὰς μοναρχίας, τοὺς δ' ἄλλους οὐ δυναμένους
ἄνευ τῆς τοιαύτης δυναστείας διοικεῖν τὸν βίον τὸν σφέτερον αὐτῶν.

Es verdient nun aber besondere Beachtung, dass εἰδέναι und
ἐπίστασθαι manchmal mit dem Particip und μή, zuweilen auch mit
dem Infinitiv und μή verbunden wird. In einigen Fällen lässt sich
diess aus der Construction, in welche das Particip verflochten ist,
erklären, obwohl diese sonst keinen nothwendigen Einfluss ausübt.
Aesch. Prom. 624: ὅπως δ' ἂν εἰδῇ μὴ μάτην κλύουσά μου.
431 f.: εὖ γὰρ τόδ' ἴσθι, μηδάμ' ἡμέρᾳ μιᾷ
πλῆθος τοσουτάριθμον ἀνθρώπων θανεῖν.
Pers. 435 f.: εὖ νῦν τόδ' ἴσθι, μηδέπω μεσοῦν κακόν.
Eur. Andr. 716: τἄλλ' ὄντες ἴστε μηδενὸς βελτίονες. Man dürfte,
unter Vergleichung von *Thuc.* I, 122, 3, in den drei letzten Fällen, weil ein Factisches vorliegt, das Particip mit οὐ erwarten.
Ag. 932: γνώμην μὲν ἴσθι μὴ διαφθεροῦντ' ἐμέ.
sei überzeugt, dass ich meinen Entschluss nicht aufgeben werde.
Ferner bei *Sophokles*:
Phil. 1329: καὶ παῦλαν ἴσθι τῆσδε μήποτ' ἐντυχεῖν
νόσου βαρείας.
OR. 1455 f.: καίτοι τοσοῦτόν γ' οἶδα, μήτε μ' ἂν νόσον
μήτ' ἄλλο πέρσαι μηδέν.

In den letzten Stellen liegt nichts Factisches und Gegebenes
vor, sondern dass etwas eintreten werde, ist nur Gegenstand der
Ueberzeugung und subjectiven Gewissheit, und *εἰδέναι*, wenn es
in die Bedeutung: überzeugt sein, erwarten übergeht, kann
μή wenigstens mit dem Infinitiv mit dem gleichen Rechte nach sich
haben, wie πεπεῖσθαι (s. u.) oder ἐλπίζειν. Auch in den folgenden
Stellen aus *Sophokles* lässt sich ein Grund denken, wesshalb μή
vorgezogen ward.
Oed. C. 656. — — — — — οἶδ' ἐγώ σε μή τινα
ἐνθένδ' ἀπάξοντ' ἄνδρα πρὸς βίαν ἐμοῦ.
797: οἶδά σε μὴ πείθων. Ant. 1064: κάτισθι μὴ πολλοὺς ἔτι
τροχοὺς ἁμιλλητῆρας ἡλίου τελῶν.
Auch hier handelt es sich nicht von einem Wissen des factisch

Gegebenen, sondern um die Ueberzeugung in Betreff einer noch zu erwartenden Sache. So lässt sich auch *Thuc.* II, 17, 2: προῄδει μὴ ἐπ' ἀγαθῷ ποτε αὐτὸ κατοικισθησόμενον und *Isocr.* Phil. 133: Εὖ δ' ἴσθι μηδὲν ἄν με τούτων ἐπιχειρήσαντά σε πείθειν erklären. Ausserdem kommen nicht in Betracht Stellen wie *Antiph.* de chor. §. 1: ἑαυτῷ συνειδέναι μηδὲν ἐξαμαρτάνοντι, denn aus dem Zusammenhang erhellt, dass es sich nur um einen gedachten Fall handelt, oder *Xen.* hist. gr. II, 3, 12: οἵ τε ἄλλοι ὅσοι συνῄδεσαν ἑαυτοῖς μὴ ὄντες τοιοῦτοι οὐδὲν ἤχθοντο, denn das Particip ist unter ὅσοι begriffen, das der Regel nach μή zu sich nimmt.

Schwieriger dürfte es sein, μή in den nachgenannten Stellen zu erklären.

Soph. Phil. 79 f.: ἔξοιδα καὶ φύσει σε μὴ πεφυκότα
τοιαῦτα φωνεῖν, μηδὲ τεχνᾶσθαι κακά.

OC. 1121: ἐπίσταμαι γὰρ τῆνδε τὴν ἐς τάσδε μοι
τέρψιν παρ' ἄλλου μηδενὸς πεφασμένην.

Thuc. I, 76, 1: καὶ εἰ τότε ὑπομείναντες διὰ παντὸς ἀπήχθησθε ἐν τῇ ἡγεμονίᾳ ὥσπερ ἡμεῖς, εὖ ἴσμεν μὴ ἂν ἧσσον ὑμᾶς λυπηροὺς γενομένους τοῖς ξυμμάχοις.

Sind nun diese Fälle geeignet, den Begriff, den wir von οὐ und μή aufgestellt haben, als unrichtig darzustellen? Wir würden diess nur in dem Falle zugeben müssen, wenn sich von andern Voraussetzungen aus dieses Schwanken in dem Gebrauch von οὐ und μή nach Verben des Wissens leichter erklären liesse. Das ist keineswegs der Fall. Unstreitig würden nach der Analogie derjenigen Stellen, welche οὐ mit dem Particip haben, auch andre ganz verwandte οὐ annehmen können. Wir werden, abgesehen von den speziellen Momenten, welche die Negation μή rechtfertigen können, ein durch die Bedeutung von εἰδέναι veranlasstes Schwanken in der Construction ohne Bedenken zugeben können.

Noch sollen einige Fälle angereiht werden, wo ὡς mit Particip in der Abhängigkeit von εἰδέναι, νοεῖν, τὴν γνώμην ἔχειν die Negation μή zu sich nimmt.

Soph. Phil. 253: Ὡς μηδὲν εἰδότ' ἴσθι μ' ὧν ἀνιστορεῖς.
415. Antig. 1063. *Xen.* Cyr. I, 6, 11: Ὡς γ' ἐμοῦ, ἔφη, μηδέποτε ἀμελήσοντος τοῦ τἀπιτήδεια τοῖς στρατιώταις συμμηχανᾶσθαι μήτ' ἐν φιλίᾳ μήτ' ἐν πολεμίᾳ οὕτως ἔχε τὴν γνώμην. Denn ὡς mit Particip, wenn es auch nur die Vorstellung über ein Nichtseiendes angibt, nimmt, wie wir uns unten überzeugen werden, sonst οὐ zu sich, so dass demnach μή nur aus dem Einfluss von εἰδέναι und dergl. zu erklären ist.

Endlich ist auch nach Verben melden, zeigen, offenbar sein, sowie nach Verben der Affecte das Particip (oder der Infinitiv) als Verkürzung eines Behauptungssatzes zu betrachten, und nimmt daher als Negation οὐ zu sich.

Soph. OR. 955: — — — πατέρα τὸν σὸν ἀγγελῶν
ὡς οὐκ ἔτ' ὄντα Πόλυβον, ἀλλ' ὀλωλότα.
1008: Ὦ παῖ, καλῶς εἰ δῆλος οὐκ εἰδὼς τί δρᾷς.
Thuc. I, 2, 1: Φαίνεται γὰρ ἡ νῦν Ἑλλὰς καλουμένη οὐ πάλαι βεβαίως οἰκουμένη. *Pl.* Crat. 391 A: φαίνεται — οὐ παντὸς ἀνδρὸς (εἶναι). 413 D: φαίνει — οὐκ αὐτοσχεδιάζειν. In diesen Fällen könnte jedoch οὐ als speziell zu dem Begriff, vor dem es steht, gehörig betrachtet werden. *Xen.* M. IV, 1, 2: φανερὸς ἦν οὐ τῶν τὰ σώματα πρὸς ὥραν, ἀλλὰ τῶν τὰς ψυχὰς πρὸς ἀρετὴν εὖ πεφυκότων ἐφιέμενος. *Isocr.* Pgr. 145: καὶ γὰρ ἐκεῖνοι φανερῶς ἐπεδείχθησαν ὑπὸ τῶν Κύρῳ συναναβάντων οὐδὲν βελτίους ὄντες τῶν ἐπὶ θαλάττῃ. *Ant.* 64. 70: φανήσομαι — οὐ — θεραπεύων. Bemerkenswerth ist der Uebergang von οὐ in μή §. 144: ἀποφαίνεις γὰρ τούς τε λόγους οὓς γέγραφας οὐ μέμψεως ἀλλὰ χάριτος τῆς μεγίστης ἀξίους ὄντας, τῶν τε πεπλησιακότων σοι τοὺς μὲν οὐδὲν ἠδικηκότας οὐδ' ἡμαρτηκότας, τοὺς δὲ δι' ἀρετὴν ὑπὸ τῆς πόλεως ἐστεφανωμένους, τά τε καθ' ἡμέραν οὕτω κοσμίως καὶ τεταγμένως βεβιωκότα σαυτὸν ὡς οὐκ οἶδ' εἴ τις ἄλλος τῶν πολιτῶν, ἔτι δὲ μήτε δεδικασμένον μηδενὶ μήτε πεφευγότα πλὴν περὶ ἀντιδόσεως, μήθ' ἑτέροις συνηγωνισμένον μήτε μεμαρτυρηκότα, μήτ' ἄλλο πεποιηκότα μηδέν, ἐν οἷς ἅπαντες οἱ πολιτευόμενοι τυγχάνουσι.

Ἀγανακτεῖν mit οὐ *Pl.* de rep. I, 329 A. ἥδεσθαι mit οὐ und Particip *Xen.* Cyr. I, 4, 15.

6. Steht es nach dem bisher Angeführten fest, dass den Behauptungssätzen naturgemäss die objective Negation οὐ zukommt, so ergibt sich daraus von selbst auch der Gebrauch dieser Negation in allen den Sätzen, welche eine Behauptung enthalten. Diess kann bei Relativ- und Zeitbestimmungssätzen der Fall sein. Bei Causalsätzen liegt es in der Natur der Sache, dass sie eine Behauptung aussprechen. Wie sie, haben auch die Folgesätze, welche eine Behauptung aufstellen, als Negation οὐ bei sich. — Zunächst sollen Belege für die Relativsätze folgen,

Il. I, 234 f.: τὸ μὲν οὔποτε φύλλα καὶ ὄζους φύσει. 289: ἅ τιν' οὐ πείσεσθαι οἴω. II, 36. 132. 325. 338. *Od.* II, 118. III, 275. 319. 321. 348. 383.

Aesch. Prom. 571: ὃν οὐδὲ κατθανόντα γαῖα κεύθει. VII. c. Th. 556: ὃς οὐκ ἐάσει. Eum. 69. — Aus *Sophokles* Philoktet und König Oedipus seien zur Vergleichung mit den nachher anzuführenden Eigenthümlichkeiten dieses Dichters alle Stellen angeführt.
Phil. 52. 62. 250: πῶς γὰρ κάτοιδ' ὅν γ' εἶδον οὐδεπώποτε einen Causalsatz vertretend. 379. 443. 1010. 1030. 1101 ff.: ὦ τλᾶμον, τλᾶμον ἄρ' ἐγὼ καὶ μόχθῳ λωβατὸς ὃς ἤδη μετ' οὐδενὸς ὕστερον —. ναίων ἐνθάδ' ὀλοῦμαι.

1127. 1227. OR. 118f.: Θνήσκουσι γάρ, πλὴν εἴς τις, ὃς φόβῳ φυγὼν
ἂν εἶδε πλὴν ἓν οὐδὲν εἶχ' εἰδὼς φράσαι.
394 ff.: — — — — — ἀλλὰ μαντείας ἔδει·
ἣν οὔτ' ἀπ' οἰωνῶν σὺ προὔφάνης ἔχων,
οὔτ' ἐκ θεῶν του γνωτόν. — 878. 978.
Τί δ' ἂν φοβοῖτ' ἄνθρωπος, ᾧ τὰ τῆς τύχης
κρατεῖ, πρόνοια δ' ἔστιν οὐδενὸς σαφής; für einen Causalsatz.
1463. 1526. Ausserdem Trach. 323 f. OC. 948. 998. 1402 f.:
τοιοῦτον, οἷον οὐδὲ φωνῆσαί τινι
ἔξεσθ' ἑταίρων — wo auch μηδὲ — ἐξεῖναι stehen könnte,
als Bezeichnung der Gattung: ein solches Ziel, wie man es überhaupt Niemanden mittheilen kann; aber mit Rücksicht auf den concreten Fall des Polyneikes ist die Form der negativen Behauptung vorgezogen. Antig. 606. 1086. 1340.

El. 21 f.: — — — — ὡς καθέσταμεν,
ἵν' οὐκέτ' ὀκνεῖν καιρός, ἀλλ' ἔργων ἀκμή.

Von dieser Stelle gilt das Gleiche, wie von OC. 1402 f. — El. 188.
347—350. 876. Aj. 1144. — *Eur.* Hec. 251. 254. 287. — *Thuc.*
I, 11, 2: ῥᾳδίως ἂν μάχῃ κρατοῦντες εἷλον, οἵ γε καὶ οὐχ ἁθρόοι
ἀλλὰ μέρει τῷ ἀεὶ παρατυχόντι ἀντεῖχον. Der Relativsatz enthält
einen Grund: da sie ja Widerstand leisteten. I, 20, 4. I, 23, 1.
I, 28, 2. I, 115, 4. I, 130, 2. *Plato* Crito 46 A: οἵτινές σε οὐχὶ
ἐσώσαμεν. De rep. I, 330 D. 340 A. 343 A. 344 A. 353 D. II, 373 B.
375 D. III, 390 C. 394 B. 396 B. 405 D. IV, 428 E. 442 B. *Xen.*
Cyr. I, 1, 4. I, 3, 10. *Isocr.* Pgr. 12. 57. 106. 123. 127. 136. 137.
143. 146. 160. 162. 168. — Einige Stellen, in welchen der Gebrauch, es sei von οὐ oder von μή, einem Zweifel unterliegen, oder als Abweichung von dem regelmässigen Sprachgebrauch erscheinen kann, sollen unten behandelt werden, wo von dem Gebrauch der Negation μή in Relativsätzen zu sprechen ist.

Für die Relativsätze ist noch besonders hervorzuheben, dass sie οὐ haben, wo eine Negation (welche auch in einer Frage enthalten sein kann) vorangeht, so dass dann der Begriff: jeder, alles, jedenfalls und dergl. mit besonderem Nachdruck hervorgehoben wird. Οὐκ ἔστιν ὅστις οὐ *Eur.* Hec. 296. — Οὐδείς ἐστιν ὅστις οὐ *Isocr.* Ant. 180. 207. 246. — Οὔτις ἐσθ' ὃς οὐ *Soph.* Aj. 725. — Οὐδεὶς ὃς οὐ *Soph.* OR. 373. 862. — Οὐδεὶς ὅστις οὐ *Xen.* Cyr. I, 4, 25. *Isocr.* Pgr. 14. 98. — Οὐδὲν ἔστιν ὁποῖον οὐ *Soph.* Ant. 4 f. — Οὐκ ἔσθ' ὁποῖον οὐ *Soph.* Ant. 1156. — Μηδὲν ὅτι — οὐκ *Isocr.* Ant. 210. — Οὐκ ἔστιν ὅπως (oder ὡς) οὐ *Soph.* OC. 97. El. 1479. Phil. 196. *Pl.* Ap. 40 C. *Isocr.* Pgr. 174. Ant. 130. 149. — Οὐ γίγνεται ὅπως οὐ *Soph.* OR. 1059. — Οὐδαμῶς ὅπως οὐ *Pl.* de rep. II, 376 B. — Ueberhaupt mit vorausgehender Negation *Soph.* Trach. 439. *Herod.* VII, 46, 3. *Pl.* de rep. III,

416 D: οἴκησιν καὶ ταμιεῖον μηδενὶ εἶναι μηδὲν τοιοῦτον, εἰς ὃ οὐ πᾶς
ὁ βουλόμενος εἴσεισι. Daraus erklärt sich auch *Aesch.* Prom. 242 ff.:
  σιδηρόφρων τε κἀκ πέτρας εἰργασμένος,
  ὅστις, Προμηθεῦ, σοῖσιν οὐ ξυνασχαλᾷ
  μόχθοις. — Der Gedanke ist = οὐδείς ὅστις.
Mit vorhergehender Frage: *Soph.* Ant. 2 ff. OR. 1490. *Pl.* de
rep. V, 453 B. 455 C. 479 A. *Isocr.* Pgr. 113. 185. Ant. 218.

7. Dass Zeitbestimmungen, sofern sie eine Behauptung
in sich schliessen, als Negation οὐ zu sich nehmen, zeigen folgende
Belege:
Soph. Phil. 8 f.: ὅτ᾽ οὔτε λοιβῆς ἡμῖν οὔτε θυμάτων
  παρῇν ἐκήλοις προσθιγεῖν κ. τ. λ.
OR. 918: ὅτ᾽ οὖν παραινοῦσ᾽ οὐδὲν ἐς πλέον ποιῶ κ. τ. λ.
El. 954: νῦν δ᾽ ἡνίκ᾽ οὐκέτ᾽ ἔστιν, ἐς σὲ δὴ βλέπω.
Trach. 711. *Eur.* Hec. 1214 (ἡνίκα). *Thuc.* ὡς: I, 9, 2. I, 29, 3.
I, 64, 2. I, 65, 1. I, 103, 1. I, 109, 2. — ἐπειδή: I, 74, 2. I, 102,
2. I, 131, 1. — *Xen.* Cyr. II, 1, 20 (ἐν ᾧ).

8. Causalsätze können, da als Grund nur das dienen kann,
was objective Gewissheit hat, zur Negation nur οὐ erhalten.
Ἐπεί. *Il.* I, 118 f. — — — — — — ὄφρα μὴ οἶος
  Ἀργείων ἀγέραστος ἔω, ἐπεὶ οὐδὲ ἔοικεν.
132: ἐπεὶ οὐ παρελεύσεαι οὐδέ με πείσεις. 153. 278. 416. 515. III,
59. 214 f. 306. IV, 510. — Od. I, 226. 236. 297. II, 199. 278.
282. 372. III, 133. IV, 64. 106. 352. 544.
Aesch. Suppl. 910: ἐπεὶ οὐκ ἀκούεις ὀξὺ τῶν ἐμῶν λόγων.
982. — *Soph.* Phil. 446. 948. 1037. — *Eur.* Suppl. 881: ἐπεί τοι
κοὐδὲν αἰτία πόλις. *Pl.* de rep. II, 359 B. (ἐπεί mit Infinitiv) 382 C.
III, 395 A. Crat. 433 C. *Xen.* Oec. VII, 2. *Dem.* Phil. I, 2.
Ἐπειδή *Thuc.* I, 58, 1. II, 3, 1. *Pl.* de rep. I, 336 A. 350 E.
II, 368 D. 369 B. III, 393 A. IV, 438 E. Phaedo 60 C. Crat.
391 C. 407 E. *Lys.* adv. Sim. 46. *Isocr.* Pgr. 96. Hel. 19. 20.
Ὅ = ὅτι Od. III, 146. — Ὅτε = ὅτι *Il.* I, 244. 412.
Ὅτι *Thuc.* I, 54, 4. I, 74, 2. *Pl.* de rep. I, 332 A. 341 E. 343 A.
346—347. 347·D. III, 397 E. Crat. 404 A. 417 C. *Xen.* Cyr. I,
4, 2, 8. Oec. I, 17. IV, 15. VIII, 2. *Isocr.* Ant. 116. Archid. 19.
Dem. Phil. I, 3.
Διότι *Thuc.* I, 22, 2. I, 77, 1.
Οὕνεκα *Il.* 1, 110 f. — Ὁθούνεκα *Soph.* OR. 1016.
Ὡς (wie, und weil es ein Entsprechen zweier Fälle bezeichnet,
in Causalbedeutung übergehend =) sofern, da, denn.
Aesch. Prom. 1030: πρὸς ταῦτα βούλευ᾽· ὡς ὅδ᾽ οὐ πεπλασμένος
  ὁ κόμπος. — VII. c. Th. 651: ὡς οὔποτ᾽ —
    μέμψει
Pers. 842: ὡς τοῖς θανοῦσι πλοῦτος οὐδὲν ὠφελεῖ.

Soph. Phil. 212: ὡς οὐκ ἔξεδρος, ἀλλ' ἔντοπος ἀνήρ.
914: τί ποτε λέγεις, ὦ τέκνον; ὡς οὐ μανθάνω.
OR. 56 f.: ὡς οὐδέν ἐστιν οὔτε πύργος οὔτε ναῦς
ἔρημος ἀνδρῶν μὴ ξυνοικούντων ἴσω.—1528. 1691.
Trach. 1120 f.: εἰπὼν ὃ χρῄζεις λῆξον, ὡς ἐγὼ νοσῶν
οὐδὲν ξυνίημ', ὧν σὺ ποικίλλεις πάλαι.
Eur. Hec. 398: ὡς τῆσδ' ἑκοῦσα παιδὸς οὐ μεθήσομαι. — 409.
Thuc. I, 124, 2: ὡς οὐκέτι ἐνδέχεται. *Pl*. de rep. I, 336 D. 337 B.
III, 402 B: ὡς οὐ δέοι αἰσθάνεσθαι (in dem Gedanken, dass) als
dürfte man nicht auf sie achten. IV, 420 E. *Xen*. Cyr. I, 3, 18.
I, 4, 5.

Selbst εἰ nimmt οὐ zu sich, wenn der Bedingungssatz die Bedeutung eines Causalsatzes annimmt. *Soph*. El. 865 ff. Aj. 1241 f. 1268. *Herod*. VII, 46, 2: ἐσῆλθε γάρ με λογισάμενον κατοικτεῖραι ὡς βραχὺς εἴη ὁ πᾶς ἀνθρώπινος βίος, εἰ τούτων γε ἐόντων τοσούτων οὐδεὶς ἐς ἑκατοστὸν ἔτος περιέσται. *Xen*. Cyr. II, 2, 3: τῶνδε μὲν οὐδὲν ἶσον ἐστίν, εἴ γε ἀφ' ἡμῶν γε τῶν ἐν μέσῳ οὐδεὶς οὐδέποτε ἄρξεται, mit Rücksicht auf die gegebene Thatsache. — Θαυμάζω, εἰ — οὐ *Pl*. Phaedo 97 A.

Mit aller Entschiedenheit muss ich es als Ergebniss meiner in Betreff der Causalsätze gemachten Wahrnehmungen aussprechen, dass die gute Gräcität in diesen Sätzen nur οὐ gebraucht hat. Alle Distinctionen, die man von Grammatikern hie und da gezogen findet, wo in Causalsätzen οὐ, wo μή zu stehen habe, sind illusorisch. Erst bei späteren Schriftstellern findet sich in diesen Sätzen μή. Wie nämlich die Kraft der Partikeln sich allmählig abschwächte, und man daher zu Verstärkungen seine Zuflucht nahm, so fing man auch vielfach an, die nachdrücklichere, pathetischere Negation μή selbst da vorzuziehen, wo der Sprachgebrauch der guten Zeit in dem Gebrauch von οὐ durchaus nicht schwankte.

9. In den Folgesätzen zieht sich die Gränze zwischen dem Gebrauch von οὐ und μή, wenn wir den herrschenden Sprachgebrauch berücksichtigen, mit hinlänglicher Bestimmtheit. Ὥστε steht mit den verschiedenen Formen der unabhängigen Behauptung (dem reinen Indicativ, dem Indicativ der historischen Tempora mit ἄν und dem Optativ mit ἄν), wo der Redende ausdrücklich etwas behaupten will. In allen diesen Fällen wird naturgemäss οὐ gebraucht. Dass der Behauptungssatz mit ὥστε von dem Vorhergehenden oft sich mehr oder minder bestimmt ablöst (ὥστε = daher) ist bekannt. In der Wahl von οὐ macht diess natürlich keine Aenderung.

Dagegen steht der Infinitiv mit ὥστε und ὡς, abgesehen, ob etwas factisch ist oder nicht, wofern die Folge entweder nur beabsichtigt ist (also die Stelle eines Absichtssatzes vertritt, dann besonders ὡς), oder nur zur Nebenbestimmung des Hauptsatzes dient, um den Grad einer Handlung an ihren (möglichen oder wirklichen) Folgen zu bemessen. In diesem Falle findet sich durchaus μή. Auch findet sich μή bei ὡς mit dem Indicativ der historischen Tempora, wo damit eine unerfüllbare Folge ausgedrückt wird.

Indem wir die Belege für μή der Erörterung dieser Negation vorbehalten, geben wir Beispiele von οὐ.

Soph. OR. 65 und 857 vom Vorhergehenden sich ablösend.
 OR. 410 f.: οὐ γάρ τι σοὶ ζῶ δοῦλος, ἀλλὰ Λοξίᾳ
  ὥστ' οὐ Κρέοντος προστάτου γεγράψομαι.
 OL 270 ff.: — — καίτοι πῶς ἐγὼ κακὸς φύσιν
  ὅστις παθὼν μὲν ἀντέδρων, ὥστ' εἰ φρονῶν
  ἔπρασσον, οὐδ' ἂν ὧδ' ἐγιγνόμην κακός;
 565: ὥστε ξένον γ' ἂν οὐδέν' ὄνθ' ὥσπερ σὺ νῦν
  ὑπεκτραποίμην μὴ οὐ συνεκσώζειν. — 573.
 Aj. 1342: ὥστ' οὐκ ἂν ἐνδίκως γ' ἀτιμάζοιτό σοι
von dem Vorhergehenden als neuer, selbständiger Satz sich ablösend. Wir begegnen übrigens auch auf diesem Gebiete einem von der Regel abweichenden Gebrauch bei Sophokles.

Trach. 575 ff.: — — — ἔσται φρενός σοι τοῦτο κηλητήριον
 τῆς Ἡρακλείας, ὥστε μή τιν' εἰσιδὼν
 στέρξει γυναῖκα κεῖνος ἀντὶ σοῦ πλέον.

Pl. de rep. II, 374 C: ὥστε — πεττευτικὸς — οὐδ' ἂν εἷς γένοιτο.
IV, 420 A. V, 451 A—B. *Xen.* Cyr. I, 1, 4: ὥσθ' ὁ μὲν Σκύθης — ἄλλου μὲν οὐδενὸς δύναιτ' ἂν ἔθνους ἐπάρξαι. I, 2, 10: ὥστε οὐ ῥᾴδιον. I, 4, 5. I, 6, 17. II, 2, 15. *Lys.* adv. Sim. 25. *Isocr.* Ant. 89. 103: ὥστ' οὐκ ἂν ἥρμοσεν. 143. 174. 296. 321. Hel. 52. Bus. 33. *Dem.* Phil. I, 47.

*10. Οὐ steht ferner bei Participien, überhaupt bei Nominibus, wofern diese Verkürzungen aus Nebensätzen sind, die οὐ haben müssten, wo sie also eine Behauptung in sich schliessen. In manchen Stellen mag es zweifelhaft sein, ob sie nicht unter diejenigen Fälle gehören, da durch οὐ ein Begriff in sein Gegentheil verwandelt wird.

Od. II, 50: μητέρι μοι μνηστῆρες ἐπέχραον οὐκ ἐθελούσῃ. während (da) sie selbst es nicht wünschte. IV, 534: τὸν δ' οὐκ εἰδότ' ὄλεθρον ἀνήγαγε ohne dass er es ahnte.

IV, 818: νήπιος, οὔτε πόνων εὖ εἰδώς, οὔτ' ἀγοράων.
Soph. Phil. 2. 221. 375. 545. 684: οὔτ' ἔρξας τίν' οὔτε νοσφίσας ohne sich an Jemand vergangen zu haben. 691. 856. 953. 955. 1014. 1108. 1463. OR. 16 f. 31. 37. 398. 485 f. 565. 1150 f. 1353. 1484. OC. 134. 914. 929. 1156. Antig. 850 f.: ἰὼ δύστανος, οὔτ' ἐν βροτοῖσιν, οὔτ' ἐν νεκροῖσιν μέτοικος, οὐ ζῶσιν, οὐ θανοῦσιν.

Die ich weder unter Sterblichen noch unter Todten heimisch bin, nicht unter Lebenden, nicht unter Todten. El. 868. 1129. *Eur.* Hec. 102. 117. 350. 356. 562. 695. 729. 774. 903. 941 f.:
— — — — — ἀλλὰ ταῦτα μὲν τί δεῖ
θρηνεῖν, προκόπτοντ' οὐδὲν εἰς πρόσθεν κακῶν;
Thuc. I, 2, 1. I, 5, 1. 2. I, 10, 3, 7. I, 12, 3. I, 1, 9. I, 25, 3. *Pl.* de rep. I, 330 C: οὐδὲν ἐθέλοντες ἐπαινεῖν ἢ τὸν πλοῦτον da sie nichts loben wollen, als den Reichthum. II, 357 B. 363 A. 364 A. 374 C. 376 A: οὐδὲ δὴ κακὸν προπεπονθώς obgleich du nichts erfahren hast. III, 388 D. 419—20. 420 C. IV, 444 B: οὐ προςῆκον obgleich es sich nicht gebührt. *Xen.* Cyr. I, 1, 3. 5. I, 2, 13. I, 3, 10. 1, 4, 4. 18. 21. 24. I, 5, 7. I, 6, 1. 9. 32. 40. 44. II, 3, 9: οὐδὲ μαθόντα ohne es gelernt zu haben. *Isocr.* Pgr. 3. 24. 53. 55. 72. 80. 81. 85. 91. 93. 149. 156.

Bemerkenswerth sind folgende Ausnahmen. *Soph.* Phil. 169: οἰκτείρω τιν ἔγωγ' ὅπως μή του κηδομένου βροτῶν μηδὲ σύντροφον ὄμμ' ἔχων, δύστανος, μόνος ἀεί, νοσεῖ μὲν νόσον ἀγρίαν. Ebd. 1006: ὦ μηδὲν ὑγιὲς μηδ' ἐλεύθερον φρονῶν.
OR.: πάλαι δὲ μὴ παρὼν θαυμάζεται längst wundre ich mich, dass er nicht da ist. *Thuc.* I, 118: οἱ δὲ Λακεδαιμόνιοι — ἡσύχαζον — τὸ πλέον τοῦ χρόνου, ὄντες μὲν καὶ πρὸ τοῦ μὴ ταχεῖς.

Speziell wollen wir noch diejenigen Participien hervorheben, welche mit vortretender Partikel ὡς, ἅτε, καίπερ deutlicher sich als verkürzte Causalsätze oder als Concessivsätze ankündigen.

Das mit dem Particip verbundene ὡς führt bekanntlich etwas als Vorstellung, Gedanke, Beweggrund, kurz als subjectiv exististirend (aus der Seele eines Andern) an, und kann verschiedentlich durch: in dem Gedanken (der Voraussetzung) dass, oder: weil, wie wenn, als ob und dergl. übersetzt werden. Es hat regelmässig οὐ bei sich, aus ähnlichem Grund wie da, wo die negative Behauptung eines Andern referirt wird, beim Optativ οὐ steht. *Soph.* Phil. 884 f.: ὡς οὐκ ἔτ' ὄντος γάρ τὰ συμβόλαιά σοι
πρὸς τὰς παρούσας ξυμφορὰς ἐφαίνετο.
Aj. 680 ff.: — — — — ἴς τε τὸν φίλον
τοσαῦθ' ὑπουργῶν ὠφελεῖν βουλήσομαι
ὡς αἰὲν οὐ μένοντα. — OC. 1651 f.
Herod. VII, 99, 1: Τῶν μέν νυν ἄλλων οὐ παραμέμνημαι ταξιαρχέων, ὡς οὐκ ἀναγκαζόμενος. *Thuc.* I, 2, 3: ὡς οὐχ ἱκανῆς οὔσης τῆς Ἀττικῆς in dem Gedanken, dass (weil) Attika nicht ausreichend sei. I, 5, 2. I, 28, 1: ὡς οὐ μετὸν αὐτοῖς Ἐπιδάμνου weil sie kein Recht auf Epidamnos hätten. I, 68, 3: διδασκαλίας ἂν ὡς οὐκ εἰδόσι προσέδει. I, 90, 2: ὡς δὲ τοῦ βαρβάρου, εἰ αὖθις ἐπέλθοι, οὐκ ἂν ἔχοντος ἀπ' ἐχυροῦ ποθεν — ὁρμᾶσθαι. *Pl.* de rep. I, 345 E: οὐδεὶς ἐθέλει ἄρχειν ἑκών, ἀλλὰ μισθὸν αἰτοῦσιν, ὡς οὐχὶ αὐτοῖσιν ὠφέλειαν ἐσομένην in der Voraussetzung, dass (weil) sie selbst

keinen Nutzen davon haben werden. II, 360 C. 380 C. III, 386 C.
387 B. 402 B. 407 E. IV, 427 E. 436 D. 437 A. V, 461 C. 463 D.
470 E. Phaedr. 229 C: ἐθρύπτετο ὡς δὴ οὐκ ἐπιθυμῶν λέγειν. 235 A.
Xen. Cyr. I, 3, 16. I, 6, 1. Oec. VI, 1.
Ὥσπερ wie wenn *Isocr.* Pgr. 11. 53. 179. Ant. 89.
Ἄτε mit Particip hat, da es von dem objectiven, thatsächlichen
Grund steht, natürlich οὐ bei sich. *Pl.* de rep. II, 362 A: τῷ ὄντι
γὰρ φήσουσι τὸν ἄδικον, ἅτε ἐπιτηδεύοντα πρᾶγμα ἀληθείας ἐχόμενον
καὶ οὐ πρὸς δόξαν ζῶντα, οὐ δοκεῖν ἄδικον ἀλλ' εἶναι ἐθέλειν. III,
409 B. D. 411 D.
Καίπερ mit Particip hat, weil dieses in eine Behauptung aufzulösen ist, ebenfalls οὐ bei sich.
Aesch. VII. c. Th. 712: πειθοῦ γυναιξὶ καίπερ οὐ στέργων ὅμως.
Soph. Phil. 377 f.: ὁ δ' ἐνθάδ' ἥκων, καίπερ οὐ δύσοργος ὤν,
δηχθεὶς πρὸς ἀξήκουσεν ὧδ' ἡμείψατο·
Eur. Hec. 513: εἰπὲ καίπερ οὐ λέξων φίλα. Iph. T. 1312: καίπερ
οὐκ ἐώμενος. *Xen.* Anab. V, 5, 17.

11. Wir reihen hieran diejenigen Fälle, da οὐ einem Nomen
mit Artikel beigegeben wird, wenn von einem concreten negativen Fall die Rede ist, oder sich die in dem Nomen enthaltene negative Aussage auf vorliegende Thatsachen, auf bestimmte Personen bezieht, während μή mit Artikel und Particip
oder überhaupt Nomen immer bei einer Gattung von Personen und
Fällen steht.
Soph. Phil. 357 f.: — — — — — ὀμνύντες βλέπειν
τὸν οὐκέτ' ὄντα ζῶντ' Ἀχιλλέα πάλιν.
Sie schwuren, sie sähen den nicht mehr lebenden Achill leibhaft
vor sich.
OR. 653 gilt τὸν οὔτε πρὶν νήπιον von der bestimmten Person
des Kreon.
Trach. 773: Δίχαν τὸν οὐδὲν αἴτιον τοῦ σοῦ κακοῦ
behauptend: welcher keine Schuld hat. *Eur.* Phoen. 1325: τὸν οὐ
τεθνηκότα wegen spezieller Beziehung auf Jokaste und Kreon. Alc.
416: τὴν οὐ κλύουσαν οὐδ' ὁρῶσαν behauptend: ich höre und sehe
nicht mehr. Alc. 333 hat *Kirchhoff*: ἀλλ' αὐτίκ' ἐν τοῖς μηκέτ'
οὖσι λέξομαι. Die Handschr. schwanken; οὐκέτ' hat C. Letzteres
wäre gesetzt, weil der Sinn ist: αὐτίκ' οὐκέτ' ἔσομαι. — *Thuc.* I,
74, 3: ἡμεῖς δὲ ἀπό τε τῆς οὐκ οὔσης (sc. πόλεως) ἔτι ὁρμώμενοι. Besonders beachtenswerth sind bei Thukydides folgende Fälle, wo ein
Substantiv mit Artikel οὐ zu sich nimmt. I, 137, 4: γράψας τὴν
ἐκ Σαλαμῖνος προάγγελσιν τῆς ἀναχωρήσεως καὶ τὴν τῶν γεφυρῶν, ἣν
ψευδῶς προσεποιήσατο, τότε δι' αὐτὸν οὐ διάλυσιν. III, 95, 2: ὡς
οὐ προσεδέξαντο διὰ τῆς Λευκάδος τὴν οὐ περιτείχισιν als sie das
nicht annahmen wegen der Nichtbelagerung von Leukas. VII, 34, 5:

διὰ τὴν τῶν Κορινθίων οὐκέτι ἐπαναγωγήν. Es ist unverkennbar, dass in diesen Stellen οὐ gewählt ist, weil auf bestimmte Thatsachen Bezug genommen wird. — Andre Beispiele, in welchen οὐ mit Bezug auf bestimmte Personen und gegebene Fälle gewählt ist, sind: *Antiph.* de chor. 26: οἱ δ᾽ αἰτιώμενοι καὶ φάσκοντες ἀδικεῖσθαι αὐτοὶ ἦσαν οἱ οὐκ ἐθέλοντες ἐλέγχειν εἴ τι ἠδικοῦντο. *Andoc.* de myst. 9: ἀκόντων τῶν οὐ βουλομένων ταῦτα οὕτως ἔχειν mit Beziehung auf eine bestimmte Partei. 51: τοὺς οὐδενὸς αἰτίους die Behauptung involvirend: sie, die keine Schuld haben. *Pl.* de rep. IV, 427 E: Οὐκοῦν, ὅ τι ἂν εὕρωμεν ἐν αὐτῇ, τὸ ὑπόλοιπον ἔσται τὸ οὐχ εὑρημένον nämlich das Bestimmte, die Gerechtigkeit, die wir nach der vorangegangenen Bemerkung noch nicht gefunden haben. V, 476 C—D haben wir zuerst: Ὁ οὖν καλὰ μὲν πράγματα νομίζων, αὐτὸ δὲ τὸ κάλλος μήτε νομίζων, μήτε, ἄν τις ἡγῆται, ἐπὶ τὴν γνῶσιν αὐτοῦ δυνάμενος ἕπεσθαι, ὄναρ ἢ ὕπαρ δοκεῖ σοι ζῆν; Nachher: Τί δέ; ὁ τἀναντία τούτων ἡγούμενός τέ τι αὐτὸ καλὸν καὶ δυνάμενος καθορᾶν καὶ αὐτὸ καὶ τὰ ἐκείνου μετέχοντα καὶ οὔτε τὰ μετέχοντα αὐτὸ οὔτε αὐτὸ τὰ μετέχοντα ἡγούμενος, ὕπαρ ἢ ὄναρ αὖ καὶ οὗτος δοκεῖ σοι ζῆν; Es könnte ohne Zweifel auch das zweite Mal μήτε — μήτε stehen als Ausdruck einer Gattung; erklären lässt sich aber οὔτε — οὔτε daraus, dass in δυνάμενος καθορᾶν die weitere Behauptung begründet ist, dass ein solcher die Erscheinungen der Idee nicht mit dieser selbst verwechseln wird. Auch 478 E: Ἐκεῖνο δὴ λείποιτ᾽ ἂν ἡμῖν εὑρεῖν, ὡς ἔοικε, τὸ ἀμφοτέρων μετέχον, τοῦ εἶναί τε καὶ μὴ εἶναι, καὶ οὐδέτερον εἰλικρινὲς ὀρθῶς ἂν προσαγορευόμενον ist οὐ gewählt, weil der Sinn ist: das desshalb keines von beiden ganz rein (unvermischt) genannt werden kann. — *Isocr.* Pgr. 12: τοὺς οὐδὲν ἀποδεξομένους muss mit Beziehung auf bestimmte Personen gesagt sein. Wenigstens liegt sonst bei Isokrates, wo das Particip mit Artikel die Negation οὐ hat, die Beziehung auf Factisches, objectiv Gegebenes zu Grunde. Pgr. 110. 115: Καὶ μὴν οὐδὲ τὴν παροῦσαν εἰρήνην, οὐδὲ τὴν αὐτονομίαν τὴν ἐν ταῖς πολιτείαις μὲν οὐκ ἐνοῦσαν (bestimmt behauptend: sie findet sich in Wirklichkeit nicht) ἐν δὲ ταῖς συνθήκαις ἀναγεγραμμένην. Antid. 6. 62. 112: Καίτοι τοιοῦτον ἔργον ἄν τις ἄλλος φαίη πεποιηκώς, ὁμολογῶ ληρεῖν, ὅτι διαφερόντως ἐπαινεῖν ἐπιχειρῶ τὸν οὐδὲν περιττότερον τῶν ἄλλων διαπεπραγμένον mit bestimmter Beziehung auf Timotheos: der, wie sich nun zeigt, nichts Besonderes gethan hat. 165. 202. 215. 269: ταῖς θαυματοποιίαις ταῖς οὐδὲν μὲν ὠφελούσαις nicht μή = derartigen Gaukelkünsten, welche nichts nützen, als ob die unnützen von den nützlichen unterschieden werden sollten, sondern behauptend: den Gaukeleien, die keinen Nutzen haben.

12. Der für οὐ aufgestellte Begriff einer Negation, die dem Object anhafte, mit diesem gegeben sei, bewährt sich endlich auch

da, wo durch das voranstehende οὐ ein Begriff in sein Gegentheil verwandelt wird. Ich führe bei der Menge von Belegen nur diejenigen Fälle auf, welche die Sache am schlagendsten bestätigen So nimmt οὐ φάναι die Bedeutung verneinen an, οὐκ ἐᾶν die Bedeutung verbieten, οὐκ ἐθέλειν abgeneigt sein, οὐ πάνυ durchaus nicht. In Constructionen, welche sonst regelmässig μή erfordern würden, steht, wo der Begriff in sein Gegentheil verwandelt werden soll, οὐ. Man vergleiche

Il. III, 288 f.: εἰ δ' ἄν ἐμοὶ τιμὴν Πρίαμος Πριάμοιό τε παῖδες τίνειν οὐκ ἐθέλωσιν, wofern sie aber abgeneigt sind.

IV, 55: εἴπερ — οὐκ εἰῶ διαπέρσαι· 57: οὐκ ἀτέλεστον nach χρή· 160: εἴπερ — οὐκ ἐτέλεσσαν. 300.
ὄφρα καὶ οὐκ ἐθέλων τις ἀναγκαίη πολεμίζοι·
Od. Π, 274: εἰ δ' οὐ κείνου γ' (d. i. eines Andern) ἐσσὶ γόνος.
XIII, 143 f.: εἴπερ τίς σε — οὔ τι τίει. — *Soph.* OC. 1201 folgt οὐκ ἐπίστασθαι nach οὐ καλόν. Aj. 1131: εἰ τοὺς θανόντας οὐκ ἐᾷς θάπτειν παρών. 1241 f. 1268. *Thuc.* I, 120, 2 ist οὐχ ἧσσον von χρή, 140, 2 von ἐνδέχεται abhängig, während diese unpersönlichen Ausdrücke regelmässig den Infinitiv mit μή nach sich haben. I, 120, 4: δεινὸν ἂν εἴη, εἰ οἱ μὲν ἐκείνων ξύμμαχοι — οὐκ ἀπεροῦσιν. *Xen.* Cyr. II, 1, 15: ψυχάς τε ὑμῖν προσήκει οὐδὲν χείρονας ἡμῶν ἔχειν. §. 16: παίειν δεήσει οὐδὲν φυλαττομένους. *Isocr.* Ant. 203: οὐκ ἀνωμάλως nach χρή. Paneg. 175: οὐκ ἐπειχθῆναι nach ἄξιον. Man bemerke ferner οὐ nach ὁμολογεῖν, das sonst den Infinitiv mit μή hat. *Pl.* de rep. I, 340 D. V, 479 D. und nach συγχωρεῖν de rep. V, 466 D. *Isocr.* Dem. 44: καὶ μὴ θαυμάσῃς, εἰ πολλὰ τῶν εἰρημένων οὐ πρέπει σοι πρὸς τὴν νῦν παροῦσαν ἡλικίαν. — Οὐκ ἐθέλειν = abgeneigt sein findet sich *Il.* IV, 224. 300. *Od.* II, 110. *Eur.* Hec. 562. *Herod.* VII, 10, 15. *Pl.* de rep. I, 344 A. IV, 425 E.

Hier ist auch der Unterschied zu berühren, welchen die Griechen zwischen ὁ οὐκ ὤν und ὁ μὴ ὤν, zwischen ὁ οὐδείς und ὁ μηδείς nicht selten machen. Bei ὁ οὐκ ὤν haftet die Negation dem Object selbst an, ist mit dem Object gegeben, also ὁ οὐκ ὤν, ὁ οὐδείς, τὰ οὐκ ὄντα ist: der (das) nicht Existirende (= der — nicht ist) dagegen ὁ μὴ ὤν, ὁ μηδείς, τὰ μὴ ὄντα wird vom Subject aus negirt, das Subject spricht ihm, während es existirt, doch das wahre Sein ab (= was nicht — ist), erklärt es für ein Nichtiges. — Wir behandeln der Deutlichkeit wegen die Fälle mit οὐ und μή neben einander.

Es kann hieher von *Sophokles* die oben angeführte Stelle Phil. 350 f. gezogen werden, ferner: Ant. 1324 f.: ἄγετέ μ' ἐκποδὼν τὸν οὐκ ὄντα μᾶλλον ἢ μηδένα der ich vielmehr gar nicht mehr (= todt) bin, als ein Nichts.

Aj. 767 f.: θεοῖς μὲν κἂν ὁ μηδὲν ὢν ὁμοῦ
κράτος κατακτήσαιτ' κ. τ. λ.
Mit Hülfe der Götter kann wohl auch der, an dem nichts ist, Sieg erlangen.
El. 1000: ἡμῖν δ' ἀπορρεῖ κἀπὶ μηδὲν ἔρχεται.
1129: νῦν μὲν γὰρ οὐδὲν ὄντα βαστάζω χεροῖν.
1165 f.: τοιγὰρ σὺ δέξαι μ' ἐς τὸ σὸν τόδε στέγος
τὴν μηδὲν εἰς τὸ μηδέν.
OC. 917 f.: καί μοι πόλιν κέτανδρον ἢ δούλην τινὰ
ἔδοξας εἶναι, κἄμ' ἴσον τῷ μηδενί.
Abweichend kommt bei *Sophokles* vor Aj. 1231:
ὅτ' οὐδὲν ὢν τοῦ μηδὲν ἀντέστης ὕπερ
als du (deiner Abkunft wegen) für nichts geachtet, den vertheidigtest, der nicht mehr am Leben war. *Euripides* stimmt in einigen Stellen mit obiger Norm überein, in mehreren weicht er ab. Uebereinstimmend sind: Hec. 618: ὡς ἐς τὸ μηδὲν ἥκομεν.
El. 370: ἤδη γὰρ εἶδον ἄνδρα γενναίου πατρὸς
τὸ μηδὲν ὄντα, χρηστὰ δ' ἐκ κακῶν τέκνα.
Iph. A. 943 f.: ἐγὼ κάκιστος ἦν ἄρ' Ἀργείων ἀνήρ,
ἐγὼ τὸ μηδέν. Dagegen sind folgende.
Phoen. 599: κᾆτα σὺν πολλοῖσιν ἦλθες πρὸς τὸν οὐδὲν ἐς μάχην;
Or. 710: Ὦ πλὴν γυναικὸς οὕνεκα στρατηλατεῖν
τἄλλ' οὐδέν κ. τ. λ.
ph. A. 366: βαρβάρους τοὺς οὐδένας. El. 938: τὰ δ' οὐδέν.
Es et das nichtig, von keinem Werth.
Andr. 689 f.: σεμνοὶ δ' ἐν ἀρχαῖς ἥμενοι κατὰ πτόλιν
φρονοῦσι δή μου μεῖζον, ὄντες οὐδένες da sie doch nichts sind.
Auch *Arist.* Eq. 158: ὦ νῦν μὲν οὐδεὶς αὔριον δ' ὑπερμέγας!
stimmt :u dem aufgestellten Unterschiede nicht. — Bei *Plato* Crat. 421 B. bilden τὸ δὲ ὂν καὶ ἡ οὐσία und καὶ τὸ οὐκ ὂν αὖ Gegensätze. De rep. 476 E. bis 477 A. erhalten wir wenigstens den Begriff des nicht wahrhaft Seienden, das in der Mitte gedacht wird zwischen dem Seienden und dem nicht Seienden. Ὁ γιγνώσκων γιγνώσκει τὶ ἢ οὐδέν; σὺ νῦν μοι ὑπὲρ ἐκείνου ἀποκρίνου. Ἀποκρινοῦμαι, ἔφη, ὅτι γιγνώσκει τί. Πότερον ὂν ἢ οὐκ ὄν; Ὂν· πῶς γὰρ ἂν μὴ ὄν γέ τι γνωσθείη; Ἱκανῶς οὖν τοῦτο ἔχομεν, κἂν εἰ πλεοναχῇ σκοποῖμεν, ὅτι τὸ μὲν παντελῶς ὂν παντελῶς γνωστόν, μὴ ὂν δὲ μηδαμῇ πάντῃ ἄγνωστον; Ἱκανώτατα. Εἶεν· εἰ δὲ δή τι οὕτως ἔχει, ὡς εἶναί τε καὶ μὴ εἶναι, οὐ μεταξὺ ἂν κέοιτο τοῦ εἰλικρινῶς ὄντος καὶ τοῦ αὖ μηδαμῇ ὄντος; Μεταξύ. Οὐκοῦν εἰ ἐπὶ μὲν τῷ ὄντι γνῶσις ἦν, ἀγνωσία δ' ἐξ ἀνάγκης ἐπὶ τῷ μὴ ὄντι, ἐπὶ τῷ μεταξὺ τούτῳ μεταξύ τι καὶ ζητητέον ἀγνοίας τε καὶ ἐπιστήμης κ. τ. λ. Hier haben wir zuerst den vollen, contradictorischen Gegensatz ὂν und οὐκ ὄν, dann ist μὴ ὂν als Bedingungssatz zu betrachten, μὴ ὂν μηδαμῇ ist eben durch den

Zusatz μηδαμῇ als dem οὐκ ὅν gleichbedeutend bezeichnet; auch μὴ εἶναι, durch die Abhängigkeit von ὡς herbeigeführt, kann nicht missverstanden werden, obwohl οὐκ εἶναι und nachher οὐδαμοῦ ὄντος ganz correct wäre. Soph. 237 B: Ξ. τὸ μηδαμῶς ὂν τολμῶμέν που φθέγγεσθαι; Θ. Πῶς γὰρ οὔ; C: ποῖ χρὴ τοὔνομα ἐπιφέρειν τοῦτο τὸ μὴ ὄν —; 240 C: ὁ πολυκέφαλος σοφιστὴς ἠνάγκασεν ἡμᾶς τὸ μὴ ὂν οὐχ ἑκόντας ὁμολογεῖν εἶναί πως. 245—246.

13. In Fragen steht οὐ gewöhnlich, wo der Redende eine Bejahung erwartet. Indem nämlich ein negativ Gegebenes in Frage gestellt wird, wird es rhetorisch verneint, und die Verneinung einer Verneinung hat die Wirkung einer nachdrücklicheren Bejahung. Es macht natürlich keinen Unterschied, ob die Frage einfach oder disjunctiv ist, ob sie auf das Prädicat oder einen einzelnen Begriff (wer, was, wie, warum und dergl.) sich bezieht. Die abhängige (indirecte) Frage behält die Form des unabhängigen Satzes, aus welchem sie hervorgieng, hat also οὐ, wo dieser οὐ hatte. Nur über die mit εἰ eingeführten indirecten Fragen wird bei μή besonders gesprochen werden müssen.

Der Gebrauch geht von der ältesten Zeit herab bis in die spätesten.

Il. IV, 242: Ἀργεῖοι ἰόμωροι, ἐλεγχέες, οὔ νυ σέβεσθε; - Tragt ihr denn keine Scheu? d. i. ihr solltet euch scheuen.

X, 165: οὔ νυ καὶ ἄλλοι ἔασι νεώτεροι υἷες Ἀχαιῶν; D. i. es gibt ja Jüngere, die das thun können. XXIV, 33 f.: οἵ νυ ποθ᾽ ὑμῖν Ἕκτωρ μυρί᾽ ἔκηε βοῶν κ. τ. λ. *Od.* I, 60. VII, 239:
οὐ δὴ φῂς ἐπὶ πόντον ἀλώμενος ἐνθάδ᾽ ἱκέσθαι;
Aesch. Prom. 41: οὐ τοῦτο δειμαίνεις πλέον; 255 f. 259: οὐχ ὁρᾷς, ὅτι ἥμαρτες; 956: — — οὐκ ἐκ τῶνδ᾽ ἐγὼ
δισσοὺς τυράννους ἐκπεσόντας ᾐσθόμην;
987. VII. c. Th. 252. Pers. 798: οὐ γὰρ πᾶν στράτευμα βάρβαρον περᾷ τὸν Ἕλλης πορθμόν; Ag. 1623. Choeph. 349. Eum. 124. *Pl.* de rep. 334 B: οὐχ οὕτως ἔλεγες; 335 C. 338 C. 339 B. 341 D. 342 D. E. u. a.

Xen. Cyr. I, 6, 12: οὐ γὰρ μέμνημαι —; III, 1, 38: Οὐ γὰρ ἀπέκτεινεν αὐτὸν οὗτος ὁ ἐμὸς πατήρ; es hat ihn ja mein Vater getödtet. VIII, 3, 46.

Ἆρ᾽ οὔ, natürlich in bejahendem Sinn, findet sim z. B. *Soph.* El. 614. *Eur.* Iph. T. 565: ἆρ᾽ εἰσίν; ἆρ᾽ οὐκ εἰσί; τίς φράσειεν ἄν; Hier steht ἆρα für sich, οὐκ εἰσί ist zusammenzunehmen: Sind sie? sind sie nicht? *Pl.* Ephr. 7 D. 8 A. Prot. 354 A. 357 A: ἆρ᾽ ἂν οὔ —; 358 B. 360 B. De rep. I, 333 E. 334 C 335 B. 339 E. 353 A. II, 374 E. 376 E. 382 C. Xen. M. I, 2 44. II, 1, 5. 16.

Τί οὐ haben wir u. a. *Pl.* de rep. I, 338 C. 349 A: τί οὖν οὐ warum nun nicht?

Xen. Cyr. II, 1, 4. III, 2, 26. IV, 1, 11. V, 4, 37. Πῶς οὐ *Pl.* de rep. I, 338 D. 349 C. D. 351 B. 354 A. II, 369 C. 373 C—D. 375 A. 376 B. E. 381 A. B. Πότερον οὐ *Pl.* de rep. II, 374 C. indirect. Ἦ οὐ *Il.* II, 299 f. in indirecter Frage: — — ὄφρα δαῶμεν, ἢ ἐτεὸν Κάλχας μαντεύεται, ἦε καὶ οὐκί.' — Dessgl. II, 349: γνώμεναι εἴτε ψεῦδος ὑπόσχεσις, ἦε καὶ οὐκί. *Od.* I, 277 f.: ἀλλ' ἤτοι μὲν ταῦτα θεῶν ἐν γούνασι κεῖται, ἢ κεν νοστήσας ἀποτίσεται, ἦε καὶ οὐκί. I, 298: ἦ οὐκ ἀίεις directe Frage. Dessgleichen directe Frage: *Od.* IV, 632: 'Ἀντίνο' ἦ ῥά τι ἴδμεν ἐνὶ φρεσὶν ἦε καὶ οὐκί κ. τ. λ. *Aesch.* VII. c. Th. 202: ἤκουσας, ἦ οὐκ ἤκουσας; *Pl.* de rep. I, 333 A: καὶ γὰρ γεωργία· ἦ οὔ; Ναί. 341 E. 342 B. II, 370 D. 376 E.

14. Es verdient noch bemerkt zu werden, dass mit οὐ δή, οὔ τί που eine negative Behauptung fragweise so ausgesprochen werden kann, dass man den andern ausforscht, ob er uns wohl beistimme. Im Deutschen sind dergleichen Sätze schon durch ihre Construction, durch die Stellung des Verbums nach dem Subject als eigentliche Behauptungssätze erkenntlich, und von den Fragsätzen unterschieden.

Soph. Phil. 900: οὐ δή σε δυσχέρεια τοῦ νοσήματος ἔπεισεν, ὥστε μή μ' ἄγειν ταύτην ἔτι; Es hat dich doch nicht das Widrige der Krankheit bestimmt u. s. w.? Ebd. 1233: οὔ τί που δοῦναι θέλεις; du willst ihn doch nicht etwa hergeben? *Eur.* Iph. A. 668: οὐ πού μ' ἐς ἄλλα δώματ' οἰκίζεις πάτερ; Hel. 135: οὔ πού τιν Ἑλένης αἰσχρὸν ὤλεσεν κλέος; Jon. 1115 f.: Οἴμοι τί λέξεις; οὔ τί που λελήμμεθα κρυφαῖον εἰς παῖδ' ἐκπορίζουσαι φόνον; *Arist.* Ran. 522: οὔ τί που σπουδὴν ποιεῖ; du machst doch nicht etwa Ernst? — Ebd. 526 f.: Τί δ' ἔστιν; οὐ δή πού μ' ἀφελέσθαι διανοεῖ ἄδωκας αὐτός;

II. Μή

ist seiner Grundbedeutung nach prohitiv; es drückt ursprünglich aus, dass etwas nicht geschehen soll. Somit steht es vor Allem im Verbot, ferner bei negativen Aufforderungen und den mit diesen verwandten Fragen der Unschlüssigkeit, beim negativen Wunsch, im Absichtssatz und bei dem von Verben der Willensthätigkeit abhängigen Infinitiv; es wird aber überhaupt da gebraucht, wo etwas vom Subject aus, nach seinem Belieben, nach seiner freien Fiction negirt wird. Indem die Negation μή aus dem Gebiete des Willens in das der subjectiven, willkührlichen Vorstellung übergieng, ward sie in allen Bedingungssätzen, sowie in denjenigen Sätzen gebraucht, welche, ohne eigentliche Bedingungssätze zu sein, doch ein hypothetisches Verhältniss in sich schliessen, sowie in solchen Sätzen, die zur inneren und wesentlichen Bestimmung eines abstracten Begriffs, einer Gattung dienen. Auch wo μή beim Infinitiv oder Particip steht, wird die Vorstellung eines Concreten, Thatsächlichen, eines gegebenen, objectiven Nichtseins ausgeschlossen, vielmehr ein nur in der Vorstellung Existirendes, in der Vorstellung Gesetztes bezeichnet. Die prohibitive Grundbedeutung zeigt sich auch in Schwüren und in Fragen.

Wir belegen nun die einzelnen Gebrauchsweisen.

A. *Μή* wird gebraucht, wo vom Willen des Subjects aus negirt wird.

1. Im Verbot. Wenn im Allgemeinen, nach dem im Attischen fixirten Gebrauch, als Regel gelten kann, dass μή mit dem Imperativ des Präsens steht, wo das Verbot ohne Beschränkung auf einen einzelnen Fall allgemein und für die Dauer ausgesprochen wird, und dass hinwiederum, wo sich das Verbot nur auf einen speziellen Fall bezieht, μή mit dem Conjunctiv des Aorists sich findet, der Imperativ des Aorists aber vermieden wird, so sind doch gewisse Einschränkungen dieser Regel nicht zu übersehen. — Vor Allem ist zu erinnern, dass sich die Gränze zwischen dem Präsens und dem Aorist auch im Gebote keineswegs so sicher und bestimmt ziehen lässt, wie die Grammatiker gewöhnlich behaupten. Wo z. B. die Sprache überhaupt nur den Imperativ des Präsens im Gebrauch hat, wie ἔστω, ἴσθι (Perf. = Präsens) ἴθι, φέρε, ἄγε, χαῖρε, da wäre jeder Scharfsinn verschwendet, mit welchem man die Nothwendigkeit oder vorzugsweise Angemessenheit des Präsens darthun wollte; und auch ausserdem gibt es Fälle genug, wo man statt des Imperativs des Präsens den des Aorists, statt des Aorists das Präsens erwartet hätte (vergl. meine Untersuchungen über die griechischen Modi S. 171 f.).

Für *Homer* zunächst lässt es sich nicht bestreiten, dass μή mit dem Imperativ des Präsens, wenn es auch mehrfach von einem dauernden Verbot verstanden werden kann, doch anderwärts nur auf einen einzelnen bestimmten Fall sich bezieht.

Das Erste kann angenommen werden:

Il. IX, 344 f.: τὸν δ' ἐπεὶ ἐκ χειρῶν γέρας εἴλετο καί μ' ἀπάτησεν
μή μευ πειράτω εὖ εἰδότος.

X, 145 und XVI, 22.: μὴ τεμέσα.

Auf den speziellen, vorliegenden Fall dagegen werden am natürlichsten beschränkt:

Il. I, 32: ἀλλ' ἴθι, μή μ' ἐρέθιζε.

131 f.: μὴ δ' οὕτως ἀγαθός περ ἐών, θεοείκελ' Ἀχιλλεῦ,
κλέπτε νόῳ.
210: ἀλλ' ἄγε λῆγ' ἔριδος, μηδὲ ξίφος ἕλκεο χειρί.
275: μήτε σὺ τόνδ' ἀγαθός περ ἐὼν ἀποαίρεο κούρην,
277: μήτε σὺ Πηλείδη, ἔθελ' ἐριζέμεναι βασιλῆϊ.
545: μὴ δὴ πάντας ἑμοὺς ἐπιέλπεο μήθους εἰδήσειν.
550: μή τι σὺ ταῦτα ἕκαστα διείρεο μηδὲ μετάλλα.
III, 414: μή μ' ἐρεθε, σχετλίη.
IV, 404: Ἀτρείδη, μὴ ψεύδε' ἐπιστάμενος σάφα εἰπεῖν.
VI, 264: μή μοι οἶνον ἄειρε. 360: μή με κάθιζ'.
I, 363 und XVI, 19: ἐξαύδα, μὴ κεῦθε νόῳ, ἵνα εἴδομεν ἄμφω.
Od. I, 315. III, 96. XV, 93: μή με — ταῦτα διείρεο. XVI,
168: μηδ' ἐπίκευθε.

Auch der Conjunctiv des Aorists findet sich bei μή überhaupt, wo etwas abgewehrt, verhütet werden soll, theils mit hinzuzudenkendem Begriff: nimm dich in Acht, siehe zu, in der Bedeutung einer gemilderten Behauptung, theils auch geradehin im Verbot.

Il. I, 26: μή σε, γέρον, κοίλῃσιν ἐγὼ παρὰ νηυσὶ κιχείω.
(büte dich) dass ich dich nicht treffe etc.

I, 28: μή νύ τοι οὐ χραίσμῃ σκῆπτρον sieke zu, dass es dir nicht
— nichts hilft = es dürfte dir nichts helfen.

IV, 37 f. — — — — μὴ τοῦτό γε νεῖκος ὀπίσσω
σοὶ καὶ ἐμοὶ μέγ' ἔρισμα μετ' ἀμφοτέροισι γένηται.
Das möge künftig kein Gegenstand des Streites werden.

Od. V, 466 ff.: εἰ μέν κ' ἐν ποταμῷ δυσκηδέα νύκτα φυλάσσω,
μή μ' ἄμυδις στίβη τε κακὴ καὶ θῆλυς ἐέρση
ἐξ ὀλιγηπελίης δαμάσῃ κεκαφηότα θυμόν.
Dass mich dann nur nicht überwältigt = dann dürfte mich überwältigen.

V, 684: Πριαμίδη, μὴ δή με ἕλωρ Δαναοῖσιν ἐάσῃς
κεῖσθαι — lass mich nicht liegen.

Auch bei *Aeschylus* finden sich neben dem für das allgemein ausgesprochene Gebot. stehenden Imperativ als Präsens Beispiele genug, wo der letztere auf einen bestimmten vorliegenden Fall bezogen wird. Als Beispiele des Imp. Präs. für ein unbeschränktes, dauerndes Verbot sind anzuführen:

Prom. 507: Μή νυν βροτοὺς μὲν ὠφέλει καιροῦ πέρα.
629: Μή μου προκήδου μᾶσσον ὡς ἐμοὶ γλυκύ.
1026: τοιοῦδε μόχθου τέρμα μή τι προσδόκα. — Vielleicht auch 44. 79. 271. 436. 776.

Dagegen sind natürlicher auf den einzelnen Fall zu beziehen:
807: τούτοις σὺ μὴ πέλαζε.
VII. c. Th. 246: Μή νυν ἀκούουσ' ἐμφανῶς ἄκου' ἄγαν.
262: Σίγησον, ὦ τάλαινα, μὴ φίλους φόβει.

686: μή τί σε θυμοπληθὴς δορίμαργος ἄτα φερέτω. 698: Ἀλλὰ σὺ μὴ 'ποτρύνον.
Der Conjunctiv des Aorists mit μή für das spezielle Verbot findet sich:
Prom. 583: μηδέ μοι φθονήσῃς εὐγμάτων.
Prom. 625: μή τοί με κρύψῃς τοῦθ' ὅπερ μέλλω παθεῖν.
651: σὺ δ', ὦ παῖ, μὴ 'πολακτίσῃς λέχος. 718: ὃν μὴ περάσῃς.
VII. c. Th. 71 f. 169.

Wie sich in der attischen Rede der Unterschied zwischen dem Imperativ des Präsens und dem Imperativ und Conjunctiv des Aorists fixirte, ersehen wir wohl am besten aus den Paränesen des *Isokrates* an Demonikos und Nikokles; doch sind auch bei den übrigen Schriftstellern von Sophokles an die Belege häufig. Man vergl. aus *Sophokles* Phil. den Imper.: 1003. 1387. 1397. 470: μὴ λίπῃς, 486: μή μ' ἀφῇς, wie denn in diesem ganzen Abschnitt der Conjunctiv des Aorists der Regel gemäss steht. Ferner 749. 789. 809. 933. 967. 1054. 1275. 1286. 1300. Aus *Euripides* vergleiche man μὴ τρέσῃς: Her. 249. 501. 558. μὴ λέξῃς: Her. 549. μὴ ἐλπίσῃς: Her. 1051. *Plato* Gorg. 449 B: ὅπερ ὑπισχνεῖ μὴ ψεύσῃ, ἀλλὰ ἐθέλησον κατὰ βραχὺ τὸ ἐρωτώμενον ἀποκρίνεσθαι. 470 C: μὴ κάμῃς. 488 A: μὴ ἀποστῇς — μηκέτι νουθετήσῃς. *Isocr.* Dem. 15: μήτε γέλωτα προπετῆ στέργε, μήτε λόγον μετὰ θράσους ἀποδέχου. 16: μηδέποτε μηδὲν αἰσχρὸν ποιήσας ἔλπιζε λήσειν. 19: μὴ κατόκνει. 20: τὰς ἐντεύξεις μὴ ποιοῦ πυκνὰς τοῖς αὐτοῖς. Ferner: 22. 24. 26. 28. 37. 39. ad. Nic. 12. 13. 23. 25. 26. 27. 28. 29. 30. 31. 39. 54. Die Formel μὴ θαυμάσῃς lässt sich öfter aus der Beschränkung der Handlung auf einen einzelnen Moment erklären: *Plato* Phaedr. 274 A. Symp. 215 A: μηδὲν θαυμάσῃς. *Isocr.* Dem. 44. Phil. 1. 81. 116. Busir. 50.

Indessen findet sich der Conjunctiv des Aorists auch da gebraucht, wo ein Verbot ganz allgemein für die Dauer ausgesprochen wird. *Thuc.* I, 42, 1: ἀξιούτω und correspondirend μὴ νομίσῃ. I, 140, 5: ὑμῶν δὲ μηδεὶς νομίσῃ περὶ βραχέος ἂν πολεμεῖν, εἰ τὸ Μεγαρέων ψήφισμα μὴ καθέλοιμεν. *Pl.* Ap. 20 E: μὴ θορυβήσητε, während 21 A. und 30 C. μὴ θορυβεῖτε steht. Besonders ist diess deutlich in Lebensregeln: *Isocr.* ad Dem. 23: ἕνεκα δὲ χρημάτων μηδένα θεῶν ὀμόσῃς. 29: μηδενὶ συμφορὰν ὀνειδίσῃς. — Man vergleiche *Bernhardy* wissensch. Syntax S. 393 und meine Untersuchungen S. 169—173.

Endlich ist sonst schon bemerkt worden, dass auch der Imperativ des Aorists (besonders in der dritten Person), ja selbst der Conjunctiv des Präsens mit μή für das Verbot sich finde. (*Bernhardy*, a. a. O., meine Untersuch. S. 173 f.) *Il.* IV, 410: τῷ μή μοι πατέρας ποθ' ὁμοίῃ ἔνθεο τιμῇ. *Od.* XXIV, 248: σὺ δὲ μὴ χόλον ἔνθεο θυμῷ. *Arist.* Thesm. 870: μὴ ψεῦσον. Aeschin.

in Tim. 193: μή — ἀποσκήψατε. Beispiele der dritten Person: Od. XVI, 301: μή τις ἀκουσάτω. Aesch. Prom. 332: μηδέ σοι μελησάτω. VII. c. Th. 1036: μὴ δοκησάτω τινί. Soph. Aj. 1180 f.: μηδέ σε κινησάτω τις. 1334: μηδ' ἡ βία σε μηδαμῶς νικησάτω. Oed. R. 1449: μήποτ' ἀξιωθήτω. Pl. Ap. 17 C: μηδεὶς προσδοκησάτω. Xen. Cyr. VII, 5, 73 und Ven. II, 2: μηδεὶς νομισάτω. Ag. X, 3: μὴ νομισάτω. Cyr. VIII, 8, 26: μηδεὶς ἰδέτω.

Den Conjunctiv des Präsens finden wir Pl. legg. IX, 861 E: μὴ οἴηται. Epin. 989 B: μηδεὶς ἡμᾶς ποτε πείθῃ.

Für das Verbot kann auch μή mit dem Indic. des Futurs stehen. Aesch. VII. c. Th. 250. Soph. Aj. 571 f.: καὶ τἀμὰ τεύχη μήτ' ἀγωνάρχαι τινὲς θήσουσ' Ἀχαιοῖς. — Ant. 84. Arist. Pl. 487.

Οὐ mit Futur ist im Grunde nur Behauptung, dass etwas nicht geschehen werde, welche Behauptung zuweilen die Stelle eines Verbots vertritt.

2. Μή steht ferner bei verneinenden Aufforderungen und den damit verwandten Fragen der Unschlüssigkeit.

Il. II, 435 f.: μηκέτι νῦν δήθ' αὖθι λεγώμεθα, μηδ' ἔτι δηρὸν ἀμβαλλώμεθα ἔργον. — XII, 216: μὴ ἴομεν. Od. XIII, 296: ἀλλ' ἄγε μηκέτι ταῦτα λεγώμεθα. XVI, 355, 389. Pl. Phaedr. 245 B. 271 C. Prot. 311 A. Xen. Cyr. I, 5, 11. Anab. VII, 1, 29.

In der Frage der Unschlüssigkeit: Pl. de rep. I, 335 C. 337 C: πῶς λέγεις; μὴ ἀποκρίνωμαι ὧν προεῖπες μηδέν; πότερον, ᾧ θαυμάσιε, μηδ' εἰ τούτων τι τυγχάνει ὄν, ἀλλ' ἕτερον, εἴπω τι τοῦ ἀληθοῦς; III, 417 B. Xen. M. I, 2, 36: Μηδέ, ἄν τι ὠνῶμαι, ἔφη, ἢν πωλῇ νεώτερος τριάκοντα ἐτῶν, ἔρωμαι, ὁπόσου πωλεῖ; Μηδ' ἀποκρίνωμαι οὖν, ἔφη, ἐάν τίς με ἐρωτᾷ νέος;

3. Auch bei dem Wunsche, mag er nun als reiner Wunsch mit dem Optativ, oder zur Andeutung der Nichtwirklichkeit mit dem Indicativ eines histor. Tempus ausgedrückt sein, wird naturgemäss als Negation nur μή gebraucht. Wie der Wunsch in eine Verwünschung und selbst in eine Concession übergehen kann, ist auch aus dem gleichen Ausdruck der deutschen Sprache begreiflich. Ich führe daher beiderlei Fälle ohne Unterschied hier auf.

Il. II, 258 ff.: εἴ κ' ἔτι σ' ἀφραίνοντα κιχήσομαι, ὥς νύ περ ὧδε,
μηκέτ' ἔπειτ' Ὀδυσῆϊ κάρη ὤμοισιν ἐπείη,
μηδ' ἔτι Τηλεμάχοιο πατὴρ κεκλημένος εἴην.

III, 159 f.: ἀλλὰ καὶ ὣς τοίη περ ἐοῦσ' ἐν νηυσὶ νεέσθω,
μηδ' ἡμῖν τεκέεσσί τ' ὀπίσσω πῆμα λίποιτο.

407. VI, 57 ff. XVI, 30: μὴ ἔμεγ' οὖν οὗτός γε λάβοι χόλος. Od. I, 386. 403. IV, 684. 699: ὃ μὴ τελέσειε Κρονίων. VII, 316: μὴ

τοῦτο φίλον Διὶ πατρὶ γένοιτο! XV, 359. XVIII, 79. 141. 147. XX, 344. *Aesch.* Prom. 526 ff. 893 ff. VII. c. Th. 5. 187. 426: *ἃ μὴ κραίνοι τύχη*! 549: *ἃ μὴ κραίνοι θεός!* *Soph.* Phil. 509. 961. OR. 644. OC. 864. *Eur.* Jon. 739: *ὃ μὴ γένοιτο*!
Or. 1086: μήθ' αἷμά μου δέξαιτο κάρπιμον πέδον,
μὴ λαμπρὸς αἰθήρ. — Heracl. 511: *ἃ μὴ τύχοι ποτέ*!
Herod. VII, 11, 3: μὴ γὰρ εἴην ἐκ Δαρείου.
Beispiele des unerfüllbaren Wunsches sind:
Il. IX, 698: μὴ ὄφελες λίσσεσθαι ἀμύμονα Πηλείωνα!
Soph. Phil. 969: μήποτ' ὤφελον λιπεῖν τὴν Σκῦρον! *Eur.* Iph. A. 1292: μή ποτ' ὤφειλεν τὸν ἀμφὶ βουσὶ βουκόλον τραφέντ' οἰκίσαι ἀμφὶ τὸ λευκὸν ὕδωρ.
Sollte man auch in diesen Stellen ὤφελον als Behauptung auffassen und zu dem Infin. beziehen wollen (wie *Il.* XVII, 686. XVIII, 19: ἢ μὴ ὤφελλε γενέσθαι, *Od.* VIII, 312), so sind dagegen die Beispiele mit ὡς μή *Eur.* Iph. A. 70: ὥς γε μή ποτ' ὤφελεν λαβεῖν (*Kirchhoff* hat gegen die Hdsch. ὅς σφε aufgenommen) und *Xen.* Cyr. IV, 6, 3: ὡς μή ποτ' ὤφελεν durchaus nicht in Zweifel zu ziehen.

4. Wenn sich in den bisher angeführten unabhängigen Sätzen μή ganz natürlich aus dem aufgestellten Grundbegriff erklärte, so schien dagegen das in Schwüren gebrauchte μή die Theorie, nach welcher οὐ objective, μή subjective Negation ist, umzustossen. Sofern nämlich μή nicht bloss da vorkommt, wo man schwört, dass etwas nicht geschehen solle, sondern auch, wo man schwört, dass etwas nicht geschehen sei, schien dieser Gebrauch mit der Annahme, dass μή subjectiv negire, unvereinbar. Die Einwürfe, welche *Hartung* hieraus gegen die *Hermann*'sche Ansicht entlehnte, sind von mir in dem Archiv für Philol. und Pädag. Bd. V. Heft 2 widerlegt worden, und da überhaupt die hier dargelegte Theorie von den Negationen wesentlich von der *Hermann*'schen abweicht, so erscheint es überflüssig, auf diese Erörterung nochmals einzugehen.

Μή ist auch in Schwüren eine vom Subject ausgehende Negation, sie hat wesentlich prohibitive Bedeutung, soll von dem Subject etwas abwehren. Während οὐ ohne Betheiligung des Gemüths ruhig und objectiv verneint (darum auch nicht accentuirt wird), liegt in μή die Bewegung des Gemüthes, die etwas nicht auf sich kommen lassen, die nachdrücklich etwas von sich fern halten will. Die griechische Anschauungsweise zu begreifen, wird uns hier sogar durch ähnliche Ausdrücke der deutschen Sprache nahe gelegt. Wir pflegen, selbst um Factisches mit Nachdruck zu verneinen, die Formeln: bewahre! behüte! auch: das sei ferne, nimmermehr! anzuwenden, die im Grunde nichts Anderes besagen wollen, als der Himmel möge uns vor der Sache bewahren, die also mit Entschiedenheit etwas abwehren. Wir geben nun zuerst Beispiele von dem Schwur, dass etwas nicht geschehen solle.

Il. X, 330: μὴ μὲν τοῖς ἵπποισιν ἀνὴρ ἐποχήσεται ἄλλος.
Od. V, 184—187: ἴστω νῦν τόδε Γαῖα καὶ Οὐρανὸς εὐρὺς ὕπερθεν —
μή τι σοὶ αὐτῷ πῆμα κακὸν βουλευσέμεν ἄλλο.
Arist. Eccl. 999 f.: Μὰ τὴν Ἀφροδίτην, ἢ μ' ἔλαχε κληρουμένη,
μὴ 'γώ σ' ἀφήσω. —
Ὄμνυμι mit Inf. und μή findet sich z. B. *Il*. XXI, 374: μή ποτ' ἀλεξήσειν. *Andoc*. myst. 90: μὴ μνησικακήσειν, Alc. 3 bedarf aber als nothwendige Constructiqn, wie aus dem Gebrauch von μή mit Infinitiv überhaupt erhellt, keiner weiteren Belege. Nothwendiger sind diese für den Gebrauch von μή, wo eine Betheurung, dass etwas nicht geschehen sei, vorliegt.

Il. XV, 41 f.: μὴ δι' ἐμὴν ἰότητα Ποσειδάων ἐνοσίχθων
πημαίνει Τρῶας.
XIX, 258—262: ἴστω νῦν Ζεὺς πρῶτα — —
μὴ μὲν ἐγὼ κούρῃ Βρισηΐδι χεῖρ' ἐπενεῖκαι
οὔτ' εὐνῆς πρόφασιν κεχρημένος οὔτε τευ ἄλλου.
XXIII, 585: ὄμνυθι, μὴ μὲν ἑκὼν τὸ ἐμὸν δόλῳ ἅρμα πεδῆσαι.
Pind. Ol. II, 166: αὐδάσομαι ἐνόρκιον λόγον ἀλαθεῖ νόῳ τεκεῖν μή
τιν' ἑκατόν γε ἐτέων πόλιν φίλοις ἄνδρα μᾶλλον εὐεργέταν πραπίσιν
ἀφθονέστερόν τε χέρα Θήρωνος.
Eur. Or. 1524: Ὄμοσον — εἰ δὲ μή, κτενῶ σε — μὴ λέγειν ἐμὴν χάριν. Schwöre, dass du (das Gesprochene) nicht sprichst nur mir zu Gefallen.
Cycl. 264 ff.: ἀπώμοσ', ὦ κάλλιστον, ὦ Κυκλώπιον,
ὦ δεσπότισκε, μὴ τὰ σ' ἐξοδᾶν ἐγὼ
ξένοισι χρήματ'.
Arist. Av. 194 f.: μὰ γῆν, μὴ 'γὼ νόημα κομψότερον ἤκουσά πω.
Herod. II, 118, 2: λέγειν — καὶ ὀμνύντας καὶ ἀνωμοτὶ μὴ μὲν ἔχειν Ἑλένην. *Antiph*. de chor. 16: διωμόσαντο δὲ οὗτοι μὲν ἀποκτεῖναί με Διόδοτον βουλεύσαντα τὸν θάνατον, ἐγὼ δὲ μὴ ἀποκτεῖναι μήτε χειρὶ ἀράμενος μήτε βουλεύσας. *Andoc*. myst. 126: ὤμοσεν ἦ μὴν μὴ εἶναι (οἱ) υἱὸν ἄλλον μηδὲ γενέσθαι πώποτε. *Xen*. Anab. VII, 6, 18: ὀμνύω γὰρ ὑμῖν θεοὺς πάντας καὶ πάσας, μηδ' ἃ ἐμοὶ ἰδίᾳ ὑπέσχετο Σεύθης, ἔχειν. Oec. IV, 24: ὄμνυμί σοι τὸν Μίθρην, ὅτανπερ ὑγιαίνω, μηπώποτε δειπνῆσαι πρὶν ἱδρῶσαι.

5. Gehen wir zu dem Gebrauch von μή in abhängigen Sätzen über, so erklärt sich in Absichtssätzen, mögen diese nun mit dem Conjunctiv und Futur, oder mit dem Optativ, oder mit dem Indicativ der historischen Tempora ausgedrückt sein, eben so in den von Verben der Besorgniss abhängigen Sätzen der Gebrauch von μή unmittelbar aus dem prohibitiven Grundbegriff der Partikel.

Offenbar geht in diesen Sätzen die Negation von dem Willen des Subjects aus. Beispiele sind durch alle Perioden der griechischen Literatur sehr häufig. Ich beschränke mich darum, hervorzuheben, wie μή, das sicherlich zunächst nur dem Satze angehörte, in welchem es steht, schon bei *Homer* auch als Conjunction, als negative Absichtspartikel (mit Unterdrückung von ὅπως, ἵνα und dergl.) gebraucht worden ist. Man vergleiche

Il. I, 522 f.: ἀλλὰ σὺ μὲν νῦν αὖτις ἀπόστιχε, μή τι νοήσῃ Ἥρη.

I, 586 ff.: τέτλαθι, μῆτερ ἐμή, καὶ ἀνάσχεο κηδομένη περ, μή σε, φίλην περ ἐοῦσαν, ἐν ὀφθαλμοῖσιν ἴδωμαι θεινομένην. III, 107.

III, 414: Μή μ' ἔρεθε, σχετλίη, μὴ χωσαμένη σε μεθείω. VI, 265. XVI, 545. XX, 300 f.

Auch mit Optativ *Il.* IV, 114. XII, 403. *Od.* I, 133. VI, 147.

Namentlich aber hat μή nach den Verben der Besorgniss die Bedeutung einer Conjunction erhalten, so dass der Satz mit μή in Abhängigkeit von dem Verbum der Besorgniss erscheint.

Il. I, 555 f.: νῦν δ' αἰνῶς δείδοικα κατὰ φρένα, μή σε παρείπῃ ἀργυρόπεζα Θέτις.

Δείδοικα kann nicht absolut, ohne eine Ergänzung, nach deutscher Auffassung nicht ohne ein Object, gedacht werden. Wenn nun auch die Sätze mit μή keine Objectssätze sind, noch sein können (Objectssätze mit ὅτι oder dem Infin. sind nach Ausdrücken des Befürchtens selten), so können doch Hauptsatz und Nebensatz nicht ohne gegenseitige Beziehung gedacht werden, d. i. μή ist, wie in den Absichtssätzen, aus der ursprünglichen parataktischen Construction, wonach es nur etwas abwehrte, in eine hypotaktische übergegangen. Weitere Beispiele sind: *Il.* IX, 244 f. XIII, 745. XIV, 44: δείδω μὴ δή μοι τελέσῃ ἔπος ὄβριμος Ἕκτωρ. XXI, 328 f.: Ἥρη δὲ μέγ' ἄυσε περιδδείσασ' Ἀχιλῆϊ, μή μιν ἀποέρσειε μέγας ποταμὸς βαθυδίνης.

Es gehören hieher auch *Il.* X, 97 f.: ὄφρα ἴδωμεν, μή τοι — κοιμήσωνται. Die Besorgniss: „dass sie nur nicht schlafen" ist in ein abhängiges Verhältniss zu ὄφρα ἴδωμεν „damit wir nachsehen" (uns überzeugen) getreten. So auch 100 f.: οὐδέ τι ἴδμεν, μή πως καὶ διὰ νύκτα μενοινήσωσι μάχεσθαι. XV, 163—165: φραζέσθω, μή μ' — ταλάσσῃ μεῖναι. — So bleibt denn μή auch weiterhin Conjunction im hypotaktischen Verhältniss (vgl. meine Untersuchungen über die griech. Modi S. 111. 192.).

Auffallend steht nach δέδοικα μή statt des Conj., den man erwarten sollte, der Optativ (auch mit ἄν). *Soph. Phil.* 493: παλαῖ ἄν, ἐξ ὅτου δέδοικ' ἐγὼ μή μοι βεβήκοι. *Trach.* 630: δέδοικα γὰρ μὴ πρῴ λέγοις ἂν τὸν πόθον τὸν ἐξ ἐμοῦ.

B. In andern Gattungen der abhängigen Sätze steht μή, weil die Negation (nicht objectiv und factisch vorliegt, sondern nur) von der Vorstellung des Subjects vollzogen wird. Wenn nämlich μή zunächst prohibitiv ist, und eine von dem Willen des Subjects ausgehende Verneinung (dass etwas nicht sein soll) ausdrückt, so ergibt sich doch von hier aus der Uebergang zum Gebrauch in der freien Annahme, der beliebigen Setzung und Vorstellung von selbst und ungezwungen. Denn die beliebige Vorstellung und Annahme ist im Grunde ebenfalls ein Act der Willkühr.

6. Am deutlichsten liegt diess vor in den Bedingungssätzen. Es bedarf keiner Belege, die sich aus allen Perioden der griechischen Literatur zahlreich finden. Dagegen soll der Unterschied erörtert werden, der zwischen εἰ μή, εἴ κε μή, ἐὰν μή einerseits, und εἰ — οὐ andrerseits stattfindet. — Im ersten Falle hat die Annahme selbst einen negativen Charakter; bei εἰ — οὐ ist die Annahme an und für sich positiv, und οὐ gehört nur zu einem einzelnen Begriff, der in sein Gegentheil verwandelt werden soll.

Was εἰ μή und ἐὰν μή betrifft, so erhellt das Zusammengehören der Bedingungs- und der Verneinungspartikel nicht nur aus der Stelle, welche μή möglichst (die Ausnahmen haben ihren besonderen Grund) nahe nach εἰ und ἐάν annimmt, sondern am schlagendsten daraus, dass der Gegensatz häufig bloss durch εἰ δὲ μή ausgedrückt wird.

Il. III, 374: εἰ μὴ ἄρ' ὀξὺ νόησε Διὸς θυγάτηρ Ἀφροδίτη.
Od. IV, 364: εἰ μή τίς με θεῶν ὀλοφύρατο. 503. *Thuc.* I, 126, 1: ἦν μή τι ἐσακούωσιν. *Pl.* de rep. I, 330 B: ἐγὼ δὲ ἀγαπῶ, ἐὰν μὴ ἐλάττω καταλίπω τούτοισι. II, 365 B: ἐὰν μὴ καὶ δοκῶ. D: εἰ μὲν μὴ εἰσίν. 367 B: εἰ γὰρ μὴ ἀφαιρήσεις. D: εἰ μὴ σὺ κελεύοις. E: ἐάν τε λανθάνῃ ἐάν τε μὴ θεούς τε καὶ ἀνθρώπους. 368 A. 372 A. 392 C. 406 E. *Isocr.* Pgr. 69: εἰ μὴ καὶ τὰ πραχθέντα πολὺ τῶν ἄλλων διήνεγκεν. 102: εἰ δὲ μήτε τοῦτο γέγονε μήθ' οἷόν τ' ἐστὶ τοσούτων πόλεων τὸ πλῆθος κρατεῖν, ἢν μή τις κολάζῃ τοὺς ἐξαμαρτάνοντας. 139. *Dem.* 24. 25. — Beispiele von εἰ δὲ μή sind häufig. *Thuc.* I, 28, 2. I, 32, 1. *Pl.* de rep. II, 360 E. 375 C. III, 401 E. 403 C. 412 D. 414 C. IV, 425 E. 434 D.

Vergleicht man damit die oben (S. 278) angeführten Beispiele von οὐ nach εἰ, so ist sofort klar, dass hier die Negation nicht zum Charakter des ganzen Gedankens gehört, sondern zu einem einzelnen Begriff. So zeigt *Il.* III, 288 f. die Stellung der Negation weit hinter εἰ, unmittelbar vor ἐθέλωσιν, dass sie nur zu diesem Worte gehört. *Pl.* Ap. 25 B: ἐάν τε σὺ καὶ Ἄνυτος οὐ φῆτε, ἐάν τε φῆτε = mögt ihr es nun verneinen oder bejahen.

Nur mit Rücksicht auf die deutsche Auffassungsweise ist noch besonders zu erwähnen, dass auch die Concessivsätze mit καὶ εἰ, καὶ ἐάν und mit εἰ καὶ, ἐάν καὶ die Negation μή zu sich nehmen, mögen sie im Deutschen durch auch wenn oder durch wenn auch, obgleich übersetzt werden. Selbst wenn in dem Concessivsatz etwas als wirklich vorausgesetzt werden muss, bleibt er Bedingungssatz, der als solcher μή zu sich nimmt. So sagt *Soph.* OR. 302 Oedipus zu dem blinden Teiresias: εἰ καὶ μὴ βλέπεις obgleich du's nicht siehst, eben so gut wie 305: εἰ καὶ μὴ κλύεις wenn du es auch nicht hörst.

7. Relativsätze haben natürlich μή bei sich, wenn sie eine Absicht oder eine Bedingung in sich schliessen. Der Uebergang von Relativsätzen in Absichtssätze ist noch am deutlichsten sichtbar nach Verben der Sorge, der Verhütung (s. Untersuchungen über die Modi S. 113), wo ὅπως ursprünglich als Relativum galt. Ausserdem vergl. man *Thuc.* I, 103, 1: ἐφ' ᾧτε ἐξίασιν ἐκ Πελοποννήσου ὑπόσπονδοι καὶ μηδέποτε ἐπιβήσονται αὐτῆς. I, 126, 6: ἐφ' ᾧτε μηδὲν κακὸν ποιήσουσιν. Eine Bedingung involvirt der Relativsatz, z. B. *Od.* IV, 164:

πολλὰ γὰρ ἄλγε' ἔχει πατρὸς παῖς οἰχομένοιο
ἐν μεγάροις, ᾧ μὴ ἄλλοι ἀοσσητῆρες ἔωσιν.

Xen. Cyr. I, 6, 3: ὅστις μή, ὁπότε ἐν ἀπόροις εἴη, τότε κολακεύοι. Ag. IV, 2.

Von den Fällen, wo der Relativsatz in hypothetischem Sinn steht, sind diejenigen schwer zu trennen, wo derselbe eine Gattung von Personen, Sachen und Fällen angibt, und wo er eine innerliche, wesentliche Bestimmung eines abstracten Begriffs ist.

Der durch Abstraction von dem Individuellen gebildete Gattungsbegriff wird in der griechischen Sprache als ein bloss in der Vorstellung des Subjects Existirendes behandelt. Es nimmt darum der Relativsatz, wo er eine Gattung ausdrückt, regelmässig als Negation μή zu sich. Dahin gehören denn alle jene Constructionen, denen an und für sich eine solche Bedeutung zukommt, also wo das Relativum ἄν (κέ) mit dem Conjunctiv (ausnahmsweise auch den Conj. ohne ἄν) hat, ferner der Relativsatz mit Optativ, wo er in der Erzählung aus der Vergangenheit eine Gattung (man sagt gewöhnlich minder richtig: eine Wiederholung) von Fällen zusammenfasst, endlich auch meist die Sätze mit ὅστις, ὅσοι. — Belege für μή bei ὅστις, οἵτινες, ὅσοι werden, da sie das Regelmässige und Gewöhnliche sind, kaum nöthig scheinen; dass auch ὅς, das mit dem Indicativ construirt, vorzugsweise auf das Individuelle, Concrete, Factische geht, bei einer Gattung gebraucht wird, und dann natürlich als Negation μή hat, zeigen folgende Beispiele:

Il. II, 301 f.: — — — — — ἐστὶ δὲ πάντες
μάρτυροι, οὓς μὴ Κῆρες ἔβαν θανάτοιο φέρουσαι.
Soph. Phil. 583: λέγοντ' ἃ μὴ δεῖ. 648. 909: κρύπτων θ' ἃ μὴ
δεῖ. OR. 296: ᾧ μὴ 'στι δρῶντι τάρβος, οὐδ' ἔπος φοβεῖ.
569. 1409. 1520. OC. 839: μὴ 'πίτασσ' ἃ μὴ κρατεῖς. 874. 1175.
1186. 1442. 1526. 1641. 1666. *Eur.* Hec. 280:
οὐ τοὺς κρατοῦντας χρὴ κρατεῖν ἃ μὴ χρεών.
331: τολμᾷ θ' ἃ μὴ χρή. *Pl.* de rep. II, 378 D. 379 B: Ἆρ' οὖν
ὃ μὴ βλαβερὸν βλάπτει; Οὐδαμῶς. Ὁ δὲ μὴ βλάπτει κακόν τι ποιεῖ;
Οὐδὲ τοῦτο. Ὁ δέ γε μηδὲν κακὸν ποιεῖ, οὐδ' ἄν τινος εἴη κακοῦ αἴτιον;
379 D. *Xen.* Cyr. I, 2, 2. I, 3, 8. I, 6, 19. II, 2, 12. — Daher
erhält auch ὅτι μή, ὅσον μή (= was nicht etwa ist) die Bedeutung
ausser. *Soph.* OR. 347 f. *Pl.* de rep. III, 405 C. 410 B.

Häufig sind ferner die negativen **Relativsätze**, welche zu
innerer, wesentlicher Bestimmung eines Gattungsbegriffs dienen. Bei *Homer* sind die relativen Nebensätze dieser
Art noch nicht in ein so inneres Verhältniss zu dem Hauptsatze
getreten, dass sie nur als immanente Bestimmungen eines abstracten Begriffs behandelt werden, und μή zu sich nehmen, sondern sie sind mehr äusserlich hinzutretende Nebenbestimmungen,
und haben als solche οὐ.

Od. III, 348 f.: ὥστε τευ ἢ παρὰ πάμπαν ἀνείμονος ἠὲ πενιχροῦ,
ᾧ οὔτε χλαῖναι καὶ ῥήγεα πόλλ' ἐνὶ οἴκῳ.

Hier sollte der Relativsatz eigentlich eine wesentliche Bestimmung von ἀνείμονος ἠὲ πενιχροῦ geben, und demgemäss nach der
Regel des späteren Sprachgebrauchs μή haben. Aehnlich ist es
Od. III, 382 f.: σοὶ δ' αὖ ἐγὼ ῥέξω βοῦν ἦνιν, εὐρυμέτωπον,
ἀδμήτην, ἣν οὔ πω ὑπὸ ζυγὸν ἤγαγεν ἀνήρ.

Auch *Il.* V, 302: ὃ οὐ δύο γ' ἄνδρε φέροιεν würde man nach
dem späteren Sprachgebrauch erwarten, dass der Relativsatz durch
μή als immanente Bestimmung von μέγα ἔργον bezeichnet wäre.

Dagegen ist *Il.* II, 143: πᾶσι μετὰ πληθύν, ὅσοι οὐ βουλῆς
ἐπάκουσαν, weil ὅσοι οὐ nur erläuternd zu dem an sich bestimmten
πληθύν hinzutritt, οὐ nothwendig. Auch ist
Il. II, 337 f.: ὦ πόποι, ἦ δὴ παισὶν ἐοικότες ἀγοράασθε
νηπιάχοις, οἷς οὔ τι μέλει πολεμήϊα ἔργα.

die Negation οὐ jedenfalls am Platze, da der Relativsatz zu dem
für sich genügenden und abgeschlossenen παισὶ νηπιάχοις als erläuternde selbständige Bestimmung hinzutritt. Auch *Od.* III, 321 f.:
πέλαγος μέγα τοῖον, ὅθεν τέ περ οὐδ' οἰωνοὶ αὐτόετες οἰχνεῦσιν ist οὐ
schon dadurch herbeigeführt, dass es ein bestimmtes Meer ist.

Schon bei *Herodot* indessen finden wir in den bezeichneten
Relativsätzen μή und im Attischen ist dieser Gebrauch ganz regelmässig geworden.

Herod. I, 71, 4: τοῦτο μὲν δή, εἰ νικήσεις, τί σφεας ἀπαιρήσεαι,

τοῖσί γε μὴ ἔστι μηδέν; der Relativsatz wird hier als nothwendige, inhärente Bestimmung von σφέας bezeichnet. *Soph.* OR. 316: Φεῦ, φεῦ· φρονεῖν ὡς δεινόν, ἔνθα μὴ τέλη λύει φρονοῦντι — in solchen Fällen, da die Einsicht nicht vortheilhaft ist. — Ebd. 817. 1411 f.: — — — — — ἢ θαλάσσιον
ἐκρίψατ' ἔνθα μήποτ' εἰσόψεσθ' ἔτι.
an einen solchen Ort (nicht einen bestimmten), wo ihr mich nie mehr sehen werdet.
1426 ff.: τοιόνδ' ἄγος, — τὸ μήτε γῇ
μήτ' ὄμβρος ἱερὸς μήτε φῶς προσδέξεται. — 1436.
— Ant. 691: λόγοις τοιούτοις, οἷς σὺ μὴ τέρψει κλύων. 696 f. El. 379 f. 429. Aj. 659. 1074. 1094. Trach. 800. *Pl.* de rep. II, 370 E. III, 416 C. Ap. 35 C: μὴ οὖν ἀξιοῦτέ με, ὦ ἄνδρες Ἀθηναῖοι, τοιαῦτα δεῖν πρὸς ὑμᾶς πράττειν, ἃ μήτε ἡγοῦμαι καλὰ εἶναι μήτε δίκαια, μήτε ὅσια. *Isocr.* Nic. 16: τοιαύτης πολιτείας, — ἐν ᾗ μὴ διαλήσει χρηστὸς ὤν. Pgr. 89: βουληθεὶς δὲ τοιοῦτον μνημεῖον καταλιπεῖν, ὃ μὴ τῆς ἀνθρωπίνης φύσεώς ἐστιν. 189. Antid. 12. 128.

Wir wollen nun aber noch mehrere Fälle von Relativsätzen behandeln, wo der Gebrauch der Negation von den aufgestellten Normen abzuweichen scheint. Ein genaueres Eingehen wird in mehreren Stellen von dem regelrechten Gebrauch der Negation überzeugen, aber allerdings auch mehr Abweichungen anzuerkennen haben.

Soph. El. 875 f.: πόθεν δ' ἂν εὕροις τῶν ἐμῶν σὺ πημάτων
ἄρηξιν, οἷς ἴασιν οὐκ ἔνεστ' ἰδεῖν;
Man darf hier nicht etwa darum μή erwarten, weil durch den Relativsatz die Leiden und ihr Grad näher bestimmt werden. Nur dann wäre μή nothwendig, wenn die Leiden ein abstracter Begriff, nicht etwas Concretes, Bestimmtes wären. *Soph.* Trach. 144 ff.:
τὸ γὰρ νεάζον ἐν τοιοῖσδε βόσκεται
χώροις, ἵν' αὐαίνοντος οὐ θάλπος θεοῦ
οὐδ' ὄμβρος, οὐδὲ πνευμάτων οὐδὲν κλονεῖ.
ist οὐ wohl darum gebraucht, weil der Relativsatz als Behauptung aufgefasst werden soll. *Thuc.* I, 115, 4: τῶν δὲ Σαμίων ἦσαν γάρ τινες οἳ οὐχ ὑπέμενον, ἀλλ' ἔφυγον. Es soll hier nicht eine Gattung geschildert werden, wie wenn der Sinn wäre: ἦσαν τοιοῦτοι, worauf μή folgen müsste, sondern es soll behauptet werden: οὐχ ὑπέμενόν τινες, und nur um τινές hervorzuheben, ist die Umschreibung mit ἦσαν γάρ τινες gebraucht. Ganz ähnlich *Isocr.* Ant. 46: εἰσὶ γάρ τινες, οἳ τῶν μὲν προειρημένων οὐκ ἀπείρως ἔχουσι. Nach τοιοῦτον steht im Relativsatz οὐ, wenn jenem eine Negation vorausgeht (vgl. S. 271) *Pl.* de rep. III, 416 D: ἔπειτα (δεῖ) οἴκησιν καὶ ταμιεῖον μηδενὶ εἶναι μηδὲν τοιοῦτον, εἰς ὃ οὐ πᾶς ὁ βουλόμενος εἴσεισι. Oder wenn eine Behauptung in dem Relativsatz liegt. *Isocr.* Pgr. 12:

ζητήσοντας ἰδεῖν τι τοιοῦτον ἐν τοῖς ἐμοῖς, οἷον παρὰ τοῖς ἄλλοις οὐχ εὑρήσουσιν. Antid. 35: ὥστ' εἰ συγχωρήσαιμι τῷ κατηγόρῳ, καὶ προσομολογήσαιμι πάντων ἀνθρώπων εἶναι δεινότατος, καὶ συγγραφεὺς τῶν λόγων τῶν λυπούντων ὑμᾶς τοιοῦτος οἷος οὐδεὶς ἄλλος γέγονε, πολὺ ἂν δικαιότερον ἐπιεικῆς εἶναι δοκοίην ἢ ζημιωθείην. Es steht οἷος οὐδεὶς ἄλλος, weil die Behauptung zu Grunde liegt: kein Andrer ist mir gleich gekommen. Gleiches gilt von Ant. 51: τοιούτοις οἵοις οὐδεὶς ἄλλος. 106: τοιοῦτος οἷος οὐδεὶς ἄλλος. 107: τοσαύτας — ὅσας οὐδεὶς πώποτε. 129: τοσούτοις — ὅσοις οὐδένα πώποτε. — Pl. de rep. V, 478—479: ἀποκρινέσθω ὁ χρηστός, ὃς αὐτὸ μὲν καλὸν καὶ ἰδέαν τινὰ αὐτοῦ κάλλους μηδεμίαν ἡγεῖται ἀεὶ κατὰ ταὐτὰ ὡσαύτως ἔχουσαν, πολλὰ δὲ τὰ καλὰ νομίζει ἐκεῖνος ὁ φιλοθεάμων καὶ οὐδαμῇ ἀνεχόμενος κ. τ. λ. Hier ist zuerst richtig μή gesetzt, weil ὁ χρηστός ein Gattungsbegriff ist, der durch den Relativsatz näher bestimmt werden soll; nachdem aber πολλὰ δὲ τὰ καλὰ νομίζει aus der relativen Construction heraustritt, ist nachher οὐδαμῇ gebraucht.

Erscheint in den bisher behandelten Stellen der Gebrauch von οὐ im Einklang mit dem regelmässigen Sprachgebrauch, so sind nun andrerseits aus *Sophokles* mehrere Fälle zu erwähnen, in welchen der Relativsatz μή hat, während nach dem Zusammenhang οὐ erwartet werden sollte. So lautet Soph. Phil. 178 f.: ὦ δύστανα γένη βροτῶν, οἷς μὴ μέτριος αἰών als ob die γένη βροτῶν durch den Relativsatz eine wesentliche Bestimmung erhalten sollten, wodurch sie von andern Geschlechtern unterschieden werden: unglücklich diejenigen Geschlechter, deren Leben kein Mass (im Unglück) kennt. Oder man könnte οἷς μή im Sinne von εἰ μή nehmen = wenn ihr Leben ohne Mass unglücklich ist. Und doch sollen die Menschengeschlechter überhaupt als unselig beklagt werden, und der Relativsatz die neue Behauptung enthalten: das Leben der Sterblichen hat Leiden ohne Mass. Aehnlich finden wir μή Phil. 254 f.: ὦ πόλλ' ἐγὼ μοχθηρός, ὦ πικρὸς θεοῖς,
οὗ μηδὲ κληδὼν ὧδ' ἔχοντος οἴκαδε
μηδ' Ἑλλάδος γῆς μηδαμοῦ διῆλθέ που.

Der Relativsatz enthält die Angabe eines Factischen, Concreten, und würde demgemäss οὐ erwarten lassen. Ebenso 713 f.:
ὦ μελέα ψυχά, ὃς μηδ' οἰνοχύτου πώματος ἥσθη δεκέτει χρόνῳ. An diese Fälle schliessen sich verwandte an. Oed. R. 816 ff.:
τίς ἐχθροδαίμων μᾶλλον ἂν γένοιτ' ἀνήρ;
ᾧ μὴ ξένων ἔξεστι μηδ' ἀστῶν τινα
δόμοις δέχεσθαι μηδὲ προσφωνεῖν τινα.

Bei der deutlichen Beziehung auf den concreten Fall des Oedipus sollte man die Form der Behauptung, welche den Grund für die vorhergehende Frage enthielte, mithin οὐ, erwarten. Ganz ähnlich ist:

1353 f.: — — — — τί γὰρ ἔδει μ' ὁρᾶν,
ὅτῳ γ' ὁρῶντι μηδὲν ἦν ἰδεῖν γλυκύ;
da ich doch nichts Erfreuliches zu sehen habe. Man kann μηδέν nicht etwa aus der Abhängigkeit von ἦν erklären; denn eben die Möglichkeit soll verneint werden, und die Negation wird immer als zur Behauptung gehörig mit οὐ gegeben und vor die impersonellen Ausdrücke ἔστι, ἔξεστι u. s. w. gestellt. Phil. 407 ff.:

ἔξοιδα γάρ τιν παντὸς ἂν λόγου κακοῦ
γλώσσῃ θιγόντα καὶ πανουργίας, ἀφ' ἧς
μηδὲν δίκαιον ἐς τέλος μέλλει ποιεῖν.

Es ist minder schicklich, den Relativsatz als innere Bestimmung von γλώσσῃ und πανουργία zu betrachten, natürlicher würde der Satz als eigene Behauptung aufgefasst. Oed. Col. 1678: Χ. Βέβηκεν; Ἀντ. Ὡς μάλιστ' ἂν εἰ πόθῳ λάβοις. τί γάρ, ὅτῳ μήτ' Ἄρης μήτε πόντος ἀντέκυρσεν κ. τ. λ. Ant. 696 ff.:

ἢ τις τὸν αὑτῆς αὐτάδελφον ἐν φοναῖς
πεπτῶτ' ἄθαπτον μήθ' ὑπ' ὠμηστῶν κυνῶν
εἴασ' ὀλέσθαι μήθ' ὑπ' οἰωνῶν τινός.

sie, die (= da sie) nicht unbeerdigt liess.
El. 911: — — — — ᾖ γε μηδὲ πρὸς θεοὺς
ἔξεστ' ἀκλαύστῳ τῆσδ' ἀποστῆναι στέγης.

Trach. 817: ὄγκον γὰρ ἄλλως ὀνόματος τί δεῖ τρέφειν μητρῷον, ᾖ τις μηδὲν ὡς τεκοῦσα δρᾷ;

Es ist nicht zu verkennen, dass die obigen Relativsätze (mit Ausnahme etwa von Phil. 407 ff.) einen gemeinsamen Charakter tragen, und wenn sie auch nicht als innere und wesentliche (immanente) Bestimmungen eines im regierenden Satze enthaltenen Abstractums und Gattungsbegriffs zu betrachten sind, dennoch als motivirende, Grund angebende Sätze in einer inneren Beziehung zum Hauptsatze gedacht werden können. Diess mag dann den Gebrauch von μή herbeigeführt haben. Indessen darf andrerseits nicht unbeachtet gelassen werden, dass in andern Stellen bei Sophokles der Relativsatz, wo er die Begründung für die Hauptaussage enthält, οὐ zu sich nimmt. Man vergleiche die oben (S. 270 f.) angeführten Stellen: Phil. 250 (etwa auch 1030) 1103 f., wo ganz ähnlich, wie 178 f. 254 f. 713 ein Klagausruf durch einen Relativsatz, aber mit οὐ, motivirt wird, ferner El. 875 f. Ausserdem liesse sich auch OR. 395. El. 347—350 der Relativsatz, der οὐ hat, als wesentliche Bestimmung des Hauptsatzes auffassen. Wir werden also nicht umhin können, bei Sophokles ein Schwanken und eine Unsicherheit des Gebrauchs anzuerkennen.

8. **Zeitbestimmungssätze**, welche eine **Bedingung** in sich schliessen, oder in der Erzählung mit dem Optativ eine **Gattung** von Fällen angeben, nehmen, wie sich aus den vorange-

gangenen Erörterungen ergibt, als Negation nothwendig μή zu sich.
Eine Bedingung liegt z. B. zu Grunde:
Il. XIII, 317 ff.: αἰπύ οἱ ἐσσεῖται, μάλα περ μεμαῶτι μάχεσθαι,
κείνων νικήσαντι μένος καὶ χεῖρας ἀάπτους
νῆας ἐνιπρῆσαι, ὅτε μὴ αὐτός γε Κρονίων
ἐμβάλοι αἰθόμενον δαλὸν νήεσσι θοῇσιν.
Od. XXIII, 184 ff.:
τίς δέ μοι ἄλλοσε θῆκε λέχος; χαλεπὸν δέ κεν εἴη
καὶ μάλ' ἐπισταμένῳ, ὅτε μὴ θεὸς αὐτὸς ἐπελθὼν
ῥηϊδίως ἐθέλων θείη ἄλλῃ ἐνὶ χώρῃ.
Pl. de rep. I, 354 C: ὁπότε γὰρ τὸ δίκαιον μὴ οἶδα, ὅ ἐστι, σχολῇ
εἴσομαι εἴτε ἀρετή τις οὖσα τυγχάνει, εἴτε καὶ οὔ. — Eine Gattung
von Fällen oder eine Bedingung liegt in folgenden Fällen vor:
Thuc. II, 15, 1: καὶ ὁπότε μή τι δείσειαν, οὐ ξυνήεσαν βουλευσόμενοι,
ὡς τὸν βασιλέα. *Pl.* de rep. I, 332 A: Ἀποδοτέον δέ γε οὐδ' ὁπωστιοῦν
τότε, ὁπότε τις μὴ σωφρόνως ἀπαιτοῖ; III, 402 A: Ὥσπερ ἄρα
γραμμάτων πέρι τότε ἱκανῶς εἴχομεν, ὅτε τὰ στοιχεῖα μὴ λανθάνοι ἡμᾶς.

9. Das Particip oder irgend welches Nomen muss als
Negation μή zu sich nehmen, wo es Bestandtheil eines Satzes ist,
der μή hat, oder wo es die Stelle eines Satzes mit μή vertritt, und
in einen solchen erweitert werden kann.
Aesch. Prom. 824: ὅπως δ' ἂν εἰδῇ μὴ μάτην κλύουσά μου.
VII. c. Th. 1—3: Κάδμου πολῖται, χρὴ λέγειν τὰ καίρια,
ὅστις φυλάσσει πρᾶγος ἐν πρύμνῃ πόλεως
οἴακα νωμῶν, βλέφαρα μὴ κοιμῶν ὕπνῳ.
Ag. 906 f.: ἔκβαιν' ἀπήνης τῆσδε, μὴ χαμαὶ τιθεὶς
τὸν σὸν πόδ', ὦναξ κ. τ. λ.
Das Particip ist in der ersten Stelle Theil des Absichtssatzes,
in der zweiten Bestimmung eines Gattungsbegriffs ὅστις φυλάσσει,
in der dritten zur Forderung ἔκβαινε gehörig.
Soph. Phil. 935: ὡς μεθήσων μήποθ' ὧδ' ὁρᾷ πάλιν, wie in der
Absicht, oder wie einer, der nicht will. OR. 1389 zu einem Absichtssatze gehörend: ἵν' ἦν τυφλός τε καὶ κλύων μηδέν.
OC. 1154: — — — — διδασκέ με
ὡς μὴ εἰδότ' αὐτὸν μηδὲν ὧν σὺ πυνθάνει.
Thuc. I, 35, 1: μηδετέρων ὄντας ξυμμάχους, weil es abhängt von
δεχόμενοι und dieses = εἰ δέχεσθε ist. I, 71, 1: οἳ ἂν — δῆλοι ὦσι μὴ
μὴ ἐπιτρέψοντες.
Insbesondre hat das Particip μή bei sich, wo es in einen Bedingungssatz aufzulösen ist.
Aesch. Prom. 504: οὐδείς, σάφ' οἶδα, μὴ μάτην φλῦσαι θέλων.
VII. c. Th. 427: θεοῦ τε γὰρ θέλοντος ἐκπέρσειν πόλιν
καὶ μὴ θέλοντός φησιν.
= εἴτε θέλοι θεός, εἴτε μὴ θέλοι. Ag. 261. Eum. 301.

Soph. Phil. 618f.: — — — — — καὶ τούτων, κάρα
τέμνειν ἐφεῖτο τῷ θέλοντι, μὴ τυχών.
OR. 77. 1158. 1368:
κρείσσων γὰρ ἦσθα μηκέτ᾽ ὤν, ἢ ζῶν τυφλός.
Du wärest besser daran, wenn du nicht mehr am Leben wärest.
Eur. Hec. 726 f.: Οὔ τοι πέφυκα μάντις, ὥστε μὴ κλύων
ἐξιστορῆσαι σῶν ὁδὸν βουλευμάτων.
Hec. 964 ff.: — — — — ἀλλὰ σημαίνειν σε χρῆν
τί χρὴ τὸν εὖ πράσσοντα μὴ πράσσουσιν εὖ
φίλοις ἐπαρκεῖν. Entweder: solchen, die nicht glücklich sind, oder: wenn sie nicht glücklich sind. *Thuc.* I, 32, 1: τοὺς μήτε εὐεργεσίας μεγάλης μήτε ξυμμαχίας προὐφειλομένης ἥκοντας. I, 35, 1: μὴ πείσαντες. *Pl.* de rep. I, 327 C: ἢ καὶ δύναισθ᾽ ἂν πεῖσαι μὴ ἀκούοντας wenn sie nicht hören, oder: solche, die nicht hören. 337 E. 341 A. 353 B. II, 361 A. 368 D. III, 399 B: ἐν εἰρηνικῇ τε καὶ μὴ βιαίῳ (ἐργασίᾳ) in einem solchen Beruf, der nichts mit Gewaltthätigkeit zu thun hat. IV, 422 B. 430 B. V, 478 B. *Isocr.* Pgr. 130: τὸν γὰρ αὐτὸν λόγον οὐχ ὁμοίως ὑπολαμβάνειν δεῖ, μὴ μετὰ τῆς αὐτῆς διανοίας λεγόμενον. 170.

10. Besondere Erwähnung verdient noch das Particip mit Artikel, wo es eine Gattung bezeichnet. Als freier, subjectiver Begriff hat es zur Negation μή.
Soph. Phil. 902: ἅπαντα δυσχέρεια, τὴν αὑτοῦ φύσιν
ὅταν λιπών τις δρᾷ τὰ μὴ προσεικότα.
OR. 269. 397: ἐγώ — ὁ μηδὲν εἰδὼς Οἰδίπους, die Person des Oedipus wird identificirt mit dem abstracten Begriff ὁ μηδὲν εἰδώς. 682. 1019: καὶ πῶς ὁ φύσας ἐξ ἴσου τῷ μηδενί;
Eur. Hec. 1228 f.: — — — — ἐπεὶ τὰ μὴ καλὰ
πράσσειν ἐτόλμας, τλῆθι καὶ τὰ μὴ φίλα.
Thuc. I, 22, 3: καὶ ἐς μὲν ἀκρόασιν ἴσως τὸ μὴ μυθῶδες αὐτῶν ἀτερπέστερον φανεῖται. I, 71, 4: οἱ μὴ βοηθοῦντες. I, 104, 2: οἱ μὴ ξυναποστάντες. *Pl.* de rep. I, 330 A: τοῖς δὲ μὴ πλουσίοις. 331 A. 332 E. 334 D. 335 A. 337 D. 339 D. 340 B. II, 375 A: ὁ μὴ θυμοειδής. III, 386 A. 397 A. und IV, 414 A: ὁ μὴ τοιοῦτος. 398 D. 401 B. E. 406 C. 407 B. *Isocr.* Pgr. 17: ἀλλὰ δεῖ τὸν μὴ μόνον ἐπίδειξιν ποιούμενον ἀλλὰ καὶ διαπράξασθαί τι βουλόμενον ἐκείνους τοὺς λόγους ζητεῖν κ. τ. λ. 76: ἀπείχοντο ὥσπερ χρὴ τῶν μηδὲν προσηκόντων. 82. 105. 132. 183. 184.

11. Der Infinitiv mit Artikel wird durchaus, was er jedenfalls gewöhnlich ist, als abstracter Begriff behandelt, und hat darum nur die Negation μή bei sich. Es macht keinen Unterschied, ob der Infinitiv als Nominativ oder Accusativ oder mit einer Präposition steht. Für *Sophokles* ist bemerkenswerth, dass er

öfter statt des einfachen Infinitivs (s. nachher) den Infinitiv mit Artikel gebraucht. Aus der Antigone allein sind namhaft zu machen: 27. 219. 236. 263. 265. 443..535. 778. Auch bei *Aeschylos* findet sich dieser Gebrauch, wenn auch nicht so häufig. Eum. 690 ff. *Soph.* Phil. 197 f.: τοῦ μὴ πρότερον τόνδ᾽ ἐπὶ Τροίᾳ τεῖναι τὰ θεῶν ἀμάχητα βέλη wegen des nicht vorzeitigen Spannens der Geschosse, d. i. damit er nicht vor der Zeit seine Geschosse gegen Troja richte. 299: πλὴν τὸ μὴ νοσεῖν ἐμέ.
Eur. Hec. 376: τὸ γὰρ ζῆν μὴ καλῶς μέγας πόνος. *Thuc.* I, 32, 3. I, 42, 3: τὸ γὰρ μὴ ἀδικεῖν. I, 45: τοῦ μὴ λύειν ἕνεκα τὰς σπονδάς. I, 71, 1: ἐπὶ τῷ μὴ λυπεῖν. *Pl.* de rep. I, 331 B. E. 339 C. 347 C. II, 361 C. 362 C. 382 D: διὰ τὸ μὴ εἰδέναι zweimal. IV, 429 D. 430 A. 433 A. 437 C: τὸ μὴ ἐθέλειν. *Xen.* Cyr. I, 3, 9: τοῦ μὴ λυσιτελεῖν damit es ihnen nichts nütze. I, 4, 5. I, 6, 8: τὸ τοιούτοις ὑποπτῆξαι καὶ μὴ ἐθέλειν. I, 6, 16: τὸ γὰρ ἀρχὴν μὴ κάμπτειν τὸ στράτευμα τούτον σοι δεῖ μέλειν. I, 6, 40. Ages. IV, 2: Ἀγησίλαος δὲ οὐ μόνον τὸ μὴ ἀποδιδόναι χάριτας ἄδικον ἔκρινεν, ἀλλὰ καὶ τὸ μὴ πολὺ μείζους τὸν μείζω δυνάμενον. *Isocr.* Pgr. 28: τοῦ μὴ θηριωδῶς ζῆν. 110: ὑπὲρ τοῦ μὴ τῶν ἀλλοτρίων ἐπιθυμεῖν.

Beachtenswerth ist nun, dass τὸ μή mit Infinitiv auch von Factischem steht. Es lässt sich diess kaum anders erklären, als dass man von dem häufigen Gebrauch in abstractem Sinn gewohnt, auch da, wo sich der Infinitiv mit Artikel auf Thatsachen bezog, dennoch ihn nur als Abstractum betrachtete. *Thukydides*, der doch Substantiven mit Artikel, wo sie auf Thatsachen sich beziehen, die Negation οὐ beigibt, hat dennoch beim Infinitiv mit Artikel μή. Vgl. *Thuc.* I, 3, 4: οὐ μὴν οὐδὲ βαρβάρους εἴρηκε διὰ τὸ μηδὲ Ἕλληνάς πω, ὡς ἐμοὶ δοκεῖ, ἀντίπαλον εἰς ἓν ὄνομα ἀποκεκρίσθαι. I, 41, 2: τὸ δι᾽ ἡμᾶς Πελοποννησίους αὐτοῖς μὴ βοηθῆσαι. *Antiph.* de caede Her. 51: dass τὸ μὴ φάσκειν von einer Thatsache steht, erhellt aus ὁ δὲ ἔξαρνος ἦν. *Xen.* Cyr. I, 5, 14: ἀλλὰ μὴν κἀκεῖνο οἶμαι ὑμᾶς θαρρεῖν, τὸ μὴ παρημεληκότα με τῶν θεῶν τὴν ἔξοδον ποιεῖσθαι. Es liegt unstreitig die Behauptung zu Grunde: οὐ παρημεληκὼς τῶν θεῶν τὴν ἔξοδον ποιοῦμαι.

12. Betrachten wir nun den Infinitiv für sich, ohne Artikel, so ist zunächst a) zu erwähnen, dass wo derselbe Ziel und Zweck (noch ohne Unterschied, ob Absicht oder Folge) der Haupthandlung angibt, μή stehen muss. Was erst beabsichtigt, oder nur ein Vorgestelltes ist, kann auch nicht als ein gegebenes Negatives behandelt werden, also kein οὐ bei sich haben. Obwohl sich der blosse Infinitiv vorzugsweise in der epischen Sprache so gebraucht findet, und der später herrschende Sprachgebrauch gewöhnlich den Infinitiv mit ὡς und ὥστε anwendet, so finden sich doch auch von jenem noch im Attischen Beispiele, *Plato* de rep. III,

405 C: ἀγνοῶν, ὀσφάλλ ῃον καὶ ἄμεινον τὸ παρασκευάζειν τὸν βίον αὐτῷ μηδὲν δεῖσθαι νυστάζοντος δικαστοῦ, sein Leben in die Verfassung zu bringen, dass es nicht bedarf.

Beispiele von ὥστε und ὡς sind:
Aesch. Pers. 725: ᾳεῦ, μέγας τις ἦλθε δαίμων, ὥστε μὴ φρονεῖν καλῶς. Ag. 201 f.: ὥστε — δάκρυ μὴ κατασχεῖν. 357 ff.: ἦτ᾽ ἐπὶ Τροίας πύργοις ἔβαλες στεγανὸν δίκτυον, ὡς μήτε μέγαν, μήτ᾽ οὖν νεαρῶν τιν᾽ ὑπερτελέσαι μέγα δουλείας γάγγαμον.
664 f.: τύχῃ δὲ σωτὴρ ναῦν στελοῦσ᾽ ἐφέζετο,
    ὡς μήτ᾽ ἐν ὅρμῳ κύματος ζάλην ἔχειν
    μήτ᾽ ἐξοκεῖλαι πρὸς κραταιλέων χθόνα.
1380 f.: οὕτω δ᾽ ἔπραξα, καὶ τάδ᾽ οὐκ ἀρνήσομαι,
    ὡς μήτε φεύγειν μήτ᾽ ἀμύνεσθαι μόρον.
Eum. 36. 799. 895. — Soph. Aj. 1339.
Phil. 339 f.: Οἴμοι μὲν ἀρκεῖν σοί γε καὶ τὰ σ᾽, ὦ τάλας, ἀλγήμαθ᾽, ὥστε μὴ τὰ τῶν πέλας στένειν.
901. OR. 374 f. 1085. 1460. 1528.
El. 755 f.: — — — — — ὥστε μηδένα
    γνῶναι φίλων ἰδόντ᾽ ἂν ἄθλιον δέμας.
Eur. Hec. 248: πολλοὺς λόγων εὑρήμαθ᾽ ὥστε μὴ θανεῖν um nicht zu sterben. 585. - Arist. Thesm. 440—442. Thuc. I, 12, 1. Pl. de rep. II, 365 B: ὡς πλεονεκτοῦντες δίκην μὴ διδόναι um nicht gestraft zu werden. II, 382 C. III, 390 C. 391 A. 405 C. 410 B. IV, 420 D. 440 E. V, 457 B. 460 A. 461 E. 466 B. 475 A. Xen. Cyr. I, 1, 5. I, 6, 39. Isocr. Pgr. 4. 5. 38. 41. 44. 82. 96 (um nicht etc.) 118. 140. 146. 181.

Auch in den parenthetischen Einschiebungen mit ὡς und dem Infinitiv wird als Negation μή gebraucht. Pl. de rep. III, 414 A: ὡς ἐν τύπῳ, μὴ δι᾽ ἀκριβείας εἰρῆσθαι. Isocr. Pgr. 154: ὡς δ᾽ ἁπλῶς εἰπεῖν, καὶ μὴ καθ᾽ ἓν ἕκαστον.

Auffallend ist ὥστε — οὐ mit Inf. in einigen Stellen.
Eur. Hel. 107 f.: Ἑλ. Ἤδη γὰρ ἧπται καὶ κατείργασται πυρί;
    Τ. Ὥστ᾽ οὐδ᾽ ἴχνος γε τειχέων εἶναι σαφές.
Phoen. 1362 f.: — οὐ μακρὰν γὰρ τειχέων περιπτυχαί,
    ὥστ᾽ οὐχ ἅπαντά σ᾽ εἰδέναι τὰ δρώμενα.
Dagegen erklären sich die beiden Fälle Thuc. V, 40, 2 und VIII, 76, 6, wie schon Poppo erinnert hat, aus der oratio obliqua, sofern in der oratio directa, aus welcher die Sätze mit ὥστ᾽ οὐδέ verwandelt sind, οὐ stehen müsste. Der gleiche Grund findet statt bei Pl. Ap. 26 D: ὥστε οὐκ εἰδέναι.

13. Ich gehe zu den Infinitiven über, welche zur Ergänzung eines Verbalbegriffs dienen. Es sind diese Infinitive bald von Verben der Willensthätigkeit abhängig, nach welchen die Handlung des Infinitivs als etwas erscheint, das (nicht) geschehen soll,

bald von solchen Ausdrücken, deren ergänzende Handlung überhaupt nicht als ein Gegebenes, sondern nur als ein Vorgestelltes erscheint. So wenig ich natürlich Anspruch darauf mache, in dem Folgenden Vollständigkeit zu erzielen, so soll und wird doch die Liste genügen, die griechische Anschauungsweise, die allerdings von der deutschen (nach unsrer gewöhnlichen Uebersetzung) zuweilen abweicht, deutlich zu vergegenwärtigen. Belegstellen können natürlich nur wenige angeführt werden.

Βούλεσθαι. Soph. OR. 1057. Ant. 757. Eur. Hec. 730. Thuc. I, 44, 2. Xen. Cyr. I, 4, 26. Isocr. Pgr. 40. 73.
Ἐθέλειν. Soph. OR. 1348 (μή ἄν mit Inf.) OC. 405: μηδέ von θέλειν abhängig (statt οὐδέ zu θέλειν gehörig) 1509. (μή ψεύσας Nebenbestimmung). Aj. 1379. Thuc. I, 144, 1.
Ποθεῖν. Soph. El. 1168.
Ἐπιθυμεῖν. Isocr. Pgr. 80.
Ἔρως ἐστί. Soph. OC. 368.
Προθυμεῖσθαι. Pl. de rep. V, 461 C.
Αἱρεῖσθαι. Soph. El. 346. Isocr. Arch. 8.
Προτιμᾶν. Soph. Trach. 722.
Δοκεῖν beschliessen. Soph. Phil. 551 f. Thuc. I, 125. And. myst. 56. 81. 89. Pl. Ephr. 12 B. Phaedo 61 A.
Ψηφίζεσθαι. Xen. Oec. VI, 7.
Μεμνῆσθαι sich entschliessen. Pl. Ap. 27 B. Xen. Cyr. I, 6, 10.
Ἔχεσθαι τῆς γνώμης. Thuc. I, 140, 1.
Μεταγιγνώσκειν den Beschluss ändern. Thuc. I, 44, 1.
Πειρᾶσθαι. Thuc. I, 71, 4. I, 144, 5. Xen. Cyr. I, 6, 17. II, 4, 17.
Τολμᾶν. Pl. de rep. II, 360 B.
Ἕτοιμος. Soph. Phil. 90 f.
Ἀξιοῦν für angemessen halten, sich entschliessen, verlangen. Thuc. I, 43, 1. I, 74, 2. I, 90, 2. I, 95, 1. And. myst. 93. Isocr. Ant. 32. 51. 99. Dem. Phil. III, 3. 8. — In gleichem Sinne:
Δικαιοῦν. Soph. OR. 6. Thuc. I, 140, 2.
Ἐᾶν. Pl. de rep. III, 394 B. Crat. 432 D.
Διδόναι zugeben, einräumen. Pl. Phaedo 88 A.
Ὁμολογεῖν. Pl. Ephr. 6 B. Phaedo 94 C. de rep. I, 345 D. V, 456 B. 477 D. Xen. Cyr. II, 1, 21. Oec. II, 9. Isocr. Phil. 23. — *Ὁμολόγημα.* Pl. Phaedo 93 D. — *Ξυνομολογεῖν.* Pl. Phaedo 103 C.
Συγχωρεῖν. Pl. de rep. II, 383 A.
Συντίθεσθαι sich verabreden, übereinkommen. And. in Alc. 18. Pl. de rep. II, 359 A.
Ἐγγυᾶσθαι. Pl. Prot. 336 D.
Ἐπιμαρτυρεῖν. Pl. Crat. 397 A.
Ὀφείλειν. Pl. de rep. I, 332 A.
Χρῄζειν verlangen. Soph. OR. 1001.

Δεῖσθαι bitten. *Thuc.* I, 24, 4. I, 25, 2. *And.* myst. 9 in Alc. 7.
Pl. de rep. I, 338 A. II, 368 C. III, 387 B. 388 B. C. *Lyc.*
in Leocr. 16.
Αἰτεῖσθαι. *Soph.* OR. 880.
Παραιτεῖσθαι. *Pl.* de rep. III, 386 C.
Λίσσεσθαι. *Soph.* El. 429.
Εὔχεσθαι. *Soph.* OR. 270. *Isocr.* Phil. 70. *Dem.* Phil. III, 33.
Συμβουλεύειν. *Pl.* de rep. III, 390 E. *Isocr.* Ant. 140. 268.
Πείθειν. *Pind.* Ol. I, 104. *Eur.* Hec. 131 ff. *Thuc.* I, 58, 1. *And.*
  myst. 20. *Pl.* Ap. 30 A. *Xen.* M. I, 1, 20. *Lyc.* in Leocr.
  20. — Πεπεῖσθαι überzeugt sein. *Pl.* Ap. 37 A. B.
Πιστεύειν. *And.* myst. 2. 3. *Xen.* Anab. I, 1, 8. Cyr. I, 5, 13.
Ἀπιστεῖν. *Thuc.* I, 10, 1.
Ἀμφισβητεῖν. *Pl.* de rep. VI, 501 D.
Καταρνεῖσθαι. *Soph.* Ant. 442.
Ἄνωγα. *Il.* IV, 302. *Soph.* OR. 95 ff.
Κελεύειν. *Soph.* Phil. 865. *Thuc.* I, 82, 1. I, 90, 3. I, 91, 1. *And.*
  myst. 22. *Pl.* de rep. III, 393 E. *Xen.* Cyr. I, 6, 31.
Παρακελεύεσθαι. *Isocr.* Pgr. 14. Archid. 110.
Προστάττειν. *Eur.* Suppl. 590 f. *Xen.* Cyr. I, 2, 2.
Ἐντέλλεσθαι. *Pl.* de rep. III, 393 E.
Ἐφίεσθαι. *Soph.* Phil. 770. — Ἐξεφίεσθαι. *Soph.* Aj. 796.
Προειπεῖν. *Thuc.* I, 45. *Xen.* Cyr. II, 4, 32.
Προαγορεύειν. *Pl.* de rep. IV, 426 C.
Κηρύσσειν. *Soph.* Ant. 447. — Ἐκκηρύσσειν. *Soph.* Ant. 204.
Ἀγγέλλειν. *Eur.* Hec. 710.
Σημαίνειν. *Eur.* Hec. 600 f.
Φάναι heissen. *Soph.* OR. 656.
Λέγειν heissen, befehlen. *Soph.* OC. 856. *Thuc.* I, 78, 3. II, 5, 3.
  Pl. Ephr. 12 D.
Εἰπεῖν befehlen. *Od.* I, 37 ff. *Thuc.* I, 131, 1. εἴρητο I, 139, 2.
  Pl. Phaedo 59 E. *Xen.* Cyr. II, 2, 8.
Ἐννέπειν heissen, befehlen. *Soph.* OR. 350 ff.
Φωνεῖν gebieten. *Soph.* Aj. 1048. Προφωνεῖν *Soph.* Aj. 1089.
Λόγος αἱρεῖ ratio evincit, jubet. *Pl.* de rep. IV, 440 B.
Καιρὸς καλεῖ tempus jubet. *Soph.* Phil. 466 f.
Προτρέπειν. *Isocr.* Arch. 6.
Παραιτεῖν. *Isocr.* Ant. 71.
Ἀναιρεῖν (ein Orakel) verkündigen. *Pl.* Ap. 21 A. *Xen.* Ap. Socr. 14.
Μαντεύεσθαι. *Pl.* de rep. VI, 506 A.
Ἀναγκάζειν. *Pl.* de rep. III, 391 D. 400 A. 401 B. Crat. 432 D.
Ἀπαγορεύειν. *Xen.* Cyr. I, 4, 13. 14.
Ἀπαυδᾶν. *Soph.* OR. 236—240. Aj. 742.
Ἀπειπεῖν. *Soph.* OC. 1761. — Ἀπερεῖν. *Thuc.* I, 29, 2. — Ἀπείρη
  ται. *Pl.* de rep. III, 396 B.

Άποτρέπεσθαι τοῦ μή. *Thuc.* I, 76, 3.
Ἀρᾶσθαι. *Soph.* OC. 1445. — Ἀρά OC. 1385. — Ἐπάρατον. *Thuc.*
    II, 17, 1.
Κώλυμα. *Thuc.* I, 16.
Διακωλύειν. *Pl.* de rep. II, 374 B. III, 401 B.
Διαμάχεσθαι verwehren. *Pl.* de rep. II, 380 B. C.
Ἔχειν zurückhalten. *Thuc.* I, 73, 3.
Ἐπέχειν. *Soph.* Phil. 349. El. 518.
Κατέχειν. *Thuc.* I, 17, 2.
Εἴργειν. *Eur.* Hec. 851. *Pl.* de rep. V, 465 B.
Ἀφιέναι. *Pl.* de rep. V, 451 B.
Ἀπολύεσθαι. *Thuc.* I, 95, 3. I, 128, 2.
Ἀπολείπειν. *Isocr.* Ant. 122 (τοῦ μή).
Φυλάττειν. *Soph.* OC. 667.
Τιθέναι setzen, annehmen. *Pl.* Phaedo 79 A. *Isocr.* Pgr. 145.
Μετατίθεσθαι anders setzen. *Pl.* de rep. I, 335 A
Ποιεῖν selbstthätig, frei schaffen und setzen, dichten, machen, bewirken. *And.* myst. 134. 138. *Pl.* de rep. II, 380. III, 393 C.
    407 C. V, 464 C. Crat. 414 D. *Isocr.* Ant. 52.
Προέχεσθαι vorwenden, vorgeben. *Thuc.* I, 140, 5 (μὴ ἄν mit Inf.).
Διανοεῖσθαι denken, hoffen. *Xen.* Cyr. II, 3, 5.
Μέλλειν. *Xen.* Cyr. II, 4, 25.
Διδάσκειν. *Thuc.* VIII, 54, 1. *Xen.* Cyr. I, 6, 31 33 und Pass. διδάσκεσθαι. *Soph.* Phil. 1387. Ant. 728. El. 331.
Δηλοῦν lehren. *And.* in Alc. 27.
Μανθάνειν. *Thuc.* I, 36, 3.
Ἐπίστασθαι sich worauf verstehen, können. *Isocr.* Ant. 27.
Συνεθίζεσθαι. *Isocr.* Ant. 265.
Παράδειγμα. *Thuc.* I, 2, 3.
Ἀνάγκη. *Thuc.* I, 40, 3. *Pl.* de rep. II, 370 B—C. III, 404 B. Crat.
    439 D. *Isocr.* Pgr. 27. — Ἀναγκαῖον. *Pl.* Prot. 323 C. *Xen.*
    Cyr. I, 6, 12.
Δεῖ. *Soph.* Phil. 50 f. 588. *Eur.* Hec. 1167 ff. *Thuc.* I, 120, 3.
    Pl. de rep. II, 371 A. III, 395 C. III, 416 D. V, 459 D—E.
    Xen. Cyr. I, 6, 16. 17. *Isocr.* Pgr. 80. 162. 164. 165.
Χρή. *Soph.* Ph. 1363. OR. 823 ff. OC. 1640. *Thuc.* I, 39, 3. I,
    82, 4. I, 120, 2. I, 139, 4. *And.* in Alc. 2. *Pl.* de rep. II,
    371 D. *Isocr.* Pgr. 19. 62. 176. 188.
Προσήκει. *Pl.* de rep. V, 474 B— C. *Isocr.* Pgr. 30.
Ἔστι = licet. *Soph.* OC. 600. *Eur.* Hec. 232 f. *Pl.* Crat. 431 C.
    Isocr. Pgr. 45.
Πάρεστι. *Soph.* Aj. 1010.
Ἔξεστι. *And.* myst. 79. 86. *Xen.* Mem. III, 9, 12. Ἐξόν. *Soph.* Aj.
    1328 f. *Pl.* Prot. 355 A. *Isocr.* Pgr. 94. Ant. 225. 289.
Οἷόν τ' ἐστί. *Pl.* de rep. IV, 426 D. V, 478 B.

Ἐγγίγνεται. *Isocr.* Pgr. 44.
Ἐνδέχεται. *Thuc.* I, 124, 2. I, 142, 4.
Ὑπάρχει es ist vorhanden. *Soph.* El. 1340.
Συμβαίνει. *Pl.* Prot. 351 A. *Isocr.* Phil. 87. 136.
Φιλεῖ es pflegt. *Soph.* Ant. 716. *Thuc.* I, 141, 5.
Ἐγχωρεῖ es geht an. *Pl.* de rep. III, 403 E.
Εἰκός (ἐστι). *Thuc.* I, 81, 2. *And.* myst. 7.
Ἄτοπον. *Isocr.* Pgr. 127.
Νόμος. *Eur.* Hec. 955. *Pl.* Ap. 37 A. de rep. V, 457 D. 468 B—C. 471 B—C.
Δίκαιον (ἐστί). *Thuc.* I, 32, 1. I, 40, 2. (δίκαιοί γ᾽ ἐστί). *And.* myst. 3. *Pl.* de rep. V, 469 B. *Isocr.* Ant. 105. *Lyc.* in Leocr. 12.
Ὅσιον (ἐστί). *Pl.* de rep. II, 368 C.
Καλόν (ἐστι). *Soph.* El. 398. *Thuc.* V, 69, 2. *Isocr.* Phil. 36.
Αἰσχρόν (ἐστι). *Pl.* Prot. 337 D. *Xen.* Cyr. I, 6, 8. *Isocr.* Pgr. 160. Ant. 20 ff. *Dem.* Phil. I, 38.
Ἥδιστον (ἐστί). Antiph. de chor. 1.

Wenn nach den eben angeführten Ausdrücken dennoch οὐ folgt, so ist entweder οὐ als zu dem einzelnen Begriff, vor welchem es steht, gehörig zu betrachten, oder es ist das vorausgehende Verbum zu οὐ zu wiederholen.

So wird *Thuc.* I, 140, 2: ἐνδέχεται γὰρ τὰς ξυμφορὰς τῶν πραγμάτων οὐχ ἧσσον (ebensowohl) ἀμαθῶς χωρῆσαι, ἢ καὶ τὰς διανοίας τοῦ ἀνθρώπον zu οὐχ ἧσσον hinzugedacht ἐνδέχεται. *Plato* de rep. V, 479 D: Προωμολογήσαμεν δέ γε, εἴ τι τοιοῦτον φανείη, δοξαστὸν αὐτό, ἀλλ᾽ οὐ γνωστὸν δεῖν λέγεσθαι d. i. οὐχ ὡμολογήσαμεν. *Xen.* Cyr. II, 1, 16: παίειν τοὺς ἐναντίους δεήσει οὐδὲν φυλαττομένους gehört οὐδὲν φυλ. eng zusammen. Ebenso *Isocr.* Ant. 104.: χρὴ δὲ τὸν ὑπὲρ ἐκείνου λόγον οὐκ ἀλλότριον εἶναι νομίζειν τοῖς ἐνεστῶσι πράγμασιν. *Soph.* OC. 1203: οὐκ ἐπίστασθαι. *Isocr.* Ant. 117: δεῖ γὰρ οὐχ ἁπλῶς εἰπεῖν. 203: οὐκ ἀνωμάλως.

14. Μή in Fragen, und zwar directen.

Wie sich der zwischen οὐ und μή gezogene Unterschied in den Fragen mit οὐ bestätigt hat, so ist auch für μή sofort klar, dass die Fragsätze, welche μή (oder μῶν) haben, sei es nun ein conjunctivus deliberativus, oder seien es Behauptungssätze, welche in Frage gestellt sind, in der That eine vom Subject ausgehende Verneinung enthalten. Das Subject will die Frage verneint wissen.
a) Wo Behauptungssätze in Frage gestellt sind, hat μή bis zu den späteren Schriftstellern herab die Bedeutung: doch nicht etwa? doch wohl nicht? doch nicht gar? Es kann aber diese Form der Frage, wie das deutsche: ich will nicht hoffen, auch da angewendet werden, wo man allerdings zu der im Satze ausge-

sprochenen Annahme befugt und geneigt ist, aber, um sich nicht etwa in einem vorschnellen Glauben getäuscht zu sehen, dieselbe vorerst von sich fern halten will.

Bei *Homer* haben wir diesen Gebrauch des einfachen μή in der negativen Frage noch nicht; wohl aber findet sich bei ihm in dem gleichen Sinn ἦ μή;

Od. VI, 200: ἦ μή πού τινα δυσμενέων φάσθ' ἔμμεται ἀνδρῶν;
Od. IX, 405 f.: ἦ μή τίς σευ μῆλα βροτῶν ἀέκοντος ἐλαύνει;
ἦ μή τίς σ' αὐτὸν κτείνει δόλῳ ἠὲ βίηφιν;

Es treibt doch nicht etwa Jemand deine Schafe fort? Es will dich doch nicht Jemand tödten? So findet sich auch bei den Attikern ἆρα μή.

Aesch. VII. c. Th. 208: Τί οὖν; ὁ ταύτης ἆρα μή 'ς πρώραν φυγὼν
προυμηθεν εὗρε μηχανὴν σωτηρίας;
Soph. El. 446: — — — — ἆρα μὴ δοκεῖς
λυτήρι' αὐτῇ ταῦτα τοῦ φόνου φέρειν;
Pl. de rep. III, 405 A. *Xen*. Mem. II, 6, 34.

Das einfache μή aber findet sich von *Aeschylos* an.
Aesch. Prom. 247: μή πού τι προὔβης τῶνδε καὶ περαιτέρω;
959 f.: μή τί σοι δοκῶ ταρβεῖν;
Pers. 344: μή σοι δοκοῦμεν τῇδε λειφθῆναι μάχῃ;
Ag. 682. Suppl. 295: μὴ καὶ λόγος τις Ζῆνα μιχθῆναι βροτῷ;
Pl. Ap. 25 A: 'Αλλ' ἆρα, ὦ Μέλητε, μὴ οἱ ἐν τῇ ἐκκλησίᾳ, οἱ ἐκκλησιασταί, διαφθείρουσι τοὺς νεωτέρους; de rep. IV, 442 D. V, 479 B. VI, 501 D. *Xen*. Mem. III, 6, 4: 'Αλλὰ μὴ χειροτέχναι τινές;

b) Μή mit dem deliberativen Conjunctiv findet sich z. B.
Eur. Iph. A. 639: οὐκ οἶδ', ὅπως φῶ τοῦτο καὶ μὴ φῶ, τέκνον. Plato de rep. I, 335 C: 'Ανθρώποις δέ, ὦ ἑταῖρε, μὴ οὕτω φῶμεν βλαπτομένους εἰς τὴν ἀνθρωπείαν ἀρετὴν χείρους γενέσθαι; 337 B: μὴ ἀποκρίνωμαι ὧν προεῖπες μηδέν; III, 417 B: φῶμεν — ἢ μή; VI, 501 E: Βούλει οὖν, ἦν δ' ἐγώ, μὴ ἧττον φῶμεν αὐτοὺς ἀλλὰ παντάπασι πράους γεγονέναι; Phaedr. 273 D: πότερον λέγωμεν ἢ μή; *Xen*. Mem. I, 2, 36: Μηδὲ — ἔρωμαι; — Μηδ' οὖν ἀποκρίνωμαι;

15. In der aus μή und οὖν verwachsenen Partikel μῶν zeigt sich ebensowohl die unter 14. a) dargelegte Bedeutung der Negation μή als die der Partikel οὖν, etwas als in dem Vorhergehenden enthalten und mitbegriffen zu bezeichnen, aus dem Vorhergehenden zu folgern, oder als damit zusammenhängend zu entwickeln. Es wird demnach μῶν gebraucht, wo man etwas, das aus dem Vorhergehenden sich zu ergeben, mit ihm in Einklang scheint, nicht annehmen und glauben will. Μῶν findet sich nur bei attischen Schriftstellern, und selbst bei diesen nicht ohne Unterschied, wie denn bei *Xenophon*, obwohl der Dialog mehrfache Veranlassung dazu bot, die Partikel nicht nachweisbar scheint.

Aesch. Ag. 1202 f.: *K. Μάντις μ' 'Απόλλων τῷδ' ἐπέστησεν τέλει.*
X. Μῶν καὶ θεός περ ἱμέρῳ πεπληγμένος;
Die Frage μῶν stimmt einerseits zu der Rede der Kassandra; ist eine Folgerung aus ihr, andrerseits will sich der Chor diesem Glauben nicht sofort hingeben: doch nicht etwa von Liebesverlangen getroffen?
Soph. Phil. 734: *μῶν ἄλγος ἴσχεις τῆς παρεστώσης νόσου;*
Neoptolemos schliesst aus den Schmerzensrufen Philoktets, es möchten die Schmerzen seiner Wunde sich eingestellt haben; doch wünscht er aus Theilnahme für Philoktet diese Frage verneint. Phil. 1229: *μῶν τι βουλεύει νέον;* 1265. 1295. OC. 1279. Aj. 791. 1158. *Eur.* Hec. 666. 737. 1238.
Phoen. 713 f.: *Ἐτ. Ἐξοιστέον τἄρ' ὅπλα Καδμείων πόλει.*
Κρ. Ποῖ; μῶν νεάζων οὐχ ὁρᾷς, ἃ χρή σ' ὁρᾶν;
Auch hier geht die Frage aus der Rede des Eteokles hervor, enthält aber andrerseits eine Vermuthung, die Kreon von sich abwehrt und nicht sagen will.
Eur. El. 502: *Τί δ' ὦ γεραιέ, διάβροχον τόδ' ὄμμ' ἔχεις;*
μῶν τἀμὰ διὰ χρόνου σ' ἀνέμνησαν κακά;
Arist. Ach. 329 f.: *μῶν ἔχει του παιδίου τῶν παρόντων ἔνδον εἴρξας*
418 f.: *Τὰ ποῖα τρύχη; μῶν ἐν οἷς Οἰνεὺς ὁδὶ*
ὁ δύσποτμος γεραιὸς ἠγωνίζετο;
Pl. Prot. 310 D: *τί οὖν σοι, ἦν δ' ἐγώ, τοῦτο; μῶν τί σε ἀδικεῖ Πρωταγόρας;* 356 A. de rep. V, 479 A.

Da aber in der Verschmelzung der beiden Partikeln die eine und die andre minder nachdrücklich hervortrat, so begreift sich, dass οὖν oder μή noch besonders hinzutreten kann, namentlich wo man dieses oder jenes besonders betonen wollte. — So steht μῶν οὖν
Aesch. Choeph. 177: *μῶν οὖν Ὀρέστου κρύβδα δῶρον ἦ τόδε;*
Folgerung aus dem Vorhergehenden; μῶν ist hier zu der Bedeutung des einfachen μή herabgedrückt. *Pl.* Soph. 250 D. 267 C. Wenn sich *Aesch.* Suppl. 417 *μῶν οὐ δοκεῖ δεῖν φροντίδος σωτηρίου* findet, so gehört *οὐ δοκεῖ* zusammen: du verwirfst doch nicht etwa die Ansicht?

Μῶν μή Pl. Soph. 263 A: *μῶν μὴ μακρὸς ὁ λόγος;* die Negation soll mit Nachdruck betont werden.

16. Dass die indirecten Fragen an und für sich die gleiche Modalität haben, wie die directen, dass sie demgemäss *οὐ* annehmen, wo die entsprechende directe Frage *οὐ* hätte, und *μή*, wo in der directen diese Negation stehen müsste, begreift sich aus dem ganzen Charakter der griechischen Sprache, die überhaupt das Abhängigkeitsverhältniss an und für sich nicht bezeichnet, und indem sie nur da, wo der Nebensatz zu der gleichen Sphäre der Modalität

(speziell der Subjectivität) gehört, die Modalität des Hauptsatzes massgebend sein lässt, sonst dem abhängigen Satz seine freie, ihm angemessene Form gestattet. An und für sich ist hier οὐ vollkommen berechtigt; denn ein negativer Gedanke (so dass mithin die Negation mit dem Gedanken gegeben ist) wird durch εἰ von einem verbum declarandi oder sentiendi abhängig gemacht, und die Gewohnheit, sonst in der indirecten Frage οὐ zu setzen (vgl. unter ἤ), musste auch hier für diese Negation sprechen. — Andrerseits ist es erklärlich, dass εἰ, da es sonst μή zu sich nahm, auch in der indirecten Frage, besonders wo die Natur des Verbums im Hauptsatze Einfluss üben konnte, die gleiche Negation haben konnte. Wir haben diesen Wechsel in einem und demselben Satz. Antiph. de caede Her. §. 14: ὥστε οὐ δεῖ ὑμᾶς ἐκ τῶν τοῦ κατηγόρου λόγων τοὺς νόμους καταμανθάνειν, εἰ καλῶς ὑμῖν κεῖνται, ἢ μή, ἀλλ' ἐκ τῶν νόμων τοὺς τοῦ κατηγόρου λόγους, εἰ ὀρθῶς καὶ νομίμως ὑμᾶς διδάξουσι τὸ πρᾶγμα ἢ οὔ. Man würde vermuthen können, es sei hier ἢ οὔ gesetzt, weil es die Meinung des Redners sei, diess zu verneinen. Dem steht nur das Bedenken entgegen, dass mit ἢ οὔ ganz gewöhnlich der Gegensatz ohne alle Rücksicht auf die eigene Ansicht des Sprechenden angegeben wird.

Soph. Aj. 6 f.: ὅπως ἴδῃς, εἴτ' ἔνδον, εἴτ' οὐκ ἔνδον. Pl. de rep. I, 353 A: Νῦν δή, οἶμαι, ἄμεινον ἂν μάθοις, ὃ ἄρτι ἠρώτων πυνθανόμενος, εἰ οὐ τοῦτο ἑκάστου εἴη ἔργον κ. τ. λ. 354 C: ὁπότε γὰρ τὸ δίκαιον μὴ οἶδα, ὅ ἐστι, σχολῇ εἴσομαι, εἴτε ἀρετή τις οὖσα τυγχάνει, εἴτε καὶ οὔ, καὶ πότερον ὁ ἔχων αὐτὸ οὐκ εὐδαίμων ἐστίν, ἢ εὐδαίμων. In der letzten Frage gehört οὐκ εὐδαίμων zusammen. III, 387 D: Σκόπει δή, ἦν δ' ἐγώ, εἰ ὀρθῶς ἐξαιρήσομεν, ἢ οὔ. 394 D: Μαντεύομαι, ἔφη, σκοπεῖσθαί σε εἴτε παραδεξόμεθα τραγῳδίαν τε καὶ κωμῳδίαν εἰς τὴν πόλιν, εἴτε καὶ οὔ. V, 451 D: σκοπῶμεν, εἰ ἡμῖν πρέπει, ἢ οὔ. 452 E: ὁμολογητέον, εἰ δυνατὰ ἢ οὔ.

Dass auch εἰ — μή in der indirecten Frage sich findet, ist aus folgenden Beispielen ersichtlich. In den Aeschylischen Stellen Eum. 468: σύ τ' εἰ δικαίως, εἴτε μή, κρῖνον δίκην. 612 f.: ἀλλ' εἰ δικαίως, εἴτε μή, τῇ σῇ φρενὶ δοκεῖ τόδ' αἷμα, κρῖνον. ist μή offenbar durch den Einfluss von κρῖνον herbeigeführt, das den Infinitiv mit μή nach sich haben würde. Pl. Ap. 18 A: ὑμῶν δέομαι — αὐτὸ δὲ τοῦτο σκοπεῖν καὶ τούτῳ τὸν νοῦν προσέχειν, εἰ δίκαια λέγω, ἢ μή. De rep. V, 457 D: ἀλλ' οἶμαι περὶ τοῦ εἰ δυνατὸν ἢ μή πλείστην ἀμφισβήτησιν γενέσθαι, vielleicht, weil περὶ τοῦ εἰ δυνατὸν ἢ μή wie ein abstractes Substantiv behandelt ward: über die Frage: ob möglich oder nicht. And. myst. 7: εἰ μὲν γὰρ δεινὰ κατηγόρηται ἢ μή, οἷόν τε γνῶναι ἐκ τῶν τοῦ κατηγόρου λόγων. Ohne Zweifel könnte hier ebensowohl ἢ οὐ stehen. Xen. Cyr. II, 1, 7:

Ἀλλ' εἰ μὲν ἀνδρῶν προσδεῖ ἡμῖν, ἔφη ὁ Κῦρος, εἴτε καὶ μή, αὖθις συμβουλευσόμεθα.

III.

Da in der griechischen Sprache die abhängigen Sätze und Satzverkürzungen häufig nicht in so strenger Unterordnung und Einfügung in den regierenden Satz gedacht werden, wie diess im Lateinischen der Fall ist, da die griechische Sprache in dem Bestreben alles sinnlich anschaulich darzustellen, die abhängigen Satzglieder so zu gestalten liebt, wie sie für sich genommen und ohne Beziehung auf den regierenden Satz den Gedanken am klarsten ausdrücken, so erklärt sich daraus eine doppelte Eigenthümlichkeit des Griechischen im Gebrauche der Negationen.

1) Es wird die Negation (οὐ oder μή, je nach dem Charakter des Satzes) auch den nachfolgenden allgemeinen Bestimmungen, dem indefiniten Pronomen, den Adverbien des Orts, der Zeit, der Art und Weise beigegeben, wenn gleich durch die vorangehende einfache Negation alles Folgende schon negirt ist, also nach οὐ kann οὐδείς, οὐδέν, οὔποτε, οὐδέποτε und dergl., nach μή kann μηδείς u. s. w. folgen, ohne dass die beiden Negationen sich gegenseitig aufhebend zur verstärkten Affirmation würden. Auch können, ohne dass die einfache Negation vorausgienge, οὐδεὶς οὐδὲν οὐδέποτε und dergl. zusammengestellt werden, ohne dass der negative Sinn aufgehoben wird. Dieser Gebrauch, auch in unserer deutschen Sprache einst einheimisch, noch bei Klopstock sich findend, in der gegenwärtigen Schriftsprache als incorrect beseitigt, und nur in Ausnahmsfällen noch angewendet, ist im Griechischen, das sich stets das Gepräge einfacher Natürlichkeit bewahrte, zu allen Zeiten und von allen Schriftstellern als correct beibehalten worden.

Würde jedoch umgekehrt der besondre negative Begriff οὐδείς, μηδείς, οὐδαμῶς und dergl. vorangehen und die einfache Negation folgen, so würden sich die Negationen einander aufheben. Ebenso behalten beide Negationen ihre Kraft und heben sich unter Umständen gegenseitig auf, wenn es die gleichen Negationen sind, die wiederholt werden. *Soph.* OC. 277 f.: μὴ θεοὺς τιμῶντες εἶτα τοὺς θεοὺς μοῖραν ποιεῖσθε μηδαμῶς wollet nicht (angeblich) die Götter ehrend, dann doch sie nicht achten. *Pl.* Alc. I, 124 C: ἐγὼ γάρ τοι οὐ περὶ μὲν σοῦ λέγω, ὡς χρὴ παιδευθῆναι, περὶ ἐμοῦ δὲ οὔ d. i. ich spreche ebensowohl auch von mir. De rep. III, 406 C: Ἀσκληπιὸς οὐκ ἀγνοίᾳ οὐδὲ ἀπειρίᾳ τούτου τοῦ εἴδους τῆς ἰατρικῆς τοῖς ἐκγόνοις οὐ κατέδειξεν αὐτό. *Xen.* Mem. I, 2, 7: (Ὁ Σωκράτης) ἐθαύμαζεν, εἴ τις ἀρετὴν ἐπαγγελλόμενος — φοβοῖτο, μὴ ὁ γενόμενος καλὸς κἀγαθὸς τῷ τὰ μέγιστα εὐεργετήσαντι μὴ τὴν μεγίστην χάριν ἔξοι. Wenn diese Beispiele zeigen, wie die wiederholte gleiche Negation sich gegenseitig aufhebt, so werden Ausnahmen hievon sich nur selten finden. *Aesch*. Ag. 1634 f.: ὃς οὐκ — οὐκ ἔτλης bloss: der du es nicht wagtest. *Soph*. Trach. 1014: οὐκ — οὐκ ἀποτρέψει;

2) Es erklärt sich ferner aus jenem Charakter des Griechischen, dass nach Verben von negativem Sinn, wie: zweifeln, widersprechen, läugnen, verbieten, hindern, sich enthalten und dergl. a) die abhängigen Sätze mit ὅτι und ὡς die Negation οὐ, b) die Infinitive die Negation μή zu sich nehmen, obwohl das Verbum, von dem sie abhängig sind, seine Negation auf den regierten Satz erstrecken sollte.

Belege zu a) sind *Thuc*. I, 77, 2: ἐκείνως δ' οὐδ' ἂν αὐτοὶ ἀντέλεγον, ὡς οὐ χρεὼν τὸν ἥσσω τῷ κρατοῦντι ὑποχωρεῖν. *And*. in Alc. 34: καὶ μὴν οὐδ' ἂν αὐτὸς ἐπιχειρήσειεν ἀντειπεῖν, ὡς οὐ τῶν ἄλλων ἐκεῖνοι παρανομώτατοι ὄντες τούτου σωφρονέστεροι καὶ δικαιότεροι ἦσαν. *Plato* de rep. V, 457 D: Οὐκ οἶμαι, ἦν δ' ἐγώ, περί γε τοῦ ὠφελίμου ἀμφισβητεῖσθαι ἄν, ὡς οὐ μέγιστον ἀγαθὸν κοινὰς μὲν τὰς γυναῖκας εἶναι κοινοὺς δὲ τοὺς παῖδας. V, 502 B: ὡς δὲ ἐν παντὶ τῷ χρόνῳ τῶν πάντων οὐδέποτ' οὐδ' ἂν εἷς σωθείη, ἔσθ' ὅστις ἀμφισβητήσει; Ephr. 8 C. D: οὐ τολμῶσι λέγειν οὐδ' ἀμφισβητεῖν, ὡς οὐχί, εἴπερ ἀδικοῦσί γε, δοτέον δίκην — Οὐκ ἄρα ἐκεῖνό γε ἀμφισβητοῦσιν, ὡς οὐ τὸν ἀδικοῦντα δεῖ διδόναι δίκην. *Isocr*. Arch. 48: περὶ ὧν οὐδεὶς ἂν τολμήσειεν ἀντειπεῖν, ὡς οὐ τὴν μὲν ἐμπειρίαν μᾶλλον τῶν ἄλλων ἔχομεν. Phil. 57: τί λοιπὸν ἔσται τοῖς ἀντιλέγουσιν, ὡς οὐ θᾶττον σὺ τὰ ῥᾴω πράξεις ἢ 'κεῖνοι τὰ χαλεπώτερα; *Dem*. ad Phorm. 47: καὶ ὁ μὲν Λάμπας, ᾧ οὗτος σκήπτεται μάρτυρι, ἔξαρνος γενόμενος τὸ ἐξ ἀρχῆς ὡς οὐκ ἀπείληφε τὸ χρυσίον, νῦν τὰ ἐναντία μαρτυρεῖ.

b) Beispiele eines pleonastischen μή beim Infinitiv finden sich nach καταρνεῖσθαι *Soph*. Ant. 442. ἄπαρνος *Herod*. III, 99, 1. ἔξαρνον εἶναι *And*. myst. 125. *Pl*. Lysis 205 A. ἀπιστεῖν *Thuc*. I, 10, 1. ἀντιλέγειν *Thuc*. I, 77, 2. ἀντειπεῖν *And*. myst. 127. ἐναντιοῦσθαι *Pl*. Ap. 32 A. ἀπαυδᾶν *Eur*. Suppl. 478. ἀπαγορεύειν *And*. in Alc. 9. *Pl*. Prot. 334 C. *Xen*. Cyr. I, 4, 13. 14. ἀπολύεσθαι *Thuc*. I, 95. ἐμποδὼν γίγνεσθαι *Xen*. Cyr. II, 4, 23. ἀφαιρεῖσθαι sc. τὴν δύναμιν = κωλύειν *Soph*. Phil. 1303.

IV.

Stellung der Negation. Der Natur der Sache nach tritt die Negation vor die zu verneinenden Wörter, und diess ist auch im Griechischen für gewöhnlich Regel. Indessen hat nicht bloss die Poësie sich die Freiheit bewahrt, der Negation auch nach den verneinten Begriffen ihre Stelle zu geben, sondern auch in Prosa können aus verschiedenen Gründen, namentlich aber um betonte Begriffe an die Spitze zu bringen, die Negationen nachgestellt werden.

Od. IV, 195: τεμεσσώμαί γε μὲν οὐδὲν κλαίειν.
Soph. Phil. 11 f.: — — — — — ταῦτα μὲν τί δεῖ
λέγειν; ἀκμὴ γὰρ οὐ μακρῶν ἡμῖν λόγων (für
οὐκ ἀκμή).
250: πῶς γὰρ κάτοιδ᾽ ὅν γ᾽ εἶδον οὐδεπώποτε;
332: φράσης μοι μὴ πέρα. El. 905: δυσφημῶ μὲν οὔ. *Eur.* Med.
83: ὄλοιτο μὲν μή. *Herod.* I, 45, 2: εἴς δὲ οὐ σύ μοι τοῦδε τοῦ
κακοῦ αἴτιος. *Thuc.* I, 146: παρ᾽ ἀλλήλους ἐφοίτων ἀκηρύκτως μέν,
ἀνυπόπτως δὲ οὔ. VI, 84, 1: Ὑπολάβῃ δὲ μηδείς. *Pl.* Prot. 337:
ἔστι γὰρ οὐ ταὐτόν. *Isocr.* Pgr. 130: ἔστι δὲ οὐχ οἷόν τ᾽ ἀποτρέπειν.

Hier ist ἔστι vor die Negation gestellt, um δέ voran zu bringen,
ohne es mit οὐ in οὐδέ zu verbinden, was unrichtig wäre. 151: οἱ
δ᾽ ἐν ταῖς μεγίσταις δόξαις ὄντες αὐτῶν ὁμαλῶς μὲν — οὐδὲ κοινῶς
οὐδὲ πολιτικῶς — οὐδεπώποτ᾽ ἐβίωσαν.

Noch ist hinsichtlich der Stellung der Negation zu bemerken,
dass, wo mehrere parallele Begriffe zu negiren sind, die Negation
zuweilen erst dem zweiten Begriff beigegeben wird, und bei dem
ersten supplirt werden muss, wie *Soph.* Phil. 769 ff.: ἑκόντα μήτ᾽
ἄκοντα gesagt ist, statt μήτε ἑκόντα, μήτε ἄκοντα, ferner dass die
Negation zuweilen logisch unrichtig vor das regierende Verbum gestellt ist, während sie dem davon abhängigen Satz oder Infinitiv
beigegeben sein sollte. So steht gewöhnlich οὐ φημί im Sinne von
φημὶ ὅτι οὐ, οὐ φαίνεται ist = φαίνεται ὅτι οὐ, οὐκ ἀξιῶ = ἀξιῶ
mit Inf. und μή aufzufassen, z. B. *Thuc.* I, 136, 3: (Θεμιστοκλῆς
Ἀδμήτου) ἱκέτης γενόμενος — οὐκ ἀξιοῖ, εἴ τι ἄρα αὐτὸς ἀντεῖπεν
αὐτῷ Ἀθηναίων δεομένῳ, φεύγοντα τιμωρεῖσθαι. Eine ähnliche logische Ungenauigkeit ist es, wenn οὐ πάνυ, οὐ πάγχυ und dergl. stets
und ohne Ausnahme im Sinne von πάνυ οὐ durchaus nicht steht,
und es lässt sich dieselbe nur in der Art erklären, dass dem negirenden οὐ noch erklärend hinzugefügt ward: und zwar durchaus
(nicht).

V.

Zum Schluss haben wir die vereinigten Negationen οὐ μή und
μή οὐ zu erörtern.

Was zuerst οὐ μή betrifft, welches mit dem Futur des Indicativs oder dem Conjunctiv des Aorists (und seltener des Präsens)
verbunden wird, so ist, da μή an der Spitze eines Satzes stehen
muss, leicht klar, dass οὐ eigentlich und ursprünglich nicht zu
demselben Satze wie μή gehören kann. Die volle Formel hat bei
οὐ die Ausdrücke der Furcht und der Besorgniss: δέος, δεινόν,
φόβος und die entsprechenden Verba; aber so wie μή und ὅπως μή
mit dem Conjunctiv oder dem Futur des Indicativs elliptisch (mit
ausgelassenem Verbum ὅρα, σκόπει und dergl.) als Ausdruck der
Verhütung und Warnung gebraucht werden können, so steht auch

οὐ μή so, dass den Gedanken bei οὐ ursprünglich ein Ausdruck der Besorgniss vorschwebte, dann aber in Folge der regelmässigen Verbindung und des häufigen Gebrauchs sicherlich auch ohne dass man dabei deutlich an eine solche Ergänzung gedacht hätte. Nur in der Freiheit, μή von οὐ zu trennen, wie wir nicht bloss bei Dichtern, sondern auch in Prosa finden, ist der Charakter der ursprünglichen Construction geblieben. In ähnlicher Weise wie (ἆρα) μή, ὅπως μή in der Urbanität und Ironie des attischen Dialogs aus einer (im fingirten Interesse für den Andern ausgesprochenen) Warnung in eine höfliche, subjective Behauptung übergeht, wird auch οὐ μή zu einer subjectiven Behauptung von negativem Charakter verwendet.

Die volle Formel finden wir: *Arist.* Eccl. 650: ὥστ' οὐχὶ δέος, μή σε φιλήσῃ. Thesm. 1108. *Herod.* I, 84, 2: οὐ γὰρ ἦν δεινὸν κατὰ τοῦτο μὴ ἁλῷ κοτε. VII, 157, 4. Persönlich construirt: ὥστε οὐδὲν δεινοί τοι ἔσονται μὴ ἀποστέωσι, es ist nicht zu fürchten, dass sie abfallen. So auch *Her.* VII, 235, 3. *Pl.* Ap. 28 B: οὐδὲν δὲ δεινὸν μὴ ἐν ἐμοὶ στῇ. Phaedo 84 B: ἐκ δὴ τῆς τοιαύτης τροφῆς οὐδὲν δεινὸν μὴ φοβηθῇ sie hat nichts zu fürchten. Gorg. 520 D: οὐδὲν δεινὸν αὐτῷ μή ποτε ἀδικηθῇ. De rep. 465 B. *Xen.* Mem. II, 1, 25: οὐ φόβος μή σε ἀγάγω.

Οὐ μή allein, ohne beigegebenen Ausdruck der Befürchtung haben wir *Aesch.* VII c. Th. 38: οὔ τι μὴ ληφθῶ δόλῳ. 199: οὔ τι μὴ φύγῃ μόρον. 281. Ag. 1640: οὔ τι μὴ σειραφόρον abgekürzt aus οὐ δεινόν, μὴ ὡς σειραφόρος κριθᾷ. Choeph. 895.

Soph. Aj. 560: οὔτοι σ' Ἀχαιῶν, οἶδα, μή τις ὑβρίσῃ.
El. 42 f. 1029: ἀλλ' οὐ πότ' ἐξ ἐμοῦ γε μὴ πάθῃς τόδε.
Phil. 103: οὐ μὴ πίθηται. OR. 771. OC. 1022 f. *Herod.* I, 199, 5: οὐ γὰρ μὴ ἀπώσηται. *Thuc.* IV, 95, 2. V, 69, 2: οὐ μή ποτέ τις αὐτοῖς ἄλλος ἐς τὴν γῆν ἔλθῃ. *Pl.* Phaedo 105 D: Οὐκοῦν ἡ ψυχὴ τὸ ἐναντίον ᾧ αὐτὴ ἐπιφέρει ἀεὶ οὐ μή ποτε δέξηται; Phaedr. 227 D: οὐ μή σου ἀπολειφθῶ. 260 E: οὔτ' ἔστιν, οὔτε μήποθ' ὕστερον γένηται (oder nach Hdschr. γενήσεται). 273 E: ταῦτα δὲ οὐ μή ποτε κτήσηται (andre Hdschr. γενήσεται). De rep. IV, 437 E: οὐ μή ποτε — γένηται. V, 473 D. VI, 492 E. X, 597 C. 609 A—B. *Xen.* Anab. IV, 8, 13: οὐδεὶς μηκέτι μείνῃ τῶν πολεμίων. Cyr. III, 2, 8: ὡς οἵ γε Ἀρμένιοι οὐ μὴ δέξωνται τοὺς πολεμίους, wo die Wolfenbüttler Hdschr. (Dindorf z. d. St.) oder die Pariser B. (Dindorf zu VIII, 1, 5) δέξονται darbietet. VIII, 1, 5: Καὶ τοῦτο γὰρ εὖ εἰδέναι χρή, ὅτι οὐ μὴ δύηται Κῦρος εὑρεῖν (δυνήσεται *L. Dindorf*, weil er in der Ausgabe der Cyropädie (1857) die Construction mit dem Präsens verwirft, während in der Ausgabe der Anabasis (1855) zu IV, 8, 13 οὐ μὴ δύηται citirt ist, mit der Bemerkung: „libri meliores variant inter hoc et δυνήσεται"). — Uebrigens wird das Präsens in dieser Construction mit Unrecht angefochten (vergleiche

meine Untersuchungen über die Modi S. 117). Es ist nämlich hinlänglich beglaubigt:
Soph. OC. 1024 f.: ἄλλοι γὰρ οἱ σπεύδοντες, οὓς οὐ μή ποτε
χώρας φυγόντες τῆσδ' ἐπεύχωνται θεοῖς.
Hier haben die Hdschr. La u. a. ἐπεύχονται, das auf den Conjunctiv Praesens hinweist. Pl. de rep. I, 341 C: ἀλλ' οὐ μὴ οἷός τ' ᾖς. Nach Dindorfs Bemerkung zu Anab. IV, 8, 13 wäre diese Construction in folgenden Stellen ausser Zweifel. Anab. II, 2, 12: οὐκέτι μὴ δύνηται βασιλεὺς ἡμᾶς καταλαβεῖν. Hier. XI, 15: ἐὰν γὰρ τοὺς φίλους κρατῇς εὖ ποιῶν οὐ μή σοι δύνωνται ἀντέχειν οἱ πολέμιοι.

Mit dem Futur des Indicativs finden wir οὐ μή ausser den bereits angeführten Stellen, in denen die Lesart schwankt, noch in folgenden:
Soph. OC. 176 ff.: Οὔτοι μήποτέ σ' ἐκ τῶνδ' ἑδράνων, ὦ γέρον, ἄκοντά τις ἄξει.
848: Οὔκουν πότ' ἐκ τούτοιν γε μὴ σκήπτροιν ἔτι ὁδοιπορήσεις.
El. 1052: ἀλλ' εἴσιθ'· οὔ σοι μὴ μεθέψομαί ποτε.
Arist. Ran. 508 f.: μὰ τὸν Ἀπόλλω οὐ μή σ' ἐγὼ περιόψομ' ἀπελθόντ'. Pl. Crito 44 B: οἷον ἐγὼ οὐδένα μήποτε εὑρήσω.
Οὐ μή tritt in den Acc. c. Inf. Eur. Phoen. 1592 ff.:
σαφῶς γὰρ εἶπε Τειρεσίας οὐ μή ποτε
σοῦ τῆσδε γῆν οἰκοῦντος εὖ πράξειν πόλιν.

Dass nun eine Formel, welche von der Grundbedeutung aus: es ist nicht zu befürchten (zu erwarten) dass etwas stattfinde, in eine mit Mässigung ausgesprochene Behauptung: es dürfte wohl nicht geschehen (wie auch κινδυνεύει dazu dient, die Entschiedenheit der Behauptung zu mildern), übergieng, auch die Form der Frage annehmen kann, ist nicht auffallend. Kann doch jede Behauptung (siehe oben über οὐ δή, οὔ τι που) als Frage ausgesprochen werden, wenn man seinerseits zwar eine Ueberzeugung äussern, aber zugleich den Andern ausforschen will, wie er darüber denkt. Man vergleiche aus diesem Gesichtspunkt die von Elmsley zu Euripides Medea 1120 angeführten Stellen: Eur. Hipp. 213: οὐ μὴ παρ' ὄχλῳ τάδε γηρύσῃ; es wird nicht zu besorgen sein, du möchtest diess vor dem Volke laut werden lassen? El. 981:
Οὐ μὴ κακισθεὶς εἰς ἀνανδρίαν πεσῇ;
So nach Elmsley und Kirchhoff, πέσῃς cod. — Mit Futur. Eur. Suppl. 1069: Ὦ θύγατερ, οὐ μὴ μῦθον εἰς πολλοὺς ἐρεῖς;
Andr. 747: οὐ μὴ γυναικῶν δειλὸν εἰσοίσεις λόγον;
Arist. Ach. 166: οὐ μὴ πρόσει τούτοισιν ἐσκοροδισμένοις;
Vesp. 397: ὦ μιαρώτατε, τί ποιεῖς; οὐ μὴ καταβήσει;
Dass οὐ μή mit Futur oder Conjunctiv (mag es nun als Behauptung oder als Frage aufzufassen sein) in den Stellen, wo ein

zweites Glied folgt, das entweder mit καί oder μηδέ die negative Behauptung oder Frage fortsetzt, oder mit δέ und ἀλλά eine Affirmation entgegenstellt, nicht anders als auf die eben festgestellte Weise zu erklären sei, ist in meinen Untersuchungen über die Modi S. 120—123 ausführlicher dargethan worden. Nur in der Kürze seien Stellen beiderlei Art erwähnt. Mit καί wird die Negation fortgesetzt, indem der mit καί folgende Satz nichts Neues, sondern nur ein andrer Ausdruck für das Vorhergehende ist. *Soph.* Trach. 978 ff.: *Οὐ μὴ 'ξεγερεῖς τὸν ὕπνῳ κάτοχον, κἀκκινήσεις κἀναστήσεις φοιτάδα δεινὴν νόσον, ὦ τέκνον.* Mit μηδέ ist die Negation fortgesetzt. *Eur.* Hipp. 601:

οὐ μὴ προσοίσεις χεῖρα, μηδ' ἅψῃ πέπλων;

Arist. Nub. 296. Ran. 298.

Dagegen wird der mit οὐ μή ausgesprochenen negativen Erwartung eine positive entgegengestellt mit δέ. *Eur.* Med. 1140—1144. Bacch. 336 f.: *Οὐ μὴ προσοίσεις χεῖρα βακχεύσεις δ' ἰών,*

μηδ' ἐξομόρξῃ μωρίαν τὴν σὴν ἐμοί;

= μὴ προσετέγκῃς χεῖρα, ἀλλὰ βάκχευσον ἰών.

El. 384 ff. — Mit ἀλλά *Eur.* Bacch. 782 f.:

Οὐ μὴ φρενώσεις μ', ἀλλὰ δέσμιος φυγὼν

σώσει τόδ'· ἤ σοι πάλιν ἀναστρέψω δίκην.

Du wirst mich nicht belehren, sondern aus den Banden entronnen das (die Freiheit) dir sichern, oder ich werde die Strafe erneuern. *Arist.* Nub. 505:

Οὐ μὴ λαλήσεις, ἀλλ' ἀκολουθήσεις ἐμοὶ

ἀνύσας τι δευρὶ θᾶττον. — Ran. 462. 524.

Man darf mit den genannten Stellen nicht jene zweigliedrigen Sätze in eine Klasse werfen, welche im ersten Gliede οὐ mit Futur und bejahendem Sinn, mithin als Frage haben, im zweiten hierauf καί μή. *Soph.* OR. 637 f.:

οὐκ εἶ σύ τ' οἴκους, σύ τε, Κρέων, κατὰ στέγας;

καὶ μὴ τὸ μηδὲν ἄλγος εἰς μέγ' οἴσετε.

Eur. Hipp. 500 f.: *ὦ δεινὰ λέξασ', οὐχὶ συγκλείσεις στόμα;*

καὶ μὴ μεθήσεις αὖθις αἰσχίστους λόγους.

Hel. 438. *Pl.* Symp. 175 A. Oder es steht im zweiten Gliede μηδέ.

Soph. Aj. 75: *Οὐ σῖγ' ἀνέξει; μηδὲ δειλίαν ἀρεῖς.*

Trach. 1183: *Οὐ θᾶσσον οἴσεις; μηδ' ἀπιστήσεις ἐμοί.*

Hier kann καὶ μή oder μηδέ in keinem Fall Fortsetzung sein des ersten Gliedes mit οὐ. Beide Sätze müssen um ihrer verschiedenen Negation willen einen verschiedenen Charakter haben, und man thut wohl am besten, das erste Glied mit οὐ als Frage (wirst du es nicht thun? = du wirst es hoffentlich thun) das zweite als Verbot aufzufassen.

VI. Μὴ οὐ

kann 1) in denjenigen Constructionen eintreten, in welchen μή mit dem Conjunctiv oder dem Futur auf einen Ausdruck der Befürchtung, der Besorgniss, der Warnung folgt, oder auch im Sinne eines solchen allein steht. Es hat immer den gegentheiligen Sinn von μή. Soll nämlich das Gegentheil des mit μή und Conjunctiv oder Futur verbundenen Sinnes ausgedrückt werden, so kann diess nicht durch ein doppeltes μή geschehen, weil das Subject in einem Act nicht Entgegensetztes negiren kann, sondern es muss ein negativ Gegebenes, ein negatives Object vom Subject aus verneint werden. Sofern nun μή ausdrückt, dass etwas abgewehrt, verhütet werden soll, bezeichnet μὴ οὐ, dass ein Negatives abgewehrt werden soll, und wenn nach Verben der Besorgniss die Construction mit μή im Deutschen, da wir einen objectiven Satz folgen lassen, einem affirmativen Satz entspricht (ich fürchte, — möge er nicht kommen = ich fürchte, dass er kommt), so entspricht μὴ οὐ einem negativen Satz (ich fürchte, — möge er nicht — nicht kommen = ich fürchte, dass er nicht kommt). Wenn ferner die Construction mit μή zur gemilderten, affirmativen Behauptung wird, so dient μὴ οὐ zur gemilderten negativen Behauptung. So in der schon oben bei μή mit Conj. Aor. angeführten Stelle: *Il.* I, 28: μή νύ τοι οὐ χραίσμῃ σκῆπτρον siehe zu, dass nicht der Stab dir nichts hilft, d. i. er dürfte dir nichts helfen. So auch

I, 566: μή νύ τοι οὐ χραίσμωσιν ὅσοι θεοί εἰσ' ἐν Ὀλύμπῳ.
Herod. V, 79, 2: ἀλλὰ μᾶλλον μὴ οὐ τοῦτο ᾖ τὸ χρηστήριον vielmehr möchte diess nicht der Sinn des Orakels sein. *Thuc.* III, 53, 2: τόν τε γὰρ ἀγῶνα περὶ τῶν δεινοτάτων εἶναι εἰκότως ὑποπτεύομεν καὶ ὑμᾶς μὴ οὐ κοινοὶ ἀποβῆτε. *Pl.* de rep. II, 368 B: δέδοικα γὰρ μὴ οὐδ' ὅσιον ᾖ es dürfte gar nicht fromm sein. *Xen.* Cyr. I, 1, 3: ἠναγκαζόμεθα μετανοεῖν (mutata sententia vereri nach *Schneider*) μὴ οὔτε τῶν ἀδυνάτων οὔτε τῶν χαλεπῶν ἔργων ᾖ τὸ ἀνθρώπων ἄρχειν.

2) *Μὴ οὐ* steht ferner mit dem Infinitiv. Sofern die Griechen es liebten (vgl. S. 307) dem von einem negativen Verbum abhängigen Infinitiv, obwohl derselbe eben durch dieses Verbum negirt erscheinen sollte, dennoch μή beizugeben, damit die in dem Infinitiv ausgedrückte Handlung auch für sich als verneint erscheine, so musste, wenn die Handlung des Infinitivs affirmirt werden sollte, μὴ οὐ mit Infinitiv stehen, wofür auch τὸ μὴ οὐ und ὥστε μὴ οὐ gebraucht wird. Es wird aber damit überall (nicht eine gemilderte, wie *G. Hermann* zu Viger IV. Ausg. S. 796 f. meinte, sondern) eine nachdrückliche Bejahung bewirkt. Wenn nach den oben angeführten Verben μή logisch als überflüssig angesehen werden muss, so ergibt sich auch für unsre deutsche Auffassung durch die Beziehung des negativen Verbums im regieren-

den Satz auf die negirte Handlung des abhängigen Infinitivs eine nachdrücklichere Affirmation. Die meisten Fälle dieses μὴ οὐ (oder τὸ μὴ οὐ und ὥστε μὴ οὐ, letzteres namentlich auch, wo ὥστε in Folgesätzen steht) mit dem Infinitiv finden sich entweder nach den Verben: läugnen, verbieten, verhindern, sich enthalten, unterlassen, und ähnlichen, wofern denselben noch eine Negation beigegeben ist, oder nach den Ausdrücken der Unmöglichkeit, und in diesen Fällen ist es leicht klar, dass: „ich läugne nicht, dass nicht" oder: „es ist nicht möglich, dass nicht" die im Infinitiv ausgedrückte Handlung entschieden affirmirt. Uebrigens kann die Negation nicht nur in einer Frage, sondern auch in dem Begriffe des Wortes selbst, wie in αἰσχρόν = es ist sittlich nicht möglich, enthalten sein. Ausserdem werden einzelne Fälle aufstossen, in denen aber immer μὴ οὐ mit Infinitiv bejahend gebraucht ist. Man vergleiche:

Aesch. Prom. 627: Τί δῆτα μέλλεις μὴ οὐ γεγωνίσκειν τὸ πᾶν; zaudre nicht, alles zu verkünden.

Prom. 786 f.: — — — — οὐκ ἐναντιώσομαι
τὸ μὴ οὐ γεγωνεῖν πᾶν ὅσον προσχρῄζετε.

Ich will (nicht entgegen sein) mich nicht weigern, alles, was ihr wünscht, zu verkünden.

Eum. 299 ff.: Οὔτοι σ᾽ Ἀπόλλων οὐδ᾽ Ἀθηναίας σθένος
ῥύσαιτ᾽ ἂν ὥστε μὴ οὐ παρημελημένον
ἔρρειν. Apollon und Athene werden dich nicht schützen, dass du nicht verloren bist. Soph. OR. 283: μὴ παρῇς τὸ μὴ οὐ φράσαι. El. 132 f.: οὐδ᾽ ἐθέλω προλιπεῖν τόδε, μὴ οὐ τὸν ἐμὸν στοναχεῖν πατέρ᾽ ἄθλιον.

Ant. 96 f.: — — — — — πείσομαι γὰρ οὐ
τοσοῦτον οὐδέν, ὥστε μὴ οὐ καλῶς θανεῖν.

Aj. 727 f.: — — — — ὡς οὐκ ἀρκέσει
τὸ μὴ οὐ πέτροισι πᾶς καταξανθεὶς θανεῖν.

Trach. 90 f.: — — — — οὐδὲν ἐλλείψω τὸ μὴ οὐ
πᾶσαν πυθέσθαι τῶνδ᾽ ἀλήθειαν πέρι.

621 f.: — — οὔ τι μὴ σφαλῶ γ᾽ ἔν σοί ποτε -
τὸ μὴ οὐ τόδ᾽ ἄγγος ὡς ἔχει, δεῖξαι φέρων.

Eur. Phoen. 1181 ff.: — — — — τοσόνδ᾽ ἐκόμπασεν,
μηδ᾽ ἂν τὸ σεμνὸν πῦρ νιν εἰργάθειν Διὸς
τὸ μὴ οὐ κατ᾽ ἄκρων περγάμων ἐλεῖν πόλιν.

Herod. I, 187, 2: Δαρείῳ δὲ καὶ δεινὸν (= unerträglich, unmöglich) ἐδόκεε εἶναι τῇσι πύλῃσι ταύτῃσι μηδὲν χρέεσθαι, καὶ χρημάτων κειμένων καὶ αὐτῶν τῶν χρημάτων ἐπικαλευμένων μὴ οὐ λαβεῖν αὐτά. II, 181, 2: καὶ ἔστι τοι οὐδεμία μηχανὴ μὴ οὐκ ἀπολωλέναι κάκιστα γυναικῶν πασέων du kannst dem schmählichsten Tod nicht entgehen. III, 51, 2: Περίανδρος δὲ οὐδεμίαν μηχανὴν ἔφη εἶναι μὴ οὐ σφι ἐκεῖνον ὑποθέσθαι τι. VII, 5, 2: δέσποτα, οὐκ οἰκός ἐστι

Ἀθηναίους ἐργασαμένους πολλὰ ἤδη κακὰ Πέρσας μὴ οὐ δοῦναι δίκας τῶν ἐποίησαν. VIII, 57, 2: κατὰ γὰρ πόλις ἕκαστοι τρέψονται, καὶ αὐτε σφέας Εὐρυβιάδης κατέχειν δυνήσεται, οὔτε τις ἀνθρώπων ἄλλος, ὥστε μὴ οὐ διασκεδασθῆναι τὴν στρατιήν, ἀπολέεταί τε ἡ Ἑλλὰς ἀβουλίῃσι. Thuc. I, 141, 4: τὸ μὲν πιστὸν ἔχοντες ἐκ τῶν κινδύνων γ' ἂν περιγενέσθαι, τὸ δὲ οὐ βέβαιον μὴ οὐ προαναλώσειν indem sie hinsichtlich des Andern (der Mittel) keine Sicherheit haben, dass sie es nicht zuvor erschöpfen. Obwohl βέβαιον unter keine der zuvor angeführten Verbalklassen gehört, so schliesst es sich doch (wie wenn es hiesse: man kann nicht bestreiten) scheinbar ihnen an. Die affirmative Bedeutung des abhängigen Infinitivs ist unzweifelhaft. VIII, 60, 1: ἀδύνατα ἦν Ἀθηναίων ἐχόντων μὴ οὐ μεγάλα βλάπτειν καὶ Ἑρέτριαν καὶ τὴν ἄλλην Εὔβοιαν. Pl. Prot. 344 E (nach Simonides): τὸν μὲν εὐμήχανον καὶ σοφὸν καὶ ἀγαθὸν ἐπειδὰν ἀμήχατος συμφορὰ καθέλῃ οὐκ ἔστι μὴ οὐ κακὸν ἔμμεναι. 352 C—D: καὶ ἅμα, εἴπερ τῷ ἄλλῳ, αἰσχρόν ἐστι καὶ ἐμοὶ σοφίαν καὶ ἐπιστήμην μὴ οὐχὶ πάντων κράτιστον φάναι εἶναι τῶν ἀνθρωπείων πραγμάτων. Phaedo 87 A: ὅτι μὲν ἦν ἡμῶν ἡ ψυχὴ καὶ πρὶν εἰς τόδε τὸ εἶδος ἐλθεῖν, οὐκ ἀνατίθεμαι μὴ οὐχὶ πάνυ χαριέντως — ἀποδεδεῖχθαι. Xen. Cyr. I, 6, 32: οὐκ ἀπείχοντο οὐδ' ἀπὸ τῶν φίλων, τὸ μὴ οὐχὶ πλεονεκτεῖν παρ' αὐτῶν πειρᾶσθαι. II, 2, 20: ἅμα δὲ καὶ αἰσχρὸν ὂν τὸ ἀντιλέγειν μὴ οὐχὶ τὸν πλεῖστα καὶ πονοῦντα καὶ ὠφελοῦντα τὸ κοινόν, τοῦτον καὶ μεγίστων ἀξιοῦσθαι. V, 2, 17. VII, 5, 42: τοῖς μὲν θεοῖς οὐδὲν ἂν ἔχοιμεν μέμψασθαι τὸ μὴ οὐχὶ μέχρι τοῦδε πάντα, ὅσα εὐχόμεθα, καταπεπραχέναι. Auch μέμφεσθαι gehört nicht unter die Klasse der oben angeführten Verba. Anab. III, 1, 13: τί ἐμποδὼν μὴ οὐχὶ — ἀποθανεῖν; Hist. gr. VI, 3, 6. Ap. Socr. 34. Dem. adv. Timocr. 24: Οὗτοι πάντες οἱ νόμοι κεῖνται πολὺν ἤδη χρόνον καὶ πεῖραν αὐτῶν πολλάκις δεδώκασιν, ὅτι συμφέροντες ὑμῖν εἰσι, καὶ οὐδεὶς πώποτε ἀντεῖπε μὴ οὐ καλῶς ἔχειν αὐτούς.

So wie indessen jenes an sich überflüssige μή nach den negativen Verben nicht überall eintreten muss, eben so ist auch μὴ οὐ nicht nothwendig, um die Handlung des Infinitivs zu affirmiren. Vielmehr wie man sagen kann ἀρνεῖται ἐλθεῖν = er läugnet gekommen zu sein, mit demselben Rechte auch οὐκ ἀρνεῖται μὴ ἐλθεῖν in der Bedeutung: er läugnet nicht, dass er nicht gekommen sei. Aesch. Prom. 1056: τί γὰρ ἐλλείπει μὴ παραπαίειν ἡ τοῦδε τύχη; Es konnte μὴ οὐ heissen, da der Sinn affirmativ ist. Soph. Ant. 443: Καὶ φημὶ δρᾶσαι, κοὐκ ἀπαρνοῦμαι τὸ μή. Man könnte μὴ οὐ erwarten.

Aj. 96: κόμπος πάρεστι, κοὐκ ἀπαρνοῦμαι τὸ μή.

Eur. Or. 1033: οὐχ οἷόν τε μὴ στένειν κακά. Thuc. I, 124, 2: ὡς οὐκέτι ἐνδέχεται — μὴ πολὺ ὕστερον τὸ αὐτὸ πάσχειν.

3) Μὴ οὐ kommt behufs einer nachdrücklichen Bejahung auch bei Participien vor.

Soph. OR. 12 f.: — — — — δυσάλγητος γὰρ ἂν
εἴην τοιάνδε μὴ οὐ κατοικτείρων ἕδραν·
s. v. a. ἀδύνατον μὴ οὐκ οἰκτείρειν.
OC. 359 f.: ἥκεις γὰρ οὐ κενή γε, τοῦτ' ἐγὼ σαφῶς
ἔξοιδα, μὴ οὐχὶ δεῖμ' ἐμοὶ φέρουσά τι: ohne mir zu
bringen. *Pl.* Lysis 212 D: Οὐκ ἄρ' ἐστὶ φίλον τῷ φιλοῦντι οὐδὲν μὴ οὐκ ἀντιφιλοῦν. *Isocr.* Hel. 47: τοιαύτης δὲ τιμῆς τυχεῖν, ὥστε θνητὸν ὄντα θεῶν γενέσθαι κριτήν, οὐχ οἱόντε μὴ οὐ τὸν πολὺ τῇ γνώμῃ διαφέροντα.

Hat in diesen Fällen μὴ οὐ auch beim Particip offenbar und dem übrigen Gebrauch analog bejahenden Sinn gehabt, so fallen folgende Stellen bei *Herodot* auf. II, 110, 2: οὐκ ὦν δίκαιον εἶναι ἱστάναι ἔμπροσθε τῶν ἐκείνου ἀναθημάτων μὴ οὐκ ὑπερβαλλόμενον τοῖσι ἔργοισι. Der Sinn ist nach dem Zusammenhang offenbar negativ: da er durch seine Thaten ihn nicht übertrifft. Ebenso *Her.* VI, 106, 3: εἰνάτῃ δὲ οὐκ ἐξελεύσεσθαι ἔφασαν μὴ οὐ πλήρεος ἐόντος τοῦ κύκλου da (so lange) der Mond noch nicht voll sei. Diese Abweichung ist um so auffallender, als Herodot, wie wir oben sahen, μὴ οὐ mit Infinitiv ganz in dem gleichen affirmativen Sinn braucht, wie es von andern gebraucht wird.

Uebersicht des Inhalts.

	Seite
Ἀλλά	1—19
1. ἀλλ' ἤ	1— 7
2. ἀλλά, um einen Gegensatz gegen einen negativen Gedanken zu bezeichnen	7—11
3. um, im Gegensatz gegen einen affirmativen Satz, ein Zugeständniss zu beschränken	11—12
4. ἀλλά = ἀλλ' οὖν — γέ	12
5. ἀλλά in neu anhebenden Sätzen	12—13
6. um eine Einwendung einzuleiten	13—14
7. um die Verwunderung über die Rede eines Andern auszudrücken	14—15
8. um das Vorhergehende abzubrechen und zu beseitigen	15
9. namentlich dasjenige, was von keinem Belang ist . . .	15—16
10. um eine Besorgniss zu beseitigen	16
11. um nachzugeben	16—17
12. beim Imperativ, Conjunctiv des Verbots und der Aufforderung	17—19
Ἄρα	19—39
Seitherige Ansichten	19—20
1. Grundbedeutung	21—29
2. bei dem recapitulirenden demonstrativen Wort	29—31
3. mit minderer Betonung das natürlich zu Erwartende, bezeichnend	31—32
4. um die Folge und Folgerung zu bezeichnen	33—36
5. Innerer Zusammenhang der einzelnen Bedeutungen und Gebrauchsweisen	36—38
6. Etymologie	38—39
Ἆρα in der Frage	39—41
Ἄτε	40—43
Αὖ, αὖτε, αὖθις (αὖτις) ἐξαῦτις, εἰσαῦθις	44—50
αὖ 1. Grundbedeutung	44
2. hinwiederum, dagegen, andrerseits	44—46
3. wieder, abermals, von Neuem, auch	46—47
αὖτε	47—48
αὖθις, αὖτις	48—50
ἐξαῦτις	50
εἰσαῦθις	50
Αὐτάρ, ἀτάρ	50—53
αὐτάρ	51—52
ἀτάρ	52—53
Γέ	53—68
Frühere Ansichten und Grundbedeutung	53—55
1. sogenannter restrictiver Gebrauch	55—57
2. causaler Gebrauch	57—58

		Seite
3. zur Hervorhebung		58— 61
4. zu äusserlicher Verstärkung		61— 62
5. Hinzufügung eines besonders hervorzuhebenden Momentes		62— 63
6. Verbindung mit andern Partikeln		63— 66
γὲ δή, γὲ μήν		64
εἰ γε, ἐάν γε		64— 65
mit Zeitpartikeln		65— 66
namentlich πρίν γε		66
7. Stellung der Partikel		66— 68
Γάρ		68— 88
1. Grundbedeutung		68— 72
2. in Fragen		72— 74
3. in Wunschsätzen		74— 75
4. causale Bedeutung und Voranstellung des Satzes mit γάρ		75— 78
5. Streben nach grammatischer Verbindung des begründenden und des begründeten Satzes		78— 82
6. causale Bedeutung und Nachstellung des Satzes mit γάρ		83— 86
7. zur Erläuterung		86— 88
Δέ		88— 98
Ableitung		88— 89
1. Grundbedeutung		89— 92
2. δέ im Nachsatz		92— 94
3. zum Ausdruck eines Gegensatzes		94— 96
4. besondre Constructionen		96— 98
Δή		98—107
Grundbedeutung		98
1. in Behauptungssätzen		98—103
2. in Fragen		103—104
3. beim Imperativ		104—105
4. in Wünschen		105
5. in abhängigen Sätzen		105—107
Δήπου, δήποτε		107—108
Δῆτα		108—109
Θήν		109—110
Δῆθεν		110—111
Εἶτα		111—113
1. in gerader Folge		111—112
2. in widersprechender Folge		112—113
Ἔπειτα		113—114
1. in gerader Folge		113—114
2. in widersprechender Folge		114—115
Ἔμπης		115—118
durchaus, allerdings		115—117
demungeachtet, dennoch		117—118
Ἔτι		118—119
Fortdauer		118—119
Hinzukommen		119
Ἦ in der Behauptung		119—122
in Verbindung mit andern Partikeln		120—122
Ἦ in der Frage		122—125
Ἦ		125—136

318　Uebersicht des Inhalts.

	Seite
1. in Aussagesätzen	126—127
2. in Fragen	127—136
3. nach Comparativen	136

Ἥδε .... 136—138
Ἤδη .... 138—143
  1 = schon, bereits ...... 138—140
  2. für das subjectiv Gegenwärtige .. 140—143
Ἵνα .... 143—144
Καί .... 145—153
  1. Hinzufügung eines Neuen, Gleichen, = und . 145—149
    speziell: καὶ δή 147
      καί = καί — γέ 148
      καί — καί 148
      καί δέ .... 148—149
  2. = auch .... 149—153
    speziell: καὶ αὐτός 151
      εἰ καί, ἐὰν καί 151
      καί = καίπερ mit Particip .. 151
      καὶ δὴ καί .... 151—152
      καί zum ganzen Satz gehörend . 152—153
      καί in Vergleichungen 153
Μάν, Μήν .... 153—159
    μάν 155
    ἦ μήν 155
    οὐ μὴν und οὐ μὴν ἀλλά ... 156
    καὶ μήν .... 156—157
    ἀλλὰ μήν .... 157—158
    τί μήν; 158
    γὲ μήν .... 158—159
Μέν .... 159—170
  1. = einem schwächeren μήν ... 159—163
  2. als erstes Glied einer adversativen Periode . 163—170
Ὅμως .... 170—173
Οὖν .... 173—187
  Grundbedeutung 174
  1. Sie liegt vor in zustimmenden Antworten . 174—177
  2. Οὖν dient, das Vorausgegangene wieder aufzunehmen . 177—179
    speziell: μὲν οὖν ...... 178—179
  3. Οὖν dient, eine Folge und Folgerung aus dem Vorhergehenden zu bezeichnen .... 179—182
    μὲν οὖν .... 181—182
  4. überhaupt um einen (auch äusserlichen) Zusammenhang mit dem Vorhergehenden anzudeuten .... 182—183
    μὲν οὖν .... 183—184
  5. εἴτ' οὖν — εἴτε, οὔτ' οὖν — οὔτε ... 184—185
    οὖν an relative Wörter angehängt . 185—187
  6. einzelne, aus der Grundbedeutung zu erklärende Fälle . 187
Γοῦν .... 188—189
Δ' οὖν .... 190—191
Οὔκουν und Οὐκοῦν .... 191—198
  οὔκουν 1. als negative Zustimmung .. 193—194
    2. Fälle, da οὖν untergeordnet ist ... 194—195

Uebersicht des Inhalts. 319

		Seite
3. Fälle, da die Bedeutung von οὖν erloschen scheint		195
4. οὔκουν;		195—196
οὐκοῦν in Behauptung und Frage		196—198

Πέρ . . . . 198—206
   1. Grundbedeutung . . . . 199—200
   2. beim Particip, in adversativem Verhältniss zum Hauptsatz (obgleich) . . . . 200—202
   3. angehängt au Bedingungspartikeln . . . . 202—204
   4. „ „ Zeitpartikeln 204
   5. „ „ Relativa . . . . 204—206

Τέ . . . . 206—235
  I. 1. das einmal gesetzte τέ zu Anknüpfung einzelner Begriffe und Satztheile . . . . 211—214
    2. zu Anknüpfung eines neuen Satzes . . . . . . 214—217
    3. τέ — τέ . . . . 217—221
    Οὔτε — οὔτε und μήτε — μήτε . . . . 221—223
    Εἴτε — εἴτε, ἐάντε — ἐάντε . . . . 223—224
    Τέ — καί . . . . 224—227
  II. Episches τέ . . . . 227—235

Τοί . . . . 235—256
  I. das enklitische τοί . . . . 236—251
    1. das einfache τοί . . . . 236—243
    2. τοί in Verbindung mit andern Partikeln . . . . 243—251
     ἤτοι . . . . 243—244
     καίτοι . . . . 245—247
     μέντοι . . . . 247—251
  II. τοί = τῷ . . . . 251—256
    τοίνυν . . . . 251—253
    τοιγάρ . . . . 253—255
    τοιγάρτοι 255
    τοιγαροῦν . . . . 255—256

Die Negationen . . . . 256—315
I. Οὐ . . . . 258—281
   1. in unabhängigen Behauptungssätzen . . . . . . 258—260
   2. „ abhängigen „ . . . . 260—262
   3. bei der Verkürzung eines Behauptungssatzes in den Infinitiv nach Verben der Behauptung . . . . . . 262—264
   4. nach οἴεσθαι, ἡγεῖσθαι, νομίζειν, δοκεῖν und verwandten 264—267
   5. bei der Verkürzung eines Objectssatzes in ein Particip . 267—270
   6. in behauptenden Relativsätzen . . . . 270—272
   7. „ „ Zeitbestimmungssätzen 272
   8. „ Causalsätzen . . . . 272—273
   9. in Folgesätzen . . . . 273—274
   10. bei Nominibus, die Verkürzungen aus behauptenden Nebensätzen sind . . . . 274—276
   11. bei dem Nomen mit Artikel, wo von einem concreten Fall die Rede ist . . . . 276—277
   12. wo ein Begriff in sein Gegentheil verwandelt wird . . . 277—280
   13. in bejahenden Fragen . . . . 280—281
   14. οὐ δή, οὐ τί που in verneinenden Fragen 281

II. Μή 281
   Grundbedeutung 281
   Gebrauch: A. wo vom Willen des Subjects aus negirt wird . 282—288

		Seite
1.	im Verbot	282—285
2.	in verneinenden Aufforderungen und in Fragen der Unschlüssigkeit	285
3.	im Wunsche	285—286
4.	in Schwüren	286—287
5.	in Absichtssätzen, namentlich nach Verben der Besorgniss	287—288
	B. wo die Negation von der Vorstellung des Subjects vollzogen wird	289—303
6.	in Bedingungssätzen	289—290
7.	in Relativsätzen	290—294
8.	in Zeitbestimmungssätzen	294—295
9.	beim Particip, überhaupt beim Nomen	295—296
10.	beim Particip mit Artikel zur Bezeichnung einer Gattung	296
11.	beim Infinitiv mit Artikel	296—297
12.	beim blossen Infinitiv, sowie dem Infinitiv mit $εἰς$ und $ὥστε$ und in parenthetischen Einschiebungen	297—298 298
13.	bei Infinitiven, welche einen Verbalbegriff ergänzen	298—302
14.	Μή in directen Fragen	302—303
	a) wo Behauptungssätze in Frage gestellt sind	302—303
	b) beim deliberativen Conjunctiv	303
15.	Μῶν	303—304
16.	Negation in indirecten Fragen	304—306
III.	Wiederholung der Negation	306—307
IV.	Stellung der Negation	307—308
V.	Οὐ μή	308—311
VI.	Μὴ οὐ	312—315